4정판

재무행정론

원 구 환

PUBLIC BUDGETING & FINANCE

도서출판 대영문화사

4정판 머리말

2012년 초판 발행 이후 4번째 개정 작업을 하였다. 정부도 문재인 정부에서 윤석열 정부로 변경되었고, 정부 운영의 패러다임도 효율성과 민간주도 성장을 강조하고 있으며, 정부 예산 관련 가치도 재정준칙 등과 같은 재정건전성을 중요하게 인식하고 있다. 특히 국정과제로 상식이 회복된 반듯한 나라, 민간이 끌고 정부가 미는 역동적 경제, 따뜻한 동행 모두가 행복한 사회, 자율과 창의로 만드는 담담한 미래, 자유, 평화, 반영에 기여하는 글로벌 중추국가, 대한민국 어디서나 살기 좋은 지방시대 등 120대 국정과제를 제시하고 있다.

새로운 정부의 국정과제와 연계하여 『재무행정론』 4정판을 개정하면서 몇 가지 주안점을 둔 부분이 있다. 첫째, 전체 분량을 축소하여 기존의 13장 체계를 12장 체계로 전환하였다. 둘째, 인지(認知) 예산제도를 강조하면서 2023 회계연도 예산안부터 적용된 온실가스감축인지 예산제도를 포함하였다. 셋째, 재정준칙과 공공재정의 환수와 관련된 내용을 포함하여 재정건전성을 확보하는 방안을 강조하였다. 넷째, 2023년 6월 9일 지방자치분권 및 지역균형발전에 관한 특별법이 제정됨에 따라 지방자치분권 및 지방행정체제개편에 관한 특별법과 국가균형발전특별법이 통합되었다. 기존의 국가균형발전특별회계가 지역균형발전특별회계로 전환되었는데, 그에 상응하는 제도 변화를 기술하였다. 다섯째, 재정통계와 관련된 내용을 최신 자료로 보완하였다.

『재무행정론』의 내용 개정과 관련하여 독자 여러분의 많은 지적과 관심을 부탁드립니다.

2024년 1월

원구환

3정판 머리말

2012년 초판을 발행하고, 2014년 개정판을 출간한 이후 2019년에 다시 3정판을 출간하게 되었다. 이명박 정부에서 박근혜 정부로, 다시 문재인 정부로 바뀌는 과정을 겪으면서 정부 예산 운영에 있어서도 새로운 가치의 변화가 나타나고 있다. 효율성보다는 공공성 패러다임에 보다 많은 가치를 부여하고 있다.

대통령 탄핵을 통한 조기 대선으로 2017년 5월에 들어선 문재인 정부는 국민이 주인인 정부를 지향하고 있으며, 국민주권 시대를 국정 운영의 목표로 설정하고 있다. 헌법 제1조에서 명시된 것처럼 "모든 권력은 국민으로부터 나온다"는 규정을 국정 운영의 모든 분야에서 실천하기 위해 노력하고 있다.

예산 분야에 있어서도 국민 참여 예산제가 도입되었고, 사회적 가치 구현을 위한 예산의 자원 배분 기능과 소득 재분배 기능, 경제 성장 및 안정 기능을 강조하고 있다. 또한 2018년 예산부터 의무지출이 재량지출보다 상대적으로 많아지게 됨에 따라 재정준칙과 독립적 재정기구의 설치에 대한 논의를 강조하고 있으며, 국세 대 지방세의 비중을 8 : 2의 구조에서 7 : 3의 구조로 전환하여 재정분권을 강화하고 있다. 3정판의 방향도 국민주권 시대에 국민의 세금가치를 구현할 수 있는 공적 가치 구현에 초점을 맞추고자 하였다.

필자의 부족한 부분에 대해 독자 여러분의 지속적인 관심을 부탁드리며, 3정판 출간에 많은 도움을 주신 분들에게 감사의 마음을 전하고 싶습니다.

2019년 6월

원 구 환

개정판 머리말

『재무행정론』이라는 교과서를 출간한 이후 2년 반 정도의 시간이 흘렀다. 그동안 대선을 통해 정부가 바뀌었고, 정부 운영의 패러다임도 정부3.0으로 전환되었다. 정부 3.0은 공공정보를 적극 개방·공유하고, 부처 간 칸막이를 없애 소통·협력함으로써 국정과제에 대한 추진 동력을 확보하고 국민 맞춤형 서비스를 제공함과 동시에 일자리 창출과 창조경제를 지원하는 새로운 정부 운영 패러다임이다. 이에 따라 정부의 조직 및 예산과 관련된 제도들이 변화되었고, 국민들의 재정에 대한 인식도 많이 변화되었다.

정부 예산제도의 가장 큰 변화는 정부 예산안의 제출 기한이 기존의 회계연도 개시 90일 전에서 120일 전으로 앞당겨졌다는 점이며, 도입 초기의 예산제도인 성인지 예산제도, 조세지출 예산제도, 국유재산 관리제도 등이 활성화되기 시작했다는 점이다. 또한 재정성과 관리제도와 프로그램 예산제도의 연계를 통해 정부 예산 배분 및 집행이 사회경제적으로 미치는 영향에 대한 관심이 고조되었으며, 총량적 재정 규율의 준수, 국가 부채 통계의 재산정 및 재정건전성에 대한 관심이 높아지고 있다. 아울러 신규 의무 지출 추진 시 별도의 재원 대책 마련을 강구하거나 의회의 정부 예산안에 대한 심의 기능을 강화하는 제도적 변화(예산안 자동 상정 제도, 무제한 토론 등)가 나타나고 있다.

정부의 예산제도는 사회경제적 변화와 불가분의 관계에 있다. 변화되는 가치의 흐름을 이해하고 제도 혁신에 반영하는 것은 시민 본위의 행정을 위해서라도 필수불결한 요소다. 과거 제도의 관례적 답습을 미덕으로 생각하고, 변화에 저항하는 것은 재정민주주의 구현과 미래 세대의 삶의 질 보장을 위해서라도 바람직하지 않다. 정부 3.0 패러다임의 완성을 위해서라도 정부 예산제도의 혁신이 필요한 시점이다.

개정판을 출간하면서 사회경제적 변화 요인을 반영하려고 노력했다. 제도가 미흡했던 부분을 새롭게 도입하는 방안과, 제도가 도입되었지만 개선의 여지가 있는 부분을 중점으로 기술하고자 했다. 처음 출간된 교과서의 기본 구성을 크게 훼손하지 않는 범위 내에서 새롭게 변화된 부분과 변화되어야 할 부분을 첨가하는 형태를 취했다. 즉, 제13장의 교과서 구성 형태는 그대로 유지했으나, 제10장에서 기술되었던 재정융자사업의 내용을 제9장으로 전환했다. 제9장의 내용은 경기 변동에 대한 정부의 대응, 지방자치와 관련된 정부의 대응, 민간자본 유치와 관련된 정부의 대응, 민간금융의 지원을 받지 못하는 계층에 대한 정부의 대응 순으로 기술했는데, 정부가 예산을 매개로 하여 국민경제와 연계되는 상황을 논의하고자 했다. 또한 정부조직이 안전행정부에서 행정자치부로 개편될 예정이므로 이 교재에서는 변경 예정인 정부조직 명칭을 사용했다.

『재무행정론』 개정판을 출간하면서 미흡한 부분이 있음을 솔직히 고백하지 않을 수 없다. 필자가 보는 관점과 독자들이 인식하는 관점이 다를 수 있고, 정부 예산과 관련된 모든 내용을 섭렵했다고 볼 수도 없다. 미진한 부분에 대해서는 독자 여러분의 지속적인 관심과 도움을 부탁드리며, 좀 더 완성도 높은 교재를 출간할 수 있도록 노력하고자 한다.

『재무행정론』 초판을 출간한 이후 미흡한 부분에 대해 많은 비판과 충고를 아끼지 않았던 분들께 감사의 인사를 드리며, 개정판 출간에 많은 관심과 지원을 해 주신 대영문화사의 임춘환 사장님과 임직원 여러분께 진심으로 감사드린다. 또한 인생의 시작과 끝을 늘 함께하는 나의 가족들에게도 고마운 마음을 전하고 싶다.

2014년 7월

원 구 환

초판 머리말

재무행정이라는 개념을 한마디로 설명하기가 쉽지 않지만, 일반적으로 '나라의 살림살이'라고 할 수 있다. 가계나 기업의 살림살이와 마찬가지다. 나라의 살림살이는 예산이라는 제도를 통해 구체적으로 실현된다. 예산(豫算)은 말 그대로 예정된 숫자이지만, 예정된 숫자 이상의 의미를 지니고 있다. 즉, 예산은 정부의 목적 달성에 필요한 일정 기간 동안의 재원을 사전에 계획하고, 계획된 만큼 거둬들여 효율적으로 사용하기 위한 모든 활동을 미리 문서화한 계산서라 할 수 있다. 예정된 숫자에 따라 도로가 건설될 수도 있고, 노인에 대한 복지 혜택이 줄거나 늘 수도 있다. 따라서 예산은 정부 활동의 성패를 좌우하는 매우 중요한 요소이며, 재무행정의 핵심적 주제어라고 할 수 있다.

예산은 크게 재원 조달적 측면과 재원 배분 및 관리적 측면으로 구분할 수 있다. 재원 조달적 측면은 정부 목적 달성에 필요한 만큼의 재원을 동원하는 것을 의미하며, 재원 배분 및 관리적 측면은 확보한 재원을 효율적으로 배분하는 것을 의미한다. 따라서 예산은 재원이 들어오고 나가는 구조, 즉 세입과 세출예산으로 구분된다. 국민으로부터 공평하게 징수된 세금을 정부 활동에 합리적으로 배분함으로써 공익적 목표를 달성하는 과정으로 이해할 수 있다.

따라서 이 교재는 예산의 관점에서 재무행정론을 이해하고 기술했는데, 예산의 본질, 예산의 추진 체계 및 과정, 예산의 이론 및 분석, 예산의 제도 개혁, 예산의 운영 등으로 구분해 서술했다. 즉, 예산의 개념과 분류(제1장), 예산의 규범 · 원칙 및 기능(제2장) 등을 중심으로 예산의 본질적 개념을 서술했고, 예산이 누구에 의해 어떻게 추진되고(제3장), 어떠한 과정을 거쳐 편성 · 확정 · 집행 · 환류되는가를 기술했다(제4장). 또한 예산이론의 체계(제5장)와 분석 방법(제6장)을 기술했고, 예산제도는 어떻게 변천(제7장)되어 왔으며, 어떠한 방향으로 이행(제8장)되는 것이 바람직한가를 서술했다. 아울러 예산을 매개로 한 정부 부문 간, 정부와 민간 부문 간의 상호 협력을 위한 제도 개혁 방안(제9장)을 다뤘으며, 예산을 어떻게 관리하는 것이 효율적 재정 성과를 도출할 수 있는가에 초점을 맞춰 합리적 · 민주적 운영 방안(제10장), 적자재정예산(제11장), 정부회계(제12장), 조달 및 계약관리(제13장) 등을 기술했다.

재무행정의 세부 내용 및 구성에 대해서는 다양한 견해 차이가 있을 수 있지만, 공통된 주장은 재무행정의 패러다임이 정부 중심에서 시민 중심으로 전환되고 있다는 점이다. 즉, 관료 중심의 예산 편성에서 벗어나 참여 중심의 예산 편성을 도모하고 시민의 세금 가치를 구현할 수 있는 예산심의 및 배분을 모색하고 있으며, 어항 속의 금붕어와 같이 세금의 사용처를 투명하게 공개하고, 예산집행의 결과와 재정 성과를 연계하는 방안이 강화되고 있다. 따라서 재무행정에 대한 인식의 패러다임을 전환할 필요가 있는데, 이를 위해서는 관료뿐 아니라 시민 의식 자체도 함께 변화되어야 하며, 주인 의식이 강화될 필요가 있다. 내가 지불한 세금이 적정하며 효율적으로 활용되고 있는가에 대한 참여 의식과 행동 강화는 현대 재무행정의 근간이 되는 이념이라 할 것이다. 내가 주인됨을 바탕으로 정부 예산의 효율성과 민주성 제고 방안을 지속적으로 모색할 수 있는 합리적 비판 의식이 이 교재를 통해 활성화되었으면 한다.

교재를 출간하면서 도움을 주신 분들께 진심으로 고마운 마음을 전하고자 한다. 어려운 여건 속에서도 출판에 흔쾌히 동의해 주신 대영문화사의 임춘환 사장님과 임직원 여러분께 진심으로 감사드린다. 또 연구년을 맞이했음에도 불구하고 교재 집필이라는 핑계로 아버지로서 역할을 제대로 해 주지 못했지만, 존재 이유만으로도 행복한 나의 사랑하는 석찬, 지윤에게도 고마운 마음을 전하고 싶다.

2011년도 연구년을 맞이해 1년 동안의 연구 성과로 『재무행정론』이라는 교재를 출간할 수 있어서 작은 기쁨을 느낀다. 이 모든 기쁨을 아내와 함께하고 싶다.

2012년 1월

원 구 환

차례

Chapter 11

정부 예산과 적자재정 385

Chapter 12

정부의 회계와 결산 413

정부 예산의 본질

제 1 절 | 정부 예산의 개념

1 정부 예산의 일반적 의미

정부는 국민을 위해 다양한 활동을 수행하는데, 이를 위해서는 인적 · 물적 자원 등 많은 자원이 필요하다. 특히 개인이나 기업과 마찬가지로 정부 활동의 원활한 수행을 위해서는 물적 자원(돈)이 필요하다. 정부가 국민을 위해 좋은 활동을 추진하려 해도 이를 뒷받침해 줄 수 있는 돈이 없다면 정부 활동은 불가능하다.

정부 활동에 필요한 돈은 국민들로부터 세금을 징수해 충당하게 되며, 징수된 세금을 다양한 활동에 배분해 국민의 복리 증진을 위해 사용한다. 기업이나 개인이 경제 활동을 위해 돈을 벌고 쓰는 과정을 반복하는 것과 마찬가지로, 정부도 다양한 활동을 위해 세금을 징수하고 사용하는 과정을 매년 반복함으로써 정부가 달성하고자 하는 목표를 추진한다. 이처럼 국민의 세금을 거둬들이는 것을 세입이라 하며, 국민의 세금을 다양한 활동에 배분해 사용하는 것을 세출이라고 한다.

정부는 세입과 세출을 통해 국가의 근간이 되는 활동을 수행하게 된다. 정부는 그때그때 필요에 따라 국민으로부터 세금을 거두는 것이 아니라, 일정한 기간 동안 법률에 근거해 정부 활동에 필요한 재원을 확보하게 된다. 일정한 기간이라 함은 보통 1년을 의미한다. 특히 정부가 상황에 따라 임시방편적으로 재원을 확보하는 것은 효율적이라 할 수 없으므로 정부가 수행해야 할 활동이 무엇인가를 명확히 설정하고,

이에 필요한 재원을 확보하는 것이 중요하다. 필요한 만큼의 세금보다 적게 징수하거나 필요하지도 않은 세금을 너무 많이 징수하는 것은 바람직하지 못하다. 현대적 의미에서 정부 예산은 양입제출(量入制出)이 아니라 양출제입(量出制入)에 근거해야 한다는 주장은 이러한 의미를 지닌다. 즉, 들어오는 양에 따라 나가야 할 것을 통제하는 것이 아니라 나가야 할 것을 바탕으로 들어오는 양을 통제해야 한다는 것이다.

따라서 정부가 수행해야 할 활동을 사전에 명확히 설정하고 이에 필요한 재원 규모를 확인하는 과정이 중요하며, 계획한 만큼 재원을 확보하는 과정도 중요하다. 전자를 세출예산이라 하며 후자를 세입예산이라 하는데, 이러한 세입과 세출을 한마디로 총칭해 예산이라고 한다. 즉, 예산(豫算)은 말 그대로 예정된 수치를 의미하는데, 정부 예산이란 목적 달성에 필요한 일정 기간 동안의 재원을 사전에 계획하고, 계획된 만큼 거둬들여 효율적으로 사용하기 위한 모든 활동을 미리 문서화한 계산서라고 정의할 수 있다.[1] 이러한 개념 정의에는 정부 예산을 과정적으로 이해하는 입장과 결과적으로 이해하는 입장이 모두 포함되어 있다. 즉, 정부 활동 수행에 필요한 재원 규모를 확인하고 징수해 적정하게 배분하는 일련의 과정적 의미와, 그 결과로서 나타난 문서화된 계산서의 의미를 모두 포함한다. 문서화되기 위한 과정과 문서화된 계산서 모두 예산이라는 개념에 포함되어 있다.

2 정부 예산의 재정적 의미

1) 정부 예산과 총 재정 규모

정부의 재원은 근본적으로 국민의 세금으로 충당된다. 헌법 제59조에서는 "조세의 종목과 세율은 법률로 정한다"라고 규정하고 있다. 즉, 조세법률주의를 채택하고 있으며, 국민의 납세 의무를 규정하고 있다. 조세법률주의는 조세의 부과와 징수는 반드시 법률로써 해야 한다는 원칙으로 조세의 부과나 징수를 국민의 대표기관인 국회가 결정한 법률에 따라 공평하게 처리토록 하여 국민의 재산권 보장과 안정을 도모하기 위함이다.

---

1) 예산(budget)이란 일정 기간 동안의 수입·지출에 관한 예정적 계산서를 의미한다. 'budget'이라는 용어는 'money bag' 또는 'public purse'에서 유래되었는데, 정부 재정의 수요 공급에 관한 설명서를 의회에 동의를 받기 위해 재무 장관이 가죽으로 된 가방(leather bag)에 휴대하면서 비롯되었다 (Burkhead & Miner, 1971: 12).

정부는 국가 활동에 필요한 자금을 동원하고 배분하는 기능을 수행하는데, 이를 계획적인 수치로 표시한 것이 예산이다. 따라서 예산은 정부의 재정 활동만이 아니라 기업과 가계 중 모든 경제 주체에 적용 가능한 국가의 재정 활동 중 1 회계연도 내 세입・세출의 예정계획서를 의미하며(김명규, 1986: 2), 1 회계연도에 예상되는 총세입과 총세출을 총괄적으로 계상・편성해 국회의 의결을 얻은 국가재정작용의 준칙 규범을 의미한다(허영, 2003: 867).

국가의 재정 활동은 예산만이 존재하는 것이 아니라 예산 이외의 기금이라는 재정 활동이 존재하며, 예산은 다시 일반회계 예산과 특별회계 예산으로 구분된다. 국민으로부터 세금을 징수해 보편적인 국민의 복리 증진에 활용하는 것을 일반회계 예산이라 하는데, 우리가 흔히 알고 있는 국가재정 활동의 범위다. 그러나 정부는 세금에 의해 재원을 조달하지 않고 요금에 의해 조달하는 경우도 있다. 국가의 우편사업과 지방의 상수도사업이 대표적인 예인데, 모든 국민으로부터 세금을 징수해 운영하는 것이 아니라 우편 및 상수도를 이용한 사람으로부터 이용한 만큼 요금을 받아 사업을 운영한다. 따라서 정부의 다양한 활동과 분리해 특별히 따로 관리하는 형태를 취하는데(특별회계 예산), 우편사업 및 지방상수도사업에서 거둬들인 돈은 우편사업 및 지방상수도사업에만 사용하게 된다.

또한 정부는 미래의 특정 행정 수요에 대응하기 위해 매년 일정 금액을 적립해 두었다가 해당 특정 수요가 발생했을 때 사용하는 기금을 운용하고 있다. 적립된 금액을 한번에 모두 사용하는 것이 아니라 매년 일정 부분씩 사용하기 때문에 예산과는 운영 시스템이 상이하다. 국민건강증진기금, 국제교류기금, 국민연금 등이 대표적인 사업인데, 매년 일정 금액을 적립해 두었다가 미래의 수혜자가 발생하면 적립된 금액의 일정 부분을 지불하는 형태를 취하고 있다.

아울러 정부는 필요한 만큼 재원을 동원해 활용하지만, 재원이 부족할 경우에는 정부 외부로부터 돈을 빌려 사용하게 된다. 돈을 빌릴 경우 매년 일정한 금액과 이자를 상환해 나가야 하는데, 이는 다시 국민의 재정 부담으로 이어지게 된다.

따라서 정부 예산을 재정적 관점에서 이해할 경우 단순히 조세에 의한 재원 조달만이 아니라 요금에 의한 조달, 차입에 의한 조달 등을 모두 고려해서 이해해야 하며, 모든 재원 조달 및 활용 규모를 통합적으로 이해할 때 정부 예산의 흐름과 전체 규모를 제대로 파악할 수 있다.

2) 정부 예산과 재정정책

재정적 의미에서 정부 예산이란 단순히 수입과 지출의 관리적 측면으로만 이해하는 것이 아니라 재정 활동의 정책적 목적을 중시한다는 점이다.

일반적으로 국가는 재정 활동을 통해 자원 배분 기능, 소득 재분배 기능, 경제 성장 및 안정 기능을 수행한다(Musgrave & Musgrave, 1984). 한정된 재원을 효율적으로 배분하고, 소득의 불평등을 시정하며, 경제 성장 및 안정 기능을 도모하기 위한 재정 수단으로 예산이라는 도구를 활용한다. 예를 들어, 경기가 침체된 경우 정부는 예산을 긴축하기보다는 확대해 소비를 진작시키고 생산 활동을 장려하는 정책을 취하게 되며, 세금을 인하해 개인이나 기업의 가처분소득을 증대시키고 소비를 장려함으로써 경기 활성화를 도모한다. 조세정책과 예산정책을 통해 경기 변동에 대응함으로써, 경제 성장 및 안정 기능을 수행하는 것이다. 아울러 사회적 불평등 심화로 인한 계층 간, 지역 간 갈등을 완화하기 위해 예산이라는 정책 도구를 활용하며, 사회적 균형 발전을 모색한다. 따라서 정부 예산을 재정적 의미로 이해하는 것은 재정정책과 밀접한 상관성을 지니고 있으며, 재정 활동을 통해 정책 목적을 달성하고자 하는 총체적 과정이라 할 수 있다.

3 정부 예산의 법률적 의미

예산은 1 회계연도에서 국가의 세입 · 세출의 예정 계획을 내용으로 하고, 국회의 의결로써 성립하는 법규범의 일종으로 정의된다. 즉, 예산 과정은 행정부와 의회와의 관계에서 법률적 절차에 따라 운영되는데, 예산 과정은 예산안을 마련하는 권한(예산편성권), 예산을 심의하고 확정하는 권한(예산심의확정권), 예산을 집행하는 권한(예산집행권), 집행된 예산을 최종적으로 심사하고 확인하는 권한(결산승인권)으로 구분된다. 예산 편성 및 집행 권한은 행정부에 있으며, 예산 심의 · 확정 및 결산승인권은 의회에 있다. 예산 과정의 절차 및 권한을 분리해 운영하는 것은 상호 견제와 균형의 원리에 입각해 명확한 법적 책임 한계를 부여하기 위함이며, 한 기관에 모든 권한이 집중되면 권력 남용 현상이 발생할 수 있기 때문이다.

법률적 절차 및 규정에 의할 경우 우리의 예산 과정은 행정부 중심의 예산 형태를 취하고 있다. 즉, 예산의 편성 권한이 입법부가 아니라 행정부에 있다는 점이다. 행정부가 편성한 예산을 입법부가 심의 · 확정하는 역할을 하기 때문에 예산의 초기

주도권은 사실상 행정부가 갖게 된다.[2] 따라서 입법부의 예산통제 기능은 상대적으로 취약한데, 의회의 예산통제 기능을 강화하고 재정민주주의의 구현을 위한 방안의 하나가 예산을 법률처럼 의결하고 법률처럼 공포하는 예산법률주의를 채택하는 것이다. 예산은 법적 절차에 따라 국회가 의결하기 때문에 예산은 법규범으로서의 성격을 지니며, 예산도 법률 형식으로 의결되어야 한다는 것이다.

예산법률주의는 예산을 법률 형식으로 의결하는 것인데, 예산이 법률 형식으로 의결되기 때문에 일반 법률과 마찬가지로 법규범적 효력을 갖게 된다. 우리의 경우는 예산을 법률 형식을 통해 의결하고 있지만, 예산과 법률을 동일시하지 않고 법률적 절차에 의해 성립되는 것으로 이해하고 있다. 그러나 영국, 미국 등은 예산을 법률처럼 의결하고 있어 의회의 재정통제권을 강화하고 있다.

제 2 절 | 정부 예산의 분류

1 유형별 분류: 일반회계, 특별회계, 기금

경제 주체로서 개인과 기업이 통장을 소유하고 있듯이 정부도 통장을 보유하고 있는데, 정부가 갖고 있는 통장은 일반회계, 특별회계, 기금이라는 세 가지다. 또한 지방자치 실시 이후 정부는 중앙정부와 지방자치단체로 구분되고 있는데, 중앙정부와 마찬가지로 지방자치단체도 일반회계, 특별회계, 기금을 보유하고 있다.

1) 일반회계

예산은 정부가 수행하는 사업의 성질에 따라 일반회계와 특별회계로 구분된다. 일반회계는 조세수입 등을 주요 세입으로 하여 정부의 일반적인 세출에 충당하기 위해 설치한다(국가재정법 제4조 제1항, 제2항). 정부의 사업은 국민의 기본 욕구를 충족시키기 위한 것인데, 이 가운데 보편적 공공성을 지닌 것이 일반회계이고, 일시적이

---

2) 예산은 입법적 통제 수단(legislative control)과 행정관리적 수단(executive management)으로 구분되는데, 행정국가화 현상이 가속화되면서 예산은 입법적 통제 수단에서 행정관리적 수단으로 이행되었다(Smith, 1944: 182).

[그림 1-1] 정부 재정의 구조

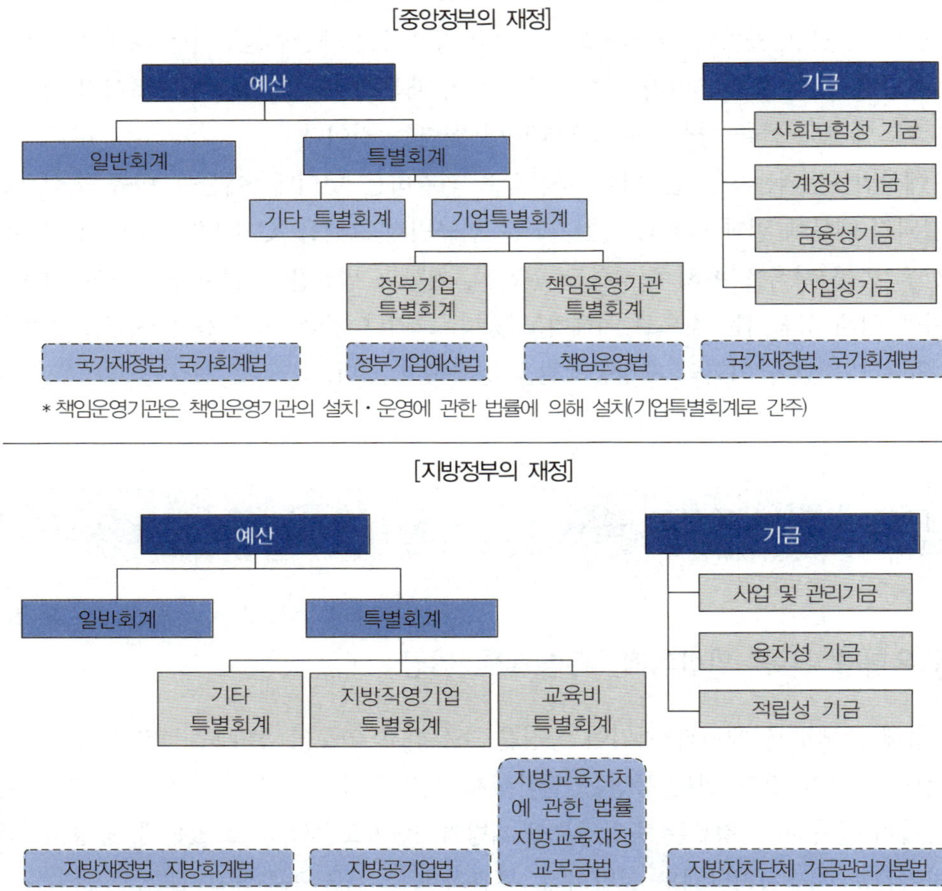

고 특정사업적 성격이 큰 것이 특별회계다. 특히 일반회계와 특별회계의 구분은 세입에서도 찾아볼 수 있다. 일반회계의 세입은 주로 조세(보통세)이며, 특별회계의 세입은 목적세, 일반회계로부터의 전입금 등이다.

2) 특별회계

특별회계는 ① 국가에서 특정한 사업을 운영하고자 할 때, ② 특정한 자금을 보유하여 운용하고자 할 때, ③ 특정한 세입으로 특정한 세출에 충당함으로써 일반회계와 구분하여 회계 처리할 필요가 있을 때에 법률로써 설치하도록 규정하고 있으며, 특별회계의 무분별한 설치를 방지하기 위하여 국가재정법 [별표 1]에 규정된 법률에 의해서만 특별회계를 설치할 수 있도록 규정하고 있다(국가재정법 제4조 제3항).

중앙관서의 장이 소관 사무와 관련하여 특별회계를 신설하고자 하는 경우 해당 법률안을 입법 예고하기 전에 특별회계의 신설에 관한 계획서를 기획재정부 장관에게 제출하여 신설의 타당성에 관한 심사를 요청하여야 하며, 기획재정부 장관은 ① 일반회계나 기존의 특별회계·기금보다 새로운 특별회계나 기금으로 사업을 수행하는 것이 더 효과적일 것, ② 특정한 사업을 운영하거나 특정한 세입으로 특정한 세출에 충당함으로써 일반회계와 구분하여 회계 처리할 필요가 있을 것 등을 기준으로 심사하여야 한다(국가재정법 제14조).

특별회계는 ① 설치 목적을 달성한 경우, ② 설치 목적의 달성이 불가능하다고 판단되는 경우, ③ 특별회계와 기금 간 또는 특별회계 및 기금 상호 간에 유사하거나 중복되게 설치된 경우, ④ 그 밖에 재정 운용의 효율성 및 투명성을 높이기 위하여 일반회계에서 통합 운용하는 것이 바람직하다고 판단되는 경우에는 특별회계를 폐지하거나 통합할 수 있다(국가재정법 제15조).

(1) 중앙정부 특별회계

중앙정부의 특별회계는 정부기업예산법(4개)과 책임운영기관의 설치·운영에 관한 법률에 의해 설치되는 특별회계(1개) 등 5개 기업특별회계와 기타 특별회계(16개)가 존재한다(〈표 1-1〉 참조).

중앙정부의 기업특별회계 중에는 정부기업예산법의 적용을 받는 정부기업 특별회계 이외에 책임운영기관의 설치·운영에 관한 법률에 적용을 받는 책임운영기관 특별회계가 존재한다. 책임운영기관은 소속책임운영기관(47개 기관)과 중앙책임운영기관(1개 기관, 특허청)으로 구분되는데, 소속책임운영기관은 조사연구형(19개), 교육훈련형(5개), 문화형(8개), 의료형(9개), 시설관리형(4개), 기타 유형(2개)으로 구분된다(〈표 1-2〉 참조).

중앙정부의 기타 특별회계는 16개가 존재하는데, 2023년에는 기존의 지방자치분권 및 지방행정체제개편에 관한 특별법과 국가균형발전특별법이 통합되어 지방자치분권 및 지역균형발전에 관한 특별법이 제정되었고, 기존의 국가균형발전특별회계가 지역균형발전특별회계로 전환되었다. 또한 우정사업의 회계는 우편사업특별회계, 우체국예금특별회계 및 우체국보험특별회계로 구분되는데, 우체국보험에 관한 사업과 그 부대사업은 우체국보험특별회계법에 따라 별도의 회계로 운영한다(우정사업 운영에 관한 특례법 제9조). 특히 우편사업특별회계와 우체국예금특별회계는 우정사업 운영에 관한 특례법 이외에 정부기업예산법의 적용을 받는다(정부기업예산법 제3조).

〈표 1-1〉 특별회계의 설치 및 근거 법률

<table>
<tr><th colspan="3">기업특별회계(5)</th><th colspan="3">기타 특별회계(16)</th></tr>
<tr><th>특별회계</th><th>소관 부처</th><th>근거 법률</th><th>특별회계</th><th>소관 부처</th><th>근거 법률</th></tr>
<tr><td>우편사업</td><td rowspan="2">과학기술
정보통신부</td><td rowspan="4">(우정사업
운영에
관한
특례법)

정부기업
예산법</td><td>교도작업</td><td>법무부</td><td>교도작업의 운영 및
특별회계에 관한 법률</td></tr>
<tr><td>우체국
예금</td><td>지역균형발전
(2023년 명칭 변경)</td><td>기획재정부
각 소관 부처</td><td>지방자치분권 및
지역균형발전에 관한
특별법</td></tr>
<tr><td>양곡관리</td><td>농림축산
식품부</td><td>농어촌 구조 개선</td><td>농림축산식품부</td><td>농어촌구조개선특별법</td></tr>
<tr><td>조달</td><td>조달청</td><td>등기</td><td>대법원</td><td>등기특별회계법</td></tr>
<tr><td rowspan="12">책임
운영
기관</td><td rowspan="12">행정
안전부</td><td rowspan="12">책임
운영
기관의
설치ㆍ
운영에
관한
법률</td><td>행정중심 복합도시 건설</td><td>국토교통부</td><td>행복도시 특별법[1)]</td></tr>
<tr><td>아시아문화 중심도시
조성</td><td>문화체육관광부</td><td>아시아문화중심도시
조성에 관한 특별법</td></tr>
<tr><td>에너지 및 자원사업</td><td>산업통상자원부</td><td>에너지 및
자원사업특별회계법</td></tr>
<tr><td>우체국보험</td><td>과학기술
정보통신부</td><td>우체국보험특별회계법</td></tr>
<tr><td>주한 미군기지 이전</td><td>국방부</td><td>미군기지특별법[2)]</td></tr>
<tr><td>환경 개선</td><td>환경부</td><td>환경정책기본법</td></tr>
<tr><td>국방ㆍ군사시설 이전</td><td>국방부</td><td>국방ㆍ군사시설이전
특별회계법</td></tr>
<tr><td>혁신도시 건설</td><td>국토교통부</td><td>혁신도시특별법[3)]</td></tr>
<tr><td>교통시설</td><td>국토교통부</td><td>교통시설특별회계법</td></tr>
<tr><td>유아교육지원</td><td>교육부</td><td>유아교육지원특별회계법</td></tr>
<tr><td>소재부품장비산업</td><td>산업통상자원부</td><td>소부장 특별조치법[4)]</td></tr>
<tr><td>고등ㆍ평생교육지원</td><td>교육부</td><td>고등ㆍ평생교육지원
특별회계법</td></tr>
</table>

1) 신행정수도 후속 대책을 위한 연기ㆍ공주지역 행정중심복합도시 건설을 위한 특별법.
2) 주한 미군기지 이전에 따른 평택시 등의 지원에 관한 특별법.
3) 혁신도시 건설 및 지원에 관한 특별법.
4) 소재ㆍ부품ㆍ장비산업 경쟁력 강화를 위한 특별조치법.

〈표 1-2〉 책임운영기관 현황

유형		소속책임운영기관	중앙책임운영기관
조사 연구형 기관 (19개)	조사 및 품질관리형 (6개)	국립종자원, 항공교통본부, 화학물질안전원, 국립해양측위정보원, 국토지리정보원, 항공기상청	
	연구형 (13개)	국립재난안전연구원, 국립과학수사연구원, 국립소방연구원, 국립생물자원관, 국립수산과학원, 통계개발원, 국립문화재연구소, 국립해양문화재연구원, 국립원예특작과학원, 국립축산과학원, 국립산림과학원, 국립수목원, 국립기상과학원	
교육훈련형 기관 (5개)		국립국제교육원, 국립통일교육원, 한국농수산대학, 해양수산인재개발원, 관세인재개발원	
문화형 기관 (8개)		국립중앙과학관, 국립과천과학관, 국방홍보원, 국립중앙극장, 국립현대미술관, 한국정책방송원, 국립아시아문화전당, 궁능유적본부	
의료형 기관 (9개)		국립정신건강센터, 국립나주병원, 국립부곡병원, 국립춘천병원, 국립공주병원, 국립마산병원, 국립목포병원, 국립재활원, 경찰병원	
시설관리형 기관 (4개)		해양경찰정비창, 국방전산정보원, 국가정보자원관리원, 국립자연휴양림관리소	
기타 유형의 기관 (3개)		고용노동부고객상담센터, 국세상담센터	특허청

자료: 책임운영기관의 설치·운영에 관한 법률 시행령 [별표 1].

(2) 지방자치단체 특별회계

지방재정법 제9조 제1항에서는 지방자치단체의 회계를 일반회계와 특별회계로 구분하며, 제9조 제2항에서는 특별회계는 지방공기업법에 의한 지방직영기업(상하수도사업, 공영개발사업, 자동차운송사업 등), 그 밖의 특정 사업을 운영할 때, 또는 특정 자금이나 특정 세입·세출로서 일반세입·세출과 구분해 회계 처리할 필요가 있을 때에 한해 법률 또는 조례로 설치할 수 있도록 규정하고 있다. 다만, 목적세에 따른 세입·세출은 다른 법률에 특별한 규정이 있는 경우를 제외하고는 특별회계를 설치·운용하여야 하며, 지방자치단체가 특별회계를 설치하려면 5년 이내의 범위 안에서 특별회계의 존속 기한을 해당 조례에 명시해야 한다(법률에 따라 의무적으로 설치·운용하는 특별회계는 예외).

또한 지방자치단체의 특별회계에는 중앙정부와는 달리 교육비 특별회계가 존재하는데, 지방교육자치에 관한 법률 제38조에서는 시·도의 교육·학예에 관한 경비를 따로 경리하기 위하여 당해 지방자치단체에 교육비 특별회계를 둔다고 규정하고 있다. 동법 제36조에서는 지방 교육 및 학예에 관한 경비는 ① 교육에 관한 특별부과금·수수료 및 사용료, ② 지방교육재정교부금, ③ 해당 지방자치단체의 일반회계로부터의 전입금, ④ 유아교육지원특별회계에 따른 전입금, ⑤ 제1호 내지 제4호 외의 수입으로서 교육·학예에 속하는 수입 등으로 구성된다. 특히 지방교육재정교부금은 지방교육재정교부금법에 의하여 국가가 지방자치단체에 교부하는 교부금으로 보통교부금과 특별교부금으로 구분된다. 국가는 교부금의 재원을 ① 해당 연도의 내국세(목적세 및 종합부동산세, 담배에 부과하는 개별소비세 총액의 100분의 45 및 다른 법률에 따라 특별회계의 재원으로 사용되는 세목의 해당 금액은 제외) 총액의 1만분의 2,027, ② 해당 연도의 교육세법에 의한 교육세 세입액 중 유아교육지원특별회계법 제5조 제1항에서 정하는 금액 및 고등·평생교육지원특별회계법 제6조 제1항에서 정하는 금액을 제외한 금액을 합산한 금액으로 하되, 보통교부금의 재원은 ② 금액과 ① 금액의 100분의 97에 해당하는 금액을 합한 금액으로 하고, 특별교부금의 재원은 ① 금액의 100분의 3에 해당하는 금액으로 한다(지방교육재정교부금법 제3조).

3) 기금

정부의 재정 활동은 주로 일반회계와 특별회계로 구성된 예산에 의해 이뤄지고 있으나, 특정 분야의 사업에 대해 지속적이고 안정적인 자금 지원이 필요하거나 사업을 추진할 때 탄력적인 집행이 필요한 경우에 예산과는 별도로 기금을 설치·운용하고 있다. 즉, 기금은 복잡다기하고 급변하는 현실에서 정부의 특수한 정책 목적을 실현하기 위해 예산 원칙의 일반적인 제약에서 벗어나 좀 더 탄력적으로 운용할 수 있도록 세입·세출예산에 의하지 않고 특정 사업을 위해 보유·운용하는 특정 자금이라 할 수 있다. 경제 및 사회적 여건 변화에 따라 신속하게 변경되어야 할 사업이 예산으로 운영된다면 추가경정예산 편성 등 예산에 적용되는 일반적인 제약 때문에, 사업 목적을 효과적으로 달성하기 어렵기 때문이다.

(1) 기금의 본질

기금은 1961년 종전의 '재정법'을 대체해 제정된 '예산회계법'에 의해 처음으로 도입되었으며, 예산회계법을 대체한 현행 국가재정법 제5조에서는 "국가는 특정한 목적을 위하여 특정한 자금을 신축적으로 운용할 필요가 있을 때에 한하여 법률로써 설치하고 세입세출예산 외로 운용할 수 있다"라고 규정하고 있다.

1994년 이전에는 기금을 설치하고자 할 경우 개별 법률에 설치 근거가 있어야 했으나, 1994년 이후부터는 정부의 출연금 및 법률에 따른 민간부담금을 재원으로 하는 기금은 국가재정법 [별표 2]에 명시되지 않는 한 기금을 설치할 수 없다(국가재정법 제5조). 따라서 기금 설치를 위해서는 국가재정법과 관련 법률의 제정이 동시에 수반되어야 한다. 특히 2004년부터는 중앙관서의 장이 기금을 신설하고자 하는 경우에는 해당 법률을 입법 예고하기 전에 기금 신설에 관한 계획서를 기획재정부 장관에게 제출하여 기금 신설에 대한 심사를 받도록 했으며, ① 부담금 등 기금의 재원이 목적사업과 긴밀하게 연계되어 있을 것, ② 사업의 특성으로 인하여 신축적인 사업 추진이 필요할 것, ③ 중장기적으로 안정적인 재원 조달과 사업 추진이 가능할 것, ④ 일반회계나 기존의 특별회계·기금보다 새로운 특별회계나 기금으로 사업을 수행하는 것이 더 효과적일 것 등의 기준을 충족하여야 한다(국가재정법 제14조).[3]

기금은 특별회계와 마찬가지로 ① 설치 목적을 달성한 경우, ② 설치 목적의 달성이 불가능하다고 판단되는 경우, ③ 특별회계와 기금 간 또는 특별회계 및 기금 상호 간에 유사하거나 중복되게 설치된 경우, ④ 그 밖에 재정 운용의 효율성 및 투명성을 높이기 위하여 일반회계에서 통합 운용하는 것이 바람직하다고 판단되는 경우에는 기금을 폐지하거나 통합할 수 있다(국가재정법 제15조).

(2) 기금과 예산의 차이점

기금은 국가의 특정 목적사업을 위해 특정 자금을 운용하며 출연금, 부담금 등을 주요 재원으로 한다는 점, 특정 수입과 지출의 연계가 강하다는 점, 합목적성 차원에서 자율성과 탄력성이 강하다는 점에서 예산과 차이가 있다. 또한 예산은 세입과 세출이라는 운영 체계를 지니고 있는데 반해, 기금은 조성과 운용이라는 운영 체계를 가지고 있다. 즉, 기금은 일정한 시점까지 재산 상태를 축적시키는 조성과 일정 기간의 운영 상황을 나타내는 운용이라는 체계를 가지고 있다(〈표 1-3〉 참조).

---

3) 미국의 재정제도는 연방자금(Federal Fund)과 연방신탁자금(Federal Trust Fund)으로 구성되는데, 연방자금 중 특별자금(Special Funds)은 우리의 특별회계와 유사하고, 특정 목적 수행을 위해 법률이나 신탁계약에 따라 징수된 자금을 관리하기 위한 연방신탁자금이 우리의 기금과 유사하다. 일본의 경우, 국채관리기금, 외국환자금 등이 용어상으로는 기금이라는 명칭을 사용하고 있으나 특별회계로서 관리되고 있으며, 영국의 경우는 국민보험기금과 외국환평형기금 등이 의회의 사전 승인 없이 지출이 결정되지만, 지출 요건이 법률에서 확정되거나 의회로부터 위임받아 이루어지며 부채를 의회에 보고하도록 의무화하는 등 엄격한 통제를 받고 있다(기획재정부 내부자료).

〈표 1-3〉 예산과 기금의 차이점

구분	예산		기금
	일반회계	특별회계	
설치 사유	국가 고유의 일반적 재정 활동	특정 사업 운영 특정 자금 운용 특정 세입으로 특정 세출 충당	특정 목적을 위해 특정 자금을 운용 일정 자금을 활용해 특정 사업을 안정적으로 운영
운용 형태	공권력에 의한 조세수입과 무상급부 원칙	일반회계와 기금의 혼용	출연금, 부담금 등 다양한 재원으로 융자사업 등을 수행
예산	세입 = 세출예산	세입 = 세출예산	조성 > 운용
확정 절차	부처 예산 요구 기획재정부 예산 편성 국회 심의 · 의결 확정	좌동	기금관리 주체 운영계획(안) 수립 기획재정부 장관 협의, 조정 국회 심의 · 의결 확정
집행 절차	합법성에 입각해 통제 (예산의 목적 외 사용 금지)	좌동	합목적성 차원에서 상대적으로 자율성과 탄력성을 보장
수입 지출	특정 수입과 지출 연계 배제	특정 수입과 지출의 연계	특정 수입과 지출의 연계
계획 변경	추가경정예산 편성	좌동	주요 항목 지출 금액의 20% 이상 변경 시 국회 의결 필요 (금융성 기금의 경우 30%)
결산	국회 결산 심의 승인	좌동	좌동

자료: 기획재정부 홈페이지 내용을 바탕으로 재구성.

국가재정법은 기존의 예산회계법과 기금관리기본법을 통합해 기금과 예산을 동일한 관리 시스템으로 일원화하였다. 즉, 기금관리 주체는 회계연도마다 기획재정부 장관이 시달하는 지침에 따라 작성한 기금운용계획안을 국가재정법 제66조에 따라 기획재정부에 제출하고, 제출된 기금운용계획안은 기획재정부 장관과 협의, 국무회의 심의 및 대통령 승인을 거쳐 매년 회계연도 개시 120일 전까지 국회에 제출해야 하며, 국회의 심의 및 결산과정은 예산과 동일한 절차를 거친다.

기금으로 운용되는 사업은 일반회계, 특별회계 사업과 중복되는 경우가 있고, 무원칙하게 설립되는 등 방만하고 자의적인 지출 가능성이 존재해 재정적자의 주요 원인이 될 수 있으므로 매년 기금의 운용 실태를 점검 · 평가하고,[4] 결과를 국회에 제출

4) 기금 운용의 투명성과 효율성을 제고하고, 기금 정책 수립 및 제도개선에 기여하기 위해 2000년부터 기금운용 평가를 실시하고 있는데, 평가지표는 자산 운용 체계, 자산 운용 정책, 자산 운용 집

하도록 규정하고 있다(국가재정법 제82조).

(3) 중앙정부 기금의 현황

우리나라 중앙정부의 기금은 총 68개가 존재한다. 사회보험성 기금 6개, 계정성 기금 5개, 금융성 기금 8개, 사업성 기금 49개로 구성되어 있다(〈표 1-4〉 참조).

〈표 1-4〉 기금의 구분

구분	기금명	소관 부처
사회보험성 (6개)	교육부(1)	사립학교교직원연금기금
	국방부(1)	군인연금기금
	인사혁신처(1)	공무원연금기금
	보건복지부(1)	국민연금기금
	고용노동부(2)	고용보험기금, 산업재해보상보험 및 예방기금
계정성 (5개)	기획재정부(3)	공공자금관리기금, 복권기금, 외국환평형기금
	농림축산식품부(1)	양곡증권정리기금
	금융위원회(1)	공적자금상환기금
금융성 (8개)	기획재정부(1)	산업기반신용보증기금
	산업통상자원부(1)	무역보험기금
	중소벤처기업부(1)	기술보증기금
	금융위원회(5)	농림수산업자신용보증기금, 농어가목돈마련저축장려기금, 신용보증기금, 예금보험기금채권상환기금, 주택금융신용보증기금
사업성 (49개)	대법원(1)	사법서비스진흥기금
	기획재정부(3)	대외경제협력기금, 국유재산관리기금, 기후대응기금
	교육부(1)	사학진흥기금
	과학기술정보통신부(2)	과학기술진흥기금, 정보통신진흥기금
	과기부 · 방통위(1)	방송통신발전기금
	과기부 · 원안위(1)	원자력기금(연구개발계정/안전규제계정)
	외교부(2)	국제교류기금, 국제질병퇴치기금
	통일부(1), 국방부(1)	남북협력기금/군인복지기금
	산업통상자원부(3)	방사성폐기물관리기금, 전력산업기반기금, 산업기술진흥 및 사업화촉진기금
	문화체육관광부(6) 문화재청(1)	관광진흥개발기금, 국민체육진흥기금, 문화예술진흥기금, 언론진흥기금, 영화발전기금, 지역신문발전기금/문화재보호기금

행, 자산 운용 성과로 구분되어 평가된다. 평가 결과는 탁월, 우수, 양호, 보통, 미흡, 아주 미흡 등 6등급으로 구분된다(기획재정부, 기금운용평가보고서).

보건복지부(2)	국민건강진흥기금, 응급의료기금
농림축산식품부(6)	농산물가격안정기금, 농어업재해재보험기금, 농지관리기금, 농업・농촌공익기능증진직접지불기금, 자유무역협정이행지원기금, 축산발전기금
환경부(5)	금강수계관리기금, 낙동강수계관리기금, 영산강・섬진강수계관리기금, 한강수계관리기금, 석면피해구제기금
고용노동부(3)	근로복지진흥기금, 임금채권보장기금, 장애인고용촉진 및 직업재활기금
국토교통부(2)	주택도시기금, 자동차사고피해지원기금
해양수산부(1)	수산발전기금
법무부(1)	범죄피해자보호기금
중소벤처기업부(2)	중소벤처기업창업 및 진흥기금, 소상공인시장진흥기금
여성가족부(2)	양성평등기금, 청소년육성기금
국가보훈부(2)	보훈기금, 순국선열애국지사사업기금

자료: 기획재정부(2023). 『나라살림 예산개요』에서 재구성.

(4) 지방자치단체의 기금

지방자치단체의 재정 활동도 특정한 분야의 사업에 대해 지속적이고 안정적인 자금 지원이 필요한 경우에 예산과는 별도로 직접 기금을 조성해 운용할 수 있다. 즉, 지방자치단체는 행정 목적을 달성하기 위한 경우나 공익상 필요한 경우에는 재산을 보유하거나 특정한 자금을 운용하기 위한 기금을 설치할 수 있다(지방자치법 제159조 제1항). 따라서 지방자치단체의 기금은 복잡다양하고 급변하는 현실에서 지방자치단체의 특수한 행정 목적 실현 및 공익적 필요에 따라 예산 총계주의 원칙의 일반적인 제약, 즉 세입・세출예산에 의하지 않고, 특정 사업을 위한 특정 자금을 보유・운용하는 것으로 이해되는 지방자치단체의 비전형적 지출이다(Schick, 1986: 3-19). 이러한 지방자치단체의 기금은 1962년에 처음으로 주민을 구호하기 위한 생활보호기금이 설치・운용된 후 다양한 기금이 확대 설치되었다(안용식・강동식・원구환, 2006: 496).[5)]

지방자치단체의 기금은 일반회계 또는 특별회계로 사업을 하는 것이 곤란한 경우

5) 자치단체 기금의 연도별 변화 추이(결산 기준)는 다음과 같다.

구분	2013	2014	2015	2016	2017	2018	2019	2020	2021	2022
기금 수(개)	2,391	2,380	2,364	2,312	2,323	2,316	2,403	2,400	2,413	2,431
조성액(조 원)	16.0	16.4	17.2	16.2	33.6	32.4	40.8	38.8	48.2	56.3

자료: 행정안전부(2023). 『지방자치단체 통합재정 개요』.

에만 설치할 수 있으며, 법률에 의하여 지방자치단체에 재정적 부담이 되는 기금을 설치하고자 하는 경우 소관 중앙행정기관의 장은 기금 신설의 타당성 심사를 위하여 미리 행정안전부 장관과 협의해야 하고, 행정안전부 장관이 중앙행정기관의 장과 기금 설치에 관한 협의를 하는 경우에는 관련되는 지방자치단체의 의견을 들어야 한다(지방자치단체 기금관리기본법 제3조).[6] 또한 지방자치단체가 기금을 신설하여 운용하고자 하는 경우에는 기금의 존속 기한을 당해 조례에 명시하여야 한다. 다만, 법률에 따라 의무적으로 설치·운용되는 기금과 지방공기업법에 따른 지역개발을 위한 기금은 존속 기한을 명시하지 아니할 수 있다. 기금의 존속 기한은 기금의 설치 목적을 달성하기 위하여 필요한 최소한의 기간으로 설정하여야 하며, 그 기간은 5년을 초과할 수 없다. 존속 기한을 넘어서까지 기금을 존치할 필요가 있을 때에는 조례를 개정하여 5년의 범위에서 기금의 존속 기한을 연장할 수 있는데, 이 경우 지방재정법에 따른 지방재정계획심의위원회의 심의를 거쳐야 한다. 지방자치단체의 장은 기금의 존속 기한 및 통합·폐지에 관한 사항 등을 포함한 5년 단위의 기금정비계획을 매년 작성하여, 이를 지방재정법에 따른 중기지방재정계획에 반영하여야 한다(동법 제4조).

지방자치단체의 기금은 다양한 형태로 분류할 수 있으나, 설치 목적 및 법률의 근거 여부에 따라 구분해 볼 수 있다.

우선, 설치 목적에 따라 사업 및 관리기금, 융자성 기금, 적립성 기금으로 분류할 수 있다. 첫째, 사업 및 관리기금은 특정한 목적 사업을 수행하는 데 필요한 자금을 사용하기 위해 조성된 자금을 관리·운용하는 기금(지역문화진흥기금 등)을 의미한다. 둘째, 융자성 기금은 일정한 자금을 조성해 특정한 부문에 대한 융자 기능을 수행하는 기금(중소기업육성기금 등)을 의미한다. 셋째, 적립성 기금은 장래의 지출에 대비해 원금을 이식하는 등 자금을 적립하는 기금(재난관리기금 등)을 의미한다.

다음으로, 지방자치단체의 기금은 법령의 근거 여부에 따라 중앙정부의 개별 법령에 의해 설치되는 기금(법정 기금)과 지방자치단체 행정 목적 달성 또는 공익상 필요에 의해 지방자치단체의 조례로 설치되는 기금(자체 기금)으로 구분된다. 중앙정부의 개별 법령에 의해 설치된 기금의 예로는 중소기업진흥에 관한 법률에 의한 중소벤처기업창업 및 진흥기금, 식품위생법에 의한 식품진흥기금, 양성평등기본법에 의한 양성평등기금, 국민체육진흥법에 의한 체육진흥기금, 재난 및 안전관리 기본법에 의

6) 국가재정법에서는 예산과 기금을 통합 관리하고 있는 데 비해, 지방자치단체의 기금은 지방재정법 이외에 지방자치단체 기금관리기본법에서 별도 관리하고 있다.

한 재난관리기금, 국민기초생활보장법에 의한 자활기금 등이 있다. 또한 지방자치단체가 지방자치법에 근거해 조례로 설치한 기금이 존재한다.7)

(5) 연금

연금이란 미래의 생활 경제적 위기를 예방하기 위해 현재의 경제적 이익 일부를 적립했다가 일정한 기간이 지난 후에 지급받는 급여를 의미한다. 특히 미래의 경제적 위협으로부터 개인의 삶을 보호하는 생활보장 수단이며, 미래 노후 세대에 대한 젊은 세대의 부담을 완화할 수 있는 제도다.

연금은 크게 개인이 운영 주체가 되는 사적연금과 국가 또는 법률로 정한 특수법인이 운영 주체가 되는 공적연금으로 구분된다. 공적연금은 흔히 4대 연금이라 불리는 공무원연금, 군인연금, 사학연금, 국민연금이 해당되는데, 사회보험성 기금(Social Security Fund)의 성격을 지니고 있다(〈표 1-5〉 참조).

〈표 1-5〉 4대 공적 연금제도의 운영 현황

구분				공무원연금	군인연금	사학연금	국민연금
근거				공무원연금법 (1960)	군인연금법 (1963)	사립학교교직원 연금법(1975)	국민연금법 (1988)
가입 대상				공무원	장기부사관 및 장교	사립학교 교원 및 사무직원	18세 이상 60세 미만 일반 국민
주무부처				인사혁신처	국방부	교육부	보건복지부
관리기관				공무원 연금공단	국방부	사립학교교직원 연금공단	국민연금공단
지출액 전망치 (억 원)	2022년		592,869	201,300	36,557	45,928	309,085
	2023년		651,174	219,795	38,290	51,089	342,000
	2024년		700,614	233,535	39,774	54,405	372,900
	2025년		753,616	251,060	41,302	57,684	403,570
수입 지출 전망 (조 원)	2030	수입	116.6	19.5	2.1	5.4	89.6
		지출	95.7	26.3	4.6	5.3	59.5
	2040	수입	118.2	21.1	2.3	5.3	89.5
		지출	149.1	33.3	5.7	6.6	103.5

자료: 국회예산정책처(2020.7). 『4대 공적연금 장기 재정전망』에서 재구성.

7) 지방자치단체의 자체 기금은 913개(전체 기금의 37.6%)로 9조 7,375억 원 규모이며, 법정 기금은 1,518개(전체 기금의 62.4%)로 46조 6,426억 원 규모이다(행정안전부, 2023년도 지방자치단체 통합재정 개요).

우리나라에 처음 도입된 공적연금은 1960년의 공무원연금을 시작으로 군인연금(1963년)과 사립학교 교직원연금(1975년), 그리고 국민연금(1988년)이다. 국민연금은 일반 국민을 대상으로 하며, 공무원연금, 군인연금, 사립학교 교직원연금은 특수직 종사자를 대상으로 하는데, 가입과 탈퇴가 자유로운 사적연금과는 달리 해당자가 의무적으로 가입하도록 되어 있다.

연금 재정과 관련하여 문제가 되는 것은 시간이 지날수록 수지불균형이 발생한다는 점이다. 연금을 부담하는 인구보다 혜택을 받는 은퇴 인구가 급증하게 되면 연금 재정의 수지 균형이 악화되고, 국민의 재정부담이 가중된다.

2 용도별 분류: 세입 및 세출예산

예산은 재원 조달 및 배분이라는 관점에서 세입예산과 세출예산으로 구분된다.

세입예산(revenue budget)은 재원 조달의 원천을 의미하며 조세수입과 세외수입 등으로 구성되는데, 세입예산에서 표시된 금액은 절대적인 개념이 아니다. 예정된 수치보다 많이 거둘 수도 있고 적게 거둘 수도 있다. 세입예산에 표시된 금액과 정확히 일치되는 수입은 사실상 불가능하며, 법적으로도 반드시 지켜야 할 사항은 아니다. 세입예산은 정부가 공적 목적 달성을 위해 거둬들이고자 하는 예정된 수입액을 미리 추정한 것에 불과하다. 세입예산은 법적 구속력이 없지만, 계획 대비 징수 실적이 일치할수록 재원 조달계획의 정확성이 확보될 수 있다.

세출예산(expenditure budget)은 조달된 재원을 바탕으로 정부 활동에 소요되는 비용을 분야별로 배분해 놓은 것이다. 실제 정부 활동은 세출을 통해 공적 목적을 실현할 수 있기 때문에 세출예산의 합리적 편성은 매우 중요하며, 어떤 분야에 예산을 배분하는가에 따라 정부 정책의 우선순위를 파악할 수 있고, 국가재정운용의 중장기적 추진 방향을 파악할 수 있다. 또한 법제도적 관점에서 세출예산은 정부가 편성하고 국회의 의결을 거쳐 확정된 예산이며, 사용 목적이 명확히 정해진 것으로 반드시 지켜야 할 사항이다. 따라서 세입예산보다는 세출예산의 법적 구속력이 강하다.8)

---

8) 우리나라와 일본, 독일, 프랑스 등은 예산에 세입예산과 세출예산이 모두 포함되나, 영국과 미국 등은 세출예산만으로 예산이 성립한다. 세출예산 외에 세입예산을 포함하고 있는 이유는 세출예산의 중요성을 인정하되, 세입의 확실성 여부와 충분성 여부를 판단하기 위함이다. 영국과 미국의 경우는 세입법(Revenue Act)의 제정으로 세입예산을 대신하고, 예산은 세출예산 하나만으로 구성된다. 또한 대부분의 국가가 세입 및 세출예산 모두 단일예산으로 구성하는 데 비해, 미국의 예산은 소관

〈표 1-6〉 중앙정부 일반회계 세입예산과 세출예산의 기본 구조

<table>
<tr><th colspan="6">[세입예산]</th></tr>
<tr><th colspan="5">구분</th><th>○○○○년</th></tr>
<tr><td rowspan="15">국세</td><td colspan="4">국세 합계</td><td>xxxx</td></tr>
<tr><td rowspan="13">내국세</td><td rowspan="5">직접세</td><td colspan="2">소득세</td><td>xxxx</td></tr>
<tr><td colspan="2">법인세</td><td>xxxx</td></tr>
<tr><td colspan="2">상속세</td><td>xxxx</td></tr>
<tr><td colspan="2">증여세</td><td>xxxx</td></tr>
<tr><td colspan="2">종합부동산세</td><td>xxxx</td></tr>
<tr><td rowspan="5">간접세</td><td>일반소비세</td><td>부가가치세</td><td>xxxx</td></tr>
<tr><td rowspan="2">개별소비세</td><td>개별소비세</td><td>xxxx</td></tr>
<tr><td>주세</td><td>xxxx</td></tr>
<tr><td rowspan="2">유통소비세</td><td>인지세</td><td>xxxx</td></tr>
<tr><td>증권거래세</td><td>xxxx</td></tr>
<tr><td rowspan="3">목적세</td><td colspan="2">교통 · 에너지 · 환경세*</td><td>xxxx</td></tr>
<tr><td colspan="2">교육세</td><td>xxxx</td></tr>
<tr><td colspan="2">농어촌특별세</td><td>xxxx</td></tr>
<tr><td colspan="4">관세</td><td>xxxx</td></tr>
<tr><td rowspan="9">세외수입</td><td colspan="4">세외수입 합계</td><td>xxxx</td></tr>
<tr><td colspan="4">재산수입</td><td>xxxx</td></tr>
<tr><td colspan="4">경상이전수입</td><td>xxxx</td></tr>
<tr><td colspan="4">재화 및 용역판매수입</td><td>xxxx</td></tr>
<tr><td colspan="4">수입대체경비수입</td><td>xxxx</td></tr>
<tr><td colspan="4">관유물매각대</td><td>xxxx</td></tr>
<tr><td colspan="4">융자 및 전대차관원금 회수</td><td>xxxx</td></tr>
<tr><td colspan="4">세계잉여금</td><td>xxxx</td></tr>
<tr><td colspan="4">정부 내부수입 및 기타</td><td>xxxx</td></tr>
<tr><td colspan="5">합계</td><td>○○○,○○○</td></tr>
</table>

[세출예산]	
구분	○○○○년
1. 일반 · 지방행정	xxxx
2. 공공질서 및 안전	xxxx
3. 통일 · 외교	xxxx
4. 국방	xxxx
5. 교육	xxxx
6. 문화 및 관광	xxxx
7. 환경	xxxx
8. 사회복지	xxxx
9. 보건	xxxx
10. 농림수산	xxxx
11. 산업 · 중소기업 · 에너지	xxxx
12. 교통 및 물류	xxxx
13. 통신	xxxx
14. 국토 및 지역 개발	xxxx
15. 과학기술	xxxx
16. 예비비	xxxx
합계	○○○,○○○

* 교통 · 에너지 · 환경세는 1994년부터 목적세로 시행되어 왔으나, 재정 운영의 경직성을 초래해 교통 · 에너지 · 환경세를 폐지하고 개별소비세에 통합(2025년 1월 1일 시행).

별로 별개의 법률로 구성되어 13개의 세출예산법이 성립된다(윤영진, 2010: 22-23).

1) 예산의 세입 및 세출예산

(1) 일반회계의 세입 및 세출예산

중앙정부 일반회계의 세입예산과 세출예산은 〈표 1-6〉과 같이 구성되는데, 기본적인 특징은 다음과 같다.

첫째, 예산 총액은 항상 일치한다. 일반회계의 세입예산과 세출예산은 예정된 수치이므로 수입과 지출의 금액은 동일하게 계획된다.

둘째, 일반회계의 경우, 납세자의 조세 부담과 혜택 간에는 대응 관계가 성립하지 않는다. 예를 들어, 500만 원의 세금을 납부했다고 정부로부터 500만 원의 혜택을 받았다고 규정하기 어렵다. 납세자의 세금 납부 금액과 수혜자의 혜택 관계를 명확하게 특정하기 어렵다.

셋째, 일반회계의 세입예산과 세출예산의 총액은 같지만, 세입예산의 개별 항목 금액이 세출예산의 개별 항목 금액과 일치하는 것은 아니다. 즉, 일반회계의 세입과 세출예산 항목은 상호 연계되지 않고 상이한데, 법인세 항목의 금액이 세출예산의 어떤 항목으로 지출되었는지를 확인하기도 어렵다.

〈표 1-7〉 지방자치단체 일반회계 세입예산과 세출예산의 기본 구조

[세입예산]

구분		○○○○년
자체수입		xxxx
	지방세수입	xxxx
	세외수입	xxxx
의존수입		xxxx
	지방교부세	xxxx
	보조금	xxxx
	지방채 및 예치금 회수	xxxx
합계		○○○,○○○

[세출예산]

구분	○○○○년
1. 일반 · 지방행정	xxxx
2. 공공질서 및 안전	xxxx
3. 교육	xxxx
4. 문화 및 관광	xxxx
5. 환경	xxxx
6. 사회복지	xxxx
7. 보건	xxxx
8. 농림수산	xxxx
9. 산업 · 중소기업 · 에너지	xxxx
10. 교통 및 물류	xxxx
11. 국토 및 지역 개발	xxxx
12. 과학기술	xxxx
13. 예비비	xxxx
합계	○○○,○○○

다음으로, 지방자치단체 일반회계의 세입 및 세출예산의 기본적 구조를 살펴보면 〈표 1-7〉과 같다. 조세는 국세와 지방세로 구분되기 때문에, 지방자치단체의 세입예산 항목은 중앙정부 일반회계 세입 항목과 상이하다. 그러나 중앙정부의 기능이라 할 수 있는 통일·외교, 국방, 통신을 제외하고, 지방자치단체의 세출 항목(13개)은 중앙정부와의 행정 기능 통합을 위해 동일하게 구성되어 있다.

(2) 특별회계의 세입 및 세출예산

중앙정부나 지방자치단체의 특별회계는 모두 특정 세입예산으로 특정 세출예산에 충당하는 형태로 이뤄지기 때문에, 세입예산과 세출예산과의 연계가 일반회계보다 강하다. 예를 들어, 중앙정부가 우편사업으로 거둔 세입예산은 우편사업에만 사용되며, 지방자치단체가 지방상수도요금으로 거둬들인 지방상수도 세입예산은 지방상수도사업에만 사용된다.

2) 기금의 조성 및 운용

기금은 정부가 특정한 목적을 위해 특정한 자금을 신축적으로 운용할 필요가 있을 때 법률로써 설치되며, 국가정책 목적 달성을 위해 일반회계 세출예산의 일반적인 제약으로부터 벗어난 탄력적인 운용이 필요할 때 설치된다. 중앙정부나 지방자치단체의 기금은 일정한 기간 동안에 재원을 축적(조성)하고, 조성된 재원 일부를 미래의 특정 목적을 위해 사용(운용)한다. 따라서 기금의 경우는 세입, 세출예산이라는 용어를 사용하지 않고 조성, 운용이라는 용어를 사용한다.

기금은 예산과는 달리 일정한 재원을 조성했다가 차후에 운용하기 때문에 조성과 운용 규모는 일치하지 않으며, 조성 규모가 운용 규모보다 큰 특징을 지니고 있다(조성 > 운용). 예를 들어, 〈표 1-8〉에서 보는 바와 같이 기금은 매년 수입과 지출이 발

〈표 1-8〉 기금의 조성 및 운용 구조

구분	조성액(A)				운용액(B)				순조성액 (A-B)	총 조성 규모
	a1	a2	a3	계	b1	b2	b3	계		
Y	500	300	200	1,000	200	100	100	400	600	600
Y+1	500	350	250	1,100	350	150	100	600	500	1,100
Y+2	600	400	300	1,300	400	200	200	800	500	1,600
Y+3	700	450	350	1,500	550	250	300	1,100	400	2,000

생하게 되는데, Y년에 1,000원이 들어오고, 400원이 사용되었다면, 600원이 남게 된다. 마찬가지로 Y+1년에 1,100원이 들어오고, 600원이 사용되면, 500원이 남게 되는데, Y년에 남은 돈 600원과 합쳐 1,100원이 남게 된다. 따라서 기금의 경우는 조성액이 운용액보다 많은 구조를 지니고 있으며, 매년 적립된 순조성액이 누적되면 총 조성 규모가 된다. 특히 매년 조성액보다 운용액이 많을 경우 기금은 총 조성 규모가 감소하게 되고, 결국에는 기금이 존립하기 어렵게 된다.

또한 기금은 특별회계와 마찬가지로 특정 행정 목적을 수행한다는 점에서 공통점을 지니지만, 특별회계가 예산으로 편성·집행되는 데 비해, 기금은 조성된 금액을 사용한다는 점에서 차이가 있다.

3 과정별 분류: 본예산, 수정예산, 추가경정예산, 준예산

1) 예산 제출 시기에 따른 분류

예산을 분류할 때 예산이 행정부에 의해 입법부에 제출되는 시점, 입법부에 제출되었으나 의결이 확정되기 이전의 시점, 확정된 예산을 집행할 때 기존 예산을 변경하는 시점에 따라 예산의 명칭이 상이하다.

첫째, 행정부는 예산을 편성하여 입법부에 제출하게 되는데, 행정부가 입법부에 제출하는 예산을 본예산 혹은 당초예산이라고 한다. 본예산은 다음 연도의 예산을 미리 추정하여 편성한 것으로, 국가 정책의 집행을 위한 재정계획서라 할 수 있다. 우리의 경우, 행정부가 예산을 편성하여 입법부에 회계연도 개시 120일 전까지 제출하도록 규정하고 있다(국가재정법 제33조).

둘째, 정부는 예산안을 국회에 제출한 후 국회에서 최종 의결되기 이전에 부득이한 사유로 인하여, 그 내용의 일부를 수정하고자 하는 때에는 국무회의의 심의를 거쳐 대통령의 승인을 얻은 예산안을 다시 국회에 제출할 수 있는데, 이를 수정예산(修正豫算)이라 한다(국가재정법 제35조).

셋째, 예산이 확정된 이후에 이미 확정된 예산을 변경할 필요가 있는 경우에 행정부는 추가적인 예산을 편성하여 국회에 제출할 수 있는데, 이를 추가경정예산(追加更正豫算)이라 한다. 확정된 예산을 변경할 사유란 ① 전쟁이나 대규모 자연재해가 발생한 경우, ② 경기 침체, 대량 실업, 남북 관계의 변화, 경제 협력과 같은 대내·외 여건에 중대한 변화가 발생하였거나 발생할 우려가 있는 경우, ③ 법령에 따라 국가가 지급하여야 하는 지출이 발생하거나 증가하는 경우 등이다. 그러나 정부는 국회에서 추가경정예산안이 확정되기 전에 이를 미리 배정하거나 집행할 수 없다(국가재정법 제89조). 추가경정예산을 엄격하게 규정하고 있는 것은 국민의 재정 부담을 완화하고, 계획적인 예산 집행을 도모하기 위함이다.

2) 예산 불성립에 따른 분류

예산 불성립이란 행정부에서 제출한 예산안이 의회에서 최종 심의·확정되지 못한 상태를 의미한다. 행정부는 예산 편성 권한을 가지고 있지만, 행정부에 의해 편성된 예산안을 최종 확정 의결하는 권한은 의회에 있다. 따라서 의회가 예산안을 의결하지 않으면 행정부는 예산을 집행할 수 없다. 그러나 예산 불성립은 국가재정 활동의 마비를 초래하므로 이에 대비할 수 있는 제도적 장치가 마련되고 있는데, 대표적인 예산제도가 준예산, 가예산, 잠정예산 제도다.

준예산은 전년도 예산을 기준으로 임시 예산을 편성해 운영하는 것을 의미하며, 가예산은 1개월 단위로, 잠정예산은 수개월 단위로 임시 예산을 편성해 운영하는 제도다. 가예산과 잠정예산은 국회의 의결을 얻어야 하지만, 준예산은 국회의 의결을 거치지 않아도 된다.

우리의 경우, 제1공화국 때 가예산을 사용했으나, 현재는 준예산을 활용하고 있다. 즉, 정부는 국회에서 부득이한 사유로 회계연도 개시 전까지 예산안이 의결되지 못한 때 전년도 예산에 준해 예산을 편성해 운영할 수 있으며(헌법 제54조 제3항), 준예산에 따라 집행된 예산은 당해 연도의 예산이 확정된 때에는 그 확정된 예산에 따라 집행된 것으로 본다(국가재정법 제55조). 그러나 준예산의 경우는 모든 예산을 편성해 집행할 수 있는 것이 아니라 ① 헌법이나 법률에 의해 설치된 기관 또는 시설의 유지·운영, ② 법률상 지출 의무의 이행, ③ 이미 예산으로 승인된 사업의 계속 등에 한정된다(헌법 제54조 제3항).

예산 불성립의 시점은 헌법에서 규정하고 있는데, 국가재정법에서 규정한 예산안 의결 시점과 다르다. 즉, 국가재정법에서는 행정부가 제출한 예산안을 국회에서 회계연도 개시 30일 전(12월 2일)까지 의결하도록 규정하고 있지만, 헌법에서는 예산 불성립의 조건을 회계연도 개시 전까지(12월 31일까지)를 기준으로 하고 있다.

의회의 예산 확정 기간을 법적으로 설정한 이유는 중앙정부의 예산이 확정되어야 예산 집행 준비작업(예산 배정), 지방자치단체에 교부하는 교부금과 보조금 등을 확정할 수 있기 때문이다. 중앙정부의 국회 예산 의결 기한을 회계연도 개시 30일 전, 광역자치단체의 경우는 회계연도 개시 15일 전, 기초자치단체의 경우는 회계연도 개시 10일 전까지(지방자치법 제142조)로 규정한 것은 중앙과 지방의 합리적 재정 분담 관계를 전제로 한 것이므로 법적 기한을 준수하는 것이 중요하다.

4 대상별 분류

1) 소관별 분류(조직별 분류)

소관별 분류는 예산을 정부조직에 따라 분류하는 것인데, 우리의 경우는 크게 독립기관과 중앙관서로 구분된다. 즉, 국가재정법 제6조에서는 "독립기관"이라 함은 국회·대법원·헌법재판소 및 중앙선거관리위원회를 의미하며, "중앙관서"라 함은 헌법 또는 정부조직법, 그 밖의 법률에 따라 설치된 중앙행정기관을 말한다. 국회의 사무총장, 법원행정처장, 헌법재판소의 사무처장 및 중앙선거관리위원회의 사무총장은 중앙관서의 장으로 본다.

예산 편성, 심의·의결, 집행, 결산이 정부조직별로 이뤄지고 있고, 예산을 심의·의결하는 국회의 경우도 소관 상임위원회가 행정부의 부서별로 구성되어 있기 때문에, 소관별(조직별) 분류는 독립된 행정부서의 예산 상황을 이해하는 데 유용하다.

〈표 1-9〉 소관별(조직별) 예산 분류

소관	세입예산			세출예산		
	Y	Y+1	증감	Y	Y+1	증감
01. 대통령실	xxxx	○○○○	±	xxxx	○○○○	±
02. 대통령경호처	xxxx	○○○○	±	xxxx	○○○○	±
03. 국회	xxxx	○○○○	±	xxxx	○○○○	±
⋮						
11. 기획재정부	xxxx	○○○○	±	xxxx	○○○○	±
12. 교육부	xxxx	○○○○	±	xxxx	○○○○	±
13. 과학기술정보통신부	xxxx	○○○○		xxxx	○○○○	
⋮						
42. 통계청	xxxx	○○○○	±	xxxx	○○○○	±

2) 기능별 및 사업별 분류

기능별 분류는 정부가 수행하는 기능을 중심으로 예산을 분류하는 방식이다. 기능별 분류 방식은 첫째, 국방, 경제, 복지, 환경 등 정부가 수행하는 기능에 얼마만큼의 예산을 배분하고 있는가를 나타내는 분류 방식으로, 시민들이 가장 쉽게 이해할 수 있는 예산 분류 방식이다. 기능별 분류 방식을 시민을 위한 분류라고 칭하는 것은 이러한 이유 때문이다. 둘째, 기능별로 예산이 배분되기 때문에 예산참여자(시민, 관료, 국회의원 등)들의 입장에서는 정부가 어떤 기능에 우선적인 정책순위를 설정하고 있는가를 알 수 있다. 셋째, 세입보다는 정부가 예산을 어느 곳에 배분하는가에 초점을 맞추고 있기 때문에 세입예산보다는 세출예산의 분류에 적합한 분류 방식이다.

우리의 경우도 기능별 분류 방식을 도입하고 있는데, 정부 기능을 16개 분야로 구분하고, 이를 다시 68부문으로 세분화해 운영하고 있다. 또한 중앙정부의 기능과 지방자치단체 기능은 〈표 1-6〉과 〈표 1-7〉에서 살펴본 바와 같이 상호 연계되어 있다.[9] 기능별 분류 방식은 기능적 범주의 계층에 따라 분야, 부문, 프로그램, 단위사업, 세

[그림 1-2] 기능별, 사업별 분류 방식의 예시

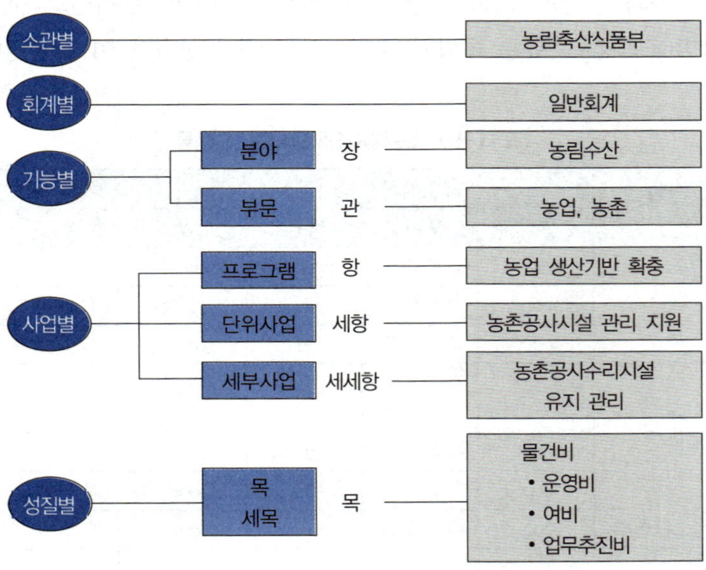

9) 국제 기준에서도 지출을 기능별로 구분하는데, IMF는 정부재정통계편람(GFSM)에 의하여 13개 분야로, OECD는 UN이 제시한 분류에 의하여 10개 분야로 구분한다(한국재정정보원, 2019: 124).

부사업 등으로 구성되는데, 사업별 분류는 프로그램(정책사업), 단위사업, 세부사업에 따라 예산을 분류한다. 품목별 분류의 항, 세항, 세세항에 해당하는 것으로 세입보다는 세출예산 분류에 적합한 방식이다([그림 1-2] 참조).

3) 품목별 분류(성질별 분류)

일반적으로 예산 과목은 장, 관, 항, 세항, 목으로 구분되는데, 품목별 분류는 예산을 지출 대상별로 분류하는 것으로 예산 과목상의 목에 해당한다. 특히 지출 대상의 성질에 따라 인건비, 물건비, 이전지출, 자산취득, 상환지출, 전출금 등, 예비비 및 기타 등으로 구분되고 있기 때문에 성질별 분류라고도 한다. 품목별 분류는 예산 과목 중에서 목에 해당하는 항목을 중심으로 분류하기 때문에 정부가 어떤 대상에 얼마만큼을 지출하는가에 초점을 맞추게 된다. 인건비, 물건비, 자산취득 등 지출 항목별 예산의 투입 정도를 파악하는 데 유용한 투입 중심의 예산 분류 방식이다.

그러나 품목별 분류 방식은 정부 부처의 인건비와 물건비가 얼마인가를 파악하는 데는 효과적이지만, 정부 부처의 기능별, 사업별 예산 배분과 성과를 이해하기에는 한계가 있는 분류 방식이다.[10] 즉, 지출 대상 품목별 금액을 확인하고 통제하기 용이하지만, 예산 투입에 따른 성과를 이해하는 데는 한계가 있다.

세입세출예산은 독립기관 및 중앙관서의 소관별로 구분하고, 소관 내에서 일반회계·특별회계로 구분한 후 세입예산은 그 내용을 성질별로 관·항으로 구분하며, 세출예산은 그 내용을 기능별·성질별 또는 기관별로 장·관·항으로 구분한다. 예산의 구체적인 분류 기준 및 세항과 각 경비의 성질에 따른 목의 구분은 기획재정부 장관이 정한다(국가재정법 제21조). 특히 세입예산의 관·항·목의 구분과 설정, 세출예산 및 계속비의 장·관·항·세항·목의 구분과 설정, 국고채무부담행위의 사항 구분은 기획재정부 장관이 정하는 바에 따른다(동법 시행령 제7조).

따라서 세입 과목은 관, 항, 목으로 구분되며, 세출예산은 장, 관, 항, 세항, 목으로 구

10) 통제 위주의 투입적 분류 체계를 개선하기 위해 사업별 예산제도(program budget)에서는 다음과 같이 분류 체계로 전환함으로써, 자율적 사업 위주의 예산 편성과 책임 및 성과를 지향하고 있다.

과목	입법 과목			행정 과목		
품목별	장	관	항	세항	(세세항)	목
사업별	분야	부문	정책사업	단위사업	(세부사업)	편성목
	기능별		사업별			성질별

〈표 1-10〉 품목별 예산 분류 체계

구분		OOOO년 예산
100 인건비	110 인건비	xxxx
200 물건비		xxxx
	210 운영비	xxxx
	220 여비	xxxx
	230 특수활동비	xxxx
	240 업무추진비	xxxx
	250 직무수행경비	xxxx
	260 연구용역비	xxxx
	270 안보비	xxxx
300 이전지출		xxxx
	310 보전금	xxxx
	320 민간 이전	xxxx
	330 자치단체 이전	xxxx
	340 해외 이전	xxxx
	350 일반출연금	xxxx
	360 연구개발출연금	xxxx
400 자산 취득	410 건설보상비	xxxx
	420 건설비	xxxx
	430 유형자산	xxxx
	440 무형자산	xxxx
	450 출자금	xxxx
	460 지분취득비	xxxx
500 상환지출	510 상환지출	xxxx
600 전출금 등	610 전출금 등	xxxx
700 예비비 및 기타	710 예비비 및 기타	xxxx

분된다. 이 경우 장, 관, 항은 입법 과목으로서 국회의 심의 및 의결 대상이 되는 과목이며, 세항, 목은 행정 과목으로 일정한 요건 하에 행정부의 재량에 의해 관리되는 예산 과목이다.

품목별 분류와 기능별 분류 방식은 함께 활용되기도 하는데(〈표 1-11〉 참조), 세로축에 기능 및 사업을 기술하고, 가로축에 지출 대상 품목을 기술하는 것은 품목별 분류 방식의 단점을 극복하는 데 도움이 될 수 있다. 즉, 지출 대상별로만 예산을 파

〈표 1-11〉 소관, 회계, 기능, 성질별 분류의 통합

분류	세분류	사업별	예산			성질별(품목별)				
			당해 연도	전 년도	증감	인건비	물건비		……	
						인건비	운영비	여비	……	……
소관별		해양수산부								
회계별		일반회계								
기능별	분야	교통 및 물류								
	부문	해운 · 항만								
사업별	프로그램	신항만 개발								
	단위사업	부산항 개발								
	세부사업	부두 개발								

악하는 것이 아니라 사업별로 예산을 파악함으로써 어떤 사업에 얼마만큼의 예산이 배분되었는가를 파악할 수 있고, 사업 성과를 측정하는 데도 용이한 방식이다.

4) 경제 성질별 분류

경제 성질별 분류는 예산을 경제적 성격에 따라 구분하는 방식인데, 이는 정부의 재정정책을 이해하는 데 매우 유용한 방식이다. 즉, 정부의 수입, 지출이 국민경제나 국민소득의 기본적 구성 요소인 소득, 소비, 저축, 투자 등에 어떠한 영향을 미치고 있는가를 파악하려는 방식이다.

경제 성질별 분류는 국민계정[11]과 연계해 분류하는 방식으로 국민계정에서는 정부총지출을 크게 정부소비지출, 정부투자지출(총고정자본 형성), 정부이전지출 등으로 구분한다(원구환, 2009a: 115-132).

첫째, 정부소비지출은 정부 활동에 필요한 재화와 용역 구입에 소요된 비용을 의미하는데, 공무원 급여나 비품 구입은 정부소비지출로 간주된다.

둘째, 정부투자지출은 정부의 자본재 구입과 투자 지출에 소요된 비용을 의미하는데, 도로, 항만, 교량, 공공시설 건설은 정부투자지출로 간주된다.

---

11) 국민계정(National Accounts)이란 일정 기간 국민경제의 모든 구성원이 이룩한 경제활동의 성과와 국민경제 전체의 자산과 부채 상황을 정리한 것으로, 기업의 재무제표에 비견되는 국가의 재무제표라 할 수 있다. 국민계정은 국민소득통계, 산업연관표, 자금순환표, 국제수지표, 국민대차대조표 등의 통계로 구성된다(이종수, 2009). 국민계정은 제도 부문별로도 나누어 작성되는데, 생산 활동의 결과를 기업, 정부, 개인 등 경제 주체별로 구분해 보여 주기 때문에, 산업구조 변화, 경제정책 변화 등이 경제 주체 각각의 성과나 채산성 등에 미치는 효과를 분석하는 데 활용될 수 있다.

셋째, 정부이전지출은 보조금, 경상이전지출, 자본이전지출, 사회보장금 등으로 구성되는데, 정부가 직접적으로 자원을 활용하지 않고 사회계층 간의 자원재배분에 소요되는 경비다. 실업수당이나 사회보장기부금과 같이 정부가 반대급부 없이 지급하는 경비이므로, 정부이전지출은 소득 재분배적 목표를 지니고 있다.

따라서 정부소비지출과 정부투자지출은 정부 활동에 필요한 투입 및 자본재 구입에 소요되는 소모적 경비(exhaustive expenditure)인데 비해, 정부이전지출은 자원재배분에만 영향을 미치는 비소모적 경비(non-exhaustive expenditure)라 할 수 있다.[12] 그러나 경제 성질별 분류에 따르면, 소모성 경비만을 정부 지출로 인정하는 경우와 비소모성 경비까지도 정부 총지출에 포함시켜야 한다는 논쟁이 대립되고 있다. 즉, 정부소비지출과 정부투자지출은 정부가 직접적으로 자원을 소비하는 행위이므로 정부지출에 포함되지만, 정부이전지출은 사회계층 간의 자원재배분에 관련된 것이므로 정부이전지출은 정부 지출에 포함되어서는 안 되며, 포함되면 정부 총지출 규모가 과대 팽창된다고 한다(Bird, 1971). 반면에 정부이전지출도 조세에 의해 충당되는 것이므로, 정부 총지출에 포함시켜야 한다는 주장이 대립하고 있다(Peacock & Wiseman, 1961).

경제 성질별 분류는 어떤 용도로 지출되었느냐에 따라 정부소비지출, 정부투자지출, 정부이전지출로 구분하는 분류 방식으로 세입예산보다는 세출예산의 분류에 적합한 분류 방식이다. 따라서 경제 성질별 분류 방식은 정부의 예산이 국민경제에 미치는 영향을 파악할 수 있고, 정부의 재정 및 경제정책을 수립하는 데 중요한 기준이 되는 분류 방식이다.

그러나 경제 성질별 분류 방식만으로 재정 및 경제정책을 수립하는 데 한계가 있으며, 정부의 지출이 실제 소득 배분이나 산업 부문에 미친 파급 효과 측정이 사후에 가능하기 때문에, 지출의 적시적 효과를 파악하기 어려운 단점이 있다.

5 거래별 분류: 예산총계 및 예산순계

예산총계와 예산순계의 개념은 회계 간에 중복 거래되는 금액을 포함할 것인가의 여부에 따라 구분되는데, 중복 거래되는 금액을 포함하면 예산총계, 중복 거래되는

12) 중앙정부와 지방정부의 재정지출과 국민소득과의 관계를 연구한 결과(주만수, 2001: 139-164)에 의하면, 중앙정부의 경우, 부분적으로 국민소득과 정부 지출 간에 양방향의 인과 관계가 존재하며, 지방정부의 경우, 와그너(A. Wagner)적인 가설(국민소득이 증가함에 따라 재정지출이 증가하게 된다)의 성립이 좀 더 강하게 나타나는 것을 알 수 있다.

금액을 제외하면 예산순계라 한다. 일반적으로 회계 간에서는 독립적으로 운영하는 것이 바람직하지만, 정부는 국가재정의 효율적 운용을 위하여 필요한 경우에는 다른 법률의 규정에도 불구하고, 회계 및 기금의 목적 수행에 지장을 초래하지 아니하는 범위 안에서 회계와 기금 간 또는 회계 및 기금 상호 간에 여유재원을 전입 또는 전출하여 통합적으로 활용할 수 있다(국가재정법 제13조).[13]

예산총계와 예산순계의 개념을 좀 더 쉽게 이해하기 위해 간단한 회계 간의 거래 사례를 예시하면 〈표 1-12〉와 같다.

〈표 1-12〉 회계 간 거래 중복 사례

일반회계			특별회계	
국방	30		특정 사업	40
경제	40			
복지	20			
전출금	10	→	전입금	10
계	100		계	50

일반회계에서 특별회계로 전입된 경우를 상정해 볼 수 있는데,[14] 예를 들어, 일반회계 100원 중에서 10원이 특별회계로 전입된 경우 10원이 일반회계와 특별회계에도 포함될 수 있다. 일반회계 규모는 100원이지만, 특별회계에 10원을 전출함에 따른 규모는 90원인데 비해, 특별회계는 일반회계로부터 10원이 전입되어 규모가 40원에서 50원으로 증가되었다. 따라서 일반회계 100원, 특별회계 50원으로 계상하면 총 예산 규모는 150원이 되는데, 실제로는 140원이라 할 수 있으므로 거래 간에는 중복이 발생하게 된다. 따라서 중복 거래를 포함하지 않는 예산순계 기준으로는 140원이지만, 중복 거래를 포함하는 예산총계 기준으로는 150원이 된다.

---

13) 회계 간 전출입이 제한되는 특별회계와 기금은 우체국보험특별회계, 국민연금기금, 공무원연금기금, 사립학교교직원연금기금, 군인연금기금, 고용보험기금, 산업재해보상보험및예방기금, 임금채권보장기금, 방사성폐기물관리기금, 그 밖에 차입금이나 부담금관리 기본법 제2조의 규정에 따른 부담금 등을 주요 재원으로 하는 특별회계와 기금 중 대통령령이 정하는 특별회계와 기금은 제외된다(국가재정법 제13조 단서 규정).

14) 특별회계에서 일반회계로 전입되는 경우도 존재하는데, 가장 대표적인 것은 정부기업예산법상의 특별회계이다. 즉, 우편사업특별회계, 우체국예금특별회계, 양곡관리특별회계, 조달특별회계의 경우 필요하다고 인정할 때에는 국무회의의 심의를 거쳐 대통령의 승인을 받아 결산의 결과 생긴 적립금 및 잉여금의 전부 또는 일부를 일반회계에 전입할 수 있다(정부기업예산법 제21조 단서).

국가재정법 제17조에서는 예산총계주의 원칙을 제시하고 있는데, 한 회계연도의 모든 수입을 세입으로 하고, 모든 지출을 세출로 계상하도록 규정하고 있다. 모든 지출을 계상함으로써 전체 정부 재정을 파악하기 위한 규정이지만, 회계 간에 동일한 재원이 중복 계산되는 문제가 발생하게 된다. 정부 예산의 실질적 규모를 이해하는 데는 순계 기준이 타당하지만, 일반회계와 특별회계가 어떻게 독립적으로 사용되었는지를 이해하는 데는 총계 기준이 설득력이 있다.

6 공공 부문의 범위와 통합재정

1) 공공 부문의 범위

(1) 공공 부문의 총괄적 개념

공공 부문이란 일반적으로 정부를 의미하는데, 정부는 다시 중앙정부와 지방정부로 구분해 볼 수 있다. 그러나 공공 부문의 개념을 정부로 한정할 경우 정부가 출자·출연해 사실상 지배하고 있는 기관에 대한 고려가 생략될 수 있다. 따라서 공공 부문의 개념은 정부 이외에 정부가 출자·출연해 사실상 지배하고 있는 기관까지지도 포함되어야 하는데, 어느 범위까지 포함시킬 것인가는 국가마다 다르고 이에 따라 공공 부문의 규모가 상이하게 나타난다.

우리의 경우, 2007년부터 제정 시행된 공공기관의 운영에 관한 법률에 따라 정부가 출자·출연해 사실상 지배하고 있는 범주를 공공기관으로 통칭하고 있기 때문에, 정부 부문과 공공 부문의 개념을 구분할 필요가 있다. 즉 정부 부문은 중앙정부와 지방정부를 포함하고, 공공 부문은 정부 부문과 공공기관(중앙 및 지방 공공기관)을 포괄하는 개념으로 이해하는 것이 필요하다. 중앙정부의 공공기관은 공기업, 준정부기관, 기타공공기관으로 구분되며, 지방정부의 공공기관은 지방공사, 지방공단, 지방출자기관, 지방출연기관 등이 포함된다.

(2) UN의 공공 부문 분류 체계

UN은 공공 부문의 분류 체계에 대해 1993년 SNA(System of National Accounts) 지침을 발간한 이후 2008년 개정했는데, 제22장에 '일반정부와 공공 부문'이라는 별도의 장을 신설했다(UN, 2008).

2008년 UN의 SNA 지침에 따르면, 독립된 제도 단위(institutional unit) 가운데 정부 지배 유무에 따라 공공 부문과 민간 부문으로 구분한 후 다시 공공 부문을 경제적으로 의미 있는 가격(economically significant price) 여부에 따라 일반정부와 공기업으로 분류하고 있다. 이를 좀 더 구체적으로 설명하면 다음과 같다(UN, 2008).

첫째, 공공 부문을 구분하는 우선적인 기준은 경제적 실체가 제도 단위인지의 여부를 확인하는 것이다. 제도 단위는 자신의 명의로 자산을 소유하고 부채를 부담할 수 있으며, 경제 활동 및 다른 실체와의 거래 활동을 수행할 수 있는 경제적 실체를 지칭한다. 공공 부문을 구분하는 우선적 기준인 독립된 제도 단위는 크게 기업(corporation), 준기업(quasicorporation), 비영리기관(nonprofit institutions), 정부 단위(government units) 등으로 구분된다.

둘째, 제도 단위가 공공 부문에 해당하는지를 판단한다. 2008 SNA에서는 특정 제도 단위가 정부 단위에 의해 지배 또는 통제(control)[15]될 경우 이를 공공 부문으로 간주한다. 공공 부문과 민간 부문을 판단하는 기준으로는 ① 직접 소유에 의한 지배, ② 소유 이외의 방법에 의한 지배(특별한 법령과 규제, 임원의 임면권 등을 통한 지배) 등인데, 두 방법 중 하나라도 인정되면 공공 부문으로 편제된다.

셋째, 공공 부문에 속하는 제도 단위는 시장성 유무에 따라 일반정부와 공기업으로 분류된다. 분류 기준인 시장성 유무는 공공 제도 단위에 의해 생산된 산출물이 '경제적으로 의미 있는 가격(economically significant price)'으로 판매되었는지 여부를 판단함으로써 결정되는데, 판매수입이 여러 해에 걸쳐 평균적으로 최소한 생산원가의 1/2이 되는 경우 공기업으로 편제된다. 공기업에 대한 정부의 지배권 판단지표로는 ① 과반수 이상의 소유권 보유 여부, ② 이사회 또는 기타 지배구조에 대한 통제 여부, ③ 주요 임원에 대한 임면권 보유 여부, ④ 기관의 주요 위원회 및 기타 지배기구의 운영 및 정책 결정권 보유 여부, ⑤ 황금주(golden shares) 및 주식매수 청구권 등 보유 여부, ⑥ 사업 영역 및 요금정책 등에 대한 규제와 통제 여부, ⑦ 정부가 생산물에 대한 유일한 수요자인 경우(수요 독점) 등 지배적 고객으로서의 영향력 행사 여부, ⑧ 정부로부터의 차입에 의한 통제 여부 등이다.

따라서 UN의 지침에 따르면, 공공 부문은 일반정부와 공기업으로 분류되는데, 공공 부문의 분류 체계와 범주를 요약하면 [그림 1-3]과 같다.

15) 지배 또는 통제란 어떤 경제적 실체의 전반적 정책을 결정할 수 있는 권한을 의미한다.

[그림 1-3] 공공 부문의 분류 체계도

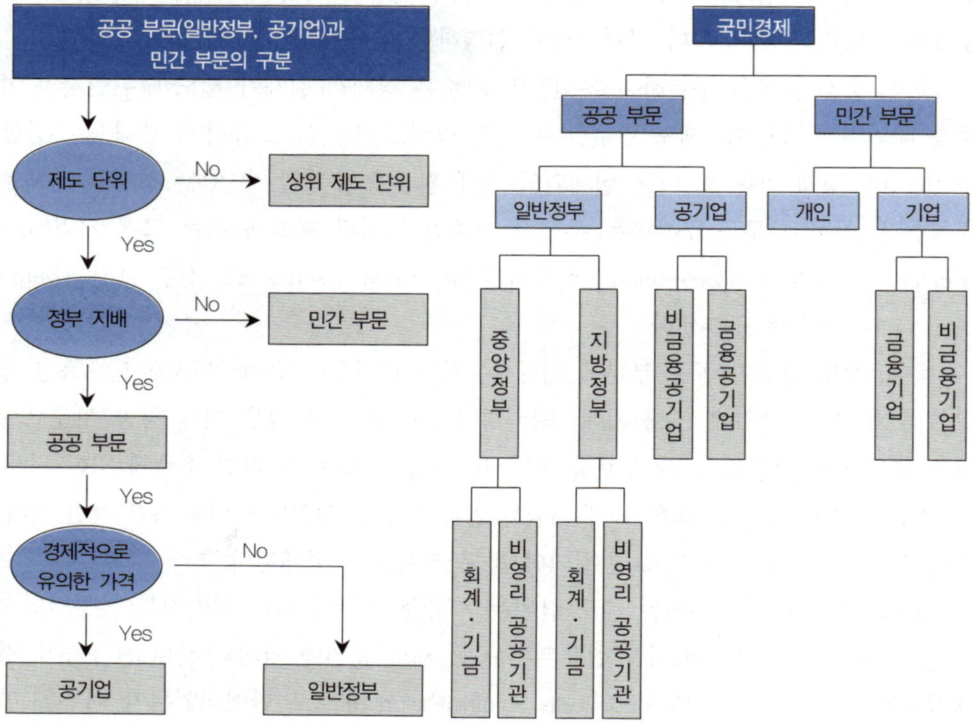

2) 통합재정

(1) 통합재정의 의미

통합재정이란 일반회계·특별회계·기금을 모두 포괄한 정부 전체 재정 활동을 의미한다.[16] IMF는 1974년 재정통계 작성 기준인 「정부재정통계편람(A Manual on Government Finance Statistics: GFSM)」을 발간했고, 세계 각국은 IMF의 권고에 따라 매년 통합재정 통계를 작성·제출함으로써, 각국 재정 운용 결과의 국제적인 비교가 가능해졌다. 제출된 자료는 IMF의 「GFS Year Book」에 수록되는데, 우리나라는 IMF의

16) 통합재정과 관련된 내용은 디지털 예산회계시스템(http://www.digitalbrain.go.kr)에서 발췌했다. 디지털예산회계시스템은 한국재정정보원에서 관리하고 있는데, 디지털예산회계시스템을 안정적으로 운영·관리하고 국가재정 관련 정책의 개발을 지원함으로써 국가재정 업무의 발전에 이바지하고, 디지털예산회계시스템의 수출 등 재정정보화 분야의 국제협력을 강화함으로써 국제사회의 재정정보화에 이바지함을 목적으로 하고 있다.

권고에 따라 1979년부터 연도별로 통합재정 통계를 작성했고, 1994년부터는 분기별로, 1999년 7월부터는 월별로 작성 · 공표하고 있다.

통합재정은 일반회계, 특별회계, 기금을 포괄하며, 회계 · 기금 간 내부거래와 국채 발행, 차입, 채무 상환 등 수지차 보전을 위한 보전거래를 세입과 세출에서 각각 제외해 작성한다. 통합재정에서는 정부의 거래를 세입과 세출, 그리고 보전재원 등 세 부분으로 구분해 파악하고 있는데, 여기서의 세입과 세출은 통상적인 정부 회계상의 세입, 세출과는 개념이 다르다.

〈표 1-13〉 통합재정에서 수입 및 지출의 분류

수입			지출			비고
세입 ①	경상수입	조세수입	세출 ②	경제 성질별	기능별	① – ②
		세외수입		경상지출	국방 ⋮ 경제	
	자본수입	자본재 매각수입		자본지출		
보전수입 ③	국채 발행 수입, 차입		보전지출 ④	국채 상환		보전재원 (③ – ④)
융자회수 ⑤	융자금 및 출자금 회수		융자지출 ⑥	융자금 및 출자금 지출		순융자 (⑤ – ⑥)

자료: 디지털 예산회계시스템(http://www.digitalbrain.go.kr)에서 재구성.

정부 회계(예산서 및 결산서)에서는 회계연도 내의 모든 수입과 지출을 세입과 세출로 파악하지만, 통합재정에서는 정부의 수입을 세입, 보전수입, 융자회수로, 지출을 세출, 보전지출, 융자지출로 구분하고 있다.[17)]

통합재정의 세입에서는 정부로 유입되는 수입 중 비상환성 수입만이 세입으로 기록되고, 상환성 수입인 국채 발행 수입, 차입 등은 세입으로 분류되지 않고 보전수입으로 분류된다. 세입은 다시 경상수입과 자본수입으로 구분되는데, 자본수입에서는 자본재를 매각해 발생한 수입금이 포함되고, 경상수입에는 조세수입과 재산수입, 수수료 등 세외수입이 포함된다.

통합재정의 세출 및 순융자는 정부의 모든 비상환성 지출을 포함하며, 경제 성질별, 기능별로 나눠 작성된다. 경제 성질별 분류에서는 정부 세출이 거래의 경제적 성

17) 〈표 1-13〉에서 ①－②, ⑤－⑥의 값이 +이면 수입이 지출보다 많은 형태이지만, ③－④의 값이 +이면 국채 발행을 통해 재원을 조달했음을 의미한다.

격에 따라 경상지출, 자본지출 등으로 구분되고, 기능적 분류에서는 정부 지출 목적에 따라 국방, 교육, 경제사업 등으로 구분된다.

보전 재원의 크기는 세입에서 세출 및 순융자를 뺀 차와 같으며, 유동성 목적의 상환성 수입 · 지출 거래가 포함된다. 따라서 정부의 예금 및 현금 보유, 화폐 발행이나 정부 예수금 이외의 정부 채무, 정책적인 목적보다는 유동성 차원에서 정부가 보유하고 있는 금융자산 등의 거래는 보전 거래에 해당된다. 또한 보전재원은 국내 자금 수요와 여타 경제 부문이 사용할 수 있는 자금 규모에 영향을 미친다.

(2) 통합재정의 유용성과 한계

통합재정의 유용성을 살펴보면 다음과 같다.

첫째, 국가 전체의 분야별 재정지출 규모 및 재정수지의 파악을 통해 국가 전체 재원의 배분 모습과 국민경제에 미치는 영향 등의 분석이 가능해짐에 따라 전략적 재정정책 수립에 기여할 수 있다.

둘째, 재정건전성을 판단하는 데 유용하다. 통합재정은 정부 부문의 총 재정 규모에 대한 파악이 가능하고, 내부거래와 보전거래를 제외함으로써 순수한 재정 활동의 규모 파악이 가능하다. 예산에서는 '세입 = 세출'이 균형을 이뤄 재정 운용의 건전성을 파악하기 곤란하나, 통합재정에서는 재정적자의 보전 또는 흑자 처분을 위한 거래는 제외되므로 재정의 건전성 판단이 가능하다.

셋째, 정부의 수입 · 지출이 경상 및 자본 거래로 구분되므로, 통합재정을 통해 정부 소비, 저축, 총고정자본 형성 등의 추정이 가능하며, 거시계량모형을 이용한 정부 재정 활동의 국민경제적 효과에 대한 분석을 가능하게 한다.

넷째, 재정 운용에 따른 금융 거래를 금융기관, 기타 민간, 해외 등 경제 부문별로 구분 파악함으로써, 재정 부문이 통화 효과에 미치는 영향을 분석할 수 있으며, 공통적 · 객관적 기준에 의한 재정수지의 산출을 통해 지방자치단체간 재정수지 비교도 가능해져 지방정부의 건전한 재정운영을 유도할 수 있다.

그러나 통합재정에서는 융자 지출도 재정수지의 적자 요인으로 파악한다는 한계를 가지고 있다. 융자 지출은 회수되는 시점에서는 흑자 요인이 된다는 점에서 순환적인 적자의 성격을 가지고 있음에도 불구하고, 이를 당해 연도의 적자 요인으로 보고 이를 기초로 재정 운용의 건전성을 판단하는 것은 다소 무리라고 할 수 있다.

(3) 총지출 규모와 통합재정 규모

총지출 규모는 일반회계, 특별회계, 기금의 지출에서 회계와 기금 간 내부거래 및 채무 상환 등의 보전거래를 제외하고, 융자(회수)수입을 차감하지 않은 정부 지출 규모로서 다음과 같이 측정된다.

정부 총지출 규모 = 경상지출 + 자본지출 + 융자지출

통합재정 규모는 일반회계, 특별회계, 기금의 지출 규모에서 내부거래, 채무 상환 등을 차감해 측정된다. 통합재정 규모를 통해 정부 부문의 재정 규모 파악이 가능하고, 내부거래와 보전거래를 차감함으로써 순수한 재정 활동의 규모를 파악할 수 있다. 정부의 순재정 활동 규모를 측정하기 위해 융자 거래와 기업특별회계를 총계 개념이 아닌 순계 개념으로 파악하므로 총지출 규모보다 규모가 작다. 통합재정 규모는 지출의 관점에서 파악되기 때문에, 순융자의 개념은 융자회수에서 융자 지출을 차감하는 것이 아니라 융자지출에서 융자회수를 차감한다.

정부 통합재정 규모 = 지출(경상지출+자본지출) + 순융자(융자지출−융자회수)

총지출 규모 > 통합재정 규모

(4) 통합재정수지와 관리재정수지

통합재정수지란 당해 연도의 일반회계, 특별회계, 기금을 모두 포괄한 수지로서 회계-기금 간 내부거래 및 차입, 채무 상환 등 보전거래를 제외한 순수한 재정수입에서 순수한 재정지출을 차감한 수치를 의미한다.

통합재정수지 = 세입(경상수입+자본수입)−{(세출) + 순융자(융자지출−융자회수)}

관리재정수지란 재정건전성 여부를 명확히 판단하기 위해 통합재정수지에서 사회보장성 기금 수지를 제외한 것으로 측정된다.

관리재정수지 = 통합재정수지−(사회보장성 기금[18] 수지)

18) 사회보장성 기금 수지는 국민연금기금, 사립학교교직원연금기금, 고용보험기금, 산업재해보상보험 및 예방기금이 포함된다.

통합재정수지는 당해 연도 정부의 흑자 또는 적자 규모를 의미하며, 관리재정수지는 사회보장성 기금 수지를 제외한 정부의 흑자 또는 적자 규모를 의미한다. 따라서 재정이 경제에 미치는 영향은 통합재정수지를 기준으로, 재정건전성은 관리재정수지를 기준으로 판단한다.

〈표 1-14〉 통합재정수지 및 관리재정수지 현황 및 전망

(단위: 조 원)

구분	2023	2024	2025	2026	2027	2028	2029	2030
총수입	571.2	604.5	649.4	683.4	716.8	749.6	783.0	816.7
총지출	607.6	655.2	689.3	724.2	756.6	787.8	820.3	853.4
통합재정수지 (GDP 대비 비율)	−36.4	−50.6	−39.9	−40.9	−39.8	−38.2	−37.3	−36.7
관리재정수지 (GDP 대비 비율)	−86.2	−99.9	−85.7	−83.3	−79.1	−76.6	−72.9	−69.3

자료: 국회예산정책처(2023.10). 『2023~2032년 NABO 중기재정전망』.

정부 예산의 규범과 기능

제 1 절 정부 예산의 규범과 원칙

1 정부 예산의 규범

1) 정부 예산의 규범

국가재정법 제1조에서는 정부 예산 운영의 일반적 규범으로 효율적이고, 성과 지향적이며 투명한 재정 운용과 건전재정의 기틀을 확립하고, 재정 운용의 공공성을 증진하도록 규정하고 있다.

첫째, 정부의 예산은 효율적이어야 한다. 정부는 한정된 자원을 바탕으로 행정수요에 대응해야 하므로, 한정된 자원을 적재적소에 배분해 최적의 효율성을 도모할 필요가 있다. 정책 우선순위에 따라 자원을 최적으로 배분해 효율성을 극대화하고, 불필요한 경비와 같은 비효율적 예산 운용을 지양해야 한다.

둘째, 정부의 예산은 성과지향적이어야 한다. 정부는 예산을 집행해 공익적 목적 달성과 시민의 복리 증진을 도모해야 한다. 성과지향적이라는 의미는 투입 중심적 예산 운용이 아니라 결과지향적 예산 운용을 의미하며, 배분된 재원의 합법적 지출보다는 지출된 결과에 초점을 맞추어야 한다.

셋째, 정부의 예산은 투명해야 한다. 정부의 예산은 국민의 세금으로 충당되므로 국민의 입장에서 운영되어야 한다. 예산과 관련된 정보를 공개함으로써 국민의 알 권리를 충족시키고 세금 가치를 구현해야 한다.

넷째, 정부의 예산은 건전해야 한다. 정부의 예산은 사기업과 달리 영리를 추구하지 않으며, 수입과 지출이 적정하게 균형을 이뤄야 한다. 물론 차입 등을 통해 레버리지 효과를 거양할 수 있다면 적자예산을 편성해도 무방하지만, 적자예산은 미래의 상환 부담을 고려해 상환 능력에 따라 추진되어야 한다.

다섯째, 정부 예산의 운용은 공공성을 증진해야 한다. 즉, 정부 예산은 민간기업 예산과 목적, 수단, 파급효과 측면에서 차이가 난다. 우선, 목적적 측면에서 정부의 예산은 민간기업 예산과는 달리 공익적 목적을 우선시하므로, 경제적 이윤 극대화를 목적으로 하지 않는다. 정부의 예산은 공공재를 공급하므로, 세금 지불 양에 관계 없이 모든 국민의 복지를 위해 존재하며, 현 세대와 미래 세대와의 균형된 혜택을 전제로 운영된다. 또한 정부 예산은 수단적 측면에서 민간기업 예산과 차이가 난다. 정부 예산은 국민의 세금으로 충당되며, 세금은 조세법률주의에 입각해 강제적으로 징수된다. 정부 예산은 민간기업과는 달리 정치 및 행정 과정을 통해 세금의 가치(value for money)를 구현하게 된다. 아울러 민간기업과는 달리 정부의 예산은 사회경제 전반에 걸쳐 영향을 미치므로, 정부의 예산 범위와 파급 효과는 민간기업에 비해 상대적으로 크다.

2) 쉬크의 예산 규범

쉬크(Allen Schick)는 예산의 핵심적 개념이 통제, 관리, 계획의 관점으로 변천되어 왔음을 주장했다(Schick, 1971). 즉, 초기의 예산은 지출 대상 항목별로 예산액을 한정함으로써 행정부의 자의적인 예산집행을 통제하고 지출의 적법성을 확보하는 데 초점을 두었으나, 관리 개념이 부각되면서 집행된 예산의 능률적 활용에 초점을 두었다는 것이다. 그리고 단년도 중심의 예산을 중장기적 시각에서 운영함으로써, 계획과 예산을 통합하는 방향으로 이행되었다고 주장했다. 초기 개념은 품목별 예산제도, 성과주의 예산제도, 계획예산제도를 이해하는 데는 유용했다.

그러나 통제, 관리, 계획 중심의 예산 개념에 대해 쉬크(Schick, 1998)는 다시 총량적 재정 규율, 배분적 효율성, 운영적 효율성이라는 개념으로 수정해 예산 규범을 새롭게 정의했는데, 이를 구체적으로 살펴보면 다음과 같다.

첫째, 중장기적 관점에서 총 재원의 범위를 설정할 필요가 있는데, 총액을 결정한다는 것은 정부의 세입 능력을 초과해서 세출 규모를 결정함에 따른 재정건전성의 위기를 극복하기 위함이다. 세입 중심의 예산보다는 세출 중심의 예산을 강조하고, 현 세대와 미래 세대와의 형평성을 중시하는 규범이다.

둘째, 총량의 범위 내에서 정책적 우선순위에 따라 예산지출을 결정해야 한다. 정책적 우선순위를 통해 한정된 재원을 효율적으로 배분하는 것은 선심성 예산 배분이나 땜질식 예산 배분(계획 없이 그때그때 상황에 따라 임의적으로 배분)을 극복해 예산의 가치 및 재원 배분의 효율성을 높이기 위함이다.

셋째, 미시적 관점에서는 투입비용의 최소화와 산출의 극대화를 통한 능률적 운영을 도모해야 한다는 것이다. 총량적 지출한도와 전략적 우선순위에 따른 예산 배분과 더불어 예산 운영상의 비효율성을 제거해야 한다.

오늘날 대부분의 국가에서 지출해야 할 총액을 결정하고, 총액의 범위 내에서는 자율적인 예산 편성 권한을 부여하고 있으며, 예산 집행에 대해서는 단순 산출이 아닌 결과, 즉 성과 창출을 강조하고 있다. 총액 범위 내에서의 자율적 예산 편성과 책임성과 제고를 위해 사업 중심의 예산 운영을 강조하고 있다.

2 정부 예산의 원칙

예산의 원칙이란 예산 전 과정에서 준수해야 할 규범을 의미하는데, 예산 과정은 행정부 입장의 편성 및 집행, 입법부 입장의 심의·의결 및 결산 등으로 대별할 수 있으므로, 각 과정에 상응하는 원칙을 살펴보면 다음과 같다.

1) 예산 편성 및 집행상의 원칙(행정부 입장의 원칙)

국가재정법 제16조에서는 정부가 예산을 편성 및 집행할 때 준수해야 할 몇 가지 원칙을 제시하고 있는데, 이를 구체적으로 살펴보면 다음과 같다.

첫째, 정부는 재정건전성의 확보를 위해 최선을 다해야 한다. 재정건전성은 수입과 지출의 적정 균형에서 비롯된다. 수입과 지출이 균형을 이루지 못하고 수입에 비해 지출이 많은 경우 적자를 실현하게 되는데, 누적된 적자는 재정건전성을 위태롭게 할 수 있다. 차입이나 채권 발행을 통해 수입보다 지출이 많은 재정구조가 발생할 경우, 그에 상응하는 상환 능력을 고려해 운영되어야 한다.

둘째, 정부는 국민 부담의 최소화를 위해 최선을 다해야 한다. 정부의 재정지출은 그만큼 국민의 부담으로 귀결된다. 따라서 국민의 재정 부담이 수반되는 법령이나 지출에 대해서는 엄격한 법적 규제가 필요하며, 정부가 수행해야 할 기능을 명확히 정의하고, 그에 상응하는 조세를 징수할 필요가 있다.

셋째, 정부는 재정을 운용할 때 재정지출 및 조세지출의 성과를 제고해야 한다. 조세지출이란 조세 감면·비과세·소득공제·세액공제·우대세율 적용 또는 과세이연(課稅移延) 등 조세특례에 따른 재정 지원을 의미한다. 재정지출 및 조세지출은 단순히 돈을 지불하는 행위가 아니라 지출을 통해 국민의 복리 증진과 연계되어야 하며, 조세의 공평성과 사회적 형평성의 구현에 기여해야 한다.

넷째, 정부는 예산 과정의 투명성과 예산 과정에의 국민 참여를 제고해야 한다. 정부 활동에 소요되는 예산은 국민의 세금이 근간이므로, 국민이 예산의 편성, 심의·의결, 집행, 결산 과정에 모두 참여할 수 있는 제도적 공간이 마련되어야 하며, 정부의 입장에서도 예산 전 과정에 대한 투명한 공개를 도모해야 한다.

다섯째, 정부는 예산이 여성과 남성에게 미치는 효과를 평가하고, 그 결과를 정부의 예산 편성에 반영하기 위해 노력해야 한다. 과거 예산은 성인지가 부재했으나, 향후 예산은 특정 성(性)에 치우치지 않도록 예산을 배분하고, 집행의 파급 효과를 성인지의 관점에서 모색해야 한다.

여섯째, 정부는 예산이 온실가스 감축에 미치는 효과를 평가하고, 그 결과를 정부의 예산 편성에 반영하기 위해 노력해야 한다. 기후변화에 따른 환경 문제를 고려하고, 지속가능한 사회를 구현하기 위한 국가적 차원의 목표 달성을 위해 탄소중립적 관점에서 재원 배분을 모색해야 한다.

2) 입법부 입장의 원칙

(1) 예산 공개의 원칙

정부의 예산은 국민의 알 권리 신장을 위해 투명하게 공개되어야 한다. 예산 공개의 원칙은 예산이 지켜야 할 일반적인 규범일 뿐 아니라, 행정부 입장이나 입법부 입장에서 모두 우선적으로 지켜야 할 준칙이다.

국가재정법 제9조에서 "정부는 예산, 기금, 결산, 국채, 차입금, 국유재산의 현재액, 통합재정수지 및 일반정부 및 공공 부문 재정통계, 그 밖에 대통령령[1]이 정하는

1) 국가채권의 현황 및 그 변동 내역, 국가재정 운용계획, 주요 재정사업에 대한 평가 결과, 조세지출 예산서, 국가채무관리계획, 지방재정법에 따라 공시하는 항목 중 기획재정부 장관이 행정안전부 장관과 협의하여 정하는 항목 등을 의미한다(국가재정법 시행령 제5조).

국가와 지방자치단체의 재정에 관한 중요한 사항을 매년 1회 이상 정보통신매체 · 인쇄물 등 적당한 방법으로 알기 쉽고 투명하게 공표하여야 한다"라고 규정하고 있다.

또한 지방재정법 제60조에서도 지방자치단체의 장은 예 · 결산의 확정 또는 승인 후 2개월 이내에 예산서와 결산서를 기준으로 세입 · 세출예산의 운용상황(성과계획서와 성과보고서를 포함), 재무제표, 채권관리 현황, 기금운용 현황, 공유재산의 증감 및 현재액, 지역통합재정통계, 지방공기업 및 지방자치단체 출자 · 출연기관의 경영정보, 중기지방재정계획, 성인지 예산서 및 결산서, 예산 편성 기준별 운영 상황, 재정운용상황개요서, 재정건전화계획 및 이행현황, 재정건전성관리계획 및 이행현황, 투자심사사업, 지방채 발행사업, 민간자본 유치사업, 보증채무사업의 현황, 지방보조금 관련 현황, 기타 재정 운용에 관한 중요사항을 주민에게 공시하여야 한다.

(2) 예산 사전의결의 원칙

예산과 관련된 권한은 행정기관과 입법기관 간에 분립되어 있으므로, 기관 간에 상호 견제와 균형(check & balance)이 필요한데, 행정부가 편성한 예산에 대해 입법부가 통제할 수 있는 제도적 장치를 마련하여 예산의 오 · 남용을 억제할 필요가 있다. 특히 입법부의 의결 없이 행정부가 예산을 집행하는 것은 무효이며, 반드시 국민의 대표기관인 의회의 의결을 거쳐 집행되어야 한다. 그러나 준예산, 예비비 지출, 전용, 사고이월 등은 예산 사전의결 원칙의 예외가 된다.

(3) 예산 한정성의 원칙

예산의 각 항목은 상호 명확한 한계를 지녀야 한다는 원칙으로 질적 한정(목적 외 사용 금지 원칙), 양적 한정(초과 지출 및 예산 외 지출 금지 원칙), 시간적 한정(회계연도 독립의 원칙) 등을 내용으로 한다.

첫째, 목적 외 사용 금지의 원칙으로 예산은 의회에 의해 결정된 대로 예산을 집행해야 한다는 원칙이다. 세출예산에 정해진 항목대로 예산을 집행하도록 함으로써, 행정부의 자의적 해석이나 자유재량을 제한하려는 데서 비롯되었다. 따라서 입법부 우위의 입장에서 행정부를 통제하기 위해 활용되는 예산 원칙으로 예산의 집행과 관련된 것이며, 세입예산보다는 세출예산에 적용되는 원칙이다. 그러나 예산의 이용과 전용은 목적 외 사용 금지 원칙의 예외라 할 수 있다.

둘째, 예산 각 항목은 초과 지출되어서는 안 되며 예산 외 지출도 금지된다. 세입예산은 초과 및 과소 징수될 수 있으나, 세출예산은 국회의 심의 · 의결을 거쳐 확정된 예산이므로 법적 구속력이 강하며, 정해진 항목의 금액을 초과해 지출할 수 없고, 예산 외로 지출되어서도 안 된다. 이 원칙 또한 입법부 우위의 입장에서 행정부를 통제하기 위해 활용되는 예산 원칙으로 세입예산보다는 세출예산에 적용되는 원칙이다. 그러나 예산의 이체는 초과 지출 금지 원칙의 예외라 할 수 있다.

셋째, 회계연도 독립의 원칙이다.[2] 정부 예산은 일정한 기간을 정해놓고 있는데, 이를 회계연도라 한다. 우리의 회계연도는 매년 1월 1일부터 12월 31일까지이며, 각 회계연도의 경비는 그 연도의 세입 또는 수입으로 충당해야 한다(국가재정법 제2조, 제3조). 따라서 예산은 1 회계연도를 기준으로 편성, 집행되며, 매년 편성된 예산은 다음 연도와는 독립되어 있다. 그러나 예산의 이월, 계속비 등은 예외인데, 이는 1 회계연도만으로 국한되는 것이 현실적으로 어려운 예산 편성 및 집행을 다음 연도로 넘겨 사용하거나 또는 장기적인 관점에서 예산을 운영하기 위해 도입된 개념이다.

(4) 예산 총계주의 원칙(예산 완전성의 원칙)

한 회계연도의 모든 수입을 세입으로 하고 모든 지출을 세출로 하며, 세입과 세출은 모두 예산에 계상해야 한다는 원칙이다. 그러나 이러한 예산 총계주의 원칙에도 예외가 인정된다(국가재정법 제17조, 제53조).

첫째, 각 중앙관서의 장은 용역 또는 시설을 제공해 발생하는 수입과 관련되는 경비로서 대통령령이 정하는 경비(수입대체경비)에서 수입이 예산을 초과하거나 초과할 것이 예상되는 때에는 그 초과 수입을 대통령령이 정하는 바에 따라 그 초과수입에 직접 관련되는 경비 및 이에 수반되는 경비에 초과 지출할 수 있다.

둘째, 국가가 현물로 출자하는 경우와 외국 차관을 도입해 전대(轉貸)하는 경우에는 이를 세입세출예산 외로 처리할 수 있다.

셋째, 차관물자대(借款物資貸)의 경우, 전년도 인출 예정분의 부득이한 이월 또는 환율 및 금리의 변동으로 인해 세입이 그 세입예산을 초과하게 되는 때에는 그 세출예산을 초과해 지출할 수 있다.

넷째, 전대차관을 상환하는 경우, 환율 및 금리의 변동, 기한 전 상환으로 인해 원리금 상환액이 그 세출예산을 초과하게 되는 때에는 초과한 범위 안에서 그 세출예산

2) 회계연도 독립의 원칙과 예산 단년도주의는 도입 배경에 차이가 있다. 즉, 회계연도 독립의 원칙은 1 회계연도의 세출은 당해 연도의 세입으로 충당해야 한다는 재정건전성의 요청에서 비롯된 것인데 비해, 예산 단년도주의란 예산 의결은 각 회계연도마다 국회에서 해야 한다는 의회의 예산에 대한 심의권 확보 요청에서 비롯된 원칙이다(小村武, 2002: 68).

을 초과해 지출할 수 있다.

(5) 예산 통일성의 원칙

예산 통일성의 원칙이란 모든 수입은 하나의 통일된 국고로 납부되고, 통일된 국고에서 모든 세출이 이뤄져야 한다는 개념이다. 즉, 특정한 수입과 특정한 지출과의 관계를 각각 독립적으로 표시할 것이 아니고 총수입과 총지출을 통일적으로 표시해야 하며, 모든 수입은 국고에 편입되어 여기서부터 지출이 이뤄져야 한다는 원칙이다. 따라서 국고 통일의 원칙 또는 수입금 직접 사용 금지 원칙이라고도 한다.

그러나 특정 수입과 특정 지출이 상호 연계되는 특별회계, 기금, 목적세 등은 예산통일성의 원칙에서 예외라 할 수 있다.

(6) 예산 단일성의 원칙

정부의 재정 활동을 하나로 묶어야 하며 예산 편성은 1회에 한한다는 원칙이다. 그러나 우리 예산의 경우 일반회계, 특별회계, 기금 등으로 구분되어 있고, 추가경정예산을 통해 예산 편성이 재차 이뤄짐으로써 예산 편성이 1회를 초과하는 경우도 있다. 추가경정예산 등은 예산 단일성의 원칙에서 예외라 할 수 있다.

이상의 예산의 원칙과 예외 사항을 정리하면 〈표 2-1〉과 같다.

〈표 2-1〉 예산의 원칙과 예외

원칙		내용	예외
예산 공개의 원칙		국민의 알 권리 신장	국가정보원 예산
예산 사전의결의 원칙		의회의 의결 없는 예산집행은 무효	준예산, 예비비, 전용, 사고이월
예산 한정성의 원칙	질적 한정	예산의 목적 외 사용 금지	이용, 전용
	양적 한정	예산 초과 지출 및 예산 외 지출 금지	이체
	시간적 한정	회계연도 독립	이월, 계속비
예산 총계주의 원칙		모든 수입을 세입, 모든 지출을 세출	수입대체경비, 전대차관, 차관물자대
예산 통일성의 원칙		모든 수입은 국고에 편입되어 지출	기금, 목적세
예산 단일성의 원칙		정부 재정 활동의 단일화	추가경정예산

3 정부 예산과 법률

1) 예산과 법률 관계에 대한 학설

예산의 법적 성격은 학설사적 관점에서 보면 훈령설에서 시작해 승인설을 거쳐 법규범설로 발전한 것이라 할 수 있다(김명규, 1986: 15-16; 장선희, 2005: 228; 박종수, 2005: 292-293; 장용근, 2006: 223-224).

첫째, 훈령설로 예산은 단순한 견적표가 아니고, 그 자체가 행정청에 내리는 국가원수의 훈령이라고 보는 학설이다.

둘째, 승인설로 법률은 국가와 국민 사이에 효력을 가지며 쌍방의 행위를 규율한 것임에 대해 예산은 국민의 권리, 의무와는 직접 관계가 없고, 다만 국가의 재정 운영에 관해 국비의 지출 및 국가의 채무 부담에서 정부의 권한을 구속하는 것이다. 즉, 승인설의 경우는 예산의 법적 성격 자체를 부인하고, 예산의 세출은 어디까지나 행정행위로서 행정부의 국회에 대한 의사 표시에 지나지 않고, 예산은 국회가 정부에 대해 승인을 하는 것이라고 본다. 예산을 단지 형식적 의미에서의 법률로만 파악한다. 예산은 외형적으로 일반적인 입법 과정과 유사한 절차를 밟아서 수립된다 해도 단지 행정행위적 성격을 가질 뿐이고, 법규범으로서 성격을 가지지는 못하고, 아무런 권리나 의무도 발생시키지 못하며, 오로지 미래에 발생이 예상되는 수입과 지출에 대한 단순한 수치적 표현에 불과하다. 따라서 예산은 국회가 정부의 행위에 대해 사전 승인을 해 줌으로써 정부의 지출 책임을 해제하는 수단이다.

셋째, 법형식설(법규범설)로 예산은 재정행위의 준칙이며 단순한 세입세출의 견적표가 아니라 정부 행위를 규율하는 법규범이다. 따라서 예산은 국가 내부적으로 국가기관의 행위를 규율하며 1 회계연도 내의 구체적 행위를 규율한다는 점에서 일반 국민의 행위를 규율하는 일반적 법령과 차이가 있다고 하나 법률과 동종의 법규범이라고 한다. 승인설과 다른 것은 예산을 단순한 세입, 세출의 견적서로 보는 것이 아니라 정부행위를 규율하는 법규범이라고 보아 정부에 대한 예산의 구속성을 강화하는 것과, 예산은 어떠한 경우에도 국회의 의결을 거치지 않으면 성립되지 않는다는 점이다(권영성, 2001: 903).

넷째, 예산법률설로 입법권은 국회에 있고 예산의 본질 또는 재정의 민주화를 고려한다면 예산은 법률이어야 하며, 법률의 형식으로 의결되어야 한다는 것이다. 예산은 국가기관을 구속하고 국민을 구속하지 않는다는 이유로 예산과 법률과의 구별을 주장하지만, 법의 역할은 대(對)피치자 관계의 규정에 한정할 필요가 없고, 실제로도 공무원의 사무는 법률 사항으로 명시되어 있다. 또한 예산의 효력은 1년에 한정되어 법률과 같이 영속성이 없다고 하지만, 법률에도 한정적인 것이 있으며 국회가 의결한 예산은 단순한 계수의 확정이 아니라 규제 효력을 갖는 규범의 확정이라는 것이다. 따라서 예산도 법률의 형식으로 의결되어야 한다는 입장이다.

일반적으로 승인설은 예산의 구속성을 인정하고, 법규범설은 일반의 법률과의 차이를 인정하기 때문에 그 결과에서는 상반되지 않는다. 다만, 양 학설이 서로 다른 점은 법규범이라는 것을 어떻게 이해하느냐의 문제다. 일반 국민은 구속하지 않아도 국가기관을 구속하는 것은 법규범으로 해석해야 하며, 1 회계연도의 구체적 행위를 구속한 것도 역시 법규범의 성질을 잃지 않는 것이라 할 것이므로, 국법 형식으로서 예산의 내용 내지 그 법적 의미는 실질적 의미의 예산, 즉 국가재정행위의 준칙을 정하는 데 있는 것이므로 법규범설이 타당하다고 볼 수 있다.[3)]

특히 예산과 법률을 동일한 개념으로 이해할 경우 세입예산과 세출예산의 법규범성에 문제가 발생할 수 있다. 세입예산과 세출예산은 미래의 재정 활동에 대한 계획된 수치인데, 원래 의도했던 세입만큼 재원들이 들어오지 못하거나 과잉 징수된 경우, 그리고 원래 의도했던 만큼 재원을 지출하지 못했을 경우 법적으로 큰 문제가 된다. 따라서 예산과 법률을 동일한 개념으로 이해하기 어렵지만, 재정의 민주성을 확보하기 위해서라도 예산에 대한 법규범적 의미는 보장될 필요가 있다.

2) 예산과 법률의 차이

법률과 예산의 차이를 입법 절차에 준해 설명하면 다음과 같다.

첫째, 법률안은 국회의원과 정부가 발의·제출할 수 있지만, 예산안은 정부만이 제출할 수 있다. 즉, 예산편성권은 정부에 있으며, 정부가 제출한 예산을 행정부제출예산제도(executive budget)라고 한다. 또한 법률안의 발의·제출 기한은 제한이 없는데 비해, 예산안은 회계연도 개시 120일 전까지 제출해야 한다(국가재정법 제33조).

둘째, 발의·제출된 법률안에 대해 국회는 수정할 수 있지만, 제출된 예산안에 대해 국회는 정부 동의 없이는 수정이 불가능하다. 즉, 헌법 제57조에 "국회는 정부의

3) 영국, 미국, 독일, 프랑스 등은 예산을 법률 형식으로 제정하는 '예산법률주의'를 채택하고 있지만, 우리의 예산은 '비법률의 형식으로 존재하지만 법규범의 성질을 갖는' 것으로 파악하는 '예산비법률주의'를 채택하고 있다(장선희, 2005: 229).

동의 없이 정부가 제출한 지출예산 각항의 금액을 증가하거나 새 비목을 설치할 수 없다"라고 규정되어 있다. 그러나 정부의 동의가 있다면 수정은 가능하다.

셋째, 제출된 법률안과 예산안에 대한 의결권과 관련해 헌법에서는 각각 별도의 조문으로 규정하고 있다. 법률안에 대해서는 헌법 제53조에서, 예산안에 대해서는 헌법 제54조에서 각각 규정함으로써, 예산을 법률과 다른 형식으로 규정하고 있다. 또한 의결 기한과 관련해 법률안에 대해서는 제한이 없으나, 예산안에 대해서는 회계연도 개시 30일 전까지 의결해야 한다.

넷째, 의결된 법률과 예산에 대해 대외적인 효력을 인정받기 위해서는 법률안은 공포 절차를 거쳐야 하지만, 예산은 공포와 관련된 규정이 없다. 즉, 의회에서 예산안이 통과되면 바로 효력을 갖는다.

다섯째, 의결된 법률에 대해 대통령은 재의요구권[4]을 갖고 있는 데 비해, 대통령은 국회가 의결한 예산에 대해 재의 요구를 할 수 없다. 또한 국회는 정부가 제출한 예산안에 대한 심의 자체를 거부할 수 없다.

여섯째, 법률은 상황 및 입법 내용 변화에 따라 개정이 가능하지만, 예산은 한번

〈표 2-2〉 법률과 예산의 차이

구분	법률	예산
제출권 (기한)	국회의원, 정부(헌법 제52조) 제한 없음	정부(헌법 제54조 제2항) 회계연도 개시 120일 전
수정권	국회 수정 보완 가능	정부 동의 없이는 불가능(헌법 제57조)
의결권 (기한)	헌법 제53조에 별도 규정 제한 없음	헌법 제54조에 별도 규정 회계연도 개시 30일 전
공포권	공포를 통한 대외 효력(헌법 제53조)	공포 규정 없음(헌법 제54조): 의결로 확정
거부권	대통령의 법률안 재의요구권 인정 (헌법 제53조)	대통령의 예산안 재의요구권 불인정 국회의 심의거부권 불인정
개정권	개정 가능	원칙적 개정 불가능(예외: 추가경정예산)
효력	개정, 폐지 시까지는 지속	일반적으로 1년
기속	국가기관, 국민	국가기관의 재정행위
상호성	법률은 예산에 영향	예산은 법률에 영향 없음

4) 헌법 제53조에 의하면, 법률안에 이의가 있을 때에는 대통령은 재의를 요구할 수 있으며, 재의의 요구가 있을 때에는 국회는 재의에 부치고, 재적 의원 과반수의 출석과 출석 의원 3분의 2 이상의 찬성으로 전과 같은 의결을 하면 그 법률안은 법률로써 확정된다.

확정되면 임의로 변경이 불가능하다. 그러나 예산이 확정된 이후 불가피한 사유가 발생하면 정부는 추가경정예산을 편성해 예산을 변경할 수 있다.

일곱째, 효력과 관련하여 법률은 개정 및 폐지가 이뤄지기까지는 지속적인 효력을 지니는 데 비해, 예산은 일반적으로 1 회계연도에 국한된다. 물론 계속비 등은 예외로 인정되지만, 일반적으로 예산은 1년 단위의 효력을 지닌다.

여덟째, 기속 대상과 관련하여 법률은 일반 국민을 대상으로 하지만, 예산은 국가기관을 대상으로 한다. 즉, 예산은 대외 효력을 가지지 않고 오직 국가기관 내부적인 관계에서 법률에 근거한 국가작용에 소요되는 지출에 대한 권능을 부여하는 기관법적인 성격을 갖는다는 측면에서 법률과 다르다(장선희, 2005: 231-232).

아홉째, 법률은 국가의 재정행위에 영향을 미칠 수 있지만, 예산은 어떤 경우에도 법률을 개정하는 효력을 가질 수 없다. 그러나 법률에 의해 재정지출이 인정되었다 할지라도 재정지출에 필요한 예산이 없으면 실제 지출행위는 불가능하다.

3) 외국의 정부 예산과 법률

예산비법률주의를 채택하고 있는 나라는 한국과 일본이며, 예산법률주의를 채택하고 있는 나라는 미국, 영국, 독일 등이다.

우리의 재정 관련 헌법 규정은 헌법 제54조 내지 제59조에 규정되어 있다. 예산안의 심의·확정에 관한 사항(제54조 제1항), 행정부의 예산안 편성권과 국회 제출 및 의결에 관한 사항(제54조 제2항), 준예산제도(제54조 제3항), 국회의 계속비와 예비비 의결 및 지출승인권(제55조), 추가경정예산제도(제56조), 지출예산의 증액 및 비목 신설 금지 조항(제57조), 국채 모집 및 예산 외 국가 부담 계약 체결 시의 국회 동의권(제58조), 조세법률주의(제59조) 등이다. 즉, 헌법에서는 재정에 관한 주요 사항을 국회의 관장 사항으로 규정하고 있어, 의회 중심의 재정민주주의 원칙을 분명히 하고 있다.

영국의 예산법 제정 과정은 일반 입법 과정과 같다. 다만, 헌법적 관행과 의회의 개회기와 회계연도 개시기의 차이로 인한 특별 절차가 있을 뿐이다. 영국의 예산법은 정부의 예산서 제출, 하원의 예산 결의, 제1독회, 제2독회, 재무행정위원회 지출심사와 상임위원회 세법안 심사, 제3독회의 과정을 거쳐 일년 세법과 세출예산법(Appropriation Act)으로 제정된다. 세출예산법은 매년 의회의 동의를 얻어야 지출할 수 있는 지출 항목에 관한 지출 권한을 부여하는 법으로 짧은 몇 개의 조문과 부속표 A,

B, ……의 형식으로 구성된다(국회예산결산특별위원회, 2006: 13-15).

미국의 세출예산은 법률로써 성립한다. 헌법은 "국고로부터의 지출은 모두 법률로써 정해지는 세출예산에 의해서만 행하여진다"고 규정하고 있는데, 헌법에 따라 이를 규정한 법률이 세출예산법(Appropriation Act)이다. 세출예산에는 연차예산(annual appropriation)과 항구예산(permanent appropriation)이 있다. 연차예산은 매년 입법 조치를 거치며 세출예산법의 대상이 된다. 항구예산은 세출예산법 이외의 일반법에 의해 한번 입법화되면 자동적으로 지출이 허용된다. 세입은 세입법(Revenue Act)으로 제정되지만, 세입예산은 의결의 대상이 아니다. 또한 미국은 수권법(Authorization Act)이 존재하는데, 세출예산법에 세출예산을 계상하기 위해서는 미리부터 일반법에 의한 세출예산 계상의 승인을 요한다(김동건 외, 1992).

독일의 예산 규정은 독일연방공화국 기본법에 명시되어 있는데, 연방정부와 각 주의 예산 원칙을 통일하기 위한 연방 및 각 주의 예산 원칙에 관한 법률(예산원칙법)이 존재하며, 예산원칙법을 구현하기 위한 연방정부예산기본법과 주예산기본법이 있다. 독일 연방정부 예산은 재무부에서 수립하며, 연방의회에서 법률로써 확정된다.

일본의 예산 규정은 헌법 제7장에 명시되어 있는데, 재정민주주의를 선언하고, 의회와 내각이 예산 관련 권한을 분배하고 있다.

〈표 2-3〉 외국의 예산 관련 법률

국가	예산 관련 법률
영국	○ 세출예산법(Appropriation Act)
미국	○ 세입법(Revenue Act), 수권법(Authorization Act), 세출예산법(Appropriation Act)
독일	○ 독일연방공화국 기본법(1949년 5월 23일 제정; 2006년 8월 28일 개헌) 제X장 제104a조~제115조에서 재정 관련 규정
	○ 연방 및 각 주의 예산 원칙에 관한 법률(예산원칙법): 예산의 통일성 확보
	○ 연방예산기본법, 주예산기본법: 예산원칙법을 구체화하기 위해 제정된 법률
	○ 경제 안정과 성장의 촉진을 위한 법률: 건전재정 확립과 관련된 규정
일본	○ 일본국 헌법 제7장(제83조 내지 제91조) 재정민주주의를 선언하고, 예산 편성 및 제출권은 내각, 심의·의결은 국회
	○ 재정법

제 2 절 | 정부 예산의 기능

1 시장과 정부

1) 시장의 조건과 시장실패

일반적으로 시장은 다수 수요자와 공급자가 자발적 교환을 전제로 가격을 결정하는 완전경쟁체제를 의미한다. 즉, 시장은 수요와 공급의 상호작용에 의해 가격이 결정되는 체제를 의미하며, 우하향하는 수요곡선과 우상향하는 공급곡선이 교차하는 지점에서 가격이 형성되는 자율적 조정시스템이다. 이러한 시장은 완전경쟁상태, 비용증가산업, 완전한 정보, 완전한 이동성, 공공재와 외부효과의 부재를 전제로 한다.

그러나 독과점시장을 중심으로 한 불완전경쟁 산업의 존재, 비용체감산업의 존재, 공공재와 외부효과의 존재, 시장상태에 대한 불완전한 정보와 이동성의 제약은 시장으로서의 기능을 어렵게 한다(이만우, 1985: 160; Haveman, 1970). 즉, 시장의 조건을 충족시키기 못하고 시장이 제 기능을 수행하지 못하는 현상을 시장실패(market failure)라 한다. 시장실패의 유형은 다음과 같이 정리될 수 있는데, 이는 시장의 조건이 이행되지 못하는 원인과 직접적으로 연계되어 있다.

첫째, 불완전경쟁체계의 존재이다. 완전경쟁을 위해서는 다수의 생산자와 소비자가 존재하고, 모든 기업의 이윤극대화 동기와 모든 소비자의 효용극대화 동기 등을 동시에 충족시켜야 하는데, 이를 동시에 충족시키기란 쉽지 않다. 특히 자연독점형 산업의 존재는 시장실패의 원인이 된다. 자연독점형 산업이란 다액의 고정자본을 필요로 할 뿐 아니라 자본의 회전이 늦으며, 고정비가 현저하게 큰 까닭에 동업자 간의 경쟁은 파멸적 경쟁이 되기 쉬우므로 독점적 성향을 지니게 된다. 즉, 다수의 사업자가 생산을 분담하는 것보다 단일사업자가 생산을 전담하는 경우에 비용이 최소화되는 경우이다. 전기, 가스, 수도 등은 대표적인 자연독점산업으로 예시되는데, 예를 들어 수도관을 A, B, C 회사 등 다수의 사업자가 분담하여 생산할 경우 비효율적이며 파멸적 경쟁이 되기 쉽다. 이렇듯 규모의 경제가 발생하고, 자연독점적 산업의 경우에는 정부가 개입하여 재화를 공급하는 방식을 띠게 된다.

둘째, 비용체감산업의 존재이다. 즉, 어떤 산업 부문에 처음 참여한 기업이 생산량을 늘릴수록 그 기업의 단위당 생산비가 줄어든다면, 그 산업에 새로이 참여하는 기업들의 단위당 생산비는 처음 참여한 기업의 단위당 생산비보다 높을 수밖에 없다. 즉, 규모의 경제(scale of economy)는 시장실패의 한 유형이 되는데, 비용체감산업 분야에는 진입장벽이 형성되고 독과점이 형성됨으로써, 수많은 생산자가 존재해야 한다는 완전경쟁 조건을 어렵게 한다.

셋째, 공공재의 존재는 시장실패의 원인이 된다. 즉, 공공재는 집단소비성, 비경합성, 비배제성 등의 성격을 지니고 있기 때문에 시장에서의 공급은 불가능하다. 특히 대가없이 무임승차하려는 욕구가 발생하기 때문에, 정부의 개입에 의해 공급이 이루어지는 형태를 띤다.

넷째, 외부효과의 존재는 시장 내부의 가격체계에 반영되지 못한다는 것을 의미하기 때문에, 시장실패의 전형적인 사례로 예시되고 있다. 즉, 시장에서 가격을 매기기 어렵기 때문에 존재하는 현상이다. 외부성이라는 용어는 시장 내부에서 가격을 매기기 어렵고, 시장 밖에 있다는 뜻으로 이해된다.

다섯째, 완전경쟁 시장경제체제에서 자원의 효율적 배분이 이루어지기 위해서는 생산자나 소비자 등 경제 주체들이 모든 재화와 생산 요소의 현재 및 미래의 가격과 질 등에 확실하게 알고 있다는 조건이 충족되어야 한다. 그러나 현실적으로 재화나 생산 요소의 미래 가격은 물론이고, 현재의 가격이나 품질에 대해서도 완벽한 정보를 가진 경우는 드물다.

여섯째, 시장이 효율적으로 작동하기 위해서는 가격이 변화함에 따라 생산자와 소비자 모두 자신들의 생산 및 소비 행태를 자유롭게 변화시킬 수 있어야 한다. 즉, 수요의 가격탄력성이 커야 하는데, 수요의 가격탄력성이 작은 경우 시장에 의한 효율적인 자원 배분을 기대하기 어렵다.

2) 시장실패와 정부의 역할

(1) 시장실패와 정부실패

시장의 조건이 제대로 작동하지 못하는 현상을 시장실패라 할 경우 정부의 개입은 필요하게 된다. 그러나 정부 개입은 시장에 대한 개입이 아니라 시장실패에 대한 개입이어야 한다. 정부는 시장에 개입해서는 안 되며, 시장의 조건이 제대로 작동할 수 있는 여건을 마련해 주는 역할을 해야 한다. 따라서 시장실패는 정부 개입의 필요조건이 되지만 충분조건은 될 수 없다.

정부 개입이 모든 시장실패의 원인을 완전히 해결할 수 있다는 것 또한 문제이다. 오히려 정부 개입으로 인해 정부가 비대화되고, 제 기능을 충실히 이행하지 못할 수 있다. 이를 정부실패(government failure)라 하는데, 근본 원인은 정부의 내부적 문제점에서 기인한다. 시장실패의 원인 중의 하나가 외부성(externality)의 존재라고 한다면, 정부실패의 원인은 내부성(internality)에서 찾는 경향이 강하다.

시장에서 수요자와 공급자 간에는 가격이라는 교환 장치를 통해 거래가 이루어지는데, 시장 내부에서 가격으로 환산되지 못하는 문제가 발생하고, 공적인 비용과 편익을 의사 결정 과정에 반영하지 못할 경우 시장기제는 제대로 작동하지 못하게 된다. 반면에 정부는 국민과의 공적인 관계에서 공공 서비스와 재화를 교환하게 되는데, 공적인 의사결정자가 사적인 비용과 편익을 고려할 경우 정부실패의 한 유형이 발생하게 된다. 정부가 제공하는 공공 서비스와 재화는 가시적인 산출물이 아니므로 측정이 어렵고, 소비자인 국민으로부터 정확한 가격 선호를 반영하기 어렵다. 이러한 상황에서 정부 내부에서는 공공 서비스와 재화의 공급을 위한 명확한 내적 기준을 마련하기 어렵고, 내적 기준이 마련되지 못한 상태에서 사적 목표가 개입된다면 올바른 정부 역할을 기대하기 어렵다.

시장은 내적 기준들이 시장의 가격체계를 반영하고 있고, 내적 기준이 수요자와 공급자 간의 자유로운 교환에 의해 이루어지는 데 비해, 정부는 공공재의 특성으로 인해 명확한 내적 기준의 마련이 어려워 실패가 발생한다.

(2) 시장실패와 정부의 역할

정부의 재정적 역할은 크게 두 가지 맥락에서 요약될 수 있다. 하나는 자유주의자(liberalist)의 견해이고, 다른 하나는 개혁주의자(reformist)들의 견해다.

자유주의는 시장의 불완전성 문제 해결을 위해 사적 소유 제도를 보호하고, 경쟁시장을 옹호하는 고전학파 내지는 자유지상주의(libertarianism)의 전통을 이어받은 사상인데, 보수적 또는 고전적 자유주의(conservative liberalism or classical liberalism), 또는 자유방임적 자유주의로 일컬어지기도 한다. 즉, 자유주의는 사회의 기본적인 단위를 개인으로 보고 궁극적인 목적을 자유로 보는 사상으로, 인간의 개별적 합리성의 전제 위에 개별 경제 주체의 합리적 의사 결정 논리와 그 결과 나타나는 시장 현상을 중시한다. 스미스(Adam Smith)로부터 리카도(David Ricardo), 밀(John S. Mill)로 계승된 자유주의자들은 최저 수준의 경비가 최선의 경비 수준이 되고(필요악), 수입은 항상

경비(지출)와 균등해야 하며(균형예산), 과세는 기존의 경제 과정을 혼란시켜서는 안 된다(경제적 중립성)는 세 가지 원칙을 정립했다(차병권, 1981: 459-460). 이에 반해 개혁주의는 시장불완전성 문제에 대한 최선의 해결책은 불완전한 시장에 개입해 시장이 제대로 작동하도록 해 주는 것이라고 보는 케인스(Keynes)경제학의 전통을 이어받은 사상이다(우명동, 1997a: 29-30).

자유주의자들은 정부의 역할을 최소 범위에 국한시켜 '작은 정부'를 주장하고 있으며, 정부의 경제적 기능이라는 관점에서 자원의 최적 배분 기능은 받아들이고 있으나, 소득의 재분배, 경제의 안정 및 성장의 역할에 대해서는 부정적이거나 미온적이다. 반면에 케인스(John M. Keynes)를 비롯한 개혁주의자들은 시장실패의 보정 수단으로 정부 역할을 강조하며, 정부가 자원의 최적 배분, 소득의 재분배, 경제의 안정 및 성장의 역할을 적극적으로 수행해야 한다고 보고 있다. 이들의 입장을 공공재정의 3대 기능과 관련해 비교하면 다음과 같다(우명동, 1997a: 31-33).

첫째, 정부 예산은 자원 배분 기능을 수행한다. 경제학에서는 파레토 최적(Pareto optimum)이 달성될 때 자원의 최적 배분이 이뤄진다고 보며, 파레토 최적은 시장의 완전경쟁에 의해 달성된다고 본다. 그러나 시장기구는 제한된 기능만을 수행하므로 정부의 활동으로 이를 보완해야 한다. 특히 오늘날 혼합경제 체제에서는 시장기구를 통해 실현되는 자원 배분에 덧붙여 공공적 입장에서 정부가 시장에 개입하고 자원 배분 조정을 도모하고 있다(안용식 · 강동식 · 원구환, 2006: 442).

자원 배분 기능과 관련해 자유주의자들은 시장실패를 인정하고 그 보정을 위한 국가의 역할을 인정하고 있으나, 이러한 문제가 당연히, 그리고 전적으로 정부에 의해서만 해결될 수 있다는 생각은 잘못된 것이라고 주장한다. 시장실패의 명분에 의한 정부 개입도 시장 기능의 촉진에 초점을 맞춰야 한다고 보았다. 이에 반해 개혁주의자들은 시장실패에 대해 정부가 개입함으로써, 사회적 효율성을 회복할 수 있다고 보고 있다. 이러한 이들의 논리는 특정 산업에서 공적 소유를 통한 생산 과정에의 직접적 개입(각종 서비스의 공적 공급)으로까지 이어진다.

둘째, 정부 예산은 소득 분배 기능을 수행한다. 시장기구는 국민경제 전체의 생산과 효용을 어느 정도 극대화시킬 수 있으나, 국민 개인들 사이의 소득이 균등하게 분배되도록 하는 데는 무력하다. 국민경제의 궁극적 목표는 국민들의 복지 증진이고, 국민복지의 극대화는 국민 각자의 복지 수준이 일정 수준 이상으로 균등하게 유지될 때에 달성된다. 따라서 소득 분배의 불평등을 시정하고 경제적 복지의 균등화, 기회의 평등화를 달성하기 위해서는 정부 개입에 의한 소득 분배의 조정이 요구된다(이영범 · 이용삼, 1997: 3).

소득 재분배 기능과 관련해 자유주의자들은 복지 지출의 삭감을 주장할 뿐 아니라 심지어 복지 서비스까지도 시장기구를 통해 제공할 것을 주장한다. 반면에 개혁주의자들은 정부에 의한 복지 추구 및 소득 재분배를 적극적으로 추구한다.

셋째, 정부 예산은 경제의 성장 및 안정 기능을 수행한다. 즉, 정부는 시장경제를 중심으로 민간경제의 안정과 국민경제의 안정적 성장을 도모한다. 국민경제가 지향하는 목표는 완전고용, 물가 안정, 성장 촉진, 그리고 국제수지의 균형이다. 이러한 경제의 안정화 목표는 정부의 적극적 개입을 통해서만 달성될 수 있다. 국가의 경제적 역할에 대해 작은 정부를 신봉하는 경제학자들도 경제의 안정화를 위해서는 정부 개입의 불가피성을 인정하고 있다(이영범 · 이용삼, 1997: 3-4).

경제 성장 및 안정 기능과 관련해 자유주의자들은 시장에 대한 국가의 개입은 유익하기보다는 오히려 해롭다고 보고 있으며, 민간기업 경제를 그냥 내버려 두었을 때 완전고용 수준을 유지할 것이라는 전제가 깔려 있다. 반면에 개혁주의자들은 국가의 재정금융정책을 통해 총수요를 관리해 완전고용을 유지시킬 것을 주장한다. 재정수지를 국민경제의 안정화 요소(balancing factor)로 삼아 경제의 주기적 순환 변동을 조정할 수 있다고 본다.

〈표 2-4〉 자유주의와 개혁주의의 인식 차이

<table>
<tr><th colspan="2">구분</th><th>자유주의자</th><th>개혁주의자</th></tr>
<tr><td colspan="2">국가관</td><td>시장주의(반국가주의적) 국가관
사익 추구 국가(소극, 제한적 국가)</td><td>시장실패 국가관(공공재적 국가관)
사회적 이익 추구 국가(적극적 국가)</td></tr>
<tr><td colspan="2">중심 가치</td><td>자유, 시장</td><td>평등, 복지</td></tr>
<tr><td rowspan="2">시장 실패</td><td>원인</td><td>사적 소유제도나 경쟁시장을 수정하려는 인간의 인위적 노력(방해)</td><td>인간 자신의 자연적 불완전성
(인간 본성의 불완전성)</td></tr>
<tr><td>대책</td><td>완전한 인간의 시장 교환행위</td><td>국가의 계획적 개입</td></tr>
<tr><td colspan="2">인간 및 사회</td><td>자유롭고 독립적인 존재이고, 사회는 독립된 개개인들로 구성
합리적 선택을 위한 지식, 정보 보유</td><td>상대적으로 자유롭고 독립적이되, 사회에 의해 제약받는 존재
합리적 선택을 위한 지식, 정보 결여</td></tr>
</table>

자료: 우명동(1997a: 39-52)에서 재구성.

2 정부 재정의 3대 기능

1) 자원 배분 기능

자원 배분 기능이란 어떤 재화나 서비스를 어느 방법으로 얼마나 누구에게 나눠 줄 것인가를 결정하는 것이다. 이용 가능한 자원을 비효율적으로 배분한다면 자원을 효율적으로 나눴다고 볼 수 없으며, 이는 사회 전체적으로도 큰 손실이 된다. 자원의 효율적 배분은 사회 전체적으로 볼 때 매우 중요하므로, 자원 배분 기능은 효율성이라는 가치를 중시하게 된다.

예산의 기능 가운데 가장 중요한 것이 자원 배분(resources allocation)의 기능이다. 오늘날의 경제 체제에서는 시장기구를 통해 실현되는 자원 배분 이외에, 공공적 입장에서 정부가 시장에 개입하고 자원 배분의 조정을 도모할 필요성이 강조되고 있다. 정부가 행할 재화 및 서비스의 공급은 국방, 경찰, 소방, 교육, 의료, 보건위생, 환경, 상하수도, 도로, 공원, 문화 등 국민 생활에 기반을 이루는 모든 분야에 미치지만, 이러한 서비스 및 재화의 대부분은 정부의 재정 활동을 통해 공급되고 있으며, 국민의 일상생활에 필수적이다(안용식 · 강동식 · 원구환, 2006: 442).

그러나 정부가 재원을 배분할 때 우선적으로 고려해야 할 부분은 바로 재원이 한정되어 있다는 점이다. 재원이 한정되어 있기 때문에 모든 기능에 재원을 충분히 배분할 수 없는 딜레마의 상황에 처하게 된다. 특정 기능에 더 많은 재원을 배분하면 다른 기능에 대한 배분 규모를 줄일 수밖에 없게 된다.

그러면 한정된 재원을 어떻게 효율적으로 배분할 것인가? 경제학적 의미에서 본다면 파레토 효율성에서 답을 찾을 수 있다. 즉, 적어도 어떤 한 기능을 줄이지 않고서는 다른 어떤 기능이 더 증가될 수 있는 여지가 없는 상태라고 할 수 있다. 그러나 한정된 자원을 어떻게 하면 모든 구성원이 만족할 수 있는 수준에서 최적의 방법으로 배분할 것인가를 결정하는 것이 중요하다. 이러한 기준으로는 주관적 가치 판단에 따라 사람마다 다를 수 있지만, 주관적 가치가 가장 덜 개입되어 있다고 인식되어 널리 사용되는 기준이 파레토 효율성(Pareto efficiency)이다.

파레토 효율성이란 "적어도 어떤 한 사람에게 손해를 주지 않고서는 다른 어떤 사람이 더 나아질 수 있는 여지가 없는 상태"[5]로 정의된다. 파레토 효율성이라는 개념에 대해 관심을 가지는 이유는 바로 이 개념이 자원 배분 상태를 평가할 수 있는

5) the state in that no person can be made better off without other person being made worse off.

기준이 되기 때문이다(김성순, 1999: 56).[6] 즉, 자원 배분의 효율성은 무차별곡선과 지출가능선이 만나는 점이다.

무차별곡선(indifference curve)은 무차별곡선상의 모든 점들이 소비자에게 동일한 효용 수준을 가져다 주는 두 재화의 여러 가지 묶음들을 그림으로 나타낸 것이다. 즉, 무차별곡선은 지도에서 보는 등고선과 비슷한 성격을 지니고 있다. 등고선은 같은 높이를 가진 지점들을 모아 만든 곡선이라는 점에서 무차별곡선과 비슷하다.[7] 또한 지출가능선(expenditure possibility line) 혹은 예산선(budget line)은 [그림 2-1]의 대각선으로 표시되는 것으로 지출할 수 있는 총 범위를 의미한다. 대각선 AB 안쪽은 지출 가능 범위에 있지만, 대각선 AB 바깥쪽은 지출 가능 범위를 벗어나고 있다. 따라서 지출가능선 내에서 지출하는 것이 가장 바람직하다고 볼 수 있는데, 지출가능선 안쪽은 파레토 개선에 해당하며, 지출가능선상은 파레토 효율성에 해당한다. 즉, 최적의

[그림 2-1] 효율적인 자원 배분

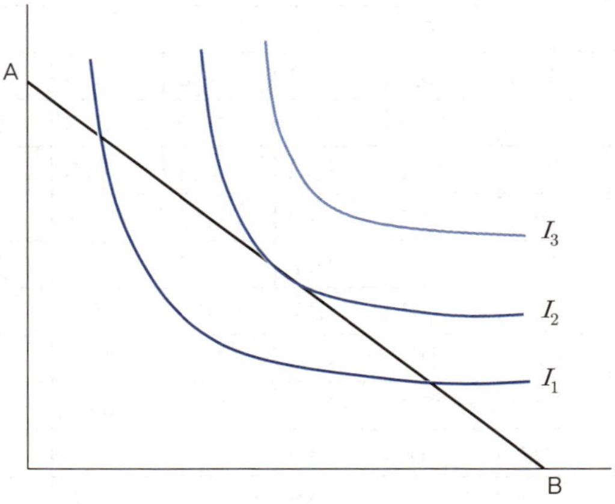

6) A, B의 2개 재화가 존재하고, 총 가용 자원이 10이라고 가정할 경우 A를 5개, B를 5개 생산하게 되면 현재 가지고 있는 모든 자원을 활용했다고 볼 수 있다. 그러나 총 가용 자원 10단위를 투입해 A와 B를 생산하고 있는 상태에서 B를 1단위 추가 생산하기 위해서는 A를 1단위 감소해야 하는데, 다른 1개를 줄이지 않고서는 나머지 다른 1개의 생산을 증가시킬 수 없는 상태를 파레토 효율성이라 한다. 또한 A와 B를 각각 4단위 생산하다가 B를 1단위 추가 생산할 경우 A의 생산을 감소시키지 않아도 되는데, 이러한 경우는 생산의 여력이 아직 남아 있는 경우다. 즉, 어떤 다른 자원 배분의 변화로 인해 손해를 보는 사람에게 가상적 보상을 해 주고 나서도 적어도 한 사람이 더 나아질 수 있는 여지가 있는 경우에 그 변화는 파레토 개선(Pareto improving)이라고 한다.

7) 무차별곡선은 원점에서 멀어질수록 소비자에게 더 큰 만족을 주며, 서로 교차하지 않는다.

자원 배분은 지출가능선(예산선)상 AB와 무차별곡선 I_2가 만나는 점에서 이루어진다.

파레토 효율성 기준에 따라 재원 배분을 하면 가장 효율적이지만, 파레토 효율성의 기준을 충족시킬 수 있는 구체적인 배분 규모나 비율이 어느 정도여야 하는가에 대해서는 답을 찾기 어렵다. 따라서 한정된 재원을 효율적으로 배분하기 위한 과정은 과거의 선례나 정치적 선택에 의존하는데, 지속적인 시행착오(trial & error)를 통해 적정한 기준에 근접해 나가는 과정을 거치게 된다.

과거 우리 정부의 예산 배분을 살펴보면 국가 정책적 우선순위의 변화를 이해할 수 있다. 즉, 1949년 정부 예산을 보면 전체 세입에서 조세가 차지하는 비중은 10.8%에 불과했으며, 전적으로 차입금에 의존[8]하였고, 경제 부흥 및 산업 재건에 집중 투자

〈표 2-5〉 16분야별 재정지출 추이

(단위: 조 원)

16분야	2012	2014	2016	2018	2020	2021	2022	2023
공공질서 및 안전	15.3	15.8	17.5	18.8	21.1	21.7	22.4	22.9
과학기술	5.3	6.0	6.7	7.0	8.1	8.9	9.5	9.9
교육	45.3	50.5	55.4	64.3	70.9	77.4	95.0	96.3
교통 및 물류	17.2	18.0	19.1	15.3	18.3	21.1	21.7	20.8
국방	31.2	33.8	36.8	41.2	46.3	49.3	50.4	55.3
국토 및 지역개발	6.0	4.4	4.0	3.7	4.8	5.1	5.1	4.2
농림수산	17.7	17.0	18.7	19.6	21.7	22.9	23.2	24.4
문화 및 관광	4.5	5.2	6.7	6.3	8.1	8.5	9.0	8.6
보건	7.8	9.2	10.5	10.7	17.4	26.5	32.8	20.0
사회복지	84.8	98.4	112.4	136.0	181.0	189.6	195.1	206.0
산업, 중소기업, 에너지	15.5	15.4	18.5	18.8	37.2	46.2	73.7	26.0
예비비	0.4	0.4	0.5	0.6	0.6	0.6	0.6	4.6
일반, 지방행정	54.1	57.7	60.9	68.4	93.1	98.2	108.1	112.2
통신	7.3	6.8	6.2	6.2	8.0	8.2	8.7	9.0
통일, 외교	3.0	2.9	3.8	3.7	3.7	4.2	4.5	6.4
환경	5.8	6.1	6.9	7.0	9.3	10.2	11.0	12.2
총계	321.2	347.6	384.6	427.6	549.6	598.6	670.8	638.8

자료: 기획재정부 열린재정(www.openfiscaldata.go.kr) 자료를 활용한 국회예산정책처 자료 재인용.

8) 외부원조자금은 1954~1961년까지 총 20억 8,800만 달러(총 재정수입에서 평균 49.5% 차지)였다(기획예산처, 2007: 30).

했다. 1960~1970년대 중앙정부의 예산은 국방 분야가 전체 재정지출에서 28%에 달해 경제 분야 27%, 복지 분야 8%, 교육 분야 15%를 상회했다. 1980년대 후반부터 복지 분야 예산이 18%로 확대되었는데(기획예산처, 2007b: 30-33), 현재는 사회복지 분야가 정부 재정지출에서 가장 많은 비중을 차지하고 있다.

2) 소득 재분배 기능

성장률이 저하되고 소득불평등의 속도가 빠르게 증가하고 있는 현실 속에서 자원을 효율적으로 배분하는 것 못지않게 공평하게 분배하는 것 또한 중요하다. 사회에는 구성원의 능력 및 제도적 차이로 인해 빈부 격차가 존재하게 되는데, 일부만이 잘살게 된다면 사회적으로 바람직하지 못하다. 따라서 정부는 대다수가 골고루 잘사는 정책을 취하게 되는데, 이는 소득 재분배정책으로 귀결된다. 따라서 소득 재분배 기능은 형평성(혹은 공평성)이라는 가치를 중시하게 된다.

사회적 형평의 문제는 사회적 불평등이나 배분의 불공평성을 전제로 한다.[9] 사회적 불평등이 개인의 책임이 아니라 경제 체제나 사회구조의 책임이라면, 국가는 이것을 해결해야 할 의무와 책임이 있다(백완기, 1998: 438).

형평성의 근거는 흔히 평등, 실적, 욕구 등의 관점에서 제기된다(정용덕, 1982: 289-309; 백완기, 1998: 440-444).

첫째, 인간은 차별적인 대우를 받아서는 안 된다는 것이다. 물론 지나친 평등이 저축이나 투자 의욕을 줄이고 새로운 기술을 개발하겠다는 의욕마저 줄여 경제 성장을 저해할 수도 있지만, 특권계급이 사회의 부(富)를 필요 이상으로 독점하고 있을 때 이에 대한 적절한 정부의 개입은 필요하다는 것이다. 최저생계비의 지급, 최저임금제, 누진세제 등은 이러한 논리에 따라 고안된 정책이다.

둘째, 기회 균등이 보장되지 않는 사회에서 실적 중심의 사회 형평을 주장하게 되면, 이는 기존의 불평등을 강화하는 결과만 초래하게 된다. 따라서 정부는 시장에의 개입 및 경제규제정책을 통해 기회 균등이 보장되는 가운데서 능력과 실적에 입각한 가치의 배분이 이뤄지도록 유도할 필요가 있다.

셋째, 인간은 누구나 존경, 위엄, 자유에 대한 권리가 있는데, 이러한 권리들은 기

---

9) 불평등 측정 방법으로는 도표식 측정법, 소득 10분위 분배율, 소득 5분위 분배율, 로렌츠 곡선, 지니계수, 양극화 지수(bi-polariation), DER 지수(Duclos, Esteban, & Ray에 의해 고안된 지수) 등이 있다.

본적 욕구가 충족되지 않으면 향유될 수 없다는 것이다. 따라서 정부는 최저의 인간다운 생활을 보장해 주는 정책을 추구하게 되는데, 절대 빈곤자에 대한 공적 부조, 실직수당 등이 대표적인 정책이다.

형평성은 과세이론적 측면에서 다시 수평적 형평성, 수직적 형평성, 세대 간 형평성 등으로 구분해 볼 수 있다. 수평적 형평성은 동일한 조건에서 동일한 소득을 얻는 사람들이 동일한 액수의 세금을 내야 한다는 것이며, 수직적 형평성은 소득이 낮은 사람보다는 소득이 높은 사람이 상대적으로 더 많은 세금을 부담해야 한다는 것이다. 또한 세대 간 형평성은 현재 세대와 미래 세대 간에 세금 부담이 조화를 이뤄야 한다는 개념이다. 현실적으로 수평적 형평성의 경우는 모든 사람의 소득 수준을 정확하게 파악하고 있어야 실현이 가능한 개념이다. 또한 수직적 형평성은 정부의 소득 재분배 정책에서 핵심적 위치를 점하고 있는 개념으로 사회적 약자(弱者)에 대한 고려가 전제된 개념이다. 사회적 약자에 대한 부담을 완화함으로써 사회적 균형을 유지하려는 것이다. 아울러 세대 간 형평성은 적자 재정과 밀접한 관련성이 있다. 즉, 현재의 재원을 미래 세대의 부담으로 조달할 경우 그 혜택 및 부담이 현재 세대와 미래 세대 간에 균형을 유지해야 한다는 것이다.

따라서 사회적 형평성을 위한 정부의 재정정책은 중요한 의미를 지니며,[10] 사회적 불평등으로 인한 사회적 손실을 감소시킬 수 있는 재정정책의 수립과 집행은 사회 전체의 후생함수를 극대화할 수 있는 방안이라 할 수 있다.[11]

3) 경제 성장 및 안정 기능

(1) 경기 변동과 정부의 개입

경제 성장은 국민경제의 목표일 뿐 아니라, 이에 따라 나타나는 물가의 안정, 실업의 해결, 국제수지의 균형 등을 해결해야 할 제반 경제정책의 전제 조건이다.[12] 안정적 경제 성장은 중앙계획경제 체제 국가들을 포함해 대부분의 국가에서 가장 중요

---

10) 더불어민주당 김정우 의원은 정부의 예산 및 기금이 소득계층별로 미칠 영향을 분석한 소득재분배 인지 예・결산서를 작성토록 하는 국가재정법 법률안을 발의(2018.3.6)하였다.

11) 일반적으로 정부의 재정지출은 저소득계층에게는 소득 재분배 효과가 있는 것으로 추정된다(심상달, 1998; 문형표, 1990).

12) 독일에서는 기본법 제109조 제2항에 연방과 각 주의 예산은 국가 전체의 경제적 균형을 유지하도록 운영되어야 한다고 규정함으로써, 국가 예산의 재정, 경제정책적 기능에 대한 헌법적 기초를 마련했는데, 물가 안정, 고용 촉진, 국제수지의 균형, 적절한 경제 성장의 네 가지 경제정책 목표가 최적의 균형을 이루도록 규정하고 있다(김성수, 1994: 5-6).

한 정책으로 부각되고 있다(이광수, 1980: 3). 또한 경제 안정화 기능은 완전고용과 물가 안정이라는 두 가지 측면이 부각되는데, 높은 고용을 유지하면서도 물가를 안정시키는 것은 정부 재정의 중요 기능이다(안용식 · 강동식 · 원구환, 2006: 442).

세계 경제의 위기와 국내 경기의 변동은 정부 재정정책의 필요성을 부각시키고 있다. 경기의 침체, 과열 등과 같은 위기 상황이 시장에 의해 자율적으로 치유되지 못한다면 정부 개입은 불가피한 것으로 인식되었고, 이에 따라 정부는 경제의 성장 및 안정화를 위해 재정정책을 추진하였다. 또한 경기 침체 극복 수단으로 정부의 적극적 재정 개입이 정당화됨에 따라 재정정책을 통한 경기 조절 및 안정화 기능에 많은 관심이 집중되고 있는데, 재정정책은 정부 재정을 경제 안정을 위한 조정 요인(balancing factor)으로 활용하는 것으로 재정의 적극적 역할을 강조하는 것이다.

재정의 적극적 역할이란 늘어나는 재정 수요에 대응하기 위해 재정 규모를 늘린다는 의미와 함께 거시 경제정책으로서 재정의 의미를 최대한 활용한다는 의미도 있다. 즉, 재정의 경기 조절 역할을 활성화시킨다는 것이다. 재정정책이 경기 조절 수단으로 작동한다는 것은 곧 재정정책이 경기의 변동성을 줄이는 역할을 담당한다는 것이다. 재정정책이 경기의 변동성을 줄이기 위해서는 경기가 하강 국면에 접어들 때에는 재정정책이 확장되어야 하고, 경기가 상승 국면에 있을 때는 재정정책이 긴축적이어야 한다(이삼호, 2006: 53).

이러한 재정정책의 등장은 케인스이론과 밀접한 상관성을 지니고 있다. 즉, 케인스는 자유방임적 자본주의 및 이를 이론적으로 뒷받침하는 고전파 경제학을 비판하고 유효수요이론을 전개했다. 미국의 대공황처럼 시장기구에 의한 자동적 조절 기능이 보장되지 못함에 따라 정부의 개입(대규모 공공사업에 대한 정부의 공공지출)을 통한 유효 수요의 창출을 주장하게 되었다.

케인스(Keynes) 경제이론이 나온 이후 재정은 전쟁 등의 비상시를 제외하고는 균형예산 원칙을 지켜야 한다는 견해에서 탈피해 불황 시에는 적자재정을 실행해서 유효 수요의 부족을 보전하지 않으면 안 된다는 견해가 널리 퍼지게 되었다. 특히 케인스(John M. Keynes)의 이론은 과거의 균형예산이라는 협소한 개념에서 탈피해 국민경제의 균형이라는 폭넓은 개념으로 확대되었고, 개별 주체적 입장에서의 건전재정 원칙을 불균형 예산 원리에 입각한 적자재정으로 대체했다(Dalton, 1954: 221).

(2) 정부의 재정정책과 경기 조절 기능

일반적으로 경기가 불황일 때에는 악순환이 되풀이되는데, 소비 감소는 기업의 매출 축소 및 기업 소득의 감소를 초래하고, 기업 소득의 감소는 임금 인하와 해고를 초래하며, 이것은 다시 실업 증대와 소비 감소를 유발하는 악순환이 되풀이된다. 이러한 경기의 악순환에 대한 정부 개입에 대해서는 자유주의자들의 견해와 개혁주의자들의 두 가지 입장이 대립적으로 존재한다.

자유주의자는 경기대응적인 재정정책 변화는 장기적으로는 시장 균형에 영향을 주지 못하고 단기적으로도 케인스 학파(Keynesian paradigm)가 주장하는 것보다 효과가 매우 적으므로, 재정정책은 경제의 안정적 운영을 위한 정책 도구로 적합하지 못하다는 것이다. 이에 반해 케인스 학파에 의하면, 자유시장기구는 시장의 불완전성, 시장실패, 정보 비대칭성과 외부성 등으로 불안정하게 된다. 이에 따라 가격 조정이 신속하게 이뤄지지 못하는 상황에서는 정부 개입을 통한 수량 조정으로 시장의 불균형을 시정할 수 있다는 것이다. 즉, 정부의 적극적 재정 역할을 통해 지출을 증대시키거나 조세를 감축하는 정책은 총수요에 즉각적인 영향을 주어 승수 효과를 통해 소득 증대를 가져온다는 것이며, 시기적절한 재정 규모 변동을 통한 단기적인 유효 수요 조절 기능으로 시장실패를 해결할 수 있다는 것이다(김성순, 2001: 7-19).

경기 변동에 대한 정부 개입에 대해 자유주의자나 개혁주의자의 입장이 다르지만, 정부의 세입 및 세출은 경기 변동과 무관하지 않다. 특히 정부의 세입은 경기 변동과 밀접한 상관성을 지니고 있으므로 경기 변동에 따른 재정정책의 변화 및 개입은 불가피한 측면이 있다. 따라서 정부의 재정정책이 경기 순환에 동행적(pro-cyclical)이었는지, 아니면 역행적(counter-cyclical)이었는지를 객관적으로 평가하는 것은 재정정책의 안정화 기능과 관련해 매우 중요한 과제다. 거시경제적 안정을 달성하기 위해서는 경기가 지나치게 확장 국면인 경우 재정정책은 긴축 기조(contractionary stance)를 유지해 경기의 과열이나 총수요 팽창을 억제해야 하며, 반대로 경기가 하강 국면일 경우에는 확장적(expansionary)인 재정 운용을 통해 총수요를 증가시키는 역할을 수행하는 것이 요청된다(한국조세연구원, 2007: 20).

(3) 경기 변동과 정부의 정책 수단

케인스는 경제 성장 및 안정 기능을 도모하기 위한 정책적 수단으로 금융정책, 조세정책, 재정정책을 제시하고 있는데, 그 중에서도 정부의 재정정책을 경제 성장 및 안정 기능을 도모할 수 있는 중요한 방안으로 제시하고 있다.

우선, 경기가 침체된 상황(수요가 공급에 미달하는 상황)이 발생할 경우 정부의 적극적 정책은 크게 세 가지로 구분해 볼 수 있다. 수요가 공급에 미달해 소비가 감소하면 기업의 제품이 팔리지 않게 되며, 제품이 팔리지 않으면 생산은 감소하게 된다. 생산이 감소되면 기업은 고용을 줄이고, 고용이 줄면 소득이 감소하고, 소득이 감소하면 소비가 감소하는 악순환이 되풀이된다. 이러한 경기 악순환에 대응할 수 있는 방안으로는 금리를 인하해 자금을 순환시키는 방안,[13] 감세 정책을 통해 경제 주체의 가처분 소득을 증대시키는 방안, 그리고 정부의 재정지출을 확대해 경기를 부양하는 방안 등을 고려할 수 있다.[14] 특히 케인스는 재정 확대정책을 통해 유효 수요를 창출하고 민간의 투자를 유인하며, 소득과 고용을 제고할 수 있는 정부의 적극적 재정정책을 강조하고 있는데, 이를 위해서는 세수가 부족하면 공채(公債)를 발행해 재원을 조달해야 한다는 것이다.

[그림 2-2] 경기 변동과 정부의 정책 수단

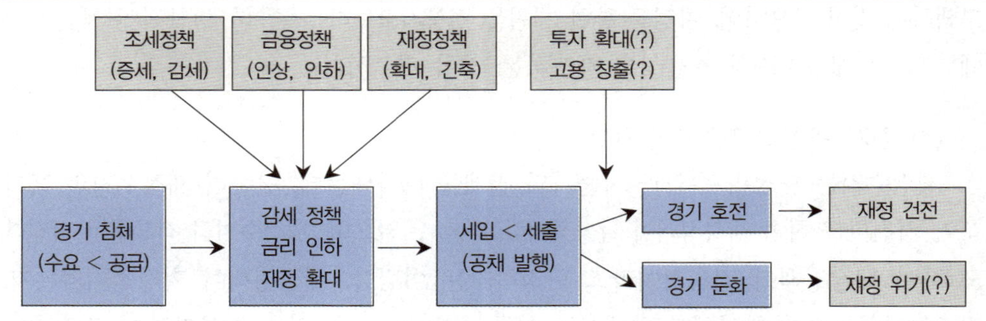

재정정책은 경기 침체의 상황에서 경제 회복 및 경제 안정화를 위한 대안이 될 수 있지만, 부정적 견해가 있는 것 또한 사실이다. 우선, 재정정책은 정확한 예측을 전제로 실시되어야 하는데, 예측이 잘못되거나 불확실성으로 인해 의도한 재정정책의

13) 불황 시에는 금리를 인하할 필요가 있다는 것이다. 왜냐하면 저리의 이자율은 투자를 자극하는 데 도움이 될 뿐 아니라 부유한 불로소득계층(생산에 의한 것이 아니라 증권의 소유로 살아가고 있는)이 성장하는 것을 막을 수 있기 때문이다(김시배, 1983: 242).

14) 저소득층의 소비를 증가시키는 소득 재분배정책(누진세 정책이나 각종의 사회보험 및 공공 서비스 사용)을 통해 전체적인 소비 성향을 높일 수 있다는 것이다.

목표를 달성하지 못할 가능성이 존재한다. 또한 의사 결정, 집행, 효과 사이에 존재하는 다양한 시차로 인해, 불황기에 경기 진작을 목표로 실시된 재정정책이 실제로 효과를 발휘하게 되는 것은 경기가 이미 회복된 시점이므로 경기 과열을 유발할 수 있다. 즉, 재정정책이 애초의 의도와는 달리 경기역행적(counter-cyclical)이기보다는 경기순행적(pro-cyclical)일 수 있는데, 이러한 시차적 비탄력성이 재정정책의 한계로 지적되고 있다(박종현, 2006: 288-291). 또한 경기침체 때 도입된 재정정책은 공채발행을 통해 재정을 확대하는 정책이므로 적자를 초래할 수 있다.

정부의 적극적 재정정책은 경기 변동에 대응하고 고용 및 산출량의 증대를 도모할 수 있는 중요 정책적 수단이지만(승수 효과), 정책적 수단 간에는 상호 모순적 관계가 존재한다. 즉, 경기 침체에 대응할 수 있는 방안으로 감세 정책과 재정 확대 정책을 추진할 경우 들어오는 세입은 줄고 세출은 증대하게 되는데, 이러한 격차를 시정하기 위해 정부는 차입에 의존하게 된다. 민간 부문으로부터의 차입은 민간 투자재원의 총량을 감소시키고, 이는 이자율 상승을 유발해 투자 감소로 이어지게 된다(구축 효과). 따라서 정부의 재정정책은 경기 변동에 개입할 시점과 탈출 시점을 적시에 모색하는 것이 중요하며, 차입을 통한 재원을 경상지출보다는 좀 더 생산적인 자본지출에 충당해 재정지출의 효율성을 제고하는 것이 필요하다.

(4) 경기 조절과 재정팽창지수

재정수지는 재정의 수입과 지출과의 관계를 나타내는데, 단순히 재정수지의 흑자폭이 커진다고 하여 재정정책이 확장적이라고 볼 수 없으며, 재정수지의 적자폭이 커진다고 하여 재정정책이 긴축적이라고 단정하기는 어렵다. 재정정책이 확장적이었는지, 긴축적이었는지를 확인하기 위해서는 이를 대변해 줄 수 있는 분석지표가 필요하다.

정부 재정정책을 설명하는 데 유용한 평가 수단은 재정수지라 할 수 있다. 즉, 정부의 재정수지는 재정정책이 경기 변동에 어떠한 영향을 미쳤는가를 살펴보는 데 중요한 변수다. 그러나 재정수지는 경기 변동에 따른 자동적인 증감분과 정부의 재량적인 재정 운영 부분을 구분하지 않으므로, 재량적인 재정정책의 기조를 명확히 나타내지 못하는 문제점이 있다. 이러한 문제점을 보완하기 위해서 재량적인 재정 기조를 대표하는 지표로 개발된 것이 재정팽창지수(fiscal impulse indicator: FI)이다(Chand, 1993; Heller, Haas, & Mansur, 1993).

재정팽창지수는 재정수지의 실제 변동분에서 재정의 자동안정화 기능에 의한 자동증가분을 제외한 수지 규모를 GDP 대비 비율로 표시한 것으로, 실제 재정수지에서 경기 중립적 재정수지를 차감한 것으로 측정된다. 즉, 경기 변동에 따른 자동적 세입 및 세출 증감분을 제외할 때 순수한 정부 재정정책의 효과를 파악할 수 있기 때문이다(고영선, 2001; 이삼호, 2006; 윤영진, 2008: 71-73).

자동안정화 기능이란 새로운 정책의 시행이 없어도 경기 변동을 자동적으로 조절해 주는 제도적 장치를 의미한다. 예컨대, 경기가 상승하면 국민 소득 수준이 높아지고 세원과 과세물건이 커지기 때문에 이에 따라 세수도 자동적으로 증가하며, 특히 세제가 누진적인 경우 소득 수준의 상승률보다 세수의 증가율이 더욱 커지고, 지출면에서는 실업자가 감소해 실업수당 등 정부의 이전지출이 원천적으로 감소되므로 경기의 과열이 방지된다(김동건, 1994: 399-406). 또한 재정 기조가 팽창적이라 하더라도 경기가 호황이면 세수가 증가하므로 재정수지는 흑자가 될 수 있고, 반대로 재정 기조가 긴축적이어도 재정수지는 적자가 될 수 있어서 실제의 재정수지의 움직임에 따라 재정 기조를 판단한다면 재정 기조를 잘못 평가할 수 있다.

이처럼 재정수지에는 재정 기조의 변화에 따른 수지 변동분(예: 세제 개편이나 세원의 확대 등)뿐만 아니라 경기 변동과 반대의 방향으로 움직이는 자동안정화 장치에 의한 수지 변동분도 포함되므로, 재정수지 가운데 재정정책의 변화로 인한 수지 변동분을 따로 분리해 내지 않고는 재정 기조를 적절히 판단할 수 없게 된다(조윤제 · 박종규, 1994: 33).

재정의 자동안정화 기능에 의한 자동증가분을 제외하고 순수한 정부 재정정책의 효과를 파악하기 위해 고안된 재정지표가 IMF의 재정팽창지수인데, 다음 식과 같이 정의된다(조윤제 · 박종규, 1994: 35-37; 한국조세연구원, 1995: 25-26; 박종구, 1996: 206-207; 이삼호, 2006: 59-61).

$$FI = (\Delta G_t - g_0 \Delta Y_t^p) - (\Delta T_t - t_0 \Delta Y_t)$$

단, G_t : t번째 회계연도에서의 총 세출

T_t : t번째 회계연도에서의 총 세입

g_0 : 기준 연도 정부세출의 GDP 비율

t_0 : 기준 연도 정부세입의 GDP 비율

Y_t^p : t번째 회계연도의 잠재 GDP

Y_t : t번째 회계연도의 실제 GDP

산식은 세출에서 세입을 차감하기 때문에 계산된 값이 0이면 경기 중립적임을 나타내고, 양(+)이면 재정정책이 전년도에 비해 팽창적(expansionary)임을 나타내고, 음(−)이면 전년도에 비해 긴축적(contractionary)임을 나타낸다. 따라서 재정팽창지수는 재정수지상으로 나타난 정부의 재정 기조가 좀 더 팽창적인 방향으로 움직이는가, 아니면 좀 더 긴축적으로 움직이는가 하는 것과, 그러한 정책 기조 방향 선호의 강도가 총수요의 크기와 비교해 볼 때 얼마가 되는가를 보여 주는 지표다. 이런 의미에서 재정팽창지수는 재정정책의 변화가 재정수지의 변화를 통해 총수요에 대해 일차적으로 미치는 영향의 크기를 측정한다고 이해할 수 있다(조윤제 · 박종규, 1994: 37).

또한 재정팽창지수와 GDP 갭[15]과 비교해 GDP 갭과 재정팽창지수의 부호가 반대일 때의 재정 운용을 경기 역행적, 양자의 부호가 같을 때의 재정 운용을 경기 동행적이라고 할 수 있다. 즉, 경기 동행적이라는 의미는 재정 운용이 경제의 안정화에 크게 기여하지 못함을 의미한다.

예를 들어, 재정팽창지수와 GDP 갭이 〈표 2-6〉과 같이 나타났다고 가정하자. t연도는 GDP 갭이 음(−)의 부호를 갖고 있어 경기가 침체되었음을 알 수 있는데, 이에 대한 정부의 재정정책, 즉 재정팽창지수는 양(+)의 부호를 갖고 있어 확대 재정정책을 추진했음을 알 수 있다. 즉, t연도의 재정정책은 경기 역행적으로 침체된 경기 부양을 위해 정부가 재정지출을 확대했음을 알 수 있다. 반면에 $t+2$연도에는 경기가 과열되어 정부는 경기 역행적 정책, 즉 긴축 재정정책을 사용했음을 알 수 있다. 그러나 $t+1$, $t+3$, $t+4$, $t+5$년에는 경기가 상승 국면임에도 불구하고, 재정을 확대한 경우로서 경기 동행적 재정정책이 나타난 시기인데, 이는 재정의 경기 조절 기능이 미흡했음을 나타내고 있다. 그러나 재정팽창지수는 사후적 분석 지표이므로 선행적 예측 지표로서의 성격을 지니고 있지 못하다.

〈표 2-6〉 재정팽창지수와 GDP 갭 간의 관계 예제

연도	t	$t+1$	$t+2$	$t+3$	$t+4$	$t+5$
GDP gap	−0.078	0.093	0.089	0.075	0.050	0.044
FI	0.021	0.021	−0.011	0.003	0.028	0.026

15) GDP 갭은 $\frac{(\text{대비 연도}\,GDP - \text{기준 연도}\,GDP)}{\text{기준 연도}\,GDP}$로 측정되는데, 절대적 부호와 관계 없이 GDP 갭이 증가하고 있으면 경기가 상승, 감소하고 있으면 경기가 하강 국면에 있다고 본다.

정부 예산의 과정

제 1 절 정부 예산 과정 참여자의 유형 및 행태

1 정부 예산 관련 조직 체계

정부 예산과 관련된 조직 체계는 크게 행정부와 입법부로 구분해 살펴볼 수 있는데, 행정부는 예산을 편성하고 집행하는 조직이며, 입법부는 예산을 심의·의결하고 결산을 최종적으로 승인하는 기관이다. 정부 예산과 관련된 입법부와 행정부의 조직 및 관련 부서를 간단히 요약하면 [그림 3-1]과 같다.

행정부의 입장에서는 중앙예산기관으로서의 기획재정부, 각 행정관서의 장, 회계감사기관으로서 감사원, 그리고 총괄조정기관으로서 대통령 및 대통령비서실 등이 예산과 관련된 부서다. 각 행정관서의 장은 업무 영역을 중심으로 예산 확대를, 기획재정부는 예산의 총량 범위 내에서 예산 조정을, 감사원은 각 행정관서의 예산회계를 결산·감사하는 기능을 수행한다.

입법부의 입장에서는 행정부에서 제출한 예산안을 심의·의결하는 권한을 지니고 있다. 입법부의 예산안 관련 심사 절차는 정부의 시정연설, 상임위원회의 예비심사, 예산결산특별위원회의 종합심사, 본회의 의결을 거치게 된다. 국회에는 행정관서를 관할하는 각 상임위원회가 있으며, 상임위원회에서는 해당 소관 행정부서의 예산을 심의한다. 상임위원회는 예산안 상정, 제안 설명, 검토 보고, 대체 토론, 소위심사, 위원회 의결 순으로 진행된다.

[그림 3-1] 정부 예산 관련 조직

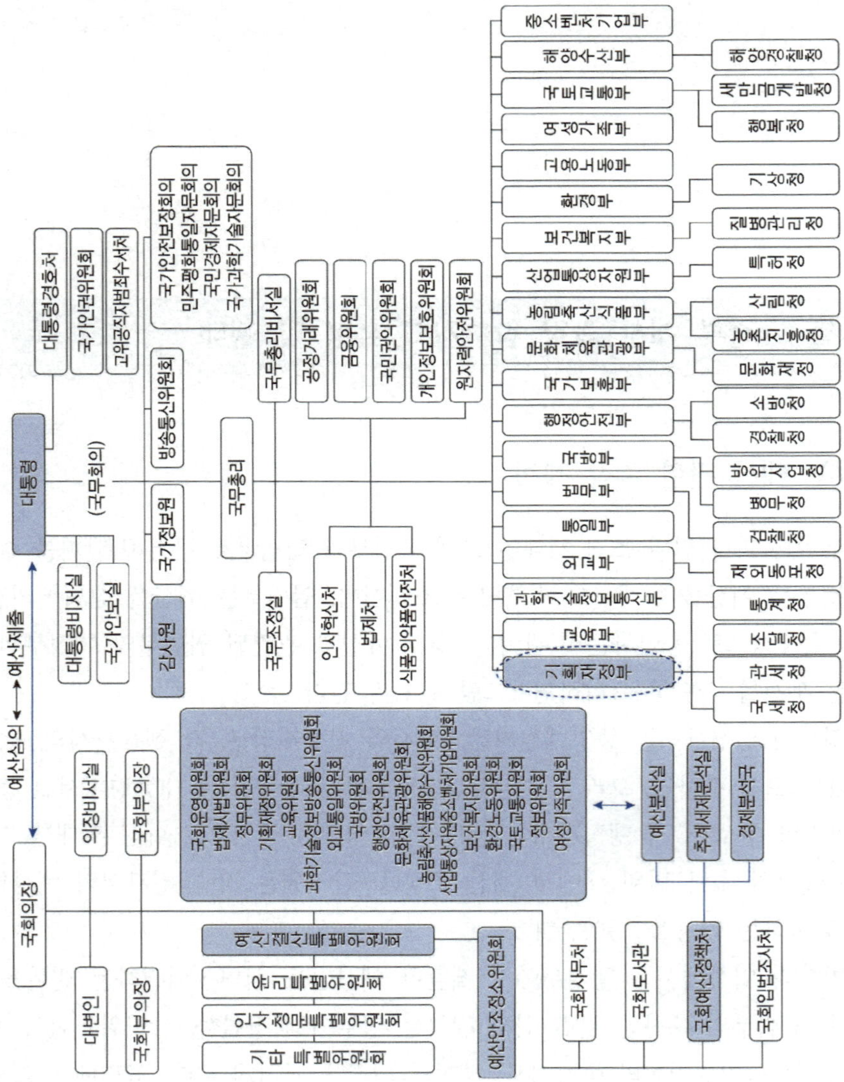

* 행복청: 행정중심복합도시건설청.

상임위원회에서 예비심사를 거친 후에는 예산결산특별위원회에서 종합심사를 수행하는데, 제안 설명, 검토 보고, 종합 정책 질의, 부별 심사(분과위 심사), 예산안조정소위원회 심사,[1] 찬반 토론, 위원회 의결 순으로 진행된다.

국회에는 의원들의 예산안 심의 활동을 보좌하기 위해 전문적 예산기구인 국회예산정책처를 설립해 운영하고 있는데, 국회예산정책처는 예산분석실, 추계세제분석실, 경제분석국 등으로 구성되어 있다. 예산안 및 결산 분석, 국내·외 경제 전망 및 경제·재정정책 분석, 세제분석 및 세수 추계, 국가 주요 사업 평가 및 중장기 재정소요 분석 등을 통해 국회의 재정통제 기능 강화에 기여하고 있으며, 국회의원의 조사·분석 요구 및 법안 비용 추계 요구를 처리하고 있다.

2 행정부의 정부 예산 관련 조직

1) 중앙예산기관(기획재정부)

중앙예산기관은 국가의 총액지출한도를 결정하고 각 행정부처가 준수해야 할 예산편성지침을 설정하며, 각 행정부처로부터 제출된 예산요구서를 검증한다. 각 행정부처의 예산 요구는 기본적으로 예산 증액적 성향을 띠기 때문에, 중앙예산기관의 핵심적 역할은 국가의 지출총액한도 내에서 각 행정부처의 예산을 조정하는 작업이다.

우리의 경우, 중앙예산기관은 기획재정부가 담당한다. 기획재정부의 역할은 중장기 국가 발전전략 수립, 경제·재정정책의 수립·총괄·조정, 예산·기금의 편성·집행·성과관리, 화폐·외환·국고·정부 회계·내국세제·관세·국제금융, 공공기관 관리, 경제 협력·국유재산·민간 투자 및 국가채무에 관한 사무를 관장한다(기획재정부와 그 소속기관 직제 제3조).

정부 예산 기능은 기획재정부의 예산실에서 담당하는데, 예산실은 실장 1명을 두고, 실장 밑에 예산총괄심의관, 사회예산심의관, 경제예산심의관, 복지안전예산심의관, 행정국방예산심의관 각 1명을 둔다. 예산실장은 고위공무원단에 속하는 일반직공무원(가 등급)으로 보하며, 5명의 심의관은 각각 고위공무원단에 속하는 일반직 공무원(나 등급)으로 보한다(기획재정부와 그 소속기관 직제 제14조, 동 시행규칙 제10조).

---

1) 예산안조정소위원회는 종합 정책질의, 부별 심사 과정에서 나타난 위원들의 질의·요구 사항, 소관 상임위원회 예비심사 결과를 토대로 예산안을 종합 조정하고, 단일의 수정안을 마련해 예산결산특별위원회 전체 회의에 보고한다.

국가별 중앙예산기관을 살펴보면 대부분의 국가가 독임제 형태로 운영되고 있음을 알 수 있다(〈표 3-1〉 참조). 그러나 미국의 경우는 대통령 직속으로 관리예산처와 재무부로 이원화되어 있는데, 관리예산처는 대통령의 정책과 예산을 연계하는 기능을 수행하고, 예산을 통해 각 부처를 감시하는 기능을 수행한다. 또한 재무부는 국고의 수입과 지출행위를 총괄하는 기능을 수행한다.

〈표 3-1〉 국가별 중앙예산기관

국가 체제		중앙예산기관	주요 기능
연방	미국	관리예산처(OMB)	대통령의 예산 편성 과정 보좌, 각 부처 감시 http://www.whitehouse.gov/omb/
		재무부	경제 성장·안정 기능, 수입지출 시스템, 공채관리 http://www.treas.gov/
	독일	재무부	재정, 거시경제, 예산, 관세 등 총괄 기능 수행 http://www.bundesfinanzministerium.de/
단일	일본	내각부 경제재정자문회의	2001년부터 재정 운영·예산 편성 기본 방침 결정 조사 심의기관(경제재정정책 전략 구체화)
		재무성(主計局)	예산·결산 및 회계에 관한 제도의 기획, 입안 http://www.mof.go.jp/
	중국	상무부(財務司)	경제정책 및 예산 관련 정책 총괄 조정 http://www.mofcom.gov.cn/
	프랑스	재무부	경제정책, 재정 및 예산기구로서의 역할 http://www.budget.gouv.fr/
	한국	기획재정부	재정, 예산 및 수입지출 총괄기관의 역할 http://www.mosf.go.kr
영국		재무부	중기재정계획 수립, 예산 총액과 부처별 배분 http://www.hm-treasury.gov.uk
유럽연합		재정부	http://ec.europa.eu/economy_finance/

2) 경제관계장관회의

주요 경제정책을 종합적인 관점에서 일관성 있게 수립·추진하고, 경제정책과 관련해 정부부처 간의 협의가 필요한 현안 사항 및 재정지출을 수반하는 주요정책 또는 관련 중장기계획의 재정지출에 관한 사항을 효율적으로 협의·조정해 경제의 건실한 성장·발전을 뒷받침하기 위해 경제관계장관회의[2]를 설치하고 있다.

2) 급변하는 대내·외 경제환경에 체계적으로 대응하기 위해 경제 분야 정책을 총괄·조정하는 경제

경제관계장관회의는 ① 경제 동향 점검 및 주요 경제정책 방향 설정 등 경제정책 운영 전반에 관한 사항, ② 재정지출을 수반하는 부처의 주요정책 또는 관련 중장기 계획의 재정지출에 관한 사항, ③ 재정·금융·세제 등 국민의 경제생활에 영향을 미치는 사항으로서 부처 간 조정이 필요한 사항, ④ 그 밖에 부처의 장이 제출하는 경제에 관한 안건 및 보고 사항을 심의·조정한다(경제관계장관회의 규정 제2조).

경제관계장관회의의 의장은 부총리 겸 기획재정부 장관이 되며, 의장은 회의에 상정할 안건을 선정해 회의(수요일 개최 원칙)를 소집하고 주재한다. 회의는 기획재정부 장관, 교육부장관, 과학기술정보통신부 장관, 행정안전부 장관, 문화체육관광부 장관, 농림축산식품부 장관, 산업통상자원부 장관, 보건복지부 장관, 환경부 장관, 고용노동부 장관, 여성가족부 장관, 국토교통부 장관, 해양수산부 장관, 중소벤처기업부 장관, 국무조정실장, 금융위원회 위원장, 공정거래위원회 위원장 및 대통령비서실의 경제정책을 보좌하는 수석비서관으로 구성한다(동 규정 제4조, 제5조).

3 입법부의 정부 예산 관련 조직

1) 정당 및 당정협의회

정당은 예산 과정에 일정한 영향을 행사한다. 행정수반인 대통령과 의회의 다수당이 어떤 정치적 역학 관계를 갖는가에 따라 예산 결정이 달라진다.

첫째, 일반적으로 대통령과 의회의 다수당 간의 정당이 서로 다른 경우 예산 결정에 소요되는 노력과 비용이 상대적으로 많이 소요될 수 있으며, 대통령과 의회의 다수당 간의 정당이 서로 일치할 경우에는 예산 결정이 비교적 용이하다. 그러나 대통령과 의회의 다수당이 서로 일치할 경우에는 예산에 대한 합리적 통제가 이뤄지지 않을 개연성이 높다.

둘째, 여당은 당정협의회를 통해 정부의 예산 편성에 대해 직·간접적으로 관여하게 되며, 여당은 행정부와의 사전 협의를 통해 정부 예산안에 대해 상대적으로 우호적인 입장을 견지하게 된다. 반면에 야당은 행정부에 대한 비판적 심의 기능을 강화하고자 하는 성향이 강하기 때문에 여당에 비해 비우호적이다. 따라서 예산 심의 활동은 여당에 비해 야당이 더 적극적이며 삭감지향적 성향이 강하다.

부총리제를 도입하는 등의 내용으로 정부조직법이 개정(2013.3.23. 공포·시행)됨에 따라 그 개정 취지를 반영해 경제정책조정회의의 명칭을 경제관계장관회의로 변경했다.

셋째, 정치적 이념에 따라 예산지출에 대한 정당의 입장이 상이하게 나타날 수 있다. 보수적 정당은 시장경제를 선호하며, 정부의 재정지출보다는 시장의 자유로운 경쟁을 중시한다. 반면에 진보주의적 이념을 강조하는 정당은 정부 개입을 통한 재정지출의 확대 정책을 선호하는 경향이 있다.

넷째, 정당은 세입예산과 세출예산에 따라 상이한 입장을 나타낼 수 있다. 세입예산에 대해서는 균형적 내지 삭감지향적 성향을 지니지만, 세출예산에 대해서는 증액지향적 성향을 나타낼 수 있다. 즉, 정당은 지역구를 기반으로 하는 국회의원들의 결사체이므로 자신의 지역구 사업을 예산에 반영해 정치적 재선을 추구할 경우 세출예산은 증액될 개연성이 높다. 반면에 세입예산의 증액은 국민의 조세 부담을 가중시키고 정치적 선택에 부정적 영향을 줄 수 있기 때문에 소극적인 성향을 지니게 된다.

2) 국회예산정책처(NABO)

행정부와 비교하여 입법부의 예산 관련 전문성은 상대적으로 낮다. 행정부의 예산 편성은 각 중앙관서별로 전문적 관점에서 이행되고 있는 데 비해, 입법부의 예산 심의는 전문성보다는 정치적 관점에서 실시되는 경향이 강하다. 따라서 행정부의 예산 전문성에 상응할 수 있는 입법부의 제도 변화가 필요하게 되었고, 이를 충족시킬 수 있는 방안으로 입법부 소속의 독립적 예산 전문기관(separate legislative office)을 설치하고 있다. 입법부 소속의 예산 전문기관은 행정부의 예산 기능을 견제해 재정민주주의를 구현하려는 노력에서 비롯되었으며, 국회의원의 합리적인 예산 심의 과정을 보좌함으로써, 국민의 대표기관인 의회의 예산심의권을 강화하기 위한 제도다.

국회예산정책처는 미국의 의회예산처[3]를 준용해 설립한 기관으로 국가의 예산・결산・기금 및 재정 운용과 관련된 사항에 관해 연구・분석・평가하고 의정 활동을 지원하기 위해 설치되었다. 국회예산정책처에는 처장 1인과 필요한 공무원을 두는데, 처장은 의장이 국회운영위원회의 동의를 얻어 임면한다(국회법 제22조의2).

국회예산정책처는 국회예산정책처법(2003년 7월 18일 법률 제6931호)을 제정해 행

3) 미국의 의회예산처(Congressional Budget Office: CBO)는 1974년 의회 예산 및 집행정지 통제에 관한 법률(Congressional Budget and Impoundment Control Act)에 따라 1975년 2월 24일부터 직무를 개시했다. 처장은 상하원 예산위원회가 제출한 권고안에 대한 심사를 거쳐 하원의장 및 상원 임시의장이 임명하며, 부처장은 처장이 임명한다. 의회예산처는 연방 행정부의 각 부처와 기관, 그 소속기관 및 연방규제기관이나 규제위원회로부터 정보, 자료, 추계서 및 통계자료를 직접 확보할 수 있는 권한을 가지고 있다.

정부에 대한 견제 · 감시 기능을 효율적으로 수행하기 위해 설치된 기관이다. 국회예산정책처는 국회의 예 · 결산 및 기금 심의 활동의 전문성 제고, 국회의 위원회 및 국회의원에 대한 효율적인 지원으로 국회의 재정통제 기능 강화, 예 · 결산 심의에서 독자적 · 중립적인 전문적 연구 및 분석 기능을 수행하고 있다.[4)]

4 독립기관 및 중앙관서의 장

국가재정법 제6조에서는 예산 관련 조직으로 독립기관과 중앙관서를 명시하고 있는데, 중앙관서는 주로 행정부의 조직이고, 독립기관은 입법부나 사법부의 조직이라 할 수 있다. 즉, 중앙관서(中央官署)란 헌법 또는 정부조직법 등 법률에 따라 설치된 중앙행정기관을 의미하며, 예산을 소관별(조직별)로 분류할 때의 기관과 일치하므로 예산 과정을 집행할 때 최고의 단위 조직이 된다. 또한 독립기관이란 국회 · 대법원 · 헌법재판소 및 중앙선거관리위원회를 말한다. 특히 국회의 사무총장, 법원행정처장, 헌법재판소의 사무처장 및 중앙선거관리위원회의 사무총장은 국가재정법을 적용할 때 중앙관서의 장으로 본다.

정부의 예산은 행정부만이 사용하는 것이 아니라 입법부, 사법부에서도 사용된다. 특히 입법부와 사법부의 경우도 국가적 관점에서 본연의 업무를 수행하기 위해서는 재원이 필요하게 된다. 따라서 정부는 독립기관의 예산을 편성할 때 당해 독립기관의 장의 의견을 최대한 존중해야 하며, 국가재정 상황 등에 따라 조정이 필요한 때에는 당해 독립기관의 장과 미리 협의해야 한다. 독립기관의 예산과 관련해 별도의 규정을 설치하고 있는 이유는 독립기관의 기능을 존중하고 정부의 예산편성권이 지나치게 남용되지 못하도록 하기 위함이며, 예산을 편성할 때 독립기관을 중요한 예산 참여자로 인식하기 위함이다.

한편 중앙관서는 국가의 부문별 사업을 집행하는 기관으로서 예산을 지출하는 기관이다. 따라서 중앙관서는 자기 부처의 권한을 강화하기 위해 사업을 더 많이 추구하고자 하며, 이를 위해 더 많은 예산을 확보하고자 한다. 사업의 확대는 부처의 조직, 인사, 예산과 직결되기 때문에 중앙관서는 사업지향적이고 예산을 증액하고자 하며, 수입보다는 지출에 더 많은 관심을 기울인다.

---

4) 국회예산정책처는 예산분석실, 추계세제분석실, 경제분석국, 국회예산정책처 업무의 기획 · 총괄 · 조정, 조직 및 인력 관리 등을 담당하는 기획관리관으로 구성되어 있다.

또한 중앙관서의 하부 단위 조직으로 국, 과, 팀 등이 존재하는데, 하위 부서들 내에서도 기획예산 총괄 담당자와 하부 단위 조직들 간의 역할에 다소 차이가 있다. 중앙관서 전체적으로는 예산을 증액하려는 성향을 지니고 있지만, 부처 내의 기획예산 총괄 담당자는 하부 단위 간의 예산 조정과 국가 총액지출한도 및 예산편성지침의 준수 등에 관심을 기울인다.

5 정부의 은행기관: 한국은행

1) 한국은행의 특성 및 구성

한국은행은 정부의 은행인데, 무자본 특수법인으로 효율적인 통화신용정책의 수립과 집행을 통해 물가 안정을 도모함으로써 국민경제의 건전한 발전에 이바지함을 목적으로 설립되었다(한국은행법 제1조~제3조).

한국은행의 정책결정기구로서 금융통화위원회를 설치하며, 위원회에는 한국은행 총재, 한국은행 부총재, 기획재정부 장관이 추천하는 위원 1인, 한국은행 총재가 추천하는 위원 1인, 금융위원회 위원장이 추천하는 위원 1인, 대한상공회의소 회장이 추천하는 위원 1인, 사단법인 전국은행연합회 회장이 추천하는 위원 1인 등 7인(상임)으로 구성된다. 한국은행 총재는 금융통화위원회 의장을 겸임하며, 금융통화위원회는 한국은행의 정책결정기구로서 통화신용정책 및 한국은행 운영에 대한 심의·의결 기능을 수행한다(동법 제13조).

한국은행에 집행간부로서 총재 및 부총재 각 1인과 부총재보 5인 이내를 설치하는데, 총재는 국무회의 심의와 국회 인사 청문을 거쳐 대통령이 임명한다. 총재의 임기는 4년으로 하되, 1차에 한하여 연임할 수 있다. 총재는 한국은행을 대표하고 업무를 통할하며, 금융통화위원회가 수립한 정책을 수행한다(동법 제32조~제34조).[5]

한국은행에는 업무를 상시 감사하고, 그 결과를 수시로 금융통화위원회에 보고하는 감사 1인을 둔다. 감사는 기획재정부 장관의 추천으로 대통령이 임명하는데, 감사의 임기는 3년으로 하되, 1차에 한하여 연임할 수 있다. 감사는 매년 종합감사보고서를 작성하여 정부와 금융통화위원회에 제출하여야 하며, 총재는 감사의 직무 수행상 필요한 직원의 임면에 관하여 감사와 협의하여야 한다. 다만, 정관이 정하는 하급 직

---

5) 부총재는 총재가 추천하여 대통령이 임명(임기 3년, 1차례 연임)하며, 부총재보는 총재가 임명(임기 3년, 1차례 연임)한다(동법 제36조~제37조).

원의 임면에 관하여는 그러하지 아니하다(동법 제43조~제45조).

2) 한국은행의 정부 예산 관련 기능

우리나라는 1948년 정부 수립 직후 근대적인 금융제도를 확립하고, 통화신용정책을 중립적이고 민주적으로 수립·집행하기 위해 1950년 5월 한국은행법을 제정·공포해 1950년 6월 12일 우리나라의 중앙은행인 한국은행을 설립했다. 한국은행의 주요 기능은 화폐의 발행, 통화신용정책의 수립 및 집행, 금융 시스템의 안정, 은행의 은행, 정부의 은행, 지급결제 제도의 운영·관리, 외국환 업무 및 외환보유액 관리, 경제조사 및 통계 작성 등의 역할을 수행한다.

한국은행은 대한민국 국고금의 예수기관으로서 국고금관리법이 규정하는 바에 따라 국고금을 취급(동법 제71조)하며, 정부에 속하는 증권·문서 기타 고가물을 보호예수(동법 제72조)할 수 있고, 법령이 정하는 바에 따라 국가의 수입 징수를 보조하며, 국채의 발행·매각·상환 기타 사무를 취급할 수 있다(동법 제73조). 아울러 한국은행은 정부에 대해 당좌대출 기타 형식의 여신을 할 수 있으며, 정부로부터 국채를 직접 인수할 수 있다(동법 제75조).

한국은행은 세금 등 정부 수입을 국고금으로 받아 두었다가 정부가 활동상 필요로 할 때 자금을 내주는 업무를 하는 한편, 정부가 자금이 일시적으로 부족할 때 돈을 빌려주기도 하는 정부의 은행이다. 정부는 사회간접자본 개발, 국민복지 향상, 교육, 국방 등 여러 가지 일을 하기 위해 국민으로부터 세금을 징수하는데, 한국은행은 정부를 대신해 국민으로부터 세금을 받아 정부 예금으로 갖고 있다가 정부가 요구할 때 지불한다. 그러나 국고금을 수납하고 지급하는 업무는 전 국민을 상대로 하는 방대한 일이기 때문에, 점포와 인력이 제한된 한국은행이 모두 취급할 경우 국민들에게 큰 불편을 줄 수 있으므로, 각 금융기관의 점포를 대리점으로 지정해 국고금을 수납하고 지급하는 업무를 대신 수행하도록 하고 있다. 또한 정부는 자금이 부족한 경우 매년 국회에서 미리 정한 한도 내에서 한국은행으로부터 대출을 받거나 국채를 발행하는데, 이때 한국은행은 정부의 국채 발행 업무를 대행하며, 정부가 소유하고 있는 유가증권을 보관하는 업무도 담당한다.[6]

---

6) 한국은행 홈페이지 http://www.bok.or.kr 참조.

6 정부 예산 참여자의 행태 및 전략

1) 참여 주체별 예산 행태

예산 과정에 참여하는 다양한 주체들의 행태를 일률적으로 설명하기는 어렵지만, 유형화를 통해 각 참여 주체들의 개괄적인 성향을 파악할 수 있다는 점에서 유형화의 의의가 있다.

첫째, 예산의 규모와 관련해 증액지향적인가, 삭감지향적인가, 중립적인가로 구분할 수 있다(Wildavsky, 1984; 신무섭, 2007: 391-397; 윤영진, 2010: 231-232).

증액지향적 행위자는 자신들의 소관에 속하는 사업의 필요성을 옹호하는 주창자(advocate)이고, 수입보다는 지출에 더 많은 관심을 보이는 사업지향적 성향을 보이며, 사업을 가능한 많이 하려고 시도하고 필요 이상으로 예산을 요구하는 소비자(spender)로서의 역할에 치중한다. 예산 과정에 참여하는 각 행정부처의 경우가 대표적이며, 의회의 예산 심의에 대비한 행정부의 예산 행태가 대표적인 증액지향적이다.[7)]

삭감지향적 행위자는 재정적 한계를 지키려는 국고의 수호자(guardian)이고, 지출보다 재정 조건 및 수입에 더 많은 관심을 보이는 재정지향적 성향을 보이며, 국민과 정부의 재정 부담을 통제하려는 절약자(saver)로서의 역할에 치중한다. 예산 과정에 참여하는 중앙예산기구와, 제출된 행정부의 예산안에 대한 의회의 예산 행태가 대표적인 삭감지향적이다. 특히 의회는 예산을 심의하는 과정에서 행정부의 동의 없이는 지출예산 항목을 증액하거나 새로운 비용 항목을 설정할 수 없기 때문에, 의회의 기본적인 예산 행태는 삭감지향적이다.

중립적인 행위자는 사업의 주창자이면서 국고의 수호자로서 역할을 수행하며, 사업지향성과 재정지향성을 동시에 지니고 있다. 예산 과정에 참여하는 대통령의 경우가 대표적인데, 자신의 주요 공약 이행과 관련해서는 사업지향적 행태를 지니게 되지만 국가의 재정지출 한계를 고려해야 하는 위치에 있다. 즉, 수문장(gate keeper)으로서 역할을 수행하는데, 수입과 지출 어느 쪽에도 치우치지 않고 사업과 재정을 동시에 지향하는 균형지향적 예산 행태를 나타낸다. 대통령의 경우도 공약 이행과 관련해

---

7) 미국의 경우, 의회와 행정부의 역할은 반응적 전략(reactive strategy)과 수용적 전략(accommodation strategy)을 가지고 예산 협상에 임한다. 즉, 행정부 예산은 관료 조직의 속성으로 인해 정책 주창을 견지하기 위한 팽창 예산을 요구한 반면, 하원은 매년 증가하는 대통령의 예산 요구를 그대로 수용하기보다는 국민의 재산권을 보호하기 위해 감액 수정을, 상원은 대통령 예산과 하원의 감축을 조정하는 역할을 수행한다(윤성채, 1997: 209-229).

사업지향적 성향을 지니고 있지만, 재정의 한계를 고려한 예산 결정을 하게 된다. 사업 확대를 통한 예산의 증액은 국민의 조세 부담과 국가 채무의 증가를 초래할 수 있어 정치적 부담으로 작용할 수 있다.

둘째, 예산 행태와 관련해 자기 부처의 확대 선호도와 정부 전체 수준의 확대 선호도에 따라 자기 부처와 정부 전체 수준의 확대를 선호하지 않는 현상 유지자(abider), 자기 부처의 확대를 선호하나 정부 전체 수준의 확대를 원하지 않는 주창자(advocate), 정부 전체 수준의 확대를 선호하나 자기 부처의 확대를 선호하지 않는 이타주의자(altruist), 자기 부처와 정부 전체 수준의 확대를 선호하는 확대자(aggrandizers) 등으로 구분할 수도 있다(Bowling, Cho, & Wright, 2004: 492-493).

셋째, 예산 행태가 합리적인가, 정치적인가, 절충적인가로 구분할 수 있다(Lynch, 1990: 74-78). 합리적인 행태는 인간의 합리적 선택모형을 강조한다. 즉, 인간은 목표 달성과 관련된 가능한 모든 대안을 도출할 수 있고, 도출된 대안에 대한 과학적·체계적 분석을 통해 목표와 수단을 합리적으로 연계할 수 있다고 주장한다. 반면 정치적 행태는 인간의 제한된 합리성을 전제로 한다. 즉, 인간의 능력은 한정되어 있으며, 불확실한 환경을 정확하게 반영하기 어렵기 때문에 자신의 제한된 능력의 범위 안에서만 대안을 판단하게 되며, 대안의 판단이 경제적 합리성에 근거해 이뤄지는 것이 아니라 정치적 타협의 과정으로 나타난다고 주장한다.

이런 기준에 따라 예산 행태를 유형화하면 [그림 3-2]와 같다. 가로축은 삭감과 증액지향적 성향을, 세로축은 정치적 행태와 합리적 행태를 나타낸다.

[그림 3-2] 예산 과정 참여자의 행태 유형화

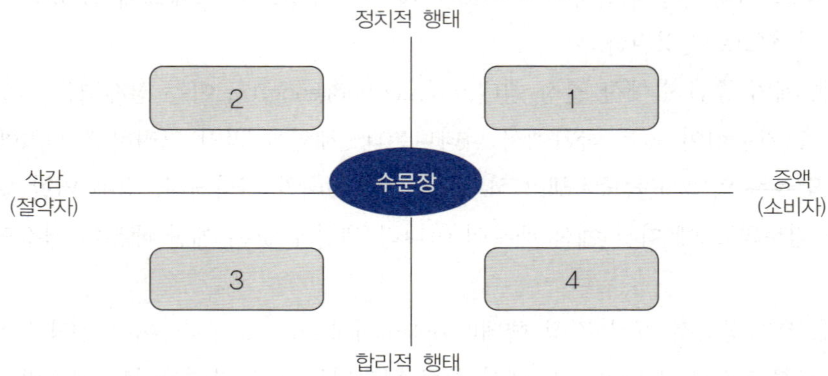

1 유형은 증액지향적이고 정치적 행태를 강조하는 유형인데, 기존의 사업을 지속적으로 확장하고자 할 경우에 나타날 수 있다. 예산에 대한 과학적 분석을 통해 사업의 필요성을 제기하기보다는 정치적 타협의 산물로 예산을 결정하는 행태에서 비롯되는 경우인데, 예산 배분을 전년도 기준에 의거해 지속적으로 증액하는 경우에 나타날 수 있다.

2 유형은 삭감지향적이고 정치적 행태를 강조하는 유형인데, 정치적 타협을 통해 예산을 삭감하는 경우에 나타날 수 있다. 이런 유형은 다른 유형에 비해 발생 빈도가 낮지만, 경제 및 재정 여건이 불리한 상황에서 예산 총액을 삭감해야 하는 경우에 나타날 수 있다.

3 유형은 삭감지향적이고 합리적 행태를 강조하는 유형인데, 과학적 · 경제적 분석을 통해 예산을 삭감하는 경우에 나타날 수 있다. 지출심사 및 일몰법에 의한 예산 삭감이나 중복된 사업의 과감한 예산 조정 등이 대표적인 사례라 할 수 있다.

4 유형은 증액지향적이고 합리적 행태를 강조하는 유형인데, 신규 사업에 대한 객관적 · 과학적 분석을 통해 사업 추진의 필요성과 정당성을 강조함으로써, 예산을 증액하고자 하는 경우에 나타날 수 있다. 사업 타당성분석을 통한 신규사업 확충에 사용되는 유형이다.

2) 국가 유형별 예산 행태

윌다브스키(Aaron B. Wildavsky)는 국가의 경제력, 재정의 예측력에 따라 국가별 예산 결정 행태가 상이하게 나타난다고 주장한다(Widavsky, 1984).

첫째, 반복적 예산 결정 행태(repetitive budgeting)다. 이는 경제력이 빈곤하고 재정 예측력도 불확실한 후진국에서 주로 나타나는 유형으로 그때그때 필요에 따라 예산이 수시적으로 결정된다.

둘째, 세입 중심적 예산 결정 행태(revenue budgeting)다. 이는 경제력은 낮으나 재정의 예측 가능성이 높은 국가에서 나타나는데, 세입을 먼저 고려하고 세입에 맞게 세출을 맞추는 양입제출(量入制出)식 예산 결정 행태가 나타난다. 정부 역할 및 기능에 대한 검토와 그에 따른 예산 배분이 아니라 세입에 맞는 예산 배분이 결정되는 형태이다.

셋째, 추가경정적 예산 결정 행태(supplemental budgeting)다. 이는 경제력은 부유하지만 재정 예측력이 낮은 국가에서 주로 나타나는데, 경제력은 부유하지만 미래의 재정 소요 예측과 관련된 행정 능력이 낮거나 정치적으로 불안정할 경우에 예산을 여러 차례 수정하는 방식으로 예산 결정이 이뤄진다.

넷째, 점증적 예산 결정 행태(incremental budgeting)다. 경제력이 부유하고 재정 예측력이 높기 때문에 세입 및 세출에 대한 추계가 비교적 정확하고, 매년 경제 성장을 통한 가용재원의 규모도 커지기 때문에, 예산은 모든 참여자의 이해관계를 충족시킬 수 있는 수준에서 점증적으로 배분된다는 것이다. 사회가 비교적 안정적이고 다원화된 경우에 나타나게 된다.

〈표 3-2〉 윌다브스키의 국가 유형별 예산 행태

구분		경제력	
		낮음	높음
재정 예측력	낮음	반복적 예산 결정 행태 (repetitive budgeting)	추가경정적 예산 결정 행태 (supplemental budgeting)
	높음	세입 중심적 예산 결정 행태 (revenue budgeting)	점증적 예산 결정 행태 (incremental budgeting)

3) 정부 예산 참여자의 단계별 전략

예산 단계별 예산 확보 전략이란 예산 결정 과정에 참여하는 주체들이 예산을 획득하기 위해 동원하는 공식적·비공식적 수단을 의미한다. 공식적 수단이 법제도적 규정에 의한 수단이라고 한다면, 비공식적 수단은 공식적 수단을 제외한 모든 수단을 의미한다.

예산 단계별 예산 확보 전략은 예산 과정별로 구분할 수 있는데, 예산 요구 전략, 예산 사정 전략, 예산 심의 전략, 예산 수감 전략, 예산 확대 전략 등으로 구분된다. 예산 요구 전략, 예산 사정 전략은 행정부 내에서 예산을 편성하는 과정에서 나타나는 모든 공식적·비공식적 예산 확보 전략을 의미하며, 예산 심의 전략, 예산 수감 전략, 예산 확대 전략은 의회에서 행정부에 제출한 예산을 심의·의결하는 과정에서 나타나는 전략을 의미한다. 예산 과정별 예산전략은 단계별로 나타나는 전략이 있을 수도 있으나, 실제로는 혼재되어 나타나는 경향이 많기 때문에 일률적으로 규정하기는 어렵다. 그러나 각 예산 단계별 예산전략의 대표적인 수단을 살펴보면 〈표 3-3〉과 같이 정리할 수 있다.

〈표 3-3〉 예산 단계별 예산전략

예산 단계	공식적 전략	비공식적 전략
예산 요구	논리적 설득: 객관적 자료, 타당성 보고서 집권정당 및 대통령의 공약 법령 및 예산지침 등 공식적 규정	친분 관계 우호 세력의 동원 끼워넣기 전략 정치적 거래 언론매체를 통한 예산 확보 홍보
예산 사정	예산편성지침 총액지출한도 신규사업에 대한 (예비)타당성 분석 당정협의회 등을 통한 예산 조정	내부적 협상 회피 전략 다른 부처 사업과의 연계성 검토
예산 심의	헌법 규정(증액, 다른 비목 설정 금지) 후견인 역할 세입원 분석 전략(국회예산정책처 등)	선거구민의 이익대변자 역할
예산 수감	논리적 설득: 객관적 자료, 타당성보고서 법령에 따른 계속 사업	정보 지연 등 미루기 전략 이익집단, 언론 등을 통한 로비 인맥 동원
예산 확대	예산 동의	인맥, 로비, 내부 협상, 거래 등 정보의 비대칭성

(1) 예산 요구 전략

예산 요구 전략은 각 행정부처가 중앙예산기관을 상대로 신규 예산을 확보하거나 예산의 규모를 확대하기 위해 구사하는 전략을 의미한다. 따라서 예산 요구 단계에서는 예산에 참여하는 주체들의 행위가 주로 증액지향적이거나 사업지향적 성격을 지니게 되는데, 예산 요구 전략은 다시 공식적 전략과 비공식적 전략으로 구분된다.

우선, 공식적 전략으로는 예산 확보에 필요한 객관적 자료 및 타당성 보고서 등을 통해 중앙예산기관에 대한 논리적 설득을 도모하거나, 여당 및 대통령의 공약 사항임을 명시해 중앙예산기관의 예산 사정 기준보다 높은 기준을 제시하고, 법령 및 예산지침 등 공식적 규정에 따른 예산 확보의 필요성을 제기한다. 특히 각 행정부처는 국가재정 운용계획에 따른 중기사업계획서를 제출할 때 객관적인 자료와 비용편익분석 등과 같은 외부 용역기관의 타당성 보고서 등을 첨부함으로써, 국가의 우선적 정책순위로 끌어올리려는 전략을 추구한다.

다음으로, 비공식적 전략으로는 정실주의에 입각한 친분 관계, 지지자가 많고 잘 조직화된 관련 이해관계 집단이나 정치 세력 등 우호 세력을 동원하는 방안, 각 행정부처의 장관이 중앙예산기관의 장과 정치적으로 담판하는 방안, 언론매체를 활용해 사업의 정당성과 필요성을 확대 재생산하는 방안 등이 고려될 수 있다. 또한 기존 사업과는 달리 신규 사업의 경우는 예산을 확보하기가 어렵기 때문에, 다른 사업에 끼워넣기 전략을 활용하거나 소액만을 요구함으로써 일종의 '발을 담그는 전략'을 사용할 수도 있다. 일단 예산이 확보되면 해마다 전년도 예산 배분을 근거로 점차 증액 요구할 수 있는 여지를 만드는 것이다. 특히 자체 부담임을 주장하면서 사업 추진의 근거를 마련하고, 예산이 결정되면 매년 조금씩 예산을 요구할 수도 있다.

(2) 예산 사정 전략

예산 사정 전략은 중앙예산기관이 행정부처의 예산 요구에 대응해 구사하는 전략으로, 각 행정부처의 과도한 예산 요구를 국가 전체적인 지출한도 내로 조정하고, 의회와의 관계에서는 행정부의 입장을 대변하는 역할을 수행한다.

공식적 전략으로는 총액지출한도를 설정해 각 행정부처의 지나친 예산 요구를 억제하고, 예산편성지침의 하달을 통해 인건비, 사업의 단위원가 등을 사전에 통제하는 전략을 활용한다. 또한 신규 사업에 대한 타당성을 중앙예산기관이 자체적으로 분석해서 각 행정부처의 예산 요구에 대응하거나 예산 제출 전에 당정협의 등을 통해 집권당의 정책적 우선순위에 따라 예산을 조정하는 방법을 사용한다.

비공식적 전략으로는 행정부처 내부 간의 긴밀한 협상을 도모하거나 차후에 문제 소지가 있는 영역에 대해서는 회피하거나, 다른 행정부처와의 연계성을 검토해 중복 가능성이 있는 예산을 축소하는 전략도 활용된다.

(3) 예산 심의 전략

예산 심의 전략은 의회가 행정부를 대상으로 예산을 심의하는 과정에서 구사하는 전략으로, 공식적 전략과 비공식적 전략으로 구분해 볼 수 있다. 국회에서 예산 심의할 때 지켜야 할 원칙은 정부의 동의 없이 정부가 제출한 지출예산의 각 항목을 증액하거나 새로운 비용항목을 설정할 수 없다(헌법 제57조).

우선, 공식적 전략 차원에서 의회는 예산 심의 과정에서 납세자의 후견인 역할을 수행한다. 의회 의원들은 후견인 관점에서 예산안을 심의하며, 행정부에서 수립한 예산에 대해 일차적으로 의심과 경계를 하게 된다. 의회는 예산 심의 과정에서 납세자의 불필요한 재정 부담을 줄이기 위해 행정부가 제출한 예산을 삭감하려는 전략을 취하게 된다. 또한 의회는 세입원에 대한 분석을 통해 행정부의 예산안에 대한 현실적 합성을 고려하게 되며, 세입 부담이 곧 국민의 재정 부담임을 감안해 예산전략을 수립하게 된다. 특히 헌법에서 규정된 바와 같이 의회는 행정부가 제출한 예산안에 대해 증액하거나 새로운 비용 항목을 추가할 수 없으므로, 예산 심의 과정에서 나타나는 의회의 전략은 보편적으로 삭감지향적이다.

그러나 의회는 비공식적으로 상황에 따라 선거구민의 이익을 대변하는 역할을 수행한다. 다음 선거에서의 득표 극대화를 위해 자신의 선거구와 관련된 행정부의 예산안을 적극 옹호하기도 한다.

(4) 예산 수감 전략

예산 수감 전략은 행정부가 의회의 예산 심의를 받거나 대비하면서 구사하는 전략을 의미하는데, 공식적 전략과 비공식적 전략으로 구분해 볼 수 있다.

공식적 전략은 행정부가 의회의 예산 심의를 수감하면서 사업 타당성 보고서를 제출하거나, 법령 등에 따른 계속 사업임을 강조해 예산을 확보하는 방법 등이다. 특히 예산을 의무지출과 재량지출로 구분해 의무지출에 대해서는 의회의 삭감 요구를 원천적으로 봉쇄하는 전략을 활용할 수도 있다.

비공식적 전략으로 행정부는 불리한 정보를 가급적 지연시키거나 미루는 전략을 구사할 수 있으며, 유리한 여론을 호도하기 위해 의원들에 대한 이익단체들의 로비를 조장하거나, 우호적인 인맥을 동원해 예산을 확보하는 방안 등이 활용된다. 아울러 정치적 득표 극대화를 위해 지역구 사업과 연계해 자신들의 필요한 사업 예산을 확보하는 방안도 강구될 수 있다.

(5) 예산 확대 전략

예산 확대 전략은 이미 편성된 정부 예산을 의회 심의 과정에서 추가로 확보하기 위한 전략으로, 공식적 전략과 비공식적 전략으로 구분해 볼 수 있다.

공식적 전략은 행정부의 동의 없이는 예산을 증액하거나, 새로운 비용 항목을 설정할 수 없는 법 규정을 활용해 의회 의원들의 관심을 자신들의 공약과 연계함으로써, 각 행정부처가 의회의 요구에 동의라는 형식을 통해 예산을 확대하는 전략이다.

비공식적 전략은 예산 확보를 위해 비공식적 전략, 인맥, 로비, 언론매체, 내부 협상, 정치적 거래 등을 도모하는 방안이다. 특히 의회의 경우, 각 행정부처의 업무에 대한 전문성이 상대적으로 낮기 때문에, 정보의 비대칭성을 활용해 예산 확대의 당위성을 강조하는 방법 등이 활용될 수 있다.

제 2 절 | 정부 예산의 편성

1 정부 예산주기 및 과정

1) 회계연도

정부가 예산을 편성, 심의, 집행, 결산하는 과정은 특정한 기간을 설정해 연도별로 운영되는데, 이를 회계연도라 한다. 따라서 예산은 회계연도를 벗어나서 사용할 수 없는데, 이를 회계연도 독립의 원칙 혹은 예산 단년도주의라 한다. 제2장에서 살펴본 바와 같이 회계연도 독립의 원칙과 예산 단년도주의의 도입 배경은 다소 다르지만, 연도별로 예산이 운영된다는 점에서는 공통점이다. 물론 계속비와 이월 등의 제도는 예산의 탄력적 운영을 도모하기 위해 회계연도 독립의 원칙 예외로 인정되고 있지만, 예산 운영의 근간은 회계연도별로 독립되어 운영된다.

우리나라의 회계연도는 1월 1일부터 12월 31일까지다. 1967년 3월 예산회계법을 개정해 회계연도를 4월 1일부터 다음해 3월 31일까지로 변경했으나, 1967년 10월 원상회복하는 것으로 법을 재개정해 실질적인 회계연도의 변경은 없었다. 회계연도의 개시 시기는 나라마다 다르다. 독일, 프랑스, 이탈리아, 스페인 등은 우리와 같은 1월이고, 호주 및 뉴질랜드는 7월, 영국 및 캐나다는 4월부터 새로운 회계연도가 시작된다(디지털 예산회계시스템 참고자료). 미국의 경우는 1월 첫째 월요일부터 2월 첫째 월요일 사이에 대통령이 예산안을 제출하며, 회계연도는 10월 1일부터 시작된다(미국 관리예산처 홈페이지 참조). 또한 일본국 헌법 제86조와 재정법 제42조에서는 예산주기를 단년도로 한정해 4월부터 적용하고 있다.

따라서 우리의 회계연도는 1 회계연도를 중심으로 운영되지만, 1 회계연도를 운영하기 위해서는 전년도에 예산 편성, 심의・의결 과정을 거치며, 당해 회계연도에 따른 예산 집행 결과를 다음 회계연도 상반기까지 결산하는 과정을 겪는다. 결국 1 회계연도의 예산은 평균 2.5년 동안에 걸쳐 운영되는데, 1년 동안의 사전 준비 과정, 1년 간의 실제 운영 과정, 반년 동안의 결산 및 환류 과정을 거치게 된다.

2) 정부 예산의 전체 과정

정부 예산은 예산안 편성, 예산안 심의·의결, 예산 집행, 결산안 작성 및 결산 승인의 과정을 거치게 되는데, 예산 과정별 특징은 다음과 같다.

첫째, 예산안의 편성권을 행정부에 부여하고 있고, 심의 및 의결 권한을 의회에 부여한 것은 권력의 집중에 따른 오·남용을 막고, 견제와 균형의 원리를 통해 합리적인 국정 운영을 도모하기 위함이다.

둘째, 예산안 편성권을 행정부에 부여한 것은 행정부의 전문성을 보장하기 위함이며, 예산안 편성은 행정부에서 작성하되 작성된 예산안에 대한 심의 및 의결 권한은 의회에 부여하고 있다. 따라서 예산안 편성 권한은 행정부의 독점적 권한인데, 이를 행정부제출 예산제도(executive budget)[8]라 한다.

셋째, 행정부가 예산을 편성하는 과정에서 중앙예산기구로서의 역할은 기획재정부가 담당하고 있는데, 기획재정부는 예산안 편성을 주관하지만 직접 국회에 예산안을 제출할 수 있는 권한을 갖고 있지 못하다. 즉, 국무회의의 심의와 대통령의 승인을 거쳐야 의회에 제출할 수 있다.

넷째, 입법부의 예산 심의 과정은 일반적으로 삼독회제(三讀回制)를 거치게 된다. 말 그대로 세 번 읽는다는 의미인데, 본회의에서 시정연설을 하면서 정부 예산안에 대한 총괄적 의견 청취, 위원회의 심사, 본회의에서 최종 결정 등의 순으로 진행된다. 본회의에서 최종 결정되어야 다음 연도 예산으로 확정되며, 비로소 '정부 예산안'이 '정부 예산'으로 확정된다. 의회에서 예산안을 심의·확정하는 과정에서 중요하게 지켜야 할 원칙이 있는데, 바로 헌법 제57조의 규정이다. 즉, 국회는 정부의 동의 없이 정부가 제출한 지출예산 각항의 금액을 증가하거나 새 비목을 설치할 수 없는데, 이는 지출예산 금액을 증액할 경우 국민의 부담으로 전가될 수 있기 때문이다. 따라서 의회는 주로 예산 삭감자로서의 기능을 수행하는 것이 일반적이나, 정부의 동의를 통해 예산을 증액하기도 한다.

다섯째, 예산의 집행을 통해 결산안을 마련하는 과정에서 감사원의 조직적 위치 및 권한에 대한 논쟁이 발생되고 있다. 즉, 행정부처에서 작성한 결산안을 대통령 직속기관인 감사원에서 감사를 하고 있다는 점이다. 즉, 행정부가 행정부를 감사하는

---

8) 의회에 안건이 상정될 때 발안 주체가 누구냐에 따라 용어가 상이한데, 행정부에서 안건이 발안되면 '제출'이라는 용어를 사용하고, 의회에서 안건이 발안되면 '발의'라는 용어를 사용한다. 따라서 예산안 편성은 행정부만의 권한이므로 제출이라는 용어를 사용하게 된다.

형태인데, 감사원의 직제를 의회 직속기관으로 전환하려는 움직임은 의회 예산 감시 기능을 강화하기 위한 대안이다.

여섯째, 결산안의 최종 승인권은 의회에 있다. 결산안이 의회에서 최종 승인을 거치게 되면 전체적인 예산 과정이 종료되는데, 결산 승인은 법률적 의미보다는 정치적 의미로 이해되는 것이 보편적이다.

[그림 3-3] 정부 예산의 과정

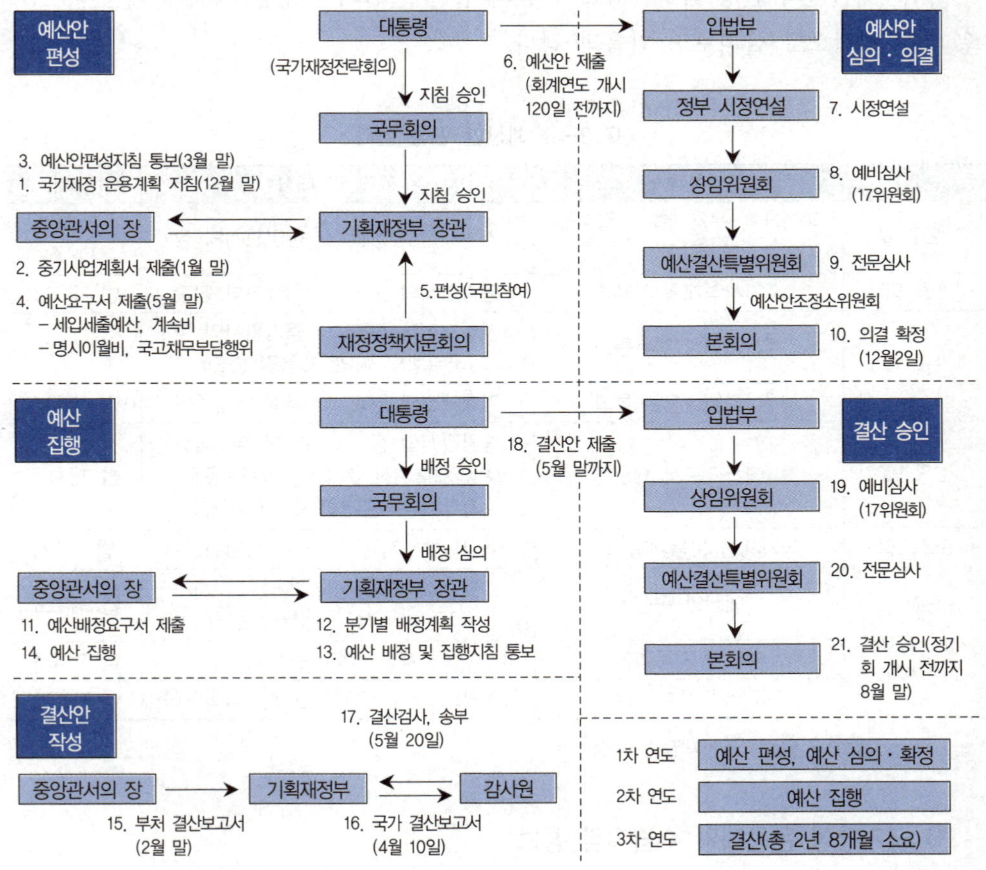

2 정부 예산의 편성

정부 예산은 예산안의 편성부터 시작되며 예산안의 편성 권한은 행정부에 있다. 일반적으로 행정부제출 예산제도[9]로 명명되는데, 이는 곧 예산안의 편성권이 의회에 있는 것이 아니라 행정부에 있음을 의미하는 것이다. 따라서 의회가 예산안을 편성하는 과정에 관여할 수 없으며, 행정부 또한 예산안을 심의・의결하는 과정에 개입할 수 없다.

정부 예산안의 편성 과정은 〈표 3-4〉와 같은 일련의 과정을 거치게 되는데, 이를 좀 더 구체적으로 살펴보면 다음과 같다.

〈표 3-4〉 예산안 편성 절차

시기	절차	주체 및 대상	근거
12월 말	국가재정 운용계획 수립지침 통보	기획재정부 장관 → 중앙관서의 장	시행령 제2조
1월 말	중기사업계획서 제출	중앙관서의 장 → 기획재정부 장관	법 제28조
3월 말	예산안편성지침 통보	기획재정부 장관 → 중앙관서의 장 (국무회의 심의, 대통령 승인)	법 제29조
	예산안편성지침 보고	기획재정부 장관 → 국회 예결특위	법 제30조
5월 말	예산요구서 제출	중앙관서의 장 → 기획재정부 장관 (세입세출예산, 계속비, 명시이월비, 국고채무부담행위 요구서 제출)	법 제31조
8월 2일	국가재정 운용계획 보고	기획재정부 장관 → 국회 상임위원회	법 제7조
회계연도 개시 120일 전까지	예산안 편성	기획재정부 편성 (국무회의 심의, 대통령 승인)	법 제32조
	예산안 자문회의	재정정책자문회의	법 제10조
	예산안 국회 제출	회계연도 개시 120일 전까지 국회 제출	법 제33조

* 법: 국가재정법, 시행령: 국가재정법 시행령.

1) 국가재정 운용계획 수립지침 통보

정부는 재정 운용의 효율화와 건전화를 위해 매년 해당 회계연도부터 5 회계연도의 국가재정 운용계획을 수립하는데, 기획재정부 장관은 국가재정 운용계획의 수립을 위한 지침을 마련해, 당해 회계연도의 전년도 12월 말까지 각 중앙관서의 장에게 통

9) 행정부제출 예산제도(executive budget)는 미국의 1921년 예산회계법의 제정에서 근원을 찾을 수

보해야 한다(국가재정법 시행령 제2조 제1항). 또한 기획재정부 장관은 국가재정 운용계획[10]을 국회에 제출(회계연도 개시 120일 전까지)하기 30일 전에 재정 규모, 재정수지, 재원 배분 등 수립 방향을 국회 소관 상임위원회에 보고하여야 한다(국가재정법 제7조 제9항 및 제1항).

국가재정 운용계획은 예산과 기금을 통합해 5개년 연동계획으로 수립되며, 예산과 정책의 연계를 통해 중장기적 관점에서 국가재원을 전략적으로 배분하는 것으로 단년도 예산 편성의 기초자료가 된다. 또한 국가재정 운용계획은 예산의 단년도주의에 따른 협소성을 극복하기 위한 대안이며, 국가의 정책적 우선순위를 기획한다는 점에서 예산과 계획의 유기적 연계를 도모하는 제도다.

2) 중기사업계획서의 작성

중앙관서의 장은 자치단체장이 12월 말까지 제출한 사업계획을 중기사업계획서에 반영해, 매년 1월 31일까지 해당 회계연도부터 5개년 이상의 신규 사업 및 기획재정부 장관이 정하는 주요 계속사업에 대한 중기사업계획서를 기획재정부 장관에게 제출해야 한다(국가재정법 제28조, 동법 시행령 제2조 제10항).

이 과정에서 전반적인 세입 여건과 재원 조달 방안 등에 대한 점검을 통해 적정 재정 규모가 추산되고 예산 편성의 기본 방향이 모색될 뿐만 아니라, 기준 단가의 책정, 예산 과목 정리, 사업별 추진 실태 및 성과 분석 등 예산 편성을 위한 사전 준비와 재정지출의 생산성을 높이기 위한 각종 대안이 마련된다.

3) 예산안편성지침 통보

기획재정부 장관은 국무회의의 심의를 거쳐 대통령의 승인을 얻은 다음 연도의 예산안편성지침을 매년 3월 31일까지 각 중앙관서의 장에게 통보하는데, 국가재정 운

있다. 즉, 미국은 건국 초부터 1920년대 초까지는 행정부의 각 부처들이 예산요구서를 정부의 세입추계서와 함께 형식적으로 재무부 장관을 경유하는 방식으로 의회에 제출했고, 제출된 예산요구서는 개별적으로 심의·의결되어 통합적인 국가 예산은 존재하지 않았다. 그러나 예산회계법의 제정으로 지나치게 분산적인 행정부의 예산 수립이 대통령을 통해 통합됨으로써, 의회의 예산 심의도 통합 심사가 이뤄지게 되었다(장선희·전광석·김배원·박종수, 2006: 57-58).

10) 국가재정 운용계획에는 재정 운용의 기본방향과 목표, 중기 재정전망 및 근거, 분야별 재원배분계획 및 투자방향, 재정 규모 증가율 및 근거, 의무지출의 증가율 및 산출내역, 재량지출의 증가율에 대한 분야별 전망과 근거 및 관리계획, 조세부담률 및 국민부담률 전망, 통합재정수지 전망과 관리계획, 기타 등이 포함된다(국가재정법 제7조).

용계획과 예산 편성을 연계하기 위해 예산안편성지침에 중앙관서별 지출한도를 포함해 통보할 수 있다(국가재정법 제29조).

기획재정부는 예산안편성지침을 각 중앙관서의 장에게 통보하기 이전에 재정정책자문회의 자문을 거쳐 부처별로 다음 연도 지출한도를 확정한다. 특히 이 과정에서 예산안편성지침을 국회의 예산결산특별위원회에 보고하도록 규정하고 있는데(동법 제30조), 이는 의회의 예산 심의 과정에서 행정부의 예산 편성과 관련된 정보를 획득해 심의 과정을 좀 더 효율적으로 진행하기 위함이다.

예산안편성지침은 각 중앙관서가 예산을 요구하는 준거자료이며, 재정 당국으로서는 예산 편성의 기본 틀이 되는 중요한 내용을 포함하고 있다. 즉, 예산안편성지침에는 다음 해의 국내·외 경제 전망, 재정 운용 여건, 예산 편성 방향, 경비별 예산 편성 및 요구 지침, 예산 요구 시 제출서류 및 양식 등이 포함되어 있다. 특히 예산안편성지침에 대한 시달이 법으로 규정되어 있기 때문에, 각 행정부처에서는 지침의 내용을 무시하고 예산을 요구하기가 불가능하다.

4) 독립기관과 중앙관서의 예산 요구

각 중앙관서의 장은 3월 말까지 시달된 예산안편성지침에 따라, 그 소관에 속하는 다음 연도의 세입세출예산, 계속비, 명시이월비 및 국고채무부담행위 요구서(예산요구서라 한다)를 작성하여, 매년 5월 31일까지 기획재정부 장관에게 제출하여야 한다(국가재정법 제31조 제1항). 특히 기획재정부 장관은 각 중앙관서의 장이 제출한 예산요구서가 예산안편성지침에 부적합할 때에는 기한을 정하여 이를 수정 또는 보완하도록 요구할 수 있다(국가재정법 제31조 제3항).[11)]

각 중앙관서의 장은 지출한도의 범위 내에서 산하기관 및 지방자치단체로부터 예산 요구를 받아 내부적으로 예산요구서를 작성한다. 기획재정부의 입장에서도 소관부서의 예산요구서를 작성하게 되며, 국가 전체적인 차원에서 재정사업의 타당성 여부, 예산 개혁을 위한 일련의 작업 등을 동시에 수행하게 된다.

각 중앙관서 이외에 독립기관의 예산 편성은 독립성 원칙을 적용한다. 독립기관

---

11) 국가재정전략회의가 매년 5월경에 개최되는데, 대통령 주재로 각 부처 장관, 수석비서관들이 모여 재정 운용의 방향과 주요 의제를 논의하는 자리다. 총액배분 자율편성 예산제도의 도입과 더불어 시작되었는데, 2008년 이전에는 재원배분회의라고 명명했다. 국가재정전략회의는 재정분야 최고위급 의사결정회의로 논의된 내용은 국가재정 운용계획의 수립과 다음 연도 예산안 편성에 반영된다.

이란 국회, 대법원, 헌법재판소 및 중앙선거관리위원회를 의미하는데, 정부는 예산을 편성할 때 독립기관의 장의 의견을 존중해서 예산을 편성해야 한다. 국가재정법에 독립기관의 예산 편성 관련 규정을 별도로 규정한 것은 독립기관의 고유한 권한을 인정하고, 예산과 관련된 독립성을 보장하기 위한 조치라 할 수 있다. 즉, 정부는 독립기관의 예산을 편성할 때 당해 독립기관의 장의 의견을 최대한 존중해야 하며, 국가재정 상황 등에 따라 조정이 필요한 때에는 당해 독립기관의 장과 미리 협의해야 한다. 그러나 정부가 독립기관의 세출예산요구액을 감액하고자 할 때에는 국무회의에서 당해 독립기관의 장의 의견을 들어야 하며, 정부가 독립기관의 세출예산요구액을 감액한 때에는 그 규모 및 이유, 감액에 대한 독립기관의 장의 의견을 국회에 제출해야 한다(국가재정법 제40조). 감사원의 경우도 정부가 감사원의 세출예산요구액을 감액하고자 할 때에는 국무회의에서 감사원장의 의견을 들어야 한다(국가재정법 제41조).

5) 사업별 심의 및 예산안 편성

(1) 기획재정부의 예산안 편성을 위한 실무작업

기획재정부는 5월 말까지 각 중앙관서로부터 예산요구서를 제출받은 후 정부 예산안 편성을 위한 실무작업을 예산안 제출 시기까지 수행한다. 기획재정부는 각 중앙관서로부터 예산요구서가 접수되면 예산 요구 규모를 취합해 가용재원과 비교·검토하며, 국정 목표와 연계한 중점 지원 내용 등 분야별 예산 편성을 위한 심의 방향을 마련한다. 각 중앙관서의 예산요구서가 예산안편성지침을 바탕으로 작성되었는지를 면밀히 검토하고, 지출한도의 범위 내에서 사업을 조정하게 된다. 총액배분 자율편성 예산제도가 도입되기 이전에는 과도한 예산 요구가 빈번했으나, 기획재정부가 총액의 범위 내에서 지출한도를 설정해 각 중앙관서에 통보하기 때문에, 각 중앙관서의 지나친 예산 요구는 쉽지 않다. 그러나 각 중앙관서는 사업지향적 예산 행태를 지니고 있어 지속적인 예산 요구를 도모하려고 한다.

정부 예산안을 편성할 때 기본적인 예산구조는 프로그램 예산제도를 채택하고 있으므로 정부 예산안도 분야, 부문, 프로그램, 단위사업별로 구성되는데, 프로그램을 중심으로 한 사업별 예산제도는 재정성과 관리제도와 연계되어 예산 배분의 환류 기준으로 활용된다. 또한 정부 예산안은 각 행정부처 및 독립기관의 의견을 수렴해 편성되며, 중장기적 관점에서 국가재정 운용계획과의 연계를 통해 정부 예산안을 편성하게 된다.

정부 예산안의 마련은 기획재정부 예산실 주도로 실무안이 편성되는데, 실무안을 바탕으로 관계 기관과의 협의가 이뤄지게 된다. 즉, 재정정책자문회의, 당정협의회, 시도지사협의회 등과의 협의가 이뤄지는데, 이는 예산안을 편성하는 과정에서 각계각층의 폭넓은 의견을 수렴하고 절차적 투명성을 높이기 위한 것이다.

(2) 재정정책자문회의

기획재정부 장관은 국가재정 운용계획을 수립할 때, 매 회계연도의 예산안을 편성할 때와 기금운용 계획안을 마련할 때에는 미리 재정정책자문회의의 의견 수렴을 거쳐야 하는데, 재정정책자문회의는 각 중앙관서와 지방자치단체의 공무원 및 민간 전문가 등으로 구성된다(국가재정법 제10조).

재정정책자문회의의 위원은 임기 2년으로 기획재정부 장관, 행정 각 부처의 차관, 기금 소관 위원회·처·청의 부기관장, 특별시·광역시·도 및 특별자치도의 시장·도지사, 재정 운용에 관한 학식과 경험이 풍부한 자 중에서 기획재정부 장관이 위촉하는 30명 이내의 민간위원 등으로 구성되며, 재정정책자문회의의 의장은 기획재정부 장관이 된다(동법 시행령 제6조 제3항 내지 제5항).

재정정책자문회의는 국가재정 운용계획의 수립, 회계연도별 예산안의 편성 및 기금운용 계획안·기금운용 계획변경안의 수립, 회계연도별 예산안편성지침 및 기금운용 계획안 작성지침의 수립, 특별회계 및 기금의 신설·통합 및 폐지에 관한 사항, 기금운용평가단의 기금 운용 평가 결과 및 개선 권고 사항, 재정제도와 관련된 법령의 제정·개정 사항, 예산 및 기금 관련 제도 개선 사항 등에 대해 기획재정부 장관에게 자문 기능을 수행한다(동법 시행령 제6조 제1항).

(3) 당정협의회

정부는 예산안을 편성할 때 정부 대표인 고위 각료와 여당 대표인 당직자(당대표, 원내대표, 정책위의장) 등이 한 자리에 모여서 정책을 협의하는 과정을 거친다. 즉, 당정협의회는 정부와 여당이 예산 배분과 관련된 정책 협의를 도모하는 회의체다.

정부의 입장에서는 예산 편성과 관련해 여당의 요구를 수렴하고 협조를 이끌어내는 과정이라 할 수 있으며, 여당의 입장에서는 선거 기간 중 공약 사항을 이행하기 위한 재원 배분을 도모하는 과정이다. 특히 예산안 편성은 행정부의 권한이므로 당정협의회는 여당의 예산 요구 사항을 미리 행정부에 반영하기 위한 조치이며, 여당으로서의 책임성을 강화하기 위한 방안이라 할 수 있다.

그러나 당정협의회는 행정수반인 대통령의 영향력이 강할 경우 의회의 행정부 견제 기능을 약화시킬 수 있으며, 소수 야당의 의견을 반영하지 못하는 단점이 있다.

(4) 예산의 총액 계상

예산의 세부 내역을 확정해 편성하기 곤란한 경우에는 총액 범위 내에서 예산을 편성할 수 있다. 즉, 기획재정부 장관은 ① 도로보수 사업, ② 도로 안전 및 환경 개선 사업, ③ 항만시설 유지보수 사업, ④ 수리시설 개보수 사업, ⑤ 수리부속지원 사업, ⑥ 문화재 보수정비 사업, ⑦ 제1호부터 제6호까지의 사업 외 대규모 투자 또는 보조사업으로서, 세부 내용을 미리 확정하기 곤란한 사업의 경우에는 이를 총액으로 예산에 계상할 수 있다. 총액계상사업의 총규모는 매 회계연도 예산의 순계를 기준으로 100분의 3 비율을 초과할 수 없다(동법 제37조, 동법 시행령 제12조).

각 중앙관서의 장은 총액계상사업에 대하여는 예산 배정 전에 예산 배분에 관한 세부 사업시행계획을 수립하여 기획재정부 장관과 협의하여야 하며, 그 세부 집행 실적을 회계연도 종료 후 3개월 이내에 기획재정부 장관에게 제출하여야 한다. 아울러 각 중앙관서의 장은 총액계상사업의 세부 사업시행계획과 세부 집행 실적을 국회 예산결산특별위원회에 제출하여야 한다(국가재정법 제37조 제3항 내지 제4항).

(5) 예비타당성조사

기획재정부 장관은 총사업비가 500억 원 이상이고 국가의 재정지원 규모가 300억 원 이상인 신규 사업으로서 ① 건설공사가 포함된 사업, ② 국가정보화 기본법에 따른 지능정보화 사업, ③ 과학기술기본법에 따른 국가연구개발사업, ④ 기타 사회복지, 보건, 교육, 노동, 문화 및 관광, 환경 보호, 농림해양수산, 산업・중소기업 분야의 사업(중기사업계획서에 의한 재정지출이 500억 원 이상 수반되는 신규 사업에 한정)에 해당하는 대규모 사업에 대한 예산을 편성하기 위하여 미리 예비타당성조사를 실시하고, 그 결과를 요약하여 국회 소관 상임위원회와 예산결산특별위원회에 제출하여야 한다(국가재정법 제38조 제1항).

예비타당성조사 대상 사업은 기획재정부 장관이 중앙관서의 장의 신청에 따라 또는 직권으로 선정할 수 있으며, 기획재정부 장관은 국회가 그 의결로 요구하는 사업에 대하여는 예비타당성조사를 실시하여야 하는데(국가재정법 제38조 제3항 내지 제4항), 다음의 사업은 예비타당성조사 대상에서 제외된다.

즉, ① 공공청사, 교정시설, 초・중등 교육시설의 신・증축 사업, ② 국가유산기본법에 따른 국가 유산 복원 사업, ③ 국가안보에 관계되거나 보안을 요하는 국방 관련 사업, ④ 남북교류협력과 관계되거나 국가 간 협약 · 조약에 따라 추진하는 사업, ⑤ 도로 유지 보수, 노후 상수도 개량 등 기존 시설의 효용 증진을 위한 단순 개량 및 유지 보수사업, ⑥ 재난 및 안전관리 기본법에 따른 재난 복구 지원, 시설 안전성 확보, 보건 · 식품 안전 문제 등으로 시급한 추진이 필요한 사업, ⑦ 재난 예방을 위하여 시급한 추진이 필요한 사업으로서 국회 소관 상임위원회의 동의를 받은 사업, ⑧ 법령에 따라 추진하여야 하는 사업, ⑨ 출연 · 보조기관의 인건비 및 경상비 지원, 융자 사업 등과 같이 예비타당성조사의 실익이 없는 사업, ⑩ 지역균형 발전, 긴급한 경제 · 사회적 상황 대응 등을 위하여 국가 정책적으로 추진이 필요한 사업으로서, 사업 목적 및 규모, 추진 방안 등 구체적인 사업계획이 수립된 사업이나 국가 정책적으로 추진이 필요하여 국무회의를 거쳐 확정된 사업은 예비타당성조사에서 제외된다. 이 경우 예비타당성조사 면제 사업의 내역 및 사유를 지체 없이 국회 소관 상임위원회에 보고해야 한다(국가재정법 제38조 제2항, 동법 시행령 제13조의2).

기획재정부 장관은 예비타당성조사를 전문기관에 의뢰하여 실시할 수 있으며, 예비타당성조사를 의뢰받은 전문기관의 장은 수요 예측자료 등 예비타당성조사 결과에 관한 자료를 공공기관의 정보공개에 관한 법률에 따라 공개하여야 한다(국가재정법 제38조의2). 또한 기획재정부 장관은 과학기술기본법에 따른 국가연구개발사업에 대한 예비타당성조사에 관해서는 대통령령으로 정하는 바에 따라 과학기술정보통신부 장관에게 위탁할 수 있으며, 기획재정부 장관은 예비타당성조사가 적절하게 운영되는지 등을 대통령령으로 정하는 바에 따라 평가할 수 있다(국가재정법 제38조의3).

(6) 대규모 개발사업 예산의 단계별 편성

각 중앙관서의 장은 총사업비가 500억 원 이상인 사업(건축사업의 경우에는 총사업비가 200억 원 이상인 사업)에 대하여는 타당성조사 및 기본설계비 · 실시설계비 · 보상비(댐수몰지역에 대하여 보상하는 경우와 공사 완료 후 존속하는 어업권 또는 양식업권의 피해에 대하여 보상하는 경우를 제외)와 공사비의 순서에 따라 그 중 하나의 단계에 소요되는 경비의 전부 또는 일부를 당해 연도의 예산으로 요구하여야 한다. 다만, 부분 완공 후 사용이 가능한 경우 등 사업의 효율적인 추진을 위하여 기획재정부 장관이 불가피하다고 인정하는 사업에 대하여는 2단계 이상의 예산을 동시에 요구할 수 있다(국가재정법 제39조 제1항).

기획재정부 장관은 대규모 개발사업에 대해 단계별로 당해 연도에 필요한 예산안을 편성하여야 하는데, ① 국가 기간 교통망 구축을 위하여 필수적인 사업, ② 재해복구를 위하여 시급히 추진하여야 하는 사업, ③ 공사가 지연될 경우 추가 재정 부담이 큰 사업, ④ 그 밖에 국민 편익, 사업 성격 및 효과 등을 고려하여 시급히 추진할 필요가 있는 사업으로서, 전체 공정에 대한 실시 설계가 완료되고 총사업비가 확정된 사업에 대하여는 그 사업이 지연되지 아니하도록 계속비로 예산안을 편성하여야 한다(국가재정법 제39조 제2항). 그러나 상황에 따라 대규모 개발사업의 예산안을 계속비로 편성하지 않을 수도 있다.[12)]

6) 정부 예산안 국회 제출 및 수정안

(1) 정부 예산안의 국회 제출

기획재정부에서 마련된 예산안은 국무회의의 의결과 대통령의 승인을 얻어 회계연도 개시 90일 전까지 국회에 제출하도록 규정하고 있으나(헌법 제54조 제2항), 국회의 예산 심의 기한을 충분히 보장하기 위해 국가재정법에서는 헌법의 규정보다 빠른 회계연도 개시 120일 전까지 예산을 제출하도록 했다.[13)] 행정부의 예산 제출 기한을 헌법으로 규정한 것은 법률로써 자의적으로 개정할 수 없음을 의미하며, 예산안 편성과 심의를 구분하고 국회의 심의권을 헌법으로 보장하기 위함이다.

정부는 예산안을 국회에 제출할 때 단순히 예산 자체에 대한 첨부서류만 제출했으나, 2009년 예산안부터는 성과계획서를, 2010년 예산안부터는 성인지 예산서를, 2011년 예산안부터는 조세지출예산서를, 2023년부터는 온실가스감축인지 예산서를 제출하도록 국가재정법을 개정해 세출예산의 효과·성과 등에 대한 국회의 심사가 이뤄질 수 있도록 하고 있다.

---

12) 재정 여건상 계속비로 편성하면 지나치게 재정 경직성을 불러일으키는 경우, 사업 성격상 계속비로 편성하는 것이 적절하지 아니한 경우, 사업기간 및 규모를 고려할 때 계속비로 편성할 실익이 없거나 계속비로 편성하는 것이 적절하지 아니한 경우 등에는 대규모 개발사업임에도 불구하고, 계속비로 예산안을 편성하지 않을 수 있다(동법 시행령 제14조의2).

13) 정부의 예산안 및 이와 관련된 국가재정 운용계획 등 재정 관련 자료의 국회 제출 시기를 회계연도 개시 '90일 전까지'에서 '120일 전까지'로 앞당기되, 2014년에 제출되는 2015년 예산안 등의 제출일은 현행 대비 10일 앞당기고, 그 다음해는 추가로 10일, 그 다음해는 추가로 10일을 각각 앞당겨 최종 30일을 앞당기도록 했다. 즉, 2016년부터 정부 예산안의 국회 제출은 회계연도 개시 120일 전까지로 변경되었다. 정부 예산안의 국회 제출 기한이 1개월 앞당겨짐으로써, 국회의 예산 심의 기간은 기존의 약 2개월에서 3개월(9월~11월 말)로 증대되었다.

〈표 3-5〉 예산안의 첨부 및 제출서류

〈첨부서류: 국가재정법 제34조〉
1. 세입세출예산 총계표 및 순계표
2. 세입세출예산사업별 설명서
3. 세입예산 추계분석보고서(세입추계 방법 및 근거, 전년도 세입예산과 세입결산 간 총액 및 세목별 차이에 대한 평가 및 원인 분석, 세입추계 개선사항을 포함)
4. 계속비에 관한 전년도 말까지의 지출액 또는 지출추정액, 해당 연도 이후의 지출 예정액과 사업 전체의 계획 및 그 진행 상황에 관한 명세서
5. 총사업비 관리 대상 사업의 사업별 개요, 전년도 대비 총사업비 증감 내역과 증감 사유, 해당 연도까지의 연부액 및 해당 연도 이후의 지출 예정액
6. 국고채무부담행위 설명서
7. 국고채무부담행위로서 다음 연도 이후에 걸치는 것인 경우 전년도 말까지의 지출액 또는 지출 추정액과 해당 연도 이후의 지출예정액에 관한 명세서
8. 완성에 2년 이상이 소요되는 사업으로서 대규모 사업의 국고채무부담행위 총규모
9. 예산정원표와 예산안편성 기준단가
10. 국유재산의 전전년도 말의 현재액과 전년도 말과 당해 연도 말의 현재액 추정에 관한 명세서
11. 성과계획서
12. 성인지 예산서
13. 온실가스감축인지 예산서
14. 조세지출예산서
15. 독립기관의 세출예산요구액을 감액하거나 감사원의 세출예산요구액을 감액한 때에는 그 규모 및 이유와 감액에 대한 당해 기관의 장의 의견
16. 회계와 기금 간 또는 회계 상호 간 여유재원의 전입·전출 명세서 그 밖에 재정의 상황과 예산안의 내용을 명백히 할 수 있는 서류
17. 국유재산특례지출예산서
18. 예비타당성조사를 실시하지 아니한 사업의 내역 및 사유
19. 지방자치단체 국고보조사업 예산안에 따른 분야별 총 대응비 소요 추계서
〈제출서류: 국가재정법 제9조의2〉
1. 국가보증채무관리계획
2. 공공기관의 운영에 관한 법률에 따른 중장기 재무관리계획
3. 사회기반시설에 대한 민간투자법에 따른 임대형 민자사업 정부지급금 추계서

(2) 국회 제출 중인 예산안의 수정

정부는 예산안을 국회에 제출한 후 부득이한 사유로 인해 내용의 일부를 수정할 때에는 국무회의의 심의를 거쳐 대통령의 승인을 얻은 수정예산안을 국회에 제출할 수 있으며, 수정예산안을 편성하여 국회에 제출하는 때에는 국가재정법 제34조 각 호에 규정된 첨부서류의 일부를 생략할 수 있으나, 성과계획서 제출을 생략하는 때에는 사후에 이를 제출해야 한다(국가재정법 제36조).

3 정부 예산의 구성

정부의 예산은 예산총칙, 세입세출예산, 계속비, 명시이월비, 국고채무부담행위로 구성된다(국가재정법 제19조).

1) 예산총칙

예산총칙에는 세입세출예산·계속비·명시이월비 및 국고채무부담행위에 관한 총괄적 규정을 두는 외에 국채와 차입금의 한도액(기금의 국채 발행 및 차입금 한도액 포함), 국고금관리법에 따른 재정증권 발행과 일시차입금의 최고액, 기타 예산 집행에 관하여 필요한 사항 등을 규정하여야 한다. 또한 정부는 기존 국채를 새로운 국채로 대체하기 위하여 필요한 경우에는 국채와 차입금의 한도액을 초과하여 국채를 발행할 수 있는데, 이 경우 미리 국회에 보고하여야 한다(국가재정법 제20조).

예산은 법률과 동일한 의미로 사용되지 않지만(제2장 참조), 예산총칙은 법률 형식으로 규정되고 있다. 예산총칙을 법률 형식으로 규정하고 있는 것은 예산의 법규범적 성격을 강조하기 위함이다. 즉, 예산은 일반 국민은 구속하지 않아도 국가기관의 재정행위를 구속하며, 1 회계연도의 구체적 행위를 구속하기 때문에 법률 형식으로 규정할 필요가 있다.

2) 세입세출예산

국가재정법 제21조에 의하면, 세입세출예산은 필요한 때에는 계정으로 구분할 수 있으며, 세입세출예산은 독립기관 및 중앙관서의 소관별로 구분한 후 소관 내에서 일반회계·특별회계로 구분한다. 또한 세입예산은 소관별·회계별 구분에 따라 그 내용을 성질별로 관·항으로 구분하고, 세출예산은 소관별·회계별 구분에 따라 그 내용을 기능별·성질별 또는 기관별로 장(章)·관(款)·항(項)으로 구분한다. 예산의 구체적인 분류 기준 및 세항과 각 경비의 성질에 따른 목의 구분은 기획재정부 장관이 정한다.

3) 예비비

헌법(제55조 제2항)에서는 예비비는 총액으로 국회의 의결을 얻어야 하며, 예비비 지출은 차기 국회의 승인을 얻도록 규정하고 있다. 즉, 정부는 예측할 수 없는 예산

〈표 3-6〉 예산총칙의 예시

제1조 ○○○○년도 세입·세출예산 총액을 각각 다음과 같이 정한다.

① 일반회계	xxxxx원
② 농어촌구조개선 특별회계	xxxxx원
⋮	
㉑ 우체국예금 특별회계	xxxxx원

제2조 ○○○○년도 세입·세출예산의 명세는 별첨 '세입·세출예산'과 같다.
제3조 ○○○○년도 계속비는 별첨 '계속비'와 같다.
제4조 계속비 예산으로 총공사 계약이 체결되었을 경우에는 기획재정부 장관과 사전에 협의된 한도액 범위 내에서 연부액을 초과하여 시공할 수 있다.
제5조 ○○○○년도 명시이월비는 별첨 '명시이월비'와 같다.
제6조 ○○○○년도 국고채무부담행위는 별첨 '국고채무부담행위'와 같다.
제7조 국가재정법 제25조 제2항의 규정에 의한 재해복구 국고채무부담행위 한도액은 xxxxx원으로 하며, 일반회계 재해대책 예비비 사용에 준하여 집행한다.
제8조 한국은행으로부터의 일시차입 또는 재정증권을 발행할 수 있는 최고 한도액 …
제9조 ○○○○년도 중 국가의 차입금 한도액 또는 국채 발행 한도액 …
제10조 타 비목으로부터 이용 가능한 경비 …
제11조 수입금 마련 지출
제12조 일반회계 예비비 중 용도가 지정된 경비
제13조 선거경비에 따른 예비비 지출의 용도 무제한
제14조 기업특별회계 전출금
제15조 기업특별회계 전입금
제16조 원자력손해배상보상 계약 금액
제17조 재해대책비 비목 설치·운영
제18조 민간투자사업비의 토지보상비

외의 지출 또는 예산 초과 지출에 충당하기 위해 일반회계 예산 총액의 100분의 1 이내의 금액을 예비비로 세입세출예산에 계상할 수 있다. 다만, 예산총칙 등에 따라 미리 사용 목적을 지정해 놓은 예비비는 본문의 규정에 불구하고, 별도로 세입세출예산에 계상할 수 있다. 그러나 공무원 보수 인상을 위해서는 예비비의 사용 목적을 지정할 수 없다(국가재정법 제22조).

예비비는 예측할 수 없는 지출로 인한 예산 부족을 대비하는 것으로 일반 예비비와 목적 예비비로 구분된다. 일반 예비비는 특정한 목적 없이 예산 편성 시점에서 예측할 수 없는 재정지출 소요를 충당하기 위한 예비비이며, 목적 예비비[14]는 사용 목

14) 연도별 예비비 현황(단위: 억 원, %)을 살펴보면 다음과 같은데(국회예산정책처, 2023), 2023년 목적 예비비는 재해대책복구비, 인건비, 환율변동으로 인한 원화부족액 보전 경비, 법적 의무지출 경

적이 예산총칙을 통해 제한되어 있는 예비비이다.

예비비 사용은 예측불가능성, 시급성, 불가피성, 보충성의 원칙을 따르는데, 예산 편성 시 예측하지 못하거나, 다음 연도 예산 편성이나 심의를 기다릴 수 없을 정도로 긴박하거나, 확정된 예산으로 충당할 수 없는 불가피한 초과 지출이 발생하거나, 이러한 요건들이 충족되더라도 이미 확보된 예산을 활용한 후 부족분에 대해 사용하는 것을 원칙으로 하고 있다(한국재정정보원, 2019: 148).

예비비 관리와 사용은 기획재정부 장관이 담당하며, 국회의 의결을 받아 총액이 확정된 예비비의 기본 절차는 〈표 3-7〉과 같다.

〈표 3-7〉 예비비의 관리 및 사용 절차(국가재정법 제51조, 제52조)

구분	내용
명세서 작성	중앙관서의 장이 예비비 사용명세서를 작성하여 기획재정부 장관에게 제출
예비비 승인 배정	기획재정부 장관은 예비비 신청을 심사 조정하고, 예비비사용계획명세서를 작성한 후 국무회의 심의를 거쳐 대통령의 승인(기획재정부 장관은 예비비를 세출예산으로 배정)
명세서 제출	중앙관서의 장(예비비 명세서 작성) 다음 연도 2월 말까지 기획재정부 장관에게 제출
총괄 명세서	기획재정부 장관은 각 중앙관서의 장이 제출한 명세서에 따라 예비비로 사용한 금액의 총괄명세서를 작성한 후 국무회의 심의를 거쳐 대통령 승인
감사원 국회 제출	기획재정부 장관은 대통령의 승인을 얻은 총괄명세서를 감사원에 제출 정부는 다음 연도 5월 31일까지 총괄명세서를 국회에 제출(국회 승인)

4) 계속비

국가재정법 제23조에 의하면, 완성에 수년도를 요하는 공사나 제조 및 연구개발 사업은 그 경비의 총액과 연부액(年賦額)을 정해 미리 국회의 의결을 얻은 범위 안에서 수년도에 걸쳐서 지출할 수 있다. 계속비(Multiyear Expenses)의 경우, 국가가 지출할 수 있는 연한은 그 회계연도부터 5년 이내로 한다. 다만, 사업 규모 및 국가재원

비, 감염병 및 피해 지원비, 국제부담금, 긴급구호 등에 한정된다.

연도	일반회계 세출 (A)	예비비 합계	일반 예비비		목적 예비비	
			금액(B)	비중(B/A)	금액(C)	비중(C/A)
2021	4,244,413	97,100	16,000	16.5	81,000	83.5
2022	4,364,319	55,000	18,000	32.7	37,000	67.3
2023	4,462,422	46,000	12,000	26.1	34,000	73.9

여건상 필요한 경우에는 예외적으로 10년 이내로 할 수 있으나, 기획재정부 장관은 필요하다고 인정하는 때에는 국회의 의결을 거쳐 계속비의 지출 연한을 연장할 수 있다.

〈표 3-8〉 계속비의 예시

회계 및 소관	사항	계속비 총액 (백만 원)	계속비 연부액				
			t	t+1	t+2	t+3	t+4
일반회계 (해양수산부)	국립해양생물 자원관	107,728	22,580	25,000	10,000	20,000	35,600
교통시설특별회계 (국토교통부)	복선 전철	1,026,400	329,400	280,000	190,000	202,000	25,000

5) 명시이월비

국가재정법 제24조에 의하면, 세출예산 중 경비의 성질상 연도 내에 지출을 끝내지 못할 것이 예측되는 때에는 그 취지를 세입세출예산에 명시해 미리 국회의 승인을 얻은 후 다음 연도에 이월해 사용할 수 있다. 명시이월비는 사전에 국회의 승인을 얻어야 한다는 점에서 사고이월비와 상이하며, 예산 편성(t년도)과 예산집행(t+1년도)의 시기가 상이함에 따라 발생하는 예산의 무리한 집행을 방지하기 위해 도입된 제도이다.

중앙관서의 장은 명시이월비(Authorized Carryover Expenses)에 대해 예산 집행상 부득이한 사유가 있는 때에는 사항마다 사유와 금액을 명백히 하여 기획재정부 장관의 승인을 얻은 범위 안에서 다음 연도에 걸쳐서 지출해야 할 지출원인행위를 할 수 있으며, 기획재정부 장관은 이를 감사원에 통지해야 한다.

〈표 3-9〉 명시이월비의 예시

회계 및 소관	사항	금액(천 원)		
		전 연도	당해 연도	증감
1. 국방부[1]	군사시설 개선(주한미군방위비분담금)	28,500,000	28,500,000	–
2. 방위사업청	패트리어트 성능 개량	–	1,200,000	1,200,000

1) 한·미 협정상 주한미군 측에 제공할 의무적 군사시설(현물) 개선사업 예산이 주한미군 측의 사업 선정·설계·부지 확보 지연 시 이월될 수 있도록 명시.

6) 국고채무부담행위

국가재정법 제25조에 의하면, 국가는 법률에 따른 것과 세출예산 금액 또는 계속비의 총액의 범위 안의 것 외에 채무를 부담하는 행위를 하는 때에는 미리 예산으로써 국회의 의결을 얻어야 한다. 또한 국가는 재해 복구를 위해 필요한 때에는 회계연도마다 국회의 의결을 얻은 범위 안에서 채무를 부담하는 행위를 할 수 있으며, 이 경우 그 행위는 일반회계 예비비의 사용 절차에 준해 집행한다. 아울러 국고채무부담행위(Act of Treasury to Bear Liabilities)는 사항마다 그 필요한 이유를 명백히 하고, 그 행위를 할 연도 및 상환 연도와 채무 부담의 금액을 표시해야 한다.

〈표 3-10〉 국고채무부담행위의 예시

회계 및 소관	사항	금액(백만 원, 천$)		
		전년도	당해 연도	증감
Ⅰ. 일반회계		1,680,444 ($468,100)	1,781,212 ($564,037)	144,567 ($95,937)
1. 국방부	급식 및 피복	276,586	285,277	8,691
	장병 보건 및 복지 향상	4,789	–	△4,789
	군수 지원 및 협력	1,355,268 ($468,100)	1,495,935 ($564,037)	140,666 ($95,937)
2. 방위사업청	대형 함정	44,000	74,400	29,400
Ⅱ. 특별회계		500,000	500,000	–
1. 교통시설특별회계	일반국도 건설	400,000	400,000	
(국토교통부)	국도 대체 우회도로 건설	100,000	100,000	

국고채무부담행위는 국가가 예산 확보 없이 미리 채무를 지는 행위로서 채무이행의 책임은 다음 연도 이후에 부담되는 것이 원칙이며, 국가의 채무부담행위에 따른 지출에 대하여 의회가 의결하지 않을 경우에 발생하는 국가채무 불이행 사태를 사전에 방지하는 데 취지가 있다. 국고채무부담행위는 채무를 부담할 권한만 부여하는 것이지 지출 권한까지 부여한 것이 아니므로 실제로 지출하려면 미리 의회의 의결을 얻어야 한다.

국가채무부담행위는 채무부담행위 연도와 지출 연도가 다를 경우 이를 해소한다는 측면에서 신축적인 예산제도라 할 수 있지만, 국가가 채무를 부담하는 것을 사전에 차단한다는 통계적인 측면도 있다.

제 3 절 | 정부 예산의 심의 · 확정

1 의회의 예산 심의 · 확정

예산 과정을 편성, 심의 · 의결, 집행, 결산으로 구분할 때 예산 심의 및 의결권은 입법부의 전속 권한이다. 편성 단계 다음에 심의 및 의결 단계를 부여한 것은 행정부의 자의적 권한 행사를 제어하기 위한 제도적 장치로서 재정민주주의의 관점에서 비롯되었다. 즉, 국민의 대표기관인 입법부에서 행정부의 예산 편성을 견제하기 위해 도입된 것으로 헌법에서 보장된 권한이다.

그러나 입법부는 행정부에 비해 전문성이 상대적으로 취약하고, 정치 상황에 따라 예산 심의를 제대로 이행하지 못하는 한계를 지니고 있다. 특히 행정국가화 현상으로 인해 행정부의 권한과 역할이 비대해지고 행정의 전문화가 가속화되고 있지만, 입법부는 전문적인 행정부의 역할을 감시 견제할 만한 지식과 경험이 상대적으로 부족하다.[15] 따라서 진정한 재정민주주의를 구현하기 위해서는 입법부의 예산 심의 권한을 효과적으로 이행하는 것이 중요하다.

행정부가 제출한 예산안은 국회에서 최종 심의 · 확정된다(헌법 제54조 제1항). 즉, 정부는 회계연도마다 예산안을 편성해 회계연도 개시 120일 전까지 국회에 제출하고,

〈표 3-11〉 국회의 예산 심의 절차

시기	절차	주체 및 대상	근거
3월 말	보고	기획재정부 예산안편성지침 → 국회 예산결산특별위원회	국가재정법 제30조
8월 2일	보고	기획재정부 국가재정 운용계획 → 국회 상임위원회	국가재정법 제7조
9월 1일 ~ 12월 2일	정기회 개시	9월 1일 개시(공휴일인 경우에는 그 다음날)	국회법 제4조
	시정연설	본회의에서 정부의 시정연설	국회법 제84조
	예비심사	17개 소관 상임위원회별로 예비심사	
	전문심사	예산결산특별위원회의 전문심사	
	예산안 조정	예산결산특별위원회 소속 예산안조정소위원회 운영	
	최종 의결	본회의에서 예산 의결	

15) 입법부를 고무도장(rubber stamp)의 날인자, 통법부(通法府)라고 비난하기도 한다.

국회는 회계연도 개시 30일 전(12월 2일)까지 이를 의결하여야 한다(헌법 제54조 제2항, 국가재정법 제33조). 국회에서 예산 심의 시 가장 중요한 원칙은 헌법 제57조의 규정으로 국회는 정부의 동의 없이 정부가 제출한 지출예산 각항의 금액을 증가하거나 새 비목을 설치할 수 없다.

1) 시정연설

정부는 국회에 제출한 예산안에 대해 본회의에서 시정연설을 한다(국회법 제84조). 시정연설은 국회에 정부 예산안을 제출한 이후에 대통령에 의해 실시되며, 국정 운영에 대한 정책 및 예산 편성의 배경과 운영 방향을 전반적으로 설명한다. 시정연설 후에는 기획재정부 장관의 제안 설명이 이뤄지는데, 중장기적 관점에서 경제·재정 정책을 설명하고, 국가재정 운영 방향을 재원 배분과 연계해 제안함으로써 국회의 예산 심의에 대한 협조를 구하게 된다.

2) 상임위원회의 예비심사

(1) 상임위원회의 기능 및 역할

국회 상임위원회는 정부의 행정 기능에 따라 조직되어 소관 부처의 의안 처리, 국정감사, 예산을 심의한다. 상임위원회의 예산 행태는 삭감지향적인데, 행정 각 부처의 예산 증액은 국민의 조세 부담으로 연결되기 때문이다. 그러나 상임위원회의 예산 행태는 정치적 성향을 띠는데, 의회 의원들이 자신의 지역구 사업을 고려할 경우 예산 증액적 성향을 갖게 된다. 즉, 세입 증액보다는 세출 증액에 관심을 기울이며, 지역구의 이해관계와 연계된 사업에 대해서는 적극적인 옹호자로서 역할을 수행하게 된다. 특히 각 행정부처의 예산 요구가 중앙예산기관에 의해 삭감된 경우 각 행정부처는 자신들의 삭감된 예산이 예산 심의 과정에서 다시 증액되기를 기대하게 된다.

(2) 상임위원회의 절차

국회에 제출된 정부 예산안에 대해 의회의 소관 상임위원회의 예비심사를 거치는데, 먼저 그 취지의 설명과 전문위원의 검토 보고를 듣고 대체 토론(안건 전체에 대한 문제점과 당부(當否)에 관한 일반적 토론을 말하며, 제안자와의 질의·답변을 포함)과 축조심사 및 찬반 토론을 거쳐 표결한다(국회법 제58조).

상임위원회의 예비심사가 끝나면 심사 결과보고서를 의장에게 보고하며, 국회의 장은 정부 예산안에 이를 첨부해 예산결산특별위원회에 회부한다(국회법 제84조).

(3) 상임위원회와 예산결산특별위원회와의 관계

상임위원회와 예산결산특별위원회의 관계는 다음과 같이 안건에 따라 상이하다.

첫째, 예산결산특별위원회는 소관 상임위원회의 예비 심사 내용을 존중해야 하며, 소관 상임위원회에서 삭감한 세출예산 각항의 금액을 증가하게 하거나, 새 비목을 설치할 경우에는 소관 상임위원회의 동의를 얻어야 한다. 다만, 새 비목의 설치에 대한 동의 요청이 소관 상임위원회에 회부되어 그 회부된 때부터 72시간 이내에 동의 여부가 예산결산특별위원회에 통지되지 아니한 경우에는 소관 상임위원회의 동의가 있는 것으로 본다. 또한 의장은 예산안을 소관 상임위원회에 회부할 때에는 심사 기간을 정할 수 있으며, 상임위원회가 이유 없이 그 기간 내에 심사를 마치지 아니한 때에는 이를 바로 예산결산특별위원회에 회부할 수 있다(국회법 제84조 제5항, 제6항).

둘째, 기획재정부 소관에 속하는 재정 관련 법률안과 상당한 규모의 예산 또는 기금상의 조치를 수반하는 법률안을 심사하는 소관 위원회는 미리 예산결산특별위원회와 협의를 거쳐야 한다. 소관 상임위원회의 위원장은 예산 관련 법률안을 심사할 때 20일의 범위 이내에서 협의 기간을 정해 예산결산특별위원회에 협의를 요청해야 하지만, 예산결산특별위원장의 요청에 따라 그 기간을 연장할 수 있다. 소관 상임위원회는 기획재정부 소관에 속하는 재정 관련 법률안을 예산결산특별위원회와 협의해 심사할 때 예산결산특별위원장의 요청이 있는 때에는 연석회의를 열어야 하며, 소관 상임위원회는 협의가 이뤄지지 아니하는 경우에는 바로 심사보고를 할 수 있다(국회법 제83조의2).

셋째, 정보위원회는 국가정보원 소관의 예산, 국가정보원법에 규정된 정보 및 보안업무의 기획·조정 대상 부처 소관의 정부 예산안에 대한 심사를 하여 그 결과를 해당 부처별 총액으로 하여 의장에게 보고하고, 의장은 정보위원회에서 심사한 예산안에 대해 총액으로 예산결산특별위원회에 통보한다. 이 경우 정보위원회의 심사는 예산결산특별위원회의 심사로 본다(국회법 제84조 제4항).

3) 예산결산특별위원회의 전문심사

의회 소관 상임위원회별 예비심사보고서가 제출되면 11월 초순부터 예산결산특별위원회의 종합심사가 이뤄지는데, 제안 설명, 검토 보고, 종합 정책 질의, 부별심사(분과위 심사), 찬반 토론, 위원회 의결순으로 진행된다(국회법 제84조 제3항).

(1) 예산결산특별위원회의 구성

예산결산특별위원회는 1999년까지는 한시 조직이었으나, 2000년 2월 국회법이 개정됨에 따라 50인으로 구성된 상설화된 특별위원회로 운영되고 있다.

예산결산특별위원회는 예산안·기금운용 계획안 및 결산을 심사하기 위하여 설치되며, 위원의 선임은 교섭단체 소속 의원 수의 비율과 상임위원회의 위원 수의 비율에 의하여 각 교섭단체 대표의원의 요청으로 의장이 행한다. 예산결산특별위원회의 위원의 임기는 1년으로 하며, 위원장은 예산결산특별위원회의 위원 중에서 임시의장 선거의 예에 준하여 본회의에서 선거한다(국회법 제45조).

(2) 예산결산특별위원회의 심의 절차

예산결산특별위원회에 정부 예산안이 상정되면 기획재정부 장관의 제안 설명과 국회 예산결산특별위원회 전문위원의 검토 보고에 이어 종합 정책 질의가 열린다. 종합 정책 질의에서는 모든 부처를 대상으로 예산 관련 사항뿐만 아니라, 국정 전반에 걸쳐 질의 응답이 진행된다. 또한 부처별 또는 분야별로 세부 예산 내역을 심사하는 부별심사가 개최되는데, 종합 정책 질의 때와는 달리 구체적인 세부사업에 대해 예결위원이 질의하고 부처 관계자 및 예산 당국이 설명한다.

아울러 예산결산특별위원회는 예산안 및 기금운용 계획안에 대하여 공청회를 개최하여야 한다. 다만, 추가경정예산안 또는 기금운용 계획변경안의 경우에는 위원회의 의결로 이를 생략할 수 있다(국회법 제84조의3).

(3) 예산안조정소위원회

정부 예산안의 구체적인 금액을 조정하기 위해 15명 내외의 예결위원으로 구성된 예산안조정소위원회를 운영한다. 예산안조정소위원회는 각 상임위원회의 소관 예산에 대한 예비심사 결과, 종합 정책 질의 및 부별 심의 결과 등을 토대로 사업별로 구체적인 예산 금액을 조정한다. 예산안조정소위원회에서 조정된 예산안은 예산결산특별위원회 전체회의에 상정되어 의결된다.

예산안조정소위원회는 부별 심의 결과 등을 바탕으로 예산안을 조정하는데, 예산안조정소위원회에서 결정된 사항은 예산결산특별위원회에서 수정 없이 받아들이는 것이 관례로 되어 있기 때문에 소위원회의 권한은 매우 크다.[16]

4) 예산안 자동 상정 제도와 본회의 의결

정부의 예산안은 국회 본회의에서 의결함으로써 확정되는데, 국회에서 예산안을 심의 · 의결하는 과정에서 준수해야 할 사항이 존재한다.

절차적 측면과 관련해 국회는 예산안을 법정 기한 내에 의결해야 한다. 즉, 헌법에서는 국회에서 회계연도 개시 30일 전인 12월 2일까지 정부가 제출한 예산안을 의결토록 규정하고 있으나, 정치 현안을 둘러싼 여 · 야 간의 대립이나 예산안에 대한 의견 차이 등으로 의결이 지연되는 경우가 있다. 국가재정법에 예산안 처리 시한이 12월 2일까지로 규정되어 있으나, 헌법에는 회계연도 개시 전까지 예산안이 의결되지 못할 경우 준예산을 편성할 수 있는 근거가 있으므로, 국회는 12월 31일까지 예산안을 의결해도 된다는 인식을 갖고 있다. 2013년과 2014년 예산안은 법정 기한을 지키지 못하였다(〈표 3-12〉 참조).

내용적 측면과 관련하여 국회는 정부가 제출한 예산안에 대해 지출예산 금액을 증액하거나 새로운 비용 항목을 설정할 수 없지만, 〈표 3-12〉에서 보는 바와 같이 국회가 정부의 동의 과정을 통해 예산을 증액했음을 알 수 있다.

예산안 자동 상정 제도[17]는 국회의 예산안 심의 과정의 문제점을 시정하기 위해 도입되었다. 즉, 국회법 제85조의3에 의해 위원회는 예산안, 기금운용계획안, 임대형 민자사업 한도액안과 세입예산안 부수 법률안의 심사를 매년 11월 30일까지 마쳐야 하며, 기한 내에 심사를 마치지 아니한 때에는 그 다음 날에 위원회에서 심사를 마치고 바로 본회의에 부의된 것으로 규정하고 있다.

또한 예산안, 세입예산안 부수 법률안에 대하여는 무제한 토론[18]을 매년 12월 1일까지 적용하고, 무제한 토론, 계속 중인 본회의, 제출된 무제한 토론의 종결동의에 대한 심의 절차는 12월 1일 밤 12시에 종료한다(국회법 제106조의2 제10항). 즉, 정부가 제출한 예산안에 대해 국회는 12월 1일까지 모든 절차를 종료하고, 12월 2일에 자동 상정된 예산안을 의결하도록 규정하고 있다.

---

16) 예산안 조정 과정에서 의원들이 지역구 관련 예산 요청을 쪽지에 적어 반영하는 예산을 쪽지예산이라고 하는데, 최근에는 SNS를 통해 이루어지고 있어 'SNS예산'이라고도 한다.

17) 1988년 헌법이 개정된 이래 2014년 예산 처리까지 법적 의결 기한을 준수한 경우는 여섯 차례이며, 2003년부터 2014년 예산안까지 11년 연속 법적 기한 내에 의결되지 못했다. 예산안 자동 상정 제도는 이런 문제점을 시정하기 위해 2014년 5월 30일부터 시행되었다.

18) 무제한 토론을 하려는 경우 재적 의원 3분의 1 이상이 서명한 요구서를 의장에게 제출하여야 하며, 의장은 해당 안건에 대하여 무제한 토론을 실시하여야 한다(국회법 제106조의2).

〈표 3-12〉 예산안의 국회 심의 내역 예시

구분	정부제출예산안		국회 예산 심의 · 의결			수정 비율
	일자	금액 (백만 원)	예결위 회부일	본회의 의결	금액 (백만 원)	
2008년도 예산	2007.10.1	220,712,436	2007.11.12	2007.12.28	219,940,529	-0.35%
(2008년 추경)	2008.6.20	221,133,999	2008.9.8	2008.9.18	220,536,302	-0.27%
2009년도 예산	2008.10.2	248,336,838	2008.11.19	2008.12.13	247,953,606	-0.15%
(2009년 추경)	2009.3.30	250,699,209	2009.4.17	2009.4.29	249,239,209	-0.58%
2010년도 예산	2009.10.1	253,354,500	2009.12.7	2009.12.31	255,334,387	0.78%
2011년도 예산	2010.10.1	264,462,900	2010.11.17	2010.12.8	263,290,300	-0.44%
2012년도 예산	2011.9.30	283,215,150	2011.11.7	2011.12.31	282,600,443	-0.22%
2013년도 예산	2012.9.28	297,513,525	2012.10.31	2013.1.1	297,515,068	0.001%
(2013년 추경)	2013.4.18	304,090,092	2013.4.24	2013.5.7	303,716,467	-0.12%
2014년도 예산	2013.10.2	311,070,189	2013.11.29	2014.1.1	309,692,464	-0.44%
2015년도 예산	2014.9.22	321,490,830	2014.11.6	2014.12.2	322,787,071	0.40%
(2015년 추경)	2015.7.6	328,246,508	2015.7.16	2015.7.24	328,019,245	-0.07%
2016년도 예산	2015.9.11	329,909,201	2015.10.28	2015.12.3	330,671,628	0.23%
(2016년 추경)	2016.7.26	341,957,454	2016.8.16	2016.9.2	341,946,737	-0.003%
2017년도 예산	2016.9.2	334,788,956	2016.10.26	2016.12.3	339,661,568	1.46%
(2017년 추경)	2017.6.7	349,820,151	2017.7.7	2017.7.22	349,898,765	0.02%
2018년도 예산	2017.9.1	367,949,051	2017.11.6	2017.12.6	368,646,277	0.19%
(2018년 추경)	2018.4.6	371,262,445	2018.5.16	2018.5.21	371,267,224	0.001%
2019년도 예산	2018.9.3	400,363,100	2018.11.5	2018.12.8	399,769,098	-0.15%
(2019년 추경)	2019.4.25	404,962,370	2019.7.12	2019.8.2	404,105,570	-0.21%
2020년도 예산	2019.9.3	424,473,127	2019.10.28	2019.12.10	427,109,370	0.62%
(2020년 1차 추경)	2020.3.5	433,327,574	2020.3.11	2020.3.17	434,910,018	0.37%
(2020년 2차 추경)	2020.4.16	439,869,002	2020.4.28	2020.4.30	444,023,591	0.95%
(2020년 3차 추경)	2020.6.4	453,724,802	2020.6.30	2020.7.3	453,112,589	-0.14%
(2020년 4차 추경)	2020.9.11	459,953,555	2020.9.18	2020.9.22	459,963,514	0.002%
2021년도 예산	2020.9.3	455,158,368	2020.11.4	2020.12.2	459,880,082	1.04%
(2021년 1차 추경)	2021.3.4	473,721,226	2021.3.18	2021.3.25	473,388,927	-0.07%
(2021년 2차 추경)	2021.7.2	506,730,185	2021.7.14	2021.7.24	506,721,185	-0.002%
2022년도 예산	2021.9.3	493,579,488	2021.11.5	2021.12.3	497,676,889	0.83%
(2022년 1차 추경)	2022.1.24	512,024,686	2022.2.7	2022.2.21	514,585,004	0.50%
(2022년 2차 추경)	2022.5.13	572,351,686	2022.5.19	2022.5.29	573,541,529	0.21%
2023년도 예산	2022.9.2	525,232,195	2022.11.7	2022.12.24	533,968,815	1.66%
2024년도 예산	2023.9.1	548,904,758	2023.11.3	2023.12.21	550,014,203	0.2%

자료: 국회 의안정보시스템 및 각 연도별 예산총칙에서 재구성(기금액은 제외).

5) 준예산

헌법 제54조의 규정에 따라 새로운 회계연도가 개시될 때까지 예산안이 의결되지 못한 때에는 정부는 국회에서 예산안이 의결될 때까지 ① 헌법이나 법률에 의해 설치된 기관 또는 시설의 유지·운영, ② 법률상 지출 의무의 이행, ③ 이미 예산으로 승인된 사업의 계속을 위한 경비는 전년도 예산에 준해 집행할 수 있다.

준예산은 가예산이나 잠정예산과는 달리 국회의 의결을 요건으로 하지 않으며, 헌법과 법령에 규정된 사항에 대해서는 전년도 예산에 근거해 예산을 집행할 수 있다. 일반적으로 준예산에 의해 집행된 예산은 예산안이 확정되면 적법한 절차에 따라 집행된 것으로 간주된다.

우리의 경우, 예산안이 회계연도 개시 이후에 의결된 적은 있으나 준예산을 집행한 사례는 없다. 그러나 헌법에서 명시된 준예산 관련 규정 이외에는 세부 규정이 미미하므로 이에 대한 대비책이 필요하다.

6) 의회의 예산안 수정 권한

의회의 예산안 수정 권한을 국가별로 비교해 보면, 대부분의 국가에서 의회의 행정부 예산 편성에 대한 수정 권한을 인정하고 있으며, OECD 국가 중 의회의 무제한적 수정 권한을 인정한 국가가 절반 이상을 차지하고 있다(〈표 3-13〉 참조).

7) 의회의 사전예산제도 도입 여부

사전예산제도(Pre-Budget)란 행정부가 본예산안(Full-Budget)을 제출하기에 앞서 미리 의회에 예산안을 제출하여 국회의 심의를 받도록 하는 제도로서, 의회의 예산심의권을 강화하는 제도다. 예산안을 국회에 제출한 이후 최종 의결되기 전에 본예산안을 변경하는 수정예산과는 다른 개념이다.

일반적으로 우리의 경우는 행정부에서 국가재정 운용계획 및 중앙관서별 지출한도를 설정하여 예산을 편성함으로써, 국회가 행정부의 예산 편성에 대한 구체적인 내부 정보를 알기 어렵다. 국가재정 운용계획에 대해서는 사전에 국회상임위원회에 제출되지만, 국회는 정확한 재원 배분의 계획과 중앙관서별 지출한도와 관련된 총량적 재정규율에 대한 정보가 부족해 예산 심의가 형식화된다.

따라서 국회의 예산 심의 권한을 강화하고 재정민주주의를 실현하기 위해 사전에 예산안을 제출하는 사전예산제도의 도입 여부를 고려할 필요가 있다. 사전예산제도를

〈표 3-13〉 의회의 예산안 수정 권한 국가별 비교

<table>
<tr><th colspan="2" rowspan="2">구분</th><th colspan="2">해당 국가</th><th rowspan="2">국가 수 (%)</th></tr>
<tr><th>권력구조</th><th>대표 해당 국가</th></tr>
<tr><td rowspan="5">수정 가능</td><td rowspan="3">무제한적 수정</td><td>의원내각제 (11)</td><td>벨기에, 덴마크, 독일, 헝가리, 일본, 룩셈부르크, 뉴질랜드, 노르웨이, 슬로바키아, 스웨덴, 터키 등</td><td rowspan="3">17(52%)</td></tr>
<tr><td>기타 (4)</td><td>오스트리아(이원정부제), 핀란드(이원정부제), 포르투갈, 스위스(의원내각제의 연방공화국) 등</td></tr>
<tr><td>대통령제(2)</td><td>멕시코, 미국</td></tr>
<tr><td>정부 예산 총액 내 수정 가능</td><td colspan="2">체코, 에스토니아, 이스라엘, 이탈리아, 네덜란드, 폴란드, 슬로베니아, 스페인</td><td>8(24%)</td></tr>
<tr><td>예산안 항목에 대한 삭감만 가능</td><td colspan="2">칠레, 영국</td><td>2(6%)</td></tr>
<tr><td>수정 불가</td><td>예산안 전체 승인, 불승인만 가능</td><td colspan="2">그리스, 아일랜드</td><td>2(6%)</td></tr>
<tr><td rowspan="4">기타</td><td>한국</td><td colspan="2">정부 동의가 있는 경우에만 지출예산 각 항의 금액 증가 및 새 비목 설치 가능</td><td rowspan="4">4(12%)</td></tr>
<tr><td>호주</td><td colspan="2">관례적으로 수정 없이 승인하며, 정부가 제안하는 새로운 정책에 대한 무제한적 수정 권한 보유</td></tr>
<tr><td>캐나다</td><td colspan="2">의회의 예산안 수정 요청에 대해 정부가 수락 또는 거부 가능</td></tr>
<tr><td>프랑스</td><td colspan="2">수입 감소, 지출 증가를 초래하는 수정 금지</td></tr>
<tr><td colspan="4">합계</td><td>33(100%)</td></tr>
</table>

* OECD 회원국 중 1개국(아이슬란드) 무응답.

자료: OECD(2014). 「Budgeting Practice and Procedures in OECD Countries」. 김춘순(2018). 한국형 예산법률주의 도입의 주요 쟁점. 『예산춘추』, 50: 13에서 재인용.

[그림 3-4] 사전예산제도의 형태

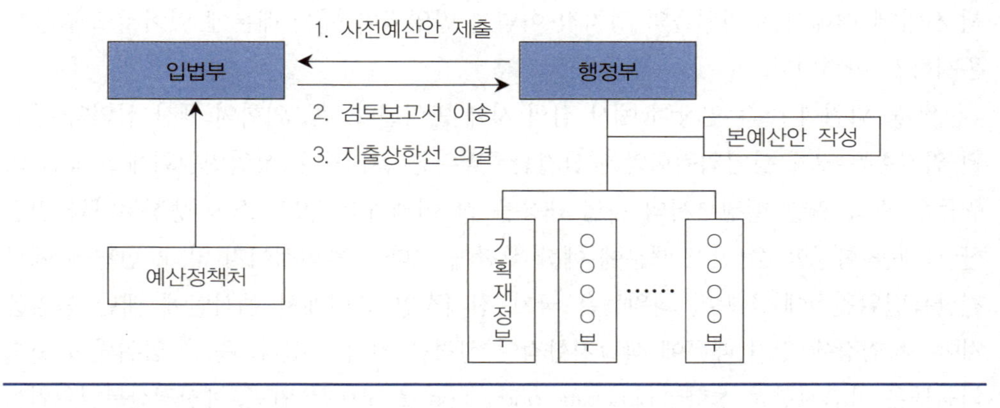

도입하는 형태는 단순히 사전예산안을 제출하는 형태, 의회가 행정부가 제출한 사전예산안에 대한 검토보고서를 이송하는 형태, 의회가 사전예산안을 검토하고 중앙관서별 지출 상한을 결정하는 형태 등이 존재한다.

의회가 지출상한선을 의결하는 형태는 가장 강한 법적 효력을 갖고 있지만, 예산편성권을 행정부에 부여한 현행 우리의 헌법과 상충될 수 있다.

2 지정예산제도와 의회의 예산 심의 행태

1) 의회의 예산 심의 행태

일반적으로 예산 심의 과정에 참여하는 의원들은 증액지향적인 행정부의 예산 편성 성향을 적정하게 조정하고, 국민의 재정 부담을 최소화해야 하는 위치에 있으므로, 정부가 제출한 예산안에 대해 대체적으로 삭감지향적 성향을 갖는다. 그러나 의원들의 지역구 입장, 정치적 성향, 선거 등의 변수는 의원들이 예산에 임하는 행태를 복잡하게 구조화하는 특성을 지니고 있다.

첫째, 출신 지역구에 대한 입장이 예산 심의 시에 반영된다. 예산 심의에 참여하는 의원들의 행태는 자신이 속해 있는 지역구의 필요한 예산 확보에 몰두하는 경향이 있다(Wanat, 1978: 80).

둘째, 정치적 입장이 예산 심의에 반영된다. 정치적 이질성이 강할수록 예산 심의 과정이 갈등을 겪게 된다. 즉, 대통령과 의회의 다수당이 상이할 경우 예산 심의 과정에서 갈등이 증폭되는 빈도가 강하며, 주된 갈등의 대상은 복지예산에서 나타나는 경향이 빈번하다(Nice, 1985). 특히 이념적으로 보수와 진보 간의 갈등이 첨예화되는 정책 사안에 대해서는 의원들의 정치적 이념이 반영되어 예산 배분에 있어서도 갈등이 존재하기 마련이다.

셋째, 위원회 소속 입장이 예산 심의 시에 반영된다. 즉, 의회의 예산 심의와 관련된 위원회는 크게 상임위원회와 예산결산특별위원회가 있다. 상임위원회에 소속된 의원들은 소속 관할 행정부서의 사업 내용을 잘 이해하고 있고, 소속 행정부서와 밀접한 관계를 형성할 수 있기 때문에 예산 삭감에 그다지 호의적이지 않다. 반면에 예산결산특별위원회에 소속된 의원들은 국가 전체적인 측면에서 예산안에 대한 책임을 져야 할 입장에 있기 때문에 삭감지향적인 성격을 지니고 있다. 즉, 상임위원회 소속 의원들은 사업지향적 성향(programatic orientation)을 보이는 반면, 예산결산특별위원회는 재정관리적 성향(fiscal orientation)을 취하게 된다(Wanat, 1978: 70). 그러나 예산결산특별위원회의 위원들의 쪽지예산 또는 SNS예산 행태는 증액지향적 성향을 나타내는 것이라 할 수 있다.

넷째, 선거는 예산 심의 과정에 영향을 미친다. 선거가 있는 해는 예산 심의 과정이 단기간에 걸쳐 나타나며, 예산 심의보다는 대통령 선거 등에 관심이 많을 경우 여야 모두 예산 심의보다는 정치적 일정을 우선시하게 된다.

2) 지정예산제도

의회에서 예산을 심의하는 과정에서 의원들은 정치적 득표극대화의 한 형태로 자신들의 지역구를 위해 예산을 확보하려는 성향을 보이는데, 이러한 현상에 따라 해당 의원의 지역구에 예산이 지정 배분되는 현상을 지정예산 또는 꼬리표예산(earmarks)이라고 한다.

지정예산은 보편적인 예산 배분 기준보다는 선심성, 지역성, 사적 이해관계, 정치적 거래 등을 통해 지역구 사업에 예산을 지정하여 배분하는 것으로 부정적 의미를 지니고 있다. 특히 한정된 재원 하에서 특정 지역구에 예산이 배분됨에 따른 공정성, 형평성 및 예산 낭비의 문제가 발생할 수 있다.

지정예산제도는 미국에서 비롯되었는데, 2007~2009년 기간에 제도 자체는 유지하면서 투명성을 제고하는 차원에서 개혁이 이루어졌다가 2011년 이후에는 중단되었다. 그러나 2022년 회계연도부터 지정예산제도를 복귀시키는 노력을 경주하고 있다. 즉, 미국 헌법에서는 의회에 지출에 대한 권한을 부여하였고, 행정부에 의한 선심성 사업 배정도 빈번하므로, 지정예산을 없애는 것은 권한을 입법부에서 행정부로 이전하는 것에 불과하다는 논리를 주장하고 있다(이원희, 2021: 106-109).

지정예산은 지역적 특성을 감안한 사업이고, 지역의 특수성을 가장 잘 이해하는 의원들이 자신들의 지역구를 이롭게 하고 지역발전을 위한 사업이라 할 수 있지만, 예산은 전국민적 관점에서 배분될 필요가 있고, 배분이 공정성이 보장되어야 하며, 사후적 관점에서도 국민경제적 효율성이 전제되어야 한다. 특히 예산 편성 권한이 행정부에 있는 우리의 경우에는 행정부의 선심성 예산 배분이 먼저 고려될 필요가 있다.

3 품목별 거부권제도(제한적 거부권)

1) 도입 배경 및 개념

의회 의원들의 경우, 정치적 목적이나 지역구 문제를 해결하기 위해 예산 증액에 편승하는 사례가 나타나고 있으며, 그로 인해 예산 규모가 팽창되는 경향이 있다. 예산 증액은 국민들의 재정 부담과 연관이 있으며, 과도한 팽창으로 인해 재정적자가 확대되거나 비효율적 예산 집행이 이뤄질 가능성이 있다. 따라서 의회 의원들의 비효율적 예산 심의에 따른 예산 팽창을 억제할 수 있는 제도적 장치가 요구되고 있는데, 이를 위한 방안 중의 하나가 품목별 거부권제도이다. 품목별 거부권제도는 우리나라에서는 채택되고 있지 않지만, 미국에서는 의회의 지나친 예산 증액에 대한 거부권을 인정하고 있다.

하나의 정책이나 사업계획만을 담고 있는 다른 법률안과는 달리 예산안은 다양한 정책안을 포괄하고 있어, 포괄적 거부권(absolute veto power)을 행사하는 것은 거의 불가능하다. 따라서 의회에서 넘어온 예산안 가운데 일부 세출 항목만을 선택해 거부권을 행사할 수 있도록 하자는 취지에서 도입된 것이 품목별 거부권제도로 제한적 거부권(qualified veto power)이다. 품목별 거부권에는 지출삭제권뿐만 아니라 감액조정권도 허용되고 있다. 또한 품목별 거부권 행사를 통해 삭감된 예산은 다른 용도로 사용되지 못하고, 재정적자 감축을 위해서만 사용되어야 한다고 규정되어 있다. 이른바 자물쇠 조항(lockbox provision)을 통해 행정부의 과도한 거부권 행사와 자의적 지출 전용을 방지하고자 하는 것이다(김종순, 2002: 26).

2) 도입 찬성론

품목별 거부권제도를 찬성하는 주장은 다음과 같다(김종순, 2002: 28-29).

우선, 재정민주주의의 구현을 위해서는 하나의 국가기관에 과도한 권한을 부여하지 않고, 모든 국가기관은 다른 국가기관의 부당한 권한 침범에 대항할 수 있는 제도적 수단을 보유해야 한다는 매디슨(James Madison)의 주장을 들 수 있다. 강력한 정부보다는 취약한 정부 하에서 국민 권익이 침해될 가능성이 크다는 인식에 따라 입법부의 과도한 간섭으로부터 행정을 보호하는 것이 삼권분립의 원칙에 부합한다는 것이다. 매디슨과 해밀턴(Alexander Hamilton) 모두 절대적 거부권보다 제한적 거부권이 바람직하다는 의견을 가지고 있었는데, 절대적 거부권은 비상시국이 아닌 한 그 행사가 용이하지 않은 반면, 제한적 거부권은 절대적 거부권보다 큰 저항 없이 행사될 수 있으므로, 의회의 불합리한 입법행위를 억제하는 효과적인 수단이라는 것이다.

다음으로, 품목별 거부권제도의 도입이 정당화되는 좀 더 현실적인 근거는 재정지출 규모와 낭비적 지출을 억제하자는 데 있다. 입법부가 국민들의 조세 부담을 증가시키는 것을 지지하는 것은 아니지만, 의원들 각자는 정치적 지지 기반 확충을 위한 지역구 사업예산 조달에 적극적이다. 따라서 의원들은 대통령 또는 주지사가 선호하는 사업예산에 지역구 사업예산을 포함시키는 방법으로 대통령의 거부권 행사를 억제하고 있으며, 대통령의 입장에서는 일부 낭비성 예산을 거부하기 위해 전체 예산안을 거부하기도 어렵다. 그 결과 의회를 통과한 예산안은 당초 예산안보다 규모가 커지는 것이 보통이다. 따라서 대통령 또는 주지사에게 낭비성 예산으로 판단되는 부분만을 선별적으로 거부할 수 있는 권한을 부여하게 되면 끼워넣기식 예산 편성이 어려워진다는 것이다.

3) 도입 반대론

품목별 거부권제도의 도입을 반대하는 주장은 다음과 같다(김종순, 2002: 29-30).

첫째, 아무리 강력한 품목별 거부권을 도입한다 하더라도 그 사용 빈도가 높지 않다면 가시적 성과를 거둘 수 없다는 것이다. 실제 미국의 역대 대통령들의 거부권 행사가 많지 않다는 점은 대통령과 주지사도 지역구 사업예산 확보를 추구하는 의원들이나 이익단체들의 압력으로부터 자유로울 수 없다는 것을 의미한다.

둘째, 예산 심의 과정에서 삭감 또는 수정의 대상이 될 수 없는 경직성 경비로 구성된 경우 대통령의 품목별 거부권 행사는 효율성이 의문시된다.

셋째, 의회가 대통령이 선호하는 사업예산과 대통령이 삭감하고자 하는 사업을 단일 항목으로 통합해 편성하는 경우 대통령의 품목별 거부권 행사는 어려워진다.

넷째, 품목별 거부권을 행사한 예산안을 의회가 다시 통과시키기 위해서는 재적의원 3분의 2 이상의 찬성을 요건으로 하고 있어 재의결될 가능성이 매우 낮다. 따라서 품목별 거부권이 의회의 통제력을 약화시키는 반면, 대통령의 권한을 지나치게 강화시켜 준다는 우려가 제기되고 있다.

다섯째, 품목별 거부권 행사를 통해 재정적자 및 재정지출 규모를 축소하는 데 기여하고 있지 못하다.

여섯째, 대통령의 품목별 거부권은 문제의 본질을 호도하기 위한 정략적 동기에서 추진되었다는 주장도 있다. 막대한 재정적자라는 정치적 민감한 사안에 대한 국민적 관심을 분산시키고 책임 소재를 흐리려는 의도라는 것이다.

4) 적용 가능성

우리의 경우, 품목별 거부권제도는 도입되어 있지 않다. 즉, 대통령은 국회가 의결한 예산에 대해 재의를 요구할 수 없으며, 국회는 정부가 제출한 예산안에 대해 심의 자체를 거부할 수 없다. 예산에 대한 편성권과 심의·확정권을 행정부와 국회가 독립적으로 행사하는 과정에서 양자의 권한을 상호 견제할 수 있는 제도를 부여하고 있지 않다. 우리와 같이 예산에 대한 정치적 대립이 심각한 상황에서 국회의 심의거부권이나 대통령의 예산안에 대한 재의요구권을 인정한다면, 국가 예산을 둘러싼 갈등이 매우 심화될 소지가 있다.

품목별 거부권제도는 입법부의 과도한 간섭으로부터 행정부를 보호하고 의원들의 과도한 재정 팽창 욕구를 억제할 수 있는 제도이지만, 예산 배분과 관련해 행정부의 권한이 상대적으로 강한 우리의 경우에는 행정부에 대한 의회의 감시 및 견제 기능을 강화하고, 의회의 예산 심의 과정을 좀 더 민주화하며, 국민들의 의견이 예산에 반영될 수 있는 제도적 장치를 마련하는 것이 무엇보다 중요하다. 아울러 각 중앙관서별로 편성되고 있는 중복적·낭비적 예산 편성을 통제할 수 있는 방안과, 감사원의 소속을 대통령 직속에서 의회 직속으로 전환해 의회의 결산승인권을 강화하는 방안을 검토하는 것이 필요하다.

제 4 절 | 정부 예산의 집행

1 정부 예산 집행의 본질

예산 집행이란 국회에서 의결된 범위 내에서 세금 및 각종 재원을 징수하고, 국회에서 확정된 지출 항목 내에서 경비를 지출하는 모든 재정행위를 의미한다. 예산 집행의 개념을 이해하기 위해서는 다음과 같은 측면을 고려해 볼 필요가 있다.

첫째, 과정적 측면에서의 이해다. 정부 예산은 크게 예산 편성, 예산 심의 및 확정, 예산 집행, 결산 과정으로 구분된다. 예산 집행은 예산 과정의 세 번째 단계로 국회에서 심의·확정된 예산을 실질적으로 구현하는 과정이다. 특히 예산 과정을 행정부와 입법부로 분리해 운영하는 것은 권한 집중에 따른 권력 남용 현상을 억제하기 위함이고, 예산 집행 권한을 행정부에 일임하고 있는 것은 행정부의 전문성을 보장하기 위함이다.

둘째, 관리적 측면에서의 이해다. 예산 집행을 통제적 관점에서 이해하는 전통적인 견해다. 즉, 예산 집행을 국회에서 의결된 지출 범위 내에서 집행하도록 유도함으로써, 행정부의 예산 남용을 억제하고 지출의 합법성을 준수하도록 하는 것이다. 그러나 예산 집행의 통제만을 강조할 경우 예산 운영의 경직성을 초래할 수 있고, 지출의 합법적 관리만을 강조할 경우 수입과 지출의 유기적 연계를 도모하지 못하는 문제가 발생할 수 있다. 따라서 관리적 차원에서 이해되는 예산 집행은 소극적 차원에서의 예산통제 관리와 적극적 차원에서의 신축 관리 방안이 강조된다.

셋째, 기능적 측면에서의 이해다. 예산의 3대 기능으로는 자원의 효율적 배분, 소득 재분배, 경제 성장 및 안정 기능을 예시할 수 있는데, 예산 집행을 바로 이러한 예산의 3대 기능을 수행하기 위한 정책 도구로 이해하는 입장이다. 한정된 자원을 최적의 상태로 배분해 적시적소(適時適所)에 활용하고, 사회적 약자에 대한 고려를 통해 사회적 형평성 기능을 수행하며, 경기 침체와 경기 과열에 따른 안정화 기능, 그리고 경제 성장 기능은 예산 집행을 통해 구현될 수 있다.

넷째, 정책적 측면에서의 이해다. 정책과 예산의 개념을 통합적으로 이해하는 입장으로 정책 목표는 예산 집행을 통해 구현된다고 본다. 특히 사업별 예산제도의 도입 이후 대부분의 국가는 예산 집행을 단순히 1 회계연도의 예산 집행으로 이해하기보다 중장기적 관점에서 국가의 미션과 비전을 설정하고, 이에 따른 프로그램(정책사업), 단위사업, 세부사업을 추진하고 있기 때문에, 예산 집행은 국가정책의 구체적 실현과 불가분의 관계를 지닐 수밖에 없다.

2 정부 예산 집행의 절차

1) 예산배정제도

국회에서 심의·확정된 예산은 중앙예산기관인 기획재정부의 예산 배정으로부터 시작된다. 예산 배정은 국회에서 심의·확정된 예산을 합리적으로 집행하기 위해 일정한 기간을 두고 집행계획을 수립하는 것으로, 각 중앙관서에 예산 집행 권한을 부여하는 것을 의미한다. 예산 배정은 분기별로 이뤄지며, 회계연도 기간 중에 완료된다. 분기별 예산 배정에 따라 수입 및 지출계획이 월별로 작성되며, 이에 따라 자금배정, 지출원인행위, 지출이 이뤄진다.

일반적으로 예산 집행은 예산 배정으로부터 시작되는데, 예산배정제도를 도입한 이유는 다음과 같다. 첫째, 국민의 세금이 일괄적으로 징수되지 못하고 일정한 기간을 두고 유입되기 때문에, 유입되는 양에 따라 집행을 조정해야 하기 때문이다. 둘째, 세출의 경우도 한순간에 모든 지출이 이뤄지는 것이 아니라 일정한 기간을 두고 이뤄지기 때문에, 재원 배분계획을 수립할 필요가 있다. 셋째, 국회에서 확정된 예산은 전년도에 의결된 상황이므로, 실제 예산 집행에서는 상황에 따라 조정할 필요가 있기 때문이다. 넷째, 수입과 지출의 합리적 연계를 도모하고 재정수지의 합리적 관리를 도모하기 위해 필요하다.

결국 예산배정제도는 확정된 예산을 합리적으로 배분해 국가재정 운영의 효율성을 도모하기 위해 도입되었으며, 예산배정을 통해 예산이 실질적으로 집행된다.

2) 예산 집행 절차

(1) 예산배정요구서 제출

각 중앙관서의 장은 예산이 확정된 후 사업운영계획 및 이에 따른 세입세출예산·계속비와 국고채무부담행위를 포함한 예산배정요구서를 기획재정부 장관에게 제출하여야 한다(국가재정법 제42조).

(2) 예산배정계획의 작성

각 중앙관서의 장이 기획재정부 장관에게 예산배정요구서를 제출하면, 기획재정부 장관은 국무회의 심의 및 대통령 의결을 거쳐 예산배정계획을 수립한다. 즉, 기획재정부 장관은 각 중앙관서의 장이 제출한 예산배정요구서에 따라 분기별 예산배정계획을 작성하여 국무회의의 심의를 거친 후 대통령의 승인을 얻어야 한다(국가재정법 제43조 제1항). 예산배정계획은 정부 정책을 구체화할 수 있는 실천계획이며, 상황대응적 대응 전략이 요구된다.

또한 각 중앙관서의 장이 대통령의 승인을 얻은 예산배정계획을 불가피한 사유로 인하여 사업운영계획과 예산배정계획 변경요구서를 기획재정부 장관에게 제출한 경우 기획재정부 장관은 필요한 조정을 한 후 예산 배정 변경계획을 작성하여 국무회의의 심의를 거쳐 대통령의 승인을 받아야 하며, 기획재정부 장관은 예산배정계획의 변경에 관하여 대통령의 승인을 얻은 때에는 그에 따라 당해 중앙관서의 장에게 예산을 배정하고 감사원에 통지하여야 한다(국가재정법 시행령 제16조 제3항, 제4항).

(3) 예산 배정 및 통지

기획재정부 장관은 각 중앙관서의 장에게 예산을 배정한 때에는 감사원에 통지하여야 한다(국가재정법 제43조 제2항).

(4) 예산 재배정

예산의 재배정이란 기획재정부 장관이 각 중앙관서의 장에게 배정한 예산을 각 중앙관서의 장이 재무관별로 다시 배정하는 것을 의미한다.

중앙관서의 장은 재무관으로 하여금 지출원인행위를 하게 할 때에는 배정된 세출예산의 범위 안에서 재무관별로 세출예산재배정계획서를 작성하고 이에 따라 세출예산을 재배정해야 하며, 각 중앙관서의 장은 세출예산을 재배정한 때에는 지출관과 기획재정부 장관에게 통지해야 한다(국가재정법 제43조의2).

〈표 3-14〉 예산 집행 절차

절차	주체 및 대상	근거
예산배정요구서 제출	중앙관서의 장 → 기획재정부 장관	재정법 제42조
분기별 예산배정계획 작성	기획재정부(국무회의 심의, 대통령 승인)	재정법 제43조
예산 배정 및 통지	기획재정부 장관 → 중앙관서의 장(감사원)	재정법 제43조
예산 재배정	중앙관서의 장 → 재무관	재정법 제43조의2
예산집행지침 통보	기획재정부 장관 → 중앙관서의 장(1월 말까지)	재정법 제44조
월별 자금계획서 제출	중앙관서의 장 → 기획재정부 장관	국고법 제30조
월별 자금계획 작성	기획재정부 장관 → 중앙관서의 장	국고법 제30조
월별 세부자금계획서 작성 · 제출	중앙관서의 장 → 기획재정부 장관	국고법 제30조
월별 세부 자금계획	기획재정부 장관 → 중앙관서의 장, 한국은행 (기획재정부 장관은 월별 세부자금계획 조정 가능)	국고법 제30조
자금 집행	중앙관서별 자금계획 범위 내에서 자금을 집행	
준예산의 집행	회계연도 개시 전까지 예산 미의결 시 집행	재정법 제55조
추가경정예산의 편성	예산 확정 후 예산 변경 사유가 발생할 때 편성	재정법 제89조
세계잉여금의 처리	세입세출결산에 따른 잉여금의 처리	재정법 제90조

* 재정법: 국가재정법, 국고법: 국고금관리법.

또한 각 중앙관서의 장은 필요하다고 인정할 때에는 상급관서의 재무관으로 하여금 재배정받은 세출예산의 범위 안에서 그 하급관서의 재무관에게 이를 재배정하게 할 수 있다. 특히 각 중앙관서의 장은 세출예산을 재배정하려는 경우 한국재정정보원의 디지털예산회계시스템을 통해 전자적인 방식으로 대행을 의뢰할 수 있다(동법 시행령 제17조).

(5) 예산집행지침 통보

예산집행지침은 예산 지출에 대한 혼란을 예방하기 위한 기본 원칙을 설정한 것으로 각 중앙관서의 예산 집행 공통 기준이라 할 수 있다.

기획재정부 장관은 예산 집행의 효율성을 높이기 위하여 매년 예산 집행에 관한 지침을 작성하여 각 중앙관서의 장에게 통보하는데(국가재정법 제44조), 예산집행지침을 매년 1월 말까지 각 중앙관서의 장에게 통보하여야 한다(동법 시행령 제18조).

(6) 분기별 예산 배정

예산 집행은 예산 배정, 자금 배정, 자금 집행의 순으로 진행된다. 예산 배정은 각 중앙관서에서 예산을 사용할 수 있는 권한을 부여하는 것으로서, 예산 배정이 이뤄져야 계약 등 지출원인행위가 가능하다. 자금 배정은 각 중앙관서에서 자금을 사용할 수 있는 권한을 부여하는 것으로서, 자금 배정이 이뤄져야 예산 집행이 가능한데, 조세 및 세외수입 등으로 자금을 우선 충당하고, 부족 자금은 적자 국채 발행 및 일시차입으로 조달한다. 자금 배정이 이뤄지면 각 중앙부처의 사업 담당부서는 자금계획의 범위 내에서 기획재정부 국고국으로부터 자금을 받아 집행하게 된다. 따라서 실질적인 예산 집행은 자금 집행이라 할 수 있는데, 원활한 재정 집행을 위해 상반기에 예산 배정을 자금 집행계획보다 더 많이 하는 것이 관례다.

예산 배정은 기획재정부 장관의 주관 하에 분기별로 이뤄지는 것이 원칙이나, 예외적인 경우가 인정된다. 예외적인 예산배정제도를 규정하고 있는 것은 무분별한 예산 집행을 방지하고, 예산의 계획과 실행과의 합리적 조정을 도모함으로써 국민의 세금 가치를 구현하는 데 있다. 즉, 회계연도 개시 전에 예산을 배정하거나 분기별 예산배정계획과 다르게 배정할 수도 있고, 필요한 때에는 분기별 예산배정계획을 조정하거나 예산 배정을 유보할 수 있으며, 배정된 예산의 집행을 보류하도록 조치를 취할 수 있다(국가재정법 제43조).

예산 배정의 예외적인 사항을 살펴보면 다음과 같다.

① 정기배정 및 수시배정

일반적으로 예산 배정은 정기배정과 수시배정으로 구분하는데, 정기배정은 각 중앙관서의 장이 제출한 예산배정요구서를 바탕으로 분기별로 수립된 예산배정계획에 따라 정기적으로 예산을 배정하는 것을 의미한다. 반면에 수시배정은 정기배정에 관계없이 각 중앙관서의 예산 배정 요구를 받아 해당 사업의 추진 상황에 따라 예산을 배정하는 것을 의미한다. 수시배정은 구체적인 예산집행계획이 사전에 정비되어 있지 못하거나, 추진 상황의 변동에 따라 예산 배정을 조정하는 것으로 상황적 예산 배정이라 할 수 있다.

② 조기배정

조기배정은 회계연도 기간 중 분기별로 균형된 예산 배분을 도모하기보다는 조기에 예산을 배정해 집행토록 하는 제도다. 일반적으로 조기배정은 정부 예산과 국가경제 성장과의 관계를 중시하는 것으로 예산 집행을 통한 재정지출 승수 효과(multiplier effect)를 기대하기 위함이다. 즉, 정부 예산 집행은 집행된 금액 몇 배 이상의 재정 효과를 유발할 수 있다는 원리에 바탕을 둔 것으로, 경기 활성화를 위한 방안의 하나로 운영된다. 〈표 3-15〉에서 보는 바와 같이 매년 상반기에 예산의 약 70%가 배정되어 집행되고 있음을 알 수 있다.

〈표 3-15〉 조기배정의 사례

(단위: 조 원, %)

	2017년	2018년	2019년	2020년	2021년	2022년	2023년
예산총계(일반+특별)	339.7	368.6	399.8	427.1	459.9	497.7	534.0
상반기 예산 배정	230.9	250.8	281.4	305.0	333.1	363.5	400.5
상반기 배정률(%)	68.0	68.0	70.4	71.4	72.4	73.0	75.0

* 기획재정부 보도자료에서 재구성.

③ 당겨배정

일반적으로 예산 배정은 한 회계연도를 기준으로 하여 수립되고 집행되는 것이 원칙이지만, 뜻밖의 사건이나 예산 환경이 변화된 경우 차기 연도 예산의 일부를 미리 당겨서 배정하는 것을 당겨배정이라 한다.

④ 감액배정

감액배정은 당초 계획되었던 배정 금액보다 배정 금액을 축소해 배정하는 것으로, 사업이 축소되거나 계획 초기보다 예상 금액이 낮아진 경우에 이뤄진다. 재정수지의 적정 관리 및 예산사업의 효율적 집행 관리를 위해 실시된다.

⑤ 배정유보

배정유보는 사업계획이 미확정되거나 지속적인 추진이 어렵고, 사업의 추진 상황에 대한 재검토가 필요한 경우에 예산 배정 자체를 보류하는 것을 의미한다. 예산은 전년도에 결정되기 때문에 당해 연도에 상황이 변동되면 집행을 유보함으로써, 비효율적인 예산 운영을 억제하기 위함이다.

⑥ 회계연도 개시 전 배정

기획재정부 장관은 필요한 때에는 대통령령이 정하는 바에 따라 회계연도 개시 전에 예산을 배정할 수 있으며(국가재정법 제43조 제3항), 회계연도 개시 전에 예산을 배정할 수 있는 경비는 ① 외국에서 지급하는 경비, ② 선박의 운영·수리 등에 소요

〈표 3-16〉 회계연도 개시 전 예산 배정 사례

(단위: 억 원)

구분	국회 의결일 (예산 배정일)	회계연도 개시 전 배정		
		배정일	배정액	내역
2000	1999.12.18 (2000.1.2)	1999.12.30	10,337	• 국채이자 상환 9,803억 원 • 국정원 특수활동비 200억 원 • 외국에서의 지급경비 327억 원 • 병역의무자 여비 7억 원
2016	2015.12.3 (2016.1.4)	2015.12.8	34,885	• 외교부 282억 원(해외봉사 등) • 국방부 1,951억 원(병영생활관 등) • 농림축산식품부 775억 원(가뭄대책 용수개발 등) • 산업통상자원부 1,013억 원(R&D, 에너지효율 등) • 보건복지부 2,166억 원(장애인, 노인일자리 등) • 환경부 464억 원, 고용노동부 2,208억 원 • 여성가족부 231억 원(아이돌봄, 경력단절 등) • 국토교통부 21,589억 원(보령댐, 고속도로 건설 등) • 해양수산부 1,362억 원(울산 신항, 여수 신북항 등) • 국민안전처 231억 원(노후함정 대체 건조 등) • 방위사업청 2,373억 원(EMP 방호시설 등) • 중소기업청 240억 원(수출역량강화사업)

자료: 기획재정부 내부자료에서 재구성.

되는 경비, ③ 교통이나 통신이 불편한 지역에서 지급하는 경비, ④ 각 관서에서 필요한 부식물의 매입경비, ⑤ 범죄수사 등 특수 활동에 소요되는 경비, ⑥ 여비, ⑦ 경제정책상 조기 집행을 필요로 하는 공공사업비, ⑧ 재해복구사업에 소요되는 경비 등이다(동법 시행령 제16조 제5항).

(7) 자금계획의 수립 및 집행

예산이 성립된 이후의 절차는 예산 배정, 자금 배정, 자금 집행의 순으로 진행된다. 예산 배정은 지출원인행위(계약 등)를 할 수 있도록 하기 위한 조치이나, 이와 별도로 자금 배정을 거쳐야 실제 집행이 가능하다. 국고금관리법 제30조에 의한 자금계획 수립 및 집행 절차를 살펴보면 [그림 3-5]와 같다.

예산이 성립되면 중앙관서의 장은 수입·지출의 전망과 그 밖에 자금의 출납에 관한 사항을 종합적으로 고려한 월별 자금계획서를 작성해 기획재정부 장관에게 제출해야 하며, 기획재정부 장관은 중앙관서의 장이 제출한 월별 자금계획서를 종합해 월별 자금계획을 작성한다.

또한 중앙관서의 장은 기획재정부 장관이 작성한 월별 자금계획에 따라 월별 세부자금계획서를 작성해 매월 기획재정부 장관에게 제출해야 하며, 기획재정부 장관은 중앙관서의 장이 제출한 월별 세부자금계획서를 종합해 월별 세부자금계획을 작성하고, 이를 중앙관서의 장 및 한국은행에 통지해야 한다.

[그림 3-5] 자금계획의 수립 및 집행

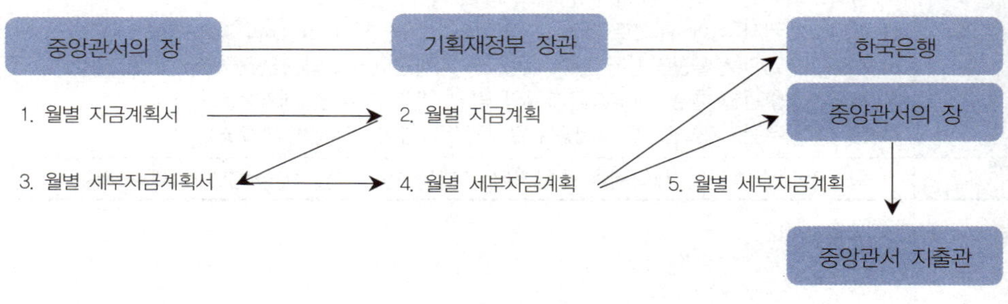

(8) 수입 및 지출

예산 배정, 자금 배정이 이뤄진 후에는 실질적으로 수입과 지출이라는 자금 집행을 실시하게 되는데, 수입과 지출의 의미를 살펴보면 다음과 같다.

〈표 3-17〉 국고금의 관리 체계 및 자금집행

국고금	국고금의 개념 및 범위(법 제2조) 1) 법령 또는 계약 등에 의해 국가의 세입으로 납입되거나 기금에 납입된 모든 현금 및 현금과 동일한 가치를 가지는 것으로 대통령령이 정하는 것(현금 등) 국고금관리법 시행령 제3조 ① 한국은행 또는 금고은행에 납입된 국가예금 ② 금융회사 등에 예치한 국고예금 ③ 한국은행에 예탁하거나 금고은행에 예치한 국가예금 ④ 증권에 의한 세입 납부에 관한 법률 시행령에 규정된 증권 ⑤ 우체국예금보험에 관한 법률 규정에 따른 우체국예금자금 ⑥ 우체국보험특별회계법 규정에 따른 우체국보험적립금 ⑦ 정부기업예산법 규정에 따른 회전자금 2) 국가가 징수한 지방소비세를 지방세입으로 납입하기 전까지 일시적으로 보유한 현금 등 3) 재정증권, 한국은행으로부터의 일시차입금에 따라 조달하는 현금 등 4) 국고금의 운용 목적으로 취득한 금융자산
수입	1) 정의: 국고금이 세입으로 납입되거나 기금에 납입되는 것(법 제2조) 2) 총괄: 기획재정부 장관(소관 부서 수입 징수 및 수납: 중앙관서의 장) (법 제6조) 3) 원칙: 국고에 납부(직접 사용 금지: 수입대체경비는 예외) (법 제7조, 제8조) 4) 방법: 수입 조사·결정, 납세 의무자 등에 납입 고지, 전자 송달 가능(법 제10조, 제11조) 5) 징수: 수입징수관(수입 징수에 관한 사무 담당) (법 제9조) 6) 수납: 수입금출납공무원이 담당(법 제12조) 7) 분장: 수입징수관과 수입금출납공무원의 직무 겸직 금지(법 제13조)
지출	1) 정의: 세출예산 및 기금운용계획 집행에 따라 국고에서 현금 등이 지급되는 것(법 제2조) 2) 총괄: 기획재정부 장관(소관 지출원인행위 및 지출: 중앙관서의 장)(법 제19조) 3) 원칙: 법령이나 배정된 예산 금액의 범위 내(법 제20조) 4) 방법: 채권자 등에 계좌로 이체 지급(예외: 현금 지급 가능)(법 제22조) 5) 지출: 재무관(지출원인행위 관계서류) → 지출관 → 출납공무원(지급)(법 제22조) 6) 지급: 지출관별 월별 세부자금계획의 범위 내에 지급(법 제22조) 7) 분장: 재무관, 지출관 및 출납공무원의 직무 겸직 금지(법 제27조)
출납	한 회계연도에 속하는 세입세출 출납사무는 다음 연도 2월 10일까지(법 제4조의2)

* 법: 국고금관리법을 의미.

수입이란 국고금이 세입으로 납입되거나 기금에 납입되는 것을 의미하는데, 기획재정부 장관이 총괄하며 소관 부서의 수입 징수 및 수납 총괄은 중앙관서의 장의 책임 하에 수행된다. 수입은 수입의 조사 및 결정, 납세 의무자 등에 대한 납입고지, 수납 등의 업무로 구분되는데, 수입의 조사 및 결정, 납입 고지 등에 관련된 수입 징수에 관한 사무는 수입징수관이, 수입금 수납과 관련된 사무는 수입금출납공무원이 담당한다. 이 경우 수입징수관과 수입금출납공무원은 직무를 겸직할 수 없다.[19]

지출이란 세출예산 및 기금운용계획의 집행에 따라 국고에서 현금 등이 지급되는 것을 의미하는데, 기획재정부 장관이 총괄하며 소관 부서의 지출원인행위 및 지출 총괄은 중앙관서의 장의 책임 하에 수행된다. 지출은 지출원인행위,[20] 지급원인행위, 지급 등의 업무로 구분되는데, 지출원인행위는 재무관, 지급원인행위는 지출관, 지급은 출납공무원이 담당한다. 이 경우 재무관, 지출관, 출납공무원은 직무를 겸직할 수 없다.

이상과 같이 수입과 지출의 사무를 구분하고, 수입 및 지출의 세부 업무를 분장하는 이유는 권한 집중에 따른 권력의 오·남용을 방지하기 위함이고, 상호 견제를 통해 수입과 지출사무의 투명성을 보장하기 위함이다.

(9) 예산집행심의회

각 중앙관서의 장은 재정관리·재원 사용의 적정 여부와 집행 과정에서 보고된 자료의 신빙성을 분석·평가하기 위하여 소속 공무원으로 하여금 필요한 사항에 관하여 내부통제를 하게 하여야 한다(국가재정법 제98조). 즉, 각 중앙관서의 장은 내부통제의 적정을 기하기 위하여 소속 관계 공무원 및 예산회계에 관한 학식과 경험이 풍부한 자로 구성되는 예산집행심의회를 설치·운영하여야 한다(동법 시행령 제49조).

따라서 각 중앙관서의 장은 예산집행의 효율성을 제고하기 위해 예산집행심의회를 구성하는데, 일례로 기획재정부의 예산집행심의회를 살펴보면 다음과 같다.

기획재정부의 예산집행심의회는 위원장 1인을 포함하여 10인 이상 30인 이하의 위원으로 구성되며, 위원장은 기획재정부 기획조정실장이 되고, 위원으로는 기획재정담당관(간사), 예산실 예산총괄과장, 세제실 조세정책과장, 경제정책국 종합정책과장, 재정관리국 재정관리총괄과장, 국제금융국 국제금융과장, 기획재정부 장관이 위촉한 외부 전문가로 구성된다. 위촉직 위원의 임기는 1년으로 하며 연임할 수 있다(기획재

---

19) 정원이 지나치게 적어 동일인이 여러 직무를 겸하여야 할 부득이한 사유가 있는 경우에는 수입징수관과 수입금출납공무원의 직무 및 지출관과 출납공무원의 직무를 각각 동일인이 겸하게 할 수 있다(국고금관리법 시행령 제16조).

20) 지출원인행위라 함은 재무관이 세출예산·계속비·국고채무부담행위 및 기금운용계획에 따라 지출의 원인이 되는 계약 등을 행하는 것을 의미하며, 지급원인행위란 관서운영경비 출납공무원이 지출관으로부터 교부받은 관서운영경비에 의하여, 또는 국고금운용계정출납명령관이 국고금에 의하여 지급의 원인이 되는 행위를 하는 것을 말한다(국고금관리법 시행령 제2조).

정부 예산집행심의회 운영규정 제2조).

기획재정부 예산집행심의회의 기능은 기획재정부 예산의 집행 실적 점검 등 기획재정부 예산의 집행 및 관리에 관한 사항, 정책연구 용역 과제 선정 등 기획재정부 정책연구 용역 예산의 집행 및 관리에 관한 사항, 예산절약성과금 지급 심의 등 기획재정부 예산성과금 지급을 위한 심의에 관한 사항, 기타 기획재정부의 예산 집행과 관련하여 위원장이 필요하다고 인정하여 위원회에 회부하는 사항 등을 심의한다(기획재정부 예산집행심의회 운영규정 제3조 제1항).

3 정부 예산 집행의 신축성 방안

각 중앙관서의 장은 세출예산이 정한 목적 외에 경비를 사용할 수 없는 것이 기본 원칙이지만(국가재정법 제45조), 다음과 같은 경우에는 예산 집행의 융통성을 부여하고 있다.

1) 예산의 전용

예산 항목은 크게 장, 관, 항, 세항, 목으로 구분되는데, 일반적으로 장, 관, 항을 입법 과목이라 하며, 세항, 목을 행정 과목이라 한다. 예산의 전용(轉用)은 품목별 예산구조의 행정 과목인 세항, 목 간의 금액을 변경 사용하는 것을 의미하며, 프로그램 예산구조의 단위사업과 세부사업 간의 금액을 바꿔 사용하는 것을 의미한다. 따라서 예산의 전용은 예산의 원칙 중 목적 외 사용 금지 원칙(한정성의 원칙)의 예외라 할 수 있다.

각 중앙관서의 장은 예산의 목적 범위 안에서 재원의 효율적 활용을 위하여 대통령령이 정하는 바에 따라 기획재정부 장관의 승인을 얻어 각 세항 또는 목의 금액을 전용할 수 있다. 이 경우 사업 간의 유사성이 있는지, 재해대책 재원 등으로 사용할 시급한 필요가 있는지, 기관 운영을 위한 필수적 경비의 충당을 위한 것인지 여부 등을 종합적으로 고려하여야 한다. 특히 기획재정부 장관은 전용의 승인을 한 때에는 그 전용명세서를 그 중앙관서의 장 및 감사원에 각각 송부하여야 한다(국가재정법 제46조 제1항, 제4항 전단).

또한 각 중앙관서의 장은 회계연도마다 기획재정부 장관이 위임하는 범위 안에서 각 세항 또는 목의 금액을 자체적으로 전용할 수 있으며, 전용을 한 과목별 금액 및 이유를 명시한 명세서를 기획재정부 장관 및 감사원에 각각 송부하여야 한다(국가재정법 제46조 제2항, 제4항 후단). 그러나 각 중앙관서의 장은 ① 당초 예산에 계상되지 아니한 사업을 추진하는 경우, ② 국회가 의결한 취지와 다르게 사업 예산을 집행하는 경우에는 전용할 수 없다(국가재정법 제46조 제3항).

아울러 각 중앙관서의 장이 전용을 한 경우에는 분기별로 분기 만료일이 속하는 달의 다음 달 말일까지 그 전용 내역을 국회 소관 상임위원회와 예산결산특별위원회에 제출하여야 하며, 전용한 경비의 금액은 세입세출결산보고서에 이를 명백히 하고 이유를 기재하여야 한다(국가재정법 제46조 제5항, 제6항).

2) 예산의 이용

예산의 이용(移用)은 품목별 예산구조의 입법 과목인 장, 관, 항 간의 금액을 변경 사용하는 것을 의미하며, 프로그램 예산구조의 분야, 부문, 정책사업 간의 금액을 바꿔 사용하는 것이다. 예산의 이용은 원칙적으로 허용되지 않지만 사전에 국회의 의결을 얻은 경우에는 가능하도록 규정하고 있다. 따라서 예산의 이용은 예산의 원칙 중 목적 외 사용 금지 원칙(한정성의 원칙)의 예외라 할 수 있다.[21)]

각 중앙관서의 장은 예산이 정한 각 장 · 관 · 항 간에 상호 이용할 수 없다. 다만, 예산 집행상 필요에 따라 미리 예산으로써 국회의 의결을 얻은 때에는 기획재정부 장관의 승인을 얻어 이용하거나, 기획재정부 장관이 위임하는 범위 안에서 자체적으로 이용할 수 있는데, 이용은 ① 법령상 지출의무의 이행을 위한 경비 및 기관 운영을 위한 필수적 경비의 부족액이 발생하는 경우, ② 환율변동 · 유가변동 등 사전에 예측하기 어려운 불가피한 사정이 발생하는 경우, ③ 재해대책 재원 등으로 사용할 시급한 필요가 있는 경우, ④ 그 밖에 대통령령으로 정하는 경우에 한한다(국가재정법 제47조 제1항). 국회 의결과 기획재정부 장관의 승인은 예산 이용의 전제조건이다.

또한 각 중앙관서의 장이 예산을 자체적으로 이용한 때에는 기획재정부 장관 및 감사원에 통지하여야 하며, 기획재정부 장관이 이용의 승인을 하거나 예산을 이용한 때에는 그 중앙관서의 장 및 감사원에 각각 통지하여야 한다. 아울러 각 중앙관서의

21) 지방자치단체의 세출예산은 기능별 · 사업별 또는 성질별로 주요 항목 및 세부 항목으로 구분되는데, 주요 항목은 분야 · 부문 · 정책사업으로 구분하고, 세부 항목은 단위사업 · 세부사업 · 목으로 구분된다(지방재정법 제41조 제2항). 지방자치단체의 장은 지방의회의 의결을 얻은 때에는 정책사업 간 금액을 이용할 수 있으며(동법 제47조), 단위사업 간 전용, 세부사업 간 변경 사용이 가능하다.

장이 이용을 한 경우에는 분기별로 분기 만료일이 속하는 달의 다음 달 말일까지 그 이용 내역을 국회 소관 상임위원회와 예산결산특별위원회에 제출하여야 한다(국가재정법 제47조 제3항, 제4항).

3) 예산의 이체

각 중앙관서의 장은 예산이 정한 각 기관 간 예산을 이체할 수 없지만, 기획재정부 장관은 정부조직 등에 관한 법령의 제정 · 개정 또는 폐지로 인하여 중앙관서의 직무와 권한에 변동이 있는 때에는 그 중앙관서의 장의 요구에 따라 그 예산을 상호 이체(移替)할 수 있다(국가재정법 제47조 제2항). 따라서 예산의 이체는 예산의 원칙 중 초과 지출 금지 원칙(한정성의 원칙)의 예외라 할 수 있다.

기획재정부 장관이 예산을 이체한 때에는 그 중앙관서의 장 및 감사원에 각각 통

〈표 3-18〉 정부조직 개편에 따른 예산 이체 사례

(단위: 억 원)

이체 시행일	주는 소관	받는 소관	이체 규모
2013.3.25	대통령실	대통령 비서실 및 국가안보실	652
	대통령실	대통령 경호실	621
	특임장관실	국무총리실	86
	지식경제부	산업통상자원부	85,654
	지식경제부	중소기업청	587
	외교통상부	산업통상자원부	136
	기획재정부	산업통상자원부	53
	식품의약품안전청	식품의약품안전처	1,932
	보건복지부	식품의약품안전처	25
	농림수산식품부	식품의약품안전처	287
2015.1.1	안전행정부(안전관리본부) 소방방재청 해양경찰청 해양수산부(해상교통관제센터)	국민안전처	33,122
2015.7.1	보건복지부 (국민기초생활보장법 개정)	국토교통부와 교육부 (주거급여, 교육급여)	850
2018.6.5	국토교통부 (물관리기본법 제정)	환경부	6,000

자료: 국회예산정책처(2013.4b), 파이낸셜뉴스(2014.12.30), 약업신문(2016.7.12), 뉴시스(2018.6.5)에서 재구성.

지하여야 하며, 각 중앙관서의 장이 이체를 한 경우에는 분기별로 분기 만료일이 속하는 달의 다음 달 말일까지 그 이체 내역을 국회 소관 상임위원회와 예산결산특별위원회에 제출하여야 한다(국가재정법 제47조 제3항, 제4항).

예산의 이체는 정부조직 개편과 밀접한 상관성을 갖고 있는데, 이체하는 기관과 이체 받는 양 기관의 예산 총액 및 결산에 변경을 초래한다.

4) 예산의 이월

각 회계연도의 경비는 그 연도의 세입 또는 수입으로 충당하도록 규정하고 있으나, 예산주기에 대한 융통성을 부여하기 위해 당해 연도 예산액의 일정 부분을 다음 연도로 넘겨서 사용할 수 있는 제도가 이월(移越) 제도다. 따라서 예산의 이월은 예산의 원칙 중 회계연도 독립의 원칙(한정성의 원칙)의 예외라 할 수 있다.

각 중앙관서의 장이 예산을 이월한 경우 이월하는 과목별 금액은 다음 연도의 이월예산으로 배정된 것으로 보며, 매 회계연도 세입세출의 결산상 잉여금이 발생하는 경우에는 세출예산 이월액에 상당하는 금액을 다음 연도의 세입에 우선적으로 이입하여야 한다(국가재정법 제48조 제5항, 제6항).

각 중앙관서의 장이 예산을 이월하는 때에는 대통령령이 정하는 바에 따라 이월명세서를 작성하여, 다음 연도 1월 31일까지 기획재정부 장관 및 감사원에 각각 송부하여야 한다(동법 제48조 제4항). 또한 기획재정부 장관은 세입 징수 상황 등을 감안하여 필요하다고 인정하는 때에는 미리 세출예산의 이월 사용을 제한하기 위한 조치를 취할 수 있다(동법 제48조 제7항).

(1) 명시이월

세출예산 중 경비의 성질상 연도 내에 지출을 끝내지 못할 것이 예측되는 때에는 그 취지를 세입세출예산에 명시[22]해 미리 국회의 승인을 얻은 후 다음 연도에 이월해 사용할 수 있다. 이월액은 다른 용도로 사용할 수 없다(국가재정법 제48조 제2항).

중앙관서의 장은 명시이월비에 대하여 예산 집행상 부득이한 사유가 있는 때에는 사항마다 사유와 금액을 명백히 하여 기획재정부 장관의 승인을 얻은 범위 안에서 다음 연도에 걸쳐서 지출하여야 할 지출원인행위를 할 수 있으며, 기획재정부 장관이

22) 국방부 주한미군 방위비 분담금 세출예산의 경우, 한미협정상 주한미군 측에 제공할 의무적 예산이 주한미군 측의 사업 선정, 설계, 부지 확보 지연 시 이월될 수 있도록 명시되어 있다.

다음 연도에 걸쳐서 지출하여야 할 지출원인행위를 승인한 때에는 감사원에 통지하여야 한다(국가재정법 제24조).

(2) 사고이월

국가재정법 제48조에서는 명시이월비의 이월 이외에 불가피한 사유 등으로 인한 지출을 이월할 수 있도록 규정하고 있다. 즉, ① 연도 내에 지출원인행위를 하고 불가피한 사유로 인하여 연도 내에 지출하지 못한 경비와 지출원인행위를 하지 아니한 그 부대경비, ② 지출원인행위를 위하여 입찰공고를 한 경비 중 입찰공고 후 지출원인행위까지 장기간이 소요되는 경우로서 대통령령이 정하는 경비, ③ 공익사업의 시행에 필요한 손실보상비로서 대통령령이 정하는 경비, ④ 경상적 성격의 경비로서 대통령령이 정하는 경비[23]에 해당하는 경비의 금액은 다음 회계연도에 이월하여 사용할 수 있다. 이월액은 다른 용도로 사용할 수 없으며, ① 항목의 경우는 재이월이 금지되어 있다(국가재정법 제48조).

5) 계속비

정부의 사업 중에는 1 회계연도 이상에 걸쳐 지출되어야 완성될 수 있는 사업이 존재하는데, 공사, 연구개발사업 등은 대표적인 예다. 이러한 사업에 대해서는 1 회계연도에 따른 예산을 편성, 집행하기보다는 사업 기간 동안에 총액으로 예산을 배분하고 관리하는 것이 효율적일 수 있다. 따라서 계속비는 장기간에 걸쳐 소요되는 사업에 대해서는 지출 총액과 연도별 지출액을 미리 국회의 의결을 얻어 결정하고, 의결된 범위 내에서 1 회계연도 이상에 걸쳐 지출할 수 있는 경비를 의미한다. 계속비는 일종의 이월과 유사한 제도로서, 예산의 원칙 중 회계연도 독립의 원칙(한정성의 원칙)의 예외라 할 수 있다.

국가재정법에 의하면, 완성에 수년도를 요하는 공사나 제조 및 연구개발사업은 그 경비의 총액과 연부액(年賦額)을 정하여 미리 국회의 의결을 얻은 범위 안에서 수년도에 걸쳐서 지출할 수 있다. 또한 국가가 지출할 수 있는 연한은 그 회계연도부터 5년 이내이지만, 사업 규모 및 국가재원 여건상 필요한 경우에는 예외적으로 10년 이내로 할 수 있고, 기획재정부 장관이 필요하다고 인정하는 때에는 국회의 의결을 거

23) 각 기관 또는 시설의 유지·운영에 드는 경비로서 기획재정부 장관이 정하는 경비를 말한다. 이 경우 이월한도는 해당 경비에 대한 예산의 100분의 15로 한다(국가재정법 시행령 제20조 제3항).

쳐 지출 연한을 연장할 수 있다(국가재정법 제23조).

아울러 국가재정법에 의하면, 계속비의 연도별 연부액 중 당해 연도에 지출하지 못한 금액은 계속비 사업의 완성 연도까지 계속 이월하여 사용할 수 있으며, 각 중앙관서의 장이 계속비 예산을 이월한 경우 이월하는 과목별 금액은 다음 연도의 이월예산으로 배정된 것으로 본다(국가재정법 제48조 제3항, 제5항).

6) 예비비

당해 연도의 예산은 전년도에 편성되어 확정되기 때문에 1년 후의 예산 상황을 정확히 예측하기 어렵다. 이러한 예측 불가능한 상황에서 소요되는 경비를 충당하기 위해 특정 지출 목적을 결정하지 않고 별도의 예산을 편성하는 것이 예비비다. 따라서 예비비는 예산 사전의결 원칙 및 한정성 원칙의 예외라 할 수 있다.

예비비는 국가재정법 제52조에 따라 예측할 수 없는 지출에 충당하기 위해 총액으로 세출예산으로 편성하여 사용하고, 다음 연도에 국회의 승인을 받도록 되어 있으며, 국가결산보고서와 별개의 의안으로 심사된다.

예비비는 일반회계와 특별회계로 구분하여 지출되고 있는데, 특별회계로 집행된

〈표 3-19〉 예비비 사용명세별 집행현황(결산자료)

(단위: 억 원)

구분		예산액	지출결정액	지출액	이월액	불용액
2019년	일반회계	30,000	27,230	26,901	77	3,022
	특별회계	10	–	–	–	10
	합계	30,010	27,230	26,901	77	3,032
2020년	일반회계	56,100	55,992	54,467	742	891
	특별회계	5	–	–	–	5
	합계	56,105	55,992	54,467	742	896
2021년	일반회계	97,000	96,996	92,721	2,926	1,353
	특별회계	3	–	–	–	3
	합계	97,003	96,996	92,721	2,926	1,356
2022년	일반회계	55,000	49,415	47,049	886	7,065
	특별회계	2	–	–	–	2
	합계	55,002	49,415	47,049	886	7,067

자료: 대한민국정부(2022, 2021, 2020). 『회계연도 예비비사용총괄명세서』에서 재구성.

실적은 존재하지 않는다.[24)]

7) 수입대체경비

한 회계연도의 모든 수입을 세입으로 하고 모든 지출을 세출로 하며, 세입과 세출은 모두 예산에 계상해야 한다. 또한 중앙관서의 장은 소관 수입을 국고에 납입해야 하며, 이를 직접 사용하지 못한다(국고금관리법 제7조). 그러나 수입을 국고에 납입하지 않고 직접 사용할 수 있는 경비가 인정되고 있는데, 이를 수입대체경비라 한다. 따라서 수입대체경비는 예산 총계주의(예산 완전성의 원칙)의 예외라 할 수 있다.

수입대체경비란 국가가 특별한 용역 또는 시설을 제공하고, 그 제공을 받은 자로부터 비용을 징수하는 경우의 당해 경비, 수입의 범위 안에서 관련 경비의 총액을 지출할 수 있는 경우의 당해 경비를 의미한다(국가재정법 시행령 제24조 제1항). 대표적인 예로는 외교부의 여권 발급 경비를 예시할 수 있다.

각 중앙관서의 장은 용역 또는 시설을 제공하여 발생하는 수입과 관련되는 경비에 있어 수입이 예산을 초과하거나 초과할 것이 예상되는 때에는 그 초과 수입을 그 초과 수입에 직접 관련되는 경비 및 이에 수반되는 경비(① 업무 수행과 직접 관련된 자산취득비, 국내 여비, 시설유지비 및 보수비, ② 일시적인 업무 급증으로 사용한 일용직 임금, ③ 초과 수입 증대와 관련 있는 업무를 수행한 직원에게 지급하는 보상적 경비, ④ 그 밖에 초과 수입에 수반되는 경비로서 기획재정부 장관이 정하는 경비)에 초과 지출할 수 있다(국가재정법 제53조 제1항, 동법 시행령 제24조 제2항).

8) 국고채무부담행위

국고채무부담행위란 국회의 사전의결을 받아 예산 확보 없이 미리 채무를 부담하는 행위를 의미한다. 국고채무부담행위는 해외공관 건축이나 함정 건조 등과 같은 지출원인행위와 지출이 동일 연도에 귀속되지 않는 사업에 주로 활용된다. 국고채무부담행위에 대한 국회의 의결은 국가에 다음 연도 이후에 지출할 수 있는 권한까지 부여하는 것은 아니다. 다만, 채무를 부담할 권한만을 부여하는 것이므로, 채무부담과 관련한 지출에 대해서는 다시 국회의 의결을 얻어야 한다. 그러나 일단 국고채무부담

24) 2021년 결산 기준으로 목적 예비비로 7조 8,713억원(재해대책비 5조 8,330억 원, 감염병 피해 지원 2조 384억 원)이 지출되었고, 일반 예비비는 1조 4,008억 원이 지출되었으며, 2022년 결산 기준으로 목적 예비비 3조 3,473억 원, 일반 예비비 1조 3,575억 원이 지출되었다(대한민국정부, 2021, 2022 회계연도 예비비사용총괄명세서).

행위로서 국회의 의결을 얻어두면 국회는 다음 연도 이후에 동의 없이는 그에 관한 예산을 임의로 삭감할 수 없다(기획재정부 시사경제용어사전).

국고채부담행위는 부담행위를 할 연도와 상환 연도, 채무 부담 금액을 표기해야 하므로, 실제 채무 이행은 다음 연도 이후 부담하게 된다. 따라서 국고채무부담행위는 단년도 예산 원칙의 예외라 할 수 있다.

국고채무부담행위는 특정한 대상이 지정되지 않은 경우와 재해복구비와 같이 특정한 대상이 지정된 경우로 구분할 수 있다. 즉, 국가재정법 제25조 제1항에 의하면, "국가는 법률에 따른 것과 세출예산 금액 또는 계속비의 총액의 범위 안의 것 외에 채무를 부담하는 행위를 하는 때에는 미리 예산으로써 국회의 의결을 얻어야 한다"고 규정하고 있으며, 국가재정법 제25조 제항에 의하면, "국가는 재해 복구를 위하여 필요한 때에는 회계연도마다 국회의 의결을 얻은 범위 안에서 채무를 부담하는 행위를 할 수 있다"고 규정하였다. 따라서 국고채무부담행위는 일반적인 채무부담과 재해복구를 위한 채무부담으로 구분된다.

9) 수입, 지출의 특례

국고금관리와 관련해 수입과 지출의 특례가 인정되고 있는데, 수입과 관련된 특례는 과오납된 수입금의 반환(제15조), 수입금의 환급(제16조), 국가가 징수한 지방소비세의 납입(제16조의2), 선사용자금(제18조)[25] 등이 있으며, 지출과 관련된 특례는 관서운영경비(제24조), 회계연도 시작 전의 관서운영경비의 교부(제25조), 선급과 개산급(제26조)[26] 등이 있다.

10) 추가경정예산

(1) 추가경정예산의 개념

추가경정예산의 근거는 헌법 제56조에 규정되어 있는데, 정부는 예산에 변경을 가할 필요가 있을 때에는 추가경정예산안을 편성해 국회에 제출할 수 있다. 즉, 추가

---

25) 정부기업예산법 제3조의 규정에 따른 특별회계는 수입금을 선사용자금(국고에 납입하기 전에 미리 사용하고 지출금으로 대체 납입하는 자금)으로 운용할 수 있다.

26) 지출관은 운임, 용선료(傭船料), 공사·제조·용역 계약의 대가, 그 밖에 대통령령으로 정하는 경비로서 그 성질상 미리 지급하지 아니하거나, 개산(槪算)해 지급하지 아니하면 해당 사무나 사업에 지장을 가져올 우려가 있는 경비의 경우에는 이를 미리 지급하거나 개산해 지급할 수 있다(국고금관리법 제26조).

경정예산은 예산 성립 후 이미 성립된 예산에 변경을 가할 필요가 있을 경우 편성하며, 국회 의결을 거쳐 최종 확정된다. 따라서 추가경정예산은 예산단일성 원칙의 예외라 할 수 있는데, 다음과 같은 특성을 지닌다.

첫째, 추가경정예산은 예산이 국회에 제출되어 의결된 이후 집행하는 과정에서 예산을 변경하는 것을 의미하므로 수정예산의 개념과는 상이하다. 수정예산은 행정부가 예산을 국회에 제출한 이후 국회에서 의결되기 전에 예산안을 변경하는 것을 의미한다.

둘째, 추가경정예산도 국회의 의결을 거쳐야 한다. 추가경정예산은 세입 · 세출예산을 변경하는 것이므로 국민의 부담과 직결되어 있다. 따라서 추가경정예산으로 인한 국민의 부담을 완화하고, 예산 집행의 효율성을 제고하기 위해서는 국회의 의결을 거치는 것이 바람직하다. 따라서 정부는 국회에서 추가경정예산안이 확정되기 전에 이를 미리 배정하거나 집행할 수 없다.

셋째, 예비비 지출, 재해대책비 이용 등과 같이 행정부 내에서 변경된 것은 신축적 예산 운영을 위해 추가경정예산의 대상에서 제외된다.

넷째, 추가경정예산은 단순히 세출예산의 증 · 감액분만을 계상한 것은 아니며, 세입예산의 증 · 감액분까지 포함한다.

그러나 국가재정법 제89조 제1항에서는 정부가 ① 전쟁이나 대규모 재해(재난 및 안전관리 기본법 제3조에서 정의한 자연재난과 사회재난의 발생에 따른 피해)가 발생한 경우, ② 경기 침체, 대량실업, 남북 관계의 변화, 경제협력과 같은 대내 · 외 여건에 중대한 변화가 발생했거나 발생할 우려가 있는 경우, ③ 법령에 따라 국가가 지급해야 하는 지출이 발생하거나 증가하는 경우를 제외하고는 추가경정예산안을 편성할 수 없도록 규정하고 있다. 즉, 과거에는 추가경정예산의 사유가 포괄적이었으나, 국가재정법에서는 추가경정예산 요건을 구체화했다. 특히 ①과 ③의 경우는 어떤 사실이 발생한 경우이지만, ②의 경우는 발생하거나 발생할 우려가 있는 경우이므로, 엄격한 기준을 정립하는 것이 필요하다.

(2) 추가경정예산의 사례

1950~1960년대에는 빈번한 추가경정예산이 이루어졌으나, 2007년 국가재정법이 제정된 이후에는 다소 제한적으로 추가경정예산이 편성되고 있음을 알 수 있다. 다만, 2020~2022년 사이에는 코로나19 등 감염병 대응으로 추가경정예산이 상대적으로

〈표 3-20〉 추가경정예산의 연도별 추이

(단위: 회)

연도	'50	'51	'52	'53	'54	'55	'56	'57	'58	'59	'60	'61	'62	'63	'64	'65	'66
횟수	7	3	2	2	3	2	–	–	1	–	2	4	3	3	1	3	2
연도	'67	'68	'69	'70	'71	'72	'73	'74	'75	'76	'77	'78	'79	'80	'81	'82	'83
횟수	2	3	3	1	1	3	–	1	1	1	1	1	1	1	1	1	–
연도	'84	'85	'86	'87	'88	'89	'90	'91	'92	'93	'94	'95	'96	'97	'98	'99	'00
횟수	1	1	–	1	1	1	2	2	1	–	1	1	1	1	2	2	1
연도	'01	'02	'03	'04	'05	'06	'07	'08	'09	'10	'11	'12	'13	'14	'15	'16	'17
횟수	2	1	2	1	1	1	–	1	1	–	–	–	1	–	1	1	1
연도	'18	'19	'20	'21	'22	'23											
횟수	1	1	4	2	2	0											

자료: 국회예산정책처 내부자료 및 국회 의안정보시스템에서 재구성.

많이 편성되었다(〈표 3-20〉 참조).

추가경정예산의 제출 일자를 살펴보면 제출 기한이 한정되어 있는 것은 아니며, 국회의 의결 기한도 한정되어 있지 않다. 특히 2020년 4차 추가경정예산은 다음 연도 예산안이 국회에 제출된 이후에 제출되었다. 또한 추가경정예산의 규모를 보면 2022년 2차 추가경정예산 규모가 가장 크게 나타나고 있는데, 이는 초과세수를 제대로 예측하지 못하여 세입 경정이 발생한 사례이다(〈표 3-21〉 참조).

11) 긴급재정경제명령

긴급재정경제명령은 헌법 제76조에 의하여 국회의 의결을 거치지 않고, 정부가 집행할 수 있는 대통령의 고유 권한이다. 즉, 대통령은 내우・외환・천재・지변 또는 중대한 재정・경제상의 위기에 있어서 국가의 안전보장 또는 공공의 안녕질서를 유지하기 위하여 긴급한 조치가 필요하고, 국회의 집회를 기다릴 여유가 없을 때에 한하여 최소한으로 필요한 재정・경제상의 처분을 하거나 이에 관하여 법률의 효력을 가지는 명령을 발할 수 있다. 대통령이 명령을 한 때에는 지체없이 국회에 보고하여 승인을 얻어야 한다.

우리의 최고 긴급재정명령은 '금융실명거래 및 비밀보장에 관한 긴급재정경제명령(1993.8.12.)'이었는데, 금융실명제 실시 이후 후속 법률인 금융실명거래 및 비밀보장에 관한 법률에 의해 폐지되었다.

〈표 3-21〉 추가경정예산의 연도별 현황 사례

(단위: 조 원, %)

<table>
<tr><th rowspan="2">연도</th><th rowspan="2">규모
(조 원)</th><th rowspan="2">사유</th><th rowspan="2">국채발행
유 · 무</th><th colspan="2">국회 제출, 의결</th></tr>
<tr><th>제출일</th><th>의결일</th></tr>
<tr><td rowspan="2">2003</td><td>7.5</td><td>1차: 경기 진작</td><td>무</td><td>6월 5일</td><td>7월 15일</td></tr>
<tr><td>3.0</td><td>2차: 태풍 매미 피해복구 지원</td><td>무</td><td>10월 2일</td><td>10월 24일</td></tr>
<tr><td>2004</td><td>2.5</td><td>취약계층 생활안정 및 일자리 창출</td><td>유</td><td>7월 2일</td><td>7월 15일</td></tr>
<tr><td>2005</td><td>4.5</td><td>세수결손</td><td>유</td><td>9월 30일</td><td>11월 16일</td></tr>
<tr><td>2006</td><td>2.2</td><td>태풍 · 호우피해 복구 지원</td><td>유</td><td>8월 18일</td><td>8월 29일</td></tr>
<tr><td>2008</td><td>4.6</td><td>경제위기 극복 및 지방경제 활성화</td><td>유</td><td>6월 20일</td><td>9월 18일</td></tr>
<tr><td>2009</td><td>28.4</td><td>글로벌 금융위기 대응</td><td>유</td><td>3월 30일</td><td>4월 29일</td></tr>
<tr><td>2013</td><td>17.3</td><td>경기침체</td><td>유</td><td>4월 18일</td><td>5월 7일</td></tr>
<tr><td>2015</td><td>11.6</td><td>메르스, 가뭄피해 지원</td><td>유</td><td>7월 6일</td><td>7월 24일</td></tr>
<tr><td>2016</td><td>11.0</td><td>구조조정 지원</td><td>무</td><td>7월 26일</td><td>9월 2일</td></tr>
<tr><td>2017</td><td>11.0</td><td>일자리 창출</td><td>무</td><td>6월 7일</td><td>7월 22일</td></tr>
<tr><td>2018</td><td>3.8</td><td>청년일자리 및 지역대책</td><td>무</td><td>4월 6일</td><td>5월 21일</td></tr>
<tr><td>2019</td><td>5.8</td><td>미세먼지 및 민생경제 지원</td><td>유(3.6)</td><td>4월 25일</td><td>8월 2일</td></tr>
<tr><td rowspan="4">2020</td><td>11.7</td><td>코로나19 파급영향 최소화 및 극복</td><td>유(10.3)</td><td>3월 5일</td><td>3월 17일</td></tr>
<tr><td>12.2</td><td>코로나19 긴급재난 지원금</td><td>무</td><td>4월 16일</td><td>4월 30일</td></tr>
<tr><td>35.1</td><td>경제위기 조기극복과 포스트 코로나 대비</td><td>유(23.8)</td><td>6월 4일</td><td>7월 3일</td></tr>
<tr><td>7.8</td><td>코로나19 재확산에 따른 경기 및 민생 지원</td><td>유(7.5)</td><td>9월 11일</td><td>9월 22일</td></tr>
<tr><td rowspan="2">2021</td><td>14.9</td><td>방역상황 장기화, 고용상황 악화 대비</td><td>유(9.9)</td><td>3월 4일</td><td>3월 25일</td></tr>
<tr><td>36.9</td><td>코로나19 극복을 위한 상생과 피해 회복 지원</td><td>무</td><td>7월 2일</td><td>7월 24일</td></tr>
<tr><td rowspan="2">2022</td><td>16.9</td><td>초과세수 기반 방역 추경</td><td>유(11.3)</td><td>1월 24일</td><td>2월 21일</td></tr>
<tr><td>62.2</td><td>소상공인 지원, 방역 보강(수입 증액 경정)</td><td>무</td><td>5월 13일</td><td>5월 29일</td></tr>
</table>

자료: 기획재정부 내부자료 및 국회 의안정보시스템에서 재구성.

4 예산성과금제도

1) 예산성과금제도의 개념

예산성과금은 국가재정법 제49조 및 예산성과금 규정에 명시되어 있다. 예산성과금은 지출 절약 및 수입 증대에 기여한 자에게 배분되는 재원으로 예산의 효율적 운용을 도모하기 위한 제도로서, 사후적 성격이 강한 보상적 차원의 제도이며, 법령에 근거한 제도다.

지출 절약이란 자발적인 노력을 통해 정원 감축, 예산의 집행 방법 또는 제도의 개선 등으로 업무 성과를 종전 수준 또는 그 이상으로 유지하면서 경비를 적게 사용해 예산이 남게 된 경우, 또는 예산 편성 과정에서 절약 예상액을 미리 감액 편성하거나 반영하지 아니하는 경우를 의미하며, 수입 증대란 새로운 세입원의 발굴 또는 제도 개선 등으로 국고의 수입(국채발행수입금 및 차입금을 제외한 국세·관세 및 세외수입 등 일체의 세입 재원을 포함)이 증대되거나, 국유재산이 증대된 경우를 의미한다(예산성과금 규정 제4조).

지출 절약이나 수입 증대는 '실현'되어야 한다는 점에서 제안제도와 구별되며, '예산성과금심사위원회'를 거친다는 점에서 탈세정보 포상금 등 단순 실적에 의해 지급되는 인센티브제도와는 차이가 있다.

2) 예산성과금제도의 운영

(1) 예산성과금심사위원회의 구성

예산성과금 지급의 심사 등을 위하여 기획재정부 장관 소속 하에 예산성과금심사위원회를 설치한다(동 규정 제5조). 위원회는 위원장 1인과 부위원장 1인을 포함한 5인 이내의 위원으로 구성하는데, 위원장은 기획재정부 장관이 지명하는 기획재정부 차관이 되고, 부위원장은 기획재정부 장관이 지정하는 직위에 있는 공무원이 되며, 위원은 기획재정부 장관이 지정하는 직위에 있는 공무원 2명 및 행정안전부 장관이 지정하는 직위에 있는 공무원 1명으로 구성된다(동 규정 제7조).

(2) 예산성과금의 규모

예산성과금의 규모는 상이하지만, 상한선이 정해져 있다(동 규정 제16조).

첫째, 지출 절약 예산성과금은 ① 정원 감축에 의해 인건비를 절약한 경우에는 감축된 인원의 인건비 1년분, ② 경상적 경비를 절약한 경우에는 절약된 경비의 50%, ③ 주요 사업비를 절약한 경우에는 절약된 경비의 10% 범위 안에서 지출 절약에 기여한 자에게 지급하되, 1명당 6천만 원을 초과할 수 없다.

둘째, 수입 증대에 대한 예산성과금은 수입 증대에 기여한 자에게 수입 증대액의 10퍼센트 범위 안에서 지급하되, 1명당 6천만 원을 초과할 수 없다.

셋째, 지출 절약 또는 수입 증대의 내용이 유사 사업 또는 다른 행정기관 등에 확대 적용됨에 따라 지출 절약 또는 수입 증대의 효과가 현저한 경우로서, 예산성과금

심사위원회가 인정하는 경우에는 지출 절약 성과금과 수입 증대 성과금에 의해 산정된 금액의 130퍼센트 범위 안에서 가산해 지급할 수 있다. 이 경우 1명당 지급액은 7천 800만 원을 초과할 수 없다.

(3) 사후 예산 조치

예산성과금과 관련된 사후 조치는 다음과 같다(동 규정 제20조).

첫째, 기획재정부 장관은 인건비, 경상적 경비 및 주요 사업비의 절약으로 예산성과금이 지급된 경우에는 지출 절약이 발생한 회계연도의 다음 회계연도 예산 배정 및 다음 다음 회계연도 이후 예산 편성에서 지출 절약액을 당해 사업예산에서 감액하는 대신, 당해 중앙관서의 전체 예산한도액 내에서 당해 중앙관서의 우선순위 사업에 자율 편성할 수 있도록 규정하고 있다.

둘째, 정원 감축에 따른 인건비 절약액을 예산성과금으로 지급한 중앙관서의 장은 감축된 조직 및 정원과 유사한 업무를 수행하는 조직의 신설 또는 정원의 증원을 요구할 수 없다.

셋째, 경상적 경비 및 주요 사업비 절약액을 예산성과금으로 지급한 중앙관서의 장은 예산이 절약된 사업과 유사한 사업을 하기 위한 사업비 예산을 요구할 수 없다.

예산성과금은 수입 증대나 지출 절약 등 예산 운용의 효율성을 제고한 자에게 실적을 기반으로 사후에 보상하는 인센티브제도라 할 수 있다.

제 5 절 | 결산과 회계감사

1 결산의 개념

1) 결산의 의미

예산이 정부가 추진하는 사업의 예정된 수치라고 한다면, 결산은 당해 회계연도의 정부 세입과 세출 결과를 확정된 수치로 표현한 것이다. 즉, 결산은 결과적 의미가 강하며, 마감(closing)의 의미를 지니고 있다.

예산 과정은 행정부의 예산안 편성 및 국회 제출, 국회의 예산안 심의·확정, 각 부처의 예산 집행을 거쳐 감사원의 회계검사, 국회의 결산 승인으로 종료되며, 이러한 일련의 연속적인 순환 과정은 매 회계연도마다 반복적으로 이뤄진다. 따라서 특정 연도를 기준으로 보면 당해 연도의 예산 집행과 함께 다음 연도의 예산 편성, 전년도의 결산이 동시에 이뤄지게 된다.

결산의 주체는 감사원과 국회로 구분된다. 결산안 작성 및 심사는 감사원에서, 결산안 최종 승인은 국회에서 담당한다. 중앙관서의 장은 예산 집행 결과를 기획재정부 장관에게 제출하며, 기획재정부 장관은 중앙관서의 예산 집행 결과를 바탕으로 국가결산보고서를 작성해 감사원에 제출한다. 감사원은 제출된 국가결산보고서를 바탕으로 결산심사를 실시하고, 이를 다시 기획재정부 장관에 송부하면, 정부는 국가결산보고서를 국회에 제출하고 국회에서 최종 승인 과정을 거치게 된다.

결산은 사후적 의미에서 예산 집행의 결과가 확정된 수치로 표현되는데, 결산 주체에게는 사법적 권한이 없기 때문에 법적 책임보다는 정치적 책임이 강조된다. 그러나 결산 과정에서 감사원과 국회의 시정 요구 사항 등은 행정부의 예산 편성 및 집행을 견제하는 데 중요한 역할을 하게 된다. 즉, 국회법 및 감사원법에 따르면, 시정 및 개선 요구 등을 요구받은 정부 또는 해당 기관은 시정 요구를 받은 사항을 지체없이 처리해 그 결과를 국회에 보고하도록 규정하고 있다.

결산은 사후적 의미가 강하지만, 결산 결과를 바탕으로 다음 연도 예산 편성 및 심의를 위한 기초자료로 활용되며, 정부 정책의 성패 여부를 판단하는 최종적 근거자료가 된다.

2) 결산의 특징

(1) 정보 제공과 재정민주주의의 구현

국가재정법에서는 결산의 기본 원칙으로 "정부는 결산이 국가회계법에 따라 재정에 관한 유용하고 적정한 정보를 제공할 수 있도록 객관적인 자료와 증거에 따라 공정하게 이루어지게 하여야 한다"고 규정하고 있다(국가재정법 제56조). 따라서 결산의 목적은 재정에 관한 유용하고 적정한 정보를 제공하는 것인데, 누구에게 재정정보를 제공하느냐 하는 문제가 중요하다.

제도적인 관점에서 예산 집행이 종료되면 감사원의 회계검사를 받고, 국회의 최종 결산 승인을 받게 된다. 따라서 제도적인 관점에서는 국회에 제출하고 승인을 받게 되지만, 국회에 최종 승인권을 부여한 것은 국민의 대표기관으로 하여금 행정부의 예산 집행을 감시하도록 하는 기능을 부여한 것이라 할 수 있다.

재정민주주의 관점에서 볼 때 결산은 단순히 당해 연도 세입 및 세출의 결과를 확정된 계수로 표시하는 행위 이외에 국민들에게 나라의 살림살이에 대한 정확한 정보를 제공함으로써, 국민의 입장에서 정치적 승인을 도모하는 재정행위라 할 수 있다. 따라서 결산은 재정정보의 공개와 국민의 알 권리 신장을 위한 노력의 일환이며, 국민의 세금 가치를 실현하기 위한 중요한 제도적 장치라 할 수 있다.

(2) 견제와 균형

예산안의 편성권이 행정부에 있고 예산안의 심의·확정권은 국회에 있는 것과 같이 결산안의 작성 및 심사는 감사원에서 이뤄지고, 최종적인 승인은 국회에서 확정된다. 예산 및 결산의 권한을 분립하는 이유는 권한의 집중으로 인한 오·남용을 막고, 상호 견제와 균형의 원리를 구현하기 위함이다.

그러나 결산안의 작성 및 심사 권한을 가진 감사원이 헌법에 따라 대통령 직속기구로 편제되어 있어 감사원의 독립성에 대한 문제가 제기되고 있다. 미국, 캐나다, 영국, 호주 등의 국가는 감사원의 조직적 위치가 의회 소속으로 편제되어, 행정부의 예산 집행 감시 기능을 전적으로 의회에 부여하고 있다.

(3) 과정, 결과, 환류

결산은 과정적 의미를 지닌다. 결산은 예산 편성, 심의·확정, 집행 다음 단계에 이뤄지는 제도적 과정으로, 국회의 최종 승인을 통해 예산 과정이 마무리된다. 따라서 결산은 투입된 재원을 효율적으로 활용해 최종적 결과를 도출하는 과정이다.

결산은 과정적 결과로서 정부의 모든 수입과 지출에 대한 최종적 보고서를 작성하게 된다. 즉, 재정보고서 및 결산보고서라는 결과물을 통해 국민과 소통하게 되며, 정부의 모든 수입과 지출을 확정하게 된다. 과정적 결과로서 산출된 재정보고서 및 결산보고서는 국회에 제출되어 정기회 개회(9월 1일) 전에 최종 승인을 얻게 되는데, 이는 결산 결과를 바탕으로 차기 연도 예산 편성 및 심의 과정에 반영하기 위한 절차적 과정이라 할 수 있다.

(4) 정치적 책임

결산 결과는 감사원의 검사를 통해 집행의 적법성, 성과 등을 검증받으며, 결산은 예산에 의한 정부의 수입 및 지출행위를 사후 심의하는 것이므로, 결산은 지출행위에 대한 법적 제한이라기보다는 정치적 책임을 묻는 것으로 이해된다.

감사원의 회계검사와 국회의 최종 승인 과정에서 위법한 사실 등이 발생할 경우, 직접 사법 처리할 수 있는 권한이 없고 시정 등을 요구할 수 있을 뿐이므로, 결산은 수입 및 지출에 대한 정부 책임을 정치적으로 해제시키는 의미를 갖게 된다.

(5) 예산과 결산의 불일치

예산은 정부의 세입과 세출의 예정된 수치이고, 결산은 세입과 세출의 확정적 수치이므로 예산과 결산은 일치하지 않는다. 물론 이상적으로 예산과 결산이 일치하는 것이 바람직하지만, 이는 사실상 불가능하다. 미래의 상황을 완전히 정확하게 예측하기란 불가능하다. 예를 들어, 체납, 과오납, 증세 및 감세 등으로 인해 예상보다 세입이 덜 징수되거나 더 징수될 수 있으며, 세출예산 중에서 뜻밖의 상황으로 인해 예산을 집행하지 못하거나 이월해 사용하는 경우가 발생할 수 있다.

2 결산의 절차

결산은 행정부의 결산안 작성 및 심사, 입법부의 결산안 최종 승인 등의 절차를 거치게 되는데, 국회는 결산에 대한 심의·의결을 정기회 개회 전까지 완료하여야 한다. 또한 국회는 최종 결산 후 행정부에 시정 요구를 하게 되며, 행정부는 국회의 시정 요구에 처리 결과를 보고해야 한다(국회법 제128조의2).

〈표 3-22〉 결산의 절차

시기	절차	주체 및 대상	근거
2월 10일	출납 기한	세입세출의 출납사무 완결	국고법 제4조의2
2월 말	중앙관서결산보고서 제출	중앙관서의 장 → 기획재정부 장관	법 제58조
4월 10일	국가결산보고서 제출	기획재정부 장관 → 감사원	법 제59조
5월 20일	결산검사 및 송부	감사원 결산검사 → 기획재정부 송부	법 제60조
5월 말	국가결산보고서 제출	정부 → 국회	법 제61조
정기회 전까지 (8월 말)	예비심사	17개 소관 상임위원회 예비심사	국회법 제128조의2
	전문심사	예산결산특별위원회 전문심사	
	본회의 의결	본회의에서 최종 결산 승인	
	시정 요구	최종 결산 후 시정 요구	

* 법은 국가재정법을 의미하며, 국고법은 국고금관리법을 의미함.

1) 행정부의 결산검사

(1) 출납기한

결산은 세입세출의 출납에 관한 사무가 완결됨으로써 진행된다. 한 회계연도에 속하는 세입세출의 출납에 관한 사무는 다음 연도 2월 10일까지 완결하여야 한다. 따라서 회계연도와 출납 기한이 상이한데, 세입과 세출의 회계연도 소속 구분은 대통령령으로 정하도록 규정하고 있다(국고금관리법 제4조의2).

〈표 3-23〉 세입과 세출의 회계연도 소속 구분

구분	내용
세입	1. 납기가 정해져 있는 수입은 그 납기 마지막 날이 속하는 연도. 다만, 그 납기 마지막 날이 속하는 회계연도 내에 납입고지서를 발행하지 아니한 때에는 그 납입고지서를 발행한 날이 속하는 연도의 세입 2. 수시의 수입으로서 납입고지서를 발행하는 것은 그 납입고지서를 발행한 날이 속하는 연도 3. 수시의 수입으로서 납입고지서를 발행하지 아니하는 것은 납입받은 날이 속하는 연도
세출	1. 국채 및 차입금의 원리금, 연금 등은 그 지급 기일이 속하는 연도 2. 각종 반환금 · 결손보전금 · 상환금 등은 그 지급 결정을 한 날이 속하는 연도 3. 급여 · 여비 · 수수료 등은 그 지급을 하여야 할 사실이 생긴 날이 속하는 연도 4. 사용료 · 보관료 · 전기료 등은 그 지급의 원인이 되는 사실이 있는 기간이 속하는 연도 5. 공사비 · 제조비 · 물건 매입대가 · 운임 등과 보조금 등으로서 상대방의 행위가 완료한 후에 지급하는 것은 그 지급이 확정된 날이 속하는 연도 6. 그 밖의 경비는 국고금입금요구서 또는 국고금대체입금요구서를 발행한 날이 속하는 연도

(2) 중앙관서 결산보고서의 작성 및 제출

각 중앙관서의 장은 국가회계법에서 정하는 바에 따라 회계연도마다 작성한 결산보고서(중앙관서결산보고서)를 다음 연도 2월 말일까지 기획재정부 장관에게 제출하여야 한다(국가재정법 제58조 제1항).[27)]

(3) 국가결산보고서의 작성 및 제출

기획재정부 장관은 국가회계법에서 정하는 바에 따라 회계연도마다 작성하여, 대통령의 승인을 받은 국가결산보고서를 다음 연도 4월 10일까지 감사원에 제출하여야 한다(국가재정법 제59조).

27) 국회의 사무총장, 법원행정처장, 헌법재판소의 사무처장 및 중앙선거관리위원회의 사무총장은 회계연도마다 예비금사용명세서를 작성하여 다음 연도 2월 말까지 기획재정부 장관에게 제출하여야 한다(국가재정법 제58조 제2항).

(4) 결산검사

감사원은 기획재정부 장관이 제출한 국가결산보고서를 검사하고, 그 보고서를 다음 연도 5월 20일까지 기획재정부 장관에게 송부하여야 한다(국가재정법 제60조). 따라서 감사원은 40일(4월 10일~5월 20일) 이내에 검사를 완료하여야 한다.

(5) 국회 제출

정부는 감사원의 검사를 거친 국가결산보고서를 다음 연도 5월 31일까지 국회에 제출하여야 한다(국가재정법 제61조).

2) 의회의 결산 승인

(1) 상임위원회의 예비심사

정부가 제출한 결산안은 소관 상임위원회에 회부하고, 소관 상임위원회는 예비심사를 하여 그 결과를 의장에게 보고한다.[28] 국회 상임위원회는 중앙관서별로 구성되어 있는데, 기획재정부 및 한국은행 소관에 속하는 사항은 기획재정위원회에서 담당한다.

(2) 예산결산특별위원회의 전문심사

국회의장은 결산에 대한 상임위원회의 결산보고서를 첨부하여 예산결산특별위원회에 회부하고, 심사가 끝난 후 본회의에 부의한다(국회법 제84조 제2항).

예산결산특별위원회의 결산 심사는 제안 설명, 전문위원의 검토 보고, 종합 정책 질의, 부별심사 또는 분과위원회 심사, 찬반 토론, 표결의 순으로 진행되며, 결산에 대한 공청회를 개최해야 하지만, 생략할 수 있다(국회법 제84조).

(3) 본회의의 최종 승인

국가결산보고서에 대한 상임위원회 및 예산결산특별위원회의 심의 후 최종적인 승인은 본회의에서 이뤄지는데, 국회는 결산에 대한 심의·의결을 정기회 개회 전까지 완료해야 한다. 국회법 제4조에서는 정기회를 매년 9월 1일에 집회토록 규정하고

---

28) 국회 정보위원회는 상임위원회와 예산결산특별위원회로 구분하고 않고, 국가정보원 소관 결산, 국가정보원법에 규정된 정보 및 보안 업무의 기획·조정 대상 부처 소관의 결산에 대한 심사를 하여, 그 결과를 해당 부처별 총액으로 하여 의장에게 보고하고, 의장은 정보위원회에서 심사한 결산에 대하여 총액으로 예산결산특별위원회에 통보한다. 이 경우 정보위원회의 심사는 예산결산특별위원회의 심사로 본다(국회법 제84조 제4항).

있으므로, 국회의 결산 승인은 8월 말까지 완료해야 한다.

연도별 국회 결산 의결 현황을 살펴보면 제출일자는 준수하였으나, 정기회 전까지 결산이 의결된 사례는 전무하다(〈표 3-24〉 참조).

〈표 3-24〉 연도별 국회의 결산 의결 현황

회계연도	2016년	2017년	2018년	2019년	2020년	2021년	2022년
결산 제출일자	2017.5.31	2018.5.31	2019.5.31	2020.6.1	2021.5.31	2022.5.31	2023.5.31
결산 의결일자	2017.12.6	2018.12.8	2019.10.31	2020.11.19	2021.12.2	2022.11.10	2023.12.20

자료: 국회예산정책처(2022). 『대한민국재정』에서 재인용.

3 세계잉여금의 처리

1) 세계잉여금의 개념

세입 결산과 세출 결산 간에는 불일치 현상이 나타나게 되며, 세입과 세출 결산의 차이로 예산이 남거나 부족한 경우가 발생한다. 세계잉여금(歲計剩餘金)은 초과 징수된 세입예산액과 쓰지 않아 남은 세출예산액[29](이월액은 공제)을 합한 개념인데, 결산상 잉여금에서 이월액을 차감한 금액이다, 다만, 세계잉여금에는 국채발행을 통해 조

[그림 3-6] 세계잉여금의 개념(기획재정부 자료)

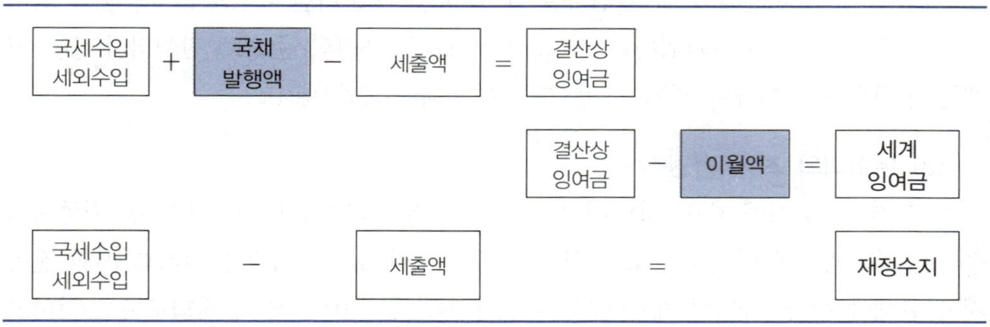

29) 불용(不用)액으로 통칭되는데, 2022년에는 12.9조 원에 이르고 있다(기획재정부 내부자료).

구분	2017	2018	2019	2020	2021	2022
총계 기준 불용액(조 원)	7.1	8.6	7.9	6.6	8.3	12.9
불용률(%)	2.0	2.3	1.9	1.4	1.6	2.2

달된 재원이 포함된 개념인 데 비해, 재정수지는 국채발행액이 제외된 개념이다. 세계잉여금은 다음과 같은 특징을 지니고 있다.

첫째, 국채발행액이 커지거나 이월액이 작아지면 세계잉여금이 커지는 구조를 지니고 있다. 〈표 3-25〉의 사례를 살펴보면 세계잉여금은 t+1년이 t+4년보다 크지만, 적자 국채 발행 규모가 작은 t+4년(통합재정수지 흑자)이 t+1년(통합재정수지 적자)보다 재정이 건전했다고 평가할 수 있다. 따라서 세계잉여금은 과다, 과소한 것보다 0으로 수렴하는 것이 바람직하다고 할 수 있다.

둘째, 세계잉여금은 일반회계와 특별회계만이 포함되고 기금은 제외되지만, 재정수지는 일반회계, 특별회계, 기금(금융성 기금 제외)을 모두 포함한다. 따라서 세계잉여금은 국가의 전체 재정 상태 및 재정건전성을 설명하는 지표로는 한계가 있다.

셋째, 세계잉여금은 발생주의 회계 방식에 의한 재정운영표상의 재정 운영 결과와는 상이한 의미를 지니고 있다. 즉, 재정 운영 결과는 발생주의 회계에서 손실인지 이익인지를 표시해 주는 수치인 반면, 세계잉여금은 현금주의 회계에서 현금이 남았는지 부족한지를 표시해 주는 수치다. 예를 들어, 세계잉여금이 30조 원 발생했다고 하면 현금 수입액이 현금 지출액보다 30조 원 많았다는 의미다. 그러나 현금이 남은 원인이 국채 발행, 금융기관으로부터 차입으로 현금이 증가할 수도 있다. 따라서 세계잉여금은 현금이 남았다는 의미이지 이익이 발생했다는 의미는 아니다(국가회계기준센터, 2011: 54). 특히 세계잉여금은 미래에 상환 의무가 있는 국채발행액을 세입으로 파악하고 있기 때문에, 국가의 재정건전성을 파악하는 데는 효과적이지 못하다.

〈표 3-25〉 세계잉여금과 통합재정수지의 차이 사례

(단위: 조 원)

	t	t+1	t+2	t+3	t+4
• 세계잉여금	6.5	6.5	7.8	6.5	△0.1
– 일반회계	4.6	3.6	6.0	5.1	0.9
– 특별회계	1.9	2.9	1.8	1.4	△1.0
• 통합재정수지	15.8	△17.6	16.7	18.6	18.5
• 적자 국채 발행 규모	7.4	35.0	23.3	16.5	13.8

2) 세계잉여금의 처리

결산상 잉여금 및 세계잉여금은 다음과 같은 순서에 따라 처리된다.

우선, 결산상 잉여금이 초과 조세수입을 통해 발생한 경우 국채 상환에 우선적으로 사용된다. 즉, 일반회계 예산의 세입 부족을 보전(補塡)하기 위한 목적으로 해당 연도에 이미 발행한 국채의 금액 범위에서는 해당 연도에 예상되는 초과 조세수입을 이용하여 국채를 우선 상환할 수 있으며, 이 경우 세입·세출 외로 처리할 수 있다(국가재정법 제90조 제1항). 즉, 초과 조세수입의 활용 용도의 우선순위를 국채 상환에 두고 있는데, 이는 재정건전성을 강조하기 위한 조치라고 할 수 있다.

다음으로, 초과 조세수입의 국채 우선 상환 규정 이외에 결산상 잉여금 중 이월액을 공제한 세계잉여금의 사용 순서를 국가재정법에 명시하고 있는데, 지방교부세 및 지방교육재정교부금의 정산, 공적자금상환기금 출연, 채무상환, 추가경정예산안의 편성, 다음 연도 세입 이입 등의 순서대로 처리된다(국가재정법 제90조).

〈표 3-26〉 세계잉여금의 처리 규정

국가재정법	내용
제90조 제1항	초과 조세수입의 국채 우선 상환(세입·세출 외로 처리)
제90조 제2항	지방교부세 및 지방교육재정교부금의 정산
제90조 제3항	지방교부세 및 지방교육재정교부금 정산 사용 금액을 제외한 세계잉여금의 100분의 30 이상을 공적자금상환기금에 우선 출연
제90조 제4항	교부세 정산 및 공적자금 상환에 출연한 금액을 제외한 100분의 30 이상을 다음의 채무 상환에 사용 ① 국채 또는 차입금의 원리금 ② 국가배상법에 따라 확정된 국가배상금 ③ 공공자금관리기금법에 따른 공공자금관리기금의 융자 계정의 차입금(예수금 포함)의 원리금. 다만, 2006년 12월 말 이전의 차입금(예수금 포함)에 한정 ④ 그 밖에 다른 법률에 따라 정부가 부담하는 채무
제90조 제5항	교부세 정산, 공적자금상환기금 출연, 채무상환 금액을 제외한 세계잉여금은 추가경정예산안의 편성에 사용 가능
제90조 제8항	제2항부터 제5항까지 사용한 금액을 공제한 잔액은 다음 연도의 세입에 이입

국가재정법 제90조에 따라 일반회계 세계잉여금 처리 현황을 연도별 살펴보면 〈표 3-27〉과 같다.

〈표 3-27〉 국가재정법 제90조에 따른 일반회계 세계잉여금의 처리 현황

(단위: 억 원)

구분 연도	일반회계 세입 (A)	일반회계 세출 (B)	결산상 잉여금(C = A – B)						
				이월액 (D)	세계잉여금(C – D)				
						사용			
						지방교부세 및 교부금 정산	채무 상환[1]	추경 재원	다음 연도 세입 이입
2001	1,020,084	986,685	33,399	9,325	24,074	–	–	5,381	18,693
2002	1,133,800	1,089,183	44,617	11,756	32,861	–	–	14,168	18,693
2003	1,196,755	1,172,229	24,526	13,264	11,262	–	–	11,262	–
2004	1,196,460	1,182,362	14,098	12,372	1,726	–	–	1,726	–
2005	1,364,592	1,342,077	22,515	10,148	12,367	–	3,818	8,549	–
2006	1,478,667	1,448,360	30,307	16,577	13,730	13,728	–	–	–
2007	1,711,722	1,543,309	168,413	14,985	153,428	54,133	50,640	45,685	2,970
2008	1,815,858	1,754,695	61,163	15,400	45,763	2,947	21,836	20,979	–
2009	2,049,475	1,998,760	50,715	14,628	36,087	7,864	14,394	–	13,829
2010	2,052,235	1,971,371	80,864	21,350	59,514	15,817	22,285	–	21,412
2011	2,148,604	2,074,469	74,134	22,849	51,285	19,586	16,167	–	15,532
2012	2,237,034	2,206,878	30,156	21,623	8,533	1,886	3,390	3,257	–
2013	2,323,929	2,295,443	28,485	27,673	812	–	414	–	398
2014	2,392,256	2,363,607	28,649	27,685	964	–	491	472	–
2015	2,619,383	2,578,816	40,567	15,290	25,277	–	12,891	12,386	–
2016	2,816,746	2,739,981	76,765	15,845	60,920	38,091	11,644	11,186	–
2017	2,929,006	2,804,840	119,166	18,745	100,422	59,762	20,736	19,923	–
2018	3,162,185	2,999,460	122,725	16,150	106,575	105,292	654	629	–
2019	3,322,397	3,308,841	13,555	12,936	619	619	–	–	–
2020	3,923,670	3,852,230	71,441	14,248	57,193	22,653	17,615	16,924	–
2021	4,384,000	4,177,000	206,000	26,000	179,949	113,382	33,949	32,618	–
2022	4,938,672	4,850,492	88,181	27,933	60,248	4,103	28,634	27,511	

1) 공적자금상환기금 출연 및 국가채무 상환을 포함.

자료: 기획재정부 월간 재정동향 및 국가결산보고서에서 재구성.

정부 예산의 이론

제 1 절 | 정부 예산이론의 변천

1 정부 예산팽창이론

정부 예산이론과 관련된 논의는 크게 예산 규모와 관련된 이론과 예산 결정과 관련된 이론으로 대별해 볼 수 있다. 예산 규모와 관련된 이론은 정부 예산이 왜 매년 증가하는가에 초점을 맞추고 있는 데 비해, 예산 결정과 관련된 이론은 정부 예산이 어떻게 결정되는가에 초점을 맞추고 있다. 따라서 예산 규모 및 예산 결정과 관련된 이론은 모두 세입예산보다는 세출예산에 초점을 맞춘 이론이라 할 수 있다. 우선, 정부 예산 팽창과 관련된 이론을 정리하면 다음과 같다.

첫째, 예산 팽창의 원인을 경제 발전에 따른 행정 수요의 증가에서 찾는 경우다. 대표적인 학설은 와그너(Richard E. Wagner)의 국가활동 증대 법칙(Wagner's law of expanding state activity)이다. 와그너 법칙은 재정지출 증대 현상을 설명하는 이론으로 예산 팽창의 원인을 경제 발전에 따른 국민의 다양한 욕구(수요)에서 찾고 있다. 즉, 경제 발전으로 국민의 욕구가 증대하면 이에 부응해 정부는 공공재 공급을 증대시키게 되는데, 국민의 욕구에 부응한 공공재 공급의 증가는 곧 예산 증가로 이어진다는 것이다. 특히 와그너는 GDP 대비 예산 비율을 사용해 예산이 팽창한다고 주장했으며, 경제 발전에 따라 국민소득 가운데 공공 지출이 차지하는 비율이 증대하고, 이는 경제성장률보다 높다고 주장한다(Bird, 1971: 1-26; Premchand, 1983: 53-54).[1)] 와그너 법칙은 "국민소득이 증가할 때 1인당 정부 지출의 크기는 증가한다"라고 설정할 수 있으며, Y(1인당 예산) $= \alpha + \beta_1 X_1$(1인당 실질 GDP) $+ \epsilon$로 검증할 수 있다. 현행 대부분의 국가에서 정부가 예산을 편성할 때 경제성장률을 고려하는 것은 경제성장률보다 높은 예산 편성은 국민의 재정 부담을 가중시킬 수 있기 때문이다.

둘째, 예산 팽창의 원인을 공공 부문의 인력 증가에서 찾는 경우다. 파킨슨 법칙(Parkinson's Law)과 보몰 법칙(Baumol's Law)이 대표적이다. 파킨슨 법칙은 공무원 인력의 증가를 부하 배증의 원칙과 업무 배증의 원칙에 의거해, 공무원 수는 업무량에 관계없이 증가한다는 것이다(Parkinson, 1957). 또한 보몰(W. Baumol)은 생산성 성장 부문과 비성장 부문 간의 생산성 격차를 통해 팽창 원인을 분석하고 있다. 즉, 양 부문에서 임금이 동일하게 높아질 경우 성장 부문에서는 생산성 증가가 임금 인상을 억제하는 반면, 비성장 부문에서는 이와 같은 상쇄 효과가 작고 임금 인상 모두가 비용의 추가적 상승을 초래한다는 것이다. 따라서 정부에서 제공하는 서비스의 상당 부문이 비성장 부문에 속하기 때문에, 정부의 인력 규모 증가는 예산 팽창으로 이어진다는 것이다(Baumol, 1967: 420). 또한 정부 인력 규모의 변화 요인에 대한 기존 연구들은 주로 인구 규모의 증대가 정부 인력 규모 및 공공지출 규모 증대에 중요한 영향을 미친다는 것이며(Bahl, Kim, & Park, 1986),[2] OECD 국가들의 재정 규모와 공무원 수를 함께 비교하면 대체로 GDP 대비 정부 재정 규모가 큰 국가는 인구 대비 공무원 수도 많다는 것이다(김태일, 2000: 123-132).

셋째, 예산 팽창의 원인을 대규모의 사회적 변동(전쟁, 자연재해 등)에서 찾는 경우다. 피코크(A. T. Peacock)와 와이즈맨(J. Wiseman)의 전위효과론(displacement effect)이 대표적이다. 즉, 안정적 사회에서는 예산과 GDP의 증가가 유사하지만, 전쟁이나 경제적 공황과 같은 대규모의 사회적 변동이 발생되면 공공지출의 급격한 증가가 불가피하게 되고, 이와 함께 국민도 종전에는 허용할 수 없다고 생각되었던 재원 조달 방식을 용인하게 되며, 사회적 변동이 종식된 후에도 인상된 과세 수준을 그대로 받아들이게 된다. 이에 따라 공공지출은 위로 전위하게 되고 변동기에는 민간지출이 공공지출로 바뀌어 공공지출의 추세선은 위로 이동하게 되지만, 사회적 변동이 끝난 후에

1) 1970~2005년 동안 재정지출과 국민소득에 대한 시계열 자료를 이용하여 와그너 법칙의 타당성을 검정해 본 결과 국내총생산의 증가가 재정지출의 증가를 초래한 인과 관계가 성립했다(김의섭, 2009).

2) 1%의 인구 증가는 약 2%의 1인당 지출의 증가를 가져온다고 한다(Bahl, Kim, & Park, 1986).

도 공공지출은 그 이전의 수준으로 되돌아가지 않는다. 이를 전위 효과라 한다(Peacock & Wiseman, 1961; 김의섭, 1996; 신무섭, 2007: 233).

넷째, 브레난(H. G. Brennan)과 뷰캐넌(J. M. Buchanan)에 의해 제시된 리바이어던 가설(Leviathan hypothesis)은 정부를 세금을 많이 거둬들이거나 지출을 극대화하려는 괴물(시민을 착취하는 독점적 존재)[3]로 인식하는 데서 출발한다. 정부 예산과 관련된 권한이 집중된 상황에서 특수 이익집단의 압력이 예산 배분정책에 반영되면 정부 예산 규모는 과대하게 팽창되고 지출 규모도 증가한다는 것이다. 즉, 정부 예산 규모는 중앙정부의 조세 및 지출 권한의 분권화와 반비례적으로 변화한다는 것이다. 따라서 조세 및 지출 규모의 팽창을 억제하기 위해서는 조세 및 지출 권한을 분권화해야 한다고 주장한다(Brennan & Buchanan, 1977, 1980).

다섯째, 예산 팽창의 원인을 행정관료나 정치가들의 효용극대화에서 찾는 경우다. 행정관료는 사기업 부문과 달리 이윤을 추구하는 존재가 아니지만, 다른 효용(신분상 지위의 영속화, 승진, 권력 등)의 확대를 추구한다는 것이다. 이러한 효용의 확대는 자신이 속해 있는 조직에 할당되는 예산 규모에 따라 달라지기 때문에, 행정 관료들은 다른 부처와의 경쟁을 통해 자신의 예산을 더 많이 확보하려고 한다. 즉, 관료들은 자기 부서의 예산극대화(budget maximization)를 추구하는데, 이 과정에서 관료들의 직접적인 고객은 시민이 아니라 예산결정자다(Stiglitz, 1988: 205-206). 따라서 행정관료들의 효용극대화에 따라 정부 재정은 팽창된다는 것이다(Niskanen, 1971). 또한 정치가들은 선거에서의 승리를 통한 지위 영속화를 위해 노력하는 존재, 즉 득표 극대화를 추구한다. 특히 정치가들은 유권자들로부터 세금 부담이 없는 공공 서비스를 요구받게 되는데, 이에 정치가들은 정치적 이득을 획득할 수 있다면 재정적자를 통해 조세 부담이 없는 재정지출을 증대하게 된다.

관료의 예산극대화 모형을 간단히 설명하면 [그림 4-1]과 같다(Niskanen, 1971). 일반적으로 최적의 서비스 공급 수준은 한계편익(MB)과 한계비용(MC)이 일치하는 수준에서 결정될 때 가장 효율적이라 할 수 있다. 그러나 관료들은 총편익(TB)이 총비용(TC)보다 큰 범위까지 지속적으로 예산을 증가시키고자 한다는 것이다. 즉, 관료는 MB=MC인 Q^*에서 서비스를 공급하기보다 TB=TC되는 지점까지 서비스 공급을 증가시키기 때문에, 사회 전체적으로 ABC만큼 사회적 후생이 감소한다는 것이다.

---

3) 리바이어던은 구약성경 욥기 41장에서 비롯된 개념이다.

[그림 4-1] 관료의 예산극대화 모형

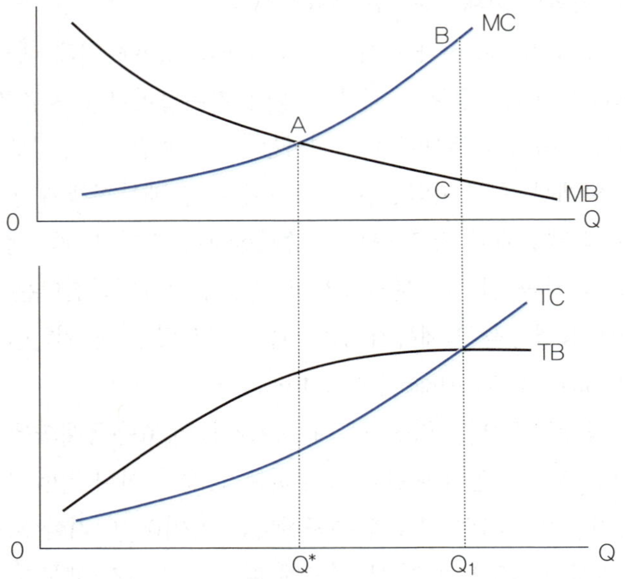

2 예산결정이론으로서 점증주의와 총체주의

기존의 예산팽창이론은 정부 예산의 증가 원인에 초점을 맞춘 이론인 데 비해, 새로운 관점에서 제시된 이론은 예산 규모의 결정과 관련된 이론이다. 이러한 예산이론에 대한 논의는 「예산이론의 빈곤」(Key, Jr., 1940: 1137-1144)이라는 논문이 발표되면서 촉발되었다. 그는 예산 편성 및 심의 과정 등이 과학적 · 경제적 분석 없이 정치적으로 행해지는 관행을 비판했다. 즉, 예산은 경제적 이론의 관점에서 예측되는 효과 분석에 의거해 결정되어야 한다는 논리를 주장했으며, 경제적 관점에서 한정된 자원으로 최대 성과를 창출할 수 있는 예산 편성 및 심의에 관한 규범적 이론의 중요성을 제기하면서 예산이론의 선구자가 되었다.

초기의 예산 편성 및 심의에 관한 규범적 이론은 크게 점증주의와 총체주의로 구분되어 발전되어 왔는데, 대표적인 논쟁은 윌다브스키(Aaron Wildavsky)와 쉬크(Allen Schick)의 이론으로 집약된다. 윌다브스키는 예산의 정치적 과정을 중시하면서 점증주의를 규범이론으로까지 승화시키고 있는 데 비해, 쉬크는 예산의 경제적 과정을 중시하면서 합리적 예산 개혁을 강조한다.

예산 결정은 정치적 합리성[4]과 경제적 합리성을 잇는 선상에서 결정되는데, 정치적 합리성은 예산의 부분적 점증 분석을 강조하는 데 비해, 경제적 합리성은 예산의 총체적 분석을 강조한다(Kramer, 1979: 2). 예산 결정의 전제 조건으로서 정보 및 능력 부족에 따라 제한적 분석을 시도하고 소폭적인 변화를 추구하는 점증주의와, 총체적 시각에서 합리적 분석을 도모하고 대폭적인 변화를 도모하는 총체주의가 그것이다(이명헌, 2000: 6-7; Skok, 1980: 447). 점증주의는 인간의 제한된 합리성을 바탕으로 예산 결정을 정치적 과정으로 설명하는 데 비해, 총체주의는 인간의 완전 합리성을 전제로 예산결정을 경제적 과정으로 설명하고 있다.

제 2 절 | 점증주의 예산이론

1 점증주의 예산이론의 본질

1) 점증주의 예산이론의 기본 가정[5]

예산결정이론에서 점증주의는 합리적 선택모형에 입각한 총체주의 입장과는 달리 인간의 능력 부족과 환경의 불확실성에 기초한 제한된 합리성을 전제한다. 즉, 점증주의자들은 인간의 인지적 능력 한계에 따라 예산을 결정할 때 모든 가능한 대안을 고려하지 못하며, 제한된 정보와 경험에 근거해 만족할 만한 수준에서 예산을 결정한다는 것이다. 따라서 예산 결정은 전년도 예산 규모에 근거해 소폭의 변화만이 이뤄질 뿐이라고 주장한다(Green & Thompson, 2001: 67; Lynch, 1995: 18-21; Tucker, 1982: 327-338; 윤영진, 2008: 294).

예산의 내용 자체가 복잡하고, 전체 예산을 면밀하게 검토하기에는 시간과 인간의 능력에 한계가 있으며, 정보도 제약되어 대안 비교의 기준으로 이용할 만한 기준이 불분명한 상황에서 예산 결정 기준을 간소화시키려는 방법이 점증주의다. 즉, 제한된 합리성 내에서 예산 결정 기준은 전년도 예산을 바탕으로 소폭의 변화만이 이뤄

4) 미국 주정부의 재분배정책을 결정하는 데 경제적 합리성보다는 정치적 합리성이 더 중요하다는 주장도 있다(Frey, 1978: 203-220).
5) 이하 점증주의와 관련된 내용은 원구환(2009b: 41-64)에서 발췌했다.

진다는 것이다. 따라서 각 기관의 예산 편성 작업은 모든 가능한 대안과 비교해서 현재의 모든 대안의 가치를 재평가하는 일은 없으며, 전면적인 재검토란 무의미함을 주장한다. 점증주의자들은 합리적이려고 노력해 혼란의 죄를 범하느니 차라리 생략의 죄를 범하기를 원한다는 것이다(Lindblom, 1958: 175).

또한 점증주의는 예산 결정을 경제적 과정으로 이해하기보다는 정치적 과정으로 이해한다. 예산을 결정하는 과정은 다양한 이해관계자들이 여러 단계를 거치기 때문에, 예산 결정에 참여하는 결정자들은 각자의 가치와 선호를 가지고 협상을 통해 예산 결정에 도달하게 된다. 예산 결정 과정에 참여하는 행정부와 의회, 각 중앙부처와 중앙예산기구, 중앙정부와 지방정부, 이해관계자들은 자신들의 이익을 극대화하기 위해 예산 확보를 위한 가치 배분 투쟁을 지속적으로 전개하게 되는데, 이 과정에서 권력에 의한 협상과 조정이 나타나게 된다. 따라서 예산은 각계각층의 요구가 다양한 형태로 분출되어 집약된 정치적 과정의 산물이다.

2) 점증주의 예산이론의 구성 요소

점증주의를 설명하는 요소로는 기반(base), 공정한 몫(fair share), 상호 조절, 소폭적 변화 등을 예시할 수 있다.

첫째, 기반이란 특정 연도의 예산 수준이 비교적 제약 없이 그 다음 연도에도 허용되리라는 기대를 의미한다. 따라서 특정 연도의 예산을 결정할 때에는 바로 이전 연도의 예산이 기준으로 사용된다는 것이다. 점증주의를 설명하는 데 가장 기초가 되는 개념은 기반의 개념이다(Wildavsky, 1984: 16-18).

둘째, 기반 이외에도 총 예산의 증가된 부분, 또는 감소된 부분의 일정 비율만큼은 각 부처나 사업별 예산에 배분되리라는 기대를 가지고 있는데, 이를 공정한 몫[6] 또는 공평한 배분이라고 한다(나중식, 1992: 593; 신무섭, 1985: 38).[7]

셋째, 예산은 여러 기관과 단계를 거쳐서 계속적·순차적으로 결정되는데, 이 과정에서 이해당사자들의 협상과 적응의 상호 조절 과정(partisan mutual adjustment)을 거친다는 것이다. 정치적으로 중요한 정책대안들은 보통 기존 정책과 크게 다르지 않

---

6) 지나치게 많은 예산을 요구하거나 지나치게 적은 예산을 요구하면 오히려 예산 확보에 어려움이 있기 때문에, 공정한 몫을 요구하는 것이 예산 확보에 유리하다는 것이다.

7) 예산의 한계 증가(marginal increments)는 세입이 다음 연도에 증가하지 않을 것이라는 예상과 각 정부기관은 이러한 기대를 토대로 일정한 예산 배정을 받을 것이라는 생각으로 제한될 것임을 주장한다(Wanat, 1974: 1227).

아 기존 정책과 차이가 있는 한정된 부분만을 고려 대상으로 설정하며, 관심이 있는 예산 가치는 많지만 그 중 가장 이익이 되는 몇 가지 가치만 고려한다는 것이 상호 조절 과정을 통한 점증주의의 특징이다(Lindblom, 1959).

넷째, 이해당사자들 간의 상호 조절 과정을 통해 예산은 전년도 예산을 기초로 하여 소폭적 증감의 상태로 결정된다는 것이다(나중식, 1992: 594-595).

윌다브스키(Aaron Wildavsky)는 예산 결정 과정 연구에서 다음과 같은 세 가지 명제를 가지고 있었다. 첫째, 예산 결정 과정은 어떤 절차에 따라서 이뤄지며, 행위자들의 영향력은 어떠한가? 둘째, 예산 결정 법칙은 왜 단순한가? 셋째, 예산은 왜 소폭적으로 증감하는가? 등이 그것이다. 이 명제들에 대한 해답으로 윌다브스키는 첫째, 역할론에 의존했고, 둘째, 기반과 공평한 배분이라는 개념을 제시했으며, 셋째, 기반이 존재하기 때문에 예산 결정은 단순화되고, 그 결정 법칙을 선형적이라고 보았으며, 넷째, 그 결과로 예산은 소폭적으로 증감한다고 주장했다(신무섭, 1986: 77 재인용). 따라서 점증주의적 예산결정은 과정적 점증성과 그에 따른 결과적 점증성을 특징으로 한다.

3) 점증주의 예산이론의 기본 구조

점증주의 모형은 사이먼(Herbert A. Simon)의 제한된 합리성의 개념을 전제로 린드블롬(Charles E. Lindblom)이 주창했는데, 의사 결정이 기존의 결정에서 크게 벗어나지 않는다는 것이다(Lindblom, 1959). 이러한 점증적 의사 결정이 예산 결정에 접목된 것은 윌다브스키에 의해 이뤄졌다. 즉, 그는 “당해 연도 예산 규모를 결정하는 가장 큰 요소는 전년도 예산이다”라는 가설을 주창했다(Wildavsky, 1975). 전년도 예산과 당해 연도 예산 간에는 반복적이고 순차적인 관련성이 있으며(Wildavsky, 1984: 60-62), 일련의 안정적인 선형 함수식으로 나타나기 때문에 예산 결정의 규칙성은 선형회귀 방정식을 사용해 측정할 수 있다고 보았다(Davis, Dempster, & Wildavsky, 1966: 537).

즉, 전년도 예산과 당해 연도 예산 간의 일정한 규칙성을 분석하기 위한 기본적인 함수식은 다음의 선형회귀 방정식과 같은데, 종속변수는 당해 연도의 예산이고 독립변수는 전년도 예산이다.

$$Y_t = \alpha + \beta_0 Y_{t-1} + \epsilon$$

Y_t : t연도의 예산, Y_{t-1} : $t-1$연도의 예산 α = 상수, β= 회귀계수, ϵ=오차항

2 점증주의 예산이론의 논쟁

1) 실증이론 대 규범이론

점증주의 예산이론을 실증적인 이론으로 보는 입장과 규범적 이론으로 보는 입장으로 대별해 볼 수 있는데, 그 차이점은 다음과 같다(유훈, 1982: 61).

첫째, 규범적 방법은 결정의 규범적 측면과 당위성을 강조하는 연구 방법인 데 비해, 실증적 방법은 결정이 실제로 어떻게 이뤄지느냐 하는 결정의 실태를 분석하고 연구하는 데 초점을 두고 있다.

둘째, 규범적 방법은 조직 자체가 결정자라고 보는 데 비해, 실증적 방법은 조직의 결정은 조직 속의 개인 또는 집단의 결정자에 의해 이뤄진다고 본다.

셋째, 규범적 방법은 결과지향적인 데 비해, 실증적 방법은 과정지향적이다. 규범적 방법은 대안의 결과에 대한 기대치를 반영·평가해 어떤 선택 원리에 의해 선택하지 않으면 안 되는가를 추구한다. 반면 실증적 방법은 조직 속의 인간이 어떻게 문제를 발견하고 대안을 도출했으며, 어떻게 평가하고 선택했는가 하는 결정의 과정을 분석한다. 즉, 규범적 방법은 대안의 결과에 대한 평가에 초점을 두고 있는 데 비해, 실증적 방법은 결정의 모든 과정에 대한 분석에 중점을 두고 있다.

점증주의는 다원적 사회의 의사 결정 행태를 서술하는 현실적·실증적 방법일 수도 있으나, 점증주의도 결과지향적이며 결정의 규범과 당위성을 고려한다는 측면에서 규범적 측면이 존재한다.

2) 과정이론 대 결과이론

예산 결정의 점증성을 분석할 때 중요한 것은 과정으로 볼 것인가, 아니면 산출로 볼 것인가의 문제다. 과정적 측면에서 점증주의는 예산 결정 과정에 참여하는 이해당사자들 간의 상호 조정 과정을 통해서 결정되는데(Lindblom, 1959: 79-88; Kettle, 1992: 70-73), 이러한 상호 조정의 결과물이 바로 예산의 소폭적 변화라 할 수 있으며, 산출로서 표현되는 것이다(Bailey & O'Connor, 1975).

초기 점증주의는 주로 의사 결정 과정으로서 논의되었으나(Lindblom, 1959), 1960년대 이후 점증주의는 결과적 측면을 중시하는 경향이 나타나고 있다. 베일리와 오코너(Bailey & O'Connor, 1975: 57-78)의 연구에서도 점증주의를 논할 때 과정과 결과를 구분해야 하며, 예산 결정의 점증주의는 어디까지나 결과를 가지고 논의해야지 점증주의를 과정으로만 이해할 경우 비점증적 예산이란 존재할 수 없다고 주장했다. 따라서 과정적 측면에서 점증적 예산 결정의 동태성을 분석하는 것 이외에,[8] 예산 과정에 참여하는 이해당사자들의 상호 조정의 결과로써 표출된 예산 규모가 전년도 예산과 일정한 규칙성을 갖고 있는가를 분석한다면 점증주의 이론의 실체를 결과적 관점에서도 규명할 수 있다.

3) 점증성의 판단 기준

점증의 기준을 어떻게 설정할 것인가의 문제다. 점증의 기준을 설정할 때 학자들마다 상이한 결과를 도출하고 있으며, 명확한 기준을 제시하고 있지 못하다. 그러나 점증의 기준에 대한 학자들의 결과는 상이하지만, 점증의 기준으로 전년 대비 증감률(%)을 분석 단위로 일치시키고 있다. 즉, 예산의 변화는 어느 한 연도에서 다른 연도 사이에 예산 수준이 어느 정도 변화했는가를 나타내는 것으로 대개 %로 표시되는데, 이러한 지표는 점증주의자들에 의해 공통적으로 선호되고 있다(Sharkansky, 1968: 613; Davis, Dempster, & Wildavsky, 1966: 530).

대부분의 학자가 점증의 기준으로 전년에 비해 당해 연도 예산이 어느 정도 증감되었는가를 중심으로 분석하고 있는데, 베일리와 오코너(Bailey & O'Connor, 1975: 62)는 10% 이내의 변화를 점증적이라고 보고 있으며, 11~30%는 중간 점증적, 31% 이상은 비점증적이라고 주장한다. 또한 윌다브스키(Wildavsky, 1984: 14)는 30% 미만, 페노(Fenno, 1966)는 25% 미만, 트루(True, 2000)는 20% 변화를 점증적이라고 보고 있다. 따라서 학자들마다 점증성을 판단하는 기준은 명확하지 않으며 뚜렷한 기준이 있는 것도 아니지만, 대체적인 기준이 10% 정도가 점증적, 30% 미만 정도가 상대적인 점증성을 갖고 있음을 주장한다(〈표 4-1〉 참조).

또한 대부분의 연구에서는 전년 대비 예산의 소폭적 증가만을 전제로 했으나, 일부 학자의 경우(Danziger, 1976; Jones, 1998; 남궁근, 1994a)에는 소폭적 감소도 점증주의의 개념에 포함시키고 있다. 따라서 점증주의 개념은 소폭적 변화를 전제로 한 개념으로 소폭적 증가와 감소를 모두 포함하는 점변주의로 이해할 수 있다.

---

8) 강춘성(2006), 김순은(1993), 김정욱(1993), 박광국 · 황종규의 연구(1994)에서도 예산 심의 과정이 점증주의에 의해 이뤄지고 있음을 도출했다.

〈표 4-1〉 점증성의 판단 기준

학자	점증성의 판단 기준	비고
Bailey & O'Connor(1975)	0~10%	11~30% 중간 점증적 31% 이상 비점증적
Danziger(1976)	-5~15%	-1~-4% 혹은 16~30% 상대적 점증 -11% 이하 혹은 31% 이상 비점증적
Wildavsky(1984)	30% 미만	
Jones(1998)	-15~20%	
Fenno(1966)	25% 미만	
True(2000)	20%	
남궁근(1994a)	1~15%	-10~0% 혹은 16~30% 상대적 -11% 이상 혹은 31% 이상 비점증적

3 점증주의 예산이론의 실제

점증주의 예산이론이 이론으로서의 설명력을 상실했다는 연구도 있지만(John & Margetts, 2003; 411-432; Kamlet & Mowery, 1987; 155-178; Gixt, 1982: 859-872; Natchez & Bupp, 1973: 951-963; 박종구, 1991: 25-45), 대부분의 연구에서는 점증주의적 요소가 예산 결정에 중요한 영향을 미치는 것으로 분석되었다.[9)]

점증모형에 대한 기존 연구를 살펴보면, 김재훈(1993: 138-139)의 연구에서는 전년도 예산이 당해 연도 예산의 90% 이상(일부 95%)을 설명하고 있다고 주장한다. 또한 오스트리아의 사례 연구(Neck & Schneider, 1988)와 영국의 사례 연구(Danziger, 1976)에서도 전년도의 예산 규모가 당해 연도의 예산지출 규모를 결정하는 주요 요인으로 도출되었다. 또한 박종구(1990)의 연구, 김의섭(2000), 조기선(2007)의 연구에서도 전년도 예산 규모가 재정 규모에 정(+)의 상관 관계를 갖는 것으로 도출되었다.

과정적 점증주의에 초점을 맞춰 예산 결정을 분석한 기존의 연구(김순은, 1993; 김정욱, 1993; 강춘성, 2006)에서도 예산 편성 과정과 심의 과정에서 전년도 예산액을 예산 사정과 심의의 중요한 기준으로 활용했다는 점과, 그로 인한 예산 결정이 점증적이었다는 것은 시사하는 바가 크다.

9) 지방자치 실시 전후로 점증적 요소가 예산 규모를 결정하는 데 가장 중요한 요인으로 분석되었다(김범식 · 손희준 · 송영필, 1997; 남궁근, 1994; 한원택 · 정헌영, 1994; 이승종 · 김홍식, 1992; 황윤원, 1987). 또한 정헌영의 연구(2004)에서는 전년도 교육문화 지출 규모가 당해 연도 교육문화 지출 규모의 약 75%를 차지한다고 분석하였다.

4 점증주의 예산이론의 공과

1) 점증주의 예산이론의 유용성

점증주의 예산결정이론의 유용성은 다음과 같이 정리할 수 있다.

첫째, 현실 적합성이 높은 이론이다. 현행 예산결정이론 및 분석 방법의 추세는 점증주의적 요소만을 변수로 설정하는 것이 아니라 다양한 요인을 추출해 결합하고 있다. 즉, 통합모형을 강조하는 경향이 증대되고 있지만, 대부분의 연구에서도 전년도의 예산 규모가 당해 연도의 예산 규모에 중요한 영향을 미치고 있음을 증명하고 있다. 따라서 점증주의는 구습적이고 과거지향적이므로 개혁의 대상이 된다는 비판은 여전하지만, 기술적인 측면에서 볼 때 점증주의만한 예산결정이론은 없다(Swain & Hartley, 2001)는 주장은 경험적으로 어느 정도 설득력이 있다.

둘째, 점증주의는 예산 결정에 참여하는 다양한 주체들 간의 상호 조절 과정을 통해 민주적 협상과 타협을 유도할 수 있다는 점이며, 예산 과정에 참여하는 다양한 주체들 간의 상호 조절과 조정에 의한 정치적 합리성을 추구할 수 있다는 점이다.

셋째, 제한된 합리성을 바탕으로 실현 가능한 대안만을 검토해 매년 반복되는 예산 과정을 좀 더 단순화시킬 수 있다는 점이다.

2) 점증주의 예산이론의 한계

점증주의 예산이론의 기본적 한계는 다음과 같이 정리할 수 있다.

첫째, 점증주의는 정치적 다원주의와 사회적 안정성을 전제로 한 예산이론이다. 따라서 정치 환경이 가변적이고 사회적 불안정이 지속될 경우 예산 결정을 파악하는 이론으로 적합하지 않을 수 있다.

둘째, 점증주의는 과거를 바탕으로 현재 상태를 옹호하는 보수주의적 성향을 지니고 있다. 따라서 미래 개혁적 관점이 부족한데, 과거와 현재의 상태가 바람직하지 않을 경우 바람직하지 못한 상태가 미래에도 지속화될 수 있는 문제점이 있다.

셋째, 점증주의는 예산 팽창을 초래한다. 만약 예산 총액이 삭감된다면 삭감되는 대상 집단은 불만을 가질 수밖에 없으며, 이는 정치적으로 매우 부담스러운 상황이 될 수 있다. 예산 규모가 증액되어야 불만 집단을 줄일 수 있기 때문에, 예산은 증가될 수밖에 없는 것이 일반적이다.

넷째, 점증성의 판단 기준 논쟁과 관련해 전년 대비 몇 % 증가해야 점증적인지의 여부를 판가름하기가 쉽지 않다. 또한 점증주의를 소폭적 감소의 개념도 포함하는 것으로 본다면, 점증주의라기보다는 점변주의로 이해할 필요가 있다.

다섯째, 예산제도와 관련해 점증주의 한계가 나타날 수 있다. 즉, 예산 편성 자체가 사업별 예산제도로 명확히 전환되지 못한 상태에서는 예산 결정은 점증적일 수밖에 없다(Dye, 1975: 217-219). 사업별 예산제도는 총체적 관점에서 예산을 효율적으로 배분하기 때문에 예산의 점증성이 배제될 수 있지만, 사업별 예산제도가 확립되지 못한 상태에서는 전년도 예산 기준을 중심으로 정치적 타협이 이뤄질 가능성이 높다.

여섯째, 점증주의는 정부의 공급 중심적 시각에서의 이론이라 할 수 있으며, 경제학에서 주장하는 수요자의 선호(preference)를 반영하기에는 한계가 있다. 한정된 재원을 배분하는 과정에서 수요자의 의사가 반영될 소지가 크지 않다. 일부의 경우, 참여예산제 등을 마련해 수요자의 의견을 수렴하는 경향이 있으나, 이는 예산 과정 전체에 크게 영향을 미치지 못하는 수준이다.

제 3 절 | 총체주의 예산이론

1 총체주의 예산이론의 본질

1) 총체주의 예산이론의 기본 가정

총체주의(synopticism)라는 용어는 점증주의와 대비시키기 위해 사용된 개념으로 합리모형, 분석모형 등을 전제로 한다(Braybrooke & Lindblom, 1974: 25). 즉, 예산결정이론에서 총체주의는 인간의 능력 부족과 환경의 불확실성에 기초한 제한된 합리성을 강조한 점증주의 입장과는 달리 합리적 선택모형을 강조한다. 즉, 합리성을 바탕으로 의사 결정의 목표와 가치를 명확하게 설정하고, 목표를 달성할 수 있는 가능한 한 모든 대안을 도출할 수 있으며, 완전한 지식과 정보를 바탕으로 각 대안에 대한 체계적 분석이 가능하다고 전제한다.

완전 합리성을 바탕으로 총체주의는 예산 결정을 정치적 과정으로 이해하기보다는 경제적 과정으로 이해하는데, 예산 결정을 한정된 자원을 효율적으로 배분하는 과정으로 이해한다. 예산 결정을 이해당사자들 간의 정치적 타협이나 흥정을 통해 도출된 소폭적 변화로 이해하는 것이 아니라, 과학적 분석을 통해 최적의 예산 배분을 도모하는 과정으로 이해한다.

예산 결정을 도모하는 분석 방식과 관련해 점증주의는 연속적이고 한정된 분석을 강조하고 있는 데 비해, 총체주의는 종합적이고 체계적인 분석을 강조하며, 점증주의는 정치적 협상이나 상호 조절의 불가피성을 전제로 하는 데 비해, 총체주의는 제도화된 사업별 예산제도를 강조한다. 그 결과 점증주의 입장에서는 예산의 소폭의 변화만이 초래되지만, 총체주의 입장에서는 예산의 대폭적 변화가 초래된다고 주장한다 (Skok, 1980: 445-447).

결국 총체주의는 과정적 측면에서 인간의 합리성을 바탕으로 종합적·체계적 분석과 계량적·과학적 분석을 추구하며, 결과적 측면에서는 목표와 수단의 체계적 연계와 최적(最適) 대안의 합리적 선정으로 예산 결정의 합리성을 도모한다.

2) 총체주의 예산이론의 구성 요소

총체주의란 예산 결정과 관련된 모든 요소를 종합적으로 고려해 한정된 예산을 최적으로 배분함으로써 목적 달성을 극대화하고자 한다. 즉, 총체주의는 의사 결정의 합리성과 최적의 자원 배분을 전제로 하고 있다. 총체주의에 입각한 예산 결정은 다음과 같은 단계적 사고를 규범처럼 당연시한다.

첫째, 목표의 명확성이다. 예산을 통해 추구하고자 하는 목표와 가치를 명확하게 설정하는 것이 무엇보다 중요하다. 예산결정자는 사회적으로 추구해야 할 목표와 가치에 대한 이해가 충분해야 하며, 추구하고자 하는 목표를 명확하게 정의하고, 다양한 목표 간의 우선순위도 명확하게 설정해야 한다.

둘째, 대안분석의 종합성이다. 목표를 달성할 수 있는 모든 대안을 도출할 때 부분적이고 점증적인 대안만을 고려하는 것이 아니라, 목표 달성과 관련된 가능한 모든 대안을 종합적으로 도출해야 한다.

셋째, 목표 수단 분석의 체계성이다. 예산결정자는 명확한 목표를 설정하고, 이를 달성할 수 있는 가능한 모든 대안을 도출함과 동시에 각 대안들이 목표 달성에 기여할 수 있는가를 분석해야 한다. 즉, 목표와 대안(수단)의 정합성 여부를 고려해서 도출된 각 대안이 상위 목적과 하위 목표 달성에 어떻게 기여할 수 있는가를 유기적으로 연계하는 작업을 실시해야 한다.

넷째, 분석의 과학성이다. 총체주의에서 활용하는 분석 도구는 단순히 전년 대비 증감률을 기준으로 활용하는 것이 아니라, 대안에 대한 과학적·체계적 분석을 전제로 한다. 목표와 수단 간의 체계적 분석, 각 대안에 대한 비용과 편익의 합리적 추론 등을 통한 최적의 대안 선택을 도모해야 한다.

다섯째, 대안 선정의 최적성이다. 최종적인 대안 선정이 단순히 만족스러운 수준에서 결정되는 것이 아니라, 모든 대안 중에서 가장 최적의 대안이어야 한다.

여섯째, 예산 배분 결정의 효율성이다. 예산은 한정되어 있으며, 무한하지 않다. 따라서 한정된 재원을 효율적으로 배분해 최적의 효율성을 달성하는 것이 중요하고, 이를 위해서는 이상의 단계를 거쳐 합리적으로 결정되어야 하며, 이러한 과정을 당연한 규범으로 받아들일 필요가 있다는 것이다.

2 총체주의 예산이론의 논쟁

1) 규범이론 대 실증이론

총체주의 예산결정이론은 이론으로서의 당위성과 현실 적합성의 문제가 항상 대립적이다. 총체주의 예산결정이론은 합리성을 전제로 분석적 과정을 거쳐 결과적 최적 예산 배분을 결정하도록 유도한다는 점에서 규범이론으로서의 성격이 강하다. 그러나 실제적으로 계획예산제도나 영기준 예산제도를 통해 이를 현실적으로 적용하고자 한다는 점에서는 실증이론이라 할 수 있다.

총체주의 예산결정이론은 연속적·한정적 분석에 따른 비효율적 예산 배분을 지양하고, 종합적·과학적 분석을 추구하며, 목표와 수단의 체계적 계층성 분석을 강조함으로써 예산 결정 과정의 규범적 당위성을 강조한다. 예산 결정을 위한 당위적 분석 기준을 제시하고 있다는 점에서 규범적 성격이 강하다.

2) 종합적 분석 대 한정적 분석

인간의 합리성에 대한 기본 전제에서 총체주의는 종합적 분석이 가능하다고 주장하는 데 비해, 점증주의는 제한된 범위 내에서만 가능함을 주장한다. 예산결정자가 완전한 지식과 정보를 보유하고 있는가에 대한 여부는 총체주의 예산결정이론의 핵심적 개념이다.

인간의 합리성을 제약하는 요건은 인식의 오류에서 비롯되는 한계, 사회적으로 다양한 해석에 따른 한계, 경쟁적 이해관계자의 존재에 따른 목적 정의의 한계, 이념적 · 구조적 갈등과 정치경제적 요소의 혼재에 따른 한계 등으로 대별되는데(Forester, 1984: 26-28), 다양한 제약 조건은 종합적 분석을 어렵게 한다.

매년 모든 사업에 대한 종합적 · 체계적 분석이 가능한가에 대해서는 현실적 비판이 제기되고 있는 것이 사실이다. 실제 매년 모든 사업예산을 과학적이고 체계적으로 분석하고 있지 못하며, 해당 연도 예산의 90% 정도가 다음 연도의 분석 기준으로 활용되고 있다(Wildavsky, 1984: 209).[10]

3) 경제적 합리성 대 정치적 합리성

총체주의는 점증주의와는 달리 정치적 협상이나 상호 조절의 개념을 지양한다. 예산 결정 과정에서 정확한 비용과 편익을 추정하고 최적의 대안을 선정함으로써, 예산 결정의 경제적 합리성을 우선시한다. 점증주의는 분석의 기준이 전년도 예산으로서 분석 과정의 연속성이 강조되지만, 총체주의는 분석의 기준이 한정된 자원의 최적 배분으로서 파레토 효율성 등과 같은 경제적 가치를 지향한다.

총체주의는 경제적 합리성을 전제로 하여 최적의 분석을 도모하지만, 실제 한정된 재원을 바탕으로 최적의 결정을 도모하는 과정에서 경제적 가치 이외에 정치적 가치가 고려될 여지가 있다. 특히 정부 부문에서 목표 달성에 기여할 수 있는 가능한 모든 대안에 대한 비용과 편익 분석을 시도할 때 비용보다 편익에 대한 분석에서 정치적 가치가 포함될 소지가 있고, 최종적 결정을 도모할 때 경제적 가치 이외에 정치적 가치가 상대적으로 부각될 여지가 있다.

4) 대폭적 변화 대 소폭적 변화

총체주의와 점증주의에 대한 이상의 논쟁이 과정적 측면에서의 논쟁이라면 결과적 측면에서의 논쟁은 결과로서 예산 결정에 큰 변화를 초래했는가의 여부다. 점증주의 논쟁에서 살펴본 바와 같이 몇 %의 변화가 점증주의인가에 대해서는 논쟁이 있게 마련이지만, 총체주의 입장에서도 대폭적인 변화만을 강조한다. 결과로서 대폭적 변화가 어느 정도인가의 문제는 점증주의에서의 논쟁과 유사하다.

그러나 총체주의에서의 대폭적 변화는 과정을 반영한 결과로도 해석할 수 있다. 분석적이고 체계적인 과정을 거쳐 과거의 답습이 아닌 새로운 변화를 초래한다는 점

10) 실제 미국의 사례를 분석한 결과에서도 총체주의의 적용은 현실적으로 한계가 있음을 지적한 연구 결과가 존재한다(Minmier & Hermanson, 1976: 162-164; Lauth, 1978: 420-428).

에서 총체주의의 의미를 되새길 필요가 있다. 따라서 총체주의의 개념적 변화 논쟁은 전년도 답습이 아닌 근본적·대폭적 변화로 이해하는 것이 타당하다.

3 총체주의 예산이론의 실제

총체주의 예산결정이론은 점증주의가 지니고 있는 한계점을 비판하면서 등장했으며, 실제 총체주의적 관점에서 예산 결정을 도모하는 제도로는 계획예산제도와 영기준 예산제도가 대표적이라 할 수 있다.

총체주의 예산결정이론이 목표의 명확한 설정과 목표와 수단 간의 유기적 연계, 대안 분석의 과학성 및 절차적 합리성을 강조하는 것이라면 계획예산제도와도 일맥상통한다. 계획예산제도는 프로그램 체계 및 절차 등을 내용으로 하는 구조적·제도적 측면과, 목적의 설정 및 설정된 목적을 달성하기 위한 각종 대안을 비용과 편익의 관점에서 분석하는 분석적 측면으로 구분할 수 있다. 구조적 측면에서 계획예산제도는 예산구조를 목표에 따라 계층적으로 배열하는데, 프로그램 체계는 크게 대분류(program category), 중분류(program sub-category), 소분류(program element) 등으로 구성된다. 대분류, 중분류, 소분류 간에 유기적인 연계성이 있어야 하며, 목표와 수단으로 상호 연계되어 단순히 부분의 합이 아닌 부분의 총합 이상이어야 한다. 특히 프로그램 간에는 우선순위에 대한 분석적 고려가 필요한데, 프로그램 간의 우선순위에 대한 분석은 체제분석(system analysis)에 의해 이뤄지며, 각 대안에 대한 분석은 비용편익분석을 통해 계량적·과학적 분석을 도모한다. 따라서 예산 결정을 경제적 관점에서의 합리적 배분으로 이해한다.

또한 총체주의적 예산결정이론의 특징이 종합적·체계적 분석을 강조하고, 정치적 타협이나 상호 조절보다는 경제적 합리성을 우선시하며, 새로운 프로그램이나 예산의 대폭적·체계적 증감을 가능케 하는 데 있다면, 영기준 예산제도는 전형적인 총체주의 예산제도라 할 수 있다(Rehfuss, 1977: 187-188). 즉, 영기준 예산제도란 관리자가 전년도 예산에 구애받지 않고, 예산 편성 부서의 모든 사업과 활동에 대해 의사결정할 수 있는 종합평가표(decision package)를 작성하고, 이를 바탕으로 원점에서부터 체계적으로 비용편익분석을 실시해 우선순위를 결정하고, 우선순위가 높은 사업과 활동을 선택해 예산을 배분하는 제도다. 따라서 영기준 예산제도는 총체주의에서 강조하는 분석적 예산 결정 과정을 강조하는 대표적인 제도라 할 수 있다.

4 총체주의 예산이론의 공과

1) 총체주의 예산이론의 유용성

총체주의 예산결정이론의 유용성은 다음과 같다.

첫째, 예산 결정의 분석적 사고를 중시한다. 분석적이고 체계적인 예산 결정 과정을 통해 최적의 합리성에 도달하고자 노력한다는 점에서 유용성은 매우 크다. 종합적이고 합리적인 분석 과정을 통해 최적의 결과에 도달한다는 완벽한 인과적 보장은 어렵지만, 합리성에 도달하고자 하는 내부 분석 역량을 강화할 수 있다. 기존의 과거답습적 예산 배분이 아니라 분석적 사고에 의한 예산 배분의 효율성을 제고할 수 있다.

둘째, 예산 결정에서 기존 사업에 대한 당위적 예산 배분을 제어할 수 있다. 즉, 총체주의는 목표의 명확한 설정과 우선순위에 따른 사업의 재검토를 통해 종합적 분석을 도모하기 때문에, 기존 사업에 대한 당연한 예산 배분은 있을 수 없으며, 모든 사업에 대해 근본적으로 재검토한다.

셋째, 총체주의적 예산 결정은 분석적 사고와 과학적 기법을 활용해 예산분석의 전문성을 강조하기 때문에, 예산결정자들의 전문 역량을 제고할 수 있으며, 목표와 수단 간의 유기적 연계 분석을 강조하기 때문에 사회에서 요구되는 가치를 예산 배분을 통해 구현할 수 있는 이점이 있다.

넷째, 사업별 예산제도의 구현에 적합한 예산결정이론이라 할 수 있다. 사업별 예산제도는 지출 품목에 따른 예산 집행의 합법성보다는 사업을 중심으로 재정 성과를 달성하는 데 초점을 맞추고 있다. 국가 정책 목표의 확립과 목표 달성에 필요한 사업을 정책사업, 단위사업, 세부사업으로 구분하고, 사업에 대한 효과성 분석을 바탕으로 정책적 우선순위에 입각한 예산 배분을 강조하며, 사업에 따른 성과 분석을 통해 미흡한 사업을 차기 예산 배분에서 제외하는 구조를 갖고 있다. 즉, 사업별 예산제도는 예산과 정책을 연계하고, 사업 수행 결과에 대한 책임을 강조하므로 총체주의 예산결정이론에서 지향하고 있는 목표 수단 분석과 일맥상통한다고 볼 수 있다.

2) 총체주의 예산이론의 한계

총체주의 예산결정이론의 한계점은 다음과 같다.

첫째, 총체주의가 가정하고 있는 본질적 측면에서 한계를 지니고 있다. 즉, 사회경제적 불확실성의 증가와 복잡다기한 상황 속에서 인간의 완전 합리성을 전제로 하고 있다는 점은 한계로 지적될 수밖에 없다. 모든 사업에 대한 완전한 지식과 정보를 보유하기 어렵고, 설사 보유한다 하더라도 분석을 위한 시간과 비용이 제도적으로 충분히 고려되기 어렵다. 특히 가능한 모든 대안을 고려할 수 있다는 전제도 현실적으로 한계가 있을 수밖에 없다.

둘째, 총체주의는 목표의 명확성을 전제로 하고 있다. 그러나 현대 사회의 복잡성을 고려한다면 정확한 목표의 설정이 쉽지 않으며, 사회적 이해관계에 따라 갈등적 요소가 내포되어 있다. 특히 사회적 가치에 대한 이해관계자들의 가치는 항시 충돌적이므로 목표의 정의가 쉽지 않고, 목표의 우선순위도 합리적으로 최적화하기 어렵다. 따라서 목표와 수단의 체계적 구현이 쉽지 않으며, 체계적 설정에 대한 가치 갈등이 혼재될 수 있다.

셋째, 총체주의는 대안에 대한 과학적·체계적 분석을 전제로 하지만, 대안에 대한 비용과 편익을 객관적으로 분석하기에는 한계가 있다. 민간 부문과는 달리 공공부문에서 추구하는 공익적 측면의 요소는 화폐 단위로 계량화하기 어려운 단점이 있으며, 복합적 요인이 내재해 있어 종합적 분석이 어려울 수 있다.

넷째, 예산 결정과 관련된 총체주의는 전문가에 대한 의존도를 높일 수 있으며, 조직구성원의 예산 결정에의 민주적 참여를 어렵게 할 수 있다. 민주적 참여의 결여는 예산 집행의 수동성을 초래할 수 있으며, 그에 따른 재정 성과 확보를 어렵게 할 수 있다.

다섯째, 총체주의는 예산 결정을 통해 대폭적인 변화를 주장하지만, 대폭적 변화의 기준도 명확하지 않으며, 매년 증가하는 예산 규모를 설명하는 데도 한계가 있다.

정부 예산의 분석

제 1 절 | 재정 소요 점검

1 재정 소요 점검

재정 소요 점검(scorekeeping)의 개념은 미국의 예산 과정에서 비롯된 개념이다. 미국의 예산 과정은 예산법률주의에 입각하여 의회가 예산 총량을 결정하는데, 이를 뒷받침하기 위해 도입된 개념이 재정 소요 점검이다. 우리의 경우는 예산 총량을 행정부의 중앙예산기관인 기획재정부에서 결정하기 때문에, 의회 중심의 재정 소요 점검은 우리와 다소 상이한 제도라 할 수 있다.

우리의 예산 편성 및 심의 과정을 살펴보면 중앙예산기구인 기획재정부의 주도하에 국가 예산의 총량과 각 부문별 지출한도가 결정되고, 이를 바탕으로 행정부의 예산안이 편성되면, 국회가 예산을 심의・의결하는 과정을 거치게 된다. 따라서 미국과는 달리 의회의 예산 총량 및 각 부문별 지출한도에 대한 심의・확정 권한이 없으며, 행정부 주도적 예산 편성이 이뤄지고 있다.

재정 소요 점검은 국회가 공공 서비스 공급에 필요한 향후 5년 간의 재정소요액을 추정하는 것을 의미하는데, 현행의 법과 제도에서 예상되는 재정소요액과 새로운 법과 제도에 의해 예상되는 재정소요액을 합산해 계산된다. 현행의 법과 제도가 유지되는 상황에서 예상되는 재정소요액 추정을 재정기준선 전망(fiscal baseline projection under current law)이라고 하며, 새로운 법과 제도에 의해 예상되는 재정소요액 추정을 법안비용 추계라고 한다. 따라서 재정 소요 점검은 재정기준선 전망과 법안비용 추계를 합산해 계산된다.

재정 소요 점검 = 재정기준선 전망 + 법안비용 추계

미국 의회는 예산을 본격적으로 심의하기에 앞서 예산 총량을 의회가 결정하고, 예산 총량의 범위 내에서 분야별 재원과 그에 따른 위원회별 재원 한도를 할당한다. 예산 총량이나 분야별 재원 배분 같은 예산 준칙은 미국 의회예산처(Congressional Budget Office: CBO)의 도움을 받아 결정되는데, 반드시 준수해야 한다. 만약 상임위원회나 세출위원회를 통과한 재정 수반 법안이나 세출법안이 예산 준칙을 위반한다고 판단되면, 본회의에서 법안의 심사 종료나 수정을 요구할 수 있다. 따라서 미국 의회 예산 과정에서는 상임위원회의 법안 심사 결과 또는 세출위원회의 세출법안 심사 결과가 미리 정해진 재원 배분 한도를 초과하는지 여부를 점검하는데, 이를 일반적으로 재정 소요 점검이라 한다(국회예산정책처, 2010b: 215; 국회예산정책처, 2010d: 28).

우리의 행정부는 국가재정 운용계획과 총액배분 자율편성제도의 도입으로 총액한도를 설정해 예산을 편성하고 있으나, 예산을 심의 · 의결하는 국회의 경우에는 행정부에서 제시된 예산 편성만을 심의 · 확정하고 있을 뿐 국가재정의 총괄 규모를 검토하고 있지 못하다. 미국의 경우, 의회가 예산심의에 앞서 예산 총량에 대해 결정하는 것과 대비할 때 우리의 국회는 예산 총량에 대한 총괄적 심의를 이행하고 있지 못하다. 따라서 행정부의 총액배분 자율편성 예산제도와 부합할 수 있는 국회의 예산 총량에 대한 검토 과정이 없다.

국민의 대표기관인 의회의 예산 권한을 강화하고, 입법과 예산의 유기적 연계를 도모하며, 행정부의 총액배분 자율편성 예산제도와 비견될 수 있는 국회의 예산 총량에 대한 심의제도 도입을 통해 분야별 재원 배분의 합리화를 도모할 수 있는 제도적 장치가 필요한데, 이는 미국의 사례처럼 재정 소요 점검이라는 개념을 통해 구현할 수 있다. 재정 소요 점검은 행정부의 총액배분 자율편성 예산제도에 부합하는 국회의 예산 심의 방법이라고도 할 수 있다.

재정 소요 점검은 총량적 재정 규모를 결정한다는 의미 이외에 국가재정의 건전성을 파악하고, 국민의 부담을 최소화하며, 재정민주주의 관점에서 국민의 대표기관인 의회의 행정부 예산 통제를 강화하기 위해 도입되었다.

2 재정기준선 전망

1) 재정기준선 전망의 개념

재정기준선은 의회가 현행 법과 제도 하에서 예상되는 재정소요액을 추정하는 것을 의미한다. 재정기준선 전망은 현행의 법과 제도가 변하지 않는다는 것을 전제로 하기 때문에, 미래의 각 분야별 재원 추정이라고 할 수 없고, 현행 제도에 따른 세입 및 세출을 추계하는 것이 핵심적인 개념이다. 즉, 기존 제도와 법률이 유지되는 상태에서 인구 변화, 물가상승 등 사회경제적 변수가 변화함에 따라 발생하는 세입과 세출소요액을 추정하는 것이다.

따라서 의회 중심의 재정기준선 전망은 행정부에 의해 5개년 단위로 예산 분야 및 부문별로 수립되는 국가재정 운용계획과는 구분된다. 국가재정 운용계획은 경제성장 등 대외적 환경 변수를 고려한 총액 한도 내에서의 분야별 계획을 수립하고, 국가재정 전망을 도모하기 때문에 단순 현행 제도에 의한 추정치와는 다르다.

일반적으로 재정기준선 전망 제도를 활용하면 다음과 같은 이점이 있다.

첫째, 의회 중심의 재정기준선은 현행 법과 제도 하에서 예상되는 재정소요액을 추정하기 때문에, 각 부처의 예산소요액을 심의하는 데 기초자료로 활용될 수 있으며, 각 부처의 무분별한 계획과 예산 요구 수준의 적정성 여부를 파악할 수 있다. 현행 제도가 지속되는 상황에서 각 부처에 소요되는 예산액을 파악할 수 있기 때문에, 행정부의 예산극대화 행태를 제어할 수 있다.

둘째, 재정기준선은 현행 제도에 따른 재정소요액의 기준치를 설정하기 때문에, 국가재정 운용계획을 수립하거나 법률의 제정 및 개정으로 세입 및 세출 변화가 초래될 때 비교 기준이 된다. 예를 들어, 새로운 법률안의 제정으로 5,000억 원 정도의 예산이 추가 소요된다고 추정될 경우 추정된 재정소요액은 재정기준선과 비교해 법률안 및 예산 심의의 비교 측정 기준이 되는데, 이러한 새로운 법률안을 제정할 것인지, 제정해 도입한다면 국가재정의 총액 배분에 어떠한 영향을 미치고 다른 세출 항목을 어떻게 축소해야 하는지 등에 대한 검토자료가 된다.

셋째, 재정기준선 전망은 현행 제도의 유지라는 기본 전제 하에 재정소요액을 추정하기 때문에, 새로운 제도의 도입이 기존 제도에 미치는 영향과 향후 국가재정 부담에 미치는 영향을 측정할 수 있고, 입법과 예산의 연계분석을 위한 기준점을 제시할 수 있다.

그러나 의회 중심의 재정기준선 전망은 현행 제도와 법이 그대로 유지된다고 전제했을 때를 가정하고 있으므로 정책 변화에 따른 재정 전망을 반영하기 어렵고, 행정부 중심의 추정과 상이할 수 있으며, 기존의 모든 개별 법안의 재정 전망을 합산해야 하므로 전망의 현실적합성이 다소 미약할 수 있다.

2) 재정기준선 전망의 추정

재정기준선은 총지출을 의무지출과 재량지출로 구분해 각각의 기준선을 전망한 후 이를 단순 합해 나타낸 추계선이다.

[그림 5-1] 국회예산정책처의 의무지출과 재량지출 구분

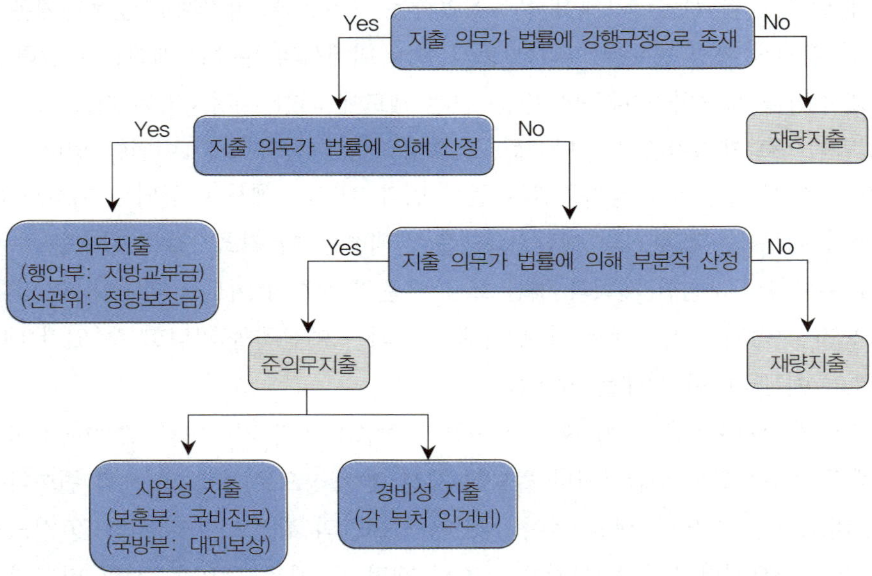

자료: 국회예산정책처(2010b: 211-212)에서 재구성.

의무지출은 법령 등에 의해 강제적으로 지출해야 할 경비로서 추정에는 큰 문제가 없으나, 재량지출은 행정부의 계획에 의해 편성되고 국회에서 심의·의결함으로써 확정되기 때문에 추정에 어려움이 있다. 재량지출은 예산편성권을 갖고 있는 행정부의 정책 추진 방향과 밀접한 연관성을 지니고 있으므로 상황에 따라 가변적이고, 그에 따른 5개년 간의 향후 재정소요액을 명확하게 추정하기는 현실적으로 한계가

있다. 그러나 각 부처의 소관 법령을 중심으로 의무지출을 먼저 추정하고, 소관 법령에 수반되어야 할 재량지출의 규모를 추정하면 전체적인 재정기준선에 대한 추정이 가능할 수 있다.

국가재정법(제7조)에서는 국가재정 운용계획에 포함될 내용으로 의무지출과 재량지출을 명시하고 있는데, 의무지출이란 재정지출 중 법률에 따라 지출 의무가 발생하고 법령에 따라 지출 규모가 결정되는 법정지출 및 이자지출을 의미하며, 재량지출이란 총지출에서 의무지출을 제외한 지출을 의미한다. 의무지출은 다시 의무지출과 준의무지출로 구분되는데, 의무지출이란 법령에 지출 근거 및 지출 요건(지출 대상 및 단가)이 구체화되어 지출 규모 결정에서 예산 편성 및 심사권자의 재량이 개입될 여지가 없는 지출을 의미하며, 준의무지출은 원칙적으로 법률에서 강행 규정으로 국가의 지출 의무가 존재하고, 지출 규모를 결정하는 물량(대상), 단가(지출률) 중 일부는 법령에서, 일부는 예산을 통해 결정되는 것을 의미한다(국회예산정책처, 2010b: 210).

〈표 5-1〉 재량지출과 의무지출의 추이

(단위: 조 원, %)

구분	재량지출	의무지출(A)	총지출(B)	비중(A/B)
2011년	168.0	141.1	309.1	45.6
2012년	174.5	150.9	325.4	46.4
2013년	190.4	158.6	349.0	45.4
2014년	188.8	167.0	355.8	46.9
2015년	202.9	172.5	375.4	46.0
2016년	203.8	182.6	386.4	47.3
2017년	203.5	197.0	400.5	49.2
2018년	215.7	217.0	432.7	50.2
2019년	230.3	239.3	469.6	51.0
2020년	256.6	256.6	512.3	50.1
2021년	291.6	266.1	558.0	47.7
2022년	304.4	303.2	607.7	49.9
2023년	298.4	340.3	638.7	53.3
2024년	307.9	361.8	669.7	54.0
2025년	316.7	382.5	699.2	54.7
2026년	323.6	405.1	728.6	55.6

자료: 국회예산정책처(2023). 『대한민국 재정』. 국가재정운용계획(2022~2026)에서 재구성.

3 법안비용 추계

1) 법안비용 추계의 개념

법안비용 추계란 새로운 법과 제도에 의해 예상되는 재정소요액을 추정하는 것을 의미하는데, 국가재정법 제87조에서는 재정 부담을 수반하는 법령의 제정 및 개정에 따른 비용추계를 의무 규정으로 명시하고 있다. 법안비용 추계란 새로운 입법으로 추가 재정 부담이 얼마나 소요되는지, 재원 조달은 어떻게 할 것인지, 국가 세출구조를 어떻게 조정할 것인지, 재정 부담 주체들에게는 어떠한 영향을 미치는지 등의 여부를 사전에 검토해 입법과 예산 연계성을 강화하기 위한 제도다.

법안비용 추계에 대한 규정이 존재하지 않았던 시기에는 새로운 법과 제도의 시행이 예산에 미치는 영향을 분석하지 못한 상태에서 제정되거나 개정되었기 때문에, 예산과 법률과의 연계가 이뤄지지 못했다. 법률이 제정되었다 할지라도 예산이 뒷받침되지 못하면 법 규정의 실질적 구현은 불가능하다.

법안비용 추계는 입법 과정에서부터 재정 부담에 대한 논의를 병행함으로써 예산과 법률과의 관계를 사전에 검토하고, 예산이 뒷받침되는 입법을 유도하기 위한 제도다. 법안비용 추계제도의 도입은 첫째, 국가의 한정된 자원 하에서 국가의 재정 부담 능력을 고려해서 입법을 도모할 수 있으며, 둘째, 입법 과정에서 재정 부담을 추계하므로 국가재정의 악화를 예방할 수 있고, 셋째, 추상적인 입법 과정을 비용 추계라는 예산분석과 연계함으로써 입법 내용을 질적으로 제고할 수 있다.

2) 법안비용 추계의 주체

법안비용 추계는 국회에서 발의하는 법안과 정부에서 제출하는 법안 모두에 적용되는데, 정부 제출에 대해서는 국가재정법과 국회법에, 국회 발의에 대해서는 국회법에 의무 규정으로 명시하고 있다.

법안비용의 추계와 관련해서 정부 제출 법률안은 기획재정부 장관과 협의해 각 중앙관서의 장이 작성하도록 규정되어 있으며 정부가 제출하도록 규정하고 있다. 그러나 국회 발의 법률안에 대해서는 법안비용 추계 규정은 있었으나 작성 주체가 불명확했는데, 2014년 국회법을 개정해 국회 발의 법률안에 대해서는 국회예산정책처를 주된 작성 주체로 규정하고 있다.

(1) 정부 제출 법안의 추계 주체

정부는 재정지출 또는 조세 감면을 수반하는 법률안을 제출하고자 하는 때에는 법률이 시행되는 연도부터 5 회계연도의 재정수입·지출의 증감액에 관한 추계자료와 이에 상응하는 재원 조달 방안을 법률안에 첨부해야 한다(국가재정법 제87조 제1항). 또한 정부가 예산 또는 기금상의 조치를 수반하는 의안을 제출하는 경우에는 그 의안의 시행에 수반될 것으로 예상되는 비용에 대한 추계서와 이에 상응하는 재원 조달 방안에 관한 자료를 의안에 첨부해야 한다(국회법 제79조의2 제3항).

아울러 각 중앙관서의 장은 입안하는 법령이 재정지출을 수반하는 때에는 추계자료와 재원 조달 방안을 작성하여, 그 법령안에 대한 입법예고 전에 기획재정부 장관과 협의하여야 하며, 각 중앙관서의 장은 기획재정부 장관과 협의를 한 후 법령안의 변경으로 대통령령으로 정하는 사항[1]이 변경되는 경우에는 그 법령안에 대하여 추계 자료와 재원 조달 방안을 작성하여 기획재정부 장관과 재협의하여야 한다(국가재정법 제87조 제2항, 제3항).

추계의 기간은 당해 법령안의 시행일부터 5년으로 하지만, 5년의 기간으로 비용의 추이를 파악하기 어려운 경우에는 추계 기간을 연장할 수 있다. 추계자료에는 ① 법령안명 및 관련 조문, ② 재정 소요 추계의 내역(재정 부담 수반의 요인, 추계의 전제, 추계의 결과, 추계의 상세 내역), ③ 작성자 등이 포함되어야 하며, 재원 조달 방안에는 기존 예산이나 기금의 항목 간 조정, 조세수입, 세외수입, 국채 발행, 차입, 일반회계·특별회계 및 기금으로부터의 전입 등의 방안을 구체적으로 명시하여야 한다(동법 시행령 제40조).

(2) 국회 발의 법안의 추계 주체

법안비용 추계는 국회에서 발의되는 법안에도 해당되며, 국회법에서 강제 규정으로 명시하고 있다. 국회에서 발의되는 법안은 의원들과 위원회로 구분되는데, 국회법에서는 각각의 발의 주체에 따른 법안비용 처리 주체를 규정하고 있다.

우선, 의원이 예산 또는 기금상의 조치를 수반하는 의안을 발의하는 경우에는 그 의안의 시행에 수반될 것으로 예상되는 비용에 대한 국회예산정책처의 추계서 또는

1) 대통령령으로 정하는 사항이 변경되는 경우란, ① 재정지출 규모가 100분의 20 이상 변경되는 경우, ② 연간 재정지출 규모가 100억 원 이상 변경되는 경우, ③ 법령안의 시행 시기 또는 시행 기간이 1 회계연도 이상 변경되는 경우, ④ 기타 기획재정부 장관이 필요하다고 인정하는 경우를 의미한다(국가재정법 시행령 제40조 제5항).

국회예산정책처에 대한 추계요구서를 아울러 제출하여야 한다. 다만, 국회예산정책처에 대한 비용추계요구서를 제출한 경우에는 위원회의 심사 전에 국회예산정책처의 비용추계서를 제출하여야 한다(국회법 제79조의2 제1항).

또한 위원회가 예산 또는 기금상의 조치를 수반하는 의안을 제안하는 경우에는 그 의안의 시행에 수반될 것으로 예상되는 비용에 대한 국회예산정책처의 추계서를 함께 제출하여야 한다. 다만, 긴급한 사유가 있는 경우 위원회의 의결로 추계서 제출을 생략할 수 있다(국회법 제79조의2 제3항).

또한 국회법 제66조 및 제79조의2의 규정에 따른 의안의 비용 추계 및 재원조달 방안에 관한 필요한 사항을 규정하기 위해 의안의 비용 추계 등에 관한 규칙(국회규칙)을 제정하였는데, 국회의원, 위원회 또는 정부가 비용을 수반하는 의안을 발의, 제안 또는 제출하거나 위원회에서 수정된 의안이 비용을 수반하는 경우에는 비용추계서를 첨부하도록 규정하고 있다. 다만, 의안이 ① 예상되는 비용이 연평균 10억 원 미만이거나 한시적인 경비로서 총 30억 원 미만인 경우, ② 비용 추계의 대상이 국가안전보장·군사기밀에 관한 사항인 경우, ③ 의안의 내용이 선언적·권고적인 형식으로 규정되는 등 기술적으로 추계가 어려운 경우에는 비용추계서를 첨부하지 않아도 되지만, 사유서를 제출해야 한다(동 규칙 제3조).

3) 법안비용 추계의 사례

미국의 경우, 의회예산처(Congressional Budget Office: CBO)에서 지출 관련 법안의 비용 추계를 전담하고 있다. 의회예산처가 작성하는 비용추계서에는 향후 10년 간 혹은 그 이후까지 당해 법안으로 인해 세출에 미치게 될 영향에 대한 추정치와 특정 제안에 대한 부가적 해설 및 비용 추계 과정 등이 포함되어 있다. 추계 결과는 법안심사보고서에 첨부되어 법안 심사 시 재정 소요를 고려하도록 하고 있다. 또한 의회예산처의 비용 추계는 입법의 주요 단계마다 예산위원회에 제출되어 법안이 세입세출균형 원칙(pay-as-you-go: PAYGO), 재량지출한도(Spending Cap) 등 재정 규율을 준수하는가를 판단할 때 결정적인 역할을 하고 있다(국회예산정책처, 2010b: 187-191).

EU도 법률안에 대한 재정영향평가(Ex-ante Evaluation)를 실시할 때 비용 추계를 활용하고 있다. 재정영향평가는 객관적인 자료에 기초해 정책이 재정에 미치는 영향을 분석하는 제도다. 재정영향평가는 계류 중이거나 통과된 법률이 정부 재정에 미치는 영향을 분석하는 것으로, 분석 대상에는 법률 시행에 소요되는 비용의 추정, 법률의 재정적 집행 가능성과 타당성 분석, 국가재정 운용에 미치는 영향 등이 포함된다.

우리의 법안비용 추계는 1973년 국회법 개정으로 예산상의 조치가 수반되는 의안에 대한 예산명세서 제도를 도입하였으나, 실제 예산명세서 첨부는 제13대 국회인 1988년부터 시작되었다. 또한 2005년 국회법 개정[2]으로 비용추계제도가 도입되고, 비용추계서 제출 대상 범위에 예산 외 기금 상의 조치가 수반되는 의안도 포함되었고, 2014년 국회법 개정에서는 의원이 발의하거나 위원회가 제안하는 재정 수반 의안과 위원회 수정안에 대해서는 국회예산정책처의 비용추계서를 2015년 3월 19일부터 의무적으로 제출토록 하였으며, 2021년 국회법 개정에서는 의원이 비용추계요구서를 첨부하여 의안을 발의한 경우, 국회예산정책처는 해당 의안에 대한 비용추계서를 국회의장과 의원에게 제출토록 하였다.

제13대 국회부터 제안된 법안 비용추계서 첨부 현황을 살펴보면 제13대~제16대 국회까지는 미미한 수준이었으나, 제17대 국회부터는 법안 비용추계서가 20% 이상을 차지하고 있음을 알 수 있다(〈표 5-2〉 참조).

〈표 5-2〉 국회에 제안된 법안의 비용추계서 첨부 현황

구분	의원 발의			정부 제출			위원회 제안			합계		
	전체	첨부	%	전체	첨부	%	전체	첨부	%	전체	첨부	%
제13대	462	20	4.3	368	–	–	108			938	20	2.1
제14대	252	12	4.8	581	–	–	69			902	12	1.3
제15대	806	13	1.6	807	–	–	338			1,951	13	0.7
제16대	1,651	76	4.6	595	–	–	261			2,507	76	3.0
제17대	5,728	1,372	24.0	1,102	245	22.2	659	17	2.6	7,489	1,634	21.8
제18대	11,191	3,897	34.8	1,693	522	30.8	1,029	9	0.9	13,913	4,428	31.8
제19대	15,444	4,080	26.4	1,093	328	30.0	1,285	23	1.8	17,822	4,431	24.9
제20대	21,594	4,122	19.1	1,094	250	22.9	1,453	353	24.3	24,141	4,725	19.6
제21대	16,719	5,015	30.0	573	145	25.3	733	197	26.9	18,025	5,357	29.7

* 제21대 국회는 2020년 5월 30일부터 2022년 11월 31일까지의 자료임.
자료: 국회예산정책처(2013.3a: 15, 2019, 2022:11)에서 재구성.

2) 2006년 국가재정법 제정에 따라 정부 제출 재정수반 법률안 및 정부 입안 법령안에 대해 추계 자료와 이에 상응하는 재원조달방안을 법률안 및 법령안에 첨부하도록 규정되면서 비용추계제도가 법령안까지 확대되었다(국가재정법 제87조).

제 2 절 | 사업분석 및 평가

1 총사업비 관리제도

1) 총사업비의 개념 및 대상 사업

기존의 대형 투자사업의 경우, 사업 착수 이전에 객관적인 타당성 검토 없이 사업이 추진되었으며, 사업 착수 이후에는 잦은 사업비 변경으로 정부 예산을 비효율적으로 운영하는 사례가 많았다. 따라서 대형 투자사업의 효율적 관리 필요성이 제기되었고, 이를 제도화한 것이 총사업비 관리제도라 할 수 있다.

총사업비 관리제도란 국가의 예산 또는 기금으로 시행하는 대규모 사업의 총사업비를 사업 추진 단계별로 합리적으로 조정함으로써, 재정지출의 효율성을 제고함을 목적으로 도입된 제도인데(기획재정부 총사업비 관리지침 제1조), 총사업비 관리의 기본 방향은 사업 추진 단계별 관리(지침 제4조), 공종별 관리(지침 제5조), 사업 기간에 대한 관리(지침 제6조), 계속비 사업의 총사업비 관리(지침 제7조), 관리 대상 사업 이외의 총사업비 관리(지침 제8조), 원칙을 제시하고 있다.

이러한 기본 원칙과 더불어 총사업비의 잦은 변경을 통한 비효율적 예산 낭비를 막기 위해, 총사업비 조정이 일정한 원칙과 기준에 따라 이뤄질 수 있도록 총사업비 관리지침 위반 시 재정 패널티와 제재 요구 등 책임성을 제고하도록 하고 있으며, 사업 초기에 기본 설계가 부실하게 이뤄져 공사가 착공된 이후 불가피하게 총사업비가 눈덩이처럼 불어나는 사례가 발생하는 것을 예방하기 위한 기본설계비 상향 조정, 사업별로 설계자, 시공자, 주무부처 책임자 등에 대한 실명제 도입, 객관적인 총사업비 조정지침을 마련해 사업담당자의 변동에 관계없이 총사업비 조정이 객관성을 가질 수 있도록 했다.

총사업비 관리 대상 사업은 국가가 직접 시행하는 사업, 국가가 위탁하는 사업, 국가의 예산이나 기금의 보조·지원을 받아 지방자치단체, 공공기관 또는 민간이 시행하는 사업 중 완성에 2년 이상이 소요되는 사업이다.

〈표 5-3〉 총사업비 관리대상 사업

구분	기획재정부 총사업비 관리지침상의 규정
정의 (제2조)	대규모 사업의 추진에 소요되는 모든 사업비용으로 국가, 지방자치단체, 공공기관 및 민간 부담분을 모두 포함(사회기반시설에 대한 민간투자법에 의한 민간 부담분은 제외) 1. 건설사업: 토목, 건축 등 건설공사에 소요되는 모든 경비(공사비, 보상비, 시설부대경비 등) 2. 정보화사업: 시스템의 구축 등에 소요되는 모든 경비로서, 구축비, 보상비, 부대경비 등 구축기간에 소요되는 총비용과 구축 후 5년 간 운영·유지관리비, 추가 구축비 등으로 구성 3. 연구기반구축 R&D 사업: 연구시설 및 연구장비 구축 등에 소요되는 모든 경비로서, 공사비, 특수설비·연구장비비, 보상비, 시설부대경비 등으로 구성
기본 방향	1. 사업추진단계별 관리: 건설사업 및 연구기반구축 R&D 사업은 예비타당성조사, 타당성조사, 기본계획 수립, 기본설계(건축사업은 계획설계 및 중간설계에 해당), 실시설계, 발주 및 계약, 시공 등의 단계별 관리, 정보화사업은 예비타당성조사, 정보 시스템 마스터 플랜(Information System Master Plan: ISMP), 분석, 설계, 발주 및 계약, 개발, 운영 및 유지관리 등 단계별 관리(지침 제4조) 2. 공종별 관리: 사업비의 총규모뿐만 아니라 공종별 사업비 독립 관리(임의 조정 불가) 3. 사업기간 관리: 사업 기간을 설정함에 있어 사업 완료에 실제 소요되는 기간을 기초로 하여야 하며(정보화사업의 경우에는 구축 완료 후 5년 간의 운영 기간 포함), 사업 기간은 당해 사업의 추진을 위하여 예산이 최초로 반영되어 타당성조사, 기본 계획 수립, 기본·실시 설계 등 사업이 착수되는 연도부터 총사업비 협의 시 또는 예산 반영 시 기획재정부 장관과 협의하여 정한 완공 예정연도로 규정(지침 제6조) 4. 계속비 사업의 총사업비 관리: 사업계획의 변경이나 사업 기간 연장 불가(지침 제7조) 5. 관리 대상 사업 이외의 총사업비 관리: 기획재정부 총사업비 관리지침 준용
대상 사업 (제3조)	국가가 직접 시행하는 사업, 국가가 위탁하는 사업, 국가의 예산이나 기금의 보조·지원을 받아 지방자치단체·공공기관, 또는 민간이 시행하는 사업 중 완성에 2년 이상이 소요되는 사업 1. 총사업비가 500억 원 이상이고, 국가재정지원 규모가 300억 원 이상인 토목사업 및 정보화사업 2. 총사업비가 200억 원 이상인 건축사업(전기·기계·설비 등 부대공사비 포함) 3. 총사업비가 200억 원 이상인 연구시설 및 연구단지 조성, 선박·항공기 건조사업 등 연구기반구축 R&D사업(기술개발비, 시설 건설 이후 운영비 등 제외)
제외 사업 (제3조)	1. 국고에서 정액으로 지원하는 사업(사업추진 과정에서 국고 지원 규모가 증가한 경우는 포함) 2. 국고에서 융자로 지원하는 사업(융자를 제외한 총사업비가 관리 대상 사업에 해당 시 포함) 3. 사회기반시설에 대한 민간투자법에 의한 민간투자사업 4. 도로유지·보수, 노후 상수도 개량 등 기존 시설의 효용 증진을 위한 단순 개량, 유지·보수 사업

2) 총사업비 관리 절차

기획재정부 총사업비 관리지침에 의한 총사업비 관리 절차는 다음과 같다.

총사업비 관리 절차는 사업 구상, 예비타당성조사, 타당성조사, 기본 계획 수립, 기본 설계, 실시설계, 발주 및 계약, 시공 단계 등으로 추진된다. 특히 중앙관서의 장은 실시설계 시에 환경 및 교통영향평가와 지방자치단체와 협의한 결과를 반영해야 하며, 조달청장에게 단가의 적성성을 의뢰해야 한다. 발주 및 계약 단계에서 기획재정부 장관은 총사업비를 통보하며, 중앙관서의 장은 조달청장에게 계약을 의뢰해야 한다. 설계 과정이나 공사 추진 과정에서 불필요한 사업을 임의로 추가하면서 사업비를 증가시키는 것을 방지하기 위해 사업 착수 시점에 포함되지 않은 내역(공정) 추가를 원칙적으로 인정하지 않고 있다. 특히 공사가 착공된 이후에 발생하는 설계 변경에 의한 총사업비의 변경은 안전 시공 등 불가피한 경우를 제외하고는 원칙적으로 허용되지 않고 있다.

〈표 5-4〉 총사업비 관리 절차

단계	주체	내용	근거
사업 구상	중앙관서의 장	사업 규모, 총사업비, 사업 기간을 책정	제9조
예비타당성조사	기획재정부 장관	예비타당성조사 실시 여부 결정(전문가 자문)	제10조
타당성조사	중앙관서의 장	대상 사업의 생애주기를 대상으로 타당성조사	제13조
기본 계획 수립	중앙관서의 장	다른 법령과의 연계성을 고려해 계획 수립	제14조
기본 설계	중앙관서의 장	충분한 용역 기간 및 용역비 부여 이해관계자 의견 수렴(민원 최소화) 합리적 사유 없이 당초 사업 규모 변경 불가	제16조 ~ 제17조
실시설계	중앙관서의 장	합리적 사유 없이 당초 사업 규모 변경 불가 환경 및 교통영향평가, 지방자치단체 협의 결과 반영 조달청장에게 단가의 적정성 의뢰	제19조 ~ 제22조
발주 및 계약	중앙관서의 장	기획재정부 장관이 총사업비 통보(중앙관서, 조달청장) 중앙관서의 장은 조달청장에게 계약 의뢰	제24조 제25조
시공 단계	중앙관서의 장	기 협의된 사업 규모, 총사업비, 사업기간 등 변경 시 공사계약 변경 이전에 기획재정부 장관과 협의	제27조

* 법적 근거는 기획재정부 총사업비 관리지침을 의미함.

2 타당성조사

1) 예비타당성조사

(1) 예비타당성조사의 개념

예비타당성조사는 대규모 신규 사업에 대한 예산 편성 및 기금운용계획을 수립하기 위해 기획재정부 장관 주관으로 실시하는 사전적인 타당성 검증·평가를 의미하며, 대규모 재정사업의 타당성에 대한 객관적이고 중립적인 조사를 통해 재정사업의 신규 투자를 우선순위에 입각해 투명하고 공정하게 결정하도록 함으로써 예산 낭비를 방지하고, 재정 운영의 효율성 제고에 기여함을 목적으로 도입되었다.

예비타당성조사는 기존의 타당성조사의 문제점을 보완하기 위해 도입되었다. 즉, 기존의 타당성조사는 기술적 타당성이 중점적으로 검토되면서 좀 더 중요하다고 할 수 있는 국민경제적 타당성에 대해서는 소홀히 취급되어 왔으며, 다각적인 경제적 분석이나 정책적 차원에서의 검토는 단지 요식적인 행위로 취급되었다. 따라서 타당성조사를 하기에 앞서 예산 반영 및 투자 우선순위 결정을 위한 예비타당성조사의 필요성이 제기되었는데, 그 이유는 첫째, 수요가 없거나 경제성이 낮은 사업의 무리한 추진을 방지하며, 둘째, 예기치 않은 사업비 증액과 잦은 사업계획 변경으로 인한 재정 운영의 불확실성을 차단하고, 셋째, 중도에 사업을 취소하는 것을 방지하며, 넷째, 경제적 · 기술적 측면에서는 타당성이 있다 하더라도 전반적인 재정 운용이라는 정책적인 측면에서 문제가 되는 경우가 있기 때문이다.

예비타당성조사는 본격적인 타당성조사 이전에 국민경제적인 차원에서 사업의 추진 여부를 판단하는 데에 그 기본적인 취지가 있다. 예비타당성 수행기관은 기획재정부 장관의 요청에 의해 한국개발연구원(KDI) 공공투자관리센터(PIMAC), 한국조세재정연구원(KIPF)이 수행한다.[3)]

(2) 예비타당성조사의 대상 사업

국가재정법 제38조에 의하면, "기획재정부 장관은 총사업비가 500억 원 이상이고, 국가의 재정 지원 규모가 300억 원 이상인 신규 사업으로서, 대규모 사업에 대한 예산을 편성하기 위하여 미리 예비타당성조사를 실시하고, 그 결과를 요약하여 국회 소관 상임위원회와 예산결산특별위원회에 제출하여야 한다"고 규정하고 있다. 반면에 공공청사, 국가유산 복원사업 등은 조사 대상에서 제외된다.

예비타당성조사의 대상 사업과 면제 사업은 국가재정법 제38조에 명시되어 있는데, 이를 요약하면 〈표 5-5〉와 같다.

---

3) 예비타당성조사는 내부과제와 외부 위탁과제(Outsourcing)로 구분되는데, 외부 위탁과제의 연구진은 원칙적으로 공개경쟁을 통하여 선정하되, 분야별 전문 국책연구기관인 한국교통연구원(KOTI), 한국해양수산개발원(KMI), 한국정보화진흥원(NIA) 등에 대해서는 수의계약을 통하여 선정할 수 있다(기획재정부 예비타당성조사 운용지침 제36조, 제38조).

〈표 5-5〉 예비타당성조사의 대상 사업 및 면제 사업(국가재정법 제38조)

구분	면제 사업
대상 사업	1. 총사업비가 500억 원 이상이고, 국가재정지원 규모가 300억 원 이상인 건설공사 사업 2. 지능정보화 기본법에 의한 지능정보화사업 3. 과학기술기본법에 따른 국가연구개발사업 4. 중기 재정지출이 500억 원 이상인 사회복지, 보건, 교육, 노동, 문화 및 관광, 환경 보호, 농림해양수산, 산업·중소기업 분야의 사업
면제 사업	1. 공공청사, 교정시설, 초·중등 교육시설의 신·증축 사업 2. 국가유산기본법에 따른 국가유산 복원사업 3. 국가 안보에 관계되거나 보안을 요하는 국방 관련 사업 4. 남북교류 협력에 관계되거나 국가 간 협약·조약에 따라 추진하는 사업 5. 도로 유지 보수, 노후 상수도 개량 등 기존 시설 효용 증진을 위한 단순 개량, 유지보수사업 6. 재난복구 지원, 시설 안전성 확보, 보건·식품 안전 문제 등으로 시급 추진이 필요한 사업 7. 재난 예방을 위하여 시급한 사업으로서 국회 소관 상임위원회의 동의를 받은 사업 8. 법령에 따라 추진하여야 하는 사업 9. 출연·보조기관 인건비·경상비 지원, 융자 사업 등과 같이 조사의 실익이 없는 사업 10. 지역균형 발전, 긴급한 경제·사회적 상황 대응 등을 위하여 국가 정책적으로 추진이 필요한 사업으로서, 사업 목적 및 규모, 추진 방안 등 구체적인 사업계획이 수립된 사업이나 국가 정책적으로 추진이 필요하여 국무회의를 거쳐 확정된 사업

(3) 예비타당성조사의 분석 방법

분석 방법으로는 경제성 분석, 정책적 분석, 지역균형 발전 분석을 실시하는데, 정보화사업은 이외에 기술성 분석을 포함한다. 다만, 사업의 내용이 건설사업인 경우에는 기술성 분석을 수행하지 아니할 수 있다. 또한 해당 사업이 특정 지역으로 정해져 있지 않거나, 사업 효과가 특정 지역에 국한되지 않은 사업은 지역균형 발전 분석을 생략할 수 있다(예비타당성조사 운용지침 제42조).

경제성 분석은 예비타당성조사 대상 사업의 국민경제적 파급 효과와 투자적합성을 분석하는 핵심적 조사 과정으로서 비용편익분석(cost-benefit analysis)을 기본적인 방법론으로 채택해 분석하며, 정책적 분석은 해당 사업과 관련된 사업추진 여건, 정책 효과, 사업 별도평가항목(선택) 등 평가항목들을 정량적 또는 정성적으로 분석한다. 또한 지역균형 발전 분석은 지역 간 불균형 상태의 심화를 방지하고, 지역 간 형평성 제고를 위해 지역낙후도 개선, 지역경제 파급 효과 등 지역 개발에 미치는 요인을 분석하며, 기술성 분석은 업무요구 부합성, 적용기술 적합성, 구현·운영계획 적정성 등을 분석한다(예비타당성조사 운용지침 제43조 내지 제46조).

사업 타당성에 대한 종합평가는 평가 항목별 분석 결과를 토대로 다기준분석의 일종인 계층화분석법(Analytic Hierarchy Process: AHP)을 활용해 계량화된 수치로 도출되는데, 일반적으로 AHP가 0.5 이상이면 사업 시행이 바람직함을 의미한다(예비타당성조사 운용지침 제50조). 사업 타당성은 경제성, 정책성, 지역균형 발전 지표에 의해 평가되는데, 건설사업, 정보화 사업, 기타 재정사업별로 반영 가중치가 상이하다.

〈표 5-6〉 사업 타당성에 대한 종합평가(지침 제50조)

구분		경제성	정책성	지역균형 발전
건설사업	비수도권	30~45%	25~40%	30~40%
	수도권	60~70%	30~40%	
정보화 사업	B/C 분석	40~50%	30~40%	20~30%
	E/C 분석	30~40%	40~50%	20~30%
기타 재정사업	B/C 분석	25~50%	50~75%	
	E/C 분석	20~40%	60~80%	

2) 타당성조사

타당성조사란 예비타당성조사를 거친 후 본격적인 사업 착수를 위해 좀 더 정밀하고, 세부적인 조사를 실시하는 것을 의미한다. 예비타당성조사의 주체가 기획재정부 장관인 데 비해, 타당성조사의 주체는 사업을 추진하고자 하는 주무부처이며, 예비타당성조사와는 달리 충분한 시간을 갖고 사업 타당성 여부를 조사하게 된다.

〈표 5-7〉 예비타당성조사와 타당성조사의 차이

구분		예비타당성조사 (Preliminary Feasibility Study)	타당성조사 (Feasibility Study)
조사 개념		타당성조사 이전에 예산 반영 여부 및 투자 우선순위 결정을 위한 조사	예비타당성조사를 통과한 후 본격적인 사업 착수를 위한 조사
조사내용	경제성 분석	본격적인 타당성조사의 필요성 여부를 판단하기 위해 개략적 조사	실제 사업 착수를 위해 좀 더 정밀하고 세부적인 조사
	정책 분석	지역경제 파급 효과, 지역균형 개발, 상위계획 연관성, 재원 조달 분석	검토 대상이 아니며, 실제 사업의 추진과 관련된 사항만 조사
	기술성 분석	검토 대상이 아니며, 전문가 자문 등으로 대체(정보화사업은 기술성 분석 포함)	토질조사, 공법 분석 등 다각적인 기술성 분석
조사 주체		예산 당국(관계 부처 협의)	사업 주무부처
조사 기간		단기간(6개월 이내, 연장 가능: 지침 제29조)	충분한 시간 투입

자료: 기획재정부 디지털 예산회계시스템에서 발췌.

타당성조사는 예비타당성조사와는 달리 정책분석보다는 경제성 분석에 초점을 두고 있으며, 기술성 분석을 강화하는 세부적 조사 방식이다. 따라서 예비타당성조사가 지역경제 파급 효과, 지역균형 개발, 상위계획 연관성, 재원 조달 분석 등에 초점을 맞추는 데 비해, 타당성조사는 실제 사업의 추진과 관련된 사항을 조사한다. 예비타당성조사와 타당성조사의 차이를 살펴보면 〈표 5-7〉과 같다.

3) 수요예측 재조사

수요예측 재조사는 사업 구상에서 완공까지 장기간이 소요되는 대규모 공공투자사업의 수요 변화를 사업 추진 단계별로 면밀히 관리해 재정 투자의 효율을 높이고, 예산 낭비를 미연에 방지함을 목적으로 도입되었다. 수요예측 재조사 대상 사업은 총사업비 관리지침에 의한 관리 대상 사업 중 도로, 철도, 공항, 항만, 수자원 등 사회기반시설의 건설사업을 대상으로 하며, 중앙관서의 장은 500억 원 미만의 사업에 대해서도 수요예측 재조사의 대상으로 할 수 있다(총사업비 관리지침 제34조, 제35조).

총사업비가 500억 원 이상인 사업은 기획재정부 장관이, 500억 원 미만인 사업은 당해 사업의 소관 중앙관서의 장이 수요예측 재조사를 시행한다. 수요예측 재조사는 기본 계획 또는 타당성조사 완료 단계, 기본·실시설계 완료 단계, 시공 단계별로 시행하며, 기획재정부 장관 또는 중앙관서의 장이 수요예측 재조사가 필요하다고 인정하는 경우에는 타당성조사, 설계 착수 이전 또는 그 기간 중에도 시행할 수 있다(동 지침 제37조).

특히 ① 당해 사업 수요에 직접 관련되는 대규모 국제행사, 신도시 개발계획, 주변 택지개발계획 등이 취소 또는 변경된 경우, ② 당해 사업과 경쟁 관계가 될 수 있는 대체 교통 수단 건설이 추진되어, 당해 사업의 수요에 중대한 변경이 예상되는 경우, ③ 도로, 철도사업 중 당해 사업 구간의 전·후 연결 구간에 대한 확장 또는 신설 계획이 취소·변경되는 경우, ④ 수요예측 방법론상의 변화 등으로 현저한 수요 감소가 발생할 것으로 예상되는 경우, ⑤ 민간투자사업으로 추진되는 사업이 재정투자사업으로 사업 추진 방식이 변경되어, 수요 예측치에 대한 재검토가 필요하다고 인정되는 사업, ⑥ 사업 추진 단계별 시행 시기에 5년 이상의 차이가 있는 사업 등의 사유로, 최초 사업 추진 단계에서 예측한 수요에 중대한 변경이 있을 것으로 예상되는 사업은 수요예측 재조사를 시행한다(동 지침 제38조).

아울러 중앙관서의 장은 총사업비가 500억 원 이상인 소관 사업 중 수요예측 재조사 요건에 해당하는 사업에 대해서는 사업 내용, 사업 규모, 수요예측 재조사 사유 등을 명시해, 기획재정부 장관에게 수요예측 재조사 시행을 요구해야 하며, 기획재정부 장관은 수요예측 재조사의 시행을 요구받은 사업에 대하여 수요예측 재조사의 필요성을 검토한 후 전문성을 갖춘 연구기관 등에 수요예측 재조사를 의뢰할 수 있다. 특히 기획재정부 장관은 예비타당성조사, 기본 계획 또는 타당성조사 등 최초 수요예측치 대비 100분의 30 이상 감소한 것으로 확인된 사업에 대해서는 수요예측 재조사가 아니라 타당성 재조사를 시행하고, 당해 사실을 소관 중앙관서의 장에게 통보해야 한다(동 지침 제39조, 제40조, 제42조). 즉, 수요예측이 30% 이상 벗어날 경우에는 타당성 재조사를 실시해야 한다.

4) 타당성 재조사

(1) 타당성 재조사의 개념

타당성 재조사제도는 일정 요건에 해당하는 경우 사업 추진 여부를 원점에서 재검토하기 위한 제도다. 즉, 타당성 재조사는 사업 추진 과정에서 일정한 요건에 해당하는 사업에 대해, 그 타당성을 객관적으로 재조사하여 타당성이 없는 사업의 추진 또는 불필요한 사업비 증액을 억제함으로써, 재정지출의 효율성을 제고함을 목적으로 한다(총사업비 관리지침 제44조).

타당성 재조사의 대상 사업은 총사업비 관리지침에 의한 관리 대상 사업으로 하며, 타당성 재조사는 기본 계획 또는 타당성조사 완료 단계, 기본 · 실시설계 완료 단계, 시공 단계별로 시행하는데, 기획재정부 장관은 필요하다고 인정하는 사업에 대하여 타당성조사 · 설계착수 이전 또는 그 기간 중에도 타당성 재조사를 시행할 수 있다(동 지침 제46조, 제48조).

(2) 타당성 재조사의 주체

타당성 재조사의 주체는 기획재정부 장관이다. 타당성 재조사를 실시한 때에는 그 결과를 국회에 보고하여야 하고(국가재정법 제50조 제2항), 기획재정부 장관은 타당성 재조사를 전문기관에 의뢰하여 실시할 수 있으며, 타당성 재조사를 의뢰받은 전문기관의 장은 수요예측 자료 등 타당성 재조사 결과에 관한 자료를 공공기관의 정보공개에 관한 법률 제7조에 따라 공개하여야 한다(국가재정법 제50조의2).

(3) 타당성 재조사의 요건

타당성 재조사의 요건, 절차, 조사 내용 등은 국가재정법 제50조 제4항에 따른 총사업비 관리지침상의 관련 규정을 적용하는데, 타당성 재조사를 시행하는 요건을 구체적으로 살펴보면 ① 총사업비 또는 국가의 재정지원 규모가 예비타당성조사 대상 규모에 미달하여 예비타당성조사를 실시하지 않았으나, 사업추진 과정에서 총사업비와 국가의 재정지원 규모가 예비타당성조사 대상 규모로 증가한 사업, ② 예비타당성조사 대상 사업 중 예비타당성조사를 거치지 않고 예산에 반영되어 추진 중인 사업, ③ 물가 인상분 및 공익사업의 시행에 필요한 토지 등의 손실보상비 증가분을 제외한 총사업비가 기획재정부 장관과 협의를 거쳐 확정된 총사업비 대비 100분의 10부터 100분의 20까지의 범위에서 기획재정부 장관이 대상 사업의 총사업비 규모에 따라 정하는 비율 이상 증가한 사업, ④ 사업 여건의 변동 등으로 당해 사업의 수요예측치가 100분의 30 이상 감소한 사업, ⑤ 그 밖에 예산낭비 우려가 있는 등 타당성을 재조사할 필요가 있는 사업 등이다(국가재정법 제50조, 동법 시행령 제22조).

그러나 기획재정부 장관은 ① 사업 내용의 상당 부분이 이미 시공되어 매몰비용이 차지하는 비중이 큰 경우, ② 총사업비 증가의 주요 원인이 법정경비 반영 및 상위계획의 변경 등에 해당되는 경우 등과 같이 타당성 재조사의 실익이 없는 경우, ③ 지역균형 발전, 긴급한 경제 · 사회적 상황 대응 목적으로 추진되는 사업, ④ 재해 예방 · 복구 지원 또는 안전 문제 등으로 시급한 추진이 필요한 사업의 경우에는 타당성 재조사를 시행하지 않을 수 있다(동법 제50조 제3항).

(4) 타당성 재조사의 조사 내용

타당성 재조사는 사업의 개요 및 재조사의 쟁점 파악, 사업계획의 적절성 검토, 경제성 분석, 정책적 분석, 지역균형 발전 분석 등 수행단계별로 제시된 내용을 조사하고, 이를 종합하여 사업의 타당성 및 대안을 제시한다. 즉, 타당성 재조사는 ① 타당성 재조사의 개요 및 기초자료 분석 · 타당성 재조사의 주요 쟁점, ② 사업계획의 적절성 검토, ③ 경제성 분석, ④ 정책성 분석, ⑤ 지역균형 발전 분석, ⑥ 종합 평가 및 정책 제언 등이 포함된다(총사업비 관리지침 제51조).

제 3 절 | 세입 및 세출의 예측

1 세입 및 세출예측의 본질

세입과 세출의 예측이란 현대 예산제도에서 중요한 개념 중의 하나다. 과거 전근대적인 예산제도 하에서는 들어오는 돈을 바탕으로 재원을 사용하는 시스템이었으나, 현재의 예산제도는 나가야 할 돈의 규모를 알고 거둬들이는 시스템으로 전환되고 있다. 따라서 정부가 어떤 기능을 수행할 것이고, 이를 위해 얼마만큼의 재원이 필요한가를 예측하고 분석하는 것은 중요하다.

정부 세입 및 세출의 예측은 과거와 현재의 재정 상황, 사회경제적 상황 등을 바탕으로 미래의 세입과 세출을 예측하는 것으로, 계획예산제도의 도입 이후 많은 관심을 갖게 되었다. 세입 및 세출예측의 필요성은 다음과 같이 정리할 수 있다.

첫째, 정부가 사용하는 재원은 근본적으로 국민의 세금으로 충당되므로, 국민의 조세 부담이 높으면 그만큼 국민의 부담으로 귀속된다. 따라서 정부는 정부가 구현하고자 하는 정책 목표를 제시하고, 그에 상응하는 재정수입을 도모함으로써 정부 재정의 총량을 국민의 관점에서 제시할 필요가 있다. 이를 위해서는 무엇보다 세출예측을 통해 세입예측을 도모할 필요가 있다.

둘째, 정부는 다양한 공공 서비스를 제공하고 있는데, 이를 위해서는 재정적 뒷받침이 선행되어야 한다. 예산과 정책은 불가분의 관계에 있으므로, 세입 및 세출예측을 통한 정책의 실현 가능성을 높이는 것이 중요하다.

셋째, 정부의 재원은 풍부하지 않고 한정되어 있다. 따라서 한정된 재원을 효율적으로 활용해 파레토 효율성을 달성하기 위해서는 세입 및 세출에 대한 정확한 추계를 통해 합리적인 자원 배분계획을 수립하는 것이 필요하다.

넷째, 세입 및 세출의 예측을 통해 재정의 지속가능성 여부를 파악할 수 있다. 가용재원의 범위와 지출 예정액의 추정을 통해 한정된 재원으로 재정을 지속적으로 유지할 수 있는가를 측정할 수 있다.

2 세입 및 세출예측의 기법

세입 및 세출예측의 기법으로는 크게 계량적 방법과 비계량적 방법으로 구분할 수 있다. 비계량적 방법으로는 직관, 전문가들에 의한 판단(judgement), 델파이 기법(delphi), 브레인스토밍(brainstorming), 시나리오 작성(scenario) 등의 방법이 있으며, 계량적 방법으로는 회귀분석과 비용편익분석 방법이 가장 많이 활용된다.

비계량적 방법인 직관이나 전문가에 의한 판단은 정성적인 방법이지만, 오랫동안 경험과 지식이 축적된 경우에 한해 가능할 수 있는 방법이다. 또한 델파이 기법은 전문가들에 대한 설문조사를 실시하고, 설문조사 결과를 집약해 재차 설문을 실시하는 방법으로 다양한 의견을 수렴하는 방법으로 활용된다. 특히 델파이 기법은 다양한 정책 간의 우선순위를 매기거나 서열화하는 방법에 많이 활용된다. 아울러 브레인스토밍 방법은 자유로운 토론 방식으로 의견을 집약하는 방식인데, 대화를 시도할 경우 질보다는 양을 우선시하며, 무비판의 원칙을 활용한다. 즉, 다양한 의견을 자유롭게 격식 없이 논의하다 보면 문제 해결을 위한 대안을 도출할 수 있다는 것이다. 그러나 이러한 비계량적 방법은 대규모 국책사업이나 예산을 수반하는 정책사업에는 적용하기 어렵지만, 정책 간의 우선순위를 결정하는 데는 매우 유용한 접근 방법이다.

1) 회귀분석

(1) 회귀분석의 개념

다변량 자료 간의 관계를 해석하기 위한 통계 기법 중 회귀분석은 가장 널리 활용되고 있는 방법이다. 다변량 자료의 인과 관계 및 상호 의존 관계를 해석함은 물론, 예측이라고 하는 측면에서도 유용한 통계적 방법인데, 질병의 진단, 일기예보, 선거예측, 경기 예측 등에 활용되고 있다.[4)]

회귀분석은 한 변수가 다른 여러 변수에 의해 설명 또는 예측되는 양태와 정도를 알아보기 위한 통계적인 방법으로 종속변수와 독립변수 간의 선형 관계를 가정하고 있다(오동일 1991: 16). 즉, 다수의 관찰된 생산량으로부터 평균적 추정치를 구해 이 수치와 각 개체의 관찰치를 비교해 세입 및 세출 총량을 추정하는 방법으로 주로 예측을 목적으로 사용된다.

독립변수가 하나인 단순선형회귀모형을 나타내면 다음과 같은데, 오차항이 포함

4) 이하의 내용은 이은국 · 원구환 · 오승은(2003: 71-75)에서 재인용.

되는 이유는 종속변수가 확률변수이기 때문이며, 관찰에 의해 변수들을 측정할 때 실제로 오차 없이 정확하게 측정하기가 어렵기 때문이다. 또한 종속변수는 하나의 독립변수만으로 설명되기 어렵기 때문에, 의도적으로나 어쩔 수 없이 생략된 변수들의 영향력이 오차항으로 나타난다.

$$I = a + \sum_{i=1}^{n} b_i \quad I_i + v_i \qquad [식\ 1]$$

$$O = c + \sum_{i=1}^{n} d_i \quad O_i + u_i \qquad [식\ 2]$$

(I: input, O: output a, c: 상수 b, d: 회귀계수, v_i, u_i: 오차항)

회귀식을 사용해 세입 및 세출 규모를 측정하는 경우 [식 1]처럼 투입 측면에서 하나의 산출 또는 복수 산출의 조합 변이에 의해 설명할 수 있고, [식 2]처럼 산출 측면에서 하나의 투입 또는 여러 투입의 조합의 변이에 의해 설명할 수도 있다. 특히 회귀분석을 사용해 예측하는 방법은 과거 연도 기간의 평균치를 추정하고, 이를 바탕으로 미래의 세입 및 세출 추정액을 예측하는 것이다.

(2) 회귀분석의 기본구조

회귀분석에서 독립변수가 1개일 경우 단순회귀모형, 2개 이상일 경우를 다중회귀모형이라 하는데, 독립변수의 중요성은 종속변수와의 관계 속에서 종속변수를 가장 잘 설명할 수 있는 변수로 선정되어야 한다.

$$Y = a + \beta_1 X_1 + \beta_2 X_2 + \beta_3 X_3 + \cdots + \beta_j X_j + \epsilon$$

Y: 예산, a: 절편(상수), β_i: i 번째 영향변수의 계수, X_j: j번째 영향변수

(3) 회귀분석의 사례

다음과 같은 단순회귀모형의 예제를 살펴보기로 하자. 즉, 〈표 5-8〉에서 보는 바와 같이 2010년부터 2033년까지 예산자료를 바탕으로 2034년의 예산 규모를 추정하는데, 종속변수를 예산으로 설정하고 독립변수를 연도로 설정하기로 하자. 즉, Y는 예산, a는 상수, β_1는 연도변수의 계수, X_1는 연도로 설정하기로 하자.

$$Y(예산) = a + \beta_1 X_1(연도) + \epsilon$$

〈표 5-8〉 단순회귀모형의 예제

연도	예산(백억 원)	연도	예산(백억 원)
2010	17,903	2022	46,830
2011	18,072	2023	50,321
2012	18,593	2024	51,205
2013	19,536	2025	54,396
2014	21,015	2026	59,763
2015	22,692	2027	64,320
2016	23,622	2028	66,496
2017	27,156	2029	69,284
2018	29,653	2030	71,947
2019	31,017	2031	75,939
2020	37,197	2032	80,213
2021	44,935	2033	82,228

회귀분석 결과는 〈표 5-9〉와 같은데, a는 $-6{,}208{,}314.8$이며, β_1은 3093.4926으로 분석되었다. 즉, Y(예산) $= -6{,}208{,}314.8 + 3093.4926\ X_1$(연도)로 분석되었다. 따라서 2034년의 예산 규모를 추정하면 Y(2034년 예산 규모) $= -6{,}208{,}315 + 3093.4926\ X_1$(2034) $= 83{,}849.76$이 된다. 따라서 단순회귀모형에 의하면, 2034년의 예산 규모는 약 83,849백억 원으로 추정된다.

〈표 5-9〉 사례분석을 통한 회귀모형

	비표준화 계수		표준화 계수	t	유의 확률
	B	표준오차	베타		
(상수)	−6,208,314.8	201015.87		−30.8847	.000
연도	3093.4926	99.438383	0.9888243	31.109643	.000

* R: .989, R^2: .978, Adjusted R^2: .977, F: 967.810, 유의확률: .000.

(4) 세수 추계 관련 변수

세수 추계와 관련하여 정부와 국회예산정책처가 고려하고 있는 변수를 살펴보면, 단일 변수만이 아니라 2개 이상의 변수를 사용하고 있음을 알 수 있다.

〈표 5-10〉 2022년도 예산안 제출 시 세수 추계 관련 변수

구분	정부	국가예산정책처
종합소득세	경상GDP, 민간소비, 코스피지수	경상GDP, 과세인원비율, 종합소득금액
양도소득세	경상GDP, 소비자물가지수, 금리, 부동산 거래량 및 가격, 주식거래대금, 코스피지수	경상GDP, 부동산 거래량 및 가격, 증권거래대금, 금리
근로소득세	취업자수, 상용근로자수, 명목임금 상승률	취업자수, 임금근로자수, 명목입금 상승률, 실효세율
법인세	경상GDP, 통관수출입, 총급여, 영업이익, 금리, 주택매매가격지수, 코스피지수, 법인금융자산	경상GDP, 통관수출, 환율, 교역조건, 회사채금리, 법인금융자산
부가가치세	민간소비, 통관수출입, 설비투자, 소비자물가	경상GDP, 통관수출입, 설비투자, 환율, 소비자물가
상속증여세	70세 이상 사망자, 코스피지수, 금리, 토지가격 및 주택매매가격, 개인금융자산	경상GDP, 토지가격 및 주택매매가격 상승률, 금리, 부동산 증여건수
증권거래세	증권거래대금	경상GDP, 금리, 증권거래대금
개별소비세	에너지 수요 전망, 담배 반출량, 승용차 신규 등록대수	에너지 수요 전망, 담배 반출량, 승용차 신규 등록대수
관세	통관수입, 환율	통관수입, 환율
주세	민간소비, 소비자물가	민간소비, 소비자물가

자료: 국회예산정책처(2023.8), 『세수오차의 원인과 개선과제』, 107-108면.

세수 추계는 일반적으로 회귀분석 모형에 의해 추정되는데, 주요 국가의 세수오차율을 살펴보면 다음과 같다.

한국의 경우, 2010년대 중반 이후의 세수오차율이 2010년대 초반 세수오차율에 비해 상대적으로 높게 나타나고 있으며, 2019년 말 코로나19 위기 확산에 따라 경제의 불확실성이 증가하면서 대부분의 국가에서와 마찬가지로, 2010년대보다 2020년대 이후의 세수오차가 확대되고 있다. 특히 2020년의 경우, 예산 대비 국세 수입이 과소 수납되어 세수결손이 발생하였는데, 이는 코로나19 확산으로 인한 경제성장률 저하 등 세입 여건의 악화와 2020년 예산 편성 시점 당시에는 예상하지 못했던 코로나19 위기 대응을 위한 정부의 재정지출 확대에 기인한다. 그러나 2021년 이후에는 오히려 예산 대비 국세 수입이 초과 수납되고 있는데, 이는 중앙예산기관이 예상한 것보다 코로나19 확산이 진정되는 과정에서 글로벌 경제가 빠른 회복세를 보인 점에 기인한다.

〈표 5-11〉 주요국의 세수오차율 추이

구분	미국 (10~9월)	캐나다 (4~3월)	영국 (4~3월)	일본 (4~3월)	독일 (1~12월)	한국 (1~12월)
2010	−10.8	1.3	6.0	−19.0	2.9	4.1
2011	−12.7	0.0	−0.8	9.9	5.6	2.5
2012	−8.5	0.1	−0.4	4.4	1.3	−1.4
2013	−4.8	1.7	3.1	3.6	0.2	−7.2
2014	−0.6	0.5	1.1	8.2	0.6	−5.3
2015	−3.3	3.0	2.1	7.4	0.0	−1.5
2016	−9.4	2.7	2.2	3.1	−0.4	8.1
2017	−10.5	3.3	1.6	−3.8	5.0	8.7
2018	−9.7	3.1	2.6	1.8	2.0	8.7
2019	1.8	−1.7	−2.1	2.1	−0.3	−0.5
2020	−7.5	6.0	−12.5	−6.9	−14.1	−2.3
2021	4.1	15.1	12.9	−4.4	4.8	17.8
2022	15.3	−	−	14.3	3.4	13.3

* 세수오차율=(국세 수입 예산−실적)/실적×100(%)로 산출되며, 예산은 본예산 기준.
자료: 국회예산정책처(2023.8), 『세수오차의 원인과 개선과제』, 84~85면에서 재구성.

2) 비용편익분석

(1) 비용편익분석의 개념

1960년대 들어서면서 재정학 분야에 경제분석을 추가하여 경비의 효율적인 지출을 확보하는 비용편익분석이 폭넓게 추진되었다. 즉, 1965년에 프레스트(A. R. Prest)와 터비(R. Turvey)가 비용편익분석에 관한 실제 사례를 분석하면서 본격화되었다(Prest & Turvey, 1965: 683-735).

비용편익분석은 일반적으로 비용이 편익과 균형을 유지할 수 있는 대안을 선택하는 체계적 절차(Pfinner, 1967: 317), 목표 달성에 필요한 가장 비용이 저렴한 방안을 찾는 체계적 연구(Argent, 1974: 282) 등으로 정의되고 있다. 비용편익분석은 계량적 수치를 통해 사업의 성과 여부를 측정하는 방법이고, 이념적인 측면에서는 효율성을 중시하는 기법이다. 비용편익분석은 주로 비용과 편익을 대비해 측정하므로 분석자의 주관성이 개입될 여지가 없으며, 사업 및 정책의 성과 여부를 화폐 단위로 표시함으로써, 의사결정자의 판단을 돕는 역할을 수행한다. 비용편익분석은 다음과 같은 특징을 보여 준다(김동건, 1997: 2-3).

첫째, 개별 투자사업(project)을 평가하는 경제적 분석의 한 분야다. 넓은 의미의 비용편익분석은 프로그램(program)이나 정책(policy)을 평가하는 것을 포함하지만, 주로 개별 사업 단위에 대한 평가를 의미한다.

둘째, 기업의 재무분석과는 달리 국민경제 전체적 관점에서 비용과 편익을 파악한다. 국민경제적 관점에서의 편익이란 특정 사업의 국민 생산에 대한 공헌을 뜻하며, 비용은 국가 자원의 낭비(자원의 기회비용)를 의미한다.

셋째, 공공사업의 추진 및 운영 과정에서 발생될 모든 비용과 편익을 단기적 시각이 아니라 장기적 시각에서 종합적으로 평가한다. 공공사업에서의 시간 변수는 사회적 관점에서 고려되므로, 그 기간이 훨씬 더 길며 할인율의 선택이나 위험에 대한 대응도 장기적이어야 한다.

넷째, 비용편익분석은 현실적인 측면을 고려한 실무적인 분석 방법이다. 기본적인 분석 논리는 미시경제학의 기초 이론에 근거하고 있지만, 현실 적용을 위해 많은 응용이 분석 과정에서 채택된다.

(2) 비용편익분석의 절차

대규모 개발사업의 사업성 평가에는 경제성 분석에서 도입된 편익/비용분석(B/C),

[그림 5-2] 비용편익분석의 절차

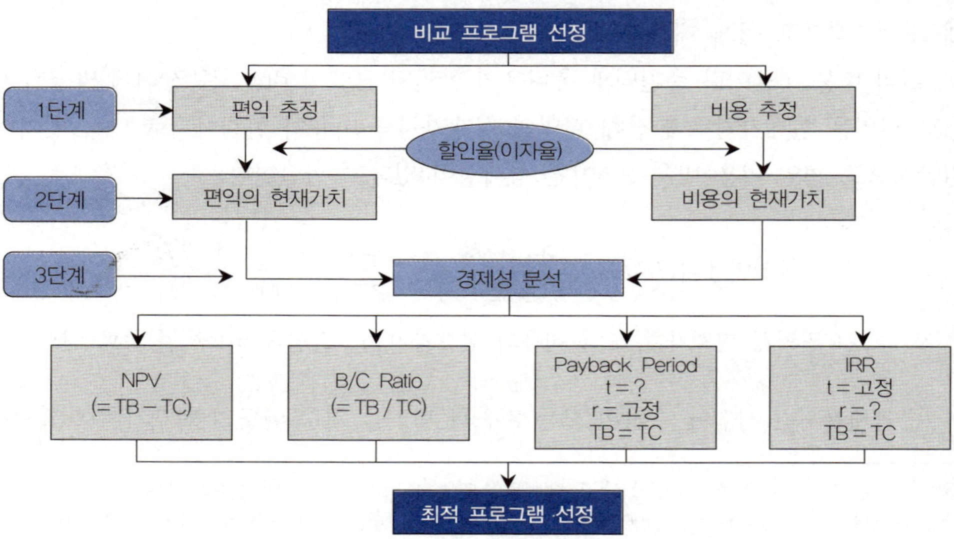

자료: 김병철(2004: 172-173)에서 재구성.

순현재가치법(NPV), 내부수익률(IRR)이 주로 사용되고 있는데, 이러한 사업평가를 위해서는 3단계의 기본 절차를 거쳐야 한다.

1단계에서는 편익 및 비용의 현금 흐름을 추정하고, 2단계에서는 편익과 비용의 미래가치를 현재가치로 전환하고, 3단계에서는 경제성 분석을 시도한다.

편익과 비용의 현금흐름(cash flow)을 추정하는 것은 비용편익분석의 가장 기본이 되는 과정이므로, 시간에 따른 현금흐름을 편익과 비용으로 구분하여 명확하게 설정하는 것이 중요하다. 또한 현금흐름은 미래의 비용 투입과 편익의 발생을 의미하는데, 미래가치가 서로 상이하므로 미래가치를 현재가치로 변환하여 동일한 기준으로 측정하는 것이 필요하다.

(3) 경제성 분석

편익비용비(Benefit Cost Ratio: BCR)는 현재가치로 할인된 편익의 합을 할인된 비용의 합으로 나눈 값으로, 이 값이 1보다 크거나 같을 경우 사업성이 있다고 평가한다. 또한 순현재가치(Net Present Value: NPV)는 할인된 편익의 합에서 비용의 합을 뺀 값으로, 이 값이 0보다 크거나 같을 경우 사업성이 있다고 평가한다. 아울러 내부수익률(Internal Rate of Return: IRR)은 순현재가치를 0으로 만드는 할인율을 의미하며, 따라서 내부수익률로 할인된 편익의 합과 비용의 합은 속성상 같게 된다. 내부수익률이 할인율보다 크거나 같을 경우 사업성이 있다고 판단한다. 내부수익률의 경우는 엑셀 프로그램으로 쉽게 계산할 수 있다.5)

편익/비용 비율이란 총편익과 총비용의 할인된 금액의 비율, 즉 장래에 발생될 비용과 편익을 현재가치로 환산해 편익의 현재가치를 비용의 현재가치로 나눈 것이다. 일반적으로 편익/비용 비율 $\geq$ 1이면 경제성이 있다고 판단한다.

$$\text{편익비용비}(B/C) = \sum_{t=0}^{n} \frac{B_t}{(1+r)^t} \;/\; \sum_{t=0}^{n} \frac{C_t}{(1+r)^t} = \frac{TB}{TC}$$

B_t: 편익의 현재가치, C_t : 비용의 현재가치, r: 할인율, n: 사업 종료 연도

순현재가치란 사업에 수반된 모든 비용과 편익을 기준 연도의 현재가치로 할인해

5) 예를 들면, ○○사업을 시작하는데 7,000,000원이 소요되며, 5년 사이에 1,200,000원, 1,500,000원, 1,800,000원, 2,100,000원, 2,600,00원의 순이익을 기대한다고 가정하면, 5년 후의 내부수익률은 엑셀프로그램에서 IRR(−700, 120, 150, 180, 210, 260)이라고 입력하면 내부수익률이 8.66%로 자동 계산된다.

총편익에서 총비용을 제한 값이며, 순현재가치 ≥ 0이면 경제성이 있다고 판단한다.

$$순현재가치(NPV) = \sum_{t=0}^{n} \frac{B_t}{(1+r)^t} - \sum_{t=0}^{n} \frac{C_t}{(1+r)^t} = TB - TC$$

내부수익률은 편익과 비용의 현재가치로 환산된 값이 같아지는 할인율을 구하는 방법으로, 사업의 시행으로 인한 순현재가치를 0으로 만드는 할인율이며, 내부수익률이 사회적 할인율보다 크면 경제성이 있다고 판단한다.

$$내부수익률(IRR):\ \sum_{t=0}^{n} \frac{B_t}{(1+R)^t} = \sum_{t=0}^{n} \frac{C_t}{(1+R)^t} \text{ 을 만족하는 } r$$

〈표 5-12〉 경제성 분석기법의 비교

분석기법	판단	장점	단점
편익/ 비용 비율 (B/C)	B/C ≥ 1	• 이해 용이, 사업 규모 고려 가능 • 비용편익 발생 시간의 고려	• 편익 추정의 어려움 • 상호 배타적 대안 선택의 오류 발생 • 사회적 할인율의 파악
내부 수익률 (IRR)	IRR ≥ r	• 사업의 수익성 측정 가능 • 다른 대안과 비교가 용이 • 평가 과정과 결과 이해가 용이	• 사업의 절대적 규모 고려하지 않음 • 복수 내부수익률이 동시 도출 • 공익적 수익률 미고려
순현재 가치 (NPV)	NPV ≥ 0	• 대안 선택 시 명확한 기준 제시 • 장래 발생 편익의 현재가치 제시 • 한계 순현재가치 고려 • 다른 분석에 이용 가능	• 할인율의 분명한 파악 어려움 • 현재가치 추정의 가변성 • 대안 우선순위 결정 시 오류 발생 가능 • 편익 추정의 어려움
회수 기간법	짧을수록	• 투자액 회수 기간 추정 • 안정성, 유동성 측정 용이	• 수익성 측정 불가능 • 공익적 관점에서 회수 기간 미고려

회수기간법(payback period)은 회수 기간에 따라 대안을 평가하는 방법으로 짧을수록 바람직하다. 그러나 회수기간법은 투자액을 얼마나 빨리 회수할 수 있는가를 판단하는 척도를 제공할 뿐 수익성의 척도로 사용하기에는 한계가 있다. 회수 기간이 짧을수록 바람직한 대안이고, 회수 기간이 길수록 대안은 바람직하지 않을 수 있다. 회수기간법은 회수 기간 이후의 현금 흐름을 고려하지 않기 때문에 대안의 수익성은 고려하지 않고, 단지 시간적 관점에서만 대안을 평가하게 된다. 따라서 회수기간법은 안정성과 유동성이라는 측면에서는 유용하지만, 수익성의 척도가 되지는 못한다.

순현재가치법과 내부수익률은 시간 가치를 고려해 수익성을 측정한다는 점에서 동일하다. 그러나 순현재가치법은 금액의 크기에 따라 대안을 평가하고, 내부수익률은 비율로 평가한다는 점에서 차이가 존재한다. 관리자가 금액과 비율 중 어느 것에 중점을 두는가에 따라 달라지는데, 이익의 증가에 관심이 있다면 순현재가치법이 바람직하며, 이익률이 상승하는 것에 관심이 있다면 내부수익률이 바람직하다.

(4) 비용편익분석의 사례

비용편익분석의 예를 간단한 사례를 들어 설명하면 다음과 같다.

첫째, 비용과 편익의 현금 흐름을 추정해야 한다. 예를 들어, 〈표 5-13〉과 같이 비용은 1년 및 2년 후에 각각 300억 원, 400억 원이 발생하고, 편익은 4년 및 5년 후에 각각 600억 원, 500억 원이 발생한다고 가정하자.

〈표 5-13〉 비용과 편익의 현금 흐름

(단위: 억 원)

연도	0	1	2	3	4	5	합계
비용		300	400				700
편익					600	500	1,100

둘째, 비용과 편익을 현재가치로 변환해야 한다. 1년 후의 300억 원과 2년 후의 400억 원, 4년과 5년 후의 600억 원과 500억 원을 그대로 비교하면, 비교 시점이 다르기 때문에 공정한 평가가 이뤄지기 어렵다. 따라서 미래가치를 현재가치로 전환해 분석해야 한다. 이때 미래의 편익과 비용을 모두 현재가치로 환산할 때 적용되는 이자율을 할인율(discount rate)이라고 한다. 일반적으로 미래가치를 현재가치로 전환하는 방법은 다음과 같다.

$$\text{현재가치} + \text{이자} = \text{미래가치} \quad (\text{이자} = \text{현재가치} \times \text{이자율})$$

$$\text{현재가치} + (\text{현재가치} \times \text{이자율}) = \text{미래가치}$$

$$\text{현재가치}(1 + \text{이자율}) = \text{미래가치}$$

$$\text{현재가치} = \text{미래가치}/(1 + \text{이자율})$$

$$PV(Present\ \ Value) = \frac{FV(Future\ \ Value)}{(1+r)^n}$$

비용편익분석에서 가장 중요하게 고려되어야 할 개념은 할인율이다. 비용편익분석에서 비용과 편익은 현재 발생하는 비용과 편익일 수도 있지만, 미래에 발생하는 비용과 편익이 대부분이다. 따라서 현재의 비용과 편익의 가치와 미래의 비용과 편익의 가치를 동일한 기준으로 비교할 필요가 있다. 예를 들어, 현재의 100만 원과 1년 후의 100만 원, 3년 후의 100만 원의 가치가 다르다. 현재의 100만 원을 은행에 맡기면 이자수익이 발생하기 때문에, 지금 당장의 100만 원과 1년 후의 100만원의 가치는 다르다. 따라서 미래의 가치를 현재의 가치로 환산해 주고 현재의 시점에서 동등하게 비용과 편익을 비교해야 하는데, 이때 적용되는 것이 이자율이고 일반적으로 비용편익분석에서는 이를 할인율이라고 한다.

할인율은 보통 민간할인율, 사회적 할인율, 자본의 기회비용 등이 고려되는데(김동건, 2000: 194-197), 현재가치는 시간이 길어질수록 감소하며 할인율이 높아질수록 감소한다. 즉, 현재가치와 할인율은 역의 관계가 성립한다.

〈표 5-14〉 비용과 편익의 현재가치화

연도	0	1년	2년	3년	4년	5년
비용	(현재가치)	300	400			
편익	(현재가치)				600	500

위의 예를 근거로 미래가치를 현재가치로 전환하면 다음과 같다. 이 경우 할인율에 대한 추정치가 필요한데, 사회적 상황과 맥락에 따라 다양한 할인율을 상정할 수 있다. 예를 들어, 〈표 5-14〉의 현금 흐름에서 나타난 미래가치를 할인율 10%로 가정하고 현재가치를 추정하면 〈표 5-15〉와 같다.

셋째, 현재가치로 할인된 편익과 비용을 가지고 경제성 분석을 시도한다. 위의 예에서 순현재가치와 편익비용비를 구하면 다음과 같다.

〈표 5-15〉 할인된 비용과 편익의 현재가치

(단위: 억 원)

연도	0	1	2	3	4	5	합계
비용		273	331				604
편익					410	310	720

$$NPV = TB - TC = 720 - 604 = 116$$

$$BCR = TB / TC = 720 / 604 = 1.19$$

NPV가 0보다 크고, BCR이 1보다 크므로 이러한 사업은 경제적 타당성이 있다고 평가할 수 있다.

3) 단순 추세분석

추세분석(trend analysis)은 예산 편성 및 사업분석 기법에서 자주 활용되는 기법이다. 추세분석은 과거의 어떤 추세를 가지고 어떻게 변화해 왔는가를 관찰해 미래를 예측하는 방법이다. 특히 추세분석은 과거 추세를 바탕으로 향후 예산 편성 시 삭감 또는 증액에 관한 정보를 제공하는 것이므로, 미래의 예산 수요를 예측해 예산 규모를 측정하는 방식이다.

예를 들어, 추세분석의 PCM(Percentage Change Method)은 전년도 조세징수액에 다음 연도 성장률 예측치를 곱해서 계산하는 형태이므로, 성장률 예측이 정확하지 않으면 예측의 오류가 발생할 수 있다.

$$S_t = S_{t-1}(1+g)$$

S_t: t 기간의 조세 징수액, S_{t-1}: $(t-1)$ 기간의 조세 징수액

g는 예상되는 성장률

정부 예산제도의 변천

제 1 절 | 품목별 예산제도

1 품목별 예산제도의 개념

1) 품목별 예산제도의 정의

품목별 예산제도(line-item budget)란 예산을 편성할 때 정부가 지출하고자 하는 지출 대상 품목별로 예산을 편성하도록 하고, 실제 집행에서도 당초 편성된 지출 항목에 따라 집행하도록 강제하는 예산제도다(Schick, 1978: 48-49). 따라서 세입예산보다는 세출예산에 적용되는 제도이며, 예산 집행에서 용도 변경이 불가능한 제도다. 예를 들어, 인건비 항목의 예산을 건물임대료 등에 변경해 지출할 수 없으며, 반드시 인건비 항목에만 지출해야 한다. 따라서 품목별 예산제도의 목적은 돈이 어떤 세출 항목에 적법하게 사용되고 있는가에 역점을 두게 된다.

품목별 예산제도는 조직별로 예산을 구분하고, 이를 다시 지출 대상 품목별로 세분화해서 금액을 표시하는 방법이다. 일반적으로 세출예산 과목의 구조는 '소관별-장-관-항-세항-세세항-목'으로 체계화되어 있는데, 목에 해당하는 항목이 바로 품목별 예산제도에 해당한다. 품목별 예산제도는 목에 해당하는 항목, 즉 정부가 어떤 대상에 얼마만큼을 지출하는가에 초점을 맞추고 있기 때문에, 어떤 지출 대상 품목에 어느 정도 투입되는지를 나타낸다. 따라서 품목별 예산제도는 투입 중심의 예산제도라 할 수 있다.

품목별 예산제도는 사업의 성과나 예산 운영 방식보다는 지출 비용에 대해 관심을 기울이며, 예산담당자들은 전년도에 비해 개별 지출 항목들이 얼마나 더 증감되었는지를 확인할 뿐 지출에 대한 성과를 고려하지 않는다. 따라서 품목별 예산제도는 점증주의적 성향을 지니고 있다.

품목별 예산제도는 지출 대상을 품목별로 분류해 지출 대상과 한계를 규명함으로써 예산지출의 통제를 기하려는 제도이며, 오늘날 보편화된 행정부제출 예산제도(executive budget)의 근간이 되는 예산제도다.

2) 품목별 예산제도의 유래

품목별 예산제도의 역사적 발달 배경은 절대군주를 통제하기 위한 수단으로 고안되었다. 즉, 영국의 경우에는 의회가 국왕의 재정권을 통제하는 것에서부터 근대적 예산제도가 비롯되었다. 1215년 대헌장(Magna Carta)에는 의회의 재정통제권을, 권리장전(Bill of Rights)은 의회의 승인 없는 과세는 위법이라고 규정했으며, 1688년 명예혁명 이후 의회는 국왕의 과세동의권을 박탈했고, 18세기에 들어와서는 예산의 지출권도 통제하였다. 즉, 예산에 대한 의회의 최대 관심은 예산을 지출할 때 부정적인 행위를 억제하는 데 있었다(Beer, 1957).

또한 왕정의 경험이 없는 미국의 경우에는 행정부 관료들의 자유재량을 제한해 부패를 방지하고 능률을 향상시키기 위해 도입되었다. 미국 뉴욕시 시정조사국(The New York Bureau of Municipal Research)의 건의에 따라 1907년 뉴욕시 보건국의 전체 예산을 품목별로 편성한 것에서 비롯되었는데, 기관의 운영에 필요한 품목을 나열하고, 나열된 품목에 따라 화폐 단위를 표시하도록 했다(Burkhead, 1956: 127-128). 1921년 미국에서 제정된 예산회계법(budgeting and accounting)은 품목별 예산제도의 발달에 크게 기여했다.

품목별 예산제도는 전제군주에 대한 재정통제 및 행정부 재량에 따른 부패를 시정하기 위해 도입되었으며, 정부의 기능과 규모, 예산이 적은 경우에 효율적으로 적용될 수 있는 제도다.

3) 품목별 예산제도의 방향(통제)

예산제도의 관점이 통제(control oriented), 관리(management oriented), 계획(planning oriented)으로 변천되어 왔다고 정의할 경우(Schick, 1971), 품목별 예산제도는 통제 중

심의 예산제도라 할 수 있다. 또한 예산이 총량적 재정규율, 배분적 효율성, 운영적 효율성이라는 기능을 수행하고 있다고 정의할 경우(Schick, 1998),[1] 품목별 예산제도는 이러한 제반적 기능을 수행하고 있지 못한 예산제도라 할 수 있다(배득종, 2005: 161). 즉, 품목별 예산제도는 가장 최소 단위인 지출 대상 품목에 따라 예산을 배분하기 때문에 전체적인 예산 총량을 이해하기 어려우며, 세입과 세출이 유기적으로 연계되지 못하고, 사업에 따른 예산 배분을 고려하지 않기 때문에 배분적 효율성도 기대하기 어렵다. 특히 투입된 금액의 적법적 지출만을 강조하기 때문에, 운영적 효율성도 달성하기 어려운 측면이 있다.

예산은 입법부 중심의 통제지향적 · 전통적 예산 원칙과 행정부 중심의 관리지향적 · 현대적 예산 원칙이라는 두 가지 가치 체계의 규율을 받고 있는데(박문옥, 1986: 102-109), 품목별 예산제도는 행정부에 대한 입법부의 우위를 전제로 입법부의 통제에 중심을 두는 예산제도다. 국민의 대표기관인 입법부가 행정부의 독점적 재량권 확대를 억제하기 위해 활용되는 예산제도로, 당초 편성된 지출 대상 품목별로 지출하도록 유도하는 통제 중심의 예산제도다.

통제 중심의 품목별 예산제도는 투입 중심의 예산제도로서 성과를 고려하지 못하는 단점이 있으나, 행정부의 재량권을 억제하고 지출의 적법성을 도모함으로써, 현대 예산제도의 근간을 형성했다는 점에서 의의가 있다.

2 품목별 예산구조

품목별 예산의 기본적인 구조는 장, 관, 항, 세항, 세세항, 목의 구조로 이뤄지는 예산 과목에서 '목'에 해당하는 것이 품목별 예산제도다.

품목별 예산제도의 간단한 예를 들어 살펴보면 다음과 같다. 즉, 국립박물관 운영과 관련된 예산은 인건비, 일반운영비, 여비, 자산취득비 등으로 구분되어 편성되고 집행된다고 가정하자. 국립박물관의 예산집행자는 인건비 항목의 예산을 일반운영비

---

1) 쉬크(Allen Schick)는 기존의 통제, 관리, 계획 중심으로의 예산제도 변천을 총량적 재정규율, 배분적 효율성, 운영적 효율성으로 수정 제시했다. 총량적 재정규율(aggregate fiscal discipline)은 국가 예산의 총량을 결정하는 것으로, 개별 사업에 대한 예산 배분 전에 이뤄지며, 배분적 효율성(allocative efficiency)은 총량적 예산 범위 내에서 정책적 우선순위에 따라 예산을 배분하는 것이다. 운영적 효율성(operational efficiency)은 개별 사업의 비용 절감을 도모함으로써 예산의 합리적 운영을 도모하는 것이다(Schick, 1998: 1-27).

항목의 예산으로 전용해 사용할 수 없으며, 여비 · 자산취득비의 경우도 마찬가지다. 따라서 품목별 예산제도는 지출 대상별로 예산을 편성해 집행하기 때문에 지출통제가 용이하며, 각 항목별로 지출 내역에 맞게 사용했다면 그것으로 예산 집행이 적법하게 이뤄진 것으로 정당화된다.

그러나 품목별 예산구조 하에서는 국립박물관 운영과 관련된 전체 예산을 한눈에 파악하기 어렵다. 즉, 국립박물관 운영과 관련된 예산 내역을 살펴보기 위해서는 인건비, 일반운영비, 여비, 자산취득비 등의 지출 항목에 포함된 예산 내역을 모두 종합해야 국립박물관 운영과 관련된 예산을 파악할 수 있다.

따라서 품목별 예산제도는 각 지출 항목별 예산통제는 용이하지만, 지출을 통해 무엇을 달성하고자 하는지에 대한 목적 의식을 파악하기 어려우며, 사업 전체에 대한 예산 파악이 쉽지 않다. 국립박물관 운영을 위해 전체 얼마만큼의 예산을 편성해 집행했는지, 국립박물관 운영에 편성된 예산 집행을 통해 궁극적으로 달성하고자 하는 목표는 무엇인지, 내년에도 계속적으로 이 사업을 수행하는 것이 바람직한지 등을 파악하기가 어려운 구조라 할 수 있다.

〈표 6-1〉 품목별 예산제도의 예

과목	예산액	산출 기초(천 원)
2111 문화예술관리	83,776	
110 인건비	74,439	
101 인건비	62,391	〈수당〉 6,483원×21인×38시간×12월×1.005 = 62,391
	12,048	〈일용인부임〉 국립박물관 사무보조 12,048
120 경상적 경비	8,941	
201 일반운영비	3,541	〈일반운영비〉 국립박물관 운영 물품 2,400/사료운반비 600 국립박물관 대형난로 516원×10*L*×105일 = 541
202 여비	5,400	〈국내여비〉 문화자료 수집 여비 40,000원 × 5인 × 27회 = 5,400
220 자체사업	396	
405 자체사업	396	〈자산 및 물품취득비〉 디지털카메라 부대장비 351 렌지후드 45,000원 × 1개 = 45

3 품목별 예산제도의 장점 및 문제점

1) 품목별 예산제도의 장점

품목별 예산제도가 지니고 있는 장점을 살펴보면 다음과 같다.

첫째, 품목별 예산제도는 절대군주의 예산권을 제한하고, 행정부의 자유재량권을 억제해 부정부패와 예산의 오·남용을 막기 위해 태동되었다. 따라서 품목별 예산제도는 국민의 대표기관인 입법부 중심의 행정부 통제 예산제도로서, 행정부의 자의적 예산 집행을 지출 대상에 따라 통제할 수 있는 장점이 있다.

둘째, 행정부 통제와 관련해 예산 집행의 책임성을 확보할 수 있다. 당초 편성된 지출 항목대로 예산을 집행해야 하므로, 지출 목적에 부합하지 않는 예산을 집행할 수 없으며, 지출 대상에 따라 책임성을 확보할 수 있다. 특히 지출 대상 품목에 따라 예산이 배분되고, 품목에 따른 지출 책임 소재를 규명하기 때문에 예산 계정과 회계 계정을 일치시킬 수 있는 이점이 있다.

셋째, 인건비, 물건비 등 품목별로 지출 총액을 확인할 수 있으며, 예산 집행의 품목별 적법성 여부를 파악할 수 있어 의회의 예산 심의 및 회계검사가 용이하다. 또한 인건비, 물건비, 자산취득비 등 지출 대상 품목별로 세출예산을 구분하고 있기 때문에 예산의 성질별 분류가 가능하다.

넷째, 정부에서 구입하는 품목의 구입 가격을 통일시켜 세출예산 편성의 표준화 및 능률성을 도모할 수 있고, 조직 및 인사관리를 위한 기초자료를 확보할 수 있다. 즉, 지출 항목 중 인건비 항목 등을 통해 조직 및 인사관리를 위한 유용한 각종 정보 및 자료를 제공할 수 있다(Burkhead, 1956: 130-131).

2) 품목별 예산제도의 문제점

품목별 예산제도가 지니고 있는 문제점은 다음과 같다.

첫째, 품목별 예산제도는 세입보다는 세출통제에 중점을 두고 있기 때문에, 세입과 세출과의 유기적 연계를 고려하고 있지 못하다. 즉, 정부가 무엇을 위해 예산을 편성해 운영해야 하는가에 대한 검토가 없기 때문에 사업계획이 부재하며, 사업계획에 합당한 예산이 배분되지 못하고 계획과 예산이 일치하지 않는다.

둘째, 지출 대상 품목별로 세출예산을 편성하고 지출 항목에 따른 적법성 여부만을 검증하기 때문에 예산통제를 적정하게 수행할 수 있지만, 예산통제를 통해 무엇을 달성했는가를 측정하는 데는 한계가 있다. 국민의 세금 가치를 실현할 수 있는 목적과 수단의 유기적 연계가 부재하다.

셋째, 당초 편성된 지출 대상별로 예산을 집행하기 때문에, 예산 집행의 신축성이 저하될 수 있다. 사전에 편성된 금액을 지출 항목별로 정해진 용처에 사용하기 때문에, 뜻밖의 환경 변화에 따른 예산 집행의 신축성을 확보하기 어렵다.

넷째, 품목별 예산제도는 환류적 기능이 취약하다. 즉, 지출 대상 항목별로 지출의 적법성만을 고려하기 때문에, 예산 성과를 평가해 새로운 예산 편성에 필요한 정보를 제공하는 데 한계가 있다. 특히 새로운 예산 편성에 대한 정보가 부재하여 다음 연도 예산을 편성할 때 지출 항목별 점증 행태가 나타날 수 있다.

제 2 절 | 성과주의 예산제도

1 성과주의 예산제도의 개념

1) 성과주의 예산제도의 정의

성과주의 예산제도(performance budget)는 예산 과목을 기능 및 활동, 주요 사업, 세부 사업별로 분류·편성해 사업별 업무량과 비용을 합리적으로 표시함으로써, 사업별 성과를 제고하려는 예산제도다. 즉, 성과주의 예산은 사업별 업무 단위를 선정해 업무를 양적으로 표시하고, 업무량에 소요되는 비용을 원가에 근거해 편성하며, 집행의 성과를 측정, 평가해 효과적인 예산 운용을 도모하려는 것이다.

품목별 예산제도는 지출 항목에 대한 통제에 초점을 맞춤으로써 예산의 적법한 사용을 강조했으나, 지출 항목에 대한 예산 사용으로 무엇을 달성하려고 하는지에 대한 검토가 없었다. 따라서 성과주의 예산제도는 무엇을 위해 예산을 사용했는가에 초점을 맞춘 예산제도이며, 투입 중심의 품목별 예산제도와는 달리 산출 중심의 예산제도로 전환했다는 점에서 의의가 크다.

품목별 예산제도 이후에 등장한 성과주의 예산제도는 근래에 제기된 성과주의와는 개념적으로 상이하다. 두 제도 모두 성과(performance)라는 용어를 공통으로 사용하고 있으나, 오늘날의 성과 개념은 산출이 아닌 결과에 초점을 두고 있다는 점과, 프로그램의 구조화를 통한 사업구조의 체계화와 예산의 연계, 성과 환류 등 성과관리를 강조한다는 점에서 차이가 존재한다. 배득종(2005: 163)은 과거의 개념을 실적주의 예산제도로 명명했으나, 이 책에서는 과거의 개념은 성과주의 예산제도로, 최근의 개념은 성과관리 예산제도로 구분해 설명하고자 한다. 과거의 성과주의 예산이 업무 측정단위 및 단위비용 계측의 어려움으로 실패함에 따라 오늘날 강조되고 있는 개념은 엄밀한 측정보다는 '성과관리'를 강화해야 한다는 입장이므로, 현재의 개념을 성과관리 예산제도로 명명하기로 한다.

2) 성과주의 예산제도의 유래

성과주의 예산제도의 유래는 기존 품목별 예산제도에 대한 비판에서 비롯되었다고 볼 수 있다. 품목별 예산제도에서는 어떤 항목에 얼마만큼의 돈을 지불한다는 의미가 있었을 뿐 지출을 통해 달성하고자 하는 목적을 명확히 파악할 수 없었다. 정부가 무엇을 위해 예산을 편성해 운영해야 하는가에 대한 검토가 없기 때문에 사업계획이 부재하며, 사업계획에 합당한 예산이 배분되지 못하고 계획과 예산이 불일치해지는 현상이 초래되었다. 품목별 예산제도는 지출 적합성에만 관심을 두고 있었기 때문에, 지출을 통해 달성할 수 있는 성과는 등한시되었다. 따라서 정부가 지출을 통해 달성하고자 하는 성과를 정확하게 반영할 수 있는 예산제도의 개혁이 필요했으며, 정부가 지출하는 대상보다 지출 목적을 강조할 필요가 있었다.

다음으로, 행·재정적 환경 변화는 성과주의 예산제도의 도입을 초래했다. 1913년에 뉴욕시 리치먼드구에서 도입된 원가예산제도(cost data budget)는 성과주의 예산제도의 제도적 기원이라 할 수 있는데, 사업의 단위원가를 기초로 예산 편성을 도모함으로써 방만한 예산 배분을 억제하고 절약과 능률을 강조했다. 20세기 초반의 격심한 정치와 행정의 부정부패 현상으로 말미암아 대대적인 행정개혁운동이 전개되었는데, 개혁운동의 핵심은 행정의 절약과 능률성을 실현하는 것이었으며, 이를 실현하기 위한 방법으로 원가에 기반한 예산 편성을 도모함으로써, 예산 편성의 비효율성을 제거하고자 했다.

또한 1930년대 후반의 뉴딜(New Deal) 시대의 재정정책으로 인해 대폭적으로 확대된 재정지출을 효율적으로 관리해야 할 필요성이 제기되었고, 1949년 후버위원회(Hoover Commission on Organization of the Executive of the Government, 1949)에서는 예산 개념을 기능(function), 활동(activities), 사업계획에 기초를 둔 성과주의 예산을 강조했다. 또한 미국은 예산회계절차법(Budgeting and Accounting Procedures Act, 1950)을 도입했는데, 예산서에 활동별 책임규정(Obligation by Activity)을 의무화해 능률성을 강조했다(Eghtedari & Sherwood, 1960). 즉, 정부 활동을 효율적으로 수행하기 위해 예산과목을 기능적으로 분류하고, 업무 단위마다 소요되는 비용과 업무의 달성도를 측정함으로써 행정관리자가 업무의 능률을 평가할 수 있도록 했다.

3) 성과주의 예산제도의 방향

예산제도가 통제, 관리, 계획의 관점에서 변천되어 왔다고 정의할 경우(Schick, 1971), 성과주의 예산제도는 관리 중심의 예산제도라 할 수 있다. 또한 예산이 총량적 재정규율, 배분적 효율성, 운영적 효율성이라는 기능을 수행하고 있다고 정의할 경우(Schick, 1998), 성과주의 예산제도는 운영적 효율성 측면에서 품목별 예산제도보다 월등한 예산제도라 할 수 있다(배득종, 2005: 164).

품목별 예산제도가 입법부 우위의 관점에서 행정부를 통제하려는 입법적 통제(legislative control) 수단으로 도입되었다면, 성과주의 예산제도는 행정의 비효율적 예산운영을 절약과 능률의 관점에서 관리하는 행정관리적(executive management) 수단으로 전환되는 계기가 되었으며(Smith, 1944: 182), 성과주의 예산제도의 도입으로 행정관리자에게 관리의 책임이 부여되었다(Buckhead, 1956: 207).

성과주의 예산제도는 품목별 예산제도에 비해 업무에 소요되는 비용을 정확히 산출함으로써 예산통제와 관리의 능률을 기할 수 있는데, 이는 복식부기, 발생주의 회계 원칙, 업무 측정 단위, 단위원가 등을 통해 달성된다.

2 성과주의 예산구조

성과주의 예산제도는 '예산 = 단위원가 × 업무량'으로 표시되는데, 〈표 6-2〉와 같은 예제 표를 살펴보면 쉽게 이해할 수 있다.

즉, 예를 들면 복지시설 확충이라는 사업을 위해 총면적 30,000m^{2}의 복지관 건립을 추진하는 세부 사업 활동이 있다고 가정하면, 이에 소요되는 예산은 약 4,545,454천 원(= $\frac{500 \times 30,000}{3.3}$)이 된다. 또한 연구개발육성지원사업과 관련해 1개의 기업당 1억 원씩 지원해 100개의 혁신기업을 발굴 지원하는 활동이 있다고 가정하면, 이에 소

〈표 6-2〉 성과주의 예산구조의 기본 예

사업	세부 사업 활동	업무량	업무 단위	원가(천 원)	예산(천 원)
복지시설 확충	복지관 건립	30,000m^2	3.3m^2	500	4,545,454
R&D 육성	혁신기업 육성 지원	100개	1개	100,000	10,000,000

요되는 예산은 100억 원이다. 따라서 성과주의 예산제도의 핵심은 단위원가와 업무량을 정확하게 추정하는 것이 중요하며, 이를 바탕으로 절약과 능률적 운영을 도모하는 예산제도다.

그러나 성과주의 예산제도는 투입에서 산출에 대한 관심을 제고했다는 점에서는 의의가 크지만, 산출이라는 것이 최종 결과물이 아니라는 점에서는 비판을 받고 있다. 즉, 〈표 6-2〉에서 살펴본 바와 같이 복지관 건립, 혁신기업 육성 지원 등의 정부 활동은 그 자체가 목적이 아니라 최종 결과에 도달하기 위한 중간 결과물에 불과하다. 비록 복지관이 단위원가보다 적은 비용을 들여 능률적으로 건립되었다 하더라도 복지관 건립을 통해 달성하고자 하는 궁극적 목적(예: 국민의 복리 증진)이 달성되었다고 평가하기에는 한계가 있다.

3 성과주의 예산제도의 장점 및 문제점

1) 성과주의 예산제도의 장점

성과주의 예산제도의 장점은 다음과 같다.

첫째, 성과주의 예산제도는 사업 및 활동에 대한 업무량과 원가를 명시함으로써, 예산 편성을 용이하게 해 준다. 정부조직별 예산 편성보다는 기능별로 수립된 계획에 따라 업무량을 기초로 예산을 결정·배분하며, 배분된 예산을 절약과 능률의 관점에서 접근하여 비효율적 예산 낭비를 억제하려는 경향이 강하다.

둘째, 예산 배분 및 회계가 기능 및 활동별로 이뤄지기 때문에 정부 활동의 성과를 파악하기 용이하며, 국회의 예산 심의나 행정부의 예산 편성 시에도 기능별 비용과 예상 성과를 비교 평가할 수 있다. 특히 예산 집행 후의 실적을 측정할 수 있고, 성과 평가를 통해 얻은 결과를 다음 연도의 예산 편성에 반영할 수 있다. 성과주의 예산제도는 지출 대상 품목을 고려하지 않고, 사업 및 활동 등을 고려했다는 점에서 예산제도 발전에 큰 기여를 했다고 볼 수 있다.

셋째, 성과주의 예산제도는 행정부서의 주요 사업이 예산에 명시되므로, 사업의 집행 및 성과에 대한 책임을 강조할 수 있다. 특히 의회의 예산 심의가 큰 틀에서 이뤄지기 때문에 세부 항목에 대한 예산 배정 및 책임은 행정부서의 관리자에게 위임되며, 그에 따른 성과 및 책임 의식을 제고할 수 있다.

넷째, 성과주의 예산은 각 사업마다 업무 측정 단위를 선정해 업무를 양적으로 표시하게 하고, 예산은 원가예산을 기초로 하여 편성되므로 절약과 능률을 실현할 수 있다. 특히 사업에 소요되는 경비의 최소화를 기하는 동시에 집행의 성과를 객관적인 척도에 의해 측정・평가해 효과적인 재정통제를 가능하게 해 준다.

2) 성과주의 예산제도의 문제점

성과주의 예산제도가 지니고 있는 문제점은 다음과 같다.

첫째, 성과주의 예산제도의 가장 큰 장점은 업무 측정 단위와 단위원가를 계산해 정부 활동별로 예산을 배분함으로써 성과를 지향한다는 것이지만, 업무 측정 단위 및 단위원가의 계산이 현실적으로 측정하기 어렵다는 것이다. 정부 활동은 복지 등과 같이 계량화해 설명하기 어려운 활동이 많기 때문이다. 비록 계량화가 가능하더라도 완전한 측정이 아닌 부분적 측정에 한정될 수 있으며, 부분적 측정으로 인해 오히려 성과에 대한 불신을 초래할 수 있다.

둘째, 업무 단위별 성과 측정이 계량화되기 때문에 양적 측면에서의 평가는 용이하지만 질적 측면에서의 성과측정 및 평가가 용이하지 못하다. 또한 경제적 능률성에 초점을 맞추기 때문에 사회적 능률성을 고려하지 못하며, 사회적으로 바람직한 목표가 실제로 달성되었는지를 고려하지 못한다.

셋째, 품목별 예산제도 하에서는 지출 대상에 대한 명백한 회계 책임을 확보할 수 있으나, 성과주의 예산제도 하에서는 지출의 주체와 회계 책임이 불명확해질 수 있다. 만약 사업 및 활동이 여러 조직에 분산되어 있을 경우, 책임 소재를 분명히 규명하기가 쉽지 않다.

넷째, 성과주의 예산제도에서 강조되는 업무 단위는 최종 목표가 아니라 중간 목표적 성격을 지니고 있다. 따라서 업무 단위가 제대로 달성되었다 할지라도 최종 목표가 달성되었다고 볼 수는 없다.

제 3 절 | 계획예산제도

1 계획예산제도의 개념

1) 계획예산제도의 정의

계획예산제도(Planning Programming Budgeting System: PPBS)는 장기적 계획수립(planning)과 단기적 예산 편성(budgeting)을, 사업계획 작성(programming)을 통해 유기적으로 연결시킴으로써, 자원 배분에 관한 합리적 의사 결정을 도모하려는 제도다(Hitch, 1965). 즉, 계획과 예산을 분리된 개념에서 통합적 개념으로 이해하려는 예산제도로 예산의 단년도주의를 극복하려는 것이다.

장기적 계획 수립이란 목표 정립, 대안 모색, 최적의 대안 선택을 의미하고, 사업계획은 통상 5개년에 걸쳐 장기계획을 달성할 수 있는 사업의 비용과 성과를 배분하는 과정이며, 예산 편성은 사업계획에 따라 차기 연도 사업 수행에 필요한 예산을 배분하는 과정으로 이해된다. 장기계획과 중기 사업계획을 1년의 예산과 유기적으로 연결시킨 제도로서, 대안의 체계적 분석과 과학적 근거에 따른 자원 배분을 중시한다. 특히 정부의 궁극적 목적과 목적 달성에 필요한 수단을 객관적 분석기법(비용편익분석, 체제분석, OR 등)을 활용해 유기적으로 연계하려는 예산제도다.

계획예산제도를 성과주의 예산제도와 비교하면 다음과 같다.

첫째, 성과주의 예산제도는 회계학과 과학적 관리법의 영향을 받아 발전되었으나, 계획예산제도는 경제학과 체제분석(systems analysis)의 영향을 받았다.

둘째, 성과주의 예산제도는 예산을 관리의 도구로 이해하며 사업의 수행을 강조하는 데 비해, 계획예산제도는 예산을 자원 배분 과정으로 이해하고 목적의 달성을 중시한다. 즉, 계획예산제도는 목표의 설정과 목표 달성을 위한 대안 탐색을 중시하기 때문에, 사업 수행을 통해 달성하고자 하는 목적에 관심을 기울이게 된다. 특히 비용편익분석과 같은 체제분석을 통한 대안 검토를 중요시한다.

셋째, 성과주의 예산제도는 단기적 관점에서 예산을 운영하지만, 계획예산제도는 장기적 관점에서 예산을 운영한다. 또한 성과주의 예산제도는 정부 활동의 단위원가를 중시하지만, 계획예산제도는 총괄적 관점에서 접근하는 경향이 강하다.

2) 계획예산제도의 유래

계획예산제도는 1960년대 들어서면서 발달된 정보 처리 시스템으로부터 큰 영향을 받았다. 계획예산제도는 체제분석, 비용편익분석 등을 대표적인 분석기법으로 활용하고 있는데, 정보 처리 시스템의 발달은 과학적 분석을 가능하게 했으며, 다년 간의 자료를 누적화해 분석할 수 있는 기초를 제공함으로써, 계획예산제도의 발달에 기여했다.

정보 처리 시스템의 발달이라는 사회과학적 환경 변화는 정부의 예산제도 개혁에도 커다란 영향을 주었다. 즉, 미국 랜드연구소(RAND)의 노빅(David Novick)은 계획예산제도를 정부 목표 달성과 자원의 조정을 통해 현재와 미래의 목표를 달성하는 것으로 정의하고, 계획예산제도를 미국 국방부에 도입할 것을 건의했는데(Novick, 1967), 계획예산제도는 미국 케네디(John F. Kennedy) 정부의 국방장관인 맥나마라(Robert MacNamara)에 의해 1961년에 군대에 도입되었고, 1965년 존슨(Lyndon B. Johnson) 대통령은 모든 연방정부에 대해 계획예산제도를 적용할 것을 지시했다.

당시 예산제도의 특성은 장기적인 계획은 이상적으로 존재했고, 예산 편성은 단기적으로 이뤄지면서 계획과 예산이 통합되지 못한 상태였다. 따라서 이를 극복하기 위해 다양한 노력을 기울였는데, 장기적 계획과 단기적 예산의 개념을 유기적으로 통합하고자 한 것이 계획예산제도다. 즉, 장기적 계획(planning)과 단기적 예산(budget)을 통합할 수 있는 매개체로 사업계획(program)의 개념을 제시했는데, 목표 달성을 위한 다양한 대안을 모색하고 최소의 투입으로 최대의 효과를 창출할 수 있는 대안을 선정해 예산을 배분하는 제도로서 투입과 산출을 연계시키려는 일련의 과정이다(Smithies, 1965: 48-52).

결국 계획예산제도는 정책 결정과 예산에 의한 자원 배분을 통합하려는 것으로, 명확한 목표의 설정, 목표 달성을 위한 대안의 선택, 대안에 대한 자원 배분을 체계적으로 연계하려는 방식이다. 그러나 계획예산제도는 1971년 6월 21일 각 부처에 하달된 예산편성지침에서 계획예산제도의 기본 문서(program memorandum: PM, program and financial plan: PFP, special analytic studies: SAS)를 제출하지 않아도 된다고 시달함으로써 계획예산제도는 폐지되고, 후술하는 목표관리 예산제도로 전환되었다(Schick, 1973: 146). 계획예산제도는 여러 가지 단점으로 인해 5년만에 폐지되었으나, 계획과 예산을 연계하려는 시도는 중요한 시사점을 제공해 준다.

3) 계획예산제도의 방향

예산제도가 통제, 관리, 계획의 관점에서 변천되어 왔다고 정의할 경우(Schick, 1971), 계획예산제도는 계획 중심의 예산제도라 할 수 있다. 또한 예산이 총량적 재정 규율, 배분적 효율성, 운영적 효율성이라는 기능을 수행하고 있다고 정의할 경우 (Schick, 1998), 계획예산제도는 배분적 효율성 측면에서 월등한 예산제도라 할 수 있다(배득종, 2005: 166). 즉, 예산 편성 단계를 선행하는 계획 작성 과정을 설정함으로써, 예산제도의 개혁을 위한 새로운 방식을 도출한 것이다.

계획예산제도의 핵심적 특징은 예산의 단년도를 넘는 장기적 목적과 프로그램을 계통화하는 것이다. 정부의 각종 프로그램은 1년도만으로는 소기의 목적을 달성할 수가 없다. 즉, 매년도의 예산 배분을 단기적 관점이 아닌 장기적 계획에 의거해 배분하려는 제도다. 계획예산제도는 기존의 예산 편성 방식인 점증주의적 예산 편성 방식을 개혁하고자 도입되었는데, 기존의 점증주의적 예산 편성은 정부의 각종 프로그램을 충분한 검토 없이 전년도와 대비해 예산을 증감시키는 단년도 중심의 예산 배분 방식이었다. 그러나 계획예산제도는 장기적 계획에 따라 모든 대안에 대한 비용과 효과를 분석함과 아울러, 각종 프로그램의 목표달성도와 비용에 대한 장기적인 검토를 체계화하는 방식이다.

계획예산제도는 점증주의보다는 총체주의에 가까운 예산제도로서 합리성을 바탕으로 중기 계획에 따라 예산 배분의 합리성을 도모하기 위한 예산제도다.

2 계획예산구조

계획예산제도는 장기적 계획 수립(planning), 사업계획 작성(programming), 단기적 예산 편성(budgeting)으로 구성된다. 장기적 계획 수립 단계에서는 장기적 관점에서 목표를 설정하고, 목표 달성을 위한 모든 가능한 대안을 평가, 선택하는 과정이다. 사업계획 작성 단계는 선택된 계획을 바탕으로 구체적인 활동을 결정하고, 활동에 필요한 우선순위를 결정하는 과정이며, 단기적 예산 편성은 우선순위에 따른 자원을 배분하는 과정이다. 계획예산제도의 단계적 개념은 프로그램이라는 개념으로 통합된다.

계획예산제도는 정부의 기능 및 활동을 프로그램(program)이라는 개념으로 파악하는데, 프로그램이란 공통의 목적을 나타내는 사업계획을 의미한다. 계획예산제도는 프로그램 체계 및 절차 등을 내용으로 하는 구조적·제도적 측면과 목적의 설정 및 설정된 목적을 달성하기 위한 각종 대안을 비용과 편익의 관점에서 분석하는 분석적 측면으로 구분할 수 있다. 분석적 측면은 체제분석(system analysis)에 의해 이뤄지는데, 체제분석에서 대표적으로 활용되는 기법이 비용편익분석이다.

계획예산제도는 예산구조를 목표에 따라 프로그램별로 재편성한다. 각 행정부서의 목적과 기능을 계층적으로 배열하는데, 프로그램 체계는 유기적으로 연계되어 대분류(program category), 중분류(program sub-category), 소분류(program element) 등으로 구성된다. 대분류는 부처의 기능과 목적으로 몇 개의 범주로 구분한 상위의 개념이며, 중분류는 대분류된 프로그램을 좀 더 세분화한 것으로 대분류와 소분류를 연결시키는 기능을 한다. 또한 소분류는 프로그램 구조의 기본 단위를 이루는 것으로 특정 결과물을 직접 도출할 수 있는 업무를 의미한다. 따라서 소분류된 프로그램은 명확히 정의될 수 있고 계량화할 수 있어야 한다.

계획예산제도는 중장기적 관점에서 사회문제에 대한 인식에서 출발하는데, 프로그램 예산구조와 사례를 도식화하면 [그림 6-1]과 같다. 즉, 예를 들어 저출산 고령화가 사회의 주된 문제로 부각되는 상황에서 저출산 고령화에 따른 문제를 해결할 수 있는 복지 프로그램을 가정해 보자. 복지 프로그램은 다시 아동복지 프로그램, 청소년복지 프로그램, 노인복지 프로그램 등으로 구분해 볼 수 있는데, 이는 목표로서의 저출산 고령화 사회를 해결할 수 있는 수단으로서의 프로그램이어야 하며, 상위 프로그램과 유기적으로 연계되어야 한다. 또한 세부 프로그램은 비용편익분석 등과 같은 기법을 활용해 예산을 중기적 관점에서 수립하고, 연도별 예산을 합해 단년도 예산을 편성하게 된다.

3 계획예산제도의 장점 및 문제점

1) 계획예산제도의 장점

계획예산제도의 장점은 다음과 같다.

첫째, 사업계획의 목적, 대안, 효과 및 예산이 유기적으로 연계되어 있어 계획과 예산에 관한 의사 결정을 통합적으로 관리할 수 있다. 즉, 정책 결정과 예산 배분 과정이 프로그램이라는 매개체를 통해 통합될 수 있는 제도다. 특히 예산이 전년도 예산을 기준으로 하여 조금씩 증가하는 기존의 예산 편성 방식을 지양했다는 점이고, 각 행정부서의 목적과 기능에 부합하는 프로그램을 근본적으로 재구축하고, 그에 따른

[그림 6-1] 계획예산제도의 구조 및 사례

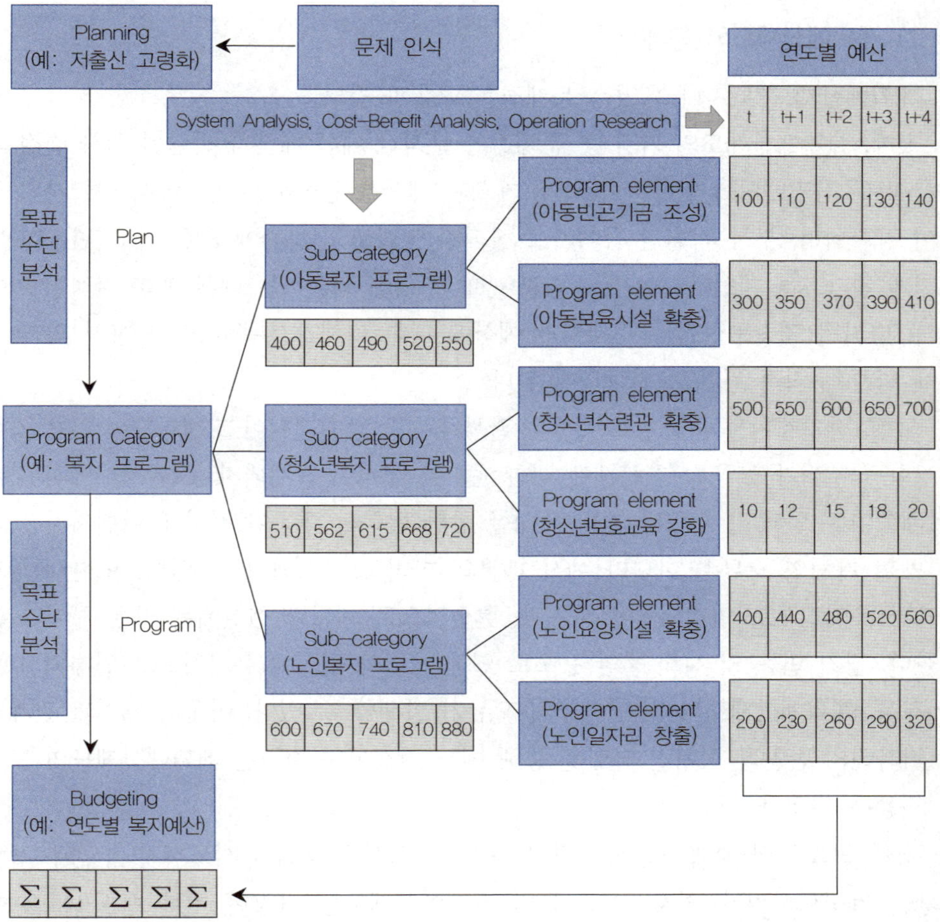

예산 배분을 도모했다는 점에서 예산에 대한 총체적 시각을 부여했다.

둘째, 계획예산제도는 단년도 중심의 예산제도에서 벗어나 예산의 시각을 장기적 관점에서 이해할 수 있도록 해 준다. 장기적 계획은 현재의 의사 결정이 미래에 미치는 영향을 고려하도록 하기 때문에, 계획예산제도는 사업계획을 수립할 때 장기적 시계(時界)를 갖도록 한다.

셋째, 비용편익분석 등 과학적 분석기법을 활용함으로써, 자원 배분의 합리화를 도모할 수 있다. 목표-수단 관계의 체계적 분석을 주관적 감정에 의하지 않고 객관적 분석에 의해 검토함으로써, 가장 효율적인 대안을 선택하도록 유도한다.

2) 계획예산제도의 문제점

계획예산제도가 지니고 있는 문제점은 다음과 같다.

첫째, 계획예산제도의 가장 큰 문제점은 분석과 예산 배분과 관련된 의사 결정 과정이 너무 집권화되어 있다는 점이다. 계획과 예산을 통합하는 과정에서 상급자의 권한이 강화되며, 부하 직원의 참여가 보장되지 못하고 전문가에 의한 예산 편성이 이뤄지게 된다. 즉, 계선(line)보다는 참모(staff) 조직에 의존하는 예산 배분 결정이 이뤄진다. 따라서 조직구성원들의 계획과 예산에 대한 이해가 부족하고, 하향적 의사 결정에 따른 수직적 관계로 전락하게 된다.

둘째, 장기계획을 중심으로 예산을 편성하지만, 장기계획이 고정화되어 있을 경우 경직화될 우려가 있다. 사회문제에 대한 올바른 인식이 전제되지 못한 상태에서 장기적 계획이 수립되고, 수립된 계획에 대한 상황 변화적 대응이 적시에 이뤄지지 못하면 계획 자체의 오류뿐 아니라 예산 배분의 합리성도 저해될 수 있다. 또한 계획과 실제가 유기적으로 연계되어야 하지만, 현실적으로 계획과 현실에는 많은 차이가 존재한다. 경기 변동 및 사회 불안 등으로 인해 계획과 현실이 유기적으로 연계되지 못할 경우, 계획예산제도의 첫 단계부터 오류가 발생할 수 있다. 아울러 계획과 관계없이 기득권의 반발과 정치적 타협을 통해 예산 결정이 이뤄지면 계획예산제도의 도입과 적용은 어렵다.

셋째, 프로그램 체계를 수립하면서 객관적·과학적 분석을 시도하지만, 정부 프로그램을 계량화하기가 쉽지 않다. 특히 계획예산제도는 다양한 기본 문서(PM, PFP, SAS 등)를 작성했는데, 문서의 작성으로 시간과 비용이 많이 소요될 뿐 아니라 작성하는 과정 자체가 목표가 되어버리면서 제도를 폐지하게 되었다. 또한 계획예산제도를 운용하면서 행정부의 예산 편성은 계획예산제도에 따라 운영하면서 의회의 예산심의를 위해서는 품목별 예산을 편성함으로써 이중의 절차를 겪었다. 행정부와 의회의 예산에 대한 이해가 상이할 경우 새로운 예산제도의 적용은 불가능해진다.

넷째, 계획예산제도는 점증주의적 예산 편성 방식을 지양하고, 프로그램의 체계적 분석을 도모한다는 점에서 정책결정자와 분석담당자의 긴밀한 협조 관계가 필수적이며, 분석담당자는 가능한 한 많은 대안을 강구해야 한다. 그러나 정책결정자와 분석담당자 간의 업무 협조가 제대로 구축되지 못한다면 계획예산제도의 실행은 어렵게 된다. 또한 체제분석을 강조하는 계획예산제도에서는 사업계획을 분석하는 전문가의 힘이 강해지는 반면에 관료들의 영향력은 감소하게 되는데, 전문가와 관료 간의 갈등은 예산에 대한 이해도를 저해시키며, 예산 집행 과정에서 의도했던 목표를 상실하게 되고 집행을 위한 집행이 이루어질 수 있다.

다섯째, 계획예산제도를 실제 적용하기 위해서는 가능한 모든 대안을 탐색할 수 있고 도출된 대안을 체계적으로 분석할 수 있는 인재와 충분한 정보 및 자료가 필요한데, 현실적으로 제약되는 경우가 빈번하다.

제 4 절 목표관리 예산제도

1 목표관리 예산제도의 개념

1) 목표관리 예산제도의 정의

목표관리제(Management by Objectives: MBO)는 상부의 지시에 의해 각 하급관리자가 추구할 목표를 설정하는 것이 아니라, 각 하급관리자가 스스로 자신이 추구해야 할 목표를 발의하고, 상급자와의 협의를 통해 목표를 설정하여, 그에 상응한 예산을 배분하는 제도다. 따라서 목표관리제는 분권적이며 참여적 요소를 중시하므로 참여관리제라고도 한다(Odione, 1965: 55-56; Drucker, 1973).

목표관리 예산제를 성과주의 예산제도와 계획예산제도의 특성을 배합한 것이라는 주장도 제기되지만(Schick, 1973: 153-154), 목표관리제를 계획예산제도와 구별해 개념을 정의하면 다음과 같다(McCaffery, 1976: 33-39; Woolfson, 1975: 388-389).

첫째, 계획예산제도는 예산의 시기와 관련해 종합적인 5개년 사업계획을 중시하는 데 비해, 목표관리 예산제도는 1년 단위의 목표를 우선적으로 고려한다(때로는 5개년계획을 설정). 목표관리 예산제도는 목표를 설정하는 과정에서 개인의 목표와 조직의 목표를 좀 더 명확히 하고, 결과의 실증 평가가 가능하도록 가급적 목표를 계량화하여 업적평가 및 환류 과정을 모색한다.

둘째, 계획예산제도는 참모 중심의 분석적 능력을 바탕으로 정책결정자에 의해 집권적으로 의사 결정이 이뤄지는 데 비해, 목표관리 예산제도는 조직의 상급자와 하급자가 공동으로 목표를 설정함으로써 분권적이고 계선 중심의 예산 배분 구조를 지니고 있다. 하급자가 목표를 설정하고 달성하는 정도를 상급자에게 정기적으로 보고함으로써, 하급자들이 결과에 대해 개인적으로 책임을 느끼는 조직문화를 조성하게 된다. 즉, 계획예산제도에서는 집권적 의사 결정을 중시하는 데 비해, 목표관리 예산제도는 분권적 의사 결정을 중시한다.

셋째, 계획예산제도는 체제분석을 통해 목표와 수단의 합리적 선택을 강조하고 과학적 분석 능력을 중시하는 데 비해, 목표관리 예산제도는 공동 목표 설정에 대한 참여적 관리 능력을 중시한다. 하급자의 목표 설정에의 참여를 유발하고, 공동으로 설정된 목표를 달성하도록 유도하는 능력이 관리자에게 요구된다.

넷째, 계획예산제도는 조직 외적 측면에서 사업계획을 비교 분석하며 비용편익분석과 같은 계량적 분석기법을 중시하는 데 비해, 목표관리 예산제도는 조직 내적 관점에서 목표에 따른 산출량에 관심을 기울인다. 특히 목표관리 예산제도는 목표달성도에 따라 평가를 받는 제도이므로 산출 결과에 대해 관심을 갖는다.

다섯째, 계획예산제도는 정부의 기능 및 활동을 품목별 구분이 아닌 프로그램별로 구분해 종합적으로 이해하고 대안에 따른 합리적 예산 배분을 강조하는 데 비해, 목표관리 예산제도는 개인 및 조직의 목표 달성을 위해 필요한 자원의 후원에 더 많은 관심을 기울인다.

〈표 6-3〉 목표관리제와 계획예산제도의 차이점

구분	PPBS	MBO
시기	종합적이고 5개년계획	부분적이고 1년, 때로는 5개년계획
구조	집권적이고 막료(staff)에 의존	분권적이고 계선(line)에 의존
전문기술	체제분석 등 과학적 분석 능력	관리 능력
사업계획 비교	외적이고 비용편익분석에 치중	내적이고 산출량에 치중
예산 범위	종합적이고 자원 배분적 과정	부분적이고 후원적 과정

자료: McCaffery(1976: 33-39).

2) 목표관리 예산제도의 유래

계획예산제도의 단점을 보완하기 위해 사기업에서 적용되었던 목표관리제가 1970년대에 정부기관에 도입되었다. 즉, 1973년 닉슨(Richard Nixon) 대통령은 계획예산제도를 폐지하고, 목표관리 예산제도를 연방정부에 도입하였다.

목표관리 예산제도는 계획예산제도가 갖고 있는 집권적 폐해에 따른 결과라 할 수 있다. 계획예산제도는 참모 중심의 분석적 기법을 강조함으로써 집권적 예산 결정이 이뤄지는데, 이는 조직구성원들의 예산 결정 내용에 대한 수용 가능성을 저하시키는 문제를 유발했다. 따라서 목표관리 예산제도는 계획예산제도에서 나타나는 집권적·수직적 조직문화를 수평적·민주적 조직문화로 전환하려는 노력의 일환으로 고안된 예산제도라 할 수 있다.[2)]

3) 목표관리 예산제도의 방향

예산이 총량적 재정규율, 배분적 효율성, 운영적 효율성이라는 기능을 수행하고 있다고 정의할 경우(Schick, 1998), 목표관리 예산제도는 운영적 효율성 측면에서 상대적으로 우수한 예산제도라 할 수 있다(배득종, 2005: 173).

목표관리예산제의 기본적 방향은 참여적 관리라 할 수 있다. 계획예산제도의 문제점 중의 하나가 현장의 의견을 반영할 수 없었다는 점이다. 참여적 관리의 문제를 지닌 계획예산제도를 비판한 목표관리 예산제의 입장에서는 자연히 참여적 의사 결정 행위를 중요시할 수밖에 없었다.

2 목표관리 예산구조

목표관리 예산제도란 결과지향적 제도로서 전체의 목표를 개인의 목표로 전환시켜 전체 목표 달성에 기여하려는 제도이며, 참여 가치를 중시하는 관리철학적 요소를 지니고 있다(Drucker, 1973: 185). 목표관리 예산제도의 핵심은 다음과 같은 5단계 과정이 모두 참여에 의해 이뤄져야 한다는 것이다(Odiorne, 1976: 28-33).

첫째, 목표 설정(goal setting)으로 관료들은 추구해야 할 최종 결과물이 무엇인가에 대해 상급자와 의견 교환을 통해 최종 목적을 설정한다. 목표 설정 과정에서는 조직 전체의 공통 목표가 우선적으로 고려되어야 하며, 개인별 목표 설정 과정과 연계되어야 한다. 참여적 방법을 통한 목표 설정은 하향적으로 부과되는 목표 설정보다

---

2) 정부 부문에 목표관리 예산제도를 도입할 때 주도적인 역할을 한 사람은 말렉(Malek)과 애쉬(Ash)인데, 이들은 보건교육복지부의 차관보로 재직하면서 목표관리 예산제의 도입에 중추적인 역할을 담당했으며, 관리예산처(Office of Management and Budget)로 전직된 이후에는 연방정부 전체에 목표관리 예산제도를 도입하게 되었다. 1973년과 1974년에는 목표관리 예산제도가 복음과도 같은 수준이었다(Sherwood & Page, 1976: 5-7).

수용 가능성과 참여 열정을 제고할 수 있다.

둘째, 예산(budgeting)으로 목표 달성을 위해서는 자원(예산)이 뒷받침되어야 한다. 예산이 없으면 목표는 수정되어야 한다. 예산은 개인 및 조직의 목표 달성을 위해 후원하는 역할을 수행한다.

셋째, 합의된 목표 달성을 위해 관료들에게 자신의 업무 수행과 관련된 자율권(autonomy)을 부여해야 한다. 목표를 가진 개인이 목표 설정 과정에 참여하며, 자기 생각을 목표 설정에 반영할 수 있는 기회를 부여해 주어야 한다.

넷째, 환류(feedback)를 통해 관료들은 자신의 업무 수행이 잘 진행되고 있는가를 지속적으로 평가할 수 있어야 한다. 업무를 수행하는 과정에서 목표와의 대비를 통해 지속적인 평가가 이뤄져야 하며, 환류를 통해 부적절한 목표의 수정과 최종적 목표 달성에 필요한 자원을 투입해야 한다.

다섯째, 보상(payoffs)으로 업적에 따라 보상이 필요하다. 목표 달성에 대한 최종적인 평가는 개인별 목표와 조직 목표 달성이 함께 고려되어야 한다.

목표관리 예산제도는 참여적 목표 설정과 목표 달성을 위한 예산 배분을 중시하는 것 이외에는 분권적 예산 결정의 구체적인 방법 제시가 미흡하다.

3 목표관리 예산제도의 장점 및 문제점

1) 목표관리 예산제도의 장점

목표관리 예산제도의 장점을 살펴보면 다음과 같다.

첫째, 목표관리 예산제도는 관리자들로 하여금 목표에 대한 인식을 명확하게 유도하고, 목표를 달성 가능하도록 설정한다. 특히 목표를 강조하기 때문에, 목표를 달성하기 위한 수단과 방법을 항상 강구하도록 한다.

둘째, 목표관리 예산제도는 계획예산제도와는 달리 많은 업무량을 필요로 하지 않는다. 계획예산제도에서 요구되는 막대한 업무량과 문서작업 부담이 목표관리 예산제 하에서는 크지 않다.

셋째, 상급자와 하급자 간의 목표 통합 과정에서 상급자와 하급자 간의 수직적 목표 갈등을 확인할 수 있고, 유사 수준의 기관 간의 수평적 목표 갈등을 사전에 확인할 수 있다. 따라서 목표 설정 과정에서 목표 간의 갈등이 사전에 조정됨으로써, 공동의 목표를 설정할 수 있게 된다.

넷째, 목표 설정 과정에서 공동의 참여로 분권적 목표 설정이 가능함으로써, 조직 구성원들의 참여 의식의 제고는 물론 책임 의식을 확보할 수 있다. 특히 목표달성도에 따른 평가는 조직의 생산성을 향상시키는 데 상당한 기여를 하게 되며, 다음 연도 목표 설정에 영향을 미치게 된다.

2) 목표관리 예산제도의 문제점

목표관리 예산제도의 문제점은 다음과 같다.

첫째, 목표관리 예산제도의 가장 중요한 특징은 참여에 의한 목표 설정이라 할 수 있는데, 정부 목표의 경우 법규에 의해 정해지는 경향이 강하기 때문에 자기 목표 설정이 어렵다. 특히 정부의 공익적 목표와 관련하여 하나의 합일된 목표를 설정하기가 어려운 경우가 발생하며, 2개 이상의 부서가 연계되어 협업 목표를 추구해야 할 경우 공동 목표의 설정, 목표 설정 과정에의 참여, 공동 협업 노력, 공동 목표 측정 및 성과 배분의 문제가 발생할 수 있다.

둘째, 목표 설정 과정에 참여하는 주체들 간의 합의에 의한 목표 설정은 시간과 비용이 많이 소요될 수 있으며, 공동의 상위 목적을 설정할 수 있도록 참여자들의 인식 전환이 필요하다.

셋째, 목표 자체가 단기적으로 결정될 가능성이 있다. 단기간의 가시적 성과만을 목표로 제시할 경우 예산도 단기적으로 배분될 수 있으므로, 효과적인 정책 수행이 어렵게 된다. 단기간의 가시적 성과를 계량적 지표에만 초점을 맞추어 추구할 경우 거시적 차원의 방향을 상실할 수 있다.

넷째, 목표관리 예산제도는 목표의 자기 설정을 전제로 하고 있기 때문에, 위기 상황 등 특수한 행정환경이 발생할 경우 효과적으로 대처하기가 어려우며, 목표 자체가 고정화되어 비탄력적일 경우 행정환경 변화를 반영하기 어렵다.

다섯째, 목표관리 예산제도는 분권적 예산 결정을 구체적으로 어떻게 할 것인가에 대한 방법론 제시가 미흡하다. 참여에 의한 목표 설정을 중시하지만, 상급자의 정책 방향과 지시를 무시할 수 없을 경우 참여적 목표 설정 자체가 형식화될 우려가 있다.

제 5 절 | 영기준 예산제도

1 영기준 예산제도의 개념

1) 영기준 예산제도의 정의

영기준 예산(zero-base budgeting: ZBB)이란 예산을 편성할 때 전년도 답습주의에 따라 점증적으로 재원을 배분하는 것이 아니라 영(零)에서 새롭게 출발하자는 인식을 전제로 하며, 정부의 모든 활동이나 사업(기존 사업과 신규 사업)에 대해 근본적으로 새로 분석 · 평가해 우선순위를 정하고, 우선순위에 따라 예산을 편성하는 제도다(Krammer, 1979; Rehfuss, 1977: 187-188; Pyhrr, 1977: 8).

영기준 예산제도는 기존 사업에 대한 예산 편성의 정당성을 부정하고 모든 사업을 재평가하는데, 사업을 재평가하기 위해서는 종합적이고 체계적인 분석이 필요하다. 영기준 예산제도는 최고관리자뿐 아니라 하부 예산 집행 부서의 관리자가 목표, 대안, 대안에 대한 분석 및 증감안을 마련하며, 비용편익이라는 관점에서 업무를 종합적이고 체계적으로 분석하고 우선순위에 따른 예산 배분을 강조한다(Stonich, Kirbv, Jr., Weit, Thompson, & Bauer, 1977: 2).

영기준 예산제도란 관리자가 전년도 예산에 구애받지 않고 예산 편성 부서의 모든 사업과 활동에 대해 의사 결정할 수 있는 종합평가표(decision package)를 작성하고, 이를 바탕으로 원점에서부터 체계적으로 비용편익분석을 실시해 우선순위를 결정하며, 우선순위가 높은 사업과 활동을 선택해 예산을 배분하는 제도다. 따라서 기존의 예산제도와는 다음과 같은 측면에서 상이하다.

첫째, 전통적 예산은 회계 중심적 예산 형태를 취하지만, 영기준 예산제도는 금액뿐 아니라 목표, 대안, 방법 등의 문제에 중심을 둔 의사 결정 중심의 예산제도다. 즉, 영기준 예산제도는 계획과 예산의 연계에 초점을 두고 있다.

둘째, 전통적 예산은 부문별 기능 중심의 예산 형태를 취하지만, 영기준 예산제도는 프로그램 중심적이다.

셋째, 전통적 예산은 전년도 예산을 예산 배분의 근거로 설정하고 있으나, 영기준 예산제도는 원점에서 모든 사업을 재평가해 예산을 배분한다.

넷째, 전통적 예산은 예산 편성 부서의 참여가 제한적이었으나, 영기준 예산제도는 예산 편성 부서의 참여를 전제로 한다. 즉, 전통적 예산은 무엇을 위해 왜 얼마나 지출되어야 하는가를 결정하기 위한 입증 책임은 최고관리자에 부과되지만, 영기준 예산제도는 예산 편성 부서의 관리자에게 책임을 부과한다.

다섯째, 전통적 예산은 계속사업에 대해서는 평가를 실시하지 않으며 신규사업에 대해서만 평가를 실시하지만, 영기준 예산제도는 기존의 계속사업을 포함한 모든 사업에 대해 재평가를 실시한다.

여섯째, 전통적 예산은 사업에 대한 우선순위를 반영하고 있지 못하지만, 영기준 예산제도는 사업에 대한 우선순위를 중요하게 고려한다.

2) 영기준 예산제도의 유래

영기준 예산제도는 1970년 미국 텍사스 인스트러먼트(Texas Instrument) 회사의 파이어르(Peter A. Pyhrr)에 의해 개발·적용된 이후 미국 연방정부에 도입은 카터(Jimmy Carter) 대통령에 의해 추진되었다(Pyhrr, 1973).

카터 대통령은 1970년 조지아 주지사 선거 유세에서 만성적인 적자를 면하지 못하고 있는 주정부 예산을 대폭 개편하고, 행정부 내에 있는 비효율적인 요소를 과감히 제거해 건전재정의 기틀을 확립할 것을 선거공약으로 내세웠다. 1970년 주지사로 당선됨에 따라 당초 선거공약대로 재정개혁에 착수하여, 1972/1973 회계연도에 영기준 예산제도를 도입했다(Minminer & Hermanson, 1976: 5-12). 또한 1976년 대통령에 당선된 카터는 정부 능률 및 지출개혁법(the Government Economy and Spending Reform Act)을 제정해 연방정부 예산 편성에 적용하였다(Pyhrr, 1977: 1).

3) 영기준 예산제도의 방향

영기준 예산제도는 품목별 예산제도와는 달리 비점증(non-incremental)을 강조하고 우선순위(priority oriented)를 고려함으로써, 사업계획과 예산과의 연계를 도모하고 있다. 또한 계획예산제도와는 달리 예산 담당 관료의 참여와 책임성을 강조하고, 분권적·상향적 결정 방식[3]을 취한다는 점에서 기존의 예산제도와 상이하다.

예산제도의 발달이 통제, 관리, 계획의 관점에서 변화되었다고 한다면(Schick,

3) 영기준 예산제도가 완전히 상향식이라고 단정하기는 어렵다. 예산담당자들의 참여에 의해 모든 대안의 검토 및 우선순위 결정이 이뤄지지만, 예산 총액이 사전에 예산지침으로 하달될 수 있다.

1971), 영기준 예산제도는 관리와 계획의 복합주의적 성향을 강조한다. 즉, 합리적인 계획 하에 한정된 자원을 효율적으로 동원 및 배분함으로써 감축관리를 지향하고 있다. 또한 예산이 총량적 재정규율, 배분적 효율성, 운영적 효율성이라는 기능을 수행하고 있다고 정의할 경우(Schick, 1998), 영기준 예산제도는 배분적 효율성 측면에서 월등한 예산제도라 할 수 있다(배득종, 2005: 175).

2 영기준 예산구조

1) 의사 결정 단위 설정

의사 결정 단위(defining decision units)란 모든 조직의 활동을 분리해 예산 편성을 위해 구분해 놓은 최소의 기본적 조직 단위를 의미한다. 의사 결정 단위는 기존 예산 절차상의 조직 단위가 될 수도 있고, 그보다 크거나 작아질 수도 있다. 의사 결정 단위가 너무 작으면 전체적인 분석이 어려울 수 있으며, 지나치게 크면 세부 사업의 조정에 한계가 있을 수 있다(이하 Pyhrr, 1977: 2-7 참조).

따라서 국(局), 과(課), 계(係) 수준의 조직 단위와 같이 의사 결정 단위는 조직의 책임구조를 반영함과 동시에, 수행해야 할 프로그램을 조직 단위 내에 포함하고 있어야 하며, 중복되지 않도록 설정해야 한다. 또한 각 의사 결정 단위 내에서의 관리자는 자신의 단위 내의 모든 활동을 위한 예산을 편성할 수 있고, 체계적인 분석을 도모해 사업의 우선순위를 결정할 수 있도록 구성되어야 한다.

의사 결정 단위는 첫째, 물건비 등과 같이 비목별로 분류해 결산회계와 영기준 예산을 일치하는 방법(목표와의 연계 불일치 문제 발생), 국 · 과 · 계 수준 등과 같이 부문별로 분류해 관리 책임과 업무를 연계하는 방법(부서 간 갈등 및 공통 업무 수행에 한계), 경상지출 및 자본지출 등과 같이 지출별로 분류하는 방법, 아동복지, 노인복지 등과 같이 업무별로 분류하는 방법 등이 있다. 영기준 예산제도의 도입 취지에 의하면, 업무별로 의사 결정 단위를 분류하는 방법이 가장 바람직하다.

2) 의사 결정 패키지 작성

의사 결정 패키지(decision package)는 의사 결정 단위로 구분된 특정한 활동을 분석 · 기술함으로써, 관리층이 한정된 자원을 가지고 특정 활동을 평가해 우선순위를 결정할 수 있도록 도와 주는 서식이다. 따라서 의사 결정 패키지의 작성은 영기준 예산제도에서 기본적인 요소가 되는 문서이다.

의사 결정 패키지는 관리자의 의사 결정에 필요한 정보를 제공하는 것이므로 ① 목적 또는 목표(purpose/object), ② 사업활동계획서(description of action), ③ 비용과 편익(costs and benefits), ④ 업무량과 성과측정(work and performance measure), ⑤ 목표 달성에 필요한 대안(alternative means), ⑥ 제반 조치(various levels of effort) 등이 포함되어야 한다.

의사 결정 단위가 결정되고 나면 대안을 모색하게 되는데, 각 대안별 평가를 통해 기각, 채택, 대체 등으로 구분하고, 채택된 대안에 대해서는 최고 수준(전년 대비 대폭 증액), 중간 수준(전년 대비 소폭 증액), 현행 수준(전년 수준), 최소 수준(전년 수준 이하 감액) 등의 패키지를 마련한다. 따라서 대안 1개에 대해 보통 4개 정도의 의사 결정 패키지가 따라붙게 된다.

특히 다음 단계인 우선순위 결정을 위해서는 의사 결정 패키지에 각 대안별 평가가 체계적으로 모색하는데, 이를 위한 방안으로는 비용편익분석 방법이 많이 사용된

[그림 6-2] 각 대안별 예산 배분 수준

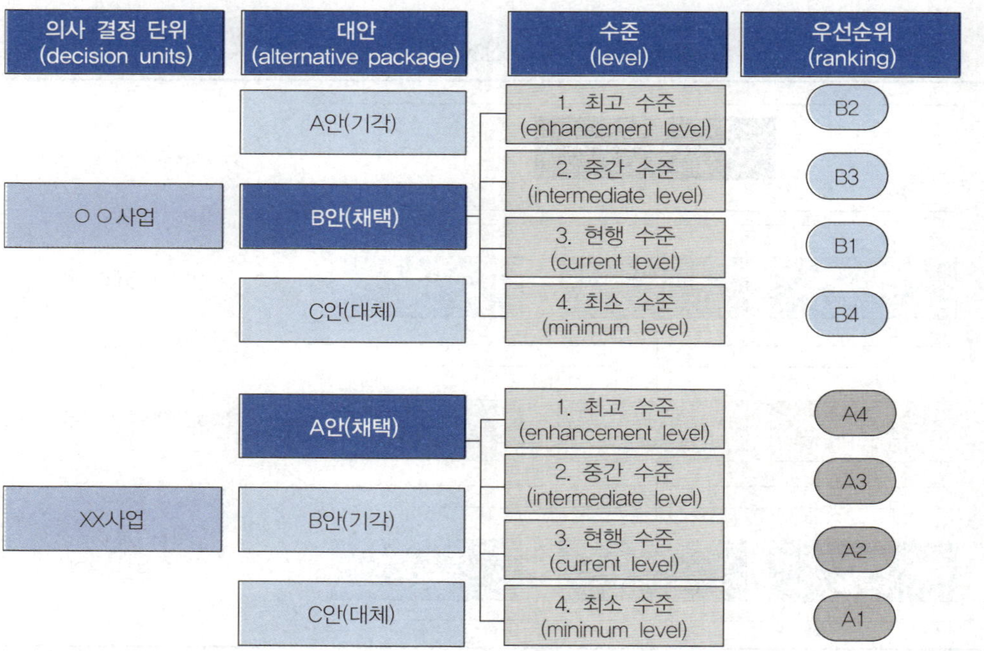

다. 즉, 금액 측정이 용이한 사항에 대해서는 비용편익 비율(B/C ratio), 순현재가치법(NPV), 내부수익률(IRR) 등의 방법을 사용한다. 반면에 화폐 단위로 측정하기 어려운 사항에 대해서는 비용이 일정할 경우 편익을 최대화하는 방법과, 편익이 일정할 경우 비용을 최소화하는 방법을 고려해 우선순위 결정을 위한 수준별 대안 비교평가를 실시한다. [그림 6-2]에 의하면, ○○사업의 경우는 B안의 현행 수준 정도의 예산 배분이 결정되며, ××사업의 경우에는 A안 최소 수준의 대안을 선택하게 된다.

3) 우선순위 결정

의사 결정 단위상의 관리자는 의사 결정 패키지의 따라 우선순위를 매긴다. 우선순위 결정(ranking process)은 의사 결정 단위에서 작성하고, 차상급자는 하위에서 올라온 사업 순위표를 종합해 단일 사업의 순위표를 작성하며, 이러한 단계를 거쳐 조직의 최고관리자가 최종적으로 사업의 우선순위를 결정한다.

의사 결정 단위가 D1, D2, D3이고, 각각 5개, 8개, 15개 사업이 존재한다면, 이에 대한 우선순위가 D1, D2, D3 관리자에 의해 결정된다. D1, D2, D3에서 우선순위 결정 후 이를 C2 관리자에게 제출하고, C2 관리자는 28개의 사업(D1 5개, D2 8개, D3 15

[그림 6-3] 영기준 예산제도의 우선순위 결정

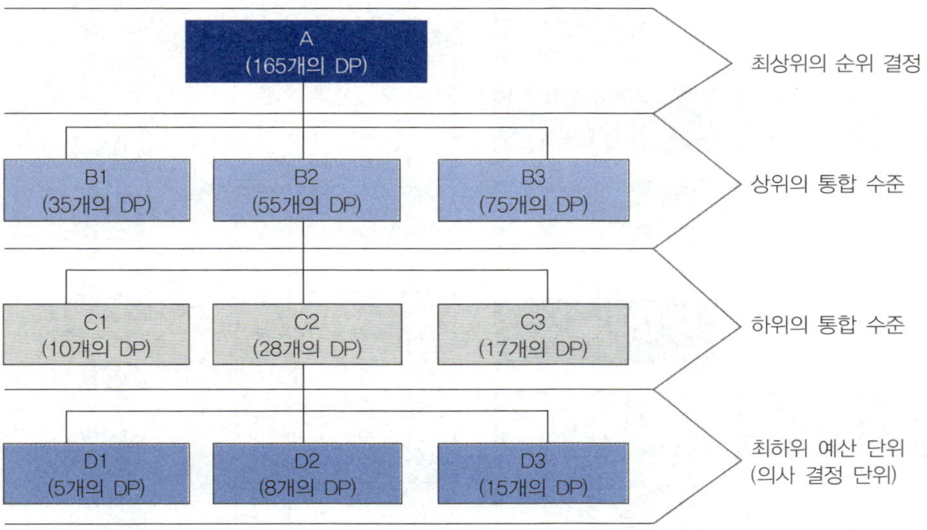

자료: Pyhrr(1973: 16).

개)에 대한 우선순위를 결정한다. 이 과정을 반복해 B2 관리자는 C1, C2, C3에서 제출된 55개 사업에 대해 우선순위를 결정해 A 최고관리자에게 제출하면 최종적인 우선순위가 최고관리자에 의해 결정된다.

우선순위를 결정하는 방법은 파이어르(P. A. Pyhrr)가 개발한 투표제(voting mechanism)를 고려할 수 있는데, 이는 6등급으로 구분된 점수[4]를 각 위원의 투표 과정을 통해 많은 점수를 얻은 사업에 우선순위를 정하는 방법으로, 서열을 정할 사업이 많을 경우에 효과적으로 활용될 수 있다.

4) 세부 운영예산 편성

우선순위가 결정되면 예산의 범위 안에서 사업에 대한 세부 운영예산(preparing detailed operating budget)을 편성한다. 의사 결정 패키지 작성과 우선순위에 대한 결정이 이뤄졌기 때문에, 한정된 예산 범위 내에서 우선순위에 따라 예산을 배분한다.

5) 영기준 예산제도의 예제

영기준 예산제도를 쉽게 이해하기 위해 복지부서의 업무가 아동복지, 청소년복지, 장애인복지, 노인복지, 다문화 지원 등 최소 세부 업무로 구성되어 있다고 가정하자. 각 업무 담당자에게 업무 수행에 필요한 예산요구액을 제출하도록 했고, 과학적이고 체계적인 평가를 통해 제출된 예산이 〈표 6-4〉와 같다고 가정하고, 복지예산과 관련된 총 예산 규모가 270억 원이라고 가정하자.

이러한 가정에 의하면, 복지예산과 관련된 업무담당자들은 아동복지 50억 원, 청소년복지 70억 원, 장애인복지 40억 원, 노인복지 110억 원, 다문화 지원 30억 원 등 총 300억 원을 요구했지만, 복지예산으로 가용할 수 있는 총량은 270억 원이다. 따라서 총량 범위 내에서 예산을 조정해야 하는데, 점감적 방식과 우선순위 방식에 의한 조정은 다음과 같다.

우선, 점감적 방식에 의한다면 모든 업무에 대해 일률적으로 예산을 10%씩 삭감하면 총 예산 규모에 맞출 수가 있다. 그러나 일률적 삭감 방안은 모든 업무에 대한 삭감을 전제로 하기 때문에, 예산 편성에 참여한 모든 사람에게 불만을 야기할 수 있고, 모든 업무에서 체계적으로 분석된 예산요구액만큼 업무를 수행할 수 없는 한계에 봉착하게 된다.

---

4) 특히 6등급과 같이 짝수제로 하는 이유는 중간에 집중하는 현상을 억제하기 위함이다.

다음으로, 우선순위에 의한 예산 결정은 점감적 결정과는 상이한 과정을 겪게 된다. 즉, 제출된 모든 사업의 비용편익분석의 결과를 바탕으로 세부 업무 담당자들이 모여 자신들의 업무와 관련해 필요성을 제시하고, 서로 합의에 의해 우선순위를 결정했다고 가정하자. 이에 따라 노인복지가 1순위로 선정되었고, 그 다음 순위로 아동복지, 장애인복지, 청소년복지, 다문화 지원의 순으로 결정되었다고 가정하자. 만약 이러한 우선순위에 따라 예산 총량 270억 원을 차례대로 배분하면 노인복지, 아동복지, 장애인복지, 청소년복지에 배분된다. 따라서 이러한 순위에 의하면, 다문화 지원을 제외한 모든 업무가 270억 원의 가용 재원 범위에서 편성되어 집행될 수 있다. 이 방식의 핵심은 모든 업무담당자들이 참여에 의해 상호 협의와 양보로 우선순위를 결정했다는 점이다.5)

〈표 6-4〉 영기준 예산제도의 예제

예산 편성		점감적 결정(−10%)		우선순위 결정		
업무	요구액(억 원)	업무	결정액(억 원)	순위	업무	요구액(억 원)
아동복지	50	아동복지	45	1	노인복지	110
청소년복지	70	청소년복지	63	2	아동복지	50
장애인복지	40	장애인복지	36	3	장애인복지	40
노인복지	110	노인복지	99	4	청소년복지	70
						270
다문화 지원	30	다문화 지원	27	5	다문화 지원	30
계	300	계	270	계		300

3 영기준 예산제도의 장점 및 문제점

1) 영기준 예산제도의 장점

영기준 예산제도의 장점은 다음과 같다.

첫째, 예산을 편성하고 결정할 때 전년도 기준을 활용하지 않고, 영(零)에서 새롭

5) 일몰법(sunset law)은 1976년 콜로라도 주에서 도입되었는데, 의회가 공공사업 및 기관에 대해 일정 기간이 경과하면 존속의 필요성을 재검토하고, 필요성이 인정되지 않으면 자동으로 기능이 상실되도록 규정한 법이다(Henry, 1980: 222). 일몰법은 기존의 사업을 인정하지 않고 재평가한다는 점에서 영기준 예산제도와 유사한 특성을 지니고 있으나, 일몰법은 입법 과정인 데 비해, 영기준 예산제도는 행정 과정으로 운영된다는 점에서 차이가 존재한다.

게 출발한다는 점에서 근본적인 예산 결정을 도모할 수 있다. 특히 신규 사업에 대한 체계적 분석만이 아니라, 기존의 사업에 대해서도 재평가를 통해 기존 사업에 대한 당연한 예산 편성을 줄이고 불필요한 예산 증액을 예방할 수 있다.

둘째, 기존 사업과 신규 사업을 포함한 모든 사업에 대해 체계적인 분석을 도모할 수 있다. 체계적 분석을 통해 왜 예산이 필요한가에 대한 배분적 타당성을 확보할 수 있으며, 그에 따른 책임성을 강조할 수 있다(Garson & Williams, 1982: 332). 특히 의사 결정 단위에 있는 하급자로 하여금 예산 편성 절차에 참여케 함으로써, 예산에 대한 관심과 집행의 집중도를 제고할 수 있다.

셋째, 점증적 예산 편성은 예산을 결정할 때 화폐 중심적인 데 비해, 영기준 예산제도는 목표와 활동을 중시한다. 계획과 예산의 연계를 강조한다는 점에서는 계획예산제도와 영기준 예산제도는 유사한 성향을 지닌다.

넷째, 사업에 대한 우선순위를 고려하기 때문에, 사업의 확대, 유지, 축소, 폐지 등을 효율적으로 파악할 수 있으며, 상대적으로 우선순위가 높은 사업에 더 많은 자원 배분을 모색할 수 있다.

다섯째, 영기준 예산제도는 총체주의적 예산 결정 방식을 중시하기 때문에, 한정된 자원의 효율적 배분을 도모할 수 있다.

2) 영기준 예산제도의 문제점

영기준 예산제도가 지니고 있는 문제점은 다음과 같다.

첫째, 모든 사업에 대한 총체적 평가를 통해 예산을 배분한다는 점에서 효율적 자원 배분을 도모할 수 있지만, 모든 사업을 매년 평가·분석하기란 현실적으로 어렵다. 시간, 업무량, 지식, 분석기법 등에서 현실적 한계를 지니고 있다.[6] 모든 사업을 분석하고 조직의 모든 계층에서 예산 배분 및 우선순위 결정에 참여하기 때문에, 업무량이 증대되고 예산 편성에 많은 시간과 비용이 소요된다. 따라서 매년 영기준 예산을 도입하기보다는 일정한 기간을 두고 도입하는 방안을 검토할 필요가 있다.

둘째, 영기준 예산의 큰 이점은 제1선에서 일하는 관료들이 직면한 문제를 분석하여 가능한 대안을 발견해 나가는 것인데, 관료들이 자신의 조직 내 업무에 대한 객관적 평가를 도모하기가 쉽지 않으며, 지엽적인 문제에 얽매이게 될 수 있다. 또한 하급

6) 영기준 예산제도는 개념상의 난해성과 우선순위의 혼란, 모든 사업에 대한 재평가의 한계 등으로 완전히 적용되지 못했다(Premchard, 1983: 334).

자의 참여가 보장되지만 최종 결정은 상급자에 의해 이뤄지기 때문에, 하급자의 참여 과정은 형식에 치우칠 개연성이 있다.

셋째, 예산을 편성하는 조직 단위 수준을 결정하는 과정에서 기존 예산 절차상의 조직 단위가 아닌 새로운 조직 단위에서 예산 편성이 이뤄질 경우 조직 단위 간의 갈등이 발생할 수 있으며, 사업이 2개 이상의 조직 단위와 연계될 경우 합리적인 조직 단위를 결정하는 것이 쉽지 않다.

넷째, 예산을 편성하는 조직 단위가 상위로 올라갈수록 사업의 성격이 다르기 때문에 우선순위를 결정하기 어렵다. 특히 우선순위를 합리성에 근거해 결정하므로, 정치적 협상을 불가능하게 한다(Lauth, 1978: 426).

다섯째, 예산이 매년 증가하는 현상을 설명하기 어렵다. 기존 사업이 영(零)인 사례가 거의 없으며, 영기준이라는 이름처럼 급격한 예산 변화가 없었던 것으로 나타났다(Draper & Pitsvade, 1981: 76-86).

3) 순환형 영기준 예산제도

영기준 예산제도는 모든 사업을 새로운 사업으로 인식해 총체적 평가를 실시하기 때문에, 시간과 비용상의 제약 요인이 따르게 마련이다. 특히 영기준 예산제도를 매년 반복한다는 것이 현실적으로 불가능하며, 오히려 비능률을 초래할 수 있다.

따라서 영기준 예산제도를 매년 반복하기보다는 일정한 간격을 두어 실시하는 방안이 제안되고 있는데, 이것이 바로 순환형 영기준 예산제도(Rotating ZBB: RZBB)다. 즉, 모든 사업에 대해 영기준에서 검토하는 것이 아니라, 영기준 검토를 적용하는 회계연도(zero-base year)와 영기준을 적용하지 않는 회계연도(non zero-base year)로 구분하고, 영기준 검토를 적용하는 회계연도를 일정한 간격[7]을 두어 실시하는 방안이다.

---

7) 매년 반복되는 영기준 예산제도의 부담을 덜기 위해 4년 간 격차를 두고 적용할 것을 주장한 경우도 있다(Forgaty & Turnbill Ⅲ, 1977).

정부 예산제도의 개혁

제 1 절 3+1 재정개혁

1 예산제도 개혁과 국가재정법

1) 3+1 재정개혁과 국가재정법

예산제도는 품목별 예산제, 성과주의 예산제, 계획예산제, 목표관리 예산제, 영기준 예산제 등을 거치면서 새로운 시대 상황에 부응하는 개혁 노력을 꾸준히 추진하고 있는데, 기본적인 개혁 방안은 다음과 같다.

우선, 한정된 재원을 효율적 · 전략적으로 배분하고, 단년도, 통제, 투입 중심의 예산제도를 다년도, 자율, 성과 중심의 구조로 전환할 필요성이 대두되었다. 즉, 1년 단위의 재정 운용을 5년 단위 국가재정 운용계획 수립을 통해 개혁하고, 상향식 예산 편성 및 개별사업 검토 방식을 총액배분 자율편성 예산제도로 전환하며, 예산 집행에 따른 성과 제고와 재정정보의 투명한 공개의 필요성이 강하게 대두되었다. 즉, 국가재정 운용계획, 총액배분 자율편성 예산제도, 성과관리 예산제도, 디지털 예산회계시스템으로 구성된 3+1 개혁은 2007년 1월 1일로 효력이 발생한 국가재정법의 제정으로 완성되었다. 1961년 제정된 예산회계법을 전면 개편한 국가재정법의 주요 특징은 다음과 같다.

첫째, 과거 예산회계법 시대에는 일반회계, 특별회계, 기금에 대한 재정정보를 별도로 관리함으로써 통합재정 규모를 이해하는 데 한계가 있었는데, 국가재정법은 기존의 예산회계법과 기금관리기본법을 통폐합해 통합재정의 기틀을 마련했다. 또한 회계와 기금 간, 회계 상호 간 및 기금 상호 간 여유 재원의 전입과 전출을 가능토록 하여 재정 운용의 신축성을 도모하였다.

둘째, 성과관리 예산제도로 전환하여 사업별 예산제도를 도입하였으며, 사업별 예산 평가 결과를 다음 연도 예산 배분에 반영토록 하였다. 즉, 기존의 품목별 예산제도 이외에 사업별 예산제도를 도입하여 사업 목적에 부합하는 성과계획서를 작성하고, 계획에 따른 집행 결과와 성과를 분석한 성과보고서를 국회에 제출토록 하였다.

셋째, 중앙정부와 지방정부의 모든 재정을 디지털 예산회계시스템을 통해 공개토록 하였으며, 일반 국민 누구나 불법 재정지출에 대해 관계 부처 장관에게 시정을 요구할 수 있도록 하였다.

넷째, 국가채무관리계획을 수립해 매년 국회에 제출해야 하는 등 재정건전성 유지를 위한 제도가 도입되었으며, 추가경정예산의 요건을 엄격히 하고, 조세 감면제도와 세계잉여금 관리 요건을 강화하였다.

다섯째, 국가재정법에서는 예산 및 결산주기를 새롭게 조정함으로써, 예산 운용의 효율성을 도모하였다. 즉, 부처별 지출한도 설정을 위한 국가재정 운용계획의 수립, 부처 자율편성 일정 등을 감안해 예산주기를 조정하였다.

[그림 7-1] 3+1 재정개혁

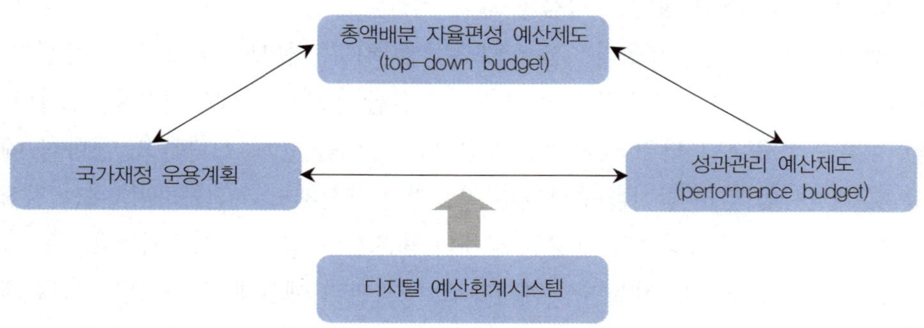

〈표 7-1〉 국가재정법 도입 전후의 제도 비교

구분		종전	2007년 1월 1일 이후
재정 운용의 효율성 제고	회계·기금 간 여유재원의 신축적 운용	• 일반회계에서 특별회계·기금으로의 일방적 전출만 가능 * 예산회계법상 근거 없었음	• 회계와 기금 간, 회계 상호 간 및 기금 상호 간 여유 재원의 전입·전출 가능
	성과계획서·보고서 작성	• 법률이 아닌 지침에 따라 작성	• 법률에 따라 성과계획서·보고서 작성 및 국회 제출
재정의 투명성 제고	재정정보의 공개 범위	• 중앙정부 재정정보만 공개	• 중앙정부 이외에 지방정부 재정정보도 함께 공개
	재정지출 국민감시제	• 없음	• 일반국민 누구나 불법 재정지출에 대해 관계 부처 장관에게 시정 요구 가능
재정의 건전성 유지	추경편성 요건	• 사실상 모든 경우 가능	• 자연재해, 경기 침체·대량실업 발생 등 불가피한 경우로 제한
	세계잉여금 사용 순서	• 추경 소요 발생 시 우선 사용 가능	• 국가채무 상환에 의무적으로 사용 후 잔액을 추경재원으로 사용
	국가채무관리계획 수립 및 국회 제출	• 없음	• 회계연도 개시 120일 전까지 국회 제출
	조세감면 관리제도	• 없음	• 국세 감면 한도제 도입 • 조세지출예산서 작성 및 국회 제출
기타	성인지 제도	• 없음	• 성인지 예·결산서 작성 및 국회 제출
예산 주기	사업계획서 제출	• 2월 말	• 1월 말
	예산안편성지침 통보	• 3월 말	• 3월 말
	예산요구서 제출	• 5월 말	• 5월 말
	예산안 국회 제출	• 10월 2일	• 회계연도 개시 120일 전
결산 주기	결산보고서 제출	• 다음 연도 2월 말	• 다음 연도 2월 말
	정부 결산 제출	• 다음 연도 6월 10일	• 다음 연도 4월 10일
	결산검사 보고서 송부	• 다음 연도 8월 20일	• 다음 연도 5월 20일
	정부 결산 국회 제출	• 다음 연도 9월 2일	• 다음 연도 5월 31일

2) 예산개혁과 재정지출 효율화

중앙예산기관인 기획재정부는 예산제도의 개혁과 더불어 재정의 비효율적 낭비 요인을 제거하기 위한 재정지출 효율화 원칙을 제시하였다.

〈표 7-2〉 재정지출 효율화 원칙

단계	원칙	내용
기획·요구 단계	1. 타당성 검증 강화	예비타당성조사, 타당성 재조사 등 사전절차 철저 이행 사업 소요를 고려한 적정 수준 예산 요구 및 불요불급한 사업 폐지
	2. 재정 지원 필요성 점검	재정 지원 전에 민간, 자치단체에 의한 사업 추진 가능성 우선 점검 재정 지원에 앞서 규제 개선 등을 통한 정책 목적 달성 여부 우선 검토(재정은 인센티브 역할 수행)
	3. 사전 협의 내실화	대규모 재정 소요 사업 사전 협의 내실화(총비용 추정) 국민의 목소리를 수렴하고 관련 예산안에 적극 반영
	4. 총비용 검토	신규 장비, 시설은 투자비 외에 운영비 등 총비용 검토 수익자 부담 강화, 법령 개정·제도 개선으로 항구적 재정 절감
편성 단계	5. 전략적 재원 배분	선택과 집중 원칙에 따라 우선순위 높은 사업에 재원 집중 투입
	6. PAYGO 원칙	신규 의무지출 추진 시 별도의 재원 대책 제시를 의무화 '재원대책 없는 세출 확대 없다'는 재원 연계 지출 원칙 강화
	7. 보조사업 일몰제	국고보조사업의 보조 기한 검토 지역밀착형 보조사업 지역 실정에 맞게 사업 추진
집행·평가 단계	8. 전달 체계 정비	재정사업 전달 체계 정비로 예산 누수 예방 세출예산과 조세 감면 등 중복 지원 최소화
	9. 사업 간 네트워킹 강화	유사·중복사업 통폐합 및 보조금 누수 방지 대책 마련 유관 사업을 연계 추진하고 신공법 도입 등 비용 절감
	10. 성과정보 활용	성과평가 결과 등을 예산 요구 및 편성 과정에 적극 반영

자료: 기획재정부 내부자료.

우선, 기획·요구 단계에서는 사업의 타당성 검토를 강조하였다. 사업이 국가의 목적 달성에 진정으로 필요한 것인가를 고려하고, 필요하다면 국가가 직접 할 것인가, 지방자치단체에 위임할 것인가, 아니면 민간에게 맡길 것인가 등을 충분히 검토함으로써, 재정 지원의 주체별 필요성을 확고히 하였다. 특히 대규모 재정이 소요되는 사업에 대한 사전 협의를 내실화하고 총비용에 대한 정확한 추계를 강조하였다. 또한 편성 단계에서는 전략적 우선순위에 따른 한정 재원의 효율적 배분을 강조하고 있으며, 신규 의무 지출이 발생할 경우에는 세출 조정이나 별도의 재원 대책 마련을 의무화하고 있다.

아울러 집행·평가 단계에서는 재정사업 전달 체계를 정비해 국민의 서비스 만족도를 제고함과 동시에 예산 누수를 예방하고, 유관 사업의 연계 추진을 통해 사업 간의 네트워킹을 강화하도록 규정하고 있다. 특히 성과평가 결과를 활용해 차기 예산 요구 및 편성 과정에 반영하도록 규정하고 있다.

이상의 재정지출 효율화 원칙은 단계별로 구성되어 있고, 사업의 우선순위에 따른 전략적 재원 배분과 평가 결과의 활용을 통한 신규 예산 편성 과정에의 반영을 중요시한다는 점에서 성과관리 예산제도를 강조하고 있다. 특히 보조사업 일몰제나 총비용 관점을 강조하고 있는 점은 영기준 예산제도와 성과주의 예산제도의 장점을 흡수하려는 노력의 일환이라고 할 수 있다.

2 예산제도 개혁과 디지털 예산회계시스템

1) 디지털 예산회계시스템의 개념

2007년 이전까지 재정정보시스템은 각 기관별로 관리되어 통합된 재정정보의 제공이 어려웠다. 이에 따라 재정제도의 혁신을 뒷받침할 시스템 구축이 필요하게 되었으며, 2007년부터 디지털 예산회계시스템이 구축·운영되고 있다. 디지털 예산회계시스템(Digital Budgeting & Accounting System)이란 예산 편성·집행·회계결산·성과관리 등 재정 활동 모든 과정이 수행되고, 그 결과 생성된 정보가 관리되는 재정정보시스템을 의미한다. 디지털 예산회계시스템 특징은 다음과 같다.[1)]

첫째, 재정 활동 전반을 지원한다. 중앙정부의 예산 편성, 집행, 자금관리, 국유재산 및 물품관리, 채권·채무, 회계 결산까지 모두 하나의 시스템에서 처리된다.

둘째, 재정혁신을 뒷받침한다. 국가재정 운용계획 수립, 총액배분 자율편성 예산제도, 성과관리 예산제도 등 재정 혁신을 지원하기 위해 프로그램 예산 체계를 기반으로 구축되었으며, 자금과 자산·부채를 상호 연계 관리하고, 국가재정의 재무정보를 정확히 산출할 수 있도록 복식부기·발생주의 회계제도를 도입하였다.

셋째, 재정의 실시간 관리를 도모한다. 재정자금 출납의 모든 과정을 전자화하고, 이를 기반으로 재정 운영 현황을 실시간으로 파악할 수 있도록 구성되어 있다.

넷째, 재정통계 분석정보를 산출한다. 분야별·부처별·기능별 등 여러 측면에서 통계분석을 수행해 과거 실적, 현황, 예측 등 다양하고 정확한 통계분석 자료를 제공하고, 정부의 정책 결정이 올바르게 이뤄질 수 있도록 지원하고 있다.

---

1) 디지털 예산회계시스템을 안정적으로 운영·관리하고 국가재정 관련 정책의 개발을 지원함으로써 국가재정 업무의 발전에 이바지하고, 디지털 예산회계시스템의 수출 등 재정정보화 분야의 국제협력을 강화함으로써, 국제사회의 재정정보화에 이바지함을 목적(한국재정정보원법 제1조)으로 한국재정정보원이 2016년 7월 1일 개원되었다. 한국재정정보원의 주무부서는 기획재정부이며, 기타 공공기관으로 분류되어 있다(http://www.kpfis.or.kr).

2) 디지털 예산회계시스템의 도입 배경 및 구성

디지털 예산회계시스템은 기존의 제도를 대체해 도입된 혁신적 제도를 효율적으로 통합 지원하는 형태를 취하고 있다. 즉, 기존 제도의 문제점을 개선하기 위해 도입된 국가재정 운용계획, 총액배분 자율편성제도, 성과관리 예산제도, 프로그램 예산제도, 복식부기 및 발생주의 회계제도의 도입에 따른 개별 시스템을 통합적으로 관리하고 실시간 온라인으로 재정정보를 제공함으로써, 재정 운영의 효율성과 대(對)국민 신뢰성을 확보하는 데 목적을 두고 있다.

디지털 예산회계시스템은 사업관리 · 예산 · 회계 · 통계분석 등 단위 업무 시스템과 외부 연계 시스템으로 구성되어 있으며, 중앙 · 지방 공무원 및 일부 공공기관 사용자들은 재정 포털을 통해 시스템에 접속해 업무를 처리하고, 생산된 주요 재정정보를 국민들에게 홈페이지를 통해 제공하고 있다.

디지털 예산회계시스템의 구축으로 국가재정 운영계획과 단년도 예산 편성의 연계, 일반회계 · 특별회계 · 기금의 통합관리, 프로그램에 따른 성과관리가 하나의 정보시스템 내에서 관리되고 있다.

[그림 7-2] 디지털 예산회계시스템의 구성

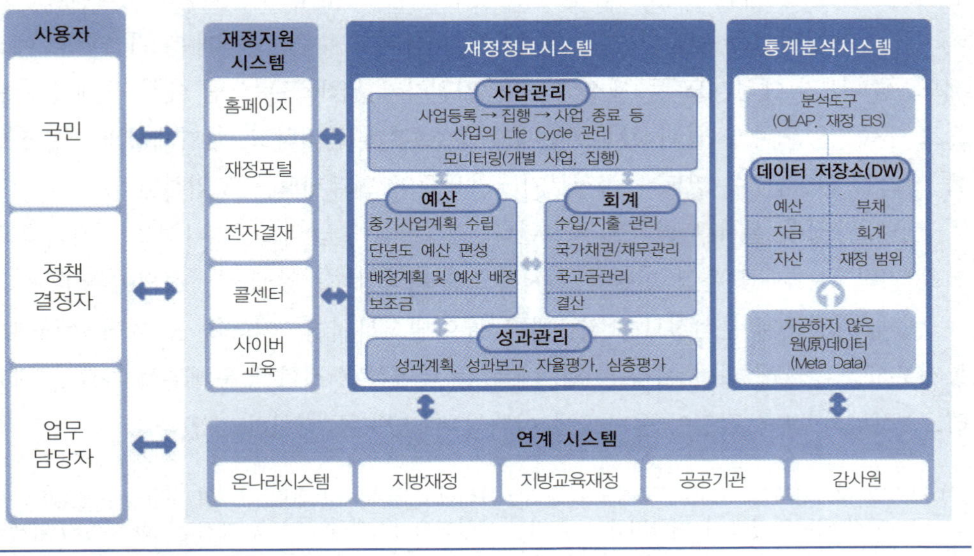

자료: 기획재정부 디지털 예산회계시스템(http://www.digitalbrain.go.kr).

제 2 절 | 국가재정 운용계획

1 국가재정 운용계획의 본질

국가재정 운용계획은 기존의 예산제도가 단년도 중심의 예산 편성으로 예산과 정책의 연계가 어렵고, 중기적 시각에서 국가 비전과 전략을 효과적으로 지원하지 못하며, 재정건전성을 유지하기 곤란하다는 비판에서 제기되었다. 즉, 예산(일반회계, 특별회계)과 기금을 통합해 5개년 단위의 계획을 수립하고, 중기적 시각에서 정책에 기초해 국가 재원을 전략적으로 배분하여 재정건전성을 확보하기 위한 제도다.[2)]

국가재정 운용계획은 국가 전체적인 재원 규모 하에서 재원 배분과 재정수지 관리 등 전략적 재정 운용이 가능하도록 일반회계, 특별회계, 기금을 포괄하는 통합재정 기준으로 작성되며, 기획재정부의 주도 하에 5개년 연동계획(rolling plan)으로 작성된다. 즉, 2025년~2029년 계획이 수립되어 2025년 계획이 집행되면, 다시 2026년~2030년의 계획이 수립되는 연동 형태를 취하고 있다.

외국의 경우에도 중기적 관점에서 국가재정 운용계획을 수립하는데, 이를 요약하면 〈표 7-3〉과 같다. 즉, 미국과 독일은 5년 단위의 국가재정 운용계획을, 프랑스와 스웨덴은 3년 단위의 국가재정 운용계획을 수립하고 있다.

〈표 7-3〉 외국의 중기 국가재정 운용계획

절차	계획기간	주무부처	비고
미국	5년	관리예산처(OMB)	예산서류 일부, 중기 재정 전망
프랑스	3년	재무부(예산실)	예산서류 일부, 중기 재정 전망
독일	5년	재무부(예산국)	예산서류 일부, 중기 재정 전망
스웨덴	3년	재무부(예산국)	예산안 제출 5개월 전 국회 제출, 의결

자료: 기획재정부 내부자료.

2) 『예기(禮記)』 왕제편(王制編)에 의하면, "國이 無九年之蓄曰不足이요, 無六年之蓄曰急이요, 無三年之蓄曰國非其國也니라," 즉 나라에 9년의 비축이 없으면 부족이라 말하고, 6년의 비축이 없으면 급(急)이라고 말하고, 3년의 비축이 없으면 나라가 아니라고 한다.

2 국가재정 운용계획의 수립 절차

정부는 재정 운용의 효율화와 건전화를 위해 매년 당해 회계연도부터 5 회계연도 이상의 기간에 대한 국가재정 운용계획을 수립해 회계연도 개시 120일 전까지 국회에 제출하는데, 수립 절차를 살펴보면 〈표 7-4〉와 같다.

〈표 7-4〉 중기 국가재정 운용계획의 수립 절차

구분	내용	시기
1. 수립지침 통보	기획재정부 장관 → 각 중앙관서의 장	전년도 12월 말
2. 중기사업계획서 제출	각 중앙관서의 장 → 기획재정부 장관	매년 1월 말
3. 재정정책자문회의	기획재정부 장관의 재정 운용 의견수렴 ① 재정운용전략위원회 운영(관계자 의견 수렴) ② 계획 수립을 위한 지원단 구성(5월~) ③ 국가재정전략회의 개최(7월) ④ 분야별 · 지역별 예산협의회 개최(6~8월) ⑤ 재정정책자문회의 개최(8월)	2~8월
4. 국회 상임위 사전 보고	기획재정부 장관 → 국회 기획재정위원회	회계연도 개시 150일 전
5. 국회 제출	행정부 → 국회	회계연도 개시 120일 전

1) 국가재정 운용계획의 수립지침 통보 및 협의

기획재정부 장관은 국가재정 운용계획의 수립을 위한 지침을 마련하여 당해 회계연도의 전년도 12월 말까지 각 중앙관서의 장에게 통보하여야 하며, 국가재정 운용계획에 관한 의견 수렴을 위하여 공청회 또는 토론회 등을 개최할 수 있다(국가재정법 시행령 제2조 제1항, 제2항).

각 중앙관서의 장이 재정지출을 수반하는 중 · 장기계획을 수립하는 때에는 중 · 장기계획을 확정하기 30일 전에 재원 조달 방안 및 국가재정 운용계획과의 연관성 등을 명시하여 기획재정부 장관에게 협의를 요청하여 미리 기획재정부 장관과 협의[3]하여야 하며(동법 제7조 제9항, 동법 시행령 제2조 제5항),[4] 지방자치단체의 장은 국가의

3) 기획재정부 장관은 협의와 관련하여 지침(재정지출 수반 중 · 장기계획 협의 지침)을 마련하여 각 중앙관서의 장에게 통보할 수 있다(동법 시행령 제2조 제7항).

4) 각 중앙관서의 장은 중 · 장기계획이 연간 500억 원 또는 총 2천억 원 이상의 재정지출을 수반하는 경우에는 협의 완료 여부를 명시하여 '경제관계장관회의 규정'에 따른 경제관계장관회의 또는 '대외경제장관회의 규정'에 따른 대외경제장관회의에 상정하여야 하되, 필요한 경우에는 기획재정부 장관이 정하는 회의에 상정할 수 있다(동법 시행령 제2조 제6항).

재정 지원에 따라 수행되는 사업으로서, 대통령령이 정하는 규모 이상[5]인 사업의 계획을 수립하는 때에는 미리 관계 중앙관서의 장과 협의하여야 한다. 이 경우 중앙관서의 장은 기획재정부 장관과 협의하여야 한다(동법 제7조 제10항).

2) 중기사업계획서의 제출

각 중앙관서의 장은 지방자치단체의 장이 제출한 사업계획을 중기사업계획서에 반영하여, 매년 1월 31일까지 기획재정부 장관에게 제출하여야 한다(동법 시행령 제2조 제10항). 중기사업계획서는 국가재정 운용계획 수립과 예산안 편성 및 기금운용계획안 작성을 위한 지출한도 설정의 기초자료로 활용된다. 특히 각 중앙관서의 장은 5개년 간의 의무지출(법정지출 + 이자지출)과 재량지출의 규모와 관리계획을 제시토록 하여, 국가재정 운용계획의 중기적 재정계획을 추계하는 데 활용하고 있다.

3) 국가재정 운용계획의 수립

기획재정부 장관은 국가재정 운용계획을 수립할 때에는 관계 중앙관서의 장과 협의하여야 하며, 기획재정부 장관은 국가재정 운용계획을 수립함에 있어 필요한 때에는 관계 국가기관 또는 공공단체의 장에게 중·장기 대내·외 거시경제 전망 및 재정 전망 등에 관하여 자료의 제출을 요청하거나, 관계 국가기관 또는 공공단체의 장과 협의할 수 있다(동법 제7조 제5항, 제6항). 특히 기획재정부 장관은 재정전망을 40회계연도 이상의 기간을 대상으로 5년마다 실시해야 한다(동법 제7조 제4항).

각 중앙관서에서 제출된 중기사업계획서는 국가재정 범위를 초과하는 경우가 발생하기 때문에, 기획재정부는 국가재정 운용계획을 수립하면서 각 중앙관서와 협의를 하게 된다. 특히 기획재정부의 예산실장 및 국·과장, 각 중앙관서의 기획조정실장 및 국·과장 간의 실무 조정이 이뤄지며, 국가재정 운용계획에 의한 12분야별 5개년 계획을 수립한다.

그러나 국가재정 운용계획상의 분야와 정부 예산제도 분야 간의 코드가 맞지 않아 분야별 예산액을 비교하는 데 문제가 발생하고 있으며, 분야가 상이함에 따라 분야별 합계 예산액이 차이가 나는 경우가 있다. 따라서 중기계획인 국가재정 운용계획

5) 총사업비 중 국가의 재정 지원 규모가 300억 원 이상인 사업을 의미하며, 지방자치단체의 장은 사업의 계획을 전년도 12월 31일까지 관계 중앙관서의 장에게 제출하여야 한다(동법 시행령 제2조 제8항, 제9항).

〈표 7-5〉 국가재정 운용계획과 정부 예산제도 간의 분야 차이

국가재정 운용계획(12분야)		정부 예산제도(16분야)	
연번	분야	연번	분야
1	보건・복지・고용	010	일반・지방행정
2	교육	020	공공질서 및 안전
3	문화・체육・관광	030	통일・외교
4	환경	040	국방
5	R&D	050	교육
6	산업・중소기업・에너지	060	문화 및 관광
7	SOC	070	환경
8	농림・수산・식품	080	사회복지
9	국방(일반회계 총계)	090	보건
10	외교・통일	100	농림수산
11	공공질서・안전	110	산업・중소기업 및 에너지
12	일반・지방행정	120	교통 및 물류
		130	통신
		140	국토 및 지역개발
		150	과학기술
		160	예비비

과 단기 예산의 분야별 항목을 일치시켜 상호 비교할 수 있는 제도적 기반을 마련할 필요가 있으며, 디지털 예산회계시스템과의 연계도 모색할 필요가 있다.

4) 공청회 및 재정정책자문회의

기획재정부 장관은 국가재정 운용계획에 관한 의견 수렴을 위하여 공청회 또는 토론회 등을 개최할 수 있으며, 미리 재정정책자문회의의 의견 수렴을 거쳐야 한다(동법 시행령 제2조 제2항, 동법 제10조).

재정정책자문회의는 재정 운용에 대한 의견 수렴을 위하여 각 중앙관서와 지방자치단체의 공무원 및 민간 전문가 등으로 구성되는데, 기획재정부 장관, 행정 각 부처의 차관, 기금 소관 위원회・처・청의 부기관장, 특별시・광역시・도 및 특별자치도의 시장・도지사, 재정 운용에 관한 학식과 경험이 풍부한 자 중에서 기획재정부 장관이 위촉하는 30명 이내의 민간위원(임기 2년) 등으로 구성되며, 자문회의 의장은 기획재정부 장관이 된다(동법 시행령 제6조 제3항 내지 제5항).

재정정책자문회의는 ① 국가재정 운용계획 수립, ② 회계연도별 예산안의 편성 및 기금운용계획안・기금운용계획변경안 수립, ③ 회계연도별 예산안편성지침 및 기금운용계획안 작성지침의 수립, ④ 특별회계 및 기금의 신설, 통합 및 폐지에 관한 사항, ⑤ 기금운용평가단의 기금 운용 평가 결과 및 개선 권고 사항, ⑥ 재정제도와 관련된 법령의 제정・개정 사항, ⑦ 예산 및 기금 관련 제도 개선 사항, ⑧ 그 밖에 기획재정부 장관이 자문하는 사항 등을 자문한다(동법 시행령 제6조 제1항).

5) 국가재정전략회의

국가재정전략회의는 재정 분야 최고위급 의사결정회의로 대통령, 국무총리 및 각 국무위원들이 참여해 중장기 재정 운용 전략, 분야별 재원 배분 및 지출한도를 논의하는데, 논의된 내용은 국가재정 운용계획 수립과 다음 연도 예산안 편성 시 반영된다.

기획재정부가 각 중앙부처에 지출한도를 통보하면 각 부처는 5월 말까지 기획재정부에 예산을 요구하는데, 각 부처의 예산 요구액을 중심으로 기획재정부는 국가재정 운용계획을 보완해 나간다. 국가재정 운용계획의 보완은 국회 제출 시까지(회계연도 개시 120일 전까지) 진행된다.

6) 국가재정 운용계획 사전보고 및 제출

기획재정부 장관은 국가재정 운용계획을 국회에 제출하기 30일 전에 재정 규모, 재정수지, 재원 배분 등 수립 방향을 국회 소관 상임위원회에 보고하여야 하며, 정부는 재정 운용의 효율화와 건전화를 위하여 매년 당해 회계연도부터 5 회계연도 이상의 기간에 대한 국가재정 운용계획을 수립하여 회계연도 개시 120일 전까지 국회에 제출하여야 한다. 기획재정부 장관은 수정예산안 및 추가경정예산안이 제출될 때에는 재정수지, 국가채무 등 국가재정 운용계획의 재정 총량에 미치는 효과 및 그 관리 방안에 대하여 국회에 보고하여야 한다(국가재정법 제7조 제1항, 제7항, 제8항).

국가재정 운용계획을 국회에 제출하기 30일 전에 국회 소관 상임위원회에 미리 보고토록 하는 것은 국회의 예산심의를 보다 효율적으로 도모하기 위함이며, 행정부 중심의 예산 편성 기준이 합리적으로 설정되어 있는가를 확인하는 과정이다. 그러나 사전 보고 의무만 있을 뿐이며, 불이행에 따른 제재 조항은 존재하지 않는다. 또한 국가재정 운용계획의 재정 규모, 재정수지, 재원 배분 등 수립 방향만을 제시하고 있을 뿐 구체적인 작성 근거를 제출하고 있지 않아 국회의 예산심의 자료로서 큰 의미를 갖고 있지 못하다.

또한 국가재정 운용계획에 첨부되어야 할 서류가 중장기 기금재정 관리계획이다. 중장기 기금재정 관리계획을 작성하는 주체는 연금급여 및 보험사업 수행을 목적으로 하는 기금 또는 채권을 발행하는 기금이 해당되는데(국가재정법 제73조의4 제3항), 중장기 기금재정 관리계획을 작성하는 주체는 소관 기금에 관하여 매년 해당 회계연도부터 5 회계연도 이상의 기간에 대한 중장기 기금재정 관리계획을 수립하고, 이를 기획재정부 장관에게 제출[6]하여야 한다(동법 시행령 제31조). 중장기 기금재정 관리계획 수립 대상 기금관리 주체는 ① 고용보험법에 따른 고용보험기금, ② 공무원연금법에 따른 공무원연금기금, ③ 국민연금법에 따른 국민연금기금, ④ 군인연금법에 따른 군인연금기금, ⑤ 금융회사 부실자산 등의 효율적 처리 및 한국자산관리공사의 설립에 관한 법률에 따른 구조조정기금, ⑥ 사립학교 교직원연금법에 따른 사립학교 교직원 연금기금, ⑦ 산업재해보상보험법에 따른 산업재해보상보험 및 예방기금, ⑧ 무역보험법에 따른 무역보험기금, ⑨ 예금자보호법에 따른 예금보험기금채권상환기금, ⑩ 주택도시기금법에 따른 주택도시기금, ⑪ 중소기업 진흥에 관한 법률에 따른 중소기업 창업 및 진흥기금 등 11개 기금이다(동법 시행령 제31조 제1항).

〈표 7-6〉 국가재정 운용계획에 포함되어야 할 내용과 첨부서류

포함되어야 할 내용 (국가재정법 제7조 제2항)	첨부해야 할 서류 (국가재정법 제7조 제3항, 동법 제73조의4)
1. 재정 운용의 기본 방향과 목표 2. 중장기 재정 전망 및 그 근거 3. 분야별 재원 배분계획 및 투자 방향 4. 재정 규모 증가율 및 그 근거 4의2. 의무 지출의 증가율 및 산출 내역 4의3. 재량 지출의 증가율에 대한 분야별 전망과 근거 및 관리계획 4의4. 세입·세외수입·기금수입 등 재정수입의 증가율 및 그 근거 5. 조세부담률 및 국민부담률 전망 6. 통합재정수지에 대한 전망과 관리계획 7. 그 밖에 대통령령이 정하는 사항	1. 전년도에 수립한 국가재정 운용계획 대비 변동 사항, 변동 요인 및 관리계획 등에 대한 평가·분석 보고서 2. 중장기 기금재정 관리계획 ① 재정수지 등의 전망과 근거 및 관리계획 ② 부채의 증감에 대한 전망과 근거 및 관리계획 ③ 전년도 중장기 기금재정 관리계획 대비 변동 사항, 변동 요인 및 처리계획 등에 대한 평가·분석 ④ 그 밖에 대통령령으로 정하는 사항 3. 국가채무 관리계획 4. 중장기 조세정책 운용계획 5. 장지 재정전망 결과(40 회계연도 이상)

6) 중장기 기금재정 관리계획의 내용 중 재정 수지 등의 전망과 근거 및 관리계획, 부채의 증감에 대한 전망과 근거 및 관리계획은 매년 1월 31일까지 중기사업계획서와 함께 기획재정부 장관에게 제출하여야 한다(동법 시행령 제31조 제3항).

제 3 절 | 총액배분 자율편성 예산제도

1 총액배분 자율편성 예산제도의 개념

일반적으로 예산을 결정하는 방식은 크게 거시적 예산 결정과 미시적 예산 결정으로 구분해 볼 수 있다. 거시적 예산 결정은 중앙예산기관의 전반적인 방향과 계획에 따라 위에서부터 아래로 결정되는 하향식(top-down) 방식을 의미하며, 미시적 예산 결정은 각 부처의 예산 요구를 바탕으로 아래에서부터 위로 예산을 결정하는 상향식(bottom-up) 방식을 의미한다(LeLoup, 1988: 17-42).

상향식 예산 결정 방식은 각 부처에서 부처 목적 달성에 필요한 사업계획과 예산을 중앙예산기관에 요구하면, 중앙예산기관이 각 부처의 예산을 조정해 총지출 규모를 결정하는 방식이다. 과거 예산 결정 방식은 주로 상향식 결정 방식이었는데, 이는 다음과 같은 문제점을 초래했다.

첫째, 각 부처의 지나친 예산 요구를 초래했다. 각 부처는 예산극대화를 통해 자신 부서의 역할을 강화하고자 했으며, 이에 따른 각 부처의 예산 요구는 국가의 조달 가능한 재원 규모를 초과하는 문제점이 나타났다.

둘째, 상향식 예산 결정 방식은 주로 각 부처의 사업에만 관심을 기울이기 때문에, 국가의 종합적인 계획과 일치하지 않는 문제점이 발생했다.

셋째, 상향식 예산 결정이 주로 1 회계연도에 국한됨으로써, 중장기적 관점에서 예산을 배분하지 못하는 문제점이 발생했다.

넷째, 중앙예산기관과 각 부처 간의 예산 확보 경쟁이 과열되었고, 각 부처에서 요구한 예산안의 타당성을 분석하고 조정하는 과정에서 중앙예산기관의 업무 부담이 가중되었으며, 예산 결정에 많은 시간이 소요되었다.

다섯째, 중앙예산기관의 입장에서는 각 부처의 예산 요구를 삭감하는 역할을 주로 하게 되는데, 각 부처의 전문성을 이해하지 못하는 상태에서 일률적인 삭감이 이뤄짐으로써, 각 부처의 자율성을 저해하는 문제가 발생했다.

여섯째, 예산 배분이 이뤄지고 난 이후 예산지출에 대한 사후관리가 부재함으로써, 책임성의 문제가 초래되었다.

따라서 상향식 예산 결정 방식의 문제점을 극복할 수 있는 새로운 대안이 요구되었는데, 그것이 바로 하향식 예산 결정 방식이다. 하향식 예산 결정 방식은 중앙예산기관이 예산 총액과 각 분야별 예산 배분 규모를 결정하고, 각 부처는 배분된 예산 범위 내에서 자율적으로 예산을 편성하는 제도다. 하향식 예산 결정 방식은 흔히 총액배분 자율편성 예산제도(top-down budget)라고 하는데, 총액 배분과 관련된 결정은 중앙예산기관이 중장기적 국가계획 및 지출한도 내에서 예산 총액을 결정하고, 각 부처는 배분된 예산 내에서 자율적으로 예산을 편성해 운영하는 방식이다. 우리의 경우, 총액배분 자율편성 예산제도는 2003년 시범 실시했고, 2007년 국가재정법의 제정 이후에는 모든 부처에서 활용되고 있다.

2 총액배분 자율편성 예산제도의 구조

1) 총액배분 자율편성 예산제도와 연관된 제도

총액배분 자율편성 예산제도는 국가재정 운용계획과 성과관리 예산제도와 연계될 때 의미가 있다. 중앙예산기관이 예산 총액을 결정하기 위해서는 무엇보다 국가의 중장기적 계획이 선행되어, 어떤 분야에 얼마만큼의 예산을 배분할 것인지에 대한 전략적 고찰이 선행되어야 한다. 국내・외 사회경제 상황의 변동이나 국가채무 등에 대한 변수 등을 고려해 중장기적 관점에서 국가의 예산 총액을 결정하고, 사업의 우선순위에 따른 분야별 지출한도를 설정하는 것이 중요하다.

현대 예산제도의 본질은 투입에서 결과 및 성과 중심으로 이행하고 있는데, 지출을 통한 성과를 구현함으로써 예산의 효율성과 재정민주주의를 달성하는 것이 중요하다. 따라서 총액 및 지출한도의 범위 내에서 각 부처가 자율적으로 편성한 예산에 대한 책임성을 확보하기 위해서는 성과관리 예산제도와 필수적으로 연계되어야 한다. 즉, 각 부처의 예산 배분을 중앙예산기관의 총액 예산 및 지출한도와 연계해 배분하고, 자율적으로 운영함과 동시에 결과에 대해 책임을 지는 제도적 장치가 필요하다.

결국 총액배분 자율편성 예산제도는 국가재정 운용계획과 성과관리 예산제도와 연계되어야 예산 개혁의 실효성을 담보할 수 있다. 즉, 국가재정 운용계획은 총량적 재정규율을, 총액배분 자율편성 예산제도는 배분적 효율성을, 성과관리 예산제도는 운영적 효율성을 중시한다.

2) 총액배분 자율편성 예산제도의 절차

(1) 국가재정 운용계획의 수립

국가재정 운용계획은 일반회계, 특별회계, 기금을 포괄하는 통합재정 기준으로 작성되며, 향후 재정 운용 여건, 재정 운용 기본 방향, 분야별 정책 방향과 재정투자계획 등이 포함된다. 또한 국가재정 운용계획은 중장기적 관점에서 작성되므로, 재원 배분과 관련된 내용이 단년도에 국한되지 않고 중장기적으로 설정된다. 따라서 국가재정 운용계획을 통해 재정 규모를 파악할 수 있고, 분야별 재원 배분과 재정 수지관리 등을 파악할 수 있다.

(2) 지출한도의 설정

중앙예산기관은 국가재정 운용계획에 근거해 연도별 재정 규모를 설정하고, 분야 및 부문별, 중앙관서별 지출한도를 제시함으로써 정책과 우선순위에 입각한 전략적 재원 배분을 도모하는데, 지출한도는 일반회계, 특별회계, 기금을 포괄해 결정된다.

지출한도의 설정은 중앙예산기관이 국가재정 운용계획을 바탕으로 재원 배분의 우선순위를 결정하고 각 부처에 통보되기 때문에 하향적 결정 방식을 채택한다. 상향식 결정 방식에 따라 각 부처의 의견을 수렴해 예산을 결정하면 국가재정의 규모를 넘어서는 경우가 허다하기 때문이다. 따라서 중앙예산기관이 각 부처별 지출한도를 결정하는 것은 국가재정의 총량적 재정규율을 준수할 수 있는 이점이 있으며, 지나친 예산 팽창을 억제할 수 있다. 다만, 지출한도의 설정은 총량적 재정 규율과 재정 준칙이라는 거시적 맥락에서 제시되는데, 한도 설정의 주체가 입법부가 아닌 행정부 중심적으로 이루어지고 있어 재정민주주의의 한계로 지적되고 있다.

(3) 예산 편성

기획재정부 장관이 통보한 국가재정 운용계획 수립 지침에 따라 각 부처는 1월 말까지 중앙예산기관(기획재정부)에 중기사업계획서를 제출하며, 중앙예산기관은 3월 말까지 각 부처에 예산안편성지침을 통보한다. 기획재정부가 통보한 예산안편성지침을 바탕으로 각 부처는 5월 말까지 중앙예산기관에 예산을 요구하며, 중앙예산기관은 국회에 예산안을 제출하기 전까지 예산안을 편성한다.

예산 편성 단계에서 각 부처의 자율성이 보장되지만, 대규모 사업의 경우에는 타당성 검증이 강화되며, 인건비 등과 같은 경상경비의 예산 편성은 중앙예산기관의 정책적 통제를 준수해야 한다.

3) 중앙예산기관 및 예산결산특별위원회의 역할 변화

총액배분 자율편성 예산제도가 도입되기 이전에는 중앙예산기관이 각 부처의 예산 요구를 개별적으로 조정하는 역할을 수행했으나, 총액배분 자율편성 예산제도의 도입 이후로는 거시 재정정책과 사업 성과의 평가조직으로 전환되었다. 특히 예산의 기능을 총량적 재정규율, 배분적 효율성, 운영적 효율성으로 구분한 견해(Schick, 1998)에 의하면, 중앙예산기관의 역할은 우선적으로 총량적 재정규율을 강화하는 방향으로 나아가고 있다. 즉, 중앙예산기관은 각 부처에서 총량적 재정 규모, 재정수지 등의 규율을 준수하도록 유도하는 기관이며, 정부의 전략적 우선순위에 따라 사업 분야별로 자원을 배분함으로써 자원 배분의 효율성을 도모한다.

자율과 책임의 예산제도라 할 수 있는 총액배분 자율편성 예산제도의 도입은 국회의 심의 기능에도 새로운 역할을 부여하고 있다. 즉, 국회의 심의 기능이 단년도 중심의 예산 심의에서 다년도 중심의 예산 심의 기능으로 전환되고 있으며, 국민의 담세율과 다년도에 걸친 세입 및 세출 추계에 따른 총예산 규모에 대한 이해는 예산 심의를 위해 필수적인 사항이 되고 있다.

다만, 총액배분 결정권이 기획재정부 중심으로 이뤄짐에 따라, 국회의 재정 견제권이 다소 미약하다는 비판이 제기되고 있다.

3 총액배분 자율편성 예산제도의 장점 및 과제

1) 총액배분 자율편성 예산제도의 장점

총액배분 자율편성 예산제도의 장점은 다음과 같다.

첫째, 계획과 예산의 일치를 도모할 수 있다. 중장기적 관점에서 수립된 계획을 바탕으로 예산을 배분하기 때문에, 단년도 중심의 예산 배분에서 다년도 중심의 예산 배분 방식으로 전환할 수 있다. 특히 국가의 전략적 우선순위를 통해 미래 상황 변화에 대처할 수 있는 재정 역량을 강화할 수 있다.

둘째, 국가 전체 재정 규모, 분야별·부처별 예산 규모 등 중요 정보를 예산 편성 기간 중에 각 부처와 중앙예산기관이 공유하고 분야별·부처별 재원 배분계획을 국무위원 회의에서 함께 결정해 재정 투명성을 제고할 수 있다. 즉, 총량적 재정 범위 내에서 중앙예산기관과 각 부처의 역할 분담으로 재원 배분의 효율성·투명성·자율성을 제고시킬 수 있다.

셋째, 부처별 지출한도가 사전 제시됨에 따라 각 부처의 전문성을 적극 활용해 사업별 예산 규모를 결정할 수 있고, 각 부처의 책임과 권한을 강화할 수 있으며, 지출한도가 설정되기 때문에 국가재정 운용의 건전성과 예측 가능성을 도모할 수 있다. 분야별·부문별 지출한도를 통해 우선순위에 따라 한정된 자원을 효율적으로 배분할 수 있으며, 국책사업의 안정적 추진이 가능하다. 특히 현대적 의미의 양출제입(量出制入) 예산원칙을 준수할 수 있다.

넷째, 각 부처의 지나친 예산 요구[7]와 중앙예산기관의 일률적 예산 삭감 등과 같은 예산사정 작업이 불필요하기 때문에, 중앙예산기관의 업무 부담을 경감시킬 수 있으며, 관료들의 예산극대화 성향과 예산 확보 경쟁에 따른 예산 편성 과정의 비효율성을 제거할 수 있다.

다섯째, 지출한도 내에서 각 부처가 예산을 자율적으로 편성함으로써 우선순위가 높은 사업부터 예산이 배정되고, 우선순위가 낮은 사업에 대해서는 예산 조정이 이뤄지게 된다. 과거 상향식 예산 결정에서는 예산 배분 조정이 중앙예산기관 위주로 진행되었으나, 총액배분 자율편성 예산제도의 도입 이후로는 각 부처 중심으로 자율적으로 예산 배분을 조정할 수 있다.

여섯째, 기존의 예산 결정 방식 하에서는 일반회계, 특별회계, 기금 등이 칸막이 형태로 운영됨으로써 통합재정의 의미를 확보할 수 없었으나, 총액배분 자율편성 예산제도 하에서는 일반회계, 특별회계, 기금을 통합 관리함으로써 예산 배분의 투명성을 확보할 수 있다.

일곱째, 예산의 경기 변동 대응 능력을 확보할 수 있다. 총액배분 자율편성 예산제도는 국가재정 운용계획을 바탕으로 추진되므로, 중기적 관점에서 경기 변동에 대응할 수 있는 예산 편성이 가능하다. 즉, 경기가 하강 국면일 때는 예산을 확대 편성하고, 경기가 상승 국면일 때는 예산을 긴축 편성해야 한다. 예산의 경기 조절 기능은 단년도 예산구조에서는 달성하기 어렵다.

---

7) 2004년 총액배분 자율편성 예산제도 도입 이후 연도별 요구 증가율(전년 대비, 총지출 기준)을 살펴보면, (2005) 9.4% → (2006) 7.0% → (2007) 6.8% → (2008) 8.4% → (2009) 7.4% → (2010) 4.9% → (2011) 6.9% → (2012) 7.6% → (2013) 6.5% → (2014) 6.6% → (2015) 6.0% → (2016) 4.1% → (2017) 3.0% → (2018) 6.0% → (2019) 6.8% → (2020) 6.2% → (2021) 6.0% → (2022) 6.3% → (2023) 5.2% → (2024) 2.8%로 나타나고 있어, 지나친 예산 요구 경향은 줄어들고 있다(기획재정부 보도자료, 각 연도 자료에서 재구성).

2) 총액배분 자율편성 예산제도의 과제

총액배분 자율편성 예산제도는 총량적 재정 준칙에 따라 분야별 지출한도를 설정하고, 지출한도의 범위 내에서는 각 중앙부처의 자율성이 보장되는 제도다. 그러나 실제로 총액배분 자율편성 예산제도는 행정부 중심의 제도로서 의회의 견제가 미흡하다는 점과, 부처의 자율성이 보장되고 있지 못하다.

우선, 총량적 재정 범위 및 지출한도가 중앙예산기관 중심으로 운영됨으로써, 국회의 총량적 재정 범위 및 지출한도에 대한 정보가 미흡하며, 지출한도에 대한 세부적 근거가 국회에 제출되고 있지 못하다. 예산법률주의를 채택하고 있는 미국과 같은 국가는 국회에서 재정 총량을 결정하고 입법화하면, 재정 총량의 범위 내에서 행정부가 예산을 편성하기 때문에, 국민의 대표기관인 국회의 영향력은 크다고 할 수 있다. 우리의 경우는 행정부 중심의 구조로 운영되고 있어 총량적 재정과 지출한도에 대한 국회의 통제력이 미약하다.

또한 총액배분 자율편성 예산제도는 지출한도의 범위 내에서 각 부처의 예산 편성의 자율성이 보장된다고 하지만, 실제로는 중앙예산기관의 통제 하에서 예산을 편성하고 있어 부처의 자율성은 매우 미흡한 수준이라고 할 수 있다.

따라서 총액배분 자율편성 예산제도가 제대로 정착되기 위해서는 다음과 같은 사항을 고려할 필요가 있다.

첫째, 총액배분 자율편성 예산제도는 국가재정 운용계획과 성과관리 예산제도와 연계될 때 제 기능을 다할 수 있다. 특히 지출한도를 설정할 때 국가재정 운용계획과 연계되어야 하며, 각 부처의 자율적 예산 배분에 대한 성과를 확보하기 위해서는 성과관리 예산제도와 연계되어야 한다.

둘째, 분야 및 부문별 지출한도를 설정할 때 합의가 전제되어야 한다. 분야 및 부문별 지출한도를 결정하는 과정에서 다양한 이해관계자(청와대, 중앙예산기관, 행정관서의 장, 의회 등)들의 갈등이 존재할 경우 이를 조정할 수 있는 역량이 필요하다. 지출한도는 총액배분 자율편성 예산제도의 핵심적 사항이므로, 국가재정 운용계획과 연계한 합의적 결정이 매우 중요하다. 특히 지출한도에 대한 의회의 통제력을 강화할 수 있는 방안으로 지출한도에 대한 세부적 정보를 국회에 제출하는 방안을 우선적으로 고려할 필요가 있다.

셋째, 국가재정 운용계획은 정부의 예산안과 함께 국회에 제출되지만, 국가재정법

제7조에 따라 기획재정부 장관은 국가재정 운용계획을 국회에 제출하기 전에 재정 규모, 재정수지, 재원 배분 등 수립 방향을 국회 소관 상임위원회에 보고해야 한다. 따라서 국가재정 운용계획의 수립과 지출한도 및 정책 우선순위에 대한 행정부와 입법부 간의 긴밀한 협력 체계가 필요하다.

넷째, 총액배분 자율편성 예산제도는 거시적 결정에 대해서만 집권적 방식으로 운영하고, 세부 예산 배분에서는 각 부처의 자율성을 부여하기 때문에, 각 부처의 예산 배분은 반드시 성과와 연계되어야 한다. 성과를 제대로 측정하고 성과 결과를 환류할 수 있을 때 총액배분 자율편성 예산제도의 실효성을 제고할 수 있다.

다섯째, 총액배분 자율편성 예산제도는 행정부 위주의 재정지출한도를 설정하는 개념이므로, 입법부 중심의 재정지출한도를 결정하는 재정 소요 점검 개념과 연계될 수 있는 방안을 모색해 입법과 예산의 유기적 연계가 필요하다.

제 4 절 | 프로그램 예산제도와 성과관리제도

1 프로그램 예산제도와 성과관리제도

1) 프로그램 예산제도와 성과관리제도의 개념

(1) 프로그램 예산제도의 개념

프로그램 예산제도는 프로그램을 통해 정책과 예산을 연계하는 예산구조를 의미하며, 예산의 전 과정을 프로그램 중심으로 구조화하고, 그것을 성과평가 체계와 연계시켜 성과를 관리하는 예산기법을 의미한다(국회예산정책처, 2010: 4). 따라서 프로그램 예산제도와 성과관리제도는 불가분의 관계를 지니는데, 이를 성과관리 예산제도(performance-based program budgeting)라 할 수 있다.

품목별 예산제도는 각 지출 항목별로 예산을 편성 운영하기 때문에, 사업 전체에 대한 예산 규모를 파악하기 어렵고, 지출에 따른 성과를 측정하기 어렵다. 그러나 프로그램 예산제도는 사업별로 예산을 편성해 운영하기 때문에, 전체 사업에 대한 이해가 쉽고 사업에 대한 평가를 통해 성과를 측정하고자 하는 예산제도다.

[그림 7-3]에서 보는 바와 같이 품목별 예산제도는 지출 대상 품목에 따라 예산

을 편성하는 것을 의미하는데, 일례로 향토사료관의 예산을 살펴보면 향토사료관 운영과 관련된 인건비, 여비, 자산취득비 등이 별개의 항목으로 편성되어 있어, 향토사료관의 운영과 관련된 예산을 통합적으로 이해하기 위해서는 각 지출 대상 항목의 예산을 더해야 전체 예산 규모를 파악할 수 있다. 반면에 프로그램 예산제도는 예산 편성 및 배분 기준이 지출 대상 품목이 아니라 '사업'이다. 즉, 향토사료관 운영이라는 항목(사업)이 기준이 되며, 이에 소요되는 예산액과 산출 기초가 통합적으로 표기된다. 따라서 프로그램 예산제도에서는 품목별 예산제도와는 달리 사업과 관련된 전체 예산이 포함되기 때문에, 사업에 대한 전체적인 예산 규모를 파악하기 용이하다.

[그림 7-3] 품목별 예산제도와 프로그램 예산제도의 비교

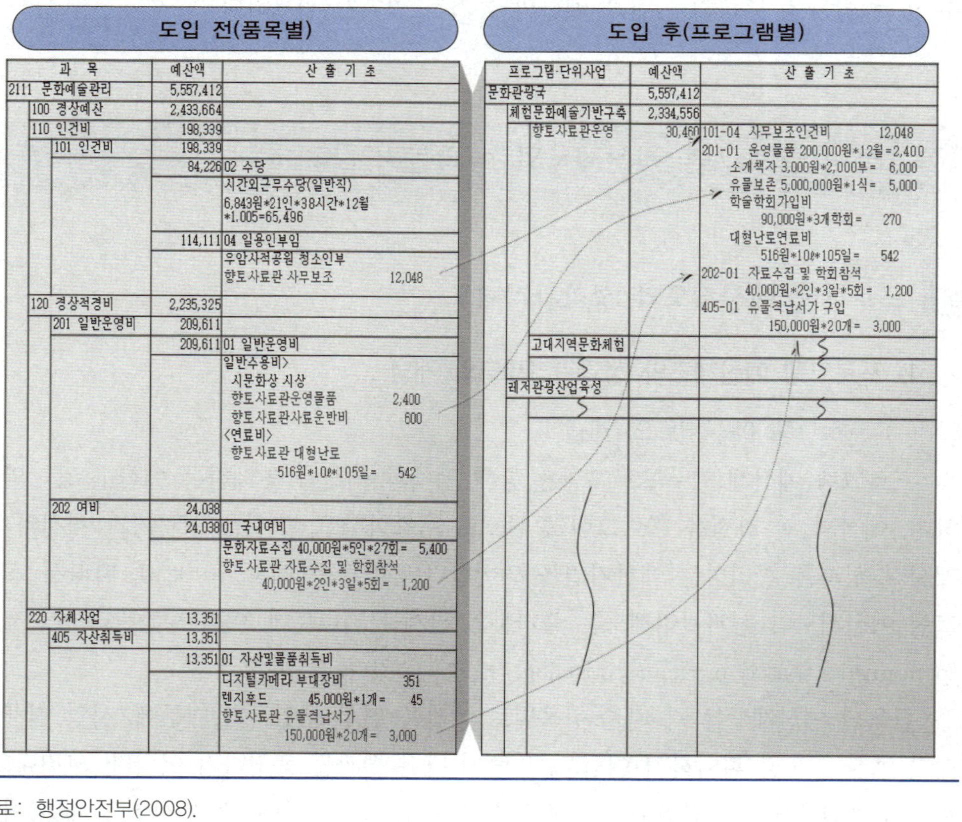

자료: 행정안전부(2008).

(2) 성과관리제도의 개념

성과관리를 개념 정의하는 방식은 성과의 초점을 어디에 두고 있는가에 따라 달라지는데, 크게 세 가지 관점에서 정의할 수 있다.[8)]

첫째, 성과관리를 조직의 전략, 목표와 연관해 개념 정의하는 경우다. 즉, 성과관리를 개인의 업무 수행과 조직 목표 달성에 초점을 맞춰 조직의 성공에 체계적으로 기여하는 시스템으로 정의하며, 공공 부문의 성과를 제고하도록 기획·점검·평정·환류하는 모든 활동으로 이해된다.

둘째, 성과관리를 성과관리 범위에 초점을 맞춰 개념 정의하는 경우다. 즉, 성과관리를 투입, 과정, 산출, 결과 등의 과정별로 이해하며, 최종적 목표인 결과를 도출하는 데 관심을 갖는다. 우리의 정부업무평가 기본법 제2조도 투입, 과정, 산출, 결과 등과 같은 성과 범위와 연계해 개념 정의하고 있다. 특히 신공공관리의 등장 이후 정부 부문에서 성과관리의 개념은 기존의 관리 체계가 투입 중심의 공급자 중심 구조에서 벗어나 산출 통제와 같은 결과 중심적 방향으로 전환하고, 성과측정을 통해 의도한 목표 및 실질적 효과를 도출하는 데 관심을 갖고 있다(Gumm, 1989: 15; Bouckaert, 1992: 30; Hood, 1991: 3-19).

셋째, 성과관리의 수혜자에 초점을 맞추어 개념 정의하는 경우다. 즉, 성과관리의 초점을 공급자 중심의 시각이 아닌 수요자 중심의 시각에 접근하는 것으로 성과관리 전반에 대한 자율 책임성을 중시하고, 결과에 대한 책임을 수요자 중심에서 고려한다(McCoy, 1992: 422; Gawthrop, 1984: 47). 정부업무평가 기본법(제4조)에서도 수요자 중심의 성과관리 과정을 강조하고 있다.

이러한 성과관리의 범위 및 방향을 정리해 성과관리 모형을 제시한 학자는 부캐어트와 헬리건(Bouckaert & Halligan, 2008)인데, 성과관리의 개념적 요소를 성과의 요소에 따른 깊이와 범위로 구분해 정의한다. 즉, 성과의 깊이(depth)는 성과분석의 틀을 설정하고 자료를 수집·분석하는 측정(measuring), 분석자료의 통합(incorporating), 통합된 자료의 결과 개선으로의 활용(using) 등으로 이해되며, 성과의 범위(span)는 성과관리 체계를 투입, 과정, 산출, 결과로 이해하는 입장이다. 또한 성과의 깊이와 범위적 요소에 따라 성과관리 모형을 네 가지로 구분하는데, 성과측정에 초점을 맞추지만 자료의 통합이 미흡하고, 개선 및 활용과 연계되지 못하는 성과행정모형(performance

8) 성과관리의 개념에 대해서는 원구환(2010b: 23-48)에서 재인용했다.

[그림 7-4] 성과관리 체계 이해를 위한 개념적 요소

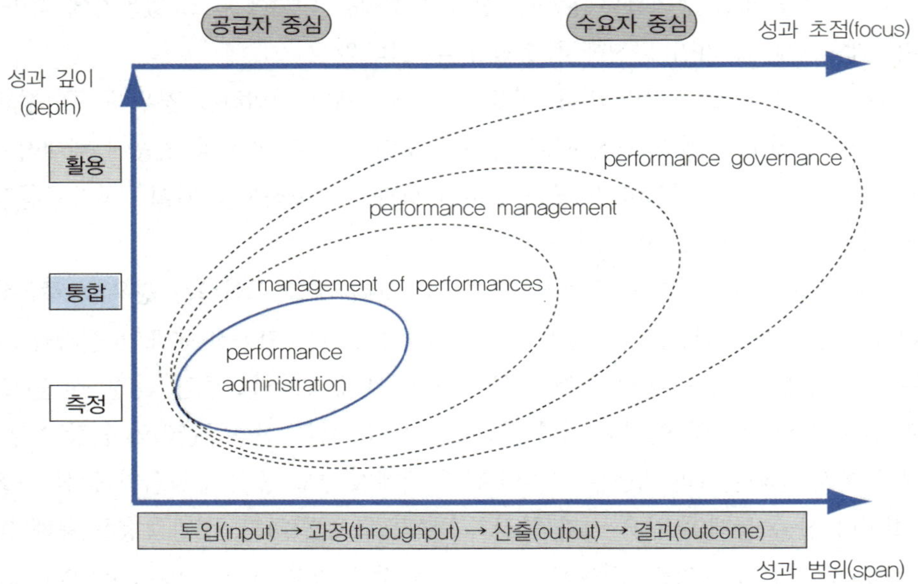

자료: 부캐어트와 핼리건(Bouckaert & Halligan, 2008)의 개념을 원용해 필자가 재구성(원구환, 2010b).

administration), 개별 성과관리의 측정은 객관적 기준에 따라 이뤄지지만 전체 성과관리와 연계되지 못하는 성과의 관리모형(management of performances), 개별 성과관리가 전체 성과관리 시스템과 연계되는 성과관리모형(performance management), 성과관리모형에 사회적 거버넌스의 개념을 접목시켜 활용과 결과 중심의 성과관리를 모색하는 성과 거버넌스모형(performance governance) 등을 제시하고 있다.

2) 프로그램 예산제도와 성과관리의 유래

공공 부문의 성과관리제도는 예산제도 개혁과 업무성과 평가를 중심으로 발전해 왔는데, 특히 업무성과 평가는 예산과의 연계를 통해 성과관리제도의 근간으로 정착되었다(공병천, 2004: 68; 문영세, 2001: 151-181). 미국은 관리예산처, 호주는 재정부, 캐나다는 재무부에서 예산 업무를 수행함과 동시에 평가 기능을 함께 갖고 있으며, 미국은 GPRA, 호주는 FMMA, 캐나다는 FAA를 통해 성과관리 예산제도를 보편화하고 있다(공병천, 2004: 68-69). 또한 감사의 패러다임도 법규 준수의 합법성 감사에서 결과지향적 성과관리로 전환되고 있고(Pollitt et al., 1999; 김병철, 2006: 13; 감사원, 2005:

4), 대부분의 국가에서 성과계획서 및 성과보고서 작성을 의무화하고 있다. 즉, 미국의 정부성과결과법(Government Performance Results Act: GPRA, 1993), 영국의 공공서비스협약제도(Public Service Agreement: PSA), 캐나다의 신지출관리시스템(Renewed Expenditure Management System), 호주의 공공서비스법(Public Service Act, 1999), 뉴질랜드의 공공재정법(Public Finance Act) 등은 매년 성과계획서 및 성과보고서를 작성하고, 성과목표치의 달성 여부를 보고하도록 하고 있다(신상훈, 2009: 72-80; 원구환, 2010b: 23-48에서 재인용).

프로그램 예산제도의 도입은 성과관리와 유기적으로 연계되어 있다. 성과관리 예산제도는 미션, 비전, 성과목표, 성과지표, 성과 시행, 성과 평가 및 환류 등으로 구조화되는데, 성과계획서상의 성과지표만으로는 사업 성과에 대한 구체적인 정보가 부족하기 때문에, 사업 성과를 프로그램 중심으로 측정해야 할 필요성이 제기되었고, 총액배분 자율편성 예산제도의 도입에 따른 각 중앙관서의 사업 성과를 프로그램 중심으로 평가해야 할 필요성이 증대되었다. 이에 따라 중앙정부는 2007년부터, 지방정부는 2008년부터 프로그램 예산제도에 따른 성과관리 예산제를 채택 · 운영하고 있다.

2 프로그램 예산구조

1) 프로그램 예산과 성과관리의 연계 구조

프로그램을 단위로 하여 예산을 편성 · 집행하고, 프로그램에 대한 성과평가를 통해 책임성을 확보하고 환류하는 제도가 상호 연계되고 있다. 즉, 프로그램 예산제도와 성과관리의 연계는 성과계획서와 예산서를 통합한 성과예산서에 의해 실현되며, 성과예산서를 바탕으로 성과보고서를 작성하고 책임과 성과를 지향한다.

우선, 성과계획서는 성과관리 전략계획과 성과관리 시행계획으로 구분된다. 성과관리 전략계획은 미션, 비전, 전략목표로 구성되며, 성과관리 시행계획은 성과목표(performance goals), 관리과제, 성과지표(performance indicators)[9]로 구성된다. 따라서 성과계획서는 목적적 가치를 지닌다.

9) 미션은 기관 고유의 사명과 역할을 의미하며, 비전은 미션 달성을 통해 이루고자 하는 바람직한 미래상을 의미한다. 또한 전략목표는 기관 미션 수행을 위해 중장기적으로 추진하는 중점적인 정책 방향을 의미하며, 성과목표는 전략목표의 하위의 개념으로서, 실제 행동에 옮겨지는 목표들로 핵심 성공 요인(critical success factor)이라고도 한다. 아울러 성과지표는 성과목표 달성 정도를 측정하는 잣대로 성과관리의 가장 중요한 요소다.

다음으로, 프로그램 예산서는 분야, 부문, 프로그램(정책사업), 단위사업, (세부사업), 편성목 등으로 구성되는 예산서를 성과계획서와 연계해 작성하는데, 분야 및 부문은 중장기계획 수립을 위한 정책 수립과 정책의 우선순위를 결정하는 기준선이 되며, 프로그램(정책사업)은 전략적 재원 배분의 기본 단위가 되고, 단위사업은 성과관리 단위와 연계된다.

성과계획서와 예산서를 연계한 성과예산서는 프로그램 예산과 성과관리의 연결을 위한 중요한 변수라 할 수 있으며, 예산서는 목적적 가치를 구현하기 위한 수단으로 인식된다. 또한 성과보고서는 성과예산서를 바탕으로 성과를 측정한 최종 결과물로서, 다음 연도 성과예산서 작성의 기초자료가 된다.

프로그램 예산제도의 기본 틀은 기존의 기능별 분류에 해당하는 장, 관 구분을 분야, 부문으로 재편하고, 조직 및 사업 목적에 해당하는 항, 세항 구분을 프로그램(정책사업)으로 전환하고, 정책사업의 하위로 단위사업을 설정하고 있으며, 최종적으로 예산 편성 비목을 설정한다. 품목별 예산제도의 세세항에 해당하는 사업이 존재하지 않는 경우에는 생략된다([그림 7-5] 참조).

[그림 7-5] 프로그램 예산제도와 성과관리의 기본 구조

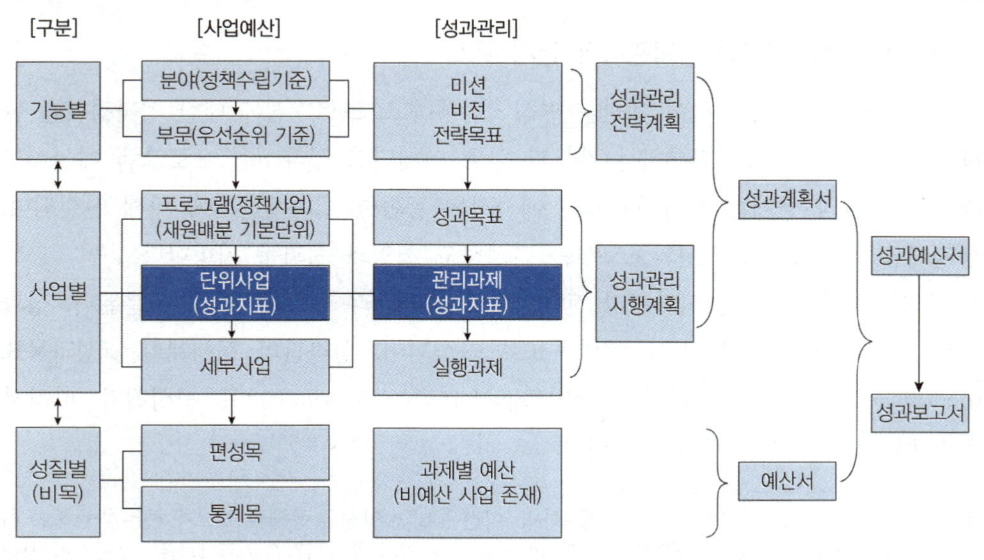

기획재정부의 예산안편성지침에 따른 프로그램 예산제도 하에서 기능별 분류에 해당하는 분야와 부문은 〈표 7-7〉과 같이 16분야 68부문으로 구분되어 있다. 분야와 부문은 통일 · 외교, 국방, 통신을 제외하고, 지방자치단체의 분야 및 부문과 연계되어 있으며, 정부의 기능별 예산 분류 방식에 해당한다. 분야와 부문은 사업별 예산 분류 방식의 상위 개념에 해당되는데, 국가재정 운용계획 수립을 위한 정책 수립과 지출 한도 및 정책의 우선순위를 결정하는 기준이 된다.

〈표 7-7〉 분야-부문 분류 체계

16분야 68부문			
010 일반 · 지방행정	**050 교육**	087 아동 · 보육	117 중소기업 및 소상공인 육성
011 입법 및 선거관리	051 유아 및 초중등교육	088 노인	**120 교통 및 물류**
012 국정 운영	052 고등교육	089 여성 · 가족 · 청소년	121 도로
013 지방행정 · 재정 지원	053 평생 · 직업교육	0810 고용	122 철도
014 재정 · 금융	054 교육일반	0811 노동	123 해운 · 항만
015 정부자원관리	**060 문화 및 관광**	0812 고용노동일반	124 항공 · 공항
016 일반행정	061 문화예술	**090 보건**	125 물류 등 기타
020 공공질서 및 안전	062 관광	091 보건의료	**130 통신**
021 법원 및 헌재	063 체육	092 건강보험	131 방송통신
022 법무 및 검찰	064 문화재	093 식품의약 안전	132 정보통신
023 경찰	065 문화 및 관광 일반	**100 농림수산**	**140 국토 및 지역 개발**
024 해경	**070 환경**	101 농업 · 농촌	141 수자원
025 재난관리	071 해양환경	102 임업 · 산촌	142 지역 및 도시
030 통일 · 외교	072 환경일반	103 수산 · 어촌	143 산업단지
031 통일	**080 사회복지**	**110 산업 · 중소기업 및 에너지**	**150 과학기술**
032 외교 · 통상	081 기초생활 보장	111 산업금융 지원	151 과학기술 연구지원
040 국방	082 취약계층 지원	112 무역 및 투자유치	152 과학기술 일반
041 병력 운영	083 공적연금	113 에너지 및 자원개발	153 과학기술 인력 및 문화
042 전력유지	084 보훈	114 산업 · 중소기업 일반	154 과학기술 연구개발
043 방위력 개선	085 주택	115 산업혁신지원	**160 예비비**
044 병무행정	086 사회복지 일반	116 창업 및 벤처	161 예비비

자료: 기획재정부(2023). 『나라살림 예산개요』를 참고하여 재구성.

단위사업의 성과지표 설정 사례를 살펴보면 〈표 7-8〉과 같은데, 각 부서별 단위사업에 따른 성과지표를 설정하고, 실적 및 목표치를 측정함으로써 단위사업에 대한 평가와 환류를 도모하게 된다. 단위사업 성과지표는 구체적으로 제시될 필요가 있으며, 단년도가 아닌 3개년 이상으로 설정하고, 지속적인 관리를 통해 상위 개념인 정책사업의 성과목표 달성에 기여할 수 있어야 한다.

〈표 7-8〉 단위사업 성과지표의 설정 사례

(관리과제) 단위사업	○○년도 예산안	성과지표	실적 및 목표치				측정산식 또는 측정방법
			구분	t	t+1	t+2	
• 의회 외교 (국회)	94억 원	방문외교 1건당 공식 일정 건수 (건)	목표	3	3	4	실적치 집계
			실적	5.6	–	–	
• 문화 콘텐츠 진흥 (문화체육관광부)	1,139억 원	애니메이션, 음악, 캐릭터업체 누적 수출액 (억 원)	목표	–	2,075	2,427	코스피와 코스닥 상장사 중 콘텐츠산업 관련 업체 선별 수출액 조사
			실적	1,780	–	–	
• 대학의 여성인력 참여 확대 및 능력 증진(교육부)	1억 원	국·공립대 여성 교수 비율(%)	목표	13.4	13.6	13.8	(전체 여교수/전체 교수) × 100
			실적	13.7	–	–	
• 자살 예방 및 지역정신보건 사업 (보건복지부)	374억 원	자살 고위험 등록관리 실인원(건)	목표	신규	16,132	16,865	정신건강 증진(자살예방)센터 및 보건소 등록 자살 고위험군 실인원
			실적	신규	–	–	
• 노인일자리 지원 (보건복지부)	2,997억 원	노인일자리 창출 수 (천 개)	목표	220	240	280	노인일자리 창출 수 합산
			실적	248	–	–	
• 고령자 고용 촉진 지원 (고용노동부)	992억 원	정년연장 및 정년퇴직자 재고용 지원 인원 수(명)	목표	신규	6,930	8,000	당해 연도 정년 연장 및 정년 퇴직자 재고용 지원 인원 수
			실적	5,928	–	–	
• 교통사고 예방 (경찰청)	2,611억 원	자동차 1만 대당 교통사고 사망자 수(명)	목표	2.4	2.4	2.3	(교통사고 사망자 수 / 자동차 등록대수) × 10,000
			실적	2.5	–	–	

2) 재정사업 성과관리제도

재정사업 성과관리제도는 성과관리제도의 일환으로, 재정 지원 사업의 효율성과 투명성을 제고하기 위해 도입된 제도로서, 투입 중심에서 성과 중심으로 재정을 운용하도록 인식을 전환하고, 재정 성과 평가 결과를 통해 세출 구조조정을 도모하며, 평가 결과를 공개함으로써 재정민주주의를 실현함을 목적으로 하고 있다.

재정사업 성과관리제도는 국가재정법 제4장의2(2021년 12월 21일)에서 규정하고 있는데, 성과목표관리와 성과평가를 내용으로 재정사사업의 성과관리를 시행하도록 규정하였다. 또한 재정사업 성과관리의 원칙으로 재정 운용에 대한 효율성과 책임성, 성과관리를 실시할 때 전문성과 공정성을 확보하여, 평가결과에 대한 신뢰도 제고, 재정사업 성과관리 결과를 공개하여 재정 운용에 대한 투명성 확보를 제시하고 있다(국가재정법 제85조의3).

재정사업의 성과관리는 성과목표관리와 성과평가로 구분되는데, 성과목표관리는 재정사업에 대한 성과목표, 성과지표 등의 설정 및 그 달성을 위한 집행 과정・결과의 관리를 의미하며, 성과평가는 재정사업의 계획 수립, 집행 과정 및 결과 등에 대한 점검・분석・평가를 의미한다(국가재정법 제85조의2).

또한 재정사업의 성과관리를 위해 재정사업 성과관리 기본계획 수립과 재정사업 성과관리 추진계획을 수립하도록 규정하고 있다. 즉, 기획재정부 장관은 재정사업 성과관리를 효율적으로 실시하기 위하여 5년마다 재정사업 성과관리 기본계획을 수립해야 하며, 재정사업 성과관리 기본계획에 기초하여 매년 재정사업 성과관리 추진계획을 수립하여 국무회의에 보고해야 한다(국가재정법 제85조의4).

(1) 정부업무평가 체계

정부업무평가 체계는 중앙행정기관, 지방자치단체, 공공기관으로 구분되는데, 이를 구체적으로 살펴보면 다음 〈표 7-9〉와 같다.

모든 정부업무평가의 총괄은 국무조정실 정부업무평가위원회에서 담당하는데, 중앙행정기관의 평가는 특정평가, 자체평가, 개별평가로 구분되며, 자체평가는 주요정책, 재정사업, 행정관리역량 평가로 구분된다. 지방자치단체의 평가는 합동평가, 자체평가, 개별평가로 구분된다.

〈표 7-9〉 정부업무평가 체계

<table>
<tr><th>구분</th><th>평가유형</th><th colspan="2">평가부문</th><th>근거법률</th><th>평가주관</th></tr>
<tr><td rowspan="12">중앙
행정
기관</td><td>특정평가</td><td colspan="2">주요정책(50점)
규제혁신(20점)
정부혁신(10점)
정책소통(20점)
적극행정(+3점)</td><td>정부업무평가법</td><td>국무조정실 등</td></tr>
<tr><td rowspan="10">자체평가</td><td colspan="2">주요정책</td><td>정부업무평가법</td><td>국무조정실</td></tr>
<tr><td rowspan="6">재정사업</td><td>일반재정사업</td><td>국가재정법</td><td>기획재정부</td></tr>
<tr><td>R&D 평가</td><td>연구성과평가법</td><td>과학기술정보통신부</td></tr>
<tr><td>재난안전</td><td>재난안전법</td><td>행정안전부</td></tr>
<tr><td>균형발전</td><td>국가균형발전법</td><td>국가균형위원회</td></tr>
<tr><td>일자리</td><td>고용정책기본법</td><td>고용노동부</td></tr>
<tr><td>중소기업</td><td>중소기업기본법</td><td>중소벤처기업부</td></tr>
<tr><td rowspan="3">행정관리역량</td><td>조직</td><td rowspan="3">정부업무평가법</td><td>행정안전부</td></tr>
<tr><td>인사</td><td>인사혁신처</td></tr>
<tr><td>정보화</td><td>행정안전부</td></tr>
<tr><td colspan="3">개별평가</td><td>개별 근거 법률</td><td>주관부처</td></tr>
<tr><td rowspan="3">지방
자치
단체</td><td colspan="3">합동평가</td><td rowspan="2">정부업무평가법</td><td>행정안전부 등</td></tr>
<tr><td>자체평가</td><td colspan="2">중앙행정기관과 동일</td><td>지방자치단체장</td></tr>
<tr><td colspan="3">개별평가</td><td>개별 근거 법률</td><td>주관부처</td></tr>
<tr><td rowspan="11">공공
기관</td><td colspan="3">공기업</td><td rowspan="2">공공기관의 운영에 관한 법률</td><td rowspan="2">기획재정부</td></tr>
<tr><td colspan="3">준정부기관</td></tr>
<tr><td colspan="3">기금(존치평가, 자산운용평가)</td><td>국가재정법</td><td>기획재정부</td></tr>
<tr><td rowspan="5">과학기술 분야
연구기관</td><td colspan="2">국가과학기술연구회 소관</td><td rowspan="5">과학기술기본법
과기출연기관법</td><td>국가과학기술연구회</td></tr>
<tr><td colspan="2">과학기술정보통신부 산하</td><td>과학기술정보통신부</td></tr>
<tr><td colspan="2">해양수산부 산하</td><td>해양수산부</td></tr>
<tr><td colspan="2">원자력안전위원회 산하</td><td>원자력안전위원회</td></tr>
<tr><td colspan="2">방위사업청 산하</td><td>방위사업청</td></tr>
<tr><td colspan="3">경제 · 인문사회 분야 연구기관</td><td>정부출연기관법</td><td>경제인문사회연구회</td></tr>
<tr><td colspan="3">지방공기업</td><td>지방공기업법</td><td>행정안전부</td></tr>
<tr><td colspan="3">지방출자 · 출연기관</td><td>지방출자출연법</td><td>행정안전부</td></tr>
</table>

자료: 국무조정실 정부업무평가위원회(http://www.evaluation.go.kr)에서 재구성.

[그림 7-6] 재정사업 성과관리체계

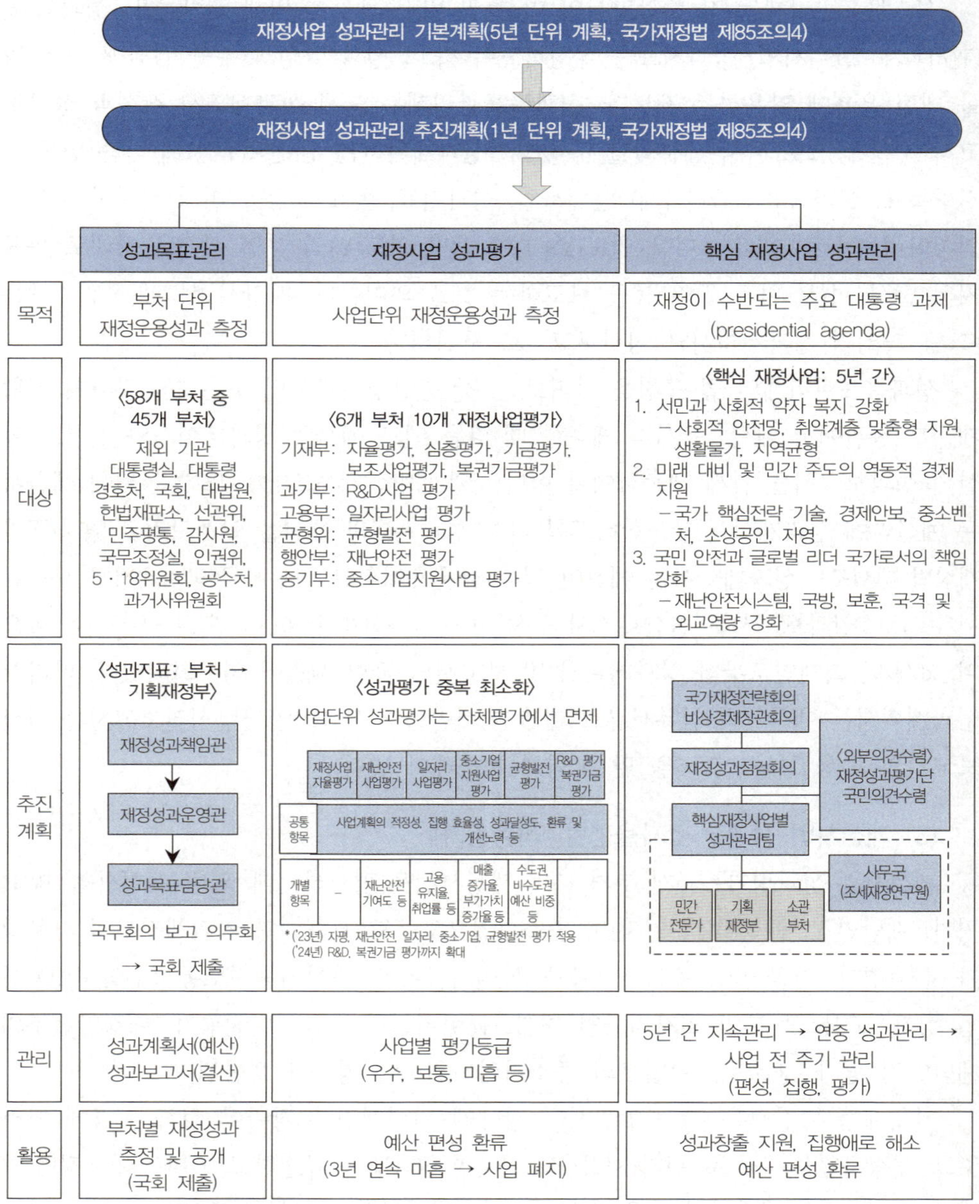

자료: 기획재정부(2023.1). 『재정사업 성과관리 추진방향 및 과제』에서 재구성.

(2) 성과목표관리제(성과계획서 + 성과보고서)

성과목표관리제는 각 중앙관서의 미션 및 비전 달성을 위해 전략목표, 성과목표, (관리과제) 단위사업, 성과지표를 설정하도록 하고, 성과 달성 여부를 점검해 그 결과를 재정 운용에 활용하는 제도다. 성과목표관리제는 크게 성과계획서 작성과 성과보고서 작성 등으로 다시 세분화할 수 있다. 성과계획서는 전년도(Y-1)에 다음 연도(Y) 전략목표, 성과목표, (관리과제) 단위사업, 성과지표, 목표치 등을 미리 설정하는 것을 의미하며, 성과보고서는 다음 연도(Y+1)에 해당 연도(Y)의 사업 실적을 토대로 목표치의 달성 여부, 미흡 원인 등을 보고하는 것을 의미한다. 따라서 성과목표관리제는 [그림 7-5]의 성과계획서와 성과보고서로 구성된다.

성과목표관리제의 법 규정을 살펴보면, 각 중앙행정관서의 장은 5월 말까지 기획재정부 장관에서 예산요구서를 제출할 때 다음 연도 예산의 성과계획서와 전년도 예산의 성과보고서를 함께 제출하여야 한다(국가재정법 제85조의7). 또한 국회에 제출하는 예산안에 성과계획서를 포함하도록 하여 성과계획과 예산을 연계시키고 있다(국가재정법 제34조). 성과계획서는 예산안 및 기금운용계획안 첨부서류(국가재정법 제34조, 제71조)로, 성과보고서는 결산보고서 구성 항목(국가회계법 제14조)으로 규정되어 있으며, 2009년 회계연도부터 성과계획서 및 보고서의 국회 제출이 의무화되었다. 따라서 성과계획서는 예산안의 첨부서류로 매년 회계연도 개시 120일 전, 성과보고서는 결산보고서의 구성 항목으로 5월 말 국회에 제출해야 한다.

(3) 재정사업 성과평가(자율평가, 심층평가)

재정사업 성과평가는 6개 부처 10개 재정사업을 평가하는데, 일반 재정사업, R&D 평가, 재난안전, 균형발전, 일자리, 중소기업으로 구분된다. 즉, 기획재정부의 자율평가, 심층평가, 기금평가, 보조사업평가, 복권기금평가, 과학기술정보통신부의 R&D 사업 평가, 고용노동부의 일자리사업 평가, 균형위원회의 균형발전평가, 행정안전부의 재난안전 평가, 중소벤처기업부의 중소기업지원사업 평가가 포함된다.

기획재정부 장관은 각 중앙관서의 장에게 기획재정부 장관이 정하는 바에 따라 주요 재정사업을 스스로 평가(재정사업 자율평가)하도록 규정하고 있다(국가재정법 시행령 제39조의3). 재정사업 자율평가는 성과계획서상의 성과목표 및 단위사업이 당초 목적대로 추진되었는지를 평가하기 위한 수단으로서, 기획재정부가 마련한 평가지침에 따라 부처가 자율평가하고 기획재정부가 확인 · 점검하는 제도다.

또한 기획재정부 장관은 ① 재정사업 자율평가 결과 추가적인 평가가 필요하다고 판단되는 사업, ② 부처 간 유사·중복 사업 또는 비효율적인 사업 추진으로 예산 낭비의 소지가 있는 사업, ③ 향후 지속적 재정지출 급증이 예상되어 객관적 검증을 통해 지출 효율화가 필요한 사업, ④ 그 밖에 심층적인 분석·평가를 통해 사업 추진 성과를 점검할 필요가 있는 사업에 대해서는 심층평가를 실시할 수 있다(국가재정법 시행령 제39조의3).

(4) 핵심 재정사업 성과관리

핵심 재정사업 성과관리란 재정이 수반되는 주요 대통령 과제(presidential agenda)를 의미하는데, 5년 동안 국정과제 성과를 평가한다. 대표적인 과제는 서민과 사회적 약자 복지 강화, 미래 대비 및 민간 주도의 역동적 경제 지원, 국민 안전과 글로벌 리더 국가로서의 책임 강화 등과 관련된 과제가 포함된다.

핵심 재정사업 추진체계는 국가재정전략회의 및 비상경제장관회의를 통해 제기된 과제를 중심으로 재정성과점검회의를 통해 추진되며, 핵심 재정사업별 성과관리팀을 구성하여 운영한다. 특히 재정성과점검회의에서는 재정성과평가단[10)]의 자문과 국민 의견 수렴을 통해 과제를 평가하며, 핵심 재정사업별 성과관리팀은 민간전문가, 기획재정부, 소관 부처로 구성되고, 조세재정연구원이 사무국의 역할을 수행한다.

핵심 재정사업 성과관리는 사업 전 주기(예산 편성, 집행, 평가)에 따른 성과관리를 도모하고, 연중 성과관리와 5년 지속관리 시스템을 통해 평가되며, 성과창출 지원, 집행 애로사항 해소, 예산 편성 환류로 귀결된다.

3 프로그램 예산제도의 장점 및 과제

1) 프로그램 예산제도의 장점

성과관리와 연계한 프로그램 예산제의 장점은 다음과 같다.

첫째, 투입 중심적 공공 부문의 운영 방식에 성과 마인드를 확산시킬 수 있으며,

---

10) 기획재정부 장관은 재정사업 성과목표관리 등을 위해 재정성과평가단을 구성·운영할 수 있는데, 재정성과평가단은 ① 재정에 관한 전문지식이 있는 조교수 이상의 대학 교수, ② 정부출연연구기관에 소속된 박사학위 소지자로서 재정에 관한 전문지식이 있는 사람, ③ 5년 이상의 실무 경험이 있는 공인회계사·변호사 및 금융업무에 관한 전문가, ④ 기타 재정에 관한 전문지식과 경험이 풍부하다고 인정되는 사람으로 구성된다(동법시행령 제39조의2).

투입, 산출, 성과 간의 연계를 분명하게 설정하기 때문에, 결과와 책임 중심의 사업관리 방식으로 전환할 수 있다. 즉, 예산 집행에 따른 산출물과 성과를 측정해 책임을 묻고 성과에 따라 보상을 해 주는 결과 중심의 예산 체계이다.

둘째, 사업의 타당성 분석과 함께 각 부처의 성과목표 달성과의 연계를 고려한 예산 편성이 가능하며, 사업 간 우선순위를 결정하는 데 유용한 정보를 제공해 준다. 또한 예산 요구 단계에서 무조건 예산을 많이 요구·확보하려는 기존 행태에서 벗어나 성과 달성 여부를 고려해 합리적인 예산을 요구하게 된다.

셋째, 성과 위주의 의사 결정으로 정부조직 운영에 불필요한 기능을 제거하고, 핵심 역량 위주로의 조직 재편을 도모할 수 있으며, 각 부처 스스로 목표 의식을 가지고 적극적으로 사업을 추진하게 된다.

넷째, 예산 집행의 자율성과 권한을 부여해 성과에 대한 책임을 중시하는 행정으로 변화시켜 공무원들의 책임 의식을 고취할 수 있으며, 성과에 대한 객관적 평가를 통해 개인 환류, 조직 환류, 정책 환류를 도모할 수 있다.

2) 프로그램 예산제도의 과제

프로그램 예산제도의 발전을 위해 고려해야 할 요소를 살펴보면 다음과 같다.

첫째, 성과관리와 프로그램 예산제도를 연계하고 있으나, 성과계획서를 작성할 때 프로그램 중심으로 예산을 운용할 수 있는 법적 근거가 명확하게 제시되고 있지 못하다. 국가재정법에서는 성과계획서를 예산안과 함께 제출하도록 규정하고 있으나, 성과계획서와 예산안을 프로그램 중심으로 작성하도록 규정하고 있지 못하다.

둘째, 미션 및 비전, 성과목표, 성과지표 간에 유기적 연계가 이뤄지지 않는다면 성과관리의 효과성을 제고할 수 없다. 성과목표와 프로그램, 예산이 유기적으로 연계되어야 하는데, 이를 위해서는 프로그램을 중심으로 성과계획서가 작성되어야 한다. 또한 성과계획서에 맞는 예산서가 작성되어 성과목표관리제가 합리적으로 구축되고, 이를 바탕으로 성과보고서가 작성되어 다음 연도에 환류되어야 한다.

셋째, 행정부의 예산 편성 과정과 국회의 예산 심의 과정에서 프로그램 예산제도에 대한 이해가 선행되어야 하며, 국회의 결산 과정에서는 프로그램 성과를 바탕으로 다음 연도 예산심의에 참조할 수 있는 제도적 역량이 강화되어야 한다. 계획예산제도의 실패 원인 중의 하나가 국회에서의 인식 부족이었던 것처럼 행정부와 입법부의 프로그램 예산제도에 대한 명확한 이해가 전제되어야 한다.

넷째, 성과보고서를 작성하는 과정에서 원가에 대한 분석이 체계적으로 이루어지고 있지 못하다. 성과예산서에 제시된 사업별 예산 원가에 대한 정확한 정보를 바탕으로 사업별 예산을 평가할 수 있어야 하며, 사업별 성과 측정을 바탕으로 정책 및 예산조정이 반드시 이루어져야 한다.

다섯째, 프로그램예산 구조와 성과관리 구조 간의 개념을 일치시킬 필요가 있다. 즉, 프로그램예산은 단위사업을 중심으로 구조화되고 있는 데 비해, 성과관리 구조는 관리과제라는 개념을 활용하고 있다. 단위사업과 관리과제 간의 통합적 관리가 모색되어야 성과평가의 혼란을 제거할 수 있다. 단위사업과 관리과제 간의 개념적 정합성을 강화할 필요가 있으며, 단위사업의 성과지표와 관리과제의 성과지표가 중복적으로 관리가 되지 않도록 체계적인 성과관리가 모색될 필요가 있다.

여섯째, 프로그램(정책사업), 단위사업, 세부사업에 대한 프로그램 평가제도를 강화해 개인적, 조직적, 정책적 환류를 도모해야 한다. 프로그램 평가제도가 형식적으로 운영될 경우 환류 기능을 제대로 수행하기 어렵다.

제 5 절 | 예산개혁과 지출심사제도

1 지출심사제도의 본질

1) 지출심사제도의 개념

2000년대 들어서면서 OECD 국가들은 정부 재정개혁의 방향으로 재정건전성을 강조하고 있다. 재정수요와 공급의 불일치에 따른 재정위기를 경험하면서 한정된 재원 범위 내에서 재정지출을 조정하려는 움직임이 강하게 대두되고 있다(OECD, 2001).

OECD 국가들은 정부의 재원에 대한 한정성을 인식하고, 한정된 재원 내에서 재정지출의 총량을 결정하여 재원 분야별 지출한도를 결정하는 하향식 예산제도를 정착시키고 있으며, 저성장 및 복지비용 등의 증가에 따른 의무지출이 재정위기로 이어지지 않도록 재정지출에 대한 준칙을 강화하고 있다. 즉, 한정된 재원 범위 내에서 총량적 재정규율을 바탕으로 재정 감축과 재원 배분의 효율성을 도모하기 위한 방안으로, 지출심사제도(spending review)를 도입하고 있다.

지출심사제도는 정부가 다년 간 지출해야 할 재정 총량을 결정하고, 재정 총량의 범위 내에서 재정지출을 조정함과 동시에, 제한된 자원의 효율적 배분을 목표로 운영되는 제도이다. 특히 비효율적인 재정지출의 삭감에 초점을 두면서도 재정 총량 및 분야별 지출한도의 범위 내에서 배분적 효율성을 제고하는 데 역점을 두고 있으므로, 일시적 일률 예산 삭감의 개념과는 상이하다.

2) 지출심사제도의 유형 및 사례

지출심사는 심사 대상의 범위에 따라 선택적 심사와 포괄적 심사로 구분할 수 있으며, 심사 방향과 관련하여 수직적 심사와 수평적 심사로 구분할 수 있다. 선택적 심사와 포괄적 심사는 지출심사 대상을 특정 사업에 한정할 것인가, 아니면 모든 사업을 포함할 것인가에 따른 구분이며, 수직적 심사와 수평적 심사는 행정조직별로 심사할 것인가, 아니면 행정기능별로 심사할 것인가에 따른 구분이다.

예를 들어 보건복지부의 노인복지사업에 대한 지출심사는 수직적 · 선택적 심사에 해당하며, 보건복지부의 모든 소관 사업에 대한 지출심사는 수직적 · 포괄적 심사에 해당된다. 또한 교육부, 보건복지부, 법무부의 다문화사업에 대한 지출심사는 수평적 · 선택적 심사에 해당한다.

〈표 7-10〉 지출심사의 유형

구분	선택적 심사(특정 사업 한정)	포괄적 심사(모든 사업 포함)
수직적 심사 (행정조직별)	- 행정조직별 특정 사업 심사 - 예: 보건복지부 노인복지사업 - 행정조직별 특정 사무 효율성 파악 - 부분적이며, 전체 효율성 제고 한계	- 행정조직별 모든 사업 심사 - 예: 보건복지부 소관 모든 사업 - 행정조직별 미션과 사업 정합성 파악 - 시간과 비용의 과다
수평적 심사 (행정기능별)	- 행정기능별 특정 사업 심사 - 예: 다문화사업(교육부, 보건복지부, 법무부 등) - 행정기능별 중복 재정지출 사전 예방 - 일괄조정으로 행정조직별 특성 파악 미흡	- 행정기능별 정부 모든 사업 심사 - 예: 16분야별 모든 정부사업 - 환경 변화에 대응한 재정지출 조정 - 대상 범위, 시간, 비용의 과다

OECD 국가들의 지출심사 대상, 범위와 지출심사를 통해 재정지출 감축 및 절약 상황을 살펴보면 〈표 7-11〉과 같다.

〈표 7-11〉 외국의 지출심사 사례

국가	제도 명칭	심사 범위	사례
호주	포괄적 심사	모든 연방정부 지출 분야	2007~2008년 지출절약과 세입 개선으로 총 57억 달러 절감
	전략적 심사	특정 사업에 대한 수평적 심사	2009~2010년 장애인지원연금과 취업서비스 효율성 평가(4년 간 3억 8,300만 달러 절감)
캐나다	정부사업심사 (포괄적 심사)	모든 부처, 조직, 의회 포함	2011~2012년 정부사업심사를 통해 약 52억 달러 절약, 전략적 심사만으로 3년 간 28억 달러 절감(전체 지출의 2%)
네덜란드	정부간 정책심사 (포괄적 심사)	모든 중앙정부 지출	2010년 공공기관 효율성 제고로 360억 유로 절감
영국	지출심사 (포괄적 심사)	모든 재량지출	2010년 포괄적 심사로 4년간 810억 파운드 절약(각 부처 예산을 4년 간 약 19% 삭감)
프랑스	공공정책 수정	공공정책 개혁	2010~2011년 공공정책 개혁을 통해 150억 유로 절약(총 공공지출의 3.4%)
아일랜드	지출심사	모든 영역의 정부 지출	2008년, 2011년 심사를 통해 78억 유로 절약

자료: 김대진(2016). 효율적 예산배분 방안으로서 지출심사제도. 『예산정책연구』, 5(1): 81-124 재구성.

2 예산개혁과 지출심사제도

지출심사제도는 재정지출에 초점을 맞추어 재원 배분의 효율성과 재정건전성을 도모하기 위한 제도이지만, 국가재정 운용계획 수립, 총액배분 자율편성 예산제도, 성과관리 예산제도, 디지털 예산회계시스템과 유사한 측면을 지니고 있으며, 제도적으로 함께 병행될 때 시너지 효과를 거양할 수 있다.

첫째, 국가재정 운용계획은 단년도 중심의 편협한 사고에서 벗어나 중기적 관점에서 정부의 정책과 예산을 연계함으로써 재정건정성과 효율성을 도모하고, 총량적 재정규율과 지출한도를 결정하는 특성을 지니고 있다. 지출심사는 재정준칙 및 규율을 강조하고, 일시적 단년도 예산 절감이 아닌 지속적 예산 절약을 도모한다는 점에서 유사한 특성을 지니고 있다.

둘째, 지출심사는 재정 총량을 결정하고 분야별 지출한도를 하향적으로 결정하는 방식이므로 총액배분 자율편성 예산제도와 유사한 특성을 지니고 있다. 특히 지출심사는 총량 및 지출한도의 범위 내에서 기존 사업과 신규 사업을 구분하지 않고, 모든 사업을 포괄적으로 심사하여 예산 배분의 우선순위를 설정한다는 점에서 영기준 예산제도와도 유사하다.

셋째, 성과관리 예산제도는 다년 간 사업계획과 성과목표가 포함된 성과계획서에 따라 예산을 배분하고 집행함으로써 예산의 세금가치를 제고하고, 비효과적인 사업에 대해서는 예산 삭감과 사업 조정을 도모하는 방식이다. 지출심사도 재정지출 조정을 위해 성과 정보를 필요로 한다는 점에서 유사한 특성을 지니고 있다.

넷째, 포괄적 심사와 수평적 심사를 위해서는 칸막이식의 예산 배분과 운영이 제거될 필요가 있으며, 중복·이중예산이 발생하지 않도록 예산회계시스템을 정립할 필요가 있다. 예를 들어, 복지예산, 연구개발예산 등과 같은 예산은 각 부처에 산재해 있어 비효율적인 중복 지출이 발생할 수 있으므로, 사전에 제어하고 통제할 수 있는 정보시스템의 구축이 필요하다. 정보시스템을 활용한 지출심사는 비효율적 예산절감을 위해 유용한 정보를 제공할 수 있다.

다섯째, 지출심사를 하향식 예산 제도와 연계하여 운용하는 것은 바람직하지만, 상향식 접근도 필요하다. 즉, 예산 과정에서 각 부처의 기능과 재원 배분에 대한 의견을 완전히 무시하기는 어려우므로, 하향식 예산제도의 기본 틀을 유지하면서 상향식의 장점을 수용할 필요가 있다. 예를 들어, 기획재정부의 총량적 재정규율과 각 부처의 재정지출 우선순위 결정 간에 협의 방식을 적절하게 모색할 필요가 있다.

여섯째, 지출심사의 시기와 관련하여 매년 할 것인가의 여부이다. 선택적 심사의 경우는 매년 성과관리 정보를 바탕으로 추진할 수 있는 여건이 될 수 있지만, 포괄적 심사의 경우는 매년 실시하기에는 한계가 있다. 따라서 특정 사업에 대한 행정조직별 선택적 심사는 매년 실시하되, 모든 사업에 대한 행정기능별 포괄적 심사는 일정 주기를 바탕으로 실시하는 것이 바람직하다. 순환형 영기준 예산제도와 같은 주기성을 고려해 볼 필요가 있다.

정부 예산정책과 재정 지원

제 1 절 | 지방자치와 정부 예산

1 국가재정과 지방재정

1) 지방재정의 의의

오늘날의 지방자치단체는 헌법, 지방자치법이라는 기본적 법규에 의해 독립적 주체로서의 지위가 보장되고 자치행정권이 부여되고 있으며, 야경국가 시대와는 달리 국민생활의 모든 분야를 활동 영역으로 하고 있다.[1)]

국민은 누구든 특정 지역에 생활의 본거지를 두고 그 지역사회에서 수도, 하수, 쓰레기 처리, 교육, 생활 안전, 소방 및 구급, 경찰과 같은 일상생활에 불가결한 서비스를 공급받고 도서관, 박물관, 문화회관 등의 시설을 이용한다. 이러한 공공 서비스는 대부분 지방자치단체에 의해 공급되고 있는데, 서비스를 제공하기 위해서는 자금의 조달과 효과적인 사용이 전제되어야 한다. 따라서 지역 공공 서비스의 공급에 필요한 재원을 조달하고, 효율적으로 배분해 지역 주민의 복리 증진을 도모하는 재정 활동을 지방재정이라 할 수 있다. 즉, 지방자치단체는 재정 활동을 수단으로 지방자치단체로서의 행정 활동을 수행하기 때문에, 지방재정은 단순한 자치행정 활동의 경제적인 측면이 아니라 자치 활동의 원천이자 기반이라 할 수 있다.

1) 지방재정의 의의, 국가재정과 지방재정의 조화에 대해서는 안용식 · 강동식 · 원구환(2006: 440-444)에서 발췌했다.

그러나 지방재정은 개별 지방자치단체의 재정 상황을 나타내고 있는 것이 아니라, 평균적인 모습을 거시적으로 나타낸 것에 지나지 않으며, 재정 규모는 물론 재정 상황도 천차만별이므로, 지방재정이라는 개념의 내용은 복잡한 구조를 지니고 있다. 따라서 지방재정이라는 개념 속에는 다양한 지방자치단체 상호 간의 공평성을 확보하고, 각 지방자치단체를 일괄적으로 통합할 수 있는 보편적 관점이 우선적으로 적용되지만, 지방자치단체의 유형에 따라 특수한 상황이 존재한다.

2) 지방재정과 국가재정의 조화

오늘날과 같은 복지국가의 발달 단계에서는 공공재정에 의해 자원을 배분해야 하는 기능이 더 한층 강조되고 있는데, 국가만의 행정 기능으로 국민적 요청에 근거한 공공 서비스를 제공하기는 쉽지 않으며, 필연적으로 지방자치단체의 협력을 필요로 한다. 즉, 국가재정과 지방재정은 상호 협력해 가면서 복지국가의 목표를 위해 역할을 분담하고 있다. 지방재정의 기본법인 지방재정법은 제3조에서 그 관계를 "지방자치단체는 주민의 복리 증진을 위하여 그 재정을 건전하고 효율적으로 운용하여야 하며, 국가의 정책에 반하거나 국가 또는 다른 지방자치단체의 재정에 부당한 영향을 미치게 하여서는 아니 된다"라고 규정하고 있다.

그러나 지방과 국가와의 관계에서 행정사무의 배분과 경비의 부담 원칙, 행정사무 집행을 위한 국가와 지방의 재원 배분 규정이 확립되지 않으면 지방재정의 자주성은 손상되게 마련이다. 이 때문에 지방자치법은 국가와 지방자치단체 간에 사무 분담과 경비 부담의 기본 원칙을 정하고, 국가와 지방의 재정상의 질서를 유지하고 있다. 즉, 국가가 처리하는 사무는 지방자치법 제11조에 명시되어 있으며, 지방재정법은 지방자치단체에 의해 실시되는 사무에 소요하는 경비에 대해 재정 부담의 원칙을 명확히 규정하고 있다. 국가와 지방 간의 재정 부담 원칙으로는 첫째, 지방자치단체의 관할 구역의 자치사무에 관하여 필요한 경비는 그 지방자치단체가 전액을 부담한다. 둘째, 지방자치단체나 그 기관이 법령에 따라 처리하여야 할 사무로서, 국가와 지방자치단체 간에 이해관계가 있는 경우에는 원활한 사무처리를 위하여 국가에서 부담하지 아니하면 안 되는 경비는 국가가 그 전부 또는 일부를 부담한다. 셋째, 국가가 스스로 하여야 할 사무를 지방자치단체나 그 기관에 위임하여 수행하는 경우, 그 경비는 국가가 전부를 지방자치단체에 교부하여야 한다(지방재정법 제20조, 제21조).

[그림 8-1] 국가재정과 지방재정의 체계도

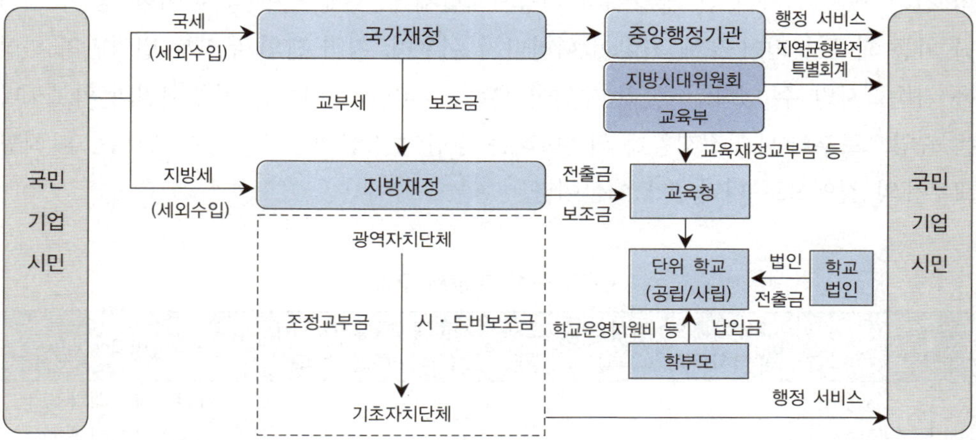

2 지방재정의 구조

지방재정의 자체재원과 의존재원으로 구분되는데, 자체재원은 지방세, 지방세외 수입, 의존재원은 지방교부세, 보조금, 지방채로 구분된다.

1) 자체재원

(1) 지방세

지방세는 지방재정의 근간이 되는 재원으로, 2011년부터 지방세기본법, 지방세법, 지방세특례제한법 등 3개 법안으로 분법되었다.

지방세는 지방자치단체별로 상이한 구조를 지니고 있는데, 특별시 · 광역시세, 도세, 시군세, 자치구세 등으로 구분되며 세원의 종류가 상이하다. 지방세는 과세 목적에 따라 보통세와 목적세로 구분되는데, 보통세(ordinary tax)는 용도가 정해지지 아니한 일반적인 경비에 충당하기 위해 과징하는 세원으로 보통 일반재원에 충당되며, 목적세(earmarked tax)는 특정한 목적을 위해 사용되는 수입원이다. 또한 지방세는 과세 대상의 성격에 따라 재산, 소득, 소비과세로 구분되는데, 지방세수의 대부분이 재산 관련세이며, 소비과세(담배소비세, 지방소비세)와 소득과세(지방소득세)의 비중은 상대적으로 낮은 수준이다. 따라서 지방세는 소득과 소비의 탄력성이 낮은 세목으로 구성되어 있어 국세에 비해 상대적으로 세원이 빈약하다.

자치재정권의 본질이라 할 수 있는 과세권이 지방세법의 통제를 받고 있으나, 지역 간의 세원 편차가 큰 상황에서 지방자치단체에 과세자주권을 부여할 경우, 지역 간 차등 과세가 되어 조세 저항이 나타나기 쉬우며, 지역 간의 부익부 빈익빈의 현상을 가속화시킬 수 있다. 아울러 세원이 부족한 지방자치단체는 자주재원의 확보보다는 중앙으로부터의 이전재원에 의존하려는 경향이 강한데, 지방 세수 증대는 곧 지방교부세의 감액으로 나타나기 때문이다.

〈표 8-1〉 지방세 구조

유형 \ 특징		특별시세(9) 광역시세(9)	자치구세 (2)	도세 (6)	시군세 (5)	특별자치시세 특별자치도세	비고
보통세	취득세	○		○		○	재산과세(거래과세)
	등록면허세		○	○		○	재산과세(거래과세)
	레저세	○		○		○	소비과세
	주민세	○			○	○	기타과세
	재산세		○		○	○	재산과세(보유과세)
	자동차세	○			○	○	소비과세(주행분) 재산과세(보유분)
	담배소비세	○			○	○	소비과세
	지방소비세	○		○		○	소비과세
	지방소득세	○			○	○	소득과세
목적세	지역자원시설세	○		○		○	(부동산)재산과세(보유과세) (자원)기타과세
	지방교육세	○		○		○	기타과세

* 지방세기본법 제11조와 제9조에 의하면, 광역시의 경우 주민세 재산분 및 종업원분은 구세로 하며, 특별시 관할구역에 있는 구의 경우에 재산세는 특별시세 및 구세인 재산세로 한다(공동과세). 특별자치도의 관할 구역 안에 지방자치단체인 시·군이 있는 경우에는 도세를 해당 특별자치도의 특별자치도세로, 제4항에 따른 시·군세를 해당 시·군의 시·군세로 한다.

(2) 세외수입[2)]

지방세외수입은 지방자치단체의 자체재원 중에서 지방세를 제외한 나머지 수입으로, 그 구조가 매우 복잡할 뿐만 아니라 다양하다. 지방자치단체의 세외수입은 경상적 세외수입, 임시적 세외수입, 지방행정제재·부과금으로 구분된다.

2) 세외수입에 관한 내용은 안용식·강동식·원구환(2006: 452-454)에서 발췌했다.

〈표 8-2〉 지방세외수입의 체계

구분	명목적 세외수입
경상적 세외수입	사용료수입, 수수료수입, 재산임대수입, 사업수입, 징수교부금수입, 이자수입
임시적 세외수입	재산매각수입, 지방자치단체간부담금, 보조금반환수입, 기타 수입, 지난연도 수입
지방행정제재 · 부과금	과징금, 이행강제금, 변상금, 과태료, 환수금, 부담금

첫째, 사용료(user charge)는 지방자치단체가 주민의 복지를 증진하기 위해 설치한 공공시설을 특정 소비자가 사용할 때, 그 반대급부로서 조례에 의거 부과 · 징수하는 공과금이다. 즉, 지방자치단체는 공공시설의 이용 또는 재산의 사용에 대해 사용료를 징수할 수 있다(지방자치법 제153조). 사용료는 도로 · 하천 · 상하수도 · 공유수면 · 도축장 등의 사용료, 운동장 · 공연장 · 공원 · 관광지 · 묘지 · 복지회관 · 시민회관 등 공공시설 및 재산의 사용료 등이 있다.

둘째, 수수료는 당해 지방자치단체의 사무가 특정인을 위한 것일 경우 징수할 수 있다(지방자치법 제154조). 수수료는 지방자치단체의 활동에 의해 개별적으로 특수한 이익을 누리게 되는 사람으로부터 그 비용의 일부 또는 전부를 반대급부로 징수하는 수입이다. 제증명서 발급에 따른 수입, 각종 증지 판매 수입 등이 대표적이다. 수수료가 사용료와 다른 점은 수수료는 지방자치단체가 특별한 활동에 의해 이익을 받은 경우에 부과하는 데 대해, 사용료는 지방자치단체의 공공시설을 개인이 이용함으로써 이익을 받는 경우 부과하는 점이 다르다.[3]

셋째, 분담금은 지방자치단체가 그 재산 또는 공공시설의 설치로 인해 주민의 일부가, 특히 이익을 받는 경우에는 이익을 받는 자로부터 그 이익의 범위 안에서 징수할 수 있는 공과금이다(지방자치법 제155조). 이를 부담금이라고도 한다.[4]

넷째, 재산임대수입이란 지방자치단체가 국 · 공유재산(건물, 토지 등)을 운영함으로써 발생하는 수입을 의미하며, 징수교부금수입이란 국세 · 도세 · 도로사용료 및 하

3) 수수료는 특수한 이익을 누리게 되는 사람에게 부과해야 한다는 특수성의 원칙, 지방자치단체의 활동이 특정한 한 개인을 위한 것이어야 한다는 응익성의 원칙, 지방자치단체가 특정인을 위해 들인 노력의 대가의 일부 또는 전부를 변상해야 한다는 비용 변상의 원칙에 입각해야 한다.

4) 수수료는 일반 사인(私人)으로서가 아니고 공공시설의 이용자 또는 공물의 사용자의 지위에 있는 자에게 부과되는 데 대해, 분담금은 일반 사인인 지위에서 부과된다. 또한 수수료는 현실적으로 이용 관계에 들어간 것에 대한 이용의 대가인 데 대해, 분담금은 현재 이용하고 있느냐의 여부에 관계없이 그것을 이용할 예정으로 있는 자에 대해 부과되는 점이 다르다.

천사용료 등을 시 · 군이 징수할 경우 징수위임기관(국가 또는 도)이 수수료의 위임 처리에 대한 대가로 교부하는 수입이다.

다섯째, 재산매각수입이란 공유재산을 매각 · 처분함으로써 발생하는 수입을 의미하며, 지난연도 수입이란 징수 결정된 수입금이 당해 연도의 출납 폐쇄 종료 기한이 만료가 되기까지 수납되지 않고, 그 후에 납부되었을 때에는 그 납부된 날이 속하는 연도의 수입으로 정리된다.

2) 의존재원

(1) 교부세

지방교부세는 지방자치단체의 기본 행정 운영에 필요한 최소한의 재원을 보장하고 지역 간의 재정 불균형을 시정하기 위해, 재정력이 약한 지방자치단체에 국세의 일부를 이전해 재정 부족액을 충당하는 제도다. 지방교부세는 국가와의 세원 공유에 따른 세원 배분의 한 형태로서, 지방자치단체의 고유재원이라는 성격을 지니고 있다. 즉, 지방교부세를 중앙정부에 의한 하향적인 재원 원조로 이해하기보다는 본래 지방세로 배분되어야 할 세원을 지방자치단체의 세원 편재에서 비롯되는 재정 격차의 심화를 방지하기 위해 국세로서 징수하고, 일정한 합리적인 기준에 의거해 지방에 재배분되어 지방 고유재원으로 사용되는 것이다(안용식 · 강동식 · 원구환, 2006: 458).

지방교부세의 종류는 보통교부세, 특별교부세, 부동산교부세, 소방안전교부세로 구분한다. 보통교부세는 모든 지방자치단체가 일정한 행정 수준을 유지할 수 있도록 표준 수준의 행정수행 경비를 산출해 그 충당 부족분을 일반재원으로 보전하는 것이며, 특별교부세는 보통교부세의 산정상 부득이 피할 수 없는 획일성과 시기성으로 인해, 각 지방자치단체의 재정 현실을 정확하게 반영하지 못하는 경비를 지원하는 항목이다. 또한 부동산교부세는 종합토지세 대신 국세인 종합부동산세(일정한 기준을 초과하는 토지 및 주택의 소유자에게 부과되는 세금)가 도입됨에 따라 발생하게 되는 재산세 감소분을 보전하고, 지방자치단체 간 재정 형평성을 제고하기 위해 2005년에 신설되었다. 중앙정부가 징수한 종합부동산세 총액을 예산으로 하여 지방자치단체에 전액 교부된다. 아울러 소방안전교부세는 담뱃값 인상에 따른 개별소비세의 부과로 발생한 수입의 일정 부분을 지방자치단체의 소방 및 안전시설의 확충과 소방안전관리 강화 사업에 사용하기 위해 교부하는 재원이다.

〈표 8-3〉 지방교부세법에 의한 교부세의 재원과 교부 기준

<table>
<tr><td>재원
(제4조)</td><td colspan="3">① 내국세 총액의 19.24%
(목적세, 종합부동산세, 담배에 부과하는 개별소비세 45%, 다른 법률에 따른 세목은 제외)
② 종합부동산세 총액
③ 담배에 부과하는 개별소비세 총액의 100분의 45에 해당하는 금액
④ 내국세 예산액과 그 결산액의 차액으로 인한 교부세의 차액
⑤ 종합부동산세 예산액과 그 결산액의 차액으로 인한 교부세의 차액
⑥ 개별소비세법에 따라 담배에 부과되는 개별소비세 총액의 100분의 45에 해당하는 예산액과 그 결산액의 차액으로 인한 교부세의 차액</td></tr>
<tr><td rowspan="8">유형
및
기준</td><td rowspan="2">보통
교부세
(제6조)</td><td>배분</td><td>=(① + ④ 정산액) × 100분의 97</td></tr>
<tr><td>기준</td><td>기준재정수입액이 기준재정수요액에 못 미치는 지방자치단체에 미달액을 교부 다만, 자치구의 경우에는 기준재정수요액과 기준재정수입액을 각각 해당 특별시 또는 광역시의 기준재정수요액 및 기준재정수입액과 합산하여 산정한 후, 그 특별시 또는 광역시에 교부</td></tr>
<tr><td rowspan="2">특별
교부세
(제9조)</td><td>배분</td><td>=(① + ④ 정산액) × 100분의 3</td></tr>
<tr><td>기준</td><td>1. 기준재정수요액의 산정 방법으로는 파악할 수 없는 지역 현안에 대한 특별한 재정 수요가 있는 경우: 40%
2. 보통교부세의 산정기일 후에 발생한 재난을 복구하거나 재난 및 안전관리를 위한 특별한 재정수요가 생기거나 재정수입이 감소한 경우: 50%
3. 국가적 장려사업, 국가와 지방자치단체 간에 시급한 협력이 필요한 사업, 지역 역점시책 또는 지방행정 및 재정 운용 실적이 우수한 지방자치단체에 재정 지원 등 특별한 재정 수요가 있을 경우: 10%</td></tr>
<tr><td rowspan="2">부동산
교부세
(제9조의3)</td><td>배분</td><td>=(② + ⑤ 정산액) 전액 교부(매년 12월 16일부터 12월 31일까지 교부)</td></tr>
<tr><td>기준</td><td>특별자치시 · 시 · 군 · 구의 재정 여건(50%), 사회복지(35%), 지역교육(10%), 부동산 보유세 규모(5%)에 따라 산정한 금액
*제주특별자치도: 부동산교부세 총액의 1천분의 18에 해당하는 금액</td></tr>
<tr><td rowspan="2">소방안전
교부세
(제9조의4)</td><td>배분</td><td>=(③ + ⑥ 정산액) 광역자치단체에 전액 교부(← 소방청장 의견 수렴)</td></tr>
<tr><td>기준</td><td>1. 소방인력 우선 충당: 담배에 부과되는 개별소비세 20% 이상 금액
2. 소방시설 확충 및 안전시설 강화: 1호 이외의 항목
1) 소방시설 및 안전시설 현황과 투자 소요(40%)
2) 재난예방 및 안전 강화 노력(40%),
3) 재정여건(20%)</td></tr>
</table>

(2) 보조금

보조금이란 국가 외의 자가 수행하는 사무 또는 사업에 대하여 국가가 이를 조성하거나, 재정상의 원조를 하기 위하여 교부하는 보조금(지방자치단체에 교부하는 것과 기타 법인 · 단체 또는 개인의 시설자금이나 운영자금으로 교부하는 것만 해당), 부담금(국제조약에 의한 부담금은 제외), 기타 상당한 반대급부를 받지 아니하고 교부하는 교부

금을 의미한다(보조금 관리에 관한 법률 제2조).

보조금 지급 체계는 크게 지방자치단체 보조와 민간 보조로 구분되는데, 지방자치단체 보조는 국고보조금과 지방보조금으로 세분된다. 즉, 국고보조금이란 국가가 정책상 필요하다고 인정할 때 또는 지방자치단체의 재정 사정상 특히 필요하다고 인정할 때 예산의 범위 안에서 지급되는 재원이다(지방재정법 제23조 제1항). 또한 지방보조금이란 특별시·광역시·특별자치시·도·특별자치도가 정책상 필요하다고 인정할 때 또는 시·군 및 자치구의 재정 사정상 특히 필요하다고 인정할 때에는 예산의 범위에서 시·군 및 자치구에 지급되는 재원이다(지방재정법 제23조 제2항).

국고보조금의 특징을 살펴보면 첫째, 국가보조금은 매년 지방자치단체장의 신청[5]에 의해 주어지는 경상적 재원으로서, 특정 사업에 대해 중앙관서의 장의 통제를 받는 의존재원이며, 용도 외의 사용이 금지되어 있는 재원이다. 둘째, 국고보조금은 특정 용도가 지정된다는 점에서 지방교부세와 다르며, 재원이 미리 국세의 일정 부분으로 정해져 있지 않다는 점에서 다르다. 셋째, 국고보조사업에 대해서는 상급기관의 행·재정적 감독을 받게 되어, 지방자치단체의 재정 자율성이 약화될 수 있다. 넷째, 국고보조금은 지방비 부담이라는 전제 조건(국가가 전액 지원하는 국고보조사업의 경우는 제외)이 있기 때문에, 지방재정력이 양호한 지방자치단체의 경우는 큰 문제가 없으나, 재정력이 약한 지방자치단체는 지방비 부담 능력의 부재로 국고보조사업을 포기할 수밖에 없다. 즉, 국고보조사업의 경우에는 지방자치단체 간 재정력 격차가 반영될 수밖에 없다(안용식·강동식·원구환, 2006: 475).

(3) 지역균형발전특별회계

국가균형발전특별법이 2004년 4월 시행되면서 2005년에 국가균형발전특별회계를 신설하였다. 2009년에는 광역지역발전특별회계로 개편되었고, 2015년에는 지역발전특별회계로 명칭을 변경하였으며, 2018년 2월에는 국가균형발전특별법 개정으로 명

5) 보조사업을 수행하려는 자는 매년 중앙관서의 장에게 보조금의 예산 계상(計上)을 신청하여야 하며, 보조사업을 수행하려는 자가 시장·군수인 경우에는 그 시장·군수에 대한 보조금은 관할 도지사(광역시의 군인 경우에는 광역시장)가 종합하여 일괄 신청할 수 있다. 보조금 신청 제출일은 해당 회계연도의 전년도 4월 30일 이전으로 하여야 한다(보조금 관리에 관한 법률 제4조). 아울러 국가는 보조금의 예산 계상 신청이 없는 보조사업의 경우에도 국가 시책 수행상 부득이하여 ① 국가가 소요경비 전액을 교부하는 보조사업인 경우, ② 재해 발생 등 예측하지 못한 사유로 보조금의 교부가 불가피한 경우, ③ 그 밖에 기획재정부 장관이 국가의 주요 시책 수행상 보조금의 교부가 불가피하다고 인정하는 사업인 경우에는 필요한 보조금을 예산에 계상할 수 있다(동법 제5조).

칭이 국가균형발전특별회계로 변경되었다.

또한 2023년 6월 9일 '지방자치분권 및 지역균형발전에 관한 특별법'이 제정되었다(시행 2023년 7월 10일). 수도권 집중화에 따른 지역 간 불균형을 해소하고, 지역의 특성에 맞는 자립적 발전과 지방자치분권 등을 통해 지역이 주도하는 지역균형발전을 추진함으로써, 국민 모두가 어디에 살든 균등한 기회를 누릴 수 있는 지방시대를 효율적으로 구현하기 위하여 '지방자치분권 및 지방행정체제개편에 관한 특별법'과 '국가균형발전특별법'이 통합되었다. 특히 지방자치분권 및 지역균형발전을 효과적으로 추진할 수 있도록 대통령 소속 지방시대위원회가 5년 단위의 지방시대 종합계획을 수립하도록 하고, 수립된 계획은 국무회의 심의, 대통령 승인 및 국회 보고를 통해 이행력을 확보토록 하였다(동법 제6조). 아울러 지방시대 종합계획 및 지역균형발전시책 지원 관련 사업을 효율적으로 추진하기 위하여 지역균형발전특별회계를 설치하고, 기획재정부 장관이 관리·운용하도록 하였으며, 기획재정부 장관은 예산안편성지침을 작성할 때 지방시대위원회의 의견을 반영하도록 규정하였다.

〈표 8-4〉 지역균형발전특별회계의 연혁

시기	명칭	계정
2005년	국가균형발전특별회계	지역개발사업계정, 지역혁신사업계정
2007년	국가균형발전특별회계	지역개발사업계정, 지역혁신사업계정, 제주특별자치도계정(신설)
2009년	광역지역발전특별회계	지역개발계정, 광역발전계정
2015년	지역발전특별회계	생활기반계정, 경제발전계정, 세종특별자치시계정(신설)
2018년	국가균형발전특별회계	지역자율계정, 지역지원계정, 제주특별자치도계정, 세종특별자치시계정
2023년	지역균형발전특별회계	지역자율계정, 지역지원계정, 제주특별자치도계정, 세종특별자치시계정

(4) 자치구 조정교부금

조정교부금은 교부세와 같은 성격의 재원으로 서울특별시 및 광역시가 해당 자치구의 기본 행정 운영에 필요한 최소한의 재원을 보장하고, 자치구 간의 재정 불균형을 시정하기 위해 특별시 및 광역시세의 일부를 일정한 기준에 따라 자치구에 교부하는 재원을 의미한다. 즉, 특별시장이나 광역시장은 보통세 수입의 일정액을 조정교부금으로 확보하여 조례로 정하는 바에 따라, 해당 지방자치단체의 관할구역의 자치구 간 재정력 격차를 조정하여야 한다(지방재정법 제29조의2).

(5) 시 · 군 조정교부금

시 · 군 조정교부금은 시 · 도(서울특별시 제외)가 해당 시 · 군에 교부하는 재원으로 ① 시 · 군에서 징수하는 광역시세 · 도세(화력 발전 · 원자력 발전에 대한 지역자원시설세, 소방분 지역자원시설세 및 지방교육세는 제외)의 총액, ② 해당 시 · 도의 지방소비세액을 전년도 말의 해당 시 · 도의 인구로 나눈 금액에 전년도 말의 시 · 군의 인구를 곱한 금액(2026년 말까지 유효)으로 구성된다. 시 · 군 간의 재정력 격차를 조정하기 위한 조정교부금은 ①+② 금액의 27%(인구 50만 명 이상의 시와 자치구가 아닌 구가 설치되어 있는 시의 경우는 47%)에 해당하는 금액을 확보하여야 한다. 특히 시 · 도지사는 화력발전 · 원자력발전에 대한 각각의 지역자원시설세의 100분의 65에 해당하는 금액을 화력발전소 · 원자력발전소가 있는 시 · 군에 각각 배분하여야 한다(지방재정법 제29조).

시 · 군 조정교부금의 종류는 시 · 군의 행정 운영에 필요한 재원을 보전하는 등 일반적 재정수요에 충당하기 위한 교부금(일반조정교부금), 시 · 군의 지역개발사업 등 시책 추진을 지원하는 등 특정한 재정수요에 충당하기 위한 교부금(특별조정교부금)으로 구분된다. 일반조정교부금의 재원은 조정교부금 총액의 100분의 90에 해당하는 금액으로 하고, 특별조정교부금의 재원은 조정교부금 총액의 100분의 10에 해당하는 금액으로 한다(동법 시행령 제36조 제2항).

일반조정교부금을 배분할 때에는 인구 수(50%), 재정력지수(30%), 징수실적(20%)의 기준으로 배분한다(동법 시행령 제36조 제3항).

(6) 지방교육재정교부금

지방교육재정교부금은 지방교육재정교부금법에 따라 지역 간 균형 있는 교육 발전을 위하여 지방자치단체가 교육기관 및 교육행정기관을 설치 · 경영하는 데 필요한 재원의 전부 또는 일부를 교부하는 제도다. 지방교육재정교부금은 내국세의 20.79%와 교육세 일부(유아교육지원특별회계 및 고등 · 평생교육지원특별회계 편입분을 제외한 금액)를 지방자치단체 교육행정을 위해 지원하는데, 이 중 70%는 보통교부금으로 지원되며, 30%는 특별교부금으로 지원된다. 보통교부금은 용도가 정해져 있지 않은 일반재원이며, 특별교부금은 용도가 지정되어 있다.

유아교육지원특별회계는 교육세의 일부와 중앙정부 일반회계로부터 지원되는 교육재정 지원으로 누리과정 지원에 한정되어 사용되는데, 한시적 성격의 특별회계로서 운영되고 있다.

2023년부터 고등·평생교육지원 특별회계가 설치·운영되고 있는데, 고등·평생교육지원 특별회계를 통해 고등 및 평생교육기관을 중심으로 고등·평생교육 혁신을 위한 전략적 투자를 확대하고 있다. 고등·평생교육지원 특별회계는 교육세 중 유아교육지원특별회계로 지원되는 금액을 제외한 금액에서 50%에 해당하는 금액과 중앙정부의 일반회계로부터 전입된 금액을 합하여 고등 및 평생교육을 지원하고 있다.

〈표 8-5〉 지방교육재정

	재원
지방교육재정교부금법	• 내국세 23년 20.79%(18년 20.27%, 19년 20.46%), 교육세 일부 • 보통교부금 70%(용도 지정 없음), 특별교부금 30%(용도 지정)
유아교육지원특별회계법	• 교육세(일부)의 전입금, 중앙정부 일반회계의 전입금, 차입금 • 누리과정 지원(2025년까지 한정)
고등·평생교육지원특별회계법	• 교육세(유아교육 제외한 금액의 50%)의 전입금, 중앙정부 일반회계의 전입금, 차입금 • 고등 및 평생교육 지원

3) 지방채

지방채란 지방자치단체가 투자재원의 조달을 위해 과세권을 실질적인 담보로 자금을 조달하는 채무로서 그 채무의 이행이 1 회계연도를 넘어서 이뤄지며, 증서차입 또는 증권 발행의 형식을 취한다. 지방채의 발행 목적은 지역 주민의 복지 증진을 위한 필요 사업에 경비를 조달하기 위함이며, 발행 주체는 지방자치단체(조합도 가능)로 채무 이행 기간은 2 회계연도 이상에 걸쳐 이뤄진다.

지방자치단체의 장이 지방채를 발행하려면 재정 상황 및 채무 규모 등을 고려하여 대통령령[6]으로 정하는 지방채 발행 한도의 범위에서 지방의회의 의결을 얻어야 한다. 다만, 지방채 발행 한도액 범위더라도 외채를 발행하는 경우에는 지방의회의 의결을 거치기 전에 행정안전부 장관의 승인을 받아야 한다(지방재정법 제11조 제2항, 제3항).

6) 지방채 발행 한도액은 해당 지방자치단체의 전전연도 예산액의 100분의 10의 범위에서 기 발행된 지방채, 보증채무행위액 중 채무자의 파산 등으로 인하여 지방자치단체가 채무이행의 책임을 지게 된 금액, 채무부담행위액, 그 밖에 해당 지방자치단체의 채무 규모, 채무 상환 일정, 재정 부담 상황 등 행정안전부 장관이 정하는 사항을 고려하여 결정한다(지방재정법 시행령 제10조).

지방재정 구조 및 현황을 살펴보면 국세 대비 지방세 비중의 열악, 의존재원 비중이 상대적으로 크다는 것을 알 수 있다(<표 8-5> 참조). 즉, 지방재정의 기본적 한계는 자체재원보다는 의존재원의 비중이 상대적으로 높다는 점이며, 국세와 지방세 비율을 살펴보더라도 지방세의 비중이 낮다. 특히 2020년 지방세의 비중이 상대적으로 높아졌으나, 그 이후로는 22% 수준을 유지하고 있어 지방재정의 상대적 자율성은 낮다.

<표 8-6> 지방재정의 현황

(단위: 조 원, %)

구분			2017년	2018년	2019년	2020년	2021년	2022년	2023년
총계예산(A+B+C)			304.5	324.5	367.7	428.7	457.7	400.1	354.7
자체재원(A)			102.6	108.0	114.0	123.1	136.2	143.9	139.9
의존재원(B)	중앙 → 지방	소계(a)	127.2	136.8	164.3	201.5	211.3	161.4	158.3
		지방교부세	43.4	47.9	56.2	50.1	58.4	80.2	75.2
		국고보조금	83.8	88.9	108.1	151.4	152.9	81.1	83.1
	광역 → 기초	소계(b)	19.6	26.8	30.4	39.7	41.1	34.5	35.6
		자치구 조정교부금	5.5	5.7	6.1	6.5	7.2	6.0	6.4
		시·군 조정교부금	6.1	6.0	6.7	7.2	9.3	7.6	7.1
		시·도비 보조금	13.9	15.1	17.6	26.0	24.6	20.9	22.1
	의존재원 합계(B)		146.8	163.6	194.7	241.2	252.4	221.6	193.6
지방채, 보전수입 내부거래(C)			47.6	50.9	59.0	64.5	69.1	46.2	21.2
총계예산 대비 비중(%)	중앙 → 지방(a)		41.8	42.2	44.7	47.0	46.2	46.8	44.6
	광역 → 기초(b)		6.4	8.3	8.3	9.3	9.0	8.6	10.0
	의존재원(B)		48.2	50.4	53.0	56.3	55.1	55.4	54.6
국세 지방세	국세		265.3 (76.7)	293.5 (77.7)	293.4 (76.4)	285.5 (73.7)	344.0 (75.3)	396.6 (77.9)	400.4 (77.6)
	지방세		80.4 (23.3)	84.3 (22.3)	90.4 (23.6)	102.0 (26.3)	112.7 (24.7)	112.3 (22.1)	115.2 (22.4)
균형발전 특별회계	지원계정		4.7	4.2	4.7	6.6	7.5	8.2	8.3
	자율계정		4.3	5.2	5.5	2.3	2.5	2.3	2.1
	세종계정		0.1	0.1	0.1	0.07	0.07	0.07	0.05
	제주계정		0.3	0.3	0.3	0.2	0.2	0.2	0.2
	계		9.4	9.8	10.7	9.2	10.3	10.8	10.6

* 2022년까지 최종예산, 2023년은 당초예산(균형발전특별회계는 균형위 홈페이지(nabis.go.kr) 참조

자료: 행정안전부(2023). 『지방자치단체 통합재정 개요』, 국회예산정책처(2023). 『대한민국 재정』.

3 지방자치단체의 예산 과정

지방자치단체의 장이 예산을 편성할 때에는 중기지방재정계획과 투자심사 결과를 기초로 하여야 하며, 예산이 여성과 남성에게 미치는 효과를 평가하고, 그 결과를 지방자치단체의 예산에 반영하기 위하여 노력하여야 한다(동법 제36조, 제36조의2, 제3조).

지방자치단체의 예산 과정은 예산 편성, 지방의회의 심의 · 의결, 예산 집행, 결산으로 구성되며, 회계연도는 1월 1일부터 12월 31일까지다. 지방자치단체의 예산은 행정안전부 장관이 하달한 지방자치단체 예산 편성 기준과 예산의 과목 구분에 따라 편성되어야 하며(동법 제38조, 제41조), 예산 편성 과정에 주민이 참여할 절차를 마련하여 의무적으로 시행하여야 하며(국가 예산과는 달리 지방 예산은 주민참여 예산제도가 의무화), 예산 편성 과정에 참여한 주민의 의견을 수렴하여 의견서를 예산안에 첨부하여야 한다(지방재정법 제39조).

지방자치단체장은 회계연도마다 예산안을 편성하여 시 · 도는 회계연도 시작 50일 전까지, 시 · 군 및 자치구는 회계연도 시작 40일 전까지 지방의회에 제출하여야 하며, 시 · 도의회에서는 회계연도 시작 15일 전까지, 시 · 군 및 자치구 의회에서는 회계연도 시작 10일 전까지 의결해야 한다. 지방의회는 지방자치단체장의 동의 없이 지출예산 각 항의 금액을 증가하거나, 새로운 비용 항목을 설치할 수 없다(지방자치법 제142조). 또한 지방자치단체의 장은 출납 폐쇄 후 80일 이내에 결산서와 증빙서류를 작성하고, 지방의회가 선임한 검사위원의 검사의견서를 첨부하여 다음 연도 지방의회의 승인을 받아야 한다(지방자치법 제150조).

지방자치단체의 예산은 국가 예산과 연계되어 있는데, 국가 예산의 의결 기한은 12월 2일까지이며, 광역자치단체 및 기초자치단체 예산의 의결 기한은 각각 12월 16일과 12월 21일이다. 이는 국가 예산이 결정되어야 지방의 예산을 결정할 수 있기 때문이다.

〈표 8-7〉 지방자치단체 예산 과정

구분	제출 기한	의결 기한
광역	11월 16일	12월 16일
기초	11월 21일	12월 21일

제 2 절 | 민간 투자와 정부 예산

1 민간 투자의 본질

1) 사회기반시설에 대한 민간 투자의 개념

국민들은 정부에 세금을 납부하면서 다양한 분야에 걸쳐 자신들의 요구를 관철시키고자 하며, 정부는 국민들의 행정 수요에 상응하는 정부 재정지출을 예산을 통해 구현한다. 그러나 정부는 한정된 재원으로 인해 다양한 국민의 요구 사항을 수용하기에는 한계가 있으며, 예산에 반영되지 못한 국민들의 요구는 실현되지 못한다. 즉, 재정 수요와 공급 불일치의 문제가 발생하게 된다.

재정 수요와 공급의 불일치 문제를 해결하기 위해서는 재정 수요에 부응하는 재원 공급이 선행되어야 하지만, 재정 수요 충족을 위해 증세하거나 각종 부담금을 인상하는 것은 국민의 재정 부담을 가중시킬 수 있어 정책 수단으로서 한계가 있다. 따라서 국민의 재정 부담을 가중시키지 않고, 재정 수요와 공급의 불일치 문제를 해결할 수 있는 방안으로 도입된 제도가 민간투자제도다. 즉, 공공사업의 주체를 정부로만 한정하지 않고, 민간이 공공사업에 참여할 수 있는 제도다. 공공사업에 대한 민간부문의 자본을 끌어들임으로써 민간이 투자한 만큼의 자본은 조세로 충당하지 않기 때문에, 국민의 재정 부담을 완화시킬 수 있다.

민간 투자의 개념은 1992년 영국의 PFI(Private Finance Initiative)법의 제정으로 촉발되었는데, 우리는 1994년 사회간접자본시설에 대한 민간자본유치촉진법의 제정으로 법적 토대를 마련했다. 그러나 1999년 법률 명칭을 사회간접자본시설에 대한 민간투자법으로, 2005년에는 사회기반시설에 대한 민간투자법으로 개정했다. 또한 일본은 1999년 7월 민간자금 등의 활용에 의한 공공시설 등의 정비 등 촉진에 관한 법률을 제정해 민간 투자 개념을 공공 부문에 도입하고 있다.

2) 민간 투자의 필요성

민간 투자의 개념이 도입된 가장 큰 배경에는 정부의 재정위기가 자리매김하고 있다. 민간 투자는 공공사업에 민간 자본을 유치해 공공사업을 민간기업적 방식으로 추진할 뿐만 아니라, 한정된 재원 내에서 국민의 재정 부담 없이 공공 수요를 해결할 수 있는 방안이다. 민간 투자에 대한 필요성은 다음과 같다(원구환, 2001: 171-187).

첫째, 공공사업의 공급 주체 변화에 따른 필요성이다. 시장실패에 따른 정부 개입은 오히려 정부실패를 초래했으며, 정부실패를 치유할 수 있는 방안으로 민간과 정부의 역할을 재조정해야 한다는 것이다(Curtis, 1999). 특히 민간과 정부의 이분법적 논리는 공공사업의 공급 주체를 결정하는 데 바람직하지 않으며, 공공사업을 정부만이 수행해야 한다는 논리도 적합하지 않다는 것이다. 하나의 공급 주체(공공이든 민간이든)에 의한 일방적 문제 해결 방식은 안정되고 단순한 사회에서는 가능하지만, 복잡다기화되는 사회에서는 하나의 행위 주체에 의한 문제 해결은 불가능하고(Dunsire, 1993: 33-34), 공공자원과 민간자원의 혼합(blending public and private resources)이 필요하다는 것이다(Peters & Pierre, 1998: 225). 국민에게 양질의 서비스만 제공할 수 있다면 공급 주체는 큰 문제가 되지 않는다.

둘째, 공공사업의 공급 방식 변화에 따른 필요성이다. 공공사업에 대한 공급 주체의 변화와 연계되는 필요성으로 정부가 모든 사업을 결정하고, 직접 국민에게 제공할 필요는 없다는 것이다. 즉, 공공사업과 관련하여 정부가 서비스는 제공(providing)하되 직접적인 생산(producing)은 정부가 서비스별로 그 수준을 고려해 실제 담당자를 여러 부문에서 모색할 수 있다는 것이다(Kolderie, 1983: 45). 국민들이 요구하는 행정 수요를 충족시킬 것인가의 여부(공급 결정)는 정부가 담당할지라도 국민에 대한 직접적인 서비스 제공은 민간 부문도 담당할 수 있다는 것이다.

셋째, 공공사업의 공급 대상 변화에 따른 필요성이다. 민간이 공공사업에 투자할 수 있는 대상 사업은 사회기반시설이라 할 수 있는데, 사회기반시설은 "각종 생산 활동의 기반이 되는 시설, 해당 시설의 효용을 증진시키거나 이용자의 편의를 도모하는 시설 및 국민 생활의 편익을 증진시키는 시설"로 정의할 수 있으며, 다양한 대상 사업을 포함하고 있다(사회기반시설에 대한 민간투자법 제2조). 기존의 사회기반시설에 대한 개념은 도로, 철도, 항만 등과 같은 하드웨어적 시설에 초점을 맞추고 있으나, 새로운 사회기반시설은 정보통신, 보건, 복지, 교육, 체육, 문화, 환경에 이르기까지 다양한 분야로 확대되고 있다(〈표 8-8〉 참조). 사회기반시설은 국민경제와 편의 증진을 위해 불가피한 시설인데, 만약 사회기반시설의 공급이 적정하게 이뤄지지 않는다면 사회경제적 손실 비용은 오히려 증대되므로, 민간 자본의 유치를 적극 고려할 필요가 있다는 것이다.

〈표 8-8〉 사회기반시설의 대상(민간투자법 제2조)

구분	대상 분야(사회기반시설에 대한 민간투자법 제2조)
포함	1. 도로, 철도, 항만, 하수도, 하수 · 분뇨 · 폐기물처리시설, 재이용시설 등 경제활동의 기반시설 2. 유치원, 학교, 도서관, 과학관, 복합문화시설, 공공보건의료시설 등 사회서비스의 제공을 위하여 필요한 시설 3. 공공청사, 보훈시설, 방재시설, 병영시설 등 국가 또는 자치단체의 업무수행을 위하여 필요한 공용시설 또는 생활체육시설, 휴양시설 등 일반 공중의 이용을 위하여 제공하는 공공용 시설
제외	1. 군사기밀보호법에 따라 군사기밀을 취급하는 시설(국방부 장관 지정) 2. 국방 · 군사시설 사업에 관한 법률에 따라 군사작전에 필요한 시설(국방부 장관 지정) 3. 외교정보통신망 4. 그 밖에 대통령령으로 정하는 사업

넷째, 공공사업의 성과와 관련된 필요성이다. 공공사업은 1 회계연도에 종료되는 사업이 아니며, 사업 기간의 장기성이 전제되는 경우가 많다. 또한 사업 규모가 크고 소요자금도 막대하며, 내구 연한이 길고 이해당사자 간의 갈등이 높은 사업이다. 따라서 공공사업에 대한 전문적 지식과 기술 및 풍부한 경험이 요구된다. 그러나 공공조직은 순환보직, 단년도 중심의 예산 운영, 책임 소재의 불명확 등의 문제점으로 인해 공공사업을 수행하는 데는 한계가 있다. 따라서 민간 자본을 유치해 민간의 전문기법과 지식을 활용하면 공공사업의 비효율성을 극복할 수 있다. 또한 민간 부문은 공공사업에 대한 참여로 수익 기회 및 이미지를 제고할 수 있다.

3) 민간 투자의 기본 원칙

주무관청은 민간투자사업을 지정함에 있어 다음 각 호의 일반 원칙을 고려하여야 한다(기획재정부, 민간투자사업 추진 일반지침 제4조).

첫째, 수익자 부담 능력 원칙으로 기존 저부담의 이용시설에 대비해 양질의 서비스 제공이 가능하고, 이용자가 이와 같은 고편익에 상응하여 고부담 사용료를 부담할 의사가 있다고 판단되는 사업이어야 한다.

둘째, 수익성 원칙으로 정부가 허용 가능하고, 이용자가 지불 가능한 사용료, 정부가 지원 가능한 건설보조금 범위 내에서 민간사업자의 투자를 충족시킬 수 있는 수익률을 확보할 수 있는 사업이어야 한다.

셋째, 사업편익 원칙으로 정부의 재정사업으로 추진할 경우 예산 제약 등으로 조기 시설 건설과 서비스 제공이 어려우나 민간투자사업으로 추진할 때에는 목표 연도 내 사업을 완료함으로써, 사업편익의 조기 창출 효과가 기대되는 사업이어야 한다.

넷째, 효율성 원칙으로 민간의 창의·효율을 활용함으로써 재정사업으로 추진하는 경우에 비해, 사업편익 증진 및 사업 비용 경감, 정부 재정시설과의 경쟁 촉진으로 서비스질 제고 등이 기대되는 사업이어야 한다.

4) 민간 투자의 방식

민간투자사업은 다양한 방식으로 추진되는데, 민간투자사업의 추진 방식을 정리하면 다음과 같다(기획재정부, 민간투자사업 추진 일반지침 제3조).

가장 보편적인 방식은 BTO 방식과 BTL 방식이라 할 수 있으며, BTO, BTL 방식의 순서를 변형한 BOT, BLT 방식도 존재한다. 또한 혼합형, 결합형, 개량운영형 등의 방

〈표 8-9〉 사회기반시설에 대한 민간 투자 방식(법 제4조 및 지침 제3조)

유형	내용
BTO (Build-Transfer-Operate)	사회기반시설의 준공(신설·증설·개량)과 동시에, 해당 시설의 소유권이 국가 또는 지방자치단체에 귀속되며 사업 시행자에게 일정 기간의 시설 관리운영권을 인정하는 방식
BTL (Build-Transfer-Lease)	사회기반시설의 준공(신설·증설·개량)과 동시에, 해당 시설의 소유권이 국가 또는 지방자치단체에 귀속되며, 사업시행자에게 일정 기간의 시설관리운영권을 인정하되, 그 시설을 국가 또는 지방자치단체 등이 협약에서 정한 기간 동안 임차하여 사용·수익하는 방식
BOT (Build-Operate-Transfer)	사업 시행자가 시설을 준공(신설·증설·개량)한 후, 일정 기간 동안 사업 시행자에게 당해 시설의 소유권이 인정되며, 그 기간의 만료 시 시설 소유권이 국가 또는 지방자치단체로 귀속되는 방식
BOO (Build-Operate-Own)	사회기반시설의 준공(신설·증설·개량)과 동시에, 사업 시행자에게 당해 시설의 소유권이 인정되는 방식
BLT (Build-Lease-Transfer)	사업 시행자가 시설을 준공(신설·증설·개량)한 후 일정 기간 동안 타인에게 임대하고, 임대 기간 종료 후 시설물을 국가 또는 지방자치단체에 이전하는 방식
혼합형	BTO와 BTL 방식을 혼합하여, 하나의 사회기반시설을 설치·운영
결합형	사회기반시설을 물리적으로 구분하여, BTO 내지 주무관청이 수립한 민간투자시설사업기본계획에 제시한 방식 중 둘 이상을 복수로 활용
개량운영형	기존 사회기반시설을 개량·증설하고, 개량·증설된 부분을 포함한 전체 시설에 대하여 관리운영권을 인정하는 방식(소유권 귀속, 관리운영권 인정, 사용·수익 방식 등은 BTO 내지 결합형의 하나로 정할 수 있으며, 이 경우 기본계획 내용을 준용)
기타	민간 부문이 제시하고 주무관청이 타당하다고 인정하거나 주무관청이 민간투자시설사업기본계획에 제시하는 방식

식이 존재하며, 민간 부문이 제시하고 주무관청이 타당하다고 인정하거나 주무관청이 민간 투자 시설사업 기본계획에 제시하는 방식 등이 있다(〈표 8-9〉 참조).

BTL은 민간이 공공시설을 짓고 정부가 이를 임대해서 쓰는 민간 투자 방식인데, 다른 투자 방식과 다음과 같은 점에서 차이가 난다(〈표 8-10〉 참조).

〈표 8-10〉 BTO 방식과 BTL 방식의 비교

추진 방식	Build-Transfer-Operate	Build-Transfer-Lease
대상 시설	• 최종 수요자에게 사용료 부과로 투자비 회수가 가능한 시설	• 최종 수요자에게 사용료 부가로 투자비 회수가 어려운 시설
투자비 회수	• 최종 사용자의 사용료	• 정부의 시설임대료
사업 리스크	• 민간이 수요 위험 부담	• 민간의 수요 위험 배제

첫째, 사업시행자가 건설한 시설은 정부 소유로 이전된다는 점에서 사업시행자가 시설소유권을 갖는 BOO 방식과 구별된다. 즉, BTL 방식은 사회기반시설의 준공과 동시에 해당 시설의 소유권이 정부에 귀속되지만, BOO 방식은 사업시행자에게 소유권이 인정되는 방식이다.

둘째, 정부가 직접 시설임대료를 지급해 사업시행자의 투자자금을 회수한다는 의미에서 시설 이용자들에게 시설이용료를 징수해 투자자금을 회수하는 BTO 방식과 구별된다.

셋째, 정부가 적정 수익률을 반영해 임대료를 산정·지급하므로, 사전에 목표수익률 실현이 보장된다.[7] 따라서 시민들로부터 이용료 수입이 부족할 경우 정부 재정에서 보조금을 지급(운영수입 보장)해 사후적으로 적정 수익률 실현을 보장하는 BTO 방식과 구별된다.

수익형 사업(BTO) 방식은 민간사업자와 이용자 간의 관계에 초점을 두기 때문에, 정부의 직접적인 책임을 확보하기 어려운 단점이 있었다. 그러나 임대형(BTL) 방식은 정부와 민간사업자 간의 관계에 초점을 두고 있기 때문에, 정부가 직접적인 책임을 진다는 점에서 수익형 사업 방식과 상이하다([그림 8-2] 참조).

7) 정부가 매년 지급해야 할 임대료는 $\text{시설임대료} = \text{총민간투자비} \times \dfrac{\text{수익률}}{1-(1+\text{수익률})^{-(\text{임대기간})}}$ 방식으로 계산된다(동 지침 제16조). 예를 들어, 투자비 100억 원, 수익률 5.5%, 임대 기간 20년['=pmt(5.5%, 20,100)' 입력] → 매년 임대료 8.37억 원(매년 동일액 지급 가정).

[그림 8-2] BTO 방식과 BTL 방식의 차이

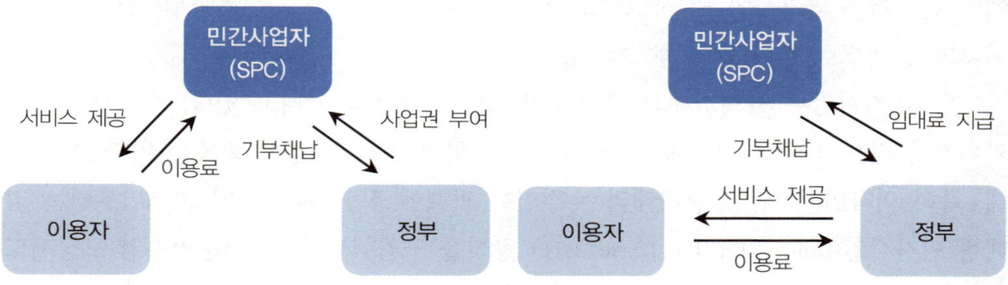

자료: 기획재정부 내부자료.

2 민간투자사업의 현황과 문제점

1) 민간 투자의 현황

민간투자사업은 크게 수익형 방식(BTO)과 임대형 방식(BTL)으로 구분되는데, 사업수에서는 수익형 방식보다는 임대형 방식이 상대적으로 많지만, 투자비에서는 수익형 방식이 상대적으로 더 많다(〈표 8-11〉 참조).

〈표 8-11〉 민간투자사업 추진 단계별 투자비 실적(1994~2021)

(단위: 개, 조 원)

구분	사업 수					투자비			
	합계	운영 중	시공 중	준비 중	종료	합계	민간 투자비	건설 보조금	토지 보상비
BTO	269	208	16	16	29	101.2	62.8	23.9	14.5
BTL	517	479	15	12	11	33.4	33.0	0.3	0.02
합계	786	687	31	28	40	134.5	95.9	24.2	14.5

자료: 기획재정부(2022). 『2021년도 민간투자사업 운영현황 및 추진실적 등에 관한 보고서』.

민간투자사업은 다양한 분야에서 추진되고 있는데, 군 주거시설과 하수관거 시설, 철도, 학교시설 투자가 대부분을 차지하고 있다. 그 이외에도 공공의료, 박물관 및 미술관 등에서 민간 투자가 이루어지고 있다(〈표 8-12〉 참조).

또한 임대형 민간투자사업의 경우에는 정부의 재정지출이 전제되는 사업이므로, 정부는 다음 연도에 실시할 임대형 민간사업의 총한도액, 대상시설별 한도액 및 사업추진 과정에서의 예측할 수 없는 지출에 충당하기 위한 예비 한도액을 회계연도 개시

120일 전까지 국회에 제출하고, 국회는 회계연도 개시 30일 전까지 의결하여야 하며, 예비 한도액은 국가사업 및 국고보조 지방자치단체사업 한도액 합계액의 100분의 20 이내의 금액으로 한다(동법 제7조의2).

민간투자사업은 사회경제적 변수와 밀접한 상관성을 지니고 있다. 즉, 1998년 외환위기를 겪으면서 정부는 재정건전성을 확보하는 동시에, 경제 회복을 위한 투자 확대, 특히 외국인 투자 유치 확대라는 절실한 과제에 직면했다. 이에 2005년부터는 임대형 민자사업(Build-Transfer-Lease: BTL) 방식을 도입했으며, '최소운영수입 보장제도(Minimum Revenue Guarantee: MRG)'를 가미해 민간이 전담하던 수요 예측의 리스크를 정부가 일부 부담하기로 했다. 즉, 사회기반시설 완공 후 실제 수요가 예측치에 미치지 못한 경우에 일정 기간 동안 국가가 일정 비율(80~90%)까지는 보전해 주었다.

그러나 한편으로는 당초 예측한 수요량과 실제 수요량에 차이가 발생하면서 최소운영수입 보장으로 인한 정부의 재정 부담이 가중되었다.[8] 이에 따라 2006년부터는 민간 제안사업에 대해서는 최소운영수입 보장제도를 폐지하였으며, 정부고시사업도 보장 기간을 10년으로 축소하고, 초기 5년은 75%, 다음 5년은 65%로 보장 수준을 제한했으나, 2009년 10월 이후 정부고시사업에서도 최소운영수입 보장을 폐지했다.[9]

2) 민간투자사업의 문제점

(1) 민간 부문의 이윤추구적 성향

민간 부문은 투자적 관점에서 사회기반시설에 대한 투자를 공적인 관점보다는 이윤추구적 관점에서 추진할 소지가 있으며, 투자된 자본을 단기간에 회수하려는 성향으로 인해 사용료를 상대적으로 높게 책정하려 한다. 또한 운영적 관점에서도 투자된 자본의 회수를 위해 지나치게 높은 요금 및 임대료를 추구하는 성향이 있어 이용자인 국민의 입장에서는 높은 부담을 지게 된다.

---

8) 인천공항고속도로(예측수요 대비 49% 달성)를 비롯, 천안-논산 간 고속도로(55%), 대구-부산 간 고속도로(55%), 인천공항철도(6%), 우면산터널(45%) 등이 이에 해당된다(기획재정부 내부자료).

9) MRG 제도 폐지에 의해 투자 리스크가 큰 BTO 사업(이익과 손실을 모두 민간이 100% 책임)이 위축됨에 따라 BTO-rs(위험분담형, risk sharing), BTO-a(손익공유형, adjusted) 방식을 도입하였는데, 위험분담형은 정부와 민간이 5:5로 이익과 손실을 분담하는 형태이며, 손익공유형은 이익 발생 시 정부와 민간이 공유(약 7:3)하고, 손실 발생 시 민간이 먼저 30% 손실 부담, 30% 넘을 경우 재정지원을 받는 형태이다. 위험분담형은 주로 경전철과 철도사업에, 손익공유형은 환경부의 환경사업(폐수종말처리시설 개량) 등에 활용되고 있다. 그러나 위험분담형이든, 손익공유형이든 정부 재정부담이 전제되어 있다.

(2) 재정사업과 민자사업의 구조적 차이

재정사업과 민자사업은 다음과 같은 차이점이 존재하는데, 이러한 차이점으로 인해 민자사업의 문제점이 발생하고 있다.

첫째, 민자사업은 차입금 조달면에서 정부보다 불리하고 물가상승분의 전부가 비용에 반영되기 때문에 총비용이 높고, 투자된 자금을 단기에 회수하려는 성향으로 말미암아 높은 가격(요금)을 책정하려는 성향이 존재한다. 따라서 일반 국민인 이용자들은 정부의 일정한 규제가 없으면, 상대적으로 높은 요금을 지불해야 한다.

둘째, 운영 주체와 관련하여 재정사업은 투자와 운영을 모두 정부 또는 공공기관이 책임을 지는 형태이지만, 민자사업은 민간 사업시행자가 정부에 시설을 기부채납한 이후에 계약 기간만 운영권을 갖는 경우가 일반적이다. 따라서 민간 사업시행자들은 운영 측면에서 재투자를 통한 시설 개선을 등한시하려는 성향이 있다.

셋째, 재정사업은 회계 간 전입·출을 통해 교차 보조가 가능한 반면에, 민자사업은 해당 사업에서만 투자비를 회수해야 한다. 따라서 민자사업은 해당 사업의 채산성 확보를 위해 상대적으로 높은 가격(요금)이 책정될 수밖에 없다.

(3) 정부지급금의 발생

민간투자사업은 정부의 재정 부담 없이 공공사업을 추진할 수 있는 장치로 인식되었으나, 최소운영수입 보장 등 유인장치를 마련해 운영함에 따라 정부 재정을 압박하는 요인이 되었다. 또한 임대형 민간투자사업의 경우 매년 임대료를 지급해야 하므로, 국가재정 지출의 일정 부분을 차지한다. 임대형 민간투자사업 방식에 의한 임대료 지급 비용을 부채로 인식해야 한다는 주장은 이러한 측면을 반영하고 있다.

법률 규정에 의하면, 기획재정부 장관은 실시계획 승인을 받은 임대형 민자사업의 국가사업 및 국고보조 지방자치단체사업에 대하여 해당 회계연도부터 10 회계연도 이상의 기간에 대한 정부지급금 규모를 연도별로 주무부처별·대상시설별 등으로 전망한 임대형 민자사업 정부지급금 추계서를 매년 작성하여야 한다(사회기반시설에 대한 민간투자법 제24조의2).

임대형 민자사업 정부지급금 추계서를 살펴보면 다음과 같은 특징을 살펴볼 수 있다(〈표 8-12〉 참조).

첫째, 정부가 2032년부터 2031년까지 임대형 민자사업에 지급해야 할 금액은 16조 원을 부담해야 하며, 매년 약 1.6~1.7조 원의 재정을 부담해야 한다. 특히 해마다 새롭게 추가되는 민자사업이 있을 경우 정부의 재정 부담은 가중될 수 있다.

둘째, 임대형 민자사업은 국고보조보다는 국가사업으로 부담해야 할 금액이 상대적으로 많은데, 이는 중앙정부의 재정 부담을 가중시키고 있다.

셋째, 민자사업 대상을 보면 군 주거시설, 철도, 하수관거, 유치원 및 학교에 투자된 부분이 상대적으로 많은 비중을 차지하고 있다. 또한 박물관, 미술관, 문화복합시설, 청소년수련시설, 과학관 등의 분야에서 민자사업이 추진되고 있다.

〈표 8-12〉 대상시설별 정부지급금 규모

(단위: 억 원)

구분		합계	2023	2024	2025	2026	2027	2028	2029	2030	2031
합계	합계	165,680	16,826	17,134	17,146	17,183	17,213	17,188	16,935	16,321	15,047
	국가사업	130,431	13,182	13,463	13,450	13,486	13,516	13,492	13,264	13,053	12,471
	국고보조	35,249	3,644	3,671	3,697	3,697	3,697	3,696	3,671	3,268	2,576
군 주거시설	국가사업	57,762	5,805	5,820	5,836	5,851	5,858	5,870	5,885	5,853	5,430
하수관거	국고보조	32,514	3,365	3,390	3,416	3,416	3,416	3,415	3,390	3,012	2,337
철도	국가사업	45,644	4,497	4,730	4,745	4,761	4,776	4,795	4,810	4,826	4,846
유치원, 학교	국가사업	21,500	2,170	2,354	2,357	2,362	2,367	2,311	2,051	1,857	1,678
정보통신망	국가사업	452	201	51	–	–	–	–	–	–	–
박물관, 미술관	국가사업	1,534	153	153	154	154	155	155	156	156	156
공공보건의료	국가사업	1,009	101	101	101	102	102	102	102	104	104
	국고보조	1,734	175	177	177	177	177	177	177	167	156
청소년수련시설	국가사업	770	76	76	77	77	77	77	78	78	78
문화복합시설	국고보조	48	5	5	5	5	5	5	5	5	5
과학관	국고보조	464	50	50	50	50	50	50	50	35	29
국제회의시설	국고보조	490	49	49	49	49	49	49	49	49	49
어린이집	국가사업	1,520	155	156	156	156	156	156	156	156	156
청사	국가사업	237	23	23	24	24	24	24	24	24	24

자료: 기획재정부(2022). 『2022~2031년 재정 관련 자료 임대형 민자사업 정부지급금 추계서』.

제 3 절 | 재정융자와 정부 예산

1 재정융자사업의 본질

1) 재정융자사업의 개념

(1) 유사 개념과의 비교

정부는 공적 목적을 달성하기 위해 직접 사업을 수행하지만, 직접 사업을 수행하는 것이 효과적이지 못하거나 정부가 아닌 기관이나 법인에게 지원하여 수행하는 것이 타당한 경우가 존재한다. 재정융자사업, 출연사업, 출자사업, 보조사업, 민간투자사업 등이 대표적인데, 이를 구체적으로 설명하면 다음과 같다(정진욱, 2010: 50-54; 국회예산정책처, 2023: 247).

첫째, 재정융자사업이란 정부의 공공자금을 특정 대상에게 빌려 주는 정책금융 활동을 의미한다. 정부의 재정융자사업은 민간금융 부문으로부터 필요한 자금을 공급받는 데 어려움이 있는 계층이나, 우수한 기업임에도 불구하고 민간의 금융기관으로부터 자금 조달이 어려운 기업에 정부가 자금을 공급하는 금융 활동이라 할 수 있다. 따라서 정부의 재정융자사업은 자금 조달이 어려운 계층에 장기 저리 융자 형태로 재정 지원을 도모하기 때문에 소득 재분배 기능을 수행하게 되며, 시장의 실패를 보완해 주는 역할을 수행한다.

둘째, 출연사업은 국가가 수행해야 할 사업을 다른 기관이나 법인이 대행하게 하고, 사업을 수행하는 자에 대해 법률에 근거해 자금을 지원하는 재정상 원조사업을 의미한다. 국가재정법 제12조에서는 국가는 국가연구개발사업의 수행, 공공 목적을 수행하는 기관의 운영 등 특정한 목적을 달성하기 위해 법률에 근거가 있는 경우에는 해당 기관에 출연할 수 있도록 규정하고 있다. 출연사업은 보조사업과 상이점을 갖고 있는데, 첫째, 출연사업의 경우, 사업 수행을 위해서 반드시 법적 근거가 필요하지만, 보조사업의 경우는 보조금 관리에 관한 법률 이외에 개별법적 근거가 반드시 필요한 것은 아니다. 둘째, 보조사업의 경우, 국가가 사전에 용도를 지정해 보조금을 교부함으로써 보조사업의 집행 과정에서 재량의 여지가 적지만, 출연금은 상대적으로 광범위한 용도로 사용할 수 있어 집행 과정에서 재량의 여지가 보조사업보다 많다.

셋째, 출자사업은 국가가 정책 목적을 달성하기 위해 국가의 제도 및 신용을 바탕으로 조성된 각종 공공자금을 특정 대상에 지원하는 사업을 의미하며, 크게 금융공공기관 출자, 중소 벤처기업 투자, 고속도로 건설, 구조조정 기업 지원을 위한 출자 등으로 구분된다. 출자사업과 재정융자사업을 비교하면, 양자 모두 정부의 입장에서 자산을 형성한다는 점은 동일하지만, 출자사업은 일종의 투자 개념으로서 만기가 없으며, 배당과 지분 매각 등의 형태로 투자 원금을 회수한다는 차이점이 있다. 따라서 정부 입장에서는 출자사업은 원리금 회수가 불확실하므로 재정융자 방식보다 선호되지 않아 규모가 크지 않지만, 자금을 지원받는 입장에서는 원리금 상환 의무가 없는 출자 방식을 선호한다.

넷째, 국가보조사업은 국가가 지방자치단체나 민간 등이 수행하는 특정 공익사업을 지원하기 위해 반대급부 없이 교부하는 사업을 의미하며, 명확한 법적 근거 없이 예산이 편성되면 사업 추진이 가능하고, 보조금 신청자 중에서 사업 성격에 따라 보조금을 결정한다. 사용 용도는 교부 조건 등에 명시되므로, 조건에 명시된 항목을 변경하여 사용하는 것은 불가능하다.

〈표 8-13〉 재정융자사업, 국고보조사업, 출연사업의 차이

구분	재정융자사업	국고보조사업	출연사업
재원	세출예산(일반, 특별) 및 기금	세출예산(일반, 특별) 및 기금	세출예산(일반, 특별) 및 기금
지원 방식	융자금 지원 후 융자 원금과 이자 상환	반대급부 없이 무상 지원	반대급부 없이 무상 지원
근거	명확한 법적 근거 필요 없으며, 예산이 편성되면 사업추진 가능	명확한 법적 근거 필요 없으며, 예산이 편성되면 사업추진 가능	법률에 명확한 법적 근거 필요
용도	융자 계약서 등에 사용 용도 한정	교부조건 등에 사용 용도 한정	사용 용도없는 포괄지원과 특정 사업 등 사용용도 지정방식 혼용
대상	융자금 신청자 중 사업 성격 등을 고려하여 산정	보조금 신청자 중 사업 성격 등을 고려하여 산정	법령 규정

자료: 법제처(2016). 『법령 입안심사기준』.

(2) 재정융자사업의 특징

재정융자사업은 정부가 민간의 사적 경제 주체에 대해 금융적 성격으로 대출해 주는 것을 의미하는데, 기본적 특징을 살펴보면 다음과 같다.

첫째, 재정융자사업의 투입 재원은 일반회계가 아닌 기금과 특별회계로 구성되는데, 이 중에서 기금이 차지하는 비중이 특별회계보다 상대적으로 많은 비중을 차지하고 있다.

〈표 8-14〉 재정지출 유형별 추이(본예산 기준)

(단위: 조 원, %)

구분		2019	2020	2021	2022	2023
총지출		469.6	512.3	558.0	607.7	638.7
융자금	소계	37.3	44.6	47.7	46.6	41.8
	기금	36.7	43.8	46.6	45.7	41.1
	기타 특별회계	0.5	0.9	1.0	0.9	0.8
	비중(%)	7.9	8.7	8.5	7.7	6.5
출연금	소계	35.2	41.9	48.3	53.2	54.5
	비중(%)	7.5	8.2	8.7	8.8	8.5
출자금	소계	7.1	8.5	10.5	10.2	8.3
	비중	1.5	1.7	1.9	1.7	1.3
보조금	소계	77.8	86.7	97.8	102.3	102.3
	비중(%)	16.6	16.9	17.5	16.8	16.0

자료: 국회예산정책처(2023). 『대한민국 재정』. 기획재정부(2023). dbrain시스템에서 재구성.

둘째, 예산 심의 과정이 체계적이지 못하다. 재정융자사업을 총괄하는 법률 체계가 없는 상태에서 개별법에 의해 운영됨으로써, 체계적 심의가 이뤄지고 있지 못하다. 특히 재정융자사업은 융자 기간이 1 회계연도에 국한되지 않기 때문에 체계적인 심의를 위해서는 재정융자사업의 분석 및 진단 시스템을 강화할 필요가 있다.

셋째, 모든 재정융자사업에 공통적으로 적용되는 법적 근거가 마련되어 있지 않으며, 개별 법령에 의해 부처별로 특정 사안에 대해 개별 융자사업을 실시하고 있다. 예를 들어, 국가보훈부의 5·18 민주유공자 대부사업은 5·18 민주유공자 예우에 관한 법률 제39조에 의거해 보훈기금으로 융자사업을 실시하고 있으며, 기획재정부의 국공채 인수사업은 공공자금관리기본법에 따라 공공자금관리기금으로 융자사업을 실시하고 있다. 따라서 개별 융자사업의 신설 및 관리가 체계적으로 이뤄지고 있지 못하다. 일례로, 재정융자사업을 예시하면 〈표 8-15〉와 같은데, 대부분 기금 형태로 운영되고 있다.

〈표 8-15〉 중앙부처의 재정융자사업 예시

<table>
<tr><th></th><th>사업</th><th>법적 근거</th><th>회계</th><th>지원 형태</th></tr>
<tr><td rowspan="7">기획
재정부</td><td>대(對)개발도상국
차관</td><td>대외경제협력기금법</td><td>대외경제
협력기금</td><td>정부 간 차관</td></tr>
<tr><td>국공채 인수</td><td>공공자금관리기금법</td><td rowspan="6">공공자금
관리기금</td><td>지방자치단체
지방채 발행 인수</td></tr>
<tr><td>저소득층생업자금
융자</td><td>국민기초생활보장법</td><td>저소득 가구
창업자금 융자</td></tr>
<tr><td>장애인자립자금 융자</td><td>장애인복지법</td><td>민간 융자</td></tr>
<tr><td>저소득모부자가정
복지자금 융자</td><td>한부모가족지원법</td><td>민간 융자</td></tr>
<tr><td>영어자금 융자</td><td>수산업법</td><td>어업인</td></tr>
<tr><td>선대구조개선 융자</td><td>공공자금관리기금법,
해운법</td><td>민간 융자</td></tr>
<tr><td rowspan="2">중소
벤처
기업부</td><td>창업자금 사업</td><td>중소기업진흥에
관한 법률</td><td>중소기업창업
및 진흥기금</td><td>중소기업진흥채권 등</td></tr>
<tr><td>소상공인 지원사업</td><td>소상공인 보호 및
지원에 관한 법률</td><td>소상공인시장
진흥기금</td><td>공자기금 예수</td></tr>
<tr><td>국가
보훈부</td><td>5 · 18 민주유공자
대부사업</td><td>5 · 18 민주유공자
예우에 관한 법률</td><td>보훈기금</td><td>공자기금 예수</td></tr>
<tr><td>농림축산
식품부</td><td>축사시설 현대화</td><td>축산법</td><td>축산발전기금</td><td>공자기금 예수</td></tr>
<tr><td>환경부
산자부</td><td>친환경설비투자
탄소중립전환선도사업</td><td>기후위기 대응을 위한
탄소중립 · 녹색성장
기본법</td><td>기후대응기금</td><td>온실가스 감축설비 지원
탄소중립 제품개발 지원</td></tr>
</table>

넷째, 재정융자사업은 민간 부문으로서는 채산이 맞지 않아 투자 의향이 없는 분야에 국가가 공익 목적으로 융자하는 사업인데, 재정 융자를 통해 국가의 공익적 목적이 달성될 수 있는가에 대한 분석이 미흡하며, 개별 사업 간의 중복 문제와 성과달성도를 통합적으로 측정 분석하는 제도적 장치가 미흡하다.

2) 재정융자사업의 유형

재정융자사업은 금융 지원 방식에 따라 직접 융자, 직접 규제, 전대 방식, 이차보전, 신용보증 등으로 구분된다(박상원 · 박정수 · 안종범 · 이원희, 2009: 23-26).

첫째, 직접 융자(direct loan)는 정부가 직접 자금을 조성하고 차입자를 선발한 후 융자하는 방식이며, 중소벤처기업진흥공단이 중소기업에 직접 대출해 주는 프로그램이 대표적이다. 정부가 지원자에 대한 선별이나 융자 규모와 같은 결정을 직접하며, 융자 과정에서 발생하는 비용과 이자수입도 정부의 몫이 된다.

둘째, 직접 규제(direct regulation)는 금융기관이 총대출의 일정 비율 이상을 특정 대상자에게 융자하도록 직접 규제하는 방식을 의미한다.

셋째, 전대(loan lending) 혹은 대하 방식은 특정 대상자에게 금융기관이 일정 금액을 대부한다는 조건으로 정부가 금융기관에 자금을 공급하는 방식이다. 우리나라의 재정융자사업은 대부분 전대 방식의 형태로 이뤄진다.

[그림 8-3] 직접 융자와 전대 방식 비교

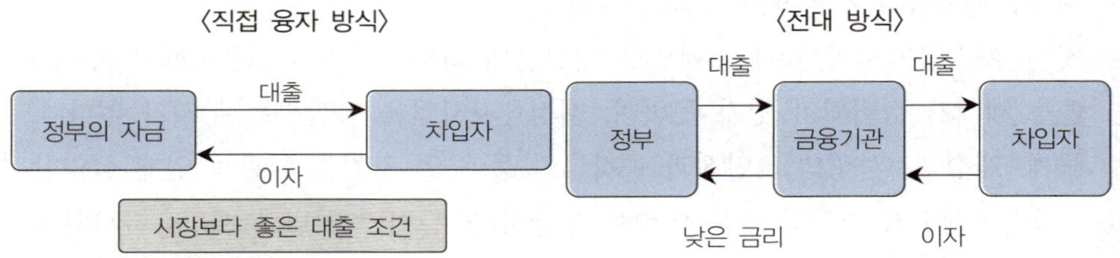

자료: 기획재정부 내부자료.

넷째, 이차보전(利差補塡, interest subsidy) 방식은 정부가 대출 금리와 정책적으로 정한 융자 금리와의 차이만큼을 보전해 주는 방식이다. 기본적으로 민간금융기관의 자금이 융자되므로, 상환 여부가 금융기관의 이윤에 직접 영향을 준다. 수혜자에게 적용하는 이자율의 한도, 담보 조건, 대출 기간, 수혜자 조건 등은 정부와 금융기관이 계약을 통해 결정한다.

[그림 8-4] 이차보전 방식과 신용보증 방식 비교

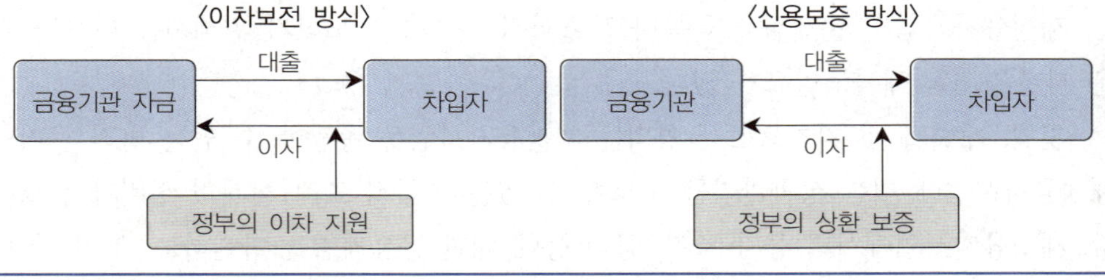

자료: 기획재정부 내부자료.

다섯째, 신용보증(loan guarantee)은 차입자의 자금 상환을 일정 부분 정부가 금융기관에 보장하는 방식이다. 차입자는 보증 업무를 담당하는 공공기관에 신청을 하고, 공공기관은 이를 심사해 수혜자를 선별한다. 심사에 통과한 수혜자는 금융기관에 정부보증서를 제출하고, 좋은 조건으로 대출을 받게 된다. 우리의 신용보증기금, 기술보증기금, 주택도시기금은 대표적이다.

2 재정융자사업의 발전 방안

1) 재정융자사업의 문제점

재정융자사업의 문제점은 다음과 같다.

첫째, 재정융자사업이 각 부처별로 개별법에 의해 운영되고 있기 때문에, 통합적인 법률 체계가 정비되어 있지 못하며, 재정융자사업을 총괄하는 부서가 없다.

둘째, 재정융자사업의 타당성과 융자금리 등 사업 조건을 일관성 있게 심의할 수 있는 법적·제도적 기준과 전문 인력이 부재하다. 특히 부처별로 재정융자사업과 관리과제의 설정 관계에 차이가 있어 정부 전체의 성과관리 측면에서 볼 때 체계적인 성과관리를 저해하고 있다. 예를 들어, 일부 부처는 재정융자사업만을 구분해 별도의 관리과제를 설정하고 있는 반면, 다른 일부 부처의 경우에는 재정융자사업을 보조사업, 출연사업 등 다른 여러 가지 유형의 사업들과 묶어서 관리과제를 설정함으로써, 부처별 성과관리 체계의 통일성과 일관성이 부재하다.

셋째, 유사·중복된 사업이 존재하며, 재정융자사업의 특성을 반영한 성과지표의 설정이 미흡하다. 즉, 각 부처의 융자사업 관련 성과지표 설정이 부재하며, 융자금 회수율 또는 손실률에 대한 고려가 미흡하다.

2) 재정융자사업의 발전 방안

재정융자사업의 문제점을 극복하고 효과적 운영을 도모하기 위해서는 다음과 같은 사항을 고려해 볼 필요가 있다.

첫째, 개별법 및 지침으로 운영되는 재정융자사업을 총괄할 수 있는 법적 근거와 재정융자사업에 대한 성과관리를 도모할 수 있는 통합적 조직 체계의 정비가 필요하다. 재정융자사업에서의 융자 조건, 금리 등에 대한 공통지침을 마련하고, 부처 간 또는 부처 내 유사·중복 사업에 대한 비교, 점검이 필요하다.

둘째, 재정융자사업에 대한 성과관리가 필요하다. 재정융자사업에 대한 성과목표와 성과지표 체계의 유기적 연계를 강화하고, 성과평가를 통해 타당성이 결여되어 있거나 공익적 목적 달성이 어려운 사업에 대해서는 통폐합할 필요가 있다. 부처별 성과관리 체계의 통일은 부처 간 성과관리의 비교 및 전체적인 성과관리 체계 발전을 위해 필요하고, 융자사업만의 특유한 성과지표 적용이 필요한 경우도 있으므로 관리과제와 재정융자사업을 1:1 대응이 되는 방향으로 통일함이 타당하다(국회예산정책처 보도자료, 2012.8.30).

셋째, 재정융자사업의 경우는 민간금융 부문으로부터 필요한 자금을 공급받는 데 어려움이 있는 계층에게 장기 저리 융자하는 형태이므로, 정부 관료만을 대상으로 한 세부사업은 지양되어야 한다.

넷째, 재정융자사업에 대한 분석 및 공개 시스템을 강화할 필요가 있다. 재정융자사업의 실효성을 측정할 수 있는 분석 및 진단지표 개발을 고도화하고, 분석 결과를 공개하여 효율적 재정 운영을 도모할 필요가 있다.

다섯째, 재정융자사업의 금융 지원 방식에 대한 효율성 검증이 필요하다. 직접 융자, 전대 방식, 이차보전, 신용보증, 직접 규제 등에 대한 효율성 검증을 통해 최적의 금융 지원 방식을 도출할 필요가 있다.

정부 예산의 합리적 운영

제 1 절 | 인지(認知) 예산제도

1 인지 예산제도

1) 인지 예산제도의 개념

인지 예산제도는 정부의 예산 배분이 사회적으로 바람직한 특정한 목적을 달성하고 있는지의 여부를 파악하는 제도다. 예를 들어, 정부의 예산 배분 및 집행이 남성과 여성 간의 성평등에 기여하고 있는지, 기후변화에 따른 온실가스 감축에 효과가 있는지, 지역 간 격차를 시정하고 국가 균형발전을 도모하고 있는지, 사회적 불평등 및 소득불평등을 시정하고 있는지, 장애인을 고려하고 있는지, 인권을 보호하고 있는지 등을 정부 재정 운용에 반영하여 국가정책의 효과성을 제고하는 제도라 할 수 있다.

인지 예산제도는 사회적 목적 가치의 달성과 국가재정의 운용 방향을 상호 연계한다는 점에서 다양한 사회적 가치 추구 관점에서 논의되고 있는데, 기본적인 특징을 제시하면 다음과 같다.

첫째, 인지 예산제도는 정부의 예산 배분을 사회적 목적과 연계하여 운용하는 것을 강조한다. 일반적으로 사회적 관점에서 성평등, 탄소중립, 국가 균형발전, 소득불평등 해소, 장애인 및 인권에 대한 가치를 추구하는데, 이러한 가치들이 제대로 구현되기 위해서는 예산이 수반되어야 한다. 사회적으로 바람직한 가치 체계를 정부 예산을 통해 실현한다는 점이다.

둘째, 인지 예산제도는 사회적 요구에 맞는 서비스를 제공할 수 있다. 사회 내에는 다양한 요구가 존재하는데, 남성과 여성의 요구가 다를 수 있으며, 장애인과 비장애인, 수도권과 비수도권, 사회적 계층 간 요구가 상이할 수 있다. 상이한 요구를 고려하지 않고, 일률적으로 재원을 배분할 경우 다양한 사회적 요구에 부응하기 어렵고 사회통합의 구현도 쉽지 않다.

셋째, 인지 예산제도는 사회적으로 발생하는 차별적 요소를 시정하는 것에 관심을 기울인다. 즉, 특정 성(性)에 유리한 예산 배분을 도모하거나, 특정 지역에 집중된 예산 배분을 하는 것을 방지하여 사회평등적 가치를 모색한다.

넷째, 인지 예산제도는 정부 예산의 정책적 효과성을 제고할 수 있다. 정부 예산은 편성, 심의 · 의결, 집행, 결산 및 환류 과정을 거치게 되는데, 정부 예산은 단순히 재원이 배분되고 집행되는 것으로 종료되는 것이 아니라, 실질적인 성과를 제고하여 사회적 목적 가치를 구현할 때 의의가 있다. 즉, 정부 예산 배분에 따른 사회적 목적 가치가 제대로 구현되었는가를 가치 체계별로 검증하고, 환류하는 것이 중요하다. 정부의 예산은 국민의 세금을 통해 조달되며, 국민의 관점에서 배분될 필요가 있는데, 이 과정에서 정부 예산이 보편적 사회 가치를 제고하는 데 실질적으로 기여하고 있는지를 파악하는 것이 필요하다.

넷째, 인지 예산제도는 정부 예산의 효율성을 제고할 수 있다. 정부는 인지 예산을 통해 사회균형적 관점에서 정책을 수립하여 집행하게 되므로, 사회적 갈등으로 인한 비용을 사전에 차단할 수 있다.

2) 인지 예산제도의 유형

인지 예산제도는 다양한 사회적 가치 관점에서 논의되고 있는데, 현재 정부가 실행하고 있는 인지 예산제도는 성인지 예산제도와 온실가스감축인지 예산제도다. 이외에도 균형발전인지 예산제도, 소득재분배인지 예산제도, 장애인지 예산제도, 인권인지 예산제도, 노동인지 예산제도, 고용인지 예산제 등이 인지 예산제도의 한 형태로 거론되고 있다.

균형발전인지 예산제도는 지역 간에 발생하는 격차를 완화하고, 국가 균형발전을 도모하기 위한 정책을 정부 예산과 연계하여 운용하는 제도다. 정부의 예산 배분이 지역 간 불평등을 초래하지 않도록 사전에 인지하고, 예산 운용을 도모하기 위해 제기되고 있다.

소득재분배인지 예산제도는 소득계층에 따른 불평등을 시정하고, 정부 예산이 소득재분배를 통해 사회통합에 기여하고 있는지를 고려하는 제도이며, 정부 예산 정책의 목적을 사회적 형평성 구현에 초점을 두고 있다.

기타 인지 예산제도의 경우도 바람직한 사회가치를 구현하기 위해 정부 예산 배분을 사전에 합리적으로 도모하고, 예산 집행을 통해 사회 목적 달성에 기여하는 데 목적을 두고 있다.

〈표 9-1〉 인지 예산제도의 유형

구분	도입 여부	배경	시행
성인지 예산제도	○	성차별 개선(여성 지원 예산이 아닌 성평등 실현)	2010년
온실가스감축인지 예산제도	○	기후변화에 따른 온실가스감축 및 환경정의 실현	2022년
균형발전인지 예산제도	×	지역 간 불균형 성장을 지양하고 국가 균형발전	–
소득재분배인지 예산제도	×	사회적 불평등 해소 및 소득 재분배를 통한 사회통합	–
장애인지 예산제도	×	장애인에 대한 차별 시정과 장애인 권리, 복지실현	–
인권인지 예산제도	×	인권침해 시정 및 국민의 기본적 인권 보장 구현	–
노동인지 예산제도	×	노동기본권과 노동생활권 구현, 노동존중사회 실현	–
고용인지 예산제도	×	고용없는 성장에 대한 대응 및 좋은 일자리 창출	–

2 성인지 예산제도

1) 성인지 예산제도의 개념

성인지 예산제도(gender-responsive budget)는 예산이 여성과 남성에게 미치는 영향을 미리 분석해 이를 예산 편성에 반영・집행하고, 여성과 남성이 동등하게 예산의 수혜를 받고 예산이 성차별을 개선하는 방향으로 집행되었는지 평가해, 다음 연도 예산 편성에 반영하고자 하는 제도다(대한민국정부, 2013a).

국가재정법 제26조에 의하면, 정부는 예산이 여성과 남성에게 미칠 영향을 미리 분석한 보고서[성인지(性認知) 예산서]를 작성해야 하며,[1] 성인지 예산서에는 성평등

1) 국가재정법 시행령 제9조에 의하면, 성인지 예산서에는 성인지 예산의 개요, 성인지 예산의 규모, 성인지 예산의 성평등 기대 효과, 성과목표 및 성별 수혜분석, 그 밖에 기획재정부 장관이 정하는 사항 등이 포함되도록 규정하고 있으며, 성인지 예산서는 기획재정부 장관이 여성가족부 장관과 협의해 제시한 작성 기준(성인지 예산서 작성 대상 사업 선정 기준을 포함) 및 방식 등에 따라 각

기대 효과, 성과목표, 성별 수혜분석 등을 포함하도록 규정하고 있다. 국가재정법에서는 "… 할 수 있다"라고 규정한 것이 아니라, "… 하여야 한다"라고 기술하고 있어 성인지 예산제도를 임의 규정이 아닌 의무 규정으로 설정하고 있다.

성인지 예산은 기존의 예산제도가 성 중립적(gender neutral) 또는 몰성적(gender blind)인 것으로 인식하고, 성을 고려하지 않은 예산은 성 불평등을 초래한다는 인식에서 출발했다. 즉, 국가 예산을 운영할 때 성별 영향을 고려하는 성인지 예산은 1984년 호주에서 도입된 이래로 여러 국가에서 운영되고 있는데, 예산을 운영할 때 예산이 성(性)에 미칠 영향을 미리 분석하기 위한 제도이며, 성평등 사회를 구현하기 위한 제도다. 따라서 단순히 성인지 예산은 여성 지원 예산과는 차원이 다른 제도이며, 남성과 여성에 대한 예산 배분을 절반씩 의무화하는 제도가 아니다. 성인지 예산의 기본적 특징은 다음과 같다.

첫째, 성인지 예산제도가 지향하는 목적은 성 평등 사회의 구현에 있는 것이지, 어느 한쪽 성에 대한 지원만을 의미하는 것이 아니다. 따라서 여성 지원만을 위한 예산제도가 아니며, 성 평등 사회 구현을 정부 예산과 연계한다.

둘째, 성인지 예산제도에 대한 규정이 국가재정법에 명시되어 있다. 즉, 성인지 예산제도는 법적 근거에 의해 정부 예산 전반에 걸쳐 시행되고 있다는 점에서 다른 국가에 비해 성인지 예산제도를 의무화하고 있다. 또한 예산 편성 및 집행의 원칙으로 정부는 성별영향평가법에 따른 성별영향평가의 결과를 포함하여 예산이 여성과 남성에게 미치는 효과를 평가하고, 그 결과를 정부의 예산 편성에 반영하도록 규정하고 있다(국가재정법 제16조 제5호).

셋째, 성인지 예산제도의 과정은 예산의 전 과정을 고려한다. 즉, 성인지 예산제도는 예산의 편성, 의결, 집행, 결산 및 평가 등의 모든 과정에서 고려되어야 하는 것이지, 특정 단계에서만 고려되는 것이 아니다. 국가재정법 제26조에서는 성인지 예산서를 작성하도록 규정하고 있으며, 제57조 및 제73조의2에서는 정부는 여성과 남성이 동등하게 예산의 수혜를 받고, 예산 및 기금이 성차별을 개선하는 방향으로 집행되었는지를 평가하는 보고서(성인지 결산서)를 작성해야 하며, 성인지 결산서에는 집행 실적, 성평등 효과분석 및 평가 등을 포함하도록 의무화하고 있다. 즉, 성인지 예산서 및 결산서가 작성되어야 하므로 예산 전 과정에서 성인지적 관점이 고려되어야 한다.

중앙관서의 장이 작성하도록 되어 있다(국가재정법 시행령 제28조의2에 의하면, 기금도 동일한 기준에 따라 작성토록 규정하고 있음).

넷째, 성인지 예산제도는 예산뿐 아니라 기금에도 적용된다. 국가회계법 제15조의 2에서는 세입세출결산서에 성인지 결산서가 첨부되도록 규정하고 있으며, 기금의 수입지출 결산에서도 성인지 기금결산서가 포함되도록 규정하고 있다. 즉, 성인지 예산제도의 대상은 예산 이외에 기금으로 운용되는 사업이 포함되어 있는데, 이는 국가 전체 재정에 대해 성인지적 관점을 도입하여 운영하고자 하는 정부의 의지가 담긴 것이라 할 수 있다.

〈표 9-2〉 국가재정법에 따른 성인지 예산 및 기금의 규정

구분	원칙	예산서	결산서
예산	예산 원칙으로 규정 성별영향평가 예산 편성에 반영 (제16조)	성인지 예산서 작성 (제26조)	성인지 결산서 작성 (제57조)
기금		성인지 기금운용계획서 작성 (제68조의2)	성인지 기금결산서 작성 (제73조의2)

다섯째, 성인지 예산제도의 효과성을 제고하기 위해 성별영향평가 제도를 도입하고 있다.[2] 성별영향평가란 중앙행정기관의 장 및 지방자치단체의 장이 정책을 수립하거나 시행하는 과정에서 그 정책이 성 평등에 미칠 영향을 평가하여 정책이 성 평등의 실현에 기여할 수 있도록 하는 것을 의미한다(성별영향평가법 제2조). 여성가족부가 주관하는 성별영향평가[3]는 정부가 추진하는 계획이나 사업만이 아니라 법령도 포함되어 있는데, 중앙행정기관의 장 및 지방자치단체의 장은 성별영향평가의 결과를 정책, 성인지 예산서, 성인지 기금운용계획서의 작성에 반영해야 하며, 그 결과를 여성가족부 장관에게 제출해야 한다(동법 제9조 제2항). 따라서 성인지 예산제도는 정부의 정책과 예산 운영 시에 성 평등 의식을 제고하고, 성차별 없는 사회 구현에 대한 정부의 책임성을 강화하기 위한 제도다.[4]

---

2) 제4차 UN 베이징(北京)세계여성대회에서 양성평등을 이루기 위해 성 관점이 모든 과정에 통합되는 성 주류화(gender mainstreaming) 전략의 핵심 도구로서, 성인지 예산제도의 효과성을 제고하기 위해 성별영향평가(gender impact assessment)가 제안되었다(김혜란, 2011; UN, 1995).

3) 성별영향평가는 여성가족부의 GIA시스템(https://gia.mogef.go.kr)에서 관리되고 있다.

4) 일례로, 고속도로 휴게실 여성 화장실의 변기 수를 남성 화장실의 1.5배로 변경하면 성평등 개선의 경제적 가치가 1인당 연간 12,830원이며, 4인 가구를 기준으로 51,329원이 된다(조선주 · 우석진 · 이선행, 2010: 134-135).

〈표 9-3〉 성별영향평가의 대상(성별영향평가법 시행령 제2조)

구분	내용
평가 대상	1. 중앙행정기관의 장 또는 지방자치단체의 장이 제정·개정을 추진하는 법령 (법률, 대통령령, 총리령, 부령 및 조례·규칙) 2. 법률에 따라 3년 이상의 주기로 수립하는 계획 3. 중앙행정기관의 장이 해당 기관의 주요한 정책으로서 추진하는 사업 4. 지방재정법에 따른 지방자치단체 세출예산의 단위사업 또는 세부사업 * 제2~4호는 성평등에 중대한 영향을 미치는 것을 대상
평가 제외	1. 여성의 지위 향상 또는 성평등의 실현을 직접적인 목적으로 하는 경우 2. 정책이 사람에게 미치는 효과가 간접적인 것에 불과하거나 정책효과가 매우 광범위한 경우 등 정책효과를 성별에 따라 구별하기가 사실상 불가능한 경우 3. 국가·지방자치단체의 조직, 업무 처리 절차 등 행정 내부의 운영·관리에 관한 경우 4. 그 밖에 정책이 성평등에 미치는 영향이 없음이 명백하거나, 성별영향평가의 수행이 불가능한 특별한 사유가 있다고 인정되는 경우

2) 성인지 예산제도의 절차

성인지 예산 편성 과정은 대상 사업의 선정과 성인지 예산서를 작성하는 과정이라 할 수 있다. 성인지 예산서 작성 대상 사업의 선정 및 확정은 해당 부처에서 이뤄지는데, 대상 사업 선정 기준은 기획재정부 장관이 여성가족부 장관과 협의해 이뤄지며, 대상 사업 적합성 여부 검토는 여성가족부가 담당한다. 성인지 예산서 작성 교육 및 지원은 여성가족부가 주관하는데, 성인지 예산 작성 교육 및 지원 업무는 한국양성평등교육진흥원에서 담당하며, 성인지 예산서 작성 지원 업무는 한국여성정책연구원 성인지예산센터에서 담당하고 있다. 각 부처가 작성한 성인지 예산서는 해당 부처 예산요구안과 함께 기획재정부에 제출되며, 기획재정부와 각 부처 간의 협의·조정을 마친 성인지 예산서는 최종적으로 해당 연도 예산안의 첨부서류, 그리고 결산보고서의 부속서류로 국회에 제출된다(대한민국정부, 2023a).

특히 국가와 지방자치단체는 성인지 예산서를 작성할 경우 성별영향평가 결과를 반영해야 하며, 정부는 국가재정법에 따라 2023년부터 예산을 편성하거나 집행할 때 성별영향평가 결과를 예산 편성에 반영하도록 노력해야 한다. 또한 성인지 예산이 집행된 이후에는 집행 실적, 성평등 효과분석 및 평가를 성인지 결산서에 포함하여 국회에 제출해야 한다. 성인지 예산제도의 절차를 살펴보면 [그림 9-1]과 같다.

[그림 9-1] 성인지 예산제도 관련 부처의 역할과 절차

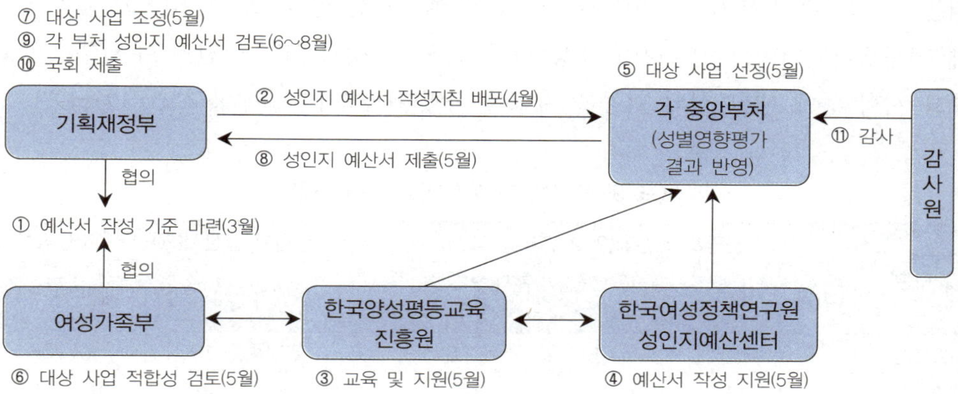

• 성인지 예산서: 개요, 예산 규모, 성평등 기대 효과, 성과목표, 성별 수혜분석(국가재정법 시행령 제9조)
• 성인지 결산서: 개요, 집행실적, 성평등 효과분석, 성평등 평가(국가회계법 시행령 제5조)

3) 성인지 예산제도의 현황

성인지 예산제도는 2006년 국가재정법의 제정을 계기로 도입되었는데, 성인지 예·결산서 작성 및 국회 제출은 국가재정법 부칙에 따라 3년 간의 준비 기간을 거쳐 2009년 처음으로 29개 중앙부처 195개 사업, 7조 4,611억 원 규모의 2010년도 성인지 예산서가 국회에 제출되었다. 2011년에는 동 예산서에 바탕을 둔 성인지 결산서가 제출되었다. 그러나 2010년 5월 국가재정법 개정을 통해 기금사업까지 포함됨에 따라 2011년도 성인지 예·결산서부터는 예산과 기금사업 모두가 포함되었다.

성인지 대상 사업 선정은 기획재정부와 여성가족부가 결정하여 각 기관별로 하향식으로 통보하였으나, 2015년부터 기획재정부와 여성가족부가 성인지 대상 사업 선정 기준만을 제시하고, 각 부처가 자율적으로 사업을 선정하였다. 또한 2018년에는 성인지 대상 사업 선정 기준의 합리성을 제고하고, 성인지 예산제도의 성과관리를 강화하기 위해 대상 사업 선정 기준을 직접 목적사업과 간접 목적사업으로 구분하였다. 직접 목적사업은 성평등을 1차적 목적으로 하는 사업으로서, 여성만을 대상으로 하거나 여성에 대한 적극적 조치를 포함하고 있는 사업이며, 간접 목적사업은 사업의 고유 목적이 있으며, 성평등을 1차적 목적으로 하지 않지만 사업 수행의 결과가 직접적으로 성평등에 영향을 줄 수 있는 사업이다. 2020년도 성인지 예산서 작성부터는 성평등 추진 중점사업[5])을 선정·포함하여 성인지적 재정 운용을 위한 중점 방향을 제

시하였다. 또한 2020년 10월 성인지 예·결산 협의회 운영규정 제정을 통해 2021년부터는 기존의 관계 부처 상설협의체를 성인지 예·결산 협의회로 개편하고, 협의회 내에 전문평가위원회를 신설하여 대상 사업 선정 및 성과관리, 성인지 예·결산 관련 주요 사항 등에 대한 심의 기능을 하도록 하였다(국회예산정책처, 2023: 196-197).

〈표 9-4〉 성인지 예산제도 추진 현황

구분	성인지 예산서(2009년부터 작성)					성인지 결산서(2011년부터 작성)		
	기관	사업 수	예산(억 원) (A)	총지출(조 원) (B)	A/B (%)	기관	사업 수	예산(억 원)
2010년도	29	195	74,611	292.8	2.6	29	195	74,208
2011년도	34	245	102,076	309.1	3.3	34	241	100,296
2012년도	34	254	114,456	325.4	3.5	34	254	110,426
2013년도	35	278	135,570	342.0	3.9	35	278	130,073
2014년도	42	339	229,401	355.8	6.5	42	339	226,097
2015년도	42	343	273,275	375.4	7.0	42	343	264,348
2016년도	43	331	290,675	386.4	7.2	43	331	284,485
2017년도	42	350	318,107	400.5	7.4	42	350	312,697
2018년도	41	345	338,472	428.8	7.9	41	345	351,815
2019년도	33	261	275,388	469.6	5.4	33	261	271,113
2020년도	35	284	352,081	512.3	6.2	36	281	346,049
2021년도	38	304	372,828	558.0	6.3	38	304	362,763
2022년도	39	341	271,565	607.7	4.5	39	341	259,626
2023년도	38	302	327,123	638.7	5.1			

* 2011년도 예산부터 성인지 기금운용계획서가 포함.
자료: 국회예산정책처. 『각 연도별 성인지 예산서, 결산서』에서 재구성.

4) 외국의 성인지 예산제도

우리의 제도와 외국의 성인지 예산제도를 비교하면 다음과 같다.

첫째, 정부 차원에서 성인지 예산서 관련하여 법적 근거가 있는 나라는 우리나라와 프랑스인데, 스웨덴과 노르웨이의 경우는 성인지 예산제도와 관련된 직접적인 법

5) 2021~2022년 성평등 추진 중점사업은 가정폭력, 성폭력, 성매매, 디지털 성폭력, 데이트폭력, 스토킹 등 여성 폭력에 관한 사업이며, 2023년도 중점사업은 취업 취약계층의 고용창출 및 고용안정을 직·간접적으로 지원하기 위해 재정을 지출하는 사업이었다.

률이 존재하기보다는 관련 법률로서 성차별금지법과 성평등법이 존재할 뿐이다.

둘째, 도입 시기와 관련하여 1984년 호주가 가장 먼저 도입하였으나, 1996년 이후 제도적 역량이 다소 감소되고 있다. 우리의 경우는 대부분의 국가에 비해 도입 시기가 상대적으로 늦었으나, 재정 관련 법률과 연계하여 운영되고 있어 재정과 성 평등 정책의 유기적 통합성을 강화하고 있는 추세이다.

셋째, 우리는 프랑스와 스웨덴과 같이 성인지 예산서를 법정서류 형태인 예산안 첨부서류로 국회에 제출하도록 규정되어 있으나, 오스트리아는 일반 예산서로, 호주는 소책자 형식의 단순 문서로 제출되고 있다. 성인지 예산제도를 채택하고 있는 대부분의 국가들은 예산서의 국회 제출을 규정하고 있다.

〈표 9-5〉 성인지 예산제도의 국가별 비교

구분	한국	오스트리아	프랑스	스웨덴	노르웨이	호주	인도
법적 근거	국가재정법 국가회계법	헌법	재정법	성차별금지법 (관련법)	성평등법 (관련법)	–	헌법 국제약속
도입	2010	2013	2006	2004	2006	1984	2005
예산서 형태	예산(안) 첨부서류	일반예산서	예산(안) 첨부서류	예산(안) 첨부서류	예산서 부록	소책자 형식의 단순 문서	성인지 예산서
시행 주체	기획재정부 여성가족부	재정부 연방수상실 부처 간 워킹그룹	재정부 여성권리부	재정부 성평등부 부처 간 워킹그룹	아동평등 사회통합부 재정부	총리실 산하 여성지위실	여성아동 발전부 국가계획 위원회
국회 제출	○	○	○	○	○	× (1984~1996 년까지 제출)	○

자료: 기획재정부 예산실 문화예산과 보도자료(2010.5.12) 및 조선주 외(2013)에서 재구성.

5) 성인지 예산제도의 발전 방안

성인지 예산제도가 효율적으로 정착되기 위해서는 다음과 같은 사항을 고려할 필요가 있다.

첫째, 성인지 예산제도에 대한 정부와 국회의 인식이 근본적으로 변혁되어야 한다. 국가재정법에서 의무 규정으로 강제화하고 있는 상황에서 각 중앙부처가 성인지 예산서를 단순히 작성해야 한다는 식의 인식에서 탈피하여 예산 과정에 성인지적 관점을 실질적으로 적용할 수 있어야 하며, 국회의 예산 심의 과정에서도 성인지적 관점에서 심의할 수 있는 제도적 역량이 병행되어야 한다.

둘째, 성인지 예산서 작성 대상 사업의 선정 기준을 보다 구체화할 필요가 있다. 각 부처에 시달되고 있는 성인지 예산서 작성지침에 대상 사업 선정 기준이 제시되어 있지만, 해당 기준은 실용적인 가이드라인으로서의 기본 요건이 결여되어 있다. 이러한 한계로 인해 실제 대상 사업 선정 과정에서 사업의 대상이 성별로 구분하는 것이 불가능하거나 무의미한 사업, 남・녀 간 격차가 소득이나 연령 등 사회구조적인 문제에 기인하여 단순히 해당 사업만을 통한 성별 불평등 제고가 어려운 사업, 사업의 대상자가 여성과 남성이 아니라 가구나 지역 등으로 남・녀 간 구분하여 사업을 추진하기 어려운 사업 등이 부적절하게 선정되는 사례가 있다.[6] 따라서 여성가족부와 기획재정부 간의 성인지 예산서 작성지침을 마련하는 과정에서 구체적인 기준을 제시하고, 재정사업평가와 성별영향평가의 결과가 반영될 수 있는 환류적 장치를 강화할 필요가 있다.

셋째, 국가재정 운용계획을 수립하는 과정에서 성인지 예산에 대한 고려가 필요하다. 성인지 예산제도의 궁극적 목표를 구현하기 위해서는 중장기적 관점에서 작성되는 국가재정 운용계획과 연계되어 운용될 필요가 있다. 특히 여성가족부는 중장기적 양성평등정책기본계획을 수립하고 있으나, 양성평등정책기본계획이 재원 배분계획과 연계되고 있지 못하기 때문에, 성인지 예산의 성과목표가 단기에 한정되는 경향이 있다. 따라서 양성평등정책기본계획과 국가재정 운용계획 간의 유기적 연계를 강화해 중장기적 관점에서의 성과목표를 제시할 필요가 있다. 아울러 성인지적 관점에서 국가재정 운용계획과 양성평등정책기본계획 간의 연계를 바탕으로 부처별 중기사업계획서를 수립할 수 있어야 하며, 성과계획서 및 성과보고서와 연계된 성인지 예산서 및 결산서 작성을 도모해야 한다. 특히 재정사업평가를 통한 성과보고서와 성별영향 평가와의 유기적 연계를 강화하여 실질적 성인지 성과목표 수립에 환류되어야 한다.

---

6) 국회예산정책처의 2023년도 성인지 예산서 분석에 따르면, 과학기술정보통신부의 글로벌 마케팅 강화 사업은 국내 정보통신방송 융합서비스 분야 중소・중견기업의 해외진출 및 해외수출을 위한 글로벌 마케팅 활동을 지원하기 위해 현지 ICT 비즈니스・콘텐츠 파트너십을 개최하고, 홍보채널을 운영하는 내용으로 추진된다. 글로벌 마케팅 강화 사업의 성평등 목표 및 기대효과는 참여기업 대표의 성별을 기준으로 제시되고 있으나, 동 사업은 개인에 대한 지원이 아닌 개인사업자 또는 법인에 대한 지원이라는 점, 법인의 경우 대표의 성별 교체에 따른 효과를 재정 지원 전후에 통제하기 어렵다는 점 등을 고려할 때, 지원 대상의 특성상 성별에 미치는 영향을 측정하거나 고려하기 어렵고, 양성평등을 고려한 접근에 한계가 있으므로 성인지 대상에서 제외할 필요가 있다.

[그림 9-2] 성인지 예산제도의 발전 방안

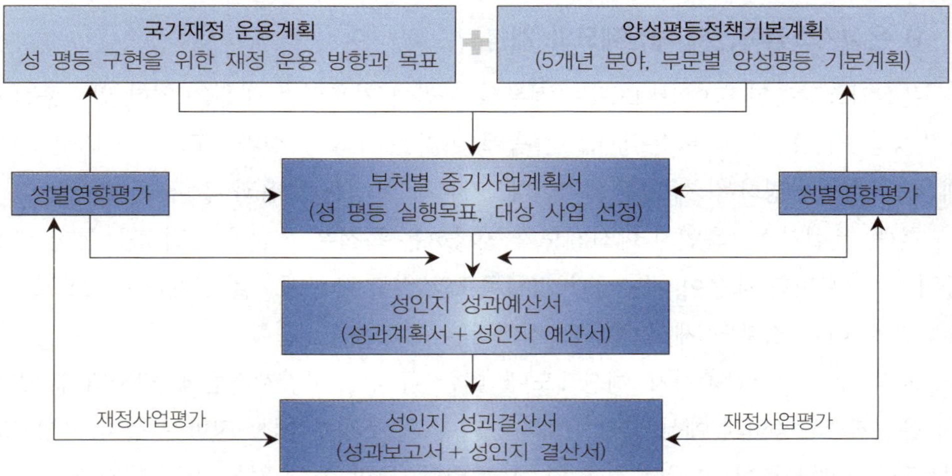

넷째, 성인지 예산 대상 사업의 부처별 집중화 현상이 나타나고 있는데, 보건복지부, 중소벤처기업부, 고용노동부 등의 사업에 편중되는 경향이 있다. 따라서 다양한 부처에서 성인지 예산에 해당하는 대상 사업을 발굴하여 성평등에 기여할 수 있어야 하며, 각 부처의 성인지 예산사업을 통합하여 사회 전체적인 성 평등 목표 달성 여부를 지속적으로 관리해 나갈 필요가 있다.

다섯째, 성인지 예산 집행 과정에서 체계적인 모니터링을 강화할 필요가 있다. 디지털 예산회계시스템 내에 성인지 예산 집행 모니터링 시스템을 재점검하고, 실시간 자료 취합과 분석이 이뤄질 수 있도록 제도화할 필요가 있다.

여섯째, 국회의 예산 심의 과정에서 성인지 예산 심의와 관련된 법적 규정 및 절차가 미비하다. 정부가 예산안을 제출하면서 첨부서류로 성인지 예산서를 제출하는데, 제출된 이후 심의 기간도 짧으며, 각 상임위원회와 예산결산특별위원회, 그리고 예산안조정소위원회에서도 성인지에 대한 관점이 결여되어 있다. 특히 성인지 예산서는 첨부서류로 제출되기 때문에, 국회의 의무적 심사 대상이 아니며(국가재정법 제34조), 국회법에서도 별도의 심사 절차가 규정되어 있지 않다. 따라서 국회의 성인지 예·결산 심의를 강화할 수 있는 국회법 개정이 필요한다.

3 온실가스감축인지 예산제도

1) 온실가스감축인지 예산제도의 개념

온실가스감축인지 예산제도[7]는 정부의 사업이 기후위기 대응을 위한 탄소중립 · 녹색성장 기본법에 따른 온실가스 감축에 미치는 효과를 평가하고, 그 결과를 정부 예산 과정에 반영하는 제도를 의미한다. 기본적 특징은 다음과 같다.

첫째, 온실가스감축인지 예산제도가 지향하는 목적은 온실가스 감축을 통한 탄소중립 및 기후변화 대응이라는 국가 정책목표와 정부 예산제도를 연계하는 것으로, 기후변화에 대한 정부의 재정 책임을 강화하는 제도이다.

둘째, 온실가스감축인지 예산제도에 대한 규정이 국가재정법에 명시되어 있다. 즉, 온실가스감축인지 예산제도는 법적 근거에 의해 정부 예산 전반에 걸쳐 시행되고 있으며, 예산의 편성 및 원칙으로 의무화되었다. 또한 예산 편성 및 집행의 원칙으로 정부는 온실가스 감축에 미치는 효과를 평가하고, 그 결과를 정부의 예산 편성에 반영하도록 규정하고 있다(국가재정법 제16조).

셋째, 성인지 예산제도는 예산뿐 아니라 기금에도 적용된다. 국가회계법 제15조의 2에서는 세입세출결산서에 온실가스감축인지 결산서가 첨부되도록 규정하고 있으며, 기금의 수입지출 결산에서도 온실가스감축인지 기금결산서가 포함되어야 한다.

넷째, 온실가스감축인지 예산제도의 과정은 예산의 전 과정을 고려한다. 즉, 온실가스감축인지 예산제도는 예산의 편성, 의결, 집행, 결산 및 평가 등의 모든 과정에서 고려되어야 하는 것이지, 특정 단계에서만 고려되는 것이 아니다. 국가재정법 제27조에서는 온실가스감축인지 예산서를 작성하도록 규정하고 있으며, 예산안의 첨부서류로 국회에 제출토록 규정하고 있다(동법 제34조). 또한 온실가스감축 집행실적, 효과분석 및 평가를 반영한 결산서를 작성토록 규정하고 있다. 즉, 온실가스감축인지 예산서와 결산서가 작성되어야 하므로, 예산 전 과정에서 온실가스감축인지적 관점이 고려되어야 한다.

다섯째, 온실가스감축인지 예산제도의 효과성을 제고하기 위해 기후변화영향평가제도를 운영하고 있다. 평가 대상은 온실가스 배출이 많거나 기후위기에 취약한 분야의 계획 및 사업이며, 평가내용은 온실가스 감축과 기후위기 적용으로 구분하여 계획수립기관 및 사업자가 사전에 평가해야 한다.

---

7) 녹색예산, 탄소인지예산, 기후예산, 친환경인지예산 등으로 명명되기도 한다.

〈표 9-6〉 국가재정법에 따른 온실가스감축인지 예산 및 기금의 규정

구분	원칙	예산서	결산서
예산	예산 원칙으로 규정 (온실가스 감축효과 반영) (제16조)	온실가스감축인지 예산서 (기대효과, 성과목표, 효과분석) (제27조)	온실가스감축인지 결산서 (집행실적, 효과분석・평가) (제57조의2)
기금		온실가스감축인지 기금운용계획서 작성 (제68조의3)	온실가스감축인지 기금결산서 작성 (제73조의3)

2) 온실가스감축인지 예산제도의 도입배경

정부는 2020년 10월 '2050 탄소중립' 선언 및 2020년 12월 '2050 탄소중립 추진전략'을 발표하면서, 탄소중립 목표 이행을 위한 전략 수립 및 추진체계 마련을 본격화하였으며, 2021년 6월 국가재정법 및 국가회계법 개정을 통해 예산이 온실가스 감축에 미치는 효과를 평가하고, 그 결과를 정부의 예산 편성과 집행에 반영함으로써, 국가재정 투입의 효과성・실효성을 지속적으로 확인・점검하기 위한 온실가스감축인지 예・결산 제도의 도입이 명문화되었다. 개정된 법률이 2022년 1월 1일부터 시행됨에 따라 정부는 '2023회계연도 예산안'부터 예산에 대해서는 온실가스감축인지 예산서를, 기금에 대해서는 온실가스감축인지 기금운용계획서를 작성하여 예산안 및 기금운용계획안의 첨부서류로 국회에 제출해야 한다(국회예산정책처, 2023).

온실가스감축인지 예산제도는 정부 예산사업이 기후환경 변화에 미치는 영향을 평가하고, 그 결과를 정부 예산 편성 및 집행에 반영하는 제도이다. 기후위기 대응을 위한 탄소중립・녹색성장 기본법(탄소중립기본법, 2021년 8월 통과)에 따라 2050 탄소중립을 위한 중단계 목표로 2030년 온실가스 배출량을 2018년 대비 35% 이상 감축하도록 규정하고 있는데, 온실가스 감축 및 탄소중립을 위한 정책수단으로 기후변화영향평가제도, 온실가스감축인지 예산제도 등이 도입되게 되었다.

3) 온실가스감축인지 예산제도의 절차

온실가스감축인지 예산제도는 성인지 예산제도와 동일한 방식으로 이루어지는데, 기획재정부는 제도의 총괄부처로 환경부와 협의하여 온실가스감축인지 예산제도의 운영계획을 수립하고, 온실가스감축인지 예・결산서 작성 기준을 마련하여 각 부처로 예・결산서 작성지침을 배포하며, 환경부 산하기관인 한국환경공단은 온실가스감

축인지 예·결산서 작성 교육과 실무지원, 사업별 온실가스 감축기여도 및 목표달성 여부에 대한 분석을 담당한다.

온실가스감축인지 예산제도의 적용 대상 사업 선정은 3단계로 이루어지는데, 1단계에서는 예산 사업의 목적과 효과를 기준으로 '온실가스 감축이 목적인 사업 또는 부수적으로 감축효과가 발생하거나 감축효과 발생이 예상되는 사업'을 감축사업으로 정의하며, 2단계에서는 국가의 주요정책과 연계하여 전환, 산업, 건물, 수송 등 총 10개 감축사업 유형을 제시하고, 개별 사업이 어떠한 유형에 해당하는지를 각 부처가 자체적으로 선정한다. 3단계에서는 각 부처가 선정한 사업을 정량사업, 정성사업, R&D사업으로 분류하며, 온실가스감축인지 예결산협의회에서 최종적으로 확정하여 정부 예산안의 첨부서류로 국회에 제출한다(국회예산정책처, 2023). 또한 각 부처는 온실가스감축인지 대상 사업에 대해 감축효과 및 감축목표 달성 결과를 고려하여 결산서를 작성하고, 기획재정부가 취합·검토한 후 감사원에 제출한다. 기획재정부는 감사원 검사 결과를 바탕으로 국회에 결산보고서의 부속서류로 온실가스감축인지 결산서를 제출한다.

[그림 9-3] 온실가스감축인지 예산제도 관련 부처의 역할과 절차

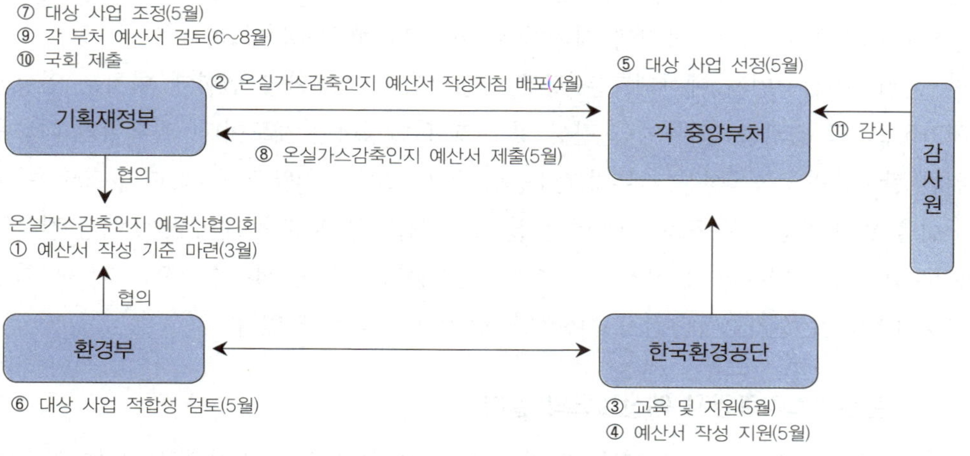

4) 외국의 온실가스감축인지 예산제도

온실가스감축인지 예산제도는 2023년 예산안[8]부터 적용되었는데, 가장 먼저 도입한 프랑스의 녹색예산과 비교하면 다음과 같다(허경선, 2023: 49).

첫째, 우리나라의 온실가스감축인지 예산제도는 온실가스 감축에 초점을 맞춘 반면에, 프랑스는 기후변화 이외에 다양한 환경목표를 설정하고 있다.

둘째, 우리나라는 예산과 기금에 포함되는 재정사업을 평가 대상으로 선정하고 있는 데 반해, 프랑스는 예산뿐만 아니라 조세지출도 포함하고 있다.

셋째, 프랑스는 긍정, 부정, 중립이라는 단순한 표지법을 활용하여 전체 사업에 대한 분석을 단기간에 실시할 수 있었다.

〈표 9-7〉 우리나라와 프랑스 제도 비교

항목	한국 온실가스감축인지 예산제도	프랑스 녹색예산(green budget)
목표	온실가스 감축	기후변화 적응과 자연재해 위험 예방 수자원 관리, 순환경제, 폐기물, 기술 위험 환경오염의 통제와 저감 생물 다양성, 자연, 농업, 숲의 보호
법률	국가재정법, 국가회계법	2020 예산법 2019-1479 2019 에너지와 기후 법 2019-1147
범위	예산, 결산	예산, 조세지출
대상	예산, 기금의 재정 사업	재정사업, 조세지출 사업
도입	2023 예산안	2021 예산안
영향 평가	(예산서) 감축 기대효과, 성과목표 설정 (결산서) 집행실적, 감축 효과분석 및 평가	(태깅) 각 사업이 환경 분야에 미치는 영향을 긍정, 부정, 중립으로 태깅
공개	예산, 결산에 부속서로 제출	예산(안)에 부속서로 제출(의회 예산심의 활용)

자료: 허경선(2021: 32-54).

---

8) 온실가스감축인지 대상 사업은 2024년 예산안으로 294개이며, 기금이 가장 많은 비율을 차지하고 있다. 또한 예산 기준으로 일반회계보다는 특별회계 및 기금 사업이 대부분을 차지하고 있다. 2024년 예산안 기준으로 환경부가 4조 1,785억 원으로 가장 크고, 산업통상자원부 2조 2,180억 원, 기획재정부 2조 2,024억 원 순이다(국회예산정책처, 2023; 국회예산정책처, 2023.10).

	사업 수(개)				예산(억 원)			
	합계	일반회계	특별회계	기금	합계	일반회계	특별회계	기금
2023년 예산	288	41	54	193	118,828	7,330	52,135	59,363
2024년 예산안	294	55	67	172	108,776	7,857	58,514	42,405

제 2 절 | 정부 예산의 합리적 운영

1 조세지출 예산제도

1) 조세지출 예산제도의 개념

조세지출 예산제도(Tax Expenditure Budget)란 사회경제적 목적 달성을 위해 정부가 세금을 줄여 주거나 받지 않는 등 세제 지원을 통해 혜택을 준 재정 지원을 예산지출로 인정하는 제도다. 즉, 정부가 원래 세금을 거둬야 하지만(조세수입), 세입을 거두지 않은 만큼 지출한 것(조세지출)으로 인식하는 제도다. 조세지출은 세제 지원을 통해 혜택을 주는 방식이므로 직접적인 예산지출 개념과 다르다. 예산지출은 지출해야 할 사업에 대해 직접적으로 예산을 집행하는 개념이지만, 조세지출은 세제 혜택을 준만큼 예산을 집행한 것으로 본다. 조세지출을 예산상의 직접 보조금과 대비해 눈에 보이지 않는 간접보조금이라고도 한다.[9]

조세특례제한법 제142조의2에서는 조세지출을 조세 감면, 비과세, 소득공제, 세액공제, 우대세율 적용 또는 과세이연 등 조세특례에 따른 재정 지원이라고 규정하고 있는데, 이를 좀 더 구체적으로 살펴보면 다음과 같다.

첫째, 조세 감면(tax exemption)은 정부가 특정한 정책 목적을 달성하기 위한 수단 또는 과세 기술상의 이유로 과세해야 할 일정한 세액을 낮춰 주거나 면제해 주는 것을 의미한다. 조세 감면은 공평과세(公平課稅)에 위배되는 것이기는 하지만, 이는 공평 원칙보다 국가산업정책의 중요성이 더 강조되고 있기 때문이다.

둘째, 비과세(非課稅)는 면세와 유사하나 세금 자체를 부과하지 않는 것을 의미한다. 예를 들어, 관세에서도 주요 물자 수입에 대해 면세 조치가 취해지는데, 그 중에는 면세 적용 신청을 하지 않아도 되는 것이 비과세 제도라고 할 수 있다.

셋째, 소득공제는 과세 대상 소득 중에서 일정 금액을 공제함으로써, 세금의 부담

---

9) 예산지출은 행정부처와 직접적인 이해관계가 없는 사람에게도 이익을 가져다 주는 데 비해, 조세지출은 부처와 직접적인 이해관계를 가진 집단에게 배타적 이익을 창출할 수 있다. 또한 예산지출은 매년 반복되는 정례적 절차이나, 조세지출에 영향을 미치려면 세법을 개정해야 하는 어려움이 따른다. 따라서 각 부처가 예산지출을 확보하기 위해 투입하는 노력은 조세지출을 위한 노력보다 커지게 되고, 이로 인해 예산지출 규모도 조세지출 규모보다 커지게 된다(김상헌, 2008: 101-120).

을 덜어 주는 것이다. 예를 들어, 근로소득 공제의 경우, 근로자들이 소득을 얻는 과정에서 필수적으로 들어가는 경비를 세금 부과 대상에서 빼주는 것인데, 근로소득 공제 중 인적 공제는 근로자 개인과 가구 구성원에 대해 일정액을 과세소득에서 제하는 것으로, 모든 납세자에게 적용되는 최저생계비적인 공제다. 예를 들어, 1인당 100만 원까지 공제해 주고 장애자, 노인(경로우대자) 등에 대해서는 50만 원을 추가로 공제해 준다면 그만큼 세금 부담이 줄어든다.

넷째, 세액공제(tax credit)는 법인세 및 소득세의 경우, 총소득액에서 모든 공제액을 차감한 과세표준 금액에 세율을 곱해 계산되는데, 계산된 세액에서 차감이 인정되는 금액을 세액공제라고 한다. 법인세의 경우, 세액공제는 외국납부세액공제, 임시투자세액공제, 화재 손실에 대한 세액공제 등이 있다.

다섯째, 우대세율 적용이란 다른 조건에 비해 상대적으로 유리한 세율을 적용하는 것을 의미한다. 예를 들어, 일반적인 예금 이자보다 낮은 세율로 원천 징수할 경우는 우대세율의 적용을 받는다고 할 수 있다.

여섯째, 과세이연(課稅移延)은 세금 납부를 일정한 기간 동안 연기해 주는 제도이므로, 비과세, 감면과는 다른 의미로 사용된다. 과세이연은 다른 방법과는 달리 간접적인 성격을 지니고 있다.

2) 조세지출 예산제도의 특징

조세지출은 예산지출과 함께 정부의 중요 재정정책 수단으로 기능함에 따라 조세지출의 효과나 적정 규모에 대한 효율적 관리가 중요 관심 사항으로 등장하고 있다. 즉, 2011년도 예산부터 조세 감면, 비과세, 소득공제, 세액공제, 우대세율 적용 또는 과세이연 등 조세특례에 따른 재정 지원의 직전 회계연도 실적과 당해 회계연도 및 다음 회계연도의 추정 금액을 기능별 · 세목별로 분석한 조세지출 예산서를 예산안에 첨부해 제출하고 있다.

조세지출 예산서가 도입되기 이전에는 조세지출 보고서가 매년 국회에 제출되었다. 즉, 조세지출 보고서는 국가 세입의 감소 규모만을 제시하였고, 직전년도 실적치와 당해 연도 잠정치만 집계되고 다음 연도 규모는 포함되지 않았으며, 분류 방식도 세출예산과 일치하지 않았다. 이에 따라 국가재정법에서는 조세지출 예산서의 작성을 의무화하고 예산안의 첨부서류로 조세지출 예산서를 규정하고 있는데(국가재정법 제34조), 과거의 조세지출 보고서와 다른 점은 다음과 같다.

첫째, 조세특례제한법 제142조의2에서는 조세지출 예산서를 작성할 때 직전 회계연도 실적과 당해 회계연도 및 다음 회계연도의 추정 금액을 작성하도록 규정하고 있다. 조세지출 분석 대상기간을 종전의 2년에서 3년(직전년도 실적, 당해 연도 및 다음 연도 추정 금액)으로 확대했는데, 이는 다음 연도 조세지출 추정치가 바로 조세지출 예산이 되기 때문이다. 조세지출 보고서는 단순히 직전년도 실적과 당해 연도 조세지출 금액만을 표기하기 때문에, 다음 연도의 계획적인 조세지출을 도모하기 위한 재정 정보를 제공하지 못하는 한계를 지니고 있다. 반면에 조세지출 예산서는 다음 연도 추정 금액까지 예정하고 있기 때문에, 정부의 총 재정지출과 연계된 조세지출을 계획적으로 도모할 수 있는 이점이 있다.

둘째, 조세지출 예산서는 직전 회계연도 실적과 당해 회계연도 및 다음 회계연도의 추정 금액을 기능별, 세목별로 작성되므로 예산과 연계할 수 있다. 조세지출 보고서는 국가 세입의 감소만을 제시함으로써 비과세나 감면 등의 조치에 따른 성과를 파악하기 어려웠으며, 기능별 · 세목별 예산 분류 체계와 연계되지 못함으로써, 어떤 기능과 세목에서 조세지출이 이행되었는가를 파악하기도 어려웠다.

셋째, 조세지출 예산서는 기능별 · 세목별 분류 이외에 조세지출을 세출예산과 연계시킴으로써, 조세지출과 세출예산이 연계된 재정 총량적 관점에서 재원 배분의 합리성을 판단할 수 있도록 했다(국회예산정책처, 2010b: 131). 즉, 프로그램 예산제도를 기반으로 한 조세지출 예산서를 예산안의 첨부서류로 제출하도록 함으로써, 조세지출 규모 및 범위를 세출예산의 분류 체계와 일치시키고 있다.

3) 조세지출 예산제도의 관리체계

조세지출 예산제도의 관리체계는 조세지출 예산서, 국세감면율 한도제, 조세지출 성과관리체계로 구분된다.

조세지출 예산서는 기획재정부 장관이 관리 주체이며, 직전 회계연도 실적과 당해 회계연도 및 다음 회계연도의 추정 금액을 작성하여 조세지출과 예산지출과의 연계성을 도모하기 위한 제도이다.

국세감면율 한도제는 총량적 재정규율과 재정건전성의 차원에서 조세지출의 규모를 일정 수준에서 제한하기 위한 제도이다.

조세지출 성과관리제는 사전 관리제도와 사후 관리제도로 구분되는데, 사전 관리 차원에서는 조세감면 건의서, 신규 도입 법률안 사전 평가 제도를 도입하고 있으며,

사후 관리 차원에서는 중앙행정기관의 장이 조세감면 효과 및 존치 여부에 대한 의견서 제출 및 기획재정부의 종합평가 제도를 도입하고 있다.

〈표 9-8〉 조세지출 관리체계

구분		내용	주체	근거
조세지출 예산서		t-1, t, t+1(추정)을 기능별, 세목별로 분석한 보고서 (기획재정부 장관이 중앙행정기관 장에게 자료 제출 요구)	기획재정부	조세특례제한법 제142조의2
국세감면율 한도제		조세지출의 규모를 일정한 수준에서 제한(임의규정) 총량적 재정규율과 재정건전성 차원에서 도입	기획재정부	국가재정법 제88조
조세지출 성과관리	사전	① 조세특례 및 제한에 관한 기본계획 통보(3월 말) (기획재정부 장관 → 중앙행정기관의 장)	기획재정부	조세특례제한법 제142조
		② 조세감면 건의서(조세감면) 제출(4월 말) (중앙행정기관의 장 → 기획재정부 장관)	각 부처의 장	조세특례제한법 제142조
		③ 조세특례 신규 도입 법률안 사전 평가 (연간 조세특례금액이 300억 원 이상)	기획재정부 (전문기관*)	조세특례제한법 제142조
	사후	① 조세감면 의견서(효과, 존치 여부) 제출(4월 말) (중앙행정기관의 장 → 기획재정부 장관)	각 부처의 장	조세특례제한법 제142조
		② 조세특례 종합평가 및 결과 제출(9월 2일까지) (기획재정부 장관 → 국회)	기획재정부 (전문기관*)	조세특례제한법 제142조

* 전문조사연구기관으로 한국조세재정연구원, 한국개발연구원 등이 지정(동법 시행령 제135조의2).

4) 조세지출 예산제도의 현황

(1) 재정지출 대비 조세지출 현황

조세지출의 규모를 재정지출과 비교하면, 2020년부터 10% 이상을 상회하고 있는 것으로 나타나고 있다(〈표 9-9〉 참조).

〈표 9-9〉 재정지출 대비 조세지출 현황

(단위: 억 원, %)

연도	2013	2014	2015	2016	2017	2018	2019	2020	2021	2022	2023	2024
조세지출(조 원)	33.8	34.3	35.9	37.4	38.7	39.8	47.4	52.9	57.0	63.5	69.3	77.1
재정지출(조 원)	349.0	355.8	375.4	384.9	410.1	429.0	470.5	512.3	558.0	607.7	638.7	656.9
조세지출비중(%)	8.8	8.8	8.5	8.9	8.6	8.5	9.2	10.3	10.2	10.4	10.9	10.5

자료: 대한민국정부, 『각 연도 조세지출예산서』에서 재구성.

(2) 국세감면율 및 법정한도율 현황

국가재정법 제88조에 의하면, 기획재정부 장관은 대통령령이 정하는 당해 연도 국세수입 총액과 국세감면액 총액을 합한 금액에서 국세감면액 총액이 차지하는 비율(국세감면율)이 대통령령이 정하는 비율 이하[10]가 되도록 규정하고 있는데, 국세감면은 강제규정이 아닌 임의규정으로 되어 있으므로, 국세감면율을 엄격하게 준수해야 할 의무는 없지만, 총량적 재정규율과 재정건전성의 차원에서 고려해야 할 요소다.

국세감면액에 대한 법정한도율은 2007년부터 설정하고 있는데, 2008년과 2009년, 2020년의 경우에는 국세감면율이 법정한도를 초과한 사례가 있다(〈표 9-10〉 참조).

〈표 9-10〉 조세지출의 국세감면율과 법정한도율 현황

연도	국세감면액 (조 원)	국세감면율 (%)	법정한도 (%)	연도	국세감면액 (조 원)	국세감면율 (%)	법정한도 (%)
2001	13.7	12.5	–	2013	33.8	14.3	14.8
2002	14.7	12.4	–	2014	34.3	14.3	14.8
2003	18.0	13.2	–	2015	35.9	14.1	14.7
2004	18.3	13.4	–	2016	37.4	13.4	14.7
2005	18.8	13.6	–	2017	38.7	13.3	14.4
2006	21.3	13.4	–	2018	41.9	13.5	14.1
2007	23.0	12.5	14.0	2019	47.4	13.7	13.8
2008	28.8	14.7	13.6	2020	52.9	14.8	13.6
2009	31.1	15.9	14.0	2021	57.0	13.5	14.3
2010	29.9	14.4	14.8	2022	63.6	13.1	14.6
2011	29.6	13.7	15.5	2023	69.3	13.9	14.3
2012	33.4	14.1	14.8	2024	77.1	16.3	14.0

자료: 대한민국정부. 『각 연도 조세지출예산서』에서 재구성.

(3) 근거 법률별 현황

조세지출의 범위는 조세특례법상 조세지출, 개별세법상 조세지출, 경과 규정에 따른 조세지출을 모두 포함된다(대한민국정부, 2013).

첫째, 조세특례법상 조세지출은 조세특례제한법에 규정된 모든 감면제도를 의미한다. 즉, 조세특례제한법은 조세의 감면 또는 중과 등의 조세 특례를 규정하는 법이

10) 국세감면율 $= \frac{\text{국세감면액}}{\text{국세수입 총액} + \text{국세감면액}}$, 국세감면율 한도액 $= \frac{Y_{t-3} + Y_{t-2} + Y_{t-1}}{3} + 0.5\%$

므로, 동법상 모든 감면제도는 원칙적으로 조세지출에 해당한다.

둘째, 개별법상 조세지출은 조세지출의 특성과 개별 조항의 입법 취지, 연혁, 필요적 경비 여부 등을 감안해 개별적으로 조세지출 여부를 판단한다. 조세지출의 특성과 일반적인 조세 체계의 특성을 겸하는 경우(예: 소득세법상 교육비·의료비 특별 소득공제)는 개별법상의 조세지출로 구분해 조세지출 예산서에 포함된다.

셋째, 경과 규정에 따른 조세지출이다. 조세 특례규정 폐지 이후 종전 규정에 따라 한시적으로 발생하는 조세지출로서 조세지출 예산서에 포함된다.

조세지출의 범위에 따른 현황을 살펴보면 조세특례법상 조세지출과 개별세법상 조세지출이 대부분을 차지하고 있다(〈표 9-11〉 참조).

〈표 9-11〉 근거 법률에 따른 조세지출 현황

(단위: 조 원, %)

구분	2015	2016	2017	2018	2019	2020	2021	2022	2023
조세특례제한법	19.4 (54.0)	19.5 (52.2)	20.2 (50.9)	21.1 (50.4)	26.3 (55.4)	26.9 (50.9)	30.3 (53.2)	35.1 (55.1)	38.7 (55.8)
개별세법	16.0 (44.6)	17.5 (46.7)	18.4 (46.4)	19.6 (46.9)	20.8 (43.9)	24.1 (45.7)	25.0 (43.9)	28.1 (44.3)	30.2 (43.8)
경과 규정	0.5 (1.4)	0.4 (1.1)	1.1 (2.7)	1.2 (2.9)	0.3 (0.7)	1.8 (3.4)	1.6 (2.9)	0.3 (0.6)	0.2 (0.4)
총 조세지출	35.9 (100)	37.4 (100)	39.7 (100)	41.9 (100)	47.4 (100)	52.9 (100)	57.0 (100)	63.5 (100)	69.3 (100)

자료: 대한민국정부. 『각 연도 조세지출예산서』에서 재구성.

(4) 예산 분류 기준별(기능별) 현황

기능별로 조세지출 현황을 살펴보면 사회복지 분야에서 가장 많은 조세지출이 이루어지고 있으며, 그 다음으로는 산업·중소기업·에너지 분야, 보건 분야, 농림수산 분야의 순으로 나타나고 있다. 반면에 공공질서 및 안전 분야, 통신 분야는 조세지출 실적이 없고, 외교·통일 분야, 국방 분야, 문화 및 관광 분야, 과학기술 분야는 조세지출 실적이 미미하다(〈표 9-12〉 참조).

〈표 9-12〉 예산 분류 기준별(기능별) 조세지출 현황

(단위: 억 원, %)

분야	2020년		2021년		2022년		2023년	
	실적	비중	실적	비중	실적	비중	전망	비중
일반공공행정	31,923	6.0	45,767	8.0	53,876	8.5	59,147	8.5
공공질서 및 안전	0	0.0	0	0.0	0	0.0	0	0.0
외교·통일	10	0.0	10	0.0	9	0.0	9	0.0
국방	283	0.1	262	0.0	249	0.0	264	0.0
교육	13,716	2.6	10,167	1.8	10,357	1.6	11,122	1.6
문화 및 관광	393	0.1	273	0.0	348	0.1	377	0.1
환경	12,515	2.4	14,601	2.6	17,617	2.8	18,807	2.7
사회복지	187,173	35.3	200,128	35.1	209,650	33.0	231,200	33.4
보건	74,942	14.2	78,926	13.8	89,476	14.1	96,164	13.7
농림수산	59,352	11.2	63,938	11.2	68,957	10.8	73,890	10.7
산업·중소기업·에너지	132,572	25.0	139,962	24.5	166,531	26.2	183,127	26.4
교통 및 물류	5,160	1.0	4,925	0.9	5,676	0.9	6,046	0.9
통신	0	0.0	0	0.0	0	0.0	0	0.0
국토 및 지역개발	11,212	2.1	11,239	2.0	12,914	2.0	13,875	2.0
과학기술	106	0.0	52	0.0	116	0.0	126	0.0
예비비	0	0.0	0	0.0	0	0.0	0	0.0
합계	529,357	100.0	570,248	100.0	635,776	100.0	693,155	100.0

자료: 대한민국정부(2023). 『2023년도 조세지출예산서』.

(5) 세목별 현황

조세지출 현황을 세목별로 살펴보면 다음과 같다(〈표 9-13〉 참조).

첫째, 직접세 중에서는 소득세, 법인세, 상속증여세에서 조세지출이 이루어지고 있으며, 간접세 중에서는 부가가치세, 교통에너지환경세, 개별소비세, 주세, 인지세, 증권거래세, 교육세에서 조세지출이 이루어지고 있다. 특히 관세에서도 조세지출이 나타나고 있다.

둘째, 간접세보다는 직접세의 조세지출이 상대적으로 많은 비중을 차지하고 있는데, 간접세 대비 직접세의 조세지출 비중이 2:8 정도로 나타나고 있다.

셋째, 직접세 중에서는 소득세의 조세지출이 상대적으로 많은 비중을 차지하고 있으며, 간접세 중에서는 부가가치세가 가장 큰 비중을 차지하고 있다.

〈표 9-13〉 세목별 조세지출 현황

(단위: 조 원)

분야		2020년		2021년		2022년		2023년	
		실적	비중	실적	비중	실적	비중	전망	비중
직접세	소득세	319,488	60.4	345,618	60.6	372,715	58.6	403,988	58.3
	법인세	79,054	14.9	88,924	15.6	113,316	17.8	127,862	18.4
	상속증여세	3,900	0.7	10,838	1.9	20,049	3.2	22,194	3.2
	소계	402,442	76.0	445,381	78.1	506,082	79.6	554,044	79.9
간접세	부가가치세	99,246	18.7	101,755	17.8	105,930	16.7	113,210	16.3
	교통에너지환경세	8,318	1.6	7,758	1.4	6,357	1.0	6,699	1.0
	개별소비세	11,136	2.1	7,483	1.3	9,444	1.5	10,422	1.5
	주세	632	0.1	1,084	0.2	1,911	0.3	2,029	0.3
	인지세	98	0.1	122	0.0	131	0.0	136	0.0
	증권거래세	1,918	0.4	2,592	0.5	1,415	0.2	1,631	0.2
	교육세	4,460	0.8	3,325	0.6	3,883	0.6	4,245	0.6
	소계	125,808	23.8	124,119	21.8	129,071	20.3	138,372	20.0
관세		1,107	0.2	748	0.1	623	0.1	739	0.1
합계		529,357	100.0	570,248	100.0	635,776	100.0	693,155	100.0

자료: 대한민국정부. 『각 연도 조세지출예산서』에서 재구성.

(6) 조세 감면 방법별 현황

조세지출은 직접적이고 완전하게 세 부담을 경감하는 직접 감면과 일정 기간 과세를 연기하는 간접 감면으로 구분되는데, 직접 감면은 비과세, 소득공제, 저율과세, 세액 감면, 세액공제, 기타 공제(근로장려세제, 부가가치세 영세율·면제 등 다른 직접 감면 유형에 속하지 않는 감면 방법) 등이 포함되며, 간접 감면에는 준비금(기업이 특정한 목적을 위해 준비금을 사내 적립하는 경우 그 사내적립금을 일정 기한 손비로 인정해 과세를 연기), 과세 이연, 이월과세(개인이 사업용 고정자산을 현물 출자 등으로 법인에 양도하는 경우 개인에 대해서는 양도소득세를 과세하지 않고, 법인 그 출자받은 자산을 처분시까지 과세를 연기) 등이 포함된다.

조세 감면 방법별 조세지출 현황을 살펴보면 대부분의 조세지출은 직접 감면 방식으로 이루어지고 있음을 알 수 있다(〈표 9-14〉 참조).

〈표 9-14〉 조세 감면 방법별 조세지출 현황

(단위: 억 원)

분야		2020년		2021년		2022년		2023년	
		실적	비중	실적	비중	실적	비중	전망	비중
직접 감면	소계	528,848	99.9	569,657	99.9	635,273	99.9	692,614	99.9
	비과세	33,697	6.4	33,751	5.9	35,992	5.7	38,495	5.6
	세액감면	62,635	11.8	71,602	12.6	74,780	11.8	80,360	11.6
	세액공제	127,091	24.0	143,394	25.1	183,843	28.9	203,865	29.4
	소득공제	112,165	21.2	128,605	22.6	142,810	22.5	152,340	22.0
	저율과세	5,083	1.0	5,588	1.0	9,188	1.4	10,022	1.4
	기타 감면	188,177	35.5	186,717	32.7	186,660	29.7	207,533	29.9
간접 감면(준비금, 과세이연 등)		509	0.1	592	0.1	503	0.1	541	0.1
합계		529,357	100.0	570,248	100.0	635,776	100.0	693,155	100.0

자료: 대한민국정부. 『각 연도 조세지출예산서』에서 재구성.

5) 조세지출 예산제도의 발전 방안

조세지출 예산제도의 효율적 운영을 위해서는 다음을 고려할 필요가 있다.

첫째, 현행 조세지출 예산서는 다음 연도 조세지출 추정액을 제시한 것 이외에는 기존의 조세지출 보고서와 크게 다르지 않다. 따라서 조세지출과 예산지출이 연계된 재정지출의 총량적 정보가 제공될 수 있는 제도적 기반을 구축할 필요가 있으며, 기획재정부가 각 중앙부처에 하달하는 예산안편성지침과 부처별 지출한도 설정에도 조세지출 규모가 고려되어야 한다.

둘째, 조세지출 예산서의 작성이 프로그램별로 이뤄지고 있으나, 성과관리와의 연계가 미흡하다. 프로그램별로 예산지출과 조세지출의 연계성을 강화하고, 조세지출에 따른 성과를 측정해 다음 연도 조세지출과 연계되어야 한다. 프로그램 예산별 조세지출 분석을 강화하기 위해서는 재정사업평가와 연계하여 운영할 필요가 있는데, 프로그램별 성과목표와 성과지표를 결과지향적 관점에서 설정하고, 조세지출의 사회적 파급효과를 분석하여 다음 연도 예산지출과 연계할 필요가 있다.

셋째, 조세지출의 유형이 사회경제적으로 추구하고자 하는 목적과 부합하고 있는가를 체계적으로 검토할 필요가 있다. 특히 세목별 조세지출 규모 중에서 직접세인 소득세가 차지하는 비중이 가장 많기 때문에, 소득세에 적용된 조세지출이 사회적 형평성을 도모하는 데 어느 정도 기여했는가를 측정하고 반영할 필요가 있다. 특히 현행 조세지출예산서는 개인과 기업으로 구분하고, 수혜자별 귀착 분석을 도모하고 있으나, 총량적 관점에서의 분석에 한정되므로 조세지출 항목별 수혜자 분석과, 수혜자와 비수혜자 간의 수평적 형평성 분석을 강화할 필요가 있다.

넷째, 조세지출 항목이 행정부의 재량에 의해 신설 또는 폐지되고, 의회의 주기적 심사 대상이 되지 못할 경우 조세지출 예산제도의 의미는 상실될 수 있다. 따라서 조세지출 항목이 일관성 있게 운용될 필요가 있으며, 항목 변경 등에 대해서는 명확한 사유와 더불어 의회의 관여를 강화해야 한다. 조세지출과 예산지출이 연계된 재정지출의 총량적 정보가 제공될 때 예산심의도 투명하고 공정하게 이뤄질 것이다.

다섯째, 조세지출 예산서는 단년도 중심이다. 즉, 직전 회계연도 실적과 당해 회계연도 및 다음 회계연도의 추정 금액을 분석한 것이므로 중기적 관점이 결여되어 있고, 다음 회계연도의 추정 금액만을 고려할 뿐이다. 따라서 조세지출도 예산지출과 같은 재정 효과를 파악하기 위해서는 예산처럼 국가재정 운용계획에 조세지출의 규모와 한도를 중기적 관점에서 반영할 필요가 있으며, 국세감면 법정한도율 설정 방법(기존 3개년 실적+0.5%)의 적정성 여부를 지속적으로 보완해 나갈 필요가 있다.

2 부담금 관리제도

1) 부담금의 개념

부담금이란 특정 공익사업과 관련해 부과되는 조세 외의 금전적 지급 의무라고 할 수 있다. 부담금관리 기본법[11] 제2조에서는 부담금을 "중앙행정기관의 장, 지방자치단체의 장, 행정 권한을 위탁받은 공공단체 또는 법인의 장 등 법률에 따라 금전적 부담의 부과 권한을 부여받은 자가 분담금, 부과금, 기여금, 그 밖의 명칭에도 불구하고 재화 또는 용역의 제공과 관계없이 특정 공익사업과 관련해 법률에서 정하는 바에 따라 부과하는 조세 외의 금전적 지급 의무(특정한 의무 이행을 담보하기 위한 예치금 또는 보증금의 성격을 가진 것은 제외)"라고 정의하고 있다. 따라서 부담금은 다양한 명칭으로 부과 징수되지만, 조세 외로 부과 징수되는 모든 금전적 의무다.

부담금과 조세는 공익사업을 추진하기 위한 재원을 마련한다는 점에서는 동일하

11) 부담금관리 기본법은 2001년 12월 31일 공포되어 2002년 1월 1일부터 시행되고 있는데, 부담금의 설치 · 관리 및 운용에 관한 기본적인 사항을 규정함으로써 부담금 운용의 공정성 및 투명성을 확보해 국민의 불편을 최소화하고, 기업의 경제활동을 촉진함을 목적으로 한다.

〈표 9-15〉 부담금과 관련된 유사 개념과의 차이[12)]

<table>
<tr><th>개념</th><th>정의</th><th>부담금과의 차이</th></tr>
<tr><td>사회 보험료</td><td>피보험자의 질병, 노령, 실업, 사망 등의 사회적 사고에 의한 소득 상실에 대해 보험 원리에 입각해 그 소득을 보장하기 위해 국민건강보험법, 국민연금법, 고용보험법, 산업재해보상보험법 등에 의해 피보험자와 사용자 등이 부담하는 보험료</td><td>부담금이 특정의 공공사업과 특별한 관계가 있는 자에 대해 부과되는 반면, 사회보험료는 피보험자들 간의 연대적 배분 및 차등적 조절을 감안해서 부과</td></tr>
<tr><td>수수료</td><td>국가 또는 자치단체가 특정인에 대해 제공하는 서비스에 대한 반대급부로서 징수하는 요금</td><td rowspan="2">부담금이 특정의 공공 서비스를 창출하거나 바람직한 행위를 유도하기 위해 특별한 이해관계자에게 부과되는데 비해, 수수료는 국가 또는 자치단체가 제공하는 개별적 서비스에 대한 반대급부(요금), 사용료는 국가 또는 자치단체가 제공하는 공공시설을 이용하거나 재산사용에 대한 반대급부(대가)로서 부과</td></tr>
<tr><td>사용료</td><td>공공시설의 이용 또는 재산 사용의 대가로 부과·징수하는 요금</td></tr>
<tr><td>과태료</td><td>국가 또는 자치단체가 법령에 의해 규정된 일정한 위반행위에 대해 제재로서 부과하는 금전벌</td><td rowspan="6">부담금이 특정의 공공 서비스를 창출하거나 바람직한 행위를 유도하기 위해 특별한 이해관계자에게 부과하는 데 반해, 행정제재금은 재정수입의 목적이 아닌 행정상 의무 이행의 확보를 위해 또는 의무 위반자에 대한 처벌을 목적으로 부과</td></tr>
<tr><td>벌금</td><td>국가가 범죄인에게 일정한 금액의 납부를 명령해 그 금액 한도 내에서 범죄인의 재산을 박탈하는 형벌</td></tr>
<tr><td>범칙금</td><td>일정한 범칙행위에 대해 일정 금액의 범칙금 납부를 통고하고, 그 통고를 받은 자가 기간 내에 이를 납부하지 아니한 경우에는 형사처벌 절차가 진행되나, 납부한 경우에는 해당 범칙행위에 대하여는 공소를 제기하지 아니함을 전제로 한 금전벌</td></tr>
<tr><td>가산금</td><td>일정한 행정법상의 급부 의무 또는 작위 의무를 지닌 자가 그 의무를 이행하지 아니할 경우에 그 의무 불이행에 대한 제재로서 가해지는 금전 부담</td></tr>
<tr><td>과징금</td><td>행정청이 일정한 행정법상의 의무 위반자에 대해 과하는 금전상의 제재로서의 금전적 지급 의무</td></tr>
<tr><td>이행 강제금</td><td>행정청이 일정 기간 내에 비대체적 작위의무 또는 부작위의무를 이행하지 아니하면 소정의 금액을 부과 징수할 것을 계고한 후 당해 의무 불이행에 대해 과하는 금전벌</td></tr>
</table>

자료: 기획재정부(2023.5). 『2022년도 부담금운용종합보고서』.

12) 부담금 중에는 예치금 및 보증금 성격의 부담금이 존재한다. 즉, 의무 이행 시 납부액을 전액 반환해 주고, 미이행 시 의무 이행 사항을 대집행하고 소요비용을 징수금으로 충당하는 부담금이다. 그러나 예치금 또는 보증금 성격의 부담금은 대부분 현금이 아닌 보증보험 형식으로 납부하고, 의무 이행 후 전액 반환한다는 점에서 실질적으로 국민과 기업에 부담을 주는 부담금이 아니다. 따라서 2010년 3월 31일 시행된 부담금관리 기본법 개정 법률에서 부담금 관리 대상에서 제외했다(기획재정부, 2011: 27).

나, 다음과 같은 개념적 차이를 지니고 있다.

첫째, 목적적 차이가 존재한다. 조세는 일반 공익사업에 필요한 재정수입을 목적으로 징수하는 데 비해, 부담금은 특정 공익사업에 충당하기 위해 부과된다. 즉, 부담금은 특정 사업을 위한 정책적 유도 기능을 갖고 있다.

둘째, 주체적 차이가 존재한다. 조세의 징수 주체는 정부(국가 또는 지방자치단체)인 데 비해, 부담금은 중앙행정기관의 장, 지방자치단체의 장, 행정 권한을 위탁받은 공공단체 또는 법인의 장 등으로 규정되어 있다. 부담금은 조세와는 달리 특정 공공기관의 수입으로 계상되는 경우가 있다.

셋째, 기준적 차이가 존재한다. 조세는 담세 능력을 기준으로 부과되지만, 부담금은 사업 소요 경비, 사업과의 관계 등을 기준으로 부과된다.

넷째, 세입적 차이가 존재한다. 조세는 일반회계의 세입으로 계상되지만, 부담금은 특별회계나 기금 또는 특정 공공기관의 수입으로 계상된다.

다섯째, 대상적 차이가 존재한다. 조세는 특정 사업과 관계 없이 일반 국민 또는 주민에게 부과되는 데 비해, 부담금은 당해 사업과 특별한 관계가 있는 자에게 부과된다. 즉, 부담금은 징수 목적과 특별한 실체적 관련성이 있어야 한다. 그러나 조세 중에는 목적세가 존재하는데, 목적세는 특정 사업의 경비 충당이라는 점에서 부담금과 동일한 개념이지만, 목적세는 부담금과 같이 그 사업과 밀접한 관계가 있는 자에게만 부과되는 것이 아니라, 사업과 관련 없는 일반 국민에 대해 납세 능력에 따라 부과되는 점이 다르다.[13)]

2) 부담금의 기능과 분류

부담금은 재정 충당 목적의 부담금과 정책 실현 목적의 부담금으로 구분되지만(신봉기 · 전기성, 2008: 557-559), 부담금은 다음과 같은 기능을 수행한다.

첫째, 특정 공익사업과 이해관계가 있는 자에 대해 부과되므로, 공익사업과 재원 확보와의 연계를 도모할 수 있다. 즉, 부담금은 특정한 공공사업의 원인을 제공한 자에게 부과해 해당 사업의 시행과 재원 확보를 연계한다. 이러한 기능에 적합한 논리는 이용자 · 원인자 부담 원칙이라 할 수 있다. 특정 공익사업의 시행 원인을 제공한

13) 부담금을 준조세라고도 하는데, 준조세는 법정 용어가 아니며 학문적으로도 합의된 개념이 아니다. 준조세란 국가나 지방자치단체 등의 행정 주체에 의해 강제적으로 부담하게 되는 경제적 부담 중 조세를 제외한 것으로 이해된다(김창배, 2007: 24).

자에게 부담금을 부과 징수하는 것으로 물이용부담금, 환경개선부담금, 기반시설설치비용 등이 대표적인 예라 할 수 있다.

둘째, 정부의 사업 혜택과 비용 지불과의 관계를 일치시킬 수 있다. 특정 공익사업으로부터 이익을 얻은 자에게 받은 이익만큼의 대가를 지불토록 하는 개념이다. 이러한 기능에 적합한 논리는 수익자 부담 원칙이라 할 수 있다. 특정 공익사업 또는 시설로 인해 특별한 이익을 받은 자에게 부담금을 부과 징수하는 것으로 개발부담금, 농산물수입이익금 등은 대표적인 예라 할 수 있다.

셋째, 국가의 특정 정책에 대한 유도 및 교정 기능을 수행한다. 사회적으로 바람직한 행위를 유도하기 위해 직접적인 규제 수단이 아닌 금전에 의한 간접적 규제 수단을 활용해 행정법상의 의무 이행을 강제하고, 특정 정책에 대한 사회적 교정 기능을 수행한다. 이러한 기능에 적합한 논리는 사회정책 유도 및 교정 원칙이라 할 수 있다. 장애인고용부담금, 배출부과금, 과밀부담금 등이 대표적인 예라 할 수 있다.

교정적 부담금은 전통적 규제 수단과 상이한 측면이 존재한다. 전통적인 규제 수단은 제한하려는 행동을 불법으로 규정하고, 이를 위반하면 법적 제재를 가하는 명령통제적 방식이다. 그러나 사회정책 유도 및 교정적 부담금은 행위는 허용하되 행위량에 비례해 부담금을 부과함으로써 행위를 규제한다. 무조건적 금지 대신에 행위와 경제적 부담 사이에 선택이 가능하게 함으로써, 명령통제적 방식에 비해 규제순응 비용을 줄일 수 있는 이점이 있다. 교정적 부담금은 ① 외부불경제 시정 목적의 부담금(환경오염 감축을 위한 배출부과금, 교통 혼잡 감소를 위한 혼잡통행료), ② 불완전 정보의 시정을 위한 부담금(국민건강증진부담금), ③ 형평성 증진을 위한 부담금(장애인고용부담금), ④ 기타 정책적 목적의 부담금(과밀부담금, 개발부담금) 등으로 구분되기도 한다(김태일, 2009: 25-48; 김태일 · 고경훈, 2008: 369-402).

부담금관리 기본법은 부담금 부과의 원칙으로 부담금은 설치목적을 달성하기 위하여 필요한 최소한의 범위에서 공정성이 확보되도록 부과되어야 하며, 특별한 사유가 없으면 하나의 부과 대상에 이중으로 부과되지 않도록 규정하고 있다. 또한 부과권자가 부담을 부과하는 경우에는 미리 부담금 부과의 법적 근거, 납부금액 등을 알려야 한다(동법 제5조).

부담금은 부담금관리 기본법 [별표]에 규정된 법률에 따르지 아니하고는 설치할 수 없으며, 신설 또는 확대하는 경우 존속기한을 법령에 명시하도록 규정되어 있는데, 이를 살펴보면 〈표 9-16〉과 같다(동법 제3조, 제5조의2).

〈표 9-16〉 부담금의 설치

1. 개발이익 환수에 관한 법률 제3조에 따른 개발부담금
2. 개발제한구역의 지정 및 관리에 관한 특별조치법 제21조에 따른 개발제한구역 보전부담금
3. 고압가스 안전관리법 제34조의2에 따른 안전관리부담금
4. 공적자금상환기금법 제5조 제4항 및 제5항에 따른 공적자금상환기금 출연금
5. 공항소음 방지 및 소음대책지역 지원에 관한 법률 제17조에 따른 소음부담금
6. 관광진흥개발기금법 및 제주특별자치도 설치 및 국제자유도시 조성을 위한 특별법에 따른 출국납부금
7. 관광진흥법 및 제주특별자치도 설치 및 국제자유도시 조성을 위한 특별법에 따른 카지노사업자 납부금
8. 관광진흥법 제64조에 따른 관광지 등 지원시설 이용자 분담금
9. 관광진흥법 제64조에 따른 관광지 등 지원시설 원인자 부담금
10. 광산피해의 방지 및 복구에 관한 법률 제24조에 따른 광해방지의무자 부담금
11. 광업법 제87조에 따른 광물 수입부과금 및 판매부과금
12. 국민건강증진법 제23조에 따른 국민건강증진부담금
13. 국민체육진흥법 제20조 및 제23조에 따른 회원제 골프장 시설 입장료에 대한 부가금
14. 국제질병퇴치기금법 제5조 제1항에 따른 납부금
15. 금강수계 물관리 및 주민지원 등에 관한 법률 제30조에 따른 물이용부담금
16. 기술보증기금법 제13조에 따른 기술보증기금 출연금
17. 낙동강수계 물관리 및 주민지원 등에 관한 법률 제32조에 따른 물이용부담금
18. 농림수산업자 신용보증법 제4조에 따른 농림수산업자 신용보증기금 출연금
19. 농수산물 유통 및 가격안정에 관한 법률 제16조에 따른 농산물수입이익금
20. 농어촌 전기공급사업 촉진법 제3조에 따른 전기사용자의 일시부담금
21. 농지법 제38조에 따른 농지보전부담금
22. 담배사업법 제25조의3에 따른 연초경작지원 등의 사업을 위한 출연금
23. 대기환경보전법에 따른 배출부과금 및 환경오염시설의 통합관리에 관한 법률에 따른 배출부과금
24. 대도시권 광역교통 관리에 관한 특별법 제11조에 따른 광역교통시설 부담금
25. 댐건설 및 주변지역지원 등에 관한 법률 제23조에 따른 수익자부담금
26. 도로법 제91조에 따른 원인자 부담금
27. 도시개발법 제58조에 따른 도시개발구역 밖의 기반시설의 설치 비용 부담금
28. 도시교통정비 촉진법 제35조에 따른 혼잡통행료
29. 도시교통정비 촉진법 제36조에 따른 교통유발부담금
30. 먹는물관리법 제31조에 따른 수질개선부담금
31. 물류시설의 개발 및 운영에 관한 법률 제44조에 따른 시설부담금
32. 방사성폐기물 관리법 제15조에 따른 사용후핵연료관리부담금
33. 방송통신발전 기본법 제25조에 따른 방송통신발전기금 분담금
34. 사행산업통합감독위원회법 제14조의2에 따른 중독예방치유부담금
35. 산림자원의 조성 및 관리에 관한 법률 제41조에 따른 임산물 수입이익금
36. 산업입지 및 개발에 관한 법률 제33조에 따른 시설부담금
37. 산지관리법 제19조에 따른 대체산림자원조성비 및 분할납부이행보증금
38. 석면피해구제법 제31조에 따른 석면피해구제분담금
39. 석유 및 석유대체연료 사업법 제18조 및 제37조에 따른 석유 및 석유대체연료의 수입·판매 부과금
40. 수도권정비계획법 제12조에 따른 과밀부담금
41. 수도법 제71조에 따른 원인자부담금
42. 수산자원관리법 제44조에 따른 수산자원조성금
43. 물환경보전법에 따른 배출부과금 및 환경오염시설의 통합관리에 관한 법률에 따른 배출부과금
44. 물환경보전법 제48조의2에 따른 공공폐수처리시설 설치 부담금

45. 신용보증기금법 제6조에 따른 신용보증기금 출연금
46. 약사법 제86조의2에 따른 의약품 부작용 피해구제 부담금
47. 양곡관리법 제13조의2에 따른 양곡수입이익금
48. 영산강・섬진강수계 물관리 및 주민지원 등에 관한 법률 제30조에 따른 물이용부담금
49. 영화 및 비디오물의 진흥에 관한 법률 제25조의2에 따른 영화상영관 입장권 부과금
50. 예금자보호법 제30조의3에 따른 예금보험기금채권상환특별기여금
51. 오존층 보호를 위한 특정 물질의 제조규제 등에 관한 법률 제24조의2에 따른 특정 물질 제조・수입 부담금
52. 외국환거래법 제11조의2에 따른 외환건전성부담금
53. 원자력안전법 제111조의2에 따른 원자력안전관리부담금
54. 원자력진흥법 제13조에 따른 원자력연구개발사업 비용부담금
55. 인삼산업법 제20조에 따른 농산물가격안정기금 납부금
56. 임금채권보장법 제9조에 따른 사업주의 부담금
57. 자동차손해배상 보장법 제37조에 따른 자동차사고 피해지원사업 분담금
58. 자연환경보전법 제46조에 따른 생태계보전협력금
59. 자원의 절약과 재활용촉진에 관한 법률 제12조에 따른 폐기물부담금
60. 자원의 절약과 재활용촉진에 관한 법률 제19조에 따른 재활용부과금
61. 자유무역협정 체결에 따른 농어업인 등의 지원에 관한 특별법 제22조에 따른 농산물 공매납입금 또는 수입이익금
62. 자유무역협정 체결에 따른 농어업인 등의 지원에 관한 특별법 제22조에 따른 수산물 공매납입금 또는 수입이익금
63. 장애인고용촉진 및 직업재활법 제33조에 따른 장애인 고용부담금
64. 재건축초과이익 환수에 관한 법률 제3조에 따른 재건축부담금
65. 전기사업법 제51조에 따른 전력산업기반기금 부담금
66. 전기・전자제품 및 자동차의 자원순환에 관한 법률 제18조에 따른 전기・전자제품의 재활용부과금
67. 전기・전자제품 및 자동차의 자원순환에 관한 법률 제18조의2에 따른 전기・전자제품의 회수부과금
68. 지방자치법 제138조에 따른 지방자치단체 공공시설의 수익자 분담금
69. 지역신용보증재단법 제7조 제3항에 따른 지역신용보증재단 및 신용보증재단중앙회 출연금
70. 지하수법 제30조의3에 따른 지하수이용부담금
71. 집단에너지사업법 제18조에 따른 집단에너지 공급시설 건설비용 부담금
72. 초지법 제23조에 따른 대체초지조성비
73. 축산법 제45조에 따른 축산물 수입이익금
74. 택지개발촉진법 제12조의2에 따른 공공시설 설치비용 부담금
75. 하수도법 제61조에 따른 원인자부담금
76. 학교용지 확보 등에 관한 특례법 제5조에 따른 학교용지부담금
77. 한강수계 상수원수질개선 및 주민지원 등에 관한 법률 제19조에 따른 물이용부담금
78. 한국국제교류재단법 제16조에 따른 국제교류기여금
79. 한국주택금융공사법 제56조에 따른 주택금융신용보증기금 출연금
80. 한국주택금융공사법 제59조의3 제3항에 따른 주택담보노후연금보증 계정 출연금
81. 해양생태계의 보전 및 관리에 관한 법률 제49조에 따른 해양생태계보전협력금
82. 해양심층수의 개발 및 관리에 관한 법률 제40조에 따른 해양심층수이용부담금
83. 해양환경관리법 제19조에 따른 해양환경개선부담금
84. 해양환경관리법 제69조에 따른 방제분담금
85. 해운법 제22조 제7항에 따른 운항관리자 비용부담금
86. 화재로 인한 재해보상과 보험가입에 관한 법률 제14조에 따른 한국화재보험협회 출연금
87. 환경개선비용 부담법 제9조에 따른 환경개선부담금
88. 서민의 금융생활 지원에 관한 법률 제47조 제2항에 따른 서민금융진흥원 출연금
89. 순환경제사회 전환 촉진법 제36조에 따른 폐기물처분부담금
90. 여객자동차 운수사업법 제49조의5에 따른 여객자동차운송시장안정기여금

3) 부담금 관리제도

정부는 사후적 의미의 '부담금운용종합보고서'만을 국회에 제출했으나, 부담금관리 기본법의 개정에 따라 2015회계연도부터는 사전적 계획서인 '부담금운용종합계획서'를 제출하고 있다. 부담금은 조세 이외의 금전적 지급 의무이므로 국민과 기업에 부담을 가중시킬 수 있는데, 이를 지양하기 위해서는 합리적이고 공정한 관리가 필요하다.

첫째, 부담금 신설 및 변경에 대한 심사 제도를 규정하고 있다. 부담금관리 기본법 제6조에서는 부담금을 신설 또는 변경(부담금의 부과 대상을 확대・축소하는 경우와 부담금의 부과요율을 인상・인하는 경우를 포함)하려는 경우에는 해당 법령안을 입법예고하거나, 해당 중앙행정기관의 장이 정하기 전에 기획재정부 장관에게 부담금 신설 또는 변경의 타당성에 관한 심사를 요청해야 하며, 기획재정부 장관은 민간 전문가 등으로 구성된 부담금운용심의위원회로 하여금 이를 심의하도록 규정하고 있다(부담금관리 기본법 제9조).[14)]

둘째, 부담금운용종합계획서를 작성・제출해야 한다. 즉, 기획재정부 장관은 매년 3월 31일까지 부담금운용계획서의 작성지침을 수립하여 부담금을 규정하고 있는 법률의 소관 중앙행정기관의 장(부담금의 소관 중앙행정기관의 장)에게 통보해야 하며, 부담금의 소관 중앙행정기관의 장은 기획재정부의 작성지침에 따라 매년 다음 연도 부담금의 부과 및 사용 계획 등이 포함된 부담금운용계획서를 작성해 매년 5월 31일까지 기획재정부 장관에게 제출해야 하고, 기획재정부 장관은 각 부처의 부담금운용계획서를 기초로 부담금운용종합계획서를 작성하여 매년 회계연도 개시 120일 전까지 국회에 제출해야 한다(부담금관리 기본법 제6조의2, 동법 시행령 제2조의2).

셋째, 부담금운용종합보고서를 작성・제출해야 한다. 즉, 기획재정부 장관은 매년 1월 31일까지 부담금운용보고서의 작성지침을 수립하여 부담금의 소관 중앙행정기관의 장에게 통보해야 하며, 부담금의 소관 중앙행정기관의 장은 기획재정부의 작성지침에 따라 부담금운용보고서를 작성하여 매년 3월 31일까지 기획재정부 장관에게 제

---

14) 위원회는 ① 기획재정부 차관 중에서 기획재정부 장관이 지명한 사람, ② 기획재정부, 행정안전부, 국무조정실 또는 그 밖에 부담금의 소관 중앙행정기관의 고위공무원단에 속하는 일반직 공무원 중에서 해당 기관의 장이 지명하는 사람, ③ 학식과 경험이 풍부한 사람 중에서 기획재정부 장관이 위촉하는 10명 이내의 민간위원으로 구성되며, 위원회의 위원장은 기획재정부 차관 중에서 기획재정부 장관이 지명한 기획재정부 차관이 된다(동법 제9조).

출해야 하고, 기획재정부 장관은 각 부처의 부담금운용보고서를 바탕으로 부담금운용종합보고서를 작성하여 매년 5월 31일까지 국회에 제출해야 한다(부담금관리 기본법 제7조, 동법 시행령 제3조).

넷째, 부담금운용평가제도를 규정하고 있다. 즉, 기획재정부 장관은 부담금을 적정하게 운용하기 위하여 각 부담금의 부과 목적, 부과 실태, 사용 내용의 건전성 및 부과 절차의 공정성 및 존치 필요성 등을 지속적으로 점검・평가하며, 부담금의 존치 필요성에 대해서는 3년마다 1회씩 점검・평가하고, 그 결과를 부담금운용종합보고서에 포함하여 국회에 제출하여야 한다. 평가 결과 부담금의 운용이 적정하지 아니하였거나 부담금을 존치할 필요성이 없어졌다고 인정하는 경우에는 부담금의 소관 중앙행정기관의 장에게 해당 부담금의 폐지 등을 위한 제도 개선을 요청할 수 있다. 요청을 받은 부담금의 소관 중앙행정기관의 장은 특별한 사유가 없으면 대책을 마련하여 기획재정부 장관과 협의하여야 한다(부담금관리 기본법 제8조, 동법 시행령 제5조).

4) 부담금의 현황

1961년 도로사업에 따른 원인자부담금, 부대공사비용부담금, 손괴자부담금 및 산림사업에 따른 보안림수익자부담금이 최초로 도입된 이후 다양한 부담금이 설치되었는데, 부담금의 현황은 다음과 같다.

첫째, 부담금의 연도별 개수를 살펴보면 1960년대 7개에서 1990년대 95개로 확대되었으나, 2020년대에는 90개 수준을 유지하고 있다(〈표 9-17〉 참조).

〈표 9-17〉 연도별 부담금 수

시기	'60년대	'70년대	'80년대	'90년대	2000	2005	2010	2015	2020	2021	2022
개수	7	14	34	95	98	102	94	94	90	90	90

자료: 기획재정부(2023.5). 『2022년도 부담금운용종합보고서』.

둘째, 부담금 수를 부처별로 살펴보면 환경부가 20개로 가장 많고, 그 다음으로는 국토교통부, 산업통상자원부 등의 순으로 나타나고 있다(〈표 9-18〉 참조).

셋째, 부담금은 기금, 특별회계, 지방자치단체, 공공기관으로 귀속되는데, 대부분의 부담금은 기금으로 귀속되고 있다(〈표 9-18〉 참조).

〈표 9-18〉 부처별 부담금 수와 금액(2022년 말 기준)

부처	수	금액(억 원)					부처	수	금액(억 원)				
		합계	기금	특별회계	자치단체	공공기관			합계	기금	특별회계	자치단체	공공기관
환경부	20	28,460	9,386	7,240	11,833		외교부	2	356	356			
국토부	15	15,794	337	5,442	10,014	1	고용부	2	11,446	11,446			
산자부	9	50,939	30,440	18,031	2	2,466	중기부	2	7,927	6,079			1,849
금융위	8	50,654	48,104			2,550	산림청	2	2,667		2,667		
농림부	7	15,187	15,187				교육부	1	2,713			2,713	
문체부	7	1,905	1,885			20	행안부	1	0.1			0.1	
해수부	7	1,054	690		11	352	복지부	1	28,250	28,250			
기재부	2	1,337	1,195			142	식약처	1	1,123	1,123			
과기부	2	3,849	3,849				원안위	1	50				50
합계	90	223,710	158,327	33,380	24,573	7,430							

자료: 기획재정부(2023.5). 『2022년도 부담금운용종합보고서』에서 재구성.

넷째, 부처별 부담금 금액을 살펴보면 산업통상자원부가 가장 많은 비율을 차지하고 있으며, 그 다음으로는 금융위원회, 환경부, 보건복지부, 국토교통부, 농림축산식품부의 순으로 나타나고 있다(〈표 9-18〉 참조).

다섯째, 부담금의 활용 분야별로 살펴보면 금융, 산업·에너지 분야에서 가장 많이 사용되고 있다(〈표 9-19〉 참조).

5) 부담금의 문제점 및 개선방안

(1) 부담금 부담률 재정지표의 도입

부담금은 실질적으로 국민 및 기업에 상당한 부담으로 작용하고 있음에도 불구하고, 국민부담률 통계에는 포함되고 있지 않다. 국가재정법 제7조에서 국가재정 운용계획에 조세부담률 및 국민부담률 전망을 포함하도록 규정하고 있다. 그러나 국민부담률에는 국세와 지방세 등 조세 부담과 사회보험 보험료인 사회보장기여금은 포함되지만, 부담금은 포함되지 않는다(국회예산정책처, 2010b: 200). 따라서 조세부담률, 국민부담률 이외에 부담금부담률이 포함된 재정지표를 산출할 필요가 있다.

〈표 9-19〉 부담금의 분야별 사용 내역

(단위: 억 원, %)

구분	개수	총계	분야별					
			산업 에너지	환경	금융	건설 교통	보건 의료	기타
2001	101	67,683	31,119	11,559	5,905	5,404	99	13,595
2002	102	79,013	27,459	14,282	6,644	5,792	5,109	19,727
2003	100	93,006	22,636	17,843	14,143	6,909	7,020	24,454
2004	102	101,509	25,208	19,591	15,633	8,024	8,061	24,992
2005	102	112,647	29,420	21,526	18,179	8,200	12,921	22,400
2006	100	121,132	31,340	21,046	17,368	9,118	14,940	27,321
2007	102	145,882	33,833	24,259	22,489	14,170	15,486	35,645
2008	101	152,707	35,464	24,323	26,105	9,162	16,369	41,283
2009	99	148,047	36,258	25,323	28,057	10,089	16,380	31,941
2010	94	144,591	40,390	22,842	29,264	8,483	15,848	27,763
2011	97	148,101	40,528	23,571	30,913	8,827	15,689	28,573
2012	97	156,690	43,374	25,025	34,269	8,836	15,497	29,689
2013	96	163,934	45,341	26,171	36,905	9,439	15,333	30,745
2014	95	171,797	47,441	26,330	37,864	8,122	16,284	35,757
2015	94	191,076	51,278	27,649	38,288	8,128	24,782	40,951
2016	90	196,706	49,827	27,080	38,062	9,792	29,670	42,275
2017	89	201,561	49,535	26,859	40,839	14,279	29,768	40,281
2018	90	209,920	52,715	27,191	42,888	12,552	30,714	43,860
2019	90	204,282	47,529	28,970	45,401	12,498	28,156	41,728
2020	90	201,847	43,571	26,664	49,743	12,504	29,726	39,639
2021	90	212,349	47,479	27,845	54,450	14,487	29,676	40,412
2022	90	223,710	50,939	28,460	59,777	15,794	29,300	40,441

자료: 기획재정부(각 연도). 『부담금운용보고서』에서 재구성.

(2) 부담금의 유사 · 중복 해소

부담금은 특별한 사유가 없으면 하나의 부과 대상에 이중으로 부과되어서는 아니 된다(부담금관리 기본법 제5조 제1항). 그러나 부담금은 조세, 사용료 등과 부과 대상이나 부과 목적이 유사하거나 중복되는 경우가 있다. 예를 들어, 지하수 개발에는 수질개선부담금과 자치단체의 지역자원시설세가 중복 부과되고 있다. 따라서 중복 부과되거나 부과 대상이 유사한 부담금, 조세 등은 통폐합하는 방안을 모색할 필요가 있다.

(3) 귀속 주체에 따른 문제점 및 개선방안

부담금의 귀속 주체에 따른 문제점은 첫째, 중앙정부로 귀속되는 부담금은 기금과 특별회계로 배분되고, 공공기관으로 귀속되고 있는데, 구분 기준이 명확하지 않으며, 부담금을 예산과 기금으로 분리하고, 정부와 공공기관으로 구분하는 것은 통합적 관리를 저해할 수 있다. 둘째, 부담금운용보고서를 작성하고 있으나, 사후 평가 결과 매우 미흡한 부분에 대한 환류가 저조하다. 셋째, 부담금을 신설·확대하는 경우 부담금의 존속 기한을 법령에 명시하고, 국민 부담을 최소화해야 한다.

3 국유재산 관리제도

1) 국유재산의 개념 및 유형

국유재산이란 국가가 행정목적을 수행하기 위해 필요로 하여 소유하고 있는 일체의 재산 및 국가의 부담이나 기부채납(재산의 소유권을 무상으로 국가에 이전하여 국가가 이를 취득하는 것을 의미), 법령 또는 조약에 따라 국가 소유로 된 재산으로 국유재산법 제5조 제1항에 규정된 재산을 의미한다(국유재산법 제2조).

[그림 9-4] 국유재산의 구분과 범주

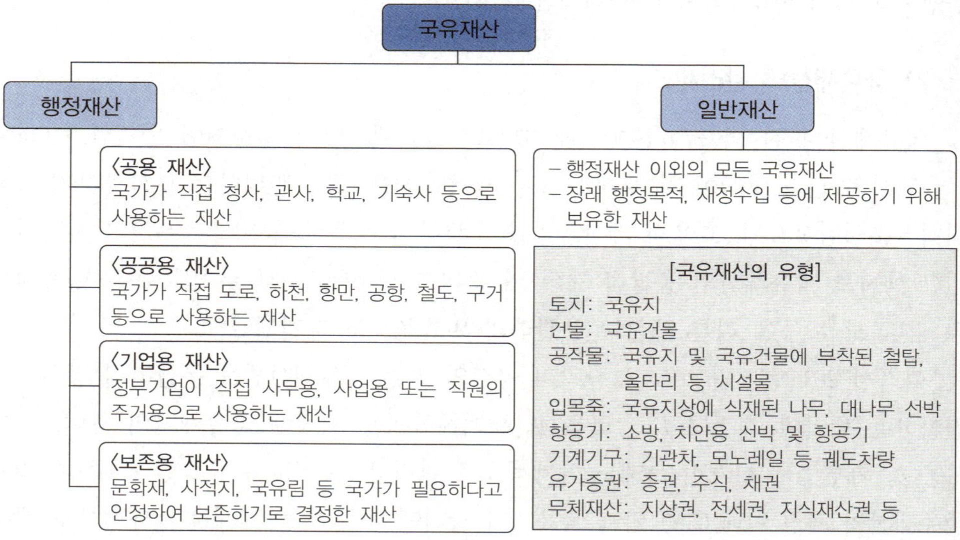

자료: 국유재산포털(https://www.k-pis.go.kr)에서 재구성.

국유재산은 행정재산과 일반재산으로 구분되는데, 행정재산은 다시 공용 재산, 공공용 재산, 기업용 재산, 보존용 재산으로 분류되며, 행정재산 이외의 모든 국유재산은 일반재산으로 구분된다(동법 제6조). 국유재산은 국유재산법에 의하지 아니하고는 어느 누구도 사용하거나 수익하지 못하며, 행정재산은 민법 제245조에도 불구하고 시효취득(時效取得)의 대상이 되지 아니한다(동법 제7조).

국유재산의 범주로는 ① 부동산과 그 종물(從物), ② 선박, 부표(浮標), 부잔교(浮棧橋), 부선거(浮船渠) 및 항공기와 그들의 종물, ③ 정부기업예산법에 따른 정부기업이나 정부시설에서 사용하는 기계와 기구 중 기관차 · 전차 · 객차(客車) · 화차(貨車) · 기동차(汽動車) 등 궤도차량, ④ 지상권, 지역권, 전세권, 광업권, 그 밖에 이에 준하는 권리, ⑤ 자본시장과 금융투자업에 관한 법률에 따른 증권, ⑥ 지식재산(특허법 · 실용신안법 · 디자인보호법 및 상표법에 따라 등록된 특허권, 실용신안권, 디자인권 및 상표권, 저작권법에 따른 저작권, 저작인접권 및 데이터베이스제작자의 권리 및 그 밖에 같은 법에서 보호되는 권리로서 한국저작권위원회에 등록된 권리, 식물신품종 보호법에 따른 품종보호권, 지식재산기본법에 따라 등록된 지식재산권)을 명시하고 있다(동법 제5조).

국가가 보유하고 있는 국유재산은 사회기반시설 제공 · 자연재해 방지 · 쾌적한 생활환경 제공 등 공공재로서의 기능, 장래 행정목적에 사용하기 위한 비축자원으로서의 기능, 매각 · 임대를 통한 국가재정수입 확충 등 재정수입재원으로서의 기능을 수행하고 있다(국유재산포털 e나라재산 참조).

2) 국유재산의 관리제도

국유재산 관련 법률은 1950년에 제정된 국유재산법에 명시되어 있었다. 그러나 국유재산의 관리 방식이 각 부처가 소관 국유재산을 별도 관리하는 분산관리 방식을 채택 · 운영함으로써, 효율적 재산관리를 도모하지 못했다. 또한 각 부처의 칸막이식 권한 행사로 국유재산의 총괄적 계획 및 관리가 부재했고, 각 부처의 유휴 행정재산의 과다 보유 등에 따른 재산 운용관리의 비효율성이 제기되었다.

따라서 2011년 3월 30일 분산관리 방식의 기존 국유재산법을 통합관리 방식으로 전환하는 법안이 개정되었고, 국유재산특례제한법을 제정해 국유재산의 양여, 무상사용 등 개별법에 산재한 특례도 체계적으로 관리할 수 있도록 규정했다. 즉, 1950년 국유재산법 제정 이래 61년 만에 국유재산 관리에 대한 법률 체계를 대대적으로 개편해 2011년 4월 1일부터 적용되고 있다.

(1) 국유재산 총괄기관

국유재산은 기획재정부가 통합 관리하고, 각 부처는 필요한 재산을 승인받아 사용한다. 따라서 국유재산 관리는 기존의 각 부처별 개별 관리 방식에서 통합관리 방식으로 전환되었다. 또한 국유재산의 관리·처분에 관한 사항을 심의하기 위해 기획재정부에 국유재산정책심의위원회[15]를 두고 있다. 국유재산 총괄청은 기획재정부이나, 일반회계에 속한 행정자산, 특별회계와 기금에 속한 국유재산은 소관 부처의 책임 하에 관리되고 있으며, 국유재산 중 일반재산은 한국자사관리공사가 전담하고 있다.

[그림 9-5] 국유재산의 관리 체계

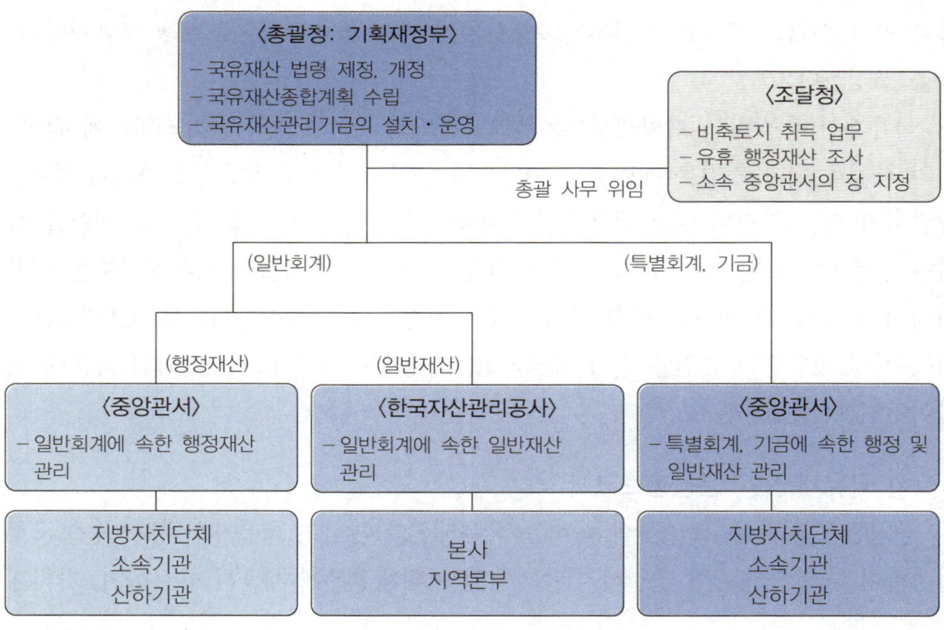

자료: 국유재산포털(https://www.k-pis.go.kr) 발췌.

15) 국유재산정책심의위원회는 20명 이내의 위원으로 구성되며, 위원장은 기획재정부 장관이 되고, 민간위원이 과반수를 차지하도록 규정하고 있다. 당연직 위원은 기획재정부 차관, 교육부 차관, 국방부 차관, 행정안전부 차관, 농림축산식품부 차관, 국토교통부 차관, 조달청장, 산림청장이다(동법 제26조, 동법 시행령 제17조).

(2) 국유재산 실태조사

중앙관서의 장은 매년 부처 소관에 속하는 국유재산의 실태를 조사하고, 국유재산의 대장, 등기사항증명서와 도면을 갖추어야 한다(국유재산법 제66조).

중앙관서의 장은 국유재산의 특성 및 이용 상태 등을 고려하여 실태조사 대상 재산을 선정하고, 해당 국유재산에 대해서는 1년 한 번 이상 실태조사를 하여야 하며, 재산 등기 및 지적 현황, 주위 환경, 이용 현황, 기타 보존·관리 등에 필요한 사항을 조사하여야 한다(동법 시행령 제68조).16)

(3) 국유재산 종합계획

정부는 매년 다음 연도의 전체 국유재산의 운용에 대한 계획(국유재산종합계획)을 수립해 예산안과 함께 국회에 제출해야 하는데, 이 과정에서 총괄청인 기획재정부는 각 부처가 수립한 계획을 전정부적·중장기적 관점에서 종합·조정해 국유재산의 수급을 조정한다.17)

국유재산 총괄청인 기획재정부는 다음 연도의 국유재산의 관리·처분에 관한 계획의 작성을 위한 지침을 매년 4월 30일까지 중앙관서의 장에게 통보하여야 하며, 중앙관서의 장은 지침에 따라 국유재산의 관리·처분에 관한 다음 연도의 계획을 작성하여 매년 6월 30일까지 기획재정부에 제출하여야 한다. 아울러 기획재정부는 중앙관서의 장이 제출한 계획을 종합 조정하여 수립한 국유재산종합계획을 국무회의의 심의를 거쳐 대통령의 승인을 받아 확정하고, 회계연도 개시 120일 전까지 국회에 제출하여야 한다(동법 제9조).

(4) 국유재산관리운용총보고서

중앙관서의 장은 그 소관에 속하는 국유재산에 관하여 국유재산관리운용보고서를 작성하여 다음 연도 2월 말일까지 총괄청인 기획재정부에 제출하여야 하며, 기획재정

---

16) 기획재정부 장관은 국유재산특례에 대한 점검·평가 업무 중 국유재산특례 운용실태조사에 관한 업무를 조달청장에게 위임하는데, 조달청장은 매년 2월 말일까지 국유재산특례 운용실태조사에 관한 계획을 수립하여 기획재정부 장관에게 보고하고 중앙관서의 장 등에게 통보하여야 한다(국유재산특례제한법 시행령 제5조).

17) 국유재산 종합계획에는 국유재산을 효율적으로 관리·처분하기 위한 중장기적인 국유재산 정책 방향, 국유재산 관리·처분의 총괄 계획, 국유재산 처분의 기준에 관한 사항, 국유재산특례 종합계획에 관한 사항, 기타 국유재산의 관리·처분에 관한 중요한 사항 등이 포함되어야 한다(동법 제9조). 2023년도 국유재산 종합계획 중 국유재산특례종합계획으로 사용료 감면 21.7조 원, 양여 1,215억 원, 장기 사용 허가 1.9조 원을 설정하고 있다(대한민국정부, 2023. 2023년도 국유재산종합계획).

부는 각 부처의 국유재산관리운용보고서를 통합하여 국유재산관리운용총보고서를 작성하고, 이를 다음 연도 4월 10일까지 감사원에 제출하여 검사를 받아야 한다. 또한 총괄청인 기획재정부는 감사원의 검사를 받은 국유재산관리운용총보고서와 감사원의 검사보고서를 다음 연도 5월 31일까지 국회에 제출하여야 한다(동법 제69조).

(5) 국유재산관리기금

국유재산의 효율적 · 통합적 관리를 위해 국유재산관리기금[18]을 운용하고 있으며, 기금의 재원을 바탕으로 각 부처의 청사 및 관사 등 공용재산 취득사업을 통합 관리한다. 통합관리는 분산관리보다 유휴재산 발생 방지 및 비축용 토지의 효율적 활용을 가능케 하며, 청사 신축 · 토지 매입 비용의 절감을 초래할 수 있다.

(6) 국유재산특례 및 국유재산특례지출예산서

2011년부터 국유재산특례제한법을 제정해 각 부처별 국유재산의 양여, 무상 사용 등을 통합 관리하고 있다.[19] 즉, 법 제정 이전까지 국유재산은 주인 없는 땅처럼 인식되어 169개 법률에서 195개의 특례를 규정하는 등 적절한 통제 수단 없이 방만하게 운용되었는데, 국유재산의 특례를 재정 지원의 하나로 간주해 매년 국유재산의 특례에 대한 종합계획(국유재산특례종합계획)을 수립해 국회에 보고하고 있다. 또한 정부는 국유재산 특례 신설 시 사전에 그 타당성을 심사하고, 기존 특례도 지속적으로 존치 여부를 평가하고 있다.

또한 조세지출 예산제도와 유사한 국유재산특례지출예산서를 국회에 제출(2016년 회계부터)하여 운용의 투명성을 제고하고 있다. 즉, 기획재정부 장관은 사용료 등의 감면, 양여 등 국유재산특례에 따른 재정 지원의 직전 회계연도 실적과 해당 회계연도 및 다음 회계연도 추정 금액을 국유재산특례의 유형별로 분석한 보고서(국유재산

18) 기금의 재원은 정부의 출연금 또는 출연재산, 다른 회계 또는 다른 기금으로부터의 전입금, 차입금, 총괄청 소관 일반재산(증권은 제외)과 관련된 수입금(대부료, 변상금 등 재산관리에 따른 수입금, 매각 · 교환 등 처분에 따른 수입금), 총괄청 소관 일반재산 개발에 따른 관리 · 처분 수입금, 국유재산관리기금의 관리 · 운용에 따른 수입금으로 구성된다(국유재산법 제26조의3).

19) 국유재산의 사용료 감면 등 국유재산특례는 필요 최소한으로 허용되어야 함에도 불구하고, 개별법상 국유재산특례가 과다하게 규정되는 등 방만하게 운용되고 있으며, 수익기관 간의 형평성 문제도 내포하고 있으므로, 국유재산특례제한법 또는 국유재산법에 따라서만 국유재산특례의 신설 및 운용이 가능하도록 제한하고, 국유재산특례의 요건, 신설 특례에 대한 심사 및 기존 특례에 대한 점검 · 평가 등을 통해 국유재산의 효율적인 활용을 도모하고, 국가재정의 건전한 운영에 이바지하기 위해 국유재산특례법을 제정하였다(법제처 홈페이지 법령 연혁에서 발췌).

특례지출예산서)를 작성하여야 한다. 국유재산특례지출예산서는 국가재정법 제34조에 따라 정부 예산안의 첨부서류로 국회에 제출된다.

기획재정부 장관은 국유재산특례지출예산서를 작성하기 위하여 필요한 때에는 중앙관서의 장에게 자료 제출을 요청할 수 있으며, 국유재산특례지출예산서에는 ① 국유재산의 사용료 등의 감면, 국유재산의 양여 등 국유재산특례의 유형별 분석, ② 세출예산 분야별로 집계한 기능별 분석, ③ 공공 부문과 민간 부문으로 분류하여 집계한 국유재산특례 적용 대상자별 분석, ④ 국유재산특례 소관 중앙관서별로 집계한 소관별 분석이 포함되어야 한다(국유재산특례제한법 제10조, 동법 시행령 제4조의2).

(7) 국유재산책임관

중앙관서별 국유재산 책임관을 지정 · 운영하고 있다. 즉, 중앙관서의 장은 소관 국유재산의 관리 · 처분 업무를 효율적으로 수행하기 위하여, 그 관서의 고위공무원으로서 기획 업무를 총괄하는 직위에 있는 자를 국유재산 책임관으로 임명하여야 한다(국유재산법 제27조의2).

국유재산책임관은 소관 국유재산의 관리 · 처분에 관한 계획, 집행계획에 관한 업무, 국유재산관리운용보고에 관한 업무 등을 담당하는데, 중앙관서의 장은 소속 관서에 설치된 직위를 지정하는 것으로 갈음할 수 있다.

3) 국유재산의 현황

디지털 예산회계시스템(http://www.digitalbrain.go.kr)에서는 국유재산 관련 재정지표로 국유재산 추이와 결산 현황을 제공하고 있다. 2011년부터 국가회계법 제11조 및 국가회계기준에 관한 규칙 제9조에 따라 도로, 철도, 댐, 항만, 공항, 상수도 등 사회기반시설을 포함한 공공용 재산이 결산 대상에 포함되었으며, 국유재산법 제68조에 따라 국유재산에 대한 가격 평가를 실시해 결산에 반영하고 있다.

4) 국유재산 관리제도의 발전 방안

효율적인 국유재산 관리를 도모하기 위한 방안은 다음과 같다.

첫째, 국유재산 공유지분에 따른 중앙정부, 지방자치단체, 공공기관, 개인 간의 협력이 필수적이며, 과거, 현재, 미래의 국유재산 활용 가치를 고려한 중장기적 협력 방안을 국가재정 운용계획과 연계해야 한다. 국유재산의 관리 실태를 지속적으로 점검

〈표 9-20〉 국유재산의 현황

(단위: 조 원)

구분		2017	2018	2019	2020	2021	2022
합계		1,075.8	1,081.8	1,125.0	1,151.5	1,337.1	1,356.7
행정재산	토지	436.1	440.9	456.1	476.8	590.8	590.6
	건물	66.5	68.5	70.9	74.0	68.7	70.0
	공작물	282.1	288.6	287.5	286.7	328.8	343.1
	기계기구	0.9	1.0	1.0	0.9	1.2	1.2
	입목죽	10.8	6.7	5.8	5.4	5.5	5.5
	선박, 항공기	2.3	2.5	2.8	3.0	3.6	2.7
	유가증권	–	–	–	–	–	1.2
	무체재산	1.1	1.1	1.1	1.2	1.8	1.9
	소계 (비중)	800.0 (74.4%)	809.5 (74.8%)	825.2 (73.3%)	847.0 (73.6%)	1,000.5 (74.8%)	1,016.2 (74.9%)
일반재산	토지	26.9	26.8	28.7	30.2	39.3	39.5
	건물	1.2	1.4	1.8	1.9	2.2	2.3
	공작물	0.1	0.1	0.1	0.1	0.2	0.2
	기계기구	–	–	–	–	–	–
	입목죽	2.0	2.1	2.2	2.2	2.1	2.1
	선박, 항공기	–	–	–	–	–	–
	유가증권	245.7	241.8	267.0	270.0	292.9	296.5
	무체재산	–	–	–	–	–	–
	소계 (비중)	275.9 (25.6%)	272.2 (25.2%)	299.8 (26.7%)	304.5 (26.4%)	336.6 (25.2%)	340.5 (25.1%)

자료: 기획재정부 재정동향, 국회예산정책처(2023), 『대한민국재정』.

하고, 유휴 행정재산의 회수, 미활용 재산의 적극적 활용, 비축 토지 매입 규모, 무단 점유 해소를 위한 노력이 중장기적 관점에서 체계적으로 관리될 필요가 있다.

둘째, 국유재산 관리제도가 개별 방식에서 통합 방식으로 전환됨에 따라 국유재산에 대한 정확한 실태조사를 바탕으로 국유재산의 관리 시스템을 지속적으로 고도화할 필요가 있다. 특히 국유재산과 관련하여 총괄청인 기획재정부, 총괄 사무를 위임받은 조달청, 일반회계, 특별회계, 기금에 속한 행정재산을 관리하는 중앙관서와 지방자치단체, 일반회계에 속한 일반재산의 관리를 담당하는 한국자산관리공사 간의 유기적 자료 협조가 필요하다.

셋째, 국유재산 유형에 따른 관리체계를 확립할 필요가 있다. 행정재산으로 존치할 필요가 없는 재산은 회수하거나 용도를 폐지해 일반재산으로 관리할 필요가 있다. 또한 국유재산에 대한 전수 실태조사를 통해 무단 점유 토지를 효율적으로 관리할 필요가 있다.

넷째, 국유재산 담당 공무원의 전문성을 배가할 필요가 있다. 국유재산법 제27조의2에 의해 국유재산 책임관 제도를 운영하고 있는데, 전문적 능력을 배양할 수 있는 제도적 방안을 지속적으로 모색할 필요가 있다.

다섯째, 조세지출 예산제도와 유사한 취지의 국유재산특례지출예산서를 단순한 보고서 형태로 운영하기보다는 프로그램 예산 및 성과관리제도와 연계해야 한다. 국유재산의 보유, 유지, 매각 등과 관련된 비용 계산을 합리적으로 도모할 필요가 있으며, 국유재산 모니터링 시스템을 강화하고, 국유재산 활용률과 관련된 성과지표를 프로그램 예산제도와 연계해 운영할 필요가 있다.

4 조달행정 및 국가계약제도

1) 조달행정의 개념

국가기관, 지방자치단체, 공공기관 등 공공 서비스 기관이 본래의 기능을 수행하기 위해서는 각종 인적 자원 및 물적 자원이 필요한데, 인적 자원은 채용제도를 통해 확보한다면 물적 자원은 정부 외부(민간 등)로부터 구매하게 된다. 즉, 정부가 공공 서비스 공급을 위해 필요한 자원을 직접 생산해 공급하기보다는 외부로부터 구매해 필요한 기관에 공급하는 행위를 조달(procurement)이라 한다. 조달행정과 관련된 개념을 이해하기 위해서는 다음과 같은 개념을 정리할 필요가 있다.

첫째, 구매 공급기관의 개념이다. 정부에 필요한 물적 자원을 구매하는 기관은 조달기관에서 담당하는데, 우리의 경우도 조달청(Public Procurement Service)에서 그 기능을 수행한다. 즉, 조달청은 공공 서비스 공급에 필요한 물자를 구매해 필요로 하는 수요기관에 공급하는 역할을 담당한다. 특히 정부조직법 제27조에 의하면, 정부가 행하는 물자(군수품 제외)의 구매·공급 및 관리에 관한 사무와 정부의 주요 시설 공사계약에 관한 사무를 관장하기 위하여 기획재정부 장관 소속으로 조달청을 두고 있다.

둘째, 수요기관의 개념이다. 즉, 수요기관이란 필요한 물자를 공급받아 공공 서비스를 제공하는 기관을 의미한다. 현행 법률에서는 ① 국가기관(소속기관 포함), ② 지방자치단체(소속기관 포함), ③ 국가 또는 지방자치단체가 투자·출연한 기관, ④ 그 밖의 기관으로서 수요물자의 구매 · 공급 또는 시설공사 계약 체결을 요청하여, 조달청장이 인정하는 기관을 수요기관으로 규정하고 있다(조달사업에 관한 법률 제2조, 동법 시행령 제4조).

셋째, 물자의 개념이다. 공공 서비스 공급에 필요한 물자는 크게 수요물자와 비축물자로 구분되는데(조달사업에 관한 법률 제2조), 수요물자란 수요기관이 필요로 하는 물자로서 조달청장이 국내 및 국외에서 구매 · 공급하는 물품 및 용역[임차(賃借)와 대여 포함]을 의미한다(동법 시행령 제2조). 또한 비축물자란 장단기(長短期)의 원활한 물자 수급과 물가 안정을 위하여 정부가 단독으로 또는 정부와 민간이 협력하여 비축하거나 공급하는 생활필수품, 원자재 및 시설자재로서 ① 해외 의존도가 높은 물자, ② 국민생활 안정에 매우 중요한 물자, ③ 방위산업물자의 안정적 생산을 위하여 필요한 물자, ④ 그 밖에 물가 안정과 수급 조절을 위하여 긴급히 대처할 필요가 있다고 인정하는 물자로서 기획재정부 장관이 관계 중앙행정기관의 장과 협의하여 고시하는 물자를 의미한다(동법 시행령 제3조).

넷째, 물품이란 국가가 소유하는 동산과 국가가 사용하기 위하여 보관하는 동산을 의미하는데, 현금, 법령에 따라 한국은행에 기탁해야 할 유가증권, 국유재산은 제외된다(물품관리법 제2조). 물품의 분류 체계를 통일하고, 물품정보에 관한 자료를 수집 · 분석 · 정리해서 목록화하고 전산화함으로써, 물품의 생산 · 수급 · 관리 및 운용의 모든 분야에서 경제적 · 효율적으로 이용할 수 있는 종합적 · 체계적인 물품정보를 얻고, 그 정보를 효율적으로 관리하고 이용할 수 있게 함을 목적으로 물품목록정보의 관리 및 이용에 관한 법률을 제정해 운영하고 있다.

다섯째, 정부는 물품 조달과 관련해 직접 구매(purchase)하는 방식을 채택하고 있으나, 리스(lease) 방식을 채택하는 경우도 있다. 구매는 정부가 직접 구입하여 물품에 대한 소유권을 획득하는 개념인 데 비해, 리스란 임대 방식으로 일정 기간 사용료를 지불하고 물품을 구입하는 개념이다. 예를 들어, 관용 차량의 경우, 구매해 소유권을 획득하고 사용할 수도 있으나, 리스를 통해 소유권 없이 일정 기간 동안 사용료를 지불해 이용할 수도 있다. 물론 리스 사용 기간이 지난 후에 소유권을 획득할 수도 있는데, 이를 리스-구매(lease-purchase agreement)라 한다.

2) 조달행정의 원칙

(1) 공정성

조달행정을 구현할 때 가장 우선적으로 고려해야 할 원칙 중의 하나가 공정성이다. 조달행정은 조달물자와 관련된 입찰 과정을 거치기 때문에 입찰 과정의 투명성과 공정한 경쟁 보장은 필수적이며, 부정적 행위에 대한 강력한 규제가 수반된다. 특히 조달행정의 공정성을 확보하기 위해서는 입찰 참여의 공평성, 입찰 공고에 대한 접근 가능성 제고, 입찰 과정의 투명성, 공개경쟁 및 경쟁 환경의 조성, 입찰 관련 제반 절차 및 내용의 명확한 법규화, 입찰 과정과 결과에 대한 문서화 및 공개화 등을 모색해야 한다.

(2) 효율성

조달행정의 효율성은 투입과 결과적 측면에서 고려될 필요가 있다.

첫째, 조달행정을 투입적 측면에서 강조한다면 최소의 비용으로 구매 공급해야 한다. 조달과 관련된 시간과 비용을 최소화하고, 수요기관이 요구하는 필요한 자원을 적기에 공급해야 한다. 특히 조달과 관련된 종합적인 계획과 명확한 운영지침을 통해 거래비용을 절감하고, 중복 조달의 개연성을 사전에 차단하며, 수요기관의 특성에 맞는 물자를 구매 공급하는 절차적 관리가 필요하다.

둘째, 조달행정을 결과적 측면에서 강조한다면 조달을 통해 공공 서비스의 가치를 증대시킬 필요가 있다. 적은 비용으로 물자를 조달했다 할지라도 적정한 품질이 보장되지 못한다면 효율적인 조달이라 할 수 없다. 투입적 관점에서 적은 비용만을 강조하고 결과적 측면에서 조달된 물품의 가치를 고려하지 못한다면, 전체 정부 예산 지출의 비효율성을 초래할 수 있다.

(3) 미래 대응성

정부의 예산지출은 1년 단위를 중심으로 운영되고 있지만, 정부가 공급해야 할 다양한 공공 서비스에는 단년도만의 지출로 이뤄지지 않는 서비스가 존재한다. 단년도 중심의 임시방편적 조달행정보다는 중장기적 관점에서 정부가 필요한 물자를 조달할 수 있는 대응 능력이 향상되어야 한다. 특히 조달물자를 수요물자와 비축물자로 구분할 경우, 비축물자일수록 미래 대응성에 대한 가치를 우선적으로 고려해야 한다.

3) 조달의 유형

조달의 유형은 필요한 자원을 직접 구매해 사용하느냐에 따라 집중조달 형태와 분산조달 형태로 구분할 수 있다. 집중조달 형태는 물자를 필요로 하는 수요기관을 대신해서 구매·공급하는 형태이며, 분산조달 형태는 물자를 필요로 하는 수요기관이 직접 구매해 사용하는 형태다. 집중조달과 분산조달은 장·단점이 존재하는데, 이를 살펴보면 다음과 같다.

첫째, 조달 과정에서 발생하는 비용 절감과 관련해 집중조달은 분산조달에 비해, 조달 비용을 절약할 수 있는 이점이 있다. 집중조달의 경우는 조달에 소요되는 시간과 비용을 단축할 수 있고, 외부 조직과의 관계에서 거래 비용을 절감할 수 있다.

둘째, 조달 업무의 전문성과 관련해 집중조달은 분산조달에 비해, 업무의 전문화를 도모할 수 있다. 조달 업무는 정부 내부보다 정부 외부와의 관계 속에서 이뤄지기 때문에, 집중조달로 구매에 따른 입찰 및 검수 과정의 전문화, 계약과 관련된 업무 전문성을 제고할 수 있다.

셋째, 조달물자의 중복성 차단과 관련해 집중조달은 분산조달에 비해 유리하다. 수요기관별로 분산 조달될 경우 기관별 중복 조달의 개연성이 발생할 수 있으나, 집중조달의 경우는 전체적인 조달계획 속에서 중복 가능성을 사전에 차단할 수 있다.

넷째, 조달의 적시성과 관련해 집중조달보다는 분산조달이 상대적으로 유리하다. 집중조달할 경우 수요기관이 요구하는 시간에 적시에 공급하기가 상대적으로 어렵다. 적기에 조달이 이뤄지지 않아 업무 공백이 발생하는 조달 실패의 가능성은 집중조달에서 발생할 가능성이 상대적으로 크며, 조달물자의 적기 공급 지연에 따른 관리 비용이 발생할 수 있다.

다섯째, 조달물자의 수요기관 요구 반영은 집중조달보다는 분산조달이 상대적으로 유리하다. 수요기관별로 요구되는 조달물자가 상이한 상태에서 집중조달하기보다는 수요기관이 직접 조달할 때 수요기관의 업무 특성에 맞는 물자 조달이 가능하다.

여섯째, 조달의 신축성과 관련해 집중조달보다는 분산조달이 상대적으로 유리하다. 집중조달의 경우에는 조달과 관련된 불법행위를 지양하고 효율적인 조달 업무를 수행하기 위해 법적 규제장치를 통해 조달 절차 및 내용을 통제할 가능성이 있다.

결국 비용 절감, 전문성, 중복성 차단이라는 측면에서는 집중조달이 분산조달에 비해 상대적인 이점을 지니고 있으며, 적시성, 수요기관의 요구 반영, 신축성이라는 측면에서는 분산조달이 집중조달에 비해 상대적으로 유리하다.

4) 조달과정 및 규모

조달의 범위는 ① 조달물자의 구매, 물류관리, 공급 및 그에 따른 사업, ② 수요기관의 시설공사 계약 및 그에 따른 사업, ③ 수요기관의 시설물 관리, 운영 및 그에 따른 사업, ④ 다른 법령에서 조달청장이 할 수 있거나 하도록 규정한 사업 등이다(조달사업에 관한 법률 제3조).

조달계약사업이란 수요기관이 요청한 사업에 대해 계약을 집행하는 조달사업으로 내자, 외자, 시설공사의 계약 사업과 원활한 물자수급과 물가안정을 위한 원자재 비축사업을 의미한다. 또한 조달지원사업이란 조달계약사업 외 수요기관의 요청에 의해

〈표 9-21〉 조달사업의 규모

(단위: 억 원)

구분			2019년	2020년	2021년	2022년
공공조달	총 공공조달 계약(조원)(A)		159.9	175.7	184.1	196.0
	조달청 계약 비중(B/A, %)		28.3	27.3	27.9	29.2
조달사업(B)	총계(a+b)		652,581	691,461	772,403	786,197
	조달계약(a)	소계	458,205	486,239	519,620	576,403
		내자	321,434	346,440	372,923	408,108
		외자	5,712	5,694	6,054	4,282
		시설	131,059	134,105	140,643	164,013
		비축	3,593	4,699	12,101	9,846
	조달지원(b)		192,715	202,557	248,102	205,312
조달계약	임의(c) (c/B, %)		197,550 (43.1%)	214,021 (44.0%)	222,488 (42.8%)	250,356 (43.4%)
	의무(d) (d/B, %)		260,655 (56.9%)	272,218 (56.0%)	297,132 (57.2%)	326,047 (56.6%)
계약방법	경쟁	소계	366,292(79.7)	379,198(77.6)	406,160(77.5)	450,058(77.5)
		일반경쟁	165,224	171,659	183,508	203,234
		지명경쟁	748	905	1,095	978
		제한경쟁	200,320	206,633	221,557	245,846
	수의계약		93,574(20.3)	109,707(22.4)	118,141(22.5)	130,827(22.5)

* 물품은 리스계약 실적 포함, 조달지원사업에는 맞춤형 서비스, 총사업비 검토, 원가 검토, 설계적정성(2015년부터 조달사업 실적에 반영)가 포함되어 있음.

자료: 조달청 조달사업통계(2023.6)에서 재구성.

검토, 관리, 지원을 하는 사업으로, 공사 관리 대행, 총사업비 설계 검토, 지방자치단체 공사 원가 사전 검토를 포함하고 있다.

조달 과정은 조달계획 수립, 입찰공고, 입찰, 계약, 검사 및 검수관리, 대금청구관리 등으로 구분된다. 따라서 조달 과정의 핵심은 입찰 및 계약이라고 할 수 있는데, 이에 대한 총괄적 시스템인 국가종합전자조달시스템이 구축되어 있다. 즉, 나라장터(http://www.g2b.go.kr)에서는 입찰과 관련된 모든 정보를 확인할 수 있으며, 나라장터 전자입찰을 이용하는 기업인들의 업무 편익을 위해 스마트폰에서도 주요 서비스를 제공하고 있다. 스마트 나라장터는 스마트폰을 이용한 나라장터 전자입찰 서비스로 입찰자는 휴대성이 탁월한 스마트폰을 사용해 시간적·공간적 제약 없이 언제 어디서나 쉽고 빠르게 입찰에 참여할 수 있다. 또한 현장 작업이나 국내·외 출장이 많은 입찰자들이 현장에서 즉시 입찰공고 조회, 투찰 및 개찰 결과 조회가 가능하다.

나라장터는 조달업무 전 과정을 온라인으로 처리하는 선진 전자조달시스템으로, 모든 공공기관의 입찰정보가 공고되고, 1회 등록으로 어느 기관 입찰에나 참가할 수 있는 공공조달 단일창구(single window) 역할을 수행하고 있다.

5) 정부 예산과 정부계약

(1) 계약의 법적 성격

정부계약과 관련된 기본법은 국가를 당사자로 하는 계약에 관한 법률(국가계약법)에 의해 규율되고 있는데, 국가계약법의 법적 성격을 살펴보면 다음과 같다(지식경제공무원, 2010: 10-11).

첫째, 국가계약법의 규정들은 사법 원리를 법률로써 제한한 사법의 특별법적 성질을 갖는다고 할 수 있으며, 국가가 행하는 비권력적 예산회계 행정작용 중 계약에 관한 사항만을 규율하는 규범이다.

둘째, 국가계약 법령은 정부계약을 규율하는 독립된 기본법으로 성격상 대부분 사법적 규정이므로, 이에 대한 다툼은 민사소송의 대상이 된다.

셋째, 국가계약 법령의 규정은 대부분 당사자 간에 임의로 적용을 배제할 수 없다는 점에서 강행 법규성을 갖고 있고, 직접적으로 권리·의무를 정하는 실체법보다는 절차법적 성격이 강하다.

넷째, 국가계약 법령 규정은 대부분 국민을 직접 기속(羈束)하지 않고, 계약 당사자의 일방인 국가기관 등 또는 그 소속 계약 담당 공무원·계약 담당자를 기속하는 내용의 규정들이므로, 위반 시 원인 무효의 경우를 제외하고는 원칙적으로 계약의 효력에는 영향이 없고 내부적인 문책만 따른다.

(2) 정부계약의 법규 체계

정부계약 관련 기본 법령은 재정법 시기, 예산회계법 시기, 국가계약법 시기로 구분된다. 1951년 9월 24일 재정법의 제정으로 정부계약에 관한 규정을 마련해 약 10여 년 간을 운영했으며, 1961년 12월 19일에는 정부계약에 관한 기본법으로 예산회계법 및 예산회계법 시행령을 제정했다. 초기 예산회계법에서는 정부계약과 관련된 내용이 구체화되지 못했다가, 1975년 12월 31일부터 예산회계법상 계약에 관한 별도의 장(제6장 계약)을 마련했다. 또한 대형공사와 관련된 계약을 전문화하기 위해 1975년 4월 17일에 대형공사에 관한 예산회계법 시행령 특례규정을 마련했다.

정부계약과 관련된 법체계는 1995년 1월 5일부터 재정비되었는데, 기존의 예산회계법상의 계약 편을 분리해 국가를 당사자로 하는 계약에 관한 법률(국가계약법)을 제정하고, 예산회계법 시행령 계약편과 대형공사에 관한 예산회계법 시행령 특례규정을 합해 국가계약법 시행령을 제정했다. 또한 1997년 1월부터는 특정 조달을 위한 국가

[그림 9-6] 정부계약 관련 법령 체계의 변천

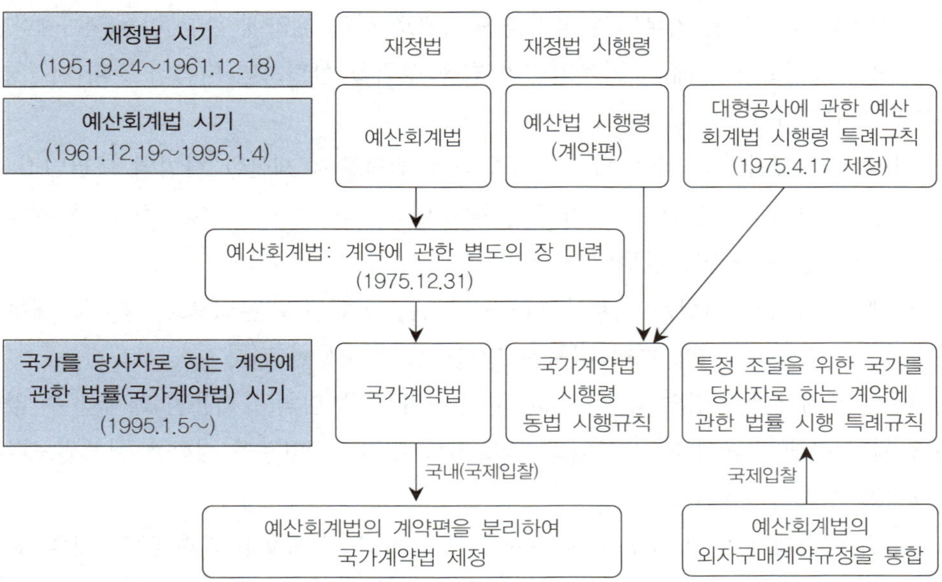

를 당사자로 하는 계약에 관한 법률 시행령 특례규정을 마련(예산회계법 시기의 외자 구매 계약규정을 통합)해 국제입찰에 대해서는 별도로 규율하고 있다.

(3) 정부계약의 절차 및 종류

정부계약의 일반적 절차는 계약 방법 결정, 입찰공고, 입찰, 낙찰자 결정, 계약 체결, 계약 이행, 이행 완료 및 대가 지급의 순으로 이뤄지며, 정부계약의 종류는 계약 체결 방법, 대상, 형태에 따라 구분된다.

〈표 9-22〉 정부계약의 종류

구분	종류
계약 체결 방법	일반경쟁입찰, 제한경쟁입찰, 지명경쟁입찰, 수의계약
계약 체결 대상	희망 수량 경쟁입찰, 2단계 경쟁입찰, 동시 분리 입찰, 협상계약, 종합계약, 복수경쟁
계약 체결 형태	단년도계약・장기계속계약・계속비계약, 총액계약・단가계약, 확정계약・개산계약 단독계약・공동계약, 회계연도 개시 전 계약
계약 체결 목적물	공사계약, 물품제조・구매 계약, 용역계약

(4) 계약 체결 방법에 의한 종류

계약 체결 방법에 따라 일반경쟁입찰, 제한경쟁입찰, 지명경쟁입찰, 수의계약 등으로 구분해 볼 수 있다. 국가계약법에서는 일반경쟁입찰에 의한 계약을 기본 원칙으로 규정하고 있다(국가계약법 제7조).

첫째, 일반경쟁입찰(동법 제7조, 동법 시행령 제10조)은 가장 단순하고 보편화된 계약 방식으로 공정한 입찰 기회를 부여하고, 가격 경쟁에 의한 예산 절감을 도모할 수 있는 이점이 있으나, 부적격자의 응찰로 경쟁 과열과 공사의 부실을 초래할 수 있다.

둘째, 제한경쟁입찰(동법 시행령 제21조~제22조)은 시공 능력, 실적, 기술 보유 상황 등 일정한 기준에 의해 입찰 참가를 제한하고, 성질별・규모별로 유형화하여 경쟁 참가 적격자를 제한함으로써, 불성실하고 능력이 없는 자를 입찰에 참가하지 못하도록 하는 방식이다. 일반경쟁과 지명경쟁의 단점을 보완하려는 방식이지만, 자격 제한과 관련된 반발과 실적이 없는 신생 업체의 참여가 어려운 방식이다.

셋째, 지명경쟁입찰(동법 시행령 제23조~제24조)은 계약의 성질 또는 목적에 비춰 특수한 설비・기술・자재・물품 또는 실적이 있는 자가 아니면 계약 목적을 달성하기 곤란한 경우로서, 입찰 대상자가 10인 이내일 때 입찰 대상자를 지명하고 지명된 자들로 하여금 경쟁을 시켜 계약을 체결하는 방식이다. 지명경쟁입찰도 제한경쟁입찰과 마찬가지로 일반경쟁입찰에 따른 무자격자의 참여를 배제하는 입찰 방식이지만, 특정 지명자들만 참여함으로써 담합을 초래하거나 공정성을 훼손할 수 있다.

넷째, 수의계약(동법 시행령 제26조~제29조)은 천재지변, 국가 안전보장 등 경쟁을 확보할 수 없는 경우, 생산자가 1인인 경우, 중소기업제품 구매, 국가유공자 또는 장애인 등에게 일자리나 보훈 · 복지 서비스 등을 제공하기 위한 목적으로 설립된 단체 등과 계약을 체결하는 경우, 계약의 목적 · 성질 등에 비추어 경쟁에 따라 계약을 체결하는 것이 비효율적이라고 판단되는 경우에 계약 담당 공무원이 특정인을 선정하여 계약을 체결하는 방식이다. 입찰 관련 비용을 줄일 수 있고, 특정 상황에 대한 특정 상대방을 선택할 수 있는 이점이 있으나, 경쟁에 따른 이점을 확보하기 어렵고, 담당자와 계약 체결자 간에 담합의 소지가 있다.

(5) 계약 체결 대상에 의한 종류

계약을 체결하는 대상(수량, 기술 또는 가격)으로 분류하면 다음과 같다.

첫째, 희망 수량 경쟁입찰(동법 시행령 제17조)은 다량의 물품을 매각할 경우의 일반경쟁입찰은 매각 수량의 범위 안에서 수요자의 매수 희망 수량과 단가를 입찰하게 할 수 있으며, 다량의 수요물품을 구매할 경우의 일반경쟁입찰은 수요 수량의 범위 안에서 공급자가 공급할 희망 수량과 단가를 입찰하게 할 수 있다. 즉, 다량의 물품을 희망 수량에 따라 분할하여 매각하고자 할 경우 예정가격 이상의 단가로 입찰한 자 중 최고가격으로 입찰한 자 순으로 매각 수량에 도달할 때까지의 입찰자를 낙찰자로 하며(동법 시행령 제45조), 다량의 물품을 희망 수량에 따라 분할하여 구매하고자 할 경우 예정가격 이하의 단가로 입찰한 자 중 최저가격으로 입찰한 자 순으로 수요 수량에 도달할 때까지의 입찰자를 낙찰자로 한다(동법 시행령 제46조).

둘째, 2단계 경쟁입찰(동법 시행령 제18조 제1항, 제2항)은 물품의 제조 · 구매 또는 용역계약에서 미리 적절한 규격 등의 작성이 곤란하거나, 기타 계약의 특성상 필요하다고 인정되는 경우에는 먼저 규격 또는 기술 입찰을 실시한 후 가격 입찰을 실시할 수 있으며, 규격 또는 기술 입찰을 개찰한 결과 적격자로 확정된 자에 한하여 가격입찰에 참가할 수 있는 자격을 부여하는 방식이다.

셋째, 동시 분리 입찰(동법 시행령 제18조 제3항)은 물품의 제조 · 구매 또는 용역계약의 특성에 따라 필요하다고 인정되는 경우에는 규격과 가격 또는 기술과 가격 입찰을 동시에 실시할 수 있으며, 이 경우 규격 입찰 또는 기술 입찰을 개찰한 결과 적격자로 확정된 자에 한하여 가격 입찰을 개찰하는 방식이다. 2단계 경쟁입찰은 규격 또는 기술 입찰 이후 적격자에 한하여 가격 입찰을 실시하는 데 비해, 동시 분리 입찰 방식은 규격과 가격, 기술과 가격 입찰을 동시에 실시한다는 점에서 차이가 난다.

넷째, 협상에 의한 계약(동법 시행령 제43조)은 물품 · 용역계약에서 계약 이행의 전문성 · 기술성 · 긴급성, 공공시설물의 안전성 및 그 밖에 국가안보 목적 등의 이유로 필요하다고 인정되는 경우, 다수의 공급자들로부터 제안서를 제출받아 평가한 후 협상 절차를 통하여 국가에 가장 유리하다고 인정되는 자와 계약을 체결할 수 있다.

다섯째, 종합계약(동법 제24조)은 각 중앙관서의 장 또는 계약 담당 공무원이 같은 장소에서 다른 관서, 지방자치단체 또는 공공기관의 운영에 관한 법률에 따른 공기업 및 준정부기관이 관련되는 공사 등에 대하여 관련 기관과 공동으로 발주하는 계약을 체결하는 방식인데, 관련되는 기관의 장은 계약 체결에 필요한 사항을 협조하여야 한다(동법 시행령 제71조).

여섯째, 복수경쟁(동법 시행령 제25조)은 품질 · 성능 또는 효율에 차이가 있는 유사한 종류의 물품 중에서 품질 · 성능 또는 효율이 일정 수준 이상인 물품을 지정하여 구매하고자 하는 경우에는 복수 경쟁에 부칠 수 있다. 이 경우 유사한 종류의 물품별로 작성된 예정가격에 대한 입찰 금액의 비율이 가장 낮은 입찰자를 낙찰자로 한다.

(6) 계약 이행 기간에 의한 종류

계약 이행 기간의 구분에 따라 단년도계약, 장기계속계약, 계속비계약 등으로 구분해 볼 수 있다(국가계약법 제21조, 동법 시행령 제69조).

단년도계약은 이행 기간이 1 회계연도에 국한되는 것으로, 당해 연도 세출예산에 계상된 예산을 재원으로 체결하는 계약이며 정부계약의 기본 원칙이다.

장기계속계약은 성질상 수년 간 계속하여 존속할 필요가 있거나 이행에 수년을 요하는 경우 계약 기간을 여러 회계연도에 걸쳐 체결하는 것으로, 사업의 규모, 내용 등이 설계서 등에 의하여 확정되었으나 예산의 일괄 확보가 어려울 때 활용된다.

계속비계약은 완성에 수년을 요하는 공사 · 제조 · 연구개발사업의 경우, 경비의 총액과 연도별 배분액을 정하여 미리 국회의 의결을 받은 범위 내에서 5년 이내에 지출할 수 있는 예산(계속비)으로 체결된 계약을 의미한다.

장기계속계약과 계속비계약의 차이점은 장기계속계약이 각 회계연도 예산 범위 안에서 당해 계약을 이행하는 데 비해, 계속비계약은 사전에 국회 의결을 거쳐 계속비로 확정되었다는 점에서 차이가 난다. 즉, 계속비계약은 장기간에 걸친 총 공사 금액을 확보한 계약이지만, 장기계속계약은 당해 연도분만 계약을 체결하고, 각 회계연도 예산 범위 안에서 계약을 체결하는 방식이다.

〈표 9-23〉 단년도계약, 장기계속계약, 계속비계약의 차이

구분	단년도계약	장기계속계약	계속비계약
이행 기간	1년 이내	장기	5년 이내
예산 확보	확보 (당해 연도 예산범위 내 계약)	미확보 (당해 연도분만 확보)	확보(연부액 부기) (총공사금액으로 입찰 · 계약)

(7) 계약 체결 형태에 의한 종류

계약 체결 형태에 따라 다양하게 구분할 수 있다.

첫째, 계약을 총액으로 체결하거나 단가에 따라 체결할 수 있는데, 총액계약이 기본 원칙이라 할 수 있다. 즉, 총액계약이 기본 원칙이지만, 일정한 기간 계속하여 제조 · 수리 · 가공 · 매매 · 공급 · 사용 등의 계약을 할 필요가 있을 때에는 해당 연도 예산의 범위 안에서 단가에 대하여 계약을 체결할 수 있다(동법 제22조).

둘째, 확정계약과 개산계약, 조건부 계약으로 구분할 수 있다. 확정계약은 예정가격을 미리 작성하여 낙찰자를 결정하고, 계약을 체결하는 것으로 정부계약의 기본 원칙이다. 반면에 개산(概算)계약은 미리 예정가격을 정할 수 없을 때 개산가격을 정하여 계약을 체결하고 사후에 정산하는 방식이다. 개산계약의 예로는 개발시제품의 제조계약, 시험 · 조사 · 연구용역계약, 공공기관과의 관계 법령에 따른 위탁 또는 대행계약, 시간적 여유가 없는 긴급한 재해복구를 위한 계약 등이 해당한다. 개산계약을 체결한 때에는 감사원에 통지하여야 한다(동법 제23조, 동법 시행령 제70조). 아울러 사후 원가검토 조건부 계약이 존재하는데, 입찰 전에 예정가격을 구성하는 일부 비목의 금액을 결정할 수 없는 경우 계약 금액을 잠정적으로 정한 후 계약 이행 완료 후 예정가격 결정 기준에 따라 원가를 검토하여, 계약 금액을 조정할 것을 조건으로 체결하는 계약이다. 외국의 첨단부품을 수입하거나 제작에 장기간 소요되는 특수품 조달 시에 이용되는 계약 방식이다(동법 시행령 제73조).

셋째, 단독계약, 공동계약, 지역의무공동도급제로 구분할 수 있다. 국가계약법령은 정부계약의 상대자를 1인으로 상정하는 것이 원칙이나, 공사 · 제조 기타의 계약에

있어 필요하다고 인정하거나 지식기반사업 중 수 개의 전문 분야가 요구되는 복합사업에 입찰 참가자가 공동으로 참가하고자 하는 경우에는 계약 상대자를 2인 이상으로 하는 공동계약을 체결할 수 있다(동법 제25조, 동법 시행령 제72조, 제72조의2). 또한 공동계약을 체결할 때 추정가격이 고시 금액 미만이고, 건설업 등의 균형 발전을 위하여 필요하다고 인정되는 사업, 저탄소·녹색성장의 효과적인 추진, 국토의 지속 가능한 발전, 지역경제 활성화 등을 위하여 특별히 필요하다고 인정하여 기획재정부 장관이 고시하는 사업인 경우에는 공사 현장을 관할하는 특별시·광역시·도 및 특별자치도에 주된 영업소가 있는 자 중 1인 이상을 공동 수급체의 구성원으로 하여야 한다(지역의무 공동도급제도). 공동계약은 대기업보다 상대적으로 열위에 있는 중소기업에 수주 기회를 확대하고, 중소기업의 경쟁력 제고를 지원하기 위해 도입된 제도이며, 이행 방식으로는 공동 이행 방식과 분담 이행 방식이 있다. 공동 이행 방식은 계약의 구성 및 손익 배분을 출자 비율에 따라 이행하는 데 비해, 분담 이행 방식은 분담 공사별로 배분하는 방식이다.

넷째, 회계연도 개시 전 계약이다. 임차·운송·보관 기타 성질상 중단할 수 없는 계약에 있어서는 대통령령이 정하는 바에 의하여 국고금관리법 제20조의 규정에 불구하고, 회계연도 개시 전에 당해 연도의 확정된 예산의 범위 안에서 미리 계약을 체결할 수 있다. 회계연도 개시 전에 계약을 체결하고자 할 때에는 회계연도 개시일 이후에 계약의 효력이 발생하도록 하여야 한다(동법 제20조, 동법 시행령 제67조).

(8) 낙찰자 결정

낙찰자 결정 방식은 국가계약법 제10조에 명기되어 있는데, 크게 세입의 원인이 되는 경쟁입찰, 국고에 부담이 되는 경쟁입찰로 구분되어 있다.

우선, 세입의 원인이 되는 경쟁입찰에 있어서는 최고 가격의 입찰자를 낙찰자로 한다. 다만, 계약의 목적, 입찰가격 및 수량 등을 고려하여 대통령령으로 기준을 정한 경우에는 그러하지 아니하다(동법 제10조 제1항).

다음으로, 국고의 부담이 되는 경쟁입찰에 있어서는 ① 충분한 계약 이행 능력이 있다고 인정되는 자로서 최저 가격으로 입찰한 자, ② 입찰공고 또는 입찰설명서에 명기된 평가 기준에 따라 국가에 가장 유리하게 입찰한 자, ③ 그 밖에 계약의 성질·규모 등을 고려하여 대통령령으로 특별히 기준을 정한 경우에는 기준에 가장 적합하게 입찰한 자를 낙찰자로 한다(동법 제10조).

정부 예산의 민주적 운영

제 1 절 | 정부 예산과 납세자의 권리

1 납세자의 권리

1) 납세자의 권리헌장

서양 속담에 "모든 사람에게 가장 확실하게 찾아오는 것은 죽음과 세금이다"라는 말이 있다.[1] 그만큼 세금은 예로부터 우리의 생활과 밀접한 연관성을 지니고 있는데, 징수자의 입장에서는 납세의 의무를 강조하게 되지만 납세자의 입장에서는 권리를 주장하게 된다. 권력적 종속 관계가 지배적인 시대에는 납세자의 권리보다는 납세 의무에 더 많은 강조를 두었지만, 시민사회 위주의 현대 사회에서는 납세자의 권리도 의무만큼 중요한 가치로 등장하고 있다.[2]

납세자 권리헌장이란 납세자의 권리 보호를 목적으로 국세청장이 제정 · 고시한

1) While he may not have been the first to say it, Benjamin Franklin famously wrote in 1789: "Our new Constitution is now established, and has an appearance that promises permanency; but in this world nothing can be said to be certain, except death and taxes."

2) 영국 코번트리(Coventry) 영주(領主)였던 리어프릭(Leofric) 백작은 백성들로부터 혹독한 세금을 징수하고 있었는데, 이를 못마땅하게 생각한 백작의 부인 고디바(Godiva)는 남편에게 세금 감면을 건의했다. 부인의 간청에 남편은 홀딱 벗고 시내를 한 바퀴 돌고 오면 세금을 감면하기로 약속했는데, 부인은 남편의 조건을 이행했고 백성들은 창에 커튼을 치고서 부인의 희생을 더럽히지 않기 위해 문 밖을 나오지 않았다고 한다. 이에 놀란 백작은 세금을 감면시켰다고 하는데, 여기에서 고디바이즘(Godivaism: 관습과 상식을 깨뜨리는 정치적 행동)이라는 용어가 생겨났다.

것으로, 납세자의 성실성 추정, 세무조사권 남용 금지, 세무조사에서 조력을 받을 권리, 세무조사 대상자 선정 및 조사의 사전 통지와 연기 신청, 세무조사에서의 결과 통지, 비밀 유지, 정보의 제공 등에 관한 내용을 담고 있다.

〈표 10-1〉 납세자의 권리헌장(국세청고시 제2018-1호, 시행 2018.2.1)

납세자의 권리는 헌법과 법률에 따라 존중되고 보장됩니다.
납세자는 신고 등의 협력 의무를 이행하지 않았거나 구체적인 조세탈루 혐의가 없는 한 성실하다고 추정되고, 법령에 의해서만 세무조사 대상으로 선정되며, 공정한 과세에 필요한 최소한의 기간과 범위에서 조사받을 권리가 있습니다.
납세자는 증거인멸의 우려 등이 없는 한 세무조사 기간과 사유를 사전에 통지받으며, 사업의 어려움으로 불가피한 때에는 조사의 연기를 요구하여 그 결과를 통지받을 권리가 있습니다.
납세자는 세무대리인의 조력을 받을 수 있고 명백한 조세탈루혐의 등이 없는 한 중복조사를 받지 아니하며, 장부·서류는 탈루혐의가 있는 경우로서 납세자의 동의가 있어야 세무관서에 일시 보관될 수 있습니다.
납세자는 세무조사 기간이 연장 또는 중지되거나 조사범위가 확대될 때, 그리고 조사가 끝났을 때 그 사유와 결과를 서면으로 통지받을 권리가 있습니다.
납세자는 위법·부당한 처분 또는 절차로 권익을 침해당하거나 침해당할 우려가 있을 때 그 처분의 적법성에 대하여 불복을 제기하여 구제받을 수 있으며, 납세자보호담당관과 보호위원회를 통하여 정당한 권익을 보호받을 수 있습니다.
납세자는 자신의 과세정보에 대해 비밀을 보호받고 권리행사에 필요한 정보를 신속하게 제공받을 수 있으며, 국세공무원으로부터 언제나 공정한 대우를 받을 권리가 있습니다.

세무공무원은 세무조사(조세범칙조사 포함)를 하는 경우, 사업자등록증을 발급하는 경우, 그 밖에 대통령령으로 정하는 경우에는 납세자 권리헌장의 내용이 수록된 문서를 납세자에게 내주어야 한다. 또한 세무공무원은 세무조사를 시작할 때 조사원증을 납세자 또는 관련인에게 제시한 후 납세자 권리헌장을 교부하고, 그 요지를 직접 낭독해 주어야 하며, 조사 사유, 조사 기간, 납세자보호위원회에 대한 심의 요청사항·절차 및 권리구제 절차 등을 설명해야 한다(국세기본법 제81조의2).

또한 국세청장은 납세자의 권리가 보호되고 실현될 수 있도록 성실하게 노력해야 하며, 납세자의 권리 보호를 위하여 국세청에 납세자 권리 보호 업무를 총괄하는 납세자보호관을 두고, 세무서 및 지방국세청에 납세자 권리 보호 업무를 수행하는 담당관을 각각 1인을 두도록 규정하고 있다. 또한 국세청장은 납세자보호관을 개방형 직위로 운영하고, 납세자보호관 및 담당관이 업무를 수행함에 있어 독립성이 보장될 수 있도록 하여야 한다. 이 경우 납세자보호관은 조세·법률·회계 분야의 전문지식과 경험을 갖춘 사람을 대상으로 공개모집하는데, 세무공무원, 세무공무원으로 퇴직한 지 3년이 지나지 아니한 사람은 대상이 될 수 없다(국세기본법 제81조의16).

아울러 국세청장은 조세정책의 수립 및 평가 등에 활용하기 위하여 과세정보를 분석·가공한 통계자료를 작성·관리해야 하는데, 이 경우 통계자료는 납세자의 과세정보를 직접적 방법 또는 간접적인 방법으로 확인할 수 없도록 작성되어야 한다. 특히 세원의 투명성, 국민의 알권리 보장 및 국세행정의 신뢰증진을 위하여 국세청장은 통계자료를 국세정보위원회3)의 심의를 거쳐 일반 국민에게 정기적으로 공개하여야 한다(국세기본법 제85조의6). 통계자료의 공개는 관보에 게재하거나 국세정보통신망 또는 관할세무서 게시판에 게시하는 방법으로 한다(국세기본법 제85조의5).

2) 납세자보호위원회

납세자 권리보호에 관한 사항을 심의하기 위하여 세무서, 지방국세청 및 국세청에 납세자보호위원회를 설치하고 있는데, 각각의 위원회 기능은 다음과 같다.

세무서 납세자보호위원회와 지방국세청 납세자보호위원회는 ① 중소규모납세자4) 외의 납세자에 대한 세무조사(조세범칙조사 제외) 기간의 연장, ② 중소규모납세자 이외의 납세자에 대한 세무조사 범위의 확대, ③ 세무조사 기간 연장 및 세무조사 범위 확대에 대한 중소규모납세자의 세무조사 일시중지 및 중지 요청, ④ 위법·부당한 세무조사 및 세무조사 중 세무공무원의 위법·부당한 행위에 대한 납세자의 세무조사 일시중지 및 중지 요청, ⑤ 장부 등의 일시 보관 기간 연장, ⑥ 그 밖에 납세자의 권리보호를 위하여 납세자보호담당관이 심의가 필요하다고 인정하는 안건을 심의한다.

---

3) 불성실기부금수령단체, 조세포탈범, 해외금융계좌신고의무위반자 또는 세금계산서발급의무등위반자의 인적사항, 국세추징명세, 포탈세액, 신고의무 위반금액, 부정 기재한 공급가액 등의 합계액 등에 대한 공개 여부를 심의하고, 국세징수법에 따른 체납자에 대한 감치 필요성 여부를 의결하기 위하여 국세청에 국세정보위원회를 둔다(국세기본법 제85조의5).

4) 세무조사의 대상이 되는 연간 수입금액 또는 양도가액이 가장 큰 과세 기간의 연간 수입금액 또는 양도가액이 100억 원 미만(부가가치세에 대한 세무조의 경우, 1 과세 기간 공급가액의 합계액이 50억 원 미만)인 납세자(국세기본법 시행령 제63조의16).

국세청 납세자보호위원회는 ① 세무서 및 지방국세청 납세자보호위원회의 심의 사항(제1호~제4호)의 사항에 대하여 세무서 납세자보호위원회 또는 지방국세청 납세자보호위원회의 심의를 거친 세무서장 또는 지방국세청장의 결정에 대한 납세자의 취소 또는 변경 요청, ② 그 밖에 납세자의 권리보호를 위한 국세행정의 제도 및 절차 개선 등으로서 납세자보호관이 심의가 필요하다고 인정하는 사항을 심의한다(국세기본법 제81조의18, 동법 시행령 제63조의16).

3) 납세자의 권리 보호

(1) 납세자의 성실성 추정

세무공무원은 납세자가 성실하며 납세자가 제출한 신고서 등이 진실한 것으로 추정해야 한다. 다만, ① 납세자가 세법에서 정하는 신고, 성실신고확인서의 제출, 세금계산서 또는 계산서의 작성·교부·제출, 지급명세서의 작성·제출 등의 납세 협력 의무를 이행하지 아니한 경우, ② 무자료 거래, 위장·가공 거래 등 거래 내용이 사실과 다른 혐의가 있는 경우, ③ 납세자에 대한 구체적인 탈세 제보가 있는 경우, ④ 신고 내용에 탈루나 오류의 혐의를 인정할 만한 명백한 자료가 있는 경우, ⑤ 납세자가 세무공무원에게 직무와 관련하여 금품을 제공하거나 금품 제공을 알선한 경우는 그러하지 아니하다(국세기본법 제81조의3, 동법 제81조의6).

(2) 세무조사권의 남용 금지

세무공무원은 적정하고 공평한 과세를 실현하기 위하여 필요한 최소한의 범위에서 세무조사를 실행하여야 하며, 다른 목적 등을 위하여 조사권을 남용해서는 아니 된다. 또한 특별한 경우를 제외하고 세무공무원은 같은 세목, 같은 과세 기간에 대하여 재조사를 할 수 없다.

다만, ① 조세 탈루의 혐의를 인정할 만한 명백한 자료가 있는 경우, ② 거래 상대방에 대한 조사가 필요한 경우, ③ 2개 이상의 과세 기간과 관련하여 잘못이 있는 경우, ④ 심사청구 결정 및 과세전 적부심사에 따른 필요한 처분의 결정에 따라 재조사를 하는 경우(결정서 주문에 기재된 범위의 조사에 한정), ⑤ 납세자가 세무공무원에게 직무와 관련하여 금품을 제공하거나 금품 제공을 알선한 경우, ⑥ 부분조사를 실시한 후 해당 조사에 포함되지 아니한 부분에 대하여 조사하는 경우, ⑦ 그 밖에 제1호부터 제6호까지와 유사한 경우로서 대통령령으로 정하는 경우 등은 재조사를 할 수 있다(국세기본법 제81조의4).

아울러 세무공무원은 세무조사를 하기 위하여 필요한 최소한의 범위에서 장부 등의 제출을 요구하여야 하며, 조사 대상 세목 및 과세기간의 과세표준과 세액의 계산과 관련 없는 장부 등의 제출을 요구해서는 안 되며, 누구든지 세무공무원으로 하여금 법령을 위반하게 하거나, 지위 또는 권한을 남용하게 하는 등 공정한 세무조사를 저해하는 행위를 하여서는 아니 된다(동법 제81조의4 제3항).

(3) 세무조사 시 조력을 받을 권리

납세자는 세무조사 시 조력을 받을 권리가 인정된다. 즉, 납세자는 세무조사를 받는 경우에 변호사, 공인회계사, 세무사로 하여금 조사에 참여하게 하거나 의견을 진술하게 할 수 있다(국세기본법 제81조의5).

(4) 세무조사의 사전 통지 및 연기 신청

세무공무원은 세무조사를 하는 경우에는 조사를 받을 납세자(납세자가 납세관리인을 정하여 관할 세무서장에게 신고한 경우에는 납세관리인)에게 조사를 시작하기 15일 전에 조사 대상 세목, 조사 기간 및 조사 사유, 그 밖에 대통령령으로 정하는 사항을 통지하여야 한다. 다만, 사전 통지하면 증거 인멸 등으로 조사 목적을 달성할 수 없다고 인정되는 경우에는 그러하지 아니하다(국세기본법 제81조의7 제1항).

그러나 사전 통지를 받은 납세자가 ① 천재지변, ② 화재, 그 밖의 재해로 사업상 심각한 어려움이 있을 때, ③ 납세자 또는 납세관리인의 질병, 장기 출장 등으로 세무조사가 곤란하다고 판단될 때, ④ 권한 있는 기관에 장부, 증거서류가 압수되거나 영치되었을 때, ⑤ 제2호부터 제4호까지의 규정에 준하는 사유가 있을 때에는 관할 세무관서의 장에게 조사를 연기해 줄 것을 신청할 수 있다. 연기 신청을 받은 관할 세무관서의 장은 연기 신청 승인 여부를 결정하고, 그 결과를 조사 개시 전까지 통지하여야 한다(국세기본법 제81조의7 제2항, 제3항, 동법 시행령 제63조의7).

(5) 세무조사의 결과 통지

세무공무원은 세무조사를 마쳤을 때에는 조사를 마친 날로부터 20일 이내에 세무조사 내용, 결정 또는 경정할 과세표준, 세액 및 산출근거, 그 밖에 대통령령으로 정하는 사항이 포함된 조사 결과를 납세자에게 설명하고, 서면으로 통지해야 한다.

다만, 납세관리인을 정하지 아니하고 국내에 주소 또는 거소를 두지 아니한 경우,

재조사 결정에 의한 조사를 마친 경우, 세무조사 결과 통지서 수령을 거부하거나 회피하는 경우에는 그러하지 아니하다(국세기본법 제81조의12, 동법 시행령 제63조의13).

(6) 비밀 유지

세무공무원은 납세자가 세법에서 정한 납세 의무를 이행하기 위하여 제출한 자료나, 국세의 부과 · 징수를 위하여 업무상 취득한 자료 등(과세정보)을 타인에게 제공 또는 누설하거나 목적 외의 용도로 사용하여서는 아니 된다.

다만, ① 지방자치단체 등이 법률에서 정하는 조세의 부과 · 징수 등을 위하여 사용할 목적으로 과세정보를 요구하는 경우, ② 국가기관이 조세쟁송이나 조세범 소추(訴追)를 위하여 과세정보를 요구하는 경우, ③ 법원의 제출명령 또는 법관이 발부한 영장에 의하여 과세정보를 요구하는 경우, ④ 세무공무원 간에 국세의 부과 · 징수 또는 질문 · 검사에 필요한 과세정보를 요구하는 경우, ⑤ 통계청장이 국가 통계 작성 목적으로 과세정보를 요구하는 경우, ⑥ 사회보장기본법에 따른 사회보험 운영을 목적으로 설립된 기관이 관계 법률에 따른 소관 업무를 수행하기 위하여 과세정보를 요구하는 경우, ⑦ 국가행정기관, 지방자치단체 또는 공공기관의 운영에 관한 법률에 따른 공공기관이 급부 · 지원 등을 위한 자격의 조사 · 심사 등에 필요한 과세정보를 당사자의 동의를 받아 요구하는 경우, ⑧ 국정감사 및 조사에 관한 법률에 따른 조사위원회가 국정조사의 목적을 달성하기 위하여 조사위원회의 의결로 비공개회의에 과세정보의 제공을 요청하는 경우, ⑨ 다른 법률의 규정에 따라 과세정보를 요구하는 경우에는 그 사용 목적에 맞는 범위에서 납세자의 과세정보를 제공할 수 있다.

또한 과세정보의 제공을 요구하는 자는 문서로 해당 세무관서의 장에게 요구해야 하며, 과세정보를 타인에게 제공 또는 누설하거나 그 목적 외의 용도로 사용해서는 아니 된다(국세기본법 제81조의13).

(7) 정보의 제공

납세자 본인의 권리 행사에 필요한 정보를 납세자(세무사 등 납세자로부터 세무업무를 위임받은 자를 포함)가 요구하는 경우 세무공무원은 신속하게 정보를 제공하여야 한다(국세기본법 제81조의14).

2 납세자의 권리구제

1) 납세자 권리구제

납세자의 권리는 의무만큼 보호될 필요가 있는데, 납세자의 권리가 침해되었을 경우에는 그에 상응하는 구제 방안이 필요하다. 즉, 국세의 과세처분이나 징수처분 등에 대해 납세자가 불복할 수 있는 수단으로, 납세고지서가 나오기 전에 구제받을 수 있는 사전 권리 구제제도와 납세고지서를 받은 후에 구제받을 수 있는 사후 권리 구제제도를 도입하여 운영하고 있다.

사전 권리 구제제도에는 과세전 적부심사(課稅前適否審査)가 있고, 사후 권리 구제제도는 직권구제와 쟁송구제로 구분되며, 쟁송구제는 행정절차에 의한 구제, 사법절차에 의한 구제로 구분된다. 행정절차에 의한 구제제도는 이의신청, 심사청구, 심판청구 제도가 도입되어 있으며, 사법절차에 의한 구제제도는 행정소송과 민사소송으로 구분된다. 특히 행정심판은 과세처분 등이 있는 경우에 처분에 불복이 있는 자가 처분 행정청에 대해서 처분을 취소하거나 변경을 구하는 사후 권리 구제제도다.

[그림 10-1] 납세자의 권리구제 방안

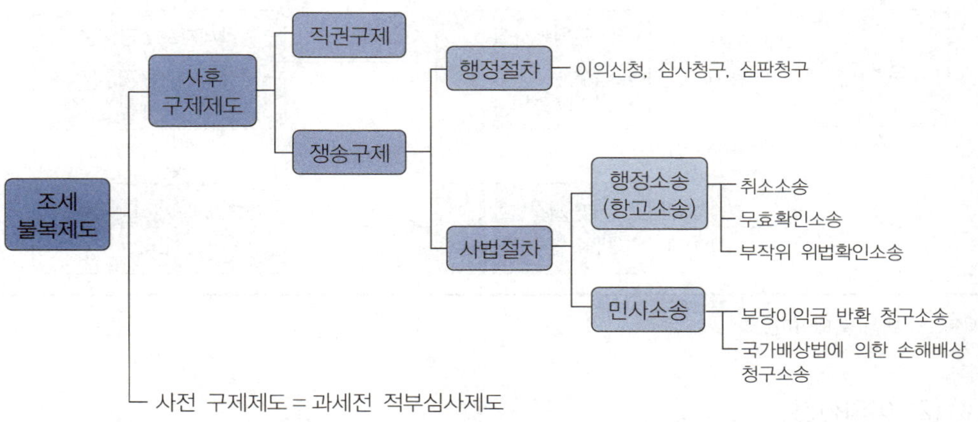

자료: 조세심판원 홈페이지(http://www.tt.go.kr).

2) 납세자 권리구제의 유형

(1) 과세전 적부심사

사후 불복청구제도(이의신청, 심사 · 심판청구 등)는 납세자가 고지 · 압류처분 등을 받고 나서 청구할 수 있는 제도이므로, 납세자의 권리를 신속히 구제하는 데 미흡하였다. 이에 고지 이전 단계에서 납세자의 권리를 구제하기 위한 제도가 요구됨에 따라 1996년 4월부터 '과세적부심사사무처리규정'을 신설해 '과세적부 심사제도'가 운영되었으며, 1999년 8월 국세기본법에 '과세전 적부심사제도'를 명문화함으로써, 사전 권리 구제제도가 2000년 1월 1일부터 시행되었다(국세청 홈페이지).

과세전 적부심사청구 제도는 세무조사 결과 등에 따른 고지처분을 하기 전에 과세할 내용을 미리 납세자에게 통지한 후 이의가 있는 경우, 과세관청이 과세의 적정성 여부를 검증해 스스로 시정하는 제도로서, 이는 부실 과세를 예방하고 납세자의 권익 증진과 시간적 · 경제적 부담을 덜어 주는 사전 권리 구제제도다.

[그림 10-2] 과세전 적부심사 처리 절차(세무서, 지방국세청)

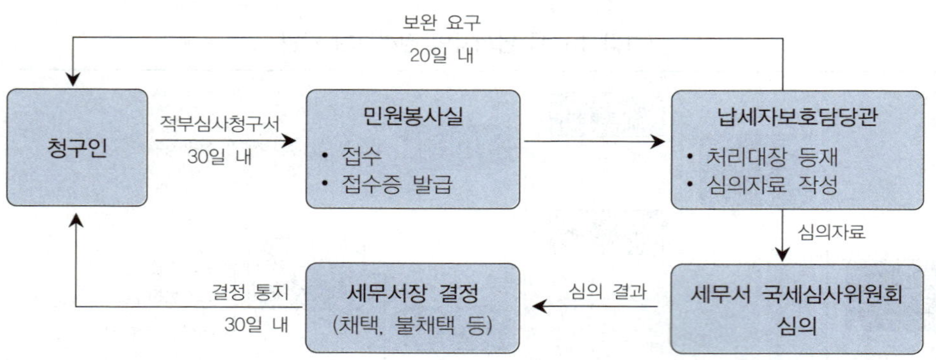

자료: 국세청 홈페이지.

(2) 이의신청

이의신청은 세법에 따른 처분으로서 위법 또는 부당한 처분을 받거나 필요한 처분을 받지 못함으로 인하여, 권리나 이익을 침해당한 자가 해당 세무서나 관할 지방국세청에 불복을 제기하는 경우를 의미한다(국세기본법 제66조).

세무서장으로부터 위법 또는 부당하다고 생각되는 납세고지서 등을 받았거나, 환급 신청을 했는데 환급을 받지 못한 경우, 감면 신청을 했는데 감면을 받지 못한 경우와 같이 필요한 처분을 받지 못한 경우에 국세청장에게 심사청구를 하기 전에 임의 절차로서 세무서장 또는 지방국세청장에게 청구하는 것을 의미한다. 그러나 국세청장의 조사·결정에 의한 처분, 국세청 감사 결과에 따른 처분, 국세청의 세무사찰 결과에 따른 처분, 국세청장의 특별한 지시에 의한 처분, 세법에 의해 국세청장이 해야 할 처분은 이의신청 대상이 아니다.

이의신청은 공무원과 법률 또는 회계에 관한 학식과 경험이 풍부한 사람으로 구성된 국세심사위원회의 심의를 거쳐 세무서장 또는 지방국세청장이 결정하고, 이의신청을 한 날부터 30일 내에 신청인과 세무서의 해당 과에 통지하게 된다. 세무서에 두는 국세심사위원회는 지방국세청장이, 지방국세청 및 국세청에 두는 국세심사위원회는 국세청장이 위촉하는 사람으로 구성된다(국세기본법 제66조의2).

[그림 10-3] 이의신청 처리 절차

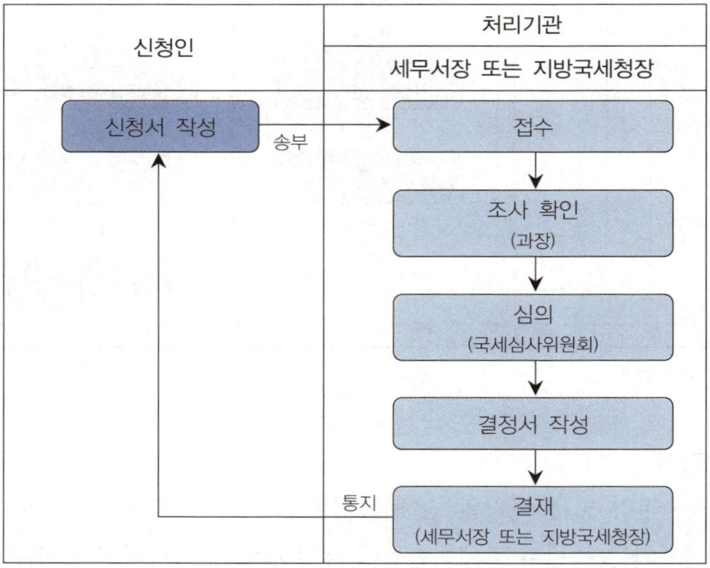

자료: 국세청 홈페이지.

(3) 심사청구

심사청구는 대통령령으로 정하는 바에 따라 불복의 사유를 갖추어 해당 처분을 했거나 했어야 할 세무서장을 거쳐 국세청장에게 하여야 한다(국세기본법 제62조). 심사청구는 위법 또는 부당하다고 생각되는 납세고지서 등을 받았거나, 환급 신청을 했는데 환급을 받지 못한 경우, 감면 신청을 했는데 감면을 받지 못한 경우와 같이 필요한 처분을 받지 못한 경우에 당해 세무서장을 상대로 국세청장에게 하는 사후 권리구제제도다.

[그림 10-4] 심사청구 처리 절차

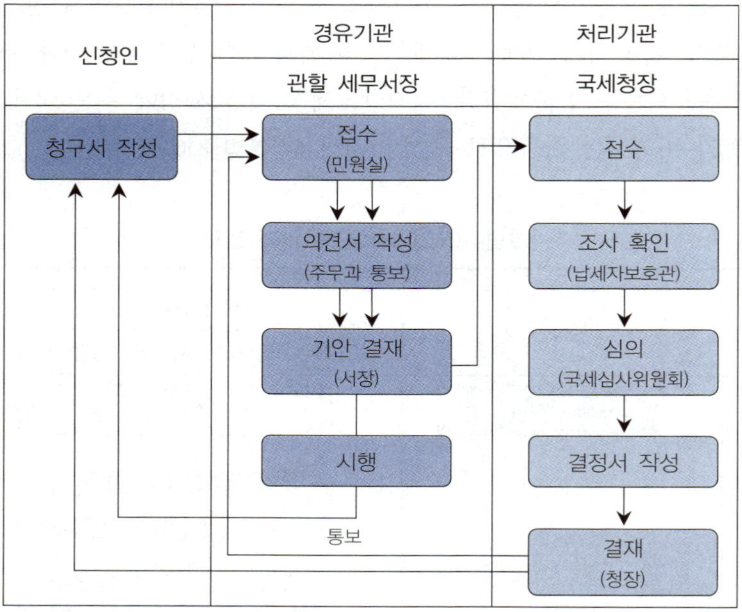

자료: 국세청 홈페이지.

(4) 심판청구

심판청구는 권리 또는 이익의 침해를 당한 납세자가 징세기관인 국세청, 관세청 및 지방자치단체와는 독립된 조세심판원에 제기하는 불복 절차인데, 심판청구는 대통령령으로 정하는 바에 따라 불복의 사유를 갖추어 처분을 하였거나 하였어야 할 세무서장을 거쳐 조세심판원장에게 해야 한다(국세기본법 제69조). 그러나 동일한 처분에 대해서는 심사청구와 심판청구를 중복하여 제기할 수 없다(동법 제55조 제9항).

심판청구에 대한 결정을 하기 위하여 국무총리 소속으로 조세심판원을 두는데,

조세심판원은 그 권한에 속하는 사무를 독립적으로 수행한다. 조세심판원에 원장과 조세심판관을 두되, 원장과 원장이 아닌 상임조세심판관은 고위공무원단에 속하는 일반직공무원 중에서 국무총리의 제청으로 대통령이 임명하고, 비상임조세심판관은 대통령령으로 정하는 바에 따라 위촉한다. 이 경우 원장이 아닌 상임조세심판관(경력직 공무원으로서 전보 또는 승진의 방법으로 임용되는 상임조세심판관은 제외)은 임기제공무원으로 임용한다(국세기본법 제67조).

조세불복제도는 국가의 재정권에 대한 국민의 권익을 보호하고 조세행정의 남용을 방지하며, 위법·부당한 과세처분에 대해 국민의 권리와 이익을 구제하며, 조세법 질서의 유지와 조세 정의를 기하는 데 의의가 있다. 조세법률주의는 법률의 근거 없이 국가는 조세를 부과·징수할 수 없고, 국민은 조세 납부를 요구받지 않는다는 원칙으로서 과세 요건 법정주의와 과세 요건 명확주의로 요약된다(조세심판원 홈페이지).

과세 요건 법정주의는 국가의 조세 부과권의 행사와 국민의 조세 부담의 한계를 명확하게 하기 위해, 과세 요건과 납세 방법·시기·징수 절차 등 과세처분에 관한 사항은 법률로 정하는 것을 의미한다. 반면에 과세 요건 명확주의는 조세 규정의 내용을 명확히 함으로써, 조세행정기관의 자의적 해석과 자유재량을 배제하여 조세에 관한 국민의 법적 안정성과 예측 가능성을 보장해야 한다는 것을 의미한다.

(5) 행정소송

행정소송은 항고소송, 당사자소송, 민중소송 및 기관소송으로 대별되며, 다시 항고소송은 취소소송, 무효 등 확인소송, 부작위(不作爲)위법 확인소송으로 분류된다. 항고소송 중 취소소송이 조세행정청의 위법한 처분의 취소 또는 변경을 구하는 소송으로 대표적인 조세행정소송인데, 조세소송의 불복원칙은 다음과 같다(이하 조세심판원 홈페이지 참조).

우선, 행정심판 전치(前置)주의이다. 국세소송을 제기하기 위해서는 당해 처분에 대한 행정심판의 재결을 반드시 거쳐야 한다. 국세소송은 전심 절차로 심판청구 또는 심사청구를 거치도록 하여 간이·신속한 권리구제 및 행정기관의 전문지식을 활용하여 소송 업무 폭주로 인한 법원의 부담을 덜고 비용과 시간을 절약하는 데 의의가 있다(지방세의 경우, 행정심판 없이 행정소송 제기 가능).

다음으로, 3심제이다. 조세소송의 제1심 관할법원은 피고인 처분청의 소재지를 관할하는 행정법원이며, 고등법원이 제2심, 대법원이 제3심으로서 최종심이 된다.

제 2 절 | 정부 예산과 국민참여

1 국민감시제도 및 공공재정 환수

1) 국민(주민)감시제도의 의의

국민(주민)감시제도는 재정민주주의 관점에서 국민의 세금 가치를 실현하고, 불법 재정 지출에 대한 국민 감시를 상시화해 투명하고 민주적인 재정 운영을 도모하기 위해 도입된 제도다. 즉, 국가재정법 제100조에서는 예산 및 기금의 불법 지출에 대한 국민 감시 규정을 두고 있다. 즉, 국가의 예산 또는 기금을 집행하는 자, 재정 지원을 받는 자, 각 중앙관서의 장(그 소속기관의 장 포함), 또는 기금관리 주체와 계약 그 밖의 거래를 하는 자가 법령을 위반함으로써, 국가에 손해를 가했음이 명백한 때에는 누구든지 집행에 책임 있는 중앙관서의 장 또는 기금관리 주체에게 불법 지출에 대한 증거를 제출하고 시정을 요구할 수 있다. 이러한 규정은 지방재정법 제48조의2에서도 동일하게 규정하고 있는데, 국민(주민)감시제도의 특징은 다음과 같다.

첫째, 정부가 지출하는 모든 재정에 대해 국민감시를 인정하고 있다. 즉, 국민감시의 대상으로 일반회계, 특별회계의 예산뿐만 아니라 기금도 포함하고 있다.

둘째, 정부기관뿐만 아니라 정부와 계약 거래를 하는 자도 국민감시의 대상으로 인정받고 있다. 즉, 중앙관서의 장(소속기관의 장 포함) 또는 기금관리 주체와 계약을 하는 자의 불법 지출에 대해서도 국민감시권이 인정되고 있다.

셋째, 국민감시권은 법령 위반에 따른 국가 손해가 명백할 때 인정된다. 단순히 재정지출에 대한 문제 제기나 의혹 수준만으로는 국민감시권을 활용할 수 없으며, 불법 지출에 대한 증거를 제출해야 한다.

넷째, 국민감시권의 주체는 국민이면 누구나 인정된다. 국민의 개인적 권리나 이익의 침해가 아닌 공공의 이익 보호를 위한 권리이며, 정부 재정의 불법 지출행위에 대해 직접 자기의 이익과 관계 없이 시정을 요구할 수 있다.

다섯째, 국민감시제도는 시정을 요구할 수 있을 뿐이다. 국민감시제도는 예산 및 기금의 불법 지출에 대한 증거를 제출하고 시정을 요구하는 것이지, 소송을 제기하거나 징계처분행위를 직접 이행하는 것이 아니다.

2) 국민감시제도의 절차

예산 및 기금의 불법 지출에 대한 시정 요구를 받은 중앙관서의 장 또는 기금관리 주체는 소관 중앙관서의 장과 처리 내용 등을 협의한 후 그 처리 결과를 시정 요구를 한 자에게 30일 이내에 통지하여야 하며, 시정 요구가 요건을 충족하지 못하였다고 판단할 경우에는 일정 기간을 정하여 자료의 보완을 요구할 수 있고, 기간 내 처리가 곤란하다고 판단될 경우에는 그 사유와 처리 소요 기간 등을 시정 요구를 한 자에게 통지하여야 한다. 특히 국민감시제도의 익명성을 보장하기 위해 중앙관서의 장 또는 기금관리 주체는 시정 요구를 한 자의 동의 없이 다른 사람에게 그 신분을 밝히거나 암시하여서는 안 된다(국가재정법 시행령 제50조).

아울러 각 중앙관서의 장 또는 기금관리 주체는 예산·기금의 불법 지출에 대한 국민의 시정 요구, 예산 낭비 신고, 예산 절감과 관련된 제안 등을 접수·처리하기 위해 예산낭비신고센터를 설치·운영하여야 한다. 예산 낭비 신고, 예산 절감과 관련된 제안을 받은 중앙관서의 장 또는 기금관리 주체는 그 처리 결과를 신고 또는 제안을 한 자에게 통지해야 하며, 예산낭비신고, 예산절감과 관련된 제안 등을 한 자에게 예산성과금을 지급할 수 있다(동법 시행령 제51조).

예산낭비신고센터의 설치·운영에 관하여 필요한 구체적인 사항은 기획재정부 훈령인 '예산·기금의 불법 지출에 대한 국민 감시 및 예산낭비신고센터의 설치·운영에 관한 지침'에서 세부적인 사항을 규정하고 있다. 기획재정부는 예산낭비신고 중에서 예산절감 및 조치결과 등에 대한 사례를 모아 외부에 공개할 수 있으며(동 지침 제26조), 사례집은 기획재정부, 행정안전부, 국민권익위원회가 합동 운영하는 국민신문고 내의 예산낭비신고센터 정보시스템을 통해 공개함으로써 국민의 알 권리를 실현시켜야 한다.

3) 예산낭비신고센터

재정의 불법 지출에 대한 국민들의 시정 요구, 예산 낭비 신고 등을 위해 예산낭비신고센터를 운영하고 있다. 예산낭비신고센터는 국민(주민)감시제도를 제도화하고, 민주적 재정 운영을 도모하기 위해 도입된 제도적 장치라 할 수 있다. 예산낭비신고센터는 각 부처별로 설치되어 있으나, 일원화된 신고 접수는 국민권익위원회 홈페이지(http://www.acrc.go.kr)를 통해 가능하다.

부패방지 및 국민권익위원회의 설치와 운영에 관한 법률상의 부패행위는 '공직자의 직무와 관련한 부패행위'와 '공공기관의 예산 사용 등과 관련한 부패행위'로 구분된다. 공직자의 직무와 관련한 부패행위는 "공직자가 직무와 관련하여 그 지위 또는 권한을 남용하거나 법령을 위반하여 자기 또는 제3자의 이익을 도모하는 행위"로 규정하고 있고, 공공기관의 예산 사용 등과 관련한 부패행위는 "공공기관의 예산 사용, 공공기관의 재산의 취득·관리·처분 또는 공공기관을 당사자로 하는 계약의 체결 및 그 이행에 있어서, 법령에 위반하여 공공기관에 대하여 재산상 손해를 가하는 행위"로 각각 규정하고 있다(동법 제2조). 예산낭비신고센터는 부패행위 중 예산 사용 등과 관련된 부패행위를 대상으로 한다.

예산낭비신고센터의 기능은 국민들의 예산 낭비에 대한 신고를 접수하는 기능을 수행하고 시정을 요구하는 기능을 수행하지만, 실질적 사후 제재 조치를 갖고 있지 못하다. 특히 불법 지출에 대한 증거를 제출해야 하는데, 이를 위해서는 재정정보에 대한 쉽고 빠른 접근 가능성이 제고되어야 한다.[5)]

4) 공공재정 환수제도

공공재정 환수제도는 공공재정에 대한 부정청구 등을 금지하고, 부정청구 등으로 얻은 이익의 환수·관리체계를 확립하여 공공재정 운용의 건전성과 투명성을 제고하기 위해 도입된 제도이다. 공공재정 환수를 위한 법률은 2019년 4월 16일 제정되어 2020년 1월 1일부터 시행되었는데, 법률명은 공공재정 부정청구 금지 및 부정이익 환수 등에 관한 법률(공공재정환수법)이다.

공공재정 환수 대상기관은 헌법기관(국회, 법원, 헌법재판소, 선거관리위원회, 감사원), 중앙행정기관, 국가인권위원회, 고위공직자범죄수사처, 지방자치단체(광역, 기초, 시도교육청), 공직유관단체, 공공기관, 각급 국·공립학교 등이 대상이며, 부정청구 등(허위청구, 과다청구, 목적외 사용, 오지급)에 대해서는 부정이익 환수, 제재부가금 부과, 명단 공표 등이 시행된다. 국민이면 누구나 신고할 수 있으며, 신고자에 대한 비

---

5) 일례로, 미국의 예산낭비 감시기구인 CAGW(Citizens Against Government Waste)는 비당파적 비영리 민간조직으로 정부의 예산 낭비를 제거하는 것을 목적으로 설립되었다. 1984년 그레이스(J. Peter Grace)에 의해 설립되었는데, CAGW는 레이건 행정부(1982년) 시절 그레이스위원회(Grace Committee: 대통령의 민간자문기구)를 계승한 조직이다. 그레이스위원회 해체 이후 1994년 CAGW를 구성해 정부 지출에 대한 시민감시 활동을 활발히 수행하고 있다. 매년 발간되는 보고서(Congressional Pig Book Summary)는 의원들의 살생부로 불릴 정도로 큰 영향을 주고 있다(http://www.cagw.org).

밀 및 신분보장, 보상 및 포상이 지급된다.

부정청구 제재조치는 부정이익 환수(이자 포함), 제재부가금 부과, 고액 부정청구자의 명단 공표 등이 규정되어 있다. 다만, 부정수익자가 부정이익을 사전에 반환한 경우에는 제재부가금을 부과하지 아니한다(동법 제10조).

〈표 10-2〉 공공재정 환수제도

구분	내용
대상 (제2조)	공공재정: 공공기관이 조성·취득하거나 관리·처분·사용하는 금품 등 공공재정지급금: 법령 또는 자치법규에 따라 공공재정에서 제공되는 보조금·보상금·출연금이나 그 밖에 상당한 반대급부를 받지 아니하고 제공되는 금품 등(시행령 제2조)
기관 (제2조)	① 헌법기관, ② 중앙행정기관, ③ 지방자치단체, ④ 공직유관단체, ⑤ 공공기관운영법 상 공공기관, ⑥ 각급 국·공립학교
부정청구 (제2조)	**[허위청구]** 거짓이나 그 밖의 부정한 방법으로 자격 없이 공공재정지급금을 청구하는 행위 **[과다청구]** 거짓이나 그 밖의 부정한 방법으로 과다하게 공공재정지급금을 청구하는 행위 **[목적외 사용]** 법령·자치법규나 기준을 미준수하고 정해진 목적이나 용도와 달리 공공재정지급금을 사용하는 행위 **[오지급]** 그 밖에 공공재정지급금이 잘못 지급된 경우
제재 (제8, 9조) (제16조)	**[부정이익 환수(이자 포함)]** 부정청구 등에 대한 공공재정지급금 취소, 환수, 수사기관 통보 **[제재부가금 부과]** 부정이익 환수 + 제재부가금(부정이익 가액의 5배 이내) **[명단 공표]** 고액 부정청구 등 행위자(제재부가금 2회, 부정이익 3천만 원 이상) 명단 공표 - 매년 3월 말까지 명단 등을 인터넷 홈페이지에 공표, 1년 간 게시(시행령 제10조)
보상 (제3장)	**[신고자 보호·보상]** 신고(누구나), 보호(요구), 보상(최대 30억 원)·포상(최대 2억 원)

5) 포상 및 보상제도

부정청구 등의 신고로 공공기관에 현저한 재산상 이익을 얻게 하거나 손실을 방지한 경우 또는 공익을 증진한 경우에는 신고를 한 사람에게 부패방지 및 국민권익위원회의 설치와 운영에 관한 법률 제69조에 따라 보상심의위원회의 심의·의결을 거쳐 포상금을 지급하거나, 상훈법 등의 규정에 따라 포상을 추천할 수 있으며, 공공기관의 직접적인 수입의 회복·증대 또는 비용의 절감에 기여한 경우에는 보상금(補償金)의 지급을 신청할 수 있고, 보상금에는 신고로 인한 불이익 처분 원상회복 비용을 포함한다(공공재정환수법 제23조).

포상금 제도는 시민들로 하여금 사회적 불법행위에 대해 신고토록 함으로써 준법정신을 고양하고, 신고인에 대해서는 적정한 보상을 실시하는 제도다. 사회적 불법행

〈표 10-3〉 부처별 주요 포상금 현황

부처	포상금
감사원	민원신고 우수자 포상
관세청	밀수신고 포상금, 탈루정보 제공 포상 및 체납자 은닉재산 신고
공정거래위원회	공정거래법 위반행위 신고포상금, 대리점 갑질 신고포상금
국민권익위원회	부패행위 신고포상금
국가인권위원회	보상금
국세청	탈세정보 포상금, 현금영수증 발급 거부 포상금, 전문직 등 현금영수증 미발급 신고포상금, 명의 위장 신고포상금, 은닉재산 신고포상금
금융감독원	불법 금융 파파라치 포상금, 회계 관련 부정행위 신고포상금
기상청	기상교육콘텐츠경진대회 포상금, 일기예보 경시대회 시상금
기획재정부	은닉재산 신고보상금, 예산낭비신고자(1등급 600만 원~7등급 20만 원)
고용노동부	고용보험 부정수급 신고포상금, 거짓구인광고 및 불법직업소개 신고포상금, 장애인고용 장려금 부정수급 신고포상금, 체당금 부정수급 및 산재보험급여 부당수령 신고포상금
농림축산식품부	농산물 원산지 표시 위반자 신고 포상, 농지불법 전용 신고 포상, 양곡 부정유통 신고 및 고발 포상, 경주이용 도박자행위자 신고포상금
농촌진흥청	불량농자재 신고보상금
문화재청	문화재사범 제보 및 체포 포상금
문화체육관광부	사행산업통합 감독위원회 불법사행행위 신고포상금, 불법 게임물 신고포상금
방송통신위원회	예산낭비 신고포상금
방위사업청	예산낭비 사례 신고포상금
법무부	국가유공자보상금 및 선거범죄 신고포상금, 성매매신고자 보상금, 마약사범 검거 포상금, 부조리 신고보상금
법제처	부패신고 포상금
병무청	병무부조리 신고인 보(포)상금, 인터넷 불건전 사이트 신고인 보상금
보건복지부	의료급여 부정청구 신고보상금제도, 시민포상금, 부정 의료업자 검거보상금
산림청	예산낭비신고 포상, 불법전용 산지 신고포상금, 은닉재산 신고포상금, 산림 내 불법행위 신고, 산불 가해자 제보, 소나무 재선충병 신고포상금
선거관리위원회	선거 범죄 신고포상금
식품의약품안전처	부정 불량식품 신고포상금
여성가족부	아동, 청소년 대상 성범죄 신고포상금
조달청	공무원 비리 신고자 포상금
중소벤처기업부	불친절 공무원 민원인 보상금
특허청	위조 상품 신고포상금
환경부	야생동물 밀렵 밀거래 방지 신고포상금, 환경 오염 신고포상금

자료: 김정 미래희망연대 의원실(2011). 서울신문(2011.10.17: 10), 필자 자료조사(2018)에서 재구성.

위를 모든 공무원이 담당하기란 불가능하기 때문에, 시민들로 하여금 사회적 의무를 이행하도록 유도하기 위한 제도이지만, 신고와 보상으로 인해 사회 감시 및 불신 풍조를 조장한다는 비판과 더불어 파파라치[6]와 같은 부정적 사회 현상을 초래할 수 있다는 비판이 제기되고 있다. 포상금 제도는 본질적 측면에서 예산성과금 제도와 상이한데, 이를 살펴보면 다음과 같다.

첫째, 포상금 제도는 부정적 행위를 전제로 하고 있는 데 비해, 예산성과금은 긍정적 행위(지출 절약, 수익 증대 등)를 기준으로 지급한다. 즉, 포상금은 부정청구 등을 신고한 시민들에게 보상이 주어지지만, 예산성과금은 지출 절약 또는 수입 증대에 기여한 공무원과 예산 낭비 신고를 하거나, 관련된 제안을 제출해 지출 절약과 수입 증대에 기여한 자에게 지급된다.

둘째, 포상금은 각 부처 및 자치단체에서 개별 법 및 조례에 따라 실시하고 있어 통합적 관리가 부재하지만, 예산성과금은 국가재정법에 의해 관리된다.

셋째, 포상금은 단순 신고 실적에 의해 지급되지만, 예산성과금은 창의성과 노력의 정도, 파급 효과 등을 민간 전문가와 관계 부처 공무원으로 구성된 예산성과금심사위원회를 거친다는 점에서 상이하다.

2 재정정보 공개제도

1) 정보공개제도와 재정정보

정보공개는 국민의 알 권리 실현과 부정한 정보에 따른 비효율성을 제어할 수 있는 중요한 제도적 수단의 일환이다. 특히 정보는 공공기관이 직무상 작성 또는 취득하여 관리하고 있는 문서(전자문서를 포함) 및 전자매체를 비롯한 모든 형태의 매체 등에 기록된 사항을 의미(공공기관의 정보공개에 관한 법률)하는데, 정보에 대한 접근 및 점검이 가능해야 민주적 통제가 가능하다.

우리나라에서 정보공개제도의 도입은 1980년대부터 학계에서 그 필요성이 꾸준히 제기되어 오다가, 1990년대 들어서면서 정부 차원에서 본격적인 논의가 시작되었다. 정보공개법 제정 이전에도 알 권리는 학계의 학술 토론과 표현의 자유를 규정한 헌법 제21조에 따라 보장(헌재 1989.9.4 88헌마22; 1991.5.31 90헌마133)되어 왔으며,

6) 일례로, 김영란법 위반 사례를 잡는 란파라치, 빈병 보증금 환불을 거부하는 소매점을 잡는 병파라치, 택배 카파라치(자가용 화물차의 불법 영업행위) 등의 개념이 나타나고 있다.

1991년 청주시에서는 행정정보 공개조례를 제정했고, 1994년 3월에는 행정정보공개 운영 지침(국무총리훈령 제288호)이 제정 · 시행되었다. 또한 1996년 12월 31일에는 공공기관의 정보공개에 관한 법률이 공포되어 1998년 1월 1일부터 시행되었다.

공공기관의 정보공개에 관한 법률 제7조에 의하면, 공공기관은 ① 국민 생활에 매우 큰 영향을 미치는 정책에 관한 정보, ② 국가의 시책으로 시행하는 공사(工事) 등 대규모의 예산이 투입되는 사업에 관한 정보, ③ 예산 집행의 내용과 사업평가 결과 등 행정 감시를 위해 필요한 정보, ④ 그 밖에 공공기관의 장이 정하는 정보에 대해서는 공개의 구체적 범위, 공개의 주기 · 시기 및 방법 등을 미리 정해서 공표하도

〈표 10-4〉 정보공개제도의 변천

구분	내용
개정 (2004.7.30)	① 전자적 정보공개 근거 마련 ② (공개 청구가 없더라도) 공공기관의 정책정보 정기적 공개 ③ 공공기관이 보유 · 관리하는 정보목록 작성 · 비치(정보공개시스템 구축 및 접근성 제고) ④ 비공개 대상 정보의 요건 강화(개인정보보호) ⑤ 정보공개 여부 결정 기간 단축(15일 → 10일) ⑥ 정보공개심의회 설치(과반수 외부전문가 구성) ⑦ 대통령 소속 정보공개위원회 설치(정보공개제도 등 심의 · 조정) ⑧ (행정안전부 장관) 정보공개 운영 보고서 매년 국회 제출(정기국회 개회 전까지)
개정 (2008.2.29)	대통령 소속 정보공개위원회를 행정안전부로 이관(위원회 운영 활성화, 책임행정 강화)
개정 (2014.3.1)	① 정보공개 대상기관인 공공기관의 정의 중 국가기관의 정의 세분화 ② 전자형태로 보유 · 관리하는 정보 중 공개 대상 분류 정보 공개(국민청구 없이도) ③ 비공개 사유에 대해 청구인에게 통지 ④ 정보공개 청구에 대해 공개를 결정하지 않을 때 비공개 결정으로 보는 규정 삭제 ⑤ 정보공개심의회 설치 의무 기관 명확화(국가안보 담당 기관: 외부 위원 1/3 이상) ⑥ 행정안전부 장관의 공공기관의 장에 대한 정보공개 처리실태 개선 권고 ⑦ 정단한 정보공개에 따른 신분상의 불이익이나 차별 금지
개정 (2021.12.23)	① 정보 정의 명확화(문서 및 전자매체를 비롯한 모든 형태의 매체에 기록된 사항) ② 정보관리체계 정비(투명한 조직문화 형성, 정보분석과 공개) ③ 통합정보공개시스템 구축 · 운영(행정안전부) ④ 정보 비공개 진행단계 및 종료 예정일 안내(비공개 세부 기준 3년마다 점검) ⑤ 정보공개심의회 설치 대상기관 확대(외부 비율 2/3로 확대, 제척 · 회피 기준) ⑥ 정보공개위원회 소속 변경(행정안전부 장관 → 국무총리)
개정 (2023.11.17)	정보공개위원회 소속 변경(국무총리 → 행정안전부 장관)

* 개정일자는 시행일 기준으로 작성됨.

록 규정하고 있다. 정보공개제도와 관련된 총괄 업무는 행정안전부에서 담당하고 있는데, 정보공개에 관한 정책을 심의·조정하기 위해 정보공개위원회[7]를 행정안전부 소속기관으로 구성·운영하고 있다.

또한 정보를 사전에 제공하는 사이트는 정보공개제도의 정착과 더불어 국민의 알 권리 충족을 위한 주요한 수단으로 활용되고 있는데, 국민의 정보공개 청구가 없더라도 사전에 적극적으로 정보를 제공하는 정부 사이트들이 구축되어 운영되고 있다. 즉, 재정정보공개시스템(http://www.openfiscaldata.go.kr)에서는 국가재정 정보를 확인할 수 있으며, 지방재정365(http://lofin.mois.go.kr)에서는 지방재정 통합정보를 확인할 수 있다. 또한 국가 공공기관의 경영정보를 제공하는 '알리오(www.alio.go.kr)', 지방공기업의 경영정보를 제공하는 '클린아이(www.cleaneye.go.kr)' 등이 있다.

2) 국가의 재정정보 공개제도

정부는 예산, 기금, 결산, 국채, 차입금, 국유재산의 현재액 및 통합재정수지, 그 밖에 대통령령이 정하는 국가와 지방자치단체의 재정에 관한 중요한 사항(① 국가채권의 현황 및 변동 내역, ② 국가재정 운용계획, ③ 주요 재정사업에 대한 평가 결과, ④ 조세지출예산서, ⑤ 국가채무관리계획, ⑥ 지방재정법에 따라 공시하는 항목 중 기획재정부 장관이 행정안전부 장관과 협의하여 정하는 항목)을 매년 1회 이상 정보통신 매체·인쇄물 등 적당한 방법으로 알기 쉽고 투명하게 공표해야 한다(국가재정법 제9조).

국가재정을 총괄하는 기획재정부는 공공기관의 정보공개에 관한 법률에 따라 정보공개운영규정을 제정·운영하고 있는데, 공표 대상 재정정보의 구체적인 범위, 주기·시기를 구체화하고 있다(〈표 10-5〉 참조).

또한 공공기관의 장은 공공데이터의 제공 및 이용활성화에 관한 법률에 따라 공공데이터 제공 책임관(제12조)을 지정하고, 제공 목록(제19조)을 공표해야 한다. 정부는 공공데이터 제공과 관련하여 공공데이터포털(www.data.go.kr)을 구축·운영하고 있는데, 공공데이터포털은 공공기관이 생성·취득하여 관리하는 공공데이터를 한 곳에서 제공하는 통합 창구이며, 포털에서는 국민이 쉽고 편리하게 공공데이터를 이용할 수 있도록 파일데이터, 오픈 API, 시각화 등 다양한 방식으로 제공하고 있다.

---

7) 위원회는 성별을 고려하여 위원장과 부위원장 각 1명을 포함한 11명의 위원으로 구성되는데, 위원장을 포함한 7명은 공무원이 아닌 사람으로 위촉(임기 2년 연임 가능)해야 한다(공공기관의 정보공개에 관한 법률 제26조).

〈표 10-5〉 기획재정부의 정보공개 범위 및 시기 예시(홈페이지 게재)

정보목록	공표 대상 정보	공표 주기	정보목록	공표 대상 정보	공표 주기
국민의 생명 신체 재산보호	경제장관회의	매주	국가재정법 및 지방재정법	국가재정 운용계획	매년 10월
	경제정책방향	반기		부담금운용종합보고서	매년 6월
	일일 경제지표	매일		세입징수현황	매월
	주요 경제지표	매월		세출예산 집행현황	분기
	중장기 전략위원회	수시		연도별 예산편성내역	연간
	최근 경제동향	매월		통합재정수지	매월
	민간투자사업 현황	매년		회계연도 국가결산	매년 5월
국민의 일상	간추린 개정세법	매년 말	의회 및 사무감사	국정감사 결과	연중
	소비자 물가동향	매월		대국회 업무보고	변경 시
	가계동향 분석	분기		OECD 경제전망	반기(5/11월)
	고용동향 분석	월간		감사결과 공개	수시
	공공 부문 부채 결과	매년 말		IMF 관련 이슈	수시
	나라살림(예산개요)	3~4월	기타	업무추진비 집행내역	매월
국가계약법 및 지방계약법	계약 예규	수시		예비타당성 운용지침	개정 시
	수의계약 현황	분기		예산집행지침	매년 12월
	입찰공고 현황	수시		예산안편성지침	매년 4월

3) 지방의 재정정보 공개제도

지방자치단체의 장은 회계연도마다 예산서와 결산서를 기준으로 ① 일반회계, 특별회계(교육비특별회계를 포함) 및 기금, ② 지방공기업의 재정 상황, ③ 지방자치단체 출자·출연기관의 재정 상황을 종합적으로 나타내는 '지역통합 재정통계'를 작성하여 행정안전부 장관에게 제출하여야 한다(지방재정법 제59조). 행정안전부 장관은 보고받은 내용을 분석·평가하고, 그 결과를 토대로 필요한 항목에 대해서는 지방자치단체별로 구분하여 공시하되, 지방자치단체 간 비교 공시를 할 수 있다. 또한 행정안전부 장관은 제출받은 공시 내용이 잘못되었거나 적절하지 아니하게 작성된 경우에는 해당 지방자치단체의 장에게 수정 공시를 요청할 수 있다(동법 제60조의2).

행정안전부 장관은 지방자치단체의 장이 작성·제출한 통합재정정보를 종합적으로 분석하여 매년 1회 이상 공표할 수 있는데, 재정 운용 상황을 공시하는 경우, 일반적 재정 운용 상황에 대한 공시(공통 공시)와 지방자치단체의 특수한 재정 운용 상황에 대한 공시(특수 공시)로 구분하여 공시해야 한다(동법 제60조).

3 국민참여 예산제도(주민 재정참정제도)

1) 국민참여 예산제도

(1) 국민참여 예산제도의 개념

지방자치단체의 주민참여 예산제도는 2011년부터 의무적으로 도입·운영되고 있는데, 국가의 예산 과정에서도 국민참여가 필요하다는 인식 하에 2019년 예산안 편성부터 도입되었다.

정부의 예산 편성 과정은 기획재정부가 각 중앙부처에 예산편성지침을 하달하면, 그에 따라 각 부처는 예산안을 요구하며, 기획재정부가 총괄 조정하여 정부 예산안을 편성한다. 기획재정부가 각 중앙부처에 하달하는 예산편성지침은 국회 예산결산특별위원회에 보고되지만, 보고만 될 뿐 의결을 거치거나 의견표명을 요하지 않는다. 정부의 예산 편성 과정은 국민의 입장에서 볼 때 폐쇄적이고, 의견을 수렴하는 절차가 부재하며 정보에 접근하기가 용이하지 않다. 따라서 폐쇄적인 정부 예산 편성 과정에 실질적 주권자인 국민의 참여를 보장함으로써 예산 과정의 투명성을 제고하고, 재정민주주의를 실현할 필요성이 제기되었다. 따라서 국민참여 예산제도는 국회의 예산 심의 및 결정 과정에 참여하는 것이 아니라 국민이 제안한 사업에 대해 적격성 심사를 통해 정부 중심의 예산 편성에 벗어나 국민의 실질적 예산 참여를 도모하기 위한 제도다.

(2) 국민참여 예산제도의 절차

국민참여 예산제도는 국가재정법상 국민참여에 관한 법적 근거에 기초하여 운영되고 있다. 즉, 국가재정법 제16조 제4호에서는 “정부는 예산 과정의 투명성과 예산 과정에의 국민 참여를 제고하기 위하여 노력하여야 한다”라고 규정하고 있는데, 기획재정부는 국민 참여 절차 마련을 의무화하고 국민 참여를 위한 기구(예산국민참여단)의 설치 및 운영 근거를 규정하고 있다.

국민참여 예산제도는 제안형과 토론형으로 구분되는데, 제안형은 국민들로부터 상시 제안 접수를 통해 추진되며, 토론형은 각 부처가 주제를 선정하여 국민참여에 의한 예산 편성을 도모한다. 또한 국민참여 예산 후보사업을 압축하거나 선호 투표를 위해 국가재정법 시행령 제7조의2에 따라 예산국민참여단을 구성·운영하고 있다.

〈표 10-6〉 국민참여 예산제도의 절차

<table>
<tr><th>주체</th><th>시기</th><th>내용</th></tr>
<tr><td>국민 → 각 부처</td><td>-</td><td>[제안형] 제안 접수(상시: 1~2월) → 전문가 사전 검토(2~3월) → 적격성 검토(소관 부처) → 사업 숙성(온라인 및 현장토론회: 3~5월) → 지원협의회(전문가 의견청취) → 부처 사업 요구(5월) → 예산국민참여단 투표(6~7월) → 정부안 반영(8월 말)
[토론형] 주제 선정(소관 부처) → 전문가 사전 검토 → 사업 숙성(온라인 및 현장토론회) → 부처 사업 요구 → 정부안 반영</td></tr>
<tr><td>각 부처 → 기획재정부</td><td>4~5월</td><td>부처 국민제안사업 숙성 → 기획재정부에 예산안 요구</td></tr>
<tr><td>국민</td><td>6월</td><td>온라인 의견수렴(www.mybudget.go.kr)</td></tr>
<tr><td>예산국민참여단</td><td>6~7월</td><td>예산국민참여단 발족: 참여예산 후보사업 압축</td></tr>
<tr><td>기획재정부</td><td>7월</td><td>사업선호도 조사: 일반국민 설문조사 + 예산국민참여단 투표</td></tr>
<tr><td>기획재정부</td><td>8월</td><td>정부 예산안 마련: 재정정책자문회의 논의 → 국무회의(예산안 확정)
<table>
<tr><th colspan="2"></th><th>2019</th><th>2020</th><th>2021</th><th>2022</th><th>2023</th></tr>
<tr><td rowspan="3">사업 수
(개)</td><td>제안형</td><td rowspan="3">38</td><td rowspan="3">38</td><td>43</td><td>48</td><td>33</td></tr>
<tr><td>토론형</td><td>20</td><td>23</td><td>18</td></tr>
<tr><td>합계</td><td>63</td><td>71</td><td>51</td></tr>
<tr><td rowspan="3">예산
(억 원)</td><td>제안형</td><td rowspan="3">928</td><td rowspan="3">1,057</td><td>891</td><td>548</td><td>312</td></tr>
<tr><td>토론형</td><td>277</td><td>880</td><td>188</td></tr>
<tr><td>합계</td><td>1,168</td><td>1,429</td><td>500</td></tr>
</table>
자료: 국회예산정책처(2023).</td></tr>
<tr><td>국회</td><td>12월</td><td>국회에서 정부 예산안 심의·확정</td></tr>
</table>

(3) 국민참여 예산제도의 발전 방안

재정민주적 관점에서 국민참여 예산제도를 활성화하는 방안은 다음과 같다.

첫째, 단순 정보제공형이나 의견진술 차원에서 국민참여 예산제도를 도입하기보다 실질적인 국민참여가 보장될 수 있어야 한다.

둘째, 기획재정부가 구성하는 예산국민참여단 및 각 부처의 국민 사업제안에서 국민의 대표성을 확보할 필요가 있다. 온·오프라인 등 제반 채널을 통해 대표성을 확보하는 노력을 지속적으로 경주해야 한다.

셋째, 국민 사업제안에 대한 법적 구속력을 확보할 필요가 있다. 국민 사업제안에 대한 적격성 심사와 사업 숙성 과정을 거치지만, 국민 사업제안 중 채택된 사업에 대한 법적 구속력을 확보하여 관료 중심의 예산 편성을 지양할 필요가 있다.

넷째, 국민 사업제안의 범위를 보다 확대하고, 국민참여 예산제도와 사업별 성과관리제도의 연계성을 강화할 필요가 있다.

[그림 10-5] 국민참여 예산제도와 사업별 성과관리제도와 연계

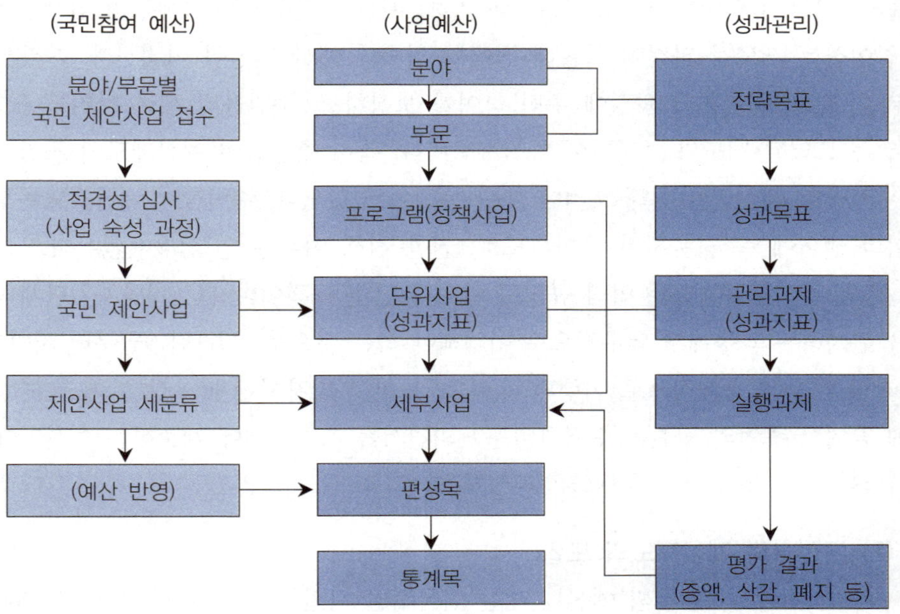

2) 주민참여 예산제도

(1) 주민참여 예산제도의 개념

주민참여 예산제란 지방자치단체의 예산 편성 과정에 주민이 참여하는 제도를 의미한다. 주민참여 예산제도는 다음과 같은 의미를 지니고 있다.[8)]

첫째, 주민참여 예산제도는 국가의 예산 편성 과정에 주민이 참여하는 제도가 아니라, 지방자치단체의 예산 편성 과정에 주민이 참여하는 제도를 의미한다. 따라서 국가의 예산 편성 과정과는 무관하다.

둘째, 주민참여 예산제도는 지방자치단체의 예산 편성 과정에 참여하는 제도다. 예산 편성 과정은 행정부의 고유 권한으로 인정되어 있으며, 예산 심의 · 의결 과정은 의회(지방의회)의 고유 권한으로 인정되어, 예산에 대한 상호 견제와 균형을 유지하도

8) 주민참여 예산제도의 대표적인 사례는 브라질의 포르투알레그리 시의 경우인데, 1988년 브라질의 지방자치단체 선거에서 노동자당(Partido dos Trabalhadores: PT)이 승리하면서 주민들이 시 예산안을 짜는 데 직접 참여하는 제도(orcamento participativo: OP)를 정착시키는 데 성공했다. 또한 남아프리카공화국은 예산 작성 과정에 대한 시민사회의 영향력을 확대하고, 헌법에서 보장한 국회의 예산 조정 권리를 보완하기 위해 민중예산제도를 도입했다.

록 하고 있다. 그러나 예산 심의·의결 과정에 참여하는 지방의회의 경우는 주민의 대표기관으로서 의미를 지니고 있는 데 비해, 예산을 편성하는 집행부의 입장은 주민이 참여하는 제도적 과정이 미흡해 집행부 위주의 예산 편성이 이뤄진다. 따라서 집행부 위주의 예산 편성 과정에 주민 참여를 보장하고, 주민들의 세금 가치를 구현하기 위해 도입된 제도가 주민참여 예산제도이다. 특히 주민참여 예산제도의 도입 초기에는 지방의회의 권한 침해 소지에 대한 논쟁이 있었으나, 주민참여 예산제도는 지방의회의 권한에 속하는 사항이 아니므로, 권한 침해 여부는 인정되지 않는다.

셋째, 주민참여제도는 임의 규정이 아니라 당연 규정이다. 즉, 지방자치단체가 예산을 편성하는 과정에서 의무적으로 이행해야 하는 것으로, 2011년 9월부터 지방재정법 개정을 통해 강제적으로 이행되고 있다. 특히 지방자치단체의 장은 예산 편성 과정에 참여한 주민의 의견을 수렴하여, 그 의견서를 지방의회에 제출하는 예산안에 첨부하도록 강제 규정하고 있다(지방재정법 제39조).

(2) 주민참여 예산제도의 도입

1999년 지방자치단체의 예산에 대한 전국적인 시민참여[9]가 활발해지면서 2002년 6월 13일 지방선거를 통해 주민참여 예산제도에 대한 공약이 추진되었고, 2003년도에 각 지방자치단체에 시달된 2004년도 지방자치단체 예산편성기본지침에서 예산 편성 과정의 주민 참여 보장과 예산정보를 투명하게 운영하고 공개할 것을 권고했다. 이후 참여정부에서는 주민참정제도를 확충하기 위해 주민발안제도 개선, 주민투표제 실시, 주민소환제, 주민감사청구제 및 주민소송제, 정책 과정에 주민 참여 확대, 참여적 예산 편성 및 집행 등을 강화하는 지방재정법을 개정했으나, 주민참여 예산제도는 임의 규정으로 강제력을 갖지 못하고 몇몇 자치단체에서 조례 제정을 통해 시행되었다.

주민참여 예산제도가 법적으로 의무 규정으로 전환된 계기는 2010년 6월 지방선거를 통해 중점 공약 추진 사항으로 제기되었고, 지방재정법 개정을 통해 2011년 9월부터는 모든 지방자치단체가 의무적으로 이행해야 하는 제도로 전환되었으며, 지방자치단체의 장이 예산안을 지방의회에 제출할 때 수렴된 주민의 의견서를 반드시 예산안에 첨부하도록 규정하고 있다.

---

9) 참여연대가 2001년 4월 지역의 시민단체와 함께 '판공비 전국 네트워크'를 결성, 자치단체장에 대한 판공비 정보공개운동을 중심으로 예산감시운동을 전개한 사례나, 2001년도에 '서울지역예산감시네트워크'가 결성되어 서울시 예산에 대한 참여운동이 시작된 것은 대표적인 사례다.

(3) 주민참여 예산제도의 발전 방안

주민참여 예산제도가 실효성을 거두기 위해서는 다음을 고려할 필요가 있다.

첫째, 주민 참여에 대한 의식의 전환이 중요하다. 주민참여 예산제도는 주민들의 세금 가치를 구현하고 재정민주주의를 보장하기 위한 제도이므로, 주민, 집행기관, 의회, 시민단체 등이 올바른 참여 의식을 지니고 있어야 한다.

둘째, 주민 참여의 대표성과 실질적 참여를 확보할 필요가 있다. 주민 참여의 형태를 구분할 때 주민들이 실제로 의사 결정 과정에 참여해 영향력을 행사하는가의 여부에 따라 실질적 참여와 형식적 참여로 구분할 수 있는데(Arstein, 1969), 주민 참여의 대표성과 실질적 참여 방안을 강구해야 한다.

셋째, 지방자치단체의 예산 편성 과정에 대한 단계적 이해가 필요하다. 즉, 지방자치단체의 장이 예산을 편성하는 때에는 중기지방재정계획과 재정투・융자사업에 대한 심사 결과를 기초로 작성해야 한다. 또한 지방자치단체의 예산은 행정안전부 장관이 하달한 지방자치단체 예산 편성 기준과 예산의 과목 구분에 따라 편성되며, 집행기관의 각 부서로부터 예산요구서가 제출되면 지방자치단체의 장과 예산 주무부서는 각 부서로부터 예산 요구에 대한 설명을 청취한 다음 예산안에 대한 사정을 끝내고, 예산 주무부서는 예산안을 편성해서 지방의회에 제출한다. 따라서 지방자치단체의 예산 편성 과정에 주민이 참여할 수 있는 단계별 참여전략을 마련하는 것이 중요한데, 중기지방재정 수립 단계, 각 부서의 예산요구서 작성 단계, 예산요구서 사정 단계, 의회 제출 전 단계 등으로 구분해 참여전략을 수립해야 한다.

넷째, 다양한 주민 참여 방안을 고려할 필요가 있다. 현행 규정에서는 공청회, 간담회, 서면 또는 인터넷 설문조사, 사업 공모, 기타 등의 방법을 제안하고 있으나, 예산 편성 단계별로 가장 합리적인 방안을 모색할 필요가 있다.

3) 주민소송제[10)]

(1) 주민소송제의 연혁

주민소송제는 본래 영국의 납세자소송에서 발달되어 미국으로 전파되었으며, 일본은 미국을 본보기로 1948년 지방자치법을 개정해 납세자소송제를 도입・시행했다.

---

10) 주민소송제에 대해서는 안용식・강동식・원구환(2006: 163-173)에서 수정 발췌했다. 외국의 주민소송제에 대해서는 행정자치부(2005)를 참조할 것. 주민소송제와 더불어 국가의 위법한 재무회계 행위에 대한 국민소송제의 도입도 적극 고려할 필요가 있다.

특히 일본은 1963년 지방 재무회계제도의 개혁을 내용으로 하는 지방자치법 개정을 통해 주민소송이라는 명칭을 사용했다. 우리나라도 과거 지방자치법에서 주민소송제를 도입했으나, 활용되지 않다가 1962년 폐지되었다. 그러나 2004년 1월 16일 지방분권특별법의 제정으로 주민소송제에 대한 도입 근거가 마련되었으며, 2005년 1월 27일 주민소송제 도입을 주된 내용으로 하는 지방자치법이 공포(2005년 8월 5일 동법 시행령 공포)됨에 따라 2006년 1월 1일부터 시행되고 있다.

민선자치 실시 이후 각종 이권을 둘러싼 지역 토착 세력과의 민관 유착으로 자치단체장 등 일부 지방 공직자의 부패가 상존하고, 자치단체장의 선심성·행사성 사업 추진과 중복 투자 등에 기인한 방만한 재정 운영으로 지방재정의 어려움이 가중되고 있다. 더욱이 각종 감사를 통한 위법·부당 사례 적발도 대부분 주의 촉구 수준에 그쳐, 동일 사례의 재발 방지라는 예방 효과를 기대하기 어려운 실정이다. 따라서 효과적인 주민통제 체제 구축을 통한 심리적 예방 효과로 지방재정 운영 과정에서 발생하는 부정부패를 사전에 차단하기 위한 목적으로 주민소송제가 도입되었다.

(2) 주민소송제의 개념

주민소송제는 지방자치단체의 위법한 재무회계 행위에 대해 지역 주민이 자신의 개인적 권리·이익의 침해와 관계 없이 그 위법한 행위의 시정을 법원에 청구할 수 있는 제도다. 주민소송은 지역 주민에게 당연히 인정되는 권리가 아니고, 특정한 법규에 의해 인정되는 실체법상의 권리다.

주민소송은 공익소송으로서 주민 대표소송의 한 종류이며, 주민의 개인적 권리·이익의 침해가 아닌 지방공공의 이익 보호 내지 침해의 예방을 위해 제기하는 소송으로서 객관소송[11] 중 민중소송[12]의 법적 성격을 지닌다. 행정소송법상 민중소송의 개념은 국가 또는 공공단체의 기관이 법률에 위반되는 행위를 한 때에 직접 자기의 법

11) 주관소송은 당사자의 권익 보호를 목적으로 하는 소송이다. 일반적으로 행정소송은 국민의 권리구제를 1차적 목적으로 한다는 점에서 원칙적으로 주관소송의 성격을 지니며, 주관소송에서는 권익을 침해받은 자만이 소송을 제기할 수 있다는 제기 요건상의 제한이 있다. 이에 반해 객관소송은 주로 행정작용의 객관적 적정성(적법 타당성)을 목적으로 하는 소송이다. 객관소송은 개인적 이해관계에 대한 다툼과는 직접적인 관계가 없으므로, 주관소송과 같은 소송제기 자격의 제한이 없다.

12) 민중소송은 국민투표에 관한 소송(국민투표법 제72조), 선거에 관한 소송(공직선거법 제222조) 같이 직접적 이해관계를 갖지 않는 다수인에 의해 제기되는 소송 유형인 데 비해, 기관소송은 국가 또는 공공단체 기관 상호 간에 제기되는 소송(예: 지방자치단체장이 지방의회의 의결의 위법을 이유로 제기하는 소송 등) 유형이다.

률상 이익과 관계없이 그 시정을 구하기 위해 제기하는 소송이다.

우리의 주민소송제는 일본과 마찬가지로 감사청구전치주의를 채택하고 있는데, 위법한 재무회계 행위에 대해 직접 소송을 제기할 수 있는 것이 아니라 주민감사를 청구하고 소송을 제기해야 한다. 또한 미국은 재무회계뿐 아니라 비재무회계 사항도 소송에 포함되지만, 우리의 경우는 위법한 재무회계에 한해서만 소송을 제기할 수 있다.

(3) 주민소송의 결과

주민소송의 결과에 따라 손해배상금 등의 지불청구와 변상명령이 가능하다.

우선, 손해배상금 등의 지불청구로서 자치단체의 장(해당 사항의 사무 처리에 관한 권한을 소속기관의 장에게 위임한 경우에는 그 소속기관의 장)은 소송에 대하여 손해배상청구나 부당이득 반환청구를 명하는 판결이 확정되면, 그 판결이 확정된 날부터 60일 이내를 기한으로 하여 당사자에게 그 판결에 따라 결정된 손해배상금이나 부당이득반환금의 지불을 청구하여야 한다. 다만, 손해배상금이나 부당이득 반환금을 지불하여야 할 당사자가 자치단체의 장이면 지방의회 의장이 지불을 청구하여야 한다. 또한 지방자치단체는 지불 청구를 받은 자가 기한 내에 손해배상금이나 부당이득 반환금을 지불하지 아니하면 손해배상 · 부당이득 반환의 청구를 목적으로 하는 소송을 제기하여야 한다. 이 경우 그 소송의 상대방이 지방자치단체의 장이면, 그 지방의회 의장이 그 지방자치단체를 대표한다(지방자치법 제23조).

다음으로, 변상명령을 할 수 있다. 즉, 지방자치단체의 장은 소송에 대하여 변상할 것을 명하는 판결이 확정되면, 그 판결이 확정된 날부터 60일 이내를 기한으로 하여 당사자에게 그 판결에 따라 결정된 금액을 변상할 것을 명령하여야 한다. 변상할 것을 명령받은 자가 같은 항의 기한 내에 변상금을 지불하지 아니하면, 지방세 체납처분의 예에 따라 징수할 수 있다(지방자치법 제24조).

정부 예산과 적자재정

제 1 절 | 국가채무와 적자재정의 본질

1 재정적자와 적자재정

1) 재정수지와 적자

재정수지는 재정수입과 재정지출의 차이를 의미한다. 재정수입이 재정지출보다 많으면 흑자가 발생하고, 재정지출이 재정수입보다 많으면 적자가 발생하게 된다. 따라서 재정수지는 정부 재정 활동에 대한 건전성을 파악하는 데 중요한 개념이며, 정부재정 운영의 기본 원리는 재정수입과 재정지출이 동일한 수준을 유지하는 균형예산이었다. 즉, 비상시를 제외하고는 정부가 지출해야 하는 공공 경비는 조세에 의해 조달되어야 한다는 재정책임 원리가 강조되었으며, 재정수입과 재정지출이 균형을 이뤄야 한다는 생각이 지배적이었다.

그러나 재정수입과 재정지출을 균형 있게 유지하기란 쉽지 않은데, 재정수지 적자의 경우, 재정건전성의 문제가 발생할 수 있다. 재정수지 불균형의 문제는 재정적자와 적자재정의 입장에서 접근할 수 있다.

우선, 재정적자의 입장은 재정수지 적자를 수입과 지출의 관계에서 음(−)의 결과로 이해하는 입장이다. 즉, 재정수입보다 재정지출이 많아서 적자가 발생하면 국채 및 차입금의 발행, 자산매각 등을 통해 재원을 보전하게 되는데, 이에 따른 상환의 부담과 국가 자산의 감소가 발생한다. 적자가 발생한 상태와 그에 따른 부정적 의미로 해석하는 입장이다.

다음으로, 적자재정의 입장은 재정수지 적자를 경기 변동에 대한 재정정책 수단으로 이해하는 입장이다. 즉, 경기 침체 등과 같은 상황에서 정부가 경기 조절을 위해 재정지출을 확대하고 할 때 부족한 재원을 국공채 발행을 통해 재원을 조달하고, 조달된 재원을 경기안정화 기능에 투여하는 것을 의미한다. 조세에 의한 재정수입이 부족하여 국공채 발행 등을 통해 재원을 조달하면 그만큼 적자가 발생할 수 있지만, 국공채 발행을 통해 조달된 재원을 투자를 통해 이자율을 상회하는 수익률을 제고한다면 적자의 개념이 부정적인 것만은 아니다. 물론 국공채 발행을 통해 조달된 재원이 생산적 투자에 활용되어야 한다는 전제가 필요하다.

2) 적자재정과 재정정책

적자재정의 개념은 케인스(John M. Keynes) 이후 정부의 재정정책에 대한 새로운 인식에서 비롯되었다. 즉, 경기가 확장적일 때에는 조세수입을 증가시키고 정부 지출을 감소하는 정책을 추진하지만, 경기가 위축될 때에는 조세수입을 감소시키고 정부 지출을 증가함으로써, 경기 변동을 완화하는 정책을 추진하였다. 따라서 정부의 재정정책에 의한 시장 개입이 용인되었으며, 적자재정에 대한 개념이 거시적 관점에서 파악되기 시작했다. 특히 자본계정과 경상계정으로 구분된 복식예산제도의 부각은 케인스의 입장과 유사한 성향을 지니고 있다.

국채 및 적자재정에 대한 고전학파의 입장과 케인스 학파의 입장은 상호 대립적인데, 이를 설명하면 다음과 같다.

고전학파의 대표 이론가인 스미스(Adam Smith)는 국채에 의한 재원 조달을 어느 정도 불가피한 것으로 이해했으나, 국채에 의한 정부 재원의 조달은 생산적 노동을 유지하기 위해 사용되었던 자본을 비생산적 노동을 유지하는 것으로 전환시켜 자본 낭비를 초래하며, 미래 세대에 추가적인 재정 부담을 초래한다는 것이다. 또한 리카도(David Ricardo)는 정부가 국채 발행을 억제하면 산업자금 공급이 증가되는 것으로 보았으며, 밀(John S. Mill)은 부(富)가 증가하고 있는 나라에서는 국채 발행을 통한 재원 조달이 큰 부담으로 작용하지 않기 때문에, 재정위기 의식을 상실하게 된다는 것이다(차병권, 1981: 458 재인용; 이필우 역, 1981: 33). 따라서 적자재정에 대한 고전학파의 입장은 부정적인데, 미래 세대의 부담, 적자재정에 대한 책임 의식 부재, 생산적 민간자금의 비생산적 활용 등을 이유로 반대하고 있다.

이러한 고전학파적 재정이론과는 달리 케인스 학파는 국채에 대한 새로운 논리를 전개했다. 즉, 자본주의 경제의 구조적 모순(실업, 소득불균형, 공황 등)을 타파하고 경기 변동에 대응하며, 완전고용을 통한 경제 안정 및 성장을 도모하기 위해서는 정부의 개입, 재정정책(fiscal policy)이 요구된다는 것이다. 특히 총수요가 부족해 경기가 침체될 때에는 세금을 줄여 개인의 가처분소득을 증가시킴으로써 소비를 촉진하고, 정부의 재정지출을 증대시켜야 한다는 것이다. 이러한 적극적 재정정책이 바로 적자재정이론의 근저를 이루고 있는데, 고전학파의 균형예산 원리 대신 불균형 예산 원리에 입각한 적자재정이라는 거시적 개념을 도출했다. 즉, 국채 발행에 의한 적자재정을 통해 민간의 조세를 덜 거둬들이고, 정부의 지출 수준을 증대시켜 자본주의 시장경제의 불완전한 구조를 안정적 기조로 전환하려는 것이다. 케인스는 경기 침체, 불황, 실업 등과 같은 자본주의 시장경제의 불완전한 구조를 유효 수요의 부족에서 찾고 있으며, 이를 해결할 수 있는 유일한 방안이 정부의 적극적 재정지출정책이라는 것이다. 따라서 케인스는 정부 예산을 바람직한 소득 및 고용 수준을 달성시키기 위한 의식적인 수단으로 주장하였으며, 이로부터 정부 예산은 수요 증대의 핵심적인 정책 수단으로 간주되었고, 경제 과정에서 적자재정이 하나의 정책규범으로 중추적인 역할을 하게 되었다.

일반적으로 경상적 지출은 조세에 의해 조달하고, 자본적 지출은 공채로써 조달하는 것이 바람직하다는 견해가 지배적인데, 공공 투자를 위한 재원 조달을 공채에 의존하는 것은 다음과 같은 이점이 있다(Musgrave, 1973: 558-562).

첫째, 경제 성장에 필요한 재원이 부족할 경우 공채를 발행해 조달하는 것은 부정적이지만은 않다는 것이다. 공공투자사업에 필요한 재원 마련을 위해 세율을 변화시키는 것은 바람직하지 않으므로, 공채를 발행해 부족 재원의 변동만큼 조절하는 것이 오히려 타당하다는 것이다. 둘째, 경제 성장을 위해 과도한 소비 수준의 억제는 바람직하지 않은데, 만약 공공투자사업의 재원을 조세에 의존할 경우 민간의 소비가 감소된다. 따라서 공채 발행을 통해 경제성장률이 높아질 수 있다면, 공채 발행이 타당하다는 것이다. 셋째, 사회기반시설 등과 같은 공공투자사업은 공채 발행을 통해 자금을 조달하고, 그 이자비(利子費)와 감가상각비를 공공투자시설의 이용자로 하여금 부담케 함으로써, 채무를 상환해 나가는 것이 타당하다는 것이다.

결국 적자재정은 재정적자의 개념과는 달리 정부 예산을 경기 안정화의 기능으로 활용하는 정책적 개념이다.

2 재정수지와 국가채무

1) 국가채무와 국가부채

국가채무와 국가부채는 국가가 부담해야 할 의무라는 점에서는 공통점을 갖지만, 다음과 같은 점에서 차이점이 존재한다(〈표 11-1〉 참조).

첫째, 근거 법령에 따라 국가채무는 국가재정법에 따라 규율되며, 국가부채는 국가회계법에 따라 규율된다.

둘째, 의무의 부담분에 대한 인식 차이에 따라 국가채무와 국가부채로 구분할 수 있다. 즉, 국가채무는 현금주의에 따라 국가가 부담해야 할 의무이며, 국가부채는 발생주의에 따라 국가가 부담해야 할 의무이다. 국가채무와 국가부채를 구분하는 가장 큰 차이점이라 할 수 있는데, 우리의 경우 결산 정보를 제공함에 있어 현금주의에 의한 국가채무와 발생주의에 의한 국가부채의 개념이 동시에 작성되고 있다. 즉, 2009년부터 국가회계법(2007.10 공포)에 따른 발생주의 회계제도 도입으로, 국가자산과 국가부채에 대한 정보가 산출되고 있다. 정부는 국가부채 산출 시 현행 국가채무 개념과 혼란을 방지하고, 이용자에게 충분한 정보 제공을 위해 국가회계법에 의한 국가재무제표에 '차이내역명세서'를 첨부하고 있다.

셋째, 국가채무와 국가부채는 재정의 포괄 범위에 따라 차이가 발생한다. 즉, 국가채무는 일반회계, 특별회계, 중앙관서의 장이 관리하는 기금이 포함되지만, 국가부채는 일반회계, 특별회계, 모든 기금이 포함된다.

넷째, 국가채무는 국채, 차입금, 국고채무부담행위 등으로 분류되는 데 비해, 국가부채는 유동부채, 장기차입부채, 장기충당부채, 기타 비유동부채로 구분된다.

〈표 11-1〉 국가채무와 국가부채 비교

	국가채무	국가부채
근거 법령	국가재정법	국가회계법
인식 기준	현금주의	발생주의
포괄 범위	일반회계, 특별회계, 중앙관서의 장이 관리하는 기금	일반회계, 특별회계, 모든 기금
분류 기준	국채, 차입금, 국고채무부담행위	유동부채, 장기차입부채, 장기충당부채, 기타 부채

자료: 기획재정부 홈페이지 참조.

2) 국가채무의 범위

국가채무는 정부가 채무자로서 상환해야 하는 금액을 의미하며, 중장기 재정건전성을 보여 주는 핵심 지표다. 국가채무 통계를 통해 국가채무의 규모, 추세, 증가 속도 등에 대한 분석이 가능하고, 우리나라와 국가 간 비교를 통해 재정 상태에 대한 모니터링이 가능하며, 향후 국가재정의 운용 방향에 참고할 수 있다.

국가채무(D1)는 현금주의를 바탕으로 중앙정부의 채무와 지방자치단체의 채무를 합산하여 계산된다. 국가부채는 발생주의에 근거하여 측정되는데, 국제 기준에 따라 일반정부 부채와 공공 부문 부채로 구분된다. 일반정부 부채(D2)는 중앙정부 부채와 지방자치단체 부채, 비영리 공공기관의 부채를 합산하여 계산되며, 공공 부문 부채(D3)는 일반정부 부채에 비금융 공기업 부채를 더하여 계산된다. 일반정부 부채와 공공부문 부채는 2011회계연도부터 적용하여 2012년 말부터 작성하고 있다.

국가채무란 국제통화기금(IMF) 기준에 따르면, "정부가 직접적인 상환 의무를 부담하는 확정채무"를 의미하는데, 다음의 채무와 부채는 포함되지 않고 있다(디지털 예산회계시스템 참조).

[그림 11-1] 결산정보와 부채 통계

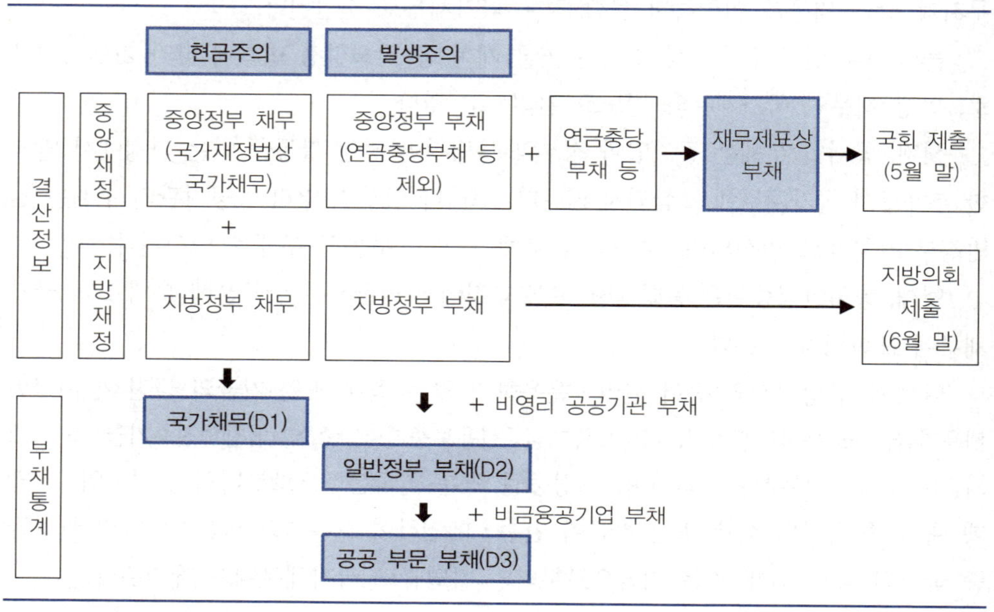

〈표 11-2〉 국가채무 및 부채 유형별 개념

유형	포괄 범위	산출 기준	활용	부채 항목					
				국채	차입금	공채	충당 부채	기타 발생주의 부채 항목	연기금 보유 국공채
국가채무 (D1)	중앙 및 지방정부의 회계·기금	국가재정법 (제91조), 현금주의	국가재정 운용계획	포함	포함	제외	제외	제외	포함
일반정부 부채 (D2)	D1 + 비영리 공공기관	국제 기준 ('01 GFS, PSDS), 발생주의	국제 비교 (IMF, OECD)	포함	포함	포함	제외	포함	제외
공공 부문 부채 (D3)	D2 + 비금융 공기업	국제 기준 (PSDS), 발생주의	공공 부문 재정건전성 관리	포함	포함	포함	제외	포함	제외

* GFS: Government Finance Statistics Manual/PSDS: Public Sector Debt Statistics.
자료: 기획재정부 내부자료.

첫째, 보증채무는 원채무자가 원리금 상환 의무를 다하지 못할 경우에 한해, 국가채무로 전환되는 미확정 채무로 확정 채무인 국가채무에 해당하지 않는다. 즉, 주 채무자가 상환 의무를 이행하지 못할 경우 국가채무로 전환된다.

둘째, 4대 연금의 충당성 부채는 연금 개혁 등 정책환경 변화에 따라 가변적이므로, 확정 채무인 국가채무와 별도로 관리되고 있다.

셋째, 공기업 부채는 공기업이 정부와 독립적인 경영 활동을 하는 과정에서 발생한 부채로서 국가채무에 포함되지 않는다. 그러나 일부 비영리 공공기관의 부채는 일반정부의 부채로 인식되며, 공기업의 부채는 공공 부문의 부채로 인식된다.

넷째, 통화안정증권은 통화정책 수행 과정에서 발행하는 한국은행 부채로서, 국가채무에 포함되지 않는다.

다섯째, 중앙관서의 장이 관리·운용하지 않는 회계 또는 기금의 금전 채무(국민체육기금, 근로복지진흥기금, 기술보증기금, 신용보증기금, 중소기업창업진흥기금 등 21개 기금)는 국가채무에서 제외되며, 재정증권 또는 한국은행으로부터의 일시차입금, 발행 채권 중 국가의 회계 또는 기금이 인수·매입하여 보유하고 있는 채권 및 차입금 중 국가의 다른 회계 또는 기금으로부터의 차입금도 국가채무에서 제외된다.

3) 국가채무의 유형

(1) 국채

일반적으로 국채는 정부가 채권 발행의 주체가 되어 자금을 조달하게 되며, 이렇게 조달된 자금은 만기일이 되면 갚아야 하는 정부의 빚이 된다. 나라살림은 본래 국민의 세금으로 꾸려나가는 것이 원칙이나, 세금만으로는 재정을 꾸려나가기가 충분치 않을 때에는 국채를 발행하게 된다. 국채는 조세와 함께 중요한 재원 조달 수단으로 이용되고 있다.

국가재정법 제18조는 "국가의 세출은 국채·차입금(외국정부·국제협력기구 및 외국 법인으로부터 도입되는 차입자금 포함) 외의 세입을 그 재원으로 한다. 다만, 부득이한 경우에는 국회의 의결을 얻은 금액의 범위 안에서 국채 또는 차입금으로써 충당할 수 있다"라고 규정함으로써, 국채 및 차입금을 예외적인 세출예산으로 규정하고 있다.

금융시장 측면에서 국채는 시장에서 유통되는 채권의 하나로서, 금융시장에 기준금리를 제공하는 기능을 갖고 있다. 시장에서 유통되는 채권에는 국가가 발행하는 국채, 공기업이 발행하는 공사채, 민간회사에서 발행하는 회사채가 있다. 이 중 국채는 대표적인 무위험 자산이므로, 국채 금리는 무위험 자산에 대한 시장수익률의 대표적인 지표 금리로 통용되고 있다. 즉, 국채는 무위험 채권으로서 여타 금융상품에 대한 지표 금리를 제공하고, 국채시장은 금리선물·옵션 등 파생상품시장과 환매조건부채권시장 등과 연계되어 있다. 또한 경제정책 측면에서 보면 장·단기 국채 금리는 경제의 성장잠재력, 단기 자금시장의 유동성, 인플레이션 기대 등 경제 전반에 걸친 정보를 제공해 거시 경제정책의 효율성을 제고하는 역할을 한다.

국채의 재정정책 효과는 어떤 경기 상황에서 어떤 재정금융정책과 연결되느냐에 따라 다르게 나타나며, 경기에 미치는 영향에 대한 의견도 일치되어 있지 않다. 전통적인 케인지언(Keynesian)은 국채 발행을 통해 조세 부담을 경감시켜 줄 때 총수요가 팽창하는 결과가 나온다는 견해를 갖고 있다. 세금이 줄면 가처분소득이 그만큼 늘어나 소비 수준을 높일 수 있다고 보기 때문이다.

반면에 통화주의자(monetarist)들은 국채 발행이 이자율 상승을 통해 민간 투자 활동을 위축시키는 구축 효과(crowding-out effect)를 유발해 기업의 투자가 줄어들고 감세를 통한 소비 촉진 효과를 상쇄시키는 것으로 분석하고 있다. 구축 효과가 어느 정도의 크기로 나타날 것인가 하는 것은 적자재정이 발생하는 시점의 경제가 어떤 상황에 처해 있는가에 크게 의존한다. 경제가 거의 완전고용 상태에 있을 때에는 구축 효과가 매우 큰 폭으로 발생할 가능성이 높다. 반면에 경제가 매우 침체되어 있을 때에는 적자재정으로 인한 구축 효과가 발생되지 않을 수 있다(기획재정부 디지털 예산회계시스템, 2011).

국가채무는 크게 금융성 채무(debt with payment resource)와 적자성 채무(debt without payment resource)로 구분한다. 금융성 채무는 정부가 외환시장 안정이나 서민 주거 안정을 목적으로 국채를 발행하면서 발생하는데, 정부가 채무에 대응한 외환자산이나 대출금 등 자산을 보유하기 때문에, 국민 부담과 직접 연결되지 않는다. 반면에 적자성 채무는 세출예산 부족을 메우기 위해 국채를 발행하면서 발생하는 것으로 추후 채무를 상환하려면 세금으로 상환해야 한다. 적자성 채무의 증가 원인은 여러 가지로 제시해 볼 수 있으나, 가장 대표적인 원인은 재정지출 확대로 적자 국채 발행을 증가시켰기 때문이다.

〈표 11-3〉 국가채무의 성질별 현황

(단위: 조 원, %)

구분	2022	2023	2024	2025	2026	5개년 평균 증가율(%)
국가채무 (GDP 대비 %)	1,068.8 (49.7)	1,134.8 (51.1)	1,201.2 (52.2)	1,271.9 (53.4)	1,343.9 (54.3)	5.9
중앙정부	1,037.7	1,102.1	1,169.6	1,241.6	1,315.9	6.1
지방정부(순채무)	31.1	32.6	31.7	30.3	28.0	△2.6
적자성 채무 (국가채무 비중)	678.2 (63.5)	721.5 (63.6)	768.5 (64.0)	816.5 (64.2)	866.1 (64.5)	6.3
금융성 채무 (국가채무 비중)	390.6 (36.5)	413.3 (36.4)	432.7 (36.0)	455.4 (35.8)	477.7 (35.5)	5.2

* 2022년은 제2회 추가경정예산 기준이며, 2023~2026년은 『2022~2026년 국가재정운용계획』.
* GDP 대비 국가채무 비중은 국회예산정책처(2023.10). 『2023~2032년 NABO 중기재정전망』 참조.
자료: 대한민국 정부(2022.9). 『2022~2026년 국가재정운용계획』.

(2) 차입금

차입금은 정부가 한국은행 등 국내 금융기관, 민간기금 등으로부터 차입하는 국내 차입금과 IBRD, ADB 등 국제기구, 외국 정부 등으로부터 차입하는 해외 차입금으로 구별된다. 해외 차입금은 정부가 국제기구, 외국 정부 및 외국 금융기관으로부터 도입하는 재정차관으로 국내 법인, 지방자치단체 등의 차관 도입에 대해 정부가 지급을 보증하는 보증차관과는 구별된다.

차입금은 법정 유가증권의 발행으로 빌려오는 것이 아니라는 점에서 국채와 구별되는 재원 조달 수단이다. 차입금은 일시차입금과 구별된다. 일시차입금은 예산에 계상된 범위 안의 지출을 위해 일시차입이 필요한 경우로서, 당해 회계연도의 수입으로 상환해야 한다는 점에서 차입금과 구별되며, 상환 기간이 1년 미만이라는 점에서 상환 기간이 1년 이상인 차입금과 구별된다.

〈표 11-4〉 국가채무의 유형별 현황

(단위: 조 원, GDP 대비 %)

구분 / 연도	중앙정부 채무							지방정부 순채무	국가채무 (비중)
	합계	국채				차입금	국고채무 부담행위		
		소계	국고 채권	국민주택 채권	외평 채권				
2011	402.8	397.1	340.1	48.9	8.1	2.5	3.3	17.6	30.3
2012	425.1	420.0	362.9	49.5	7.6	2.3	2.8	18.0	30.8
2013	464.0	459.5	400.7	51.3	7.5	1.9	2.7	25.7	32.6
2014	503.0	498.1	438.3	52.8	7.0	2.6	2.4	30.1	34.1
2015	556.5	551.5	485.1	59.3	7.1	3.3	1.7	34.9	35.7
2016	591.9	587.5	516.9	64.0	6.7	3.9	0.5	35.0	36.0
2017	627.4	623.3	546.7	69.4	7.2	3.8	0.2	32.8	36.0
2018	651.8	648.4	567.0	73.3	8.0	3.2	0.2	28.7	35.9
2019	699.0	696.3	611.5	76.4	8.3	2.6	0.1	24.2	37.7
2020	819.2	815.2	726.8	78.9	9.5	3.3	0.7	27.5	43.8
2021	939.1	937.0	843.7	82.2	11.2	2.0	0.1	31.5	46.9
2022	1,033.4	1,031.5	937.5	82.8	11.8	1.9	0.1	–	48.1
2023예산	1,101.7	1,100.3	999.0	86.8	14.5	1.2	0.2	–	49.0

자료: 대한민국정부(각 연도). 『국가채무관리보고서』. 기획재정부(2023). 재정동향에서 재구성

(3) 국고채무부담행위

국가재정법 제25조는 "국가는 법률에 따른 것과 세출예산 금액 또는 계속비의 총액의 범위 안의 것 외에 채무를 부담하는 행위를 하는 때에는 미리 예산으로써, 국회의 의결을 얻어야 한다"라고 규정하고 있다. 또한 국가재정법 제19조는 "예산은 예산

총칙 · 세입세출예산 · 계속비 · 명시이월비 및 국고채무부담행위를 총칭한다"라고 규정해, 국고채무부담행위를 예산에 포함시키고 있다.

일반 정부사업은 예산 확보 후에 사업을 수행하지만, 국고채무부담행위는 예산 확보 전에 국회 승인을 얻은 범위 내에서 미리 지출원인행위(계약)을 하고, 실제 지출은 이후 수년에 걸쳐 이루어진다. 즉, 국고채무부담행위는 계속비처럼 차후 연도 국회의 예산 심의 권한을 사실상 제한하기 때문에, 단년도 예산 원칙의 예외로서 엄격히 규정된다.

(4) 보증채무

보증채무란 민간의 해외 여신에 대해 국가가 상환 보증을 서는 것을 말하는데, 국가재정법과 지방재정법에 정부의 보증채무에 대한 규정을 언급하고 있다. 국가보증채무는 미확정 채무로서 확정 채무인 국가채무에는 포함되지 않으나, 주 채무자가 상환 의무를 이행하지 못할 경우 국가채무로 전환된다.

국가재정법 제92조와 동법 시행령 제44조에서는 국가가 보증채무를 부담하고자 하는 때에는 미리 국회의 동의를 얻도록 규정하고 있으며, 채무 이행에 대한 국가의 보증을 받고자 하는 채무자 또는 채권자는 미리 소관 중앙관서의 장의 의견을 받아 채무보증신청서를 기획재정부 장관에게 제출하여야 한다. 또한 기획재정부 장관은 채무를 국가가 보증할 필요가 있다고 인정할 때에는 국무회의의 심의를 거쳐 대통령의 승인을 얻은 후 국회의 동의를 얻기 위하여 필요한 절차를 이행해야 한다. 아울러 기획재정부 장관은 매년 보증채무의 관리에 관한 국가보증채무관리계획을 세입세출결산과 함께 국회에 보고하여야 한다.

지방재정법 제13조에서도 지방자치단체가 채무를 보증할 때에는 지방의회의 의결

〈표 11-5〉 국가보증채무 추이

(단위: 조 원, %)

구분	2022	2023	2024	2025	2026
보증채무(GDP 대비 %)	10.6(0.5)	19.1(0.8)	18.8(0.8)	10.5(0.4)	11.0(0.4)
장학재단채권	9.9	9.8	9.8	10.5	11.0
기간산업안정기금채권	0.7	9.3	9.0	–	–

* 기간산업안정기금채권의 보증채무는 기간산업 기업 지원을 위해 한국산업은행이 발행하는 기금채의 원리금 상환을 국가가 보증하는 것으로 2025년 말까지 한시적으로 운영 예정(2022년은 결산자료).

자료: 대한민국 정부(2022.9). 『2022~2026년 국가재정운용계획』.

을 얻어 대통령령이 정하는 바에 따라 자치단체가 보증한다는 뜻을 신청인에게 서면으로 통지하도록 규정하고 있으며, 지방자치단체의 장은 보증채무의 관리에 관한 사항을 매년 세입세출결산과 함께 지방의회에 보고하도록 규정하고 있다.

(5) 공공기관의 부채

공공기관의 경우도 차입금과 채권을 발행할 수 있는데, 차입금과 채권을 통한 공공기관의 부채를 정부의 채무로 인식할 것인가의 문제다. 법률적으로 독립된 법인체이지만, 재정적 측면에서 정부 재정과 연계되어 있다.

국내총생산(GDP) 대비 국가채무 비율을 산정할 때 사용하는 개념이 일반정부인데, 일반정부란 중앙정부와 지방정부, 비영리 공공기관을 포괄하는 개념이다. 비영리 공공기관은 공공기관 중 원가보상률(판매액/생산원가)이 50% 미만인 기관을 기준으로 적용한다. 공공기관의 부채는 일반정부 부채(D2)와 공공 부문 부채(D3)와 연결된다.

(6) 민간투자사업과 MRG

사회기반시설에 대한 민간 투자는 재정 수요와 공급의 불일치 현상을 극복할 수 있는 제도로서 인정되고 있지만, 제도 초기 도입(현재 폐지)된 최소운영수입 보장제도(Minimum Revenue Guarantee: MRG)에 따라 정부의 재정 부담이 가중되고 있다. 즉, 사회기반시설 완공 후 실제 수요가 예측치에 미치지 못한 경우에 일정 기간 동안 재정 보전을 해 주게 된다.

민간 투자와 관련해 고려해야 할 사항이 바로 정부의 재정 보장이라는 점이다. 민간 투자에 따른 최소운영수입 보장분을 정부 재정에서 보전한다면, 이를 정부의 채무에 포함시키는 방안도 검토할 필요가 있다. 매년 정부가 작성하는 민자사업 정부지급금 추계서상의 금액을 부채로 볼 필요가 있다.

(7) 공적 연금과 미적립 부채

국민연금, 공무원연금 및 사학연금기금의 책임준비금이란 연금 가입자나 수급자가 퇴직하는 경우 해당 연금 지급을 위해 필요로 하는 소요자금으로, 연금의 회계 주체로서는 미래 발생되는 연금 지급을 위해 보유하고 있어야 하는 금액이다. 책임준비금의 적립액이 부족할 것으로 추산된다는 것만으로 확정된 채무로 인식할 수는 없지만, 공적 연금에 대한 제도 개혁 및 대응전략이 부족할 경우 국가재정의 건전성을 위협하는 요인으로 작용할 수 있다.

3 국가채무 관리계획과 재정준칙

1) 국가채무 관리계획

정부의 재정은 건전성을 기반으로 하고 있다. 국가재정법 제86조에서는 "정부는 건전재정을 유지하고 국가채권을 효율적으로 관리하며, 국가채무를 적정 수준으로 유지하도록 노력하여야 한다"라고 규정하고 있다. 즉, 국가채권의 효율적 관리와 국가채무의 적정 수준 유지는 재정건전성을 유지하는 데 매우 중요한 개념이다.

일반적으로 개인 간의 관계에서 남에게서 돈을 빌리게 되면, 돈을 빌려준 사람과 갚아야 할 사람이 존재하게 마련이다. 돈을 빌려준 사람은 돈을 빌린 사람에게 빌린

〈표 11-6〉 국가채권의 현황

(단위: 억 원)

구분 연도	국가채권						
		융자 회수금	예금 및 예탁금	조세채권	경상 이전수입	사회보장 기여금	기타 채권
2004	1,284,358	1,039,424	117,349	72,131	22,259	7,482	25,713
2005	1,309,449	1,068,659	105,107	78,344	31,307	6,860	19,172
2006	1,371,215	1,102,995	120,801	75,361	49,690	5,964	16,404
2007	1,448,024	1,131,011	161,705	79,947	49,286	5,545	20,530
2008	1,816,401	1,368,547	245,753	127,022	48,140	5,236	21,703
2009	1,747,314	1,274,268	302,333	103,109	44,993	4,475	18,136
2010	1,859,500	1,271,254	402,386	113,384	52,259	4,488	15,730
2011	1,813,990	1,191,221	391,257	143,627	52,764	12,858	22,263
2012	2,025,431	1,244,448	504,314	140,979	104,060	15,027	16,613
2013	2,237,460	1,247,499	613,758	222,967	112,537	17,518	23,180
2014	2,376,314	1,261,542	733,727	261,725	77,941	19,092	22,286
2015	2,678,314	1,285,690	973,963	298,281	80,953	18,507	20,920
2016	2,976,041	1,323,247	1,184,931	336,483	91,307	19,763	20,310
2017	3,169,260	1,420,066	1,227,652	376,539	101,010	20,783	23,209
2018	3,428,359	1,542,182	1,323,165	414,934	105,312	22,600	20,166
2019	3,792,599	1,661,090	1,534,296	441,086	110,881	24,592	20,654
2020	4,113,075	1,773,529	1,708,113	469,290	118,277	25,141	18,726
2021	4,761,511	1,925,669	2,101,034	534,963	156,705	25,995	17,145
2022	4,698,082	2,087,996	1,809,651	591,585	162,145	27,687	19,018

자료: 기획재정부(2023.7). 『월간 재정동향』.

돈을 갚도록 요구할 수 있는 권리가 있으며, 돈을 빌린 사람은 돈을 갚아야 할 의무가 존재하게 된다. 국가의 채무와 채권의 개념도 빌린 돈에 대한 의무와 권리를 각각 국가채무와 국가채권이라 할 수 있다.

(1) 국가채권의 관리

국가채권이란 금전의 지급을 목적으로 하는 국가의 권리인데(국가채권관리법 제2조), 근거 법령 및 관리 체계 등에 따라 조세채권, 벌금류 채권, 국가채권관리법상 국가채권으로 분류한다. 조세채권은 국세청 및 관세청에 의해 국내징수법, 관세법 등 법규에 의해 관리되며, 벌금류 채권은 형사소송법 및 재산형 등에 관한 검찰집행사무규칙에 따라 관리된다. 특히 벌금류 채권은 형벌적 성격으로 노역장 유치, 사회봉사대체 등이 가능해 단순 금전 지급을 목적으로 하는 일반채권과 구분되며, 국가채권의 범주에서 제외된다.[1)]

국가채권관리법상 국가채권은 융자회수금(국민주택기금 등과 같은 재정자금 융자원금, 전대차관 원금), 예금 및 예탁금(기금의 여유 운용을 위한 시중은행 예치금), 조세채권, 경상이전수입(환경개선부담금, 개발부담금, 과밀부담금 등과 같은 법정부담금, 변상금, 가산금 등), 사회보장기여금(고용보험료, 산재보험료), 기타(면허료 및 수수료, 병원수입 등 재화 및 용역 판매 수입, 토지 및 건물 임대료 등 재산 수입, 토지 및 무형자산 매각대 등 관유물매각대) 등으로 구성된다.

(2) 국가채무의 관리

국가재정법 제91조에서는 국가채무의 적정 수준 유지를 위해 국가채무 관리계획을 수립하도록 규정하고 있는데, 국가의 회계 및 기금이 부담하는 금전 채무(국가의 회계 또는 기금이 발행한 채권, 차입금, 국고채무부담행위 등)를 포함하도록 규정하고 있다.

국가재정법 제91조 및 제7조에 따라 국가채무 관리계획을 국가재정 운용계획에 첨부해 회계연도 개시 120일 전까지 국회에 제출하도록 규정하고 있으며, 국가회계법

1) 국가채권관리법상 제외되는 채권은 ① 벌금, 과료(科料), 형사추징금, 과태료 및 이에 준하는 것으로서 대통령령으로 정하는 채권, ② 증권으로 되어 있는 채권, ③ 국가의 예금 및 예탁금에 관한 채권, ④ 보관금(保管金)이 될 금전의 지급을 목적으로 하는 채권, ⑤ 기부금에 관한 채권, ⑥ 국세 및 관세와 이의 징수에 관련된 채권이다. 또한 외국 또는 국제기구를 채무자로 하는 채권, 즉시 소멸하는 채권, 우리나라에 있는 외국의 대사와 공사, 그 밖의 외교관이나 이에 준하는 자에 대한 채권에 대해서는 법의 일부를 적용하지 않을 수 있다(국가채권관리법 제3조).

제15조의2에서도 국가결산보고서에 국가채무관리보고서를 첨부하도록 규정하여, 결산 심의 때에도 국회가 국가채무 현황 및 관리실태를 점검할 수 있도록 하고 있다.

국채 발행을 통해 정부 지출을 증가시키면 총수요가 확대되어 경제 성장을 도모할 수 있고, 경기 변동에 대응할 수 있는 이점이 있다. 그러나 적자재정의 부작용은 이자율 상승과 민간 투자의 위축을 가져온다. 특히 적자재정이 누증될 경우 경제성장률과 이자율 수준에 따라 재정적자 증가 → 국가채무 증가 → 이자 부담 증가 → 재정적자 증가의 악순환이 나타날 수 있다. 이자 부담의 증가는 그 자체가 경직성 경비의 증가로, 국민경제의 성장잠재력 배양과 국민 생활의 질적 향상을 위한 재정 투자를 제약하게 된다(황성현, 2000: 302-303). 따라서 적자재정이 누증되는 경우 이를 제어할 수 있는 방안이 모색되어야 한다.

〈표 11-7〉 국가채무 관리계획의 포함 내용(국가재정법 제91조)

구분	내용
포함	1. 전전년도 및 전년도 국채 또는 차입금의 차입 및 상환실적 2. 해당 회계연도의 국채 발행 또는 차입금 등에 대한 추정액 3. 해당 회계연도부터 5회계연도 이상의 기간에 대한 국채 발행 계획 또는 차입 계획과 그에 따른 국채 또는 차입금의 상환 계획 4. 해당 회계연도부터 5회계연도 이상의 기간에 대한 채무의 증감 전망과 근거 및 관리계획 5. 그 밖에 대통령령으로 정하는 사항
불포함	1. 국고금관리법에 따른 재정증권 또는 한국은행으로부터의 일사차입금 2. 국회의 회계 또는 기금이 인수 또는 매입하여 보유하고 있는 채권 3. 차입금 중 국가의 다른 회계 또는 기금으로부터의 차입금

2) 재정준칙과 독립적 재정기관

재정준칙(fiscal rule)이란 재정총량에 대한 수치적 제한을 통해 정부 재정에 대한 행정부의 재량권을 제약하는 것을 의미한다(박형수 외, 2006). 특히 IMF 보고서에 따르면, 재정준칙은 재정수지, 재정지출, 국가채무 등의 총량적인 재정지표에 대하여 구체적인 목표수치(numerical numbers of targets)를 포함한 국가의 재정 운용 목표(fiscal objectives)를 법제화한 재정 운용 정책을 의미한다(IMF, 1998).

재정준칙의 도입 필요성은 국가 사회의 정책적 변화 및 환경적 변화에 따른 의무지출 비용 증가에 대응하기 위한 재정건전화 방안의 하나라 할 수 있다. 우리의 경우, 국가재정법 제90조에 세계잉여금 등의 처리 규정을 마련하여 법적 기속력이 있는 수입준칙을 운용 중에 있으나, 재정지표에 대한 총량적 규제수단은 마련하고 있지 못하다. 즉, 국가재정법의 세계잉여금 처리 규정에 따라 초과 수입의 일부를 우선적으로 국가 채무에 상환하도록 규정하고 있으나, 수입이 부족해서 재정지출이 제한될 경우에는 수입준칙이 의미가 없으며, 수입 측면에서의 준칙만으로는 총량적 재정준칙을 달성하기 어렵다.

재정준칙의 유형은 수입준칙, 지출준칙, 재정수지준칙, 구조적 재정수지 준칙, 채무준칙 등으로 구분해 볼 수 있다. 즉, 수입만 고려하는 경우, 지출만 고려하는 경우, 채무 규모만 고려하는 경우도 있으나, 재정의 지속가능성을 유지하기 위해서는 수입, 지출, 채무 등이 동시에 고려될 필요가 있다. 또한 재정건전성은 재정수지적 관점에서 고려되는 것이 타당하지만, 정부 재정의 경기 안정화 기능을 도모하기 위해서는 구조적 재정수지 준칙을 고려하는 방안도 고려할 필요가 있다. 그러나 재정준칙이 지나치게 엄격할 경우 대외 환경변화에 능동적으로 대처하지 못할 수도 있으므로 재정준칙의 합리적 설정과 더불어 능동적 재정 대응력이 함께 고려되어야 한다.

주요 국가의 재정준칙 운용 현황을 살펴보면 대부분의 국가들이 법률에 근거하여 재정준칙을 운용하고 있으나, 독일의 경우는 헌법에 근거하고 있다. 또한 독일, 영국,

〈표 11-8〉 재정준칙의 종류별 장·단점

준칙	장점	단점	국가
수입준칙	• 초과수입 일부 채무 상환에 활용 • 세입정책의 향상	• 경기순행적 • 수입준칙 단독으로는 지속가능 한계	네덜란드
지출준칙	• 명확한 운용지침 • 경기대응적이고 정부 규모 조정 • 단순하고 감독(통제) 용이	• 부채 유지 가능성과 직접 연관 없음 • 지출한도를 맞추려다 지출배분에 필요한 변화가 발생 • 조세지출을 통한 우회 위험	스웨덴 미국 폴란드 네덜란드
재정수지 준칙	• 재정건전성 제고에 효과 • 부채 유지 가능성과 직접 연관 • 감독 및 대중소통 용이	• 경기안정화 기능 미비(경기 순응) (거시 경제의 안정성 저해) • 통제불능 요인에 의한 심화	스위스 독일 이탈리아
구조적 재정수지 준칙	• 경기안정화 기능 • 상대적으로 명확한 운용지침 • 부채 유지 가능성과 직접 연관	• 구조적 변화 시 수정 복잡 • 수입 및 지출의 GDP 탄력성 추정의 불확실성	오스트리아 포르투갈 스웨덴
채무준칙	• 부채 유지 가능성과 직접 연관 • 단순하고 감독(통제) 용이	• 경기 안정화 기능 미비(경기 순응) • 통제불능 심화, 단기 운용지침 미비 • 최적의 부채 수준 합의 어려움	독일, 영국 스페인 체코

자료: 홍승현(2012), 국회예산정책처(2023). 『대한민국재정』에서 재구성.

스페인 등은 재정 운용 목표를 채무비율에 두고 운용하고 있는데, GDP 대비 일정 비율로 관리하고 있다. 미국의 경우는 의무지출 또는 세입 감소를 내용으로 하는 신규 입법을 모색할 때 재원조달 방안을 동시에 입법화하도록 하고 있으며, 매년 법률에 의해 채무 한도를 통제하고 있다.

재정준칙과 관련하여 고려해야 할 또 다른 사항은 독립적 재정기관의 운용 여부이다. 즉, 독립적 재정기관은 재정준칙의 합리적 설정과 이행 여부에 대한 모니터링, 재정 성과 평가의 전문성과 독립적 책임운영을 위해 도입 필요성이 강조되고 있다.

〈표 11-9〉 주요 국가의 재정준칙 운용 현황

구분	재정 운용 목표	근거	주요 내용
독일	채무비율	헌법	• 수입과 지출은 원칙적으로 균형적이어야 함 • 순차입이 GDP 대비 0.35% 이내
미국	PAYGO 채무한도	법률	• 의무지출 증가 또는 세입 감소를 내용하는 신규 입법 시 이에 대응하는 다른 의무지출 감소나 세입 증가 등 재원조달 방안이 동시에 입법화되도록 의무화 • 법률에 의해 채무 한도를 매년 통제
영국	채무비율	법률 규약	• GDP 대비 순차입이 증가될 수 없음 • GDP 대비 순부채 비율은 40% 이내로 유지
프랑스	지출증가율	법률	• 이자지출과 연금지출을 제외한 일반적 예산지출의 경우, 명목가치 이상으로 증가될 수 없음
스웨덴	재정수지비율 명목지출한도	법률	• GDP 대비 1%의 구조적 재정수지 흑자를 규정 • 중앙정부의 명목지출한도와 27개 분야별 지출한도 설정
네덜란드	세입배분 실질지출한도	연정 협정	• 세수 초과분의 50%는 채무상환에 사용 • 중앙정부 예산, 연금, 건강보험에 실질지출한도 설정
스페인	재정수지비율 채무비율	법률	• 3년 중기계획에서의 재정수지 목표를 달성해야 함 • 지방정부 순차입이 수입의 75% 초과 시 중앙정부 감독
폴란드	지출증가율	법률	• 재량지출과 신규 입법되는 의무지출의 증가율 통제
아일랜드	명목지출한도	법률	• 5년 중기계획에서 부처별 자본지출한도 설정
스위스	균형재정	헌법	• 지출은 경기 변동 요인을 감안한 수입전망치 내 달성

자료: 국회입법조사처(2016.12). 『재정건전화법안의 쟁점과 입법과제』.

재정준칙의 객관적 · 명확한 기준 설정과 효과적 운용을 위해서는 독립적 재정기관이 필요한데, 미국, 캐나다, 호주, 오스트리아 등은 의회에 두고 있다. 재정준칙 관련 기관은 독립적인 관점에서 재정건전성을 담보하고, 전문적 운영을 도모할 수 있는 기관이어야 한다.

〈표 11-10〉 독립적 재정기관 운용 해외 사례

국가	독립적 재정기관	주요 기능
캐나다	의회예산처 (Parliamentary Budget Office: PBO)	• 위원회 의원의 요청으로 정책이슈에 대한 연구 • 정기적 분석 업무 • 경제, 재정, 예산 이슈에 대한 정밀 분석
영국	예산책임처 (Office for Budget Responsibility: OBR)	• 향후 5년에 대한 공식적인 경제·재정전망 • 재정목표 이행의 진행사항을 평가(지속가능성 분석) • 기존 전망의 정확도 평가
스웨덴	재정정책위원회 (Fiscal Policy Council: FPC)	• 재정정책 목표 달성 평가(재정준칙 검토) • 경제변동과 관련하여 정책 일관성 평가 • 지속가능성 평가, 예산안의 명료성 심의 • 정책의 장·단기 분배효과 평가
네덜란드	경제정책분석국 (Netherlands Bureau for Economic Policy Analysis)	• 단기, 중기, 장기 재정전망 • 새로운 정책이 예산에 미치는 영향 분석 • 비용추계 및 비용편익분석 • 부처 요청과 독립적으로 정책 관련 이슈 분석
오스트리아	재정자문위원회 (Austrian Fiscal Advisory Council)	• 재정정책의 지속가능성 및 특성 분석 • 공공채무의 경제적 영향 분석 • 재정정책 권고 및 재정준칙 모니터링
미국	의회예산처 (Congressional Budget Office: CBO)	• 의회에 경제 및 예산 관련 정보 제공 • 경제전망과 세수 및 지출에 관한 기준선 제공 • 신규 제안 법안에 대한 평가

자료: 한국조세재정연구원(2014). 『재정위원회 관련 최근 논의와 주요국 현황』.

제 2 절 | 적자재정의 파급 효과

1 적자재정과 재정 지속가능성

1) 적자재정의 파급 효과

적자재정의 파급 효과는 다음과 같이 설명할 수 있다(김성순, 2001: 7-11).

첫째, 재정지출의 증가나 조세 인하에 의해 초래된 적자재정은 전통적 견해에 따르면, 승수 효과를 통해 총수요를 자극함으로써 경기 부양, 고용 증가 등과 같은 긍정적 측면과, 고금리, 투자 위축, 물가 상승 등과 같은 부정적 측면을 초래한다고 보았으나, 또 다른 이론과 실증분석에 의하면 정부의 소비성 지출보다는 투자성 지출이 민간의 자본생산성 향상, 투자, 산출량 증가에 더 큰 효과를 미치고 있다는 것이다. 또한 정부의 확대적 재정투자는 사회기반시설을 제공하고 민간자본 생산성을 증가시키는 외부경제 효과를 창출하거나, 민간자본을 보완하는 추가적 생산 요소로서 기능해 민간 투자를 촉진시키는 부양 효과(crowding-in effect)를 가져온다는 것이다. 따라서 적자재정의 크기나 재원 조달 방법보다는 정부 지출의 구성 변화 등 재정정책의 실질적 측면을 고려하는 것이 적자재정의 파급효과를 이해하는 데 도움이 된다.

둘째, 소득세 및 법인세 인하 등과 같은 조세 인하 정책은 노동 공급과 생산성을 향상시키며, 투자 증가와 자원의 효율적 이용을 촉발함으로써 장기적으로도 공급 능력을 향상시킬 수 있으나, 미래에 대한 불확실성으로 인해 소비, 투자가 위축되는 상황에서는 조세 감면 정책의 경기 부양 효과는 오히려 재정적자를 악화시킬 수도 있다. 반면에 재정적자를 축소시키기 위해 조세를 인상하는 경우 경기 위축, 실업률의 증가를 초래할 가능성도 크므로, 일관되고 투명한 조세정책을 운용해 정책과 관련된 불확실성을 줄이는 것이 필요하다.

셋째, 재정적자의 부담이 현 세대와 미래 세대에 균등하게 배분될 것인가, 아니면 미래 세대에 전가될 것인가의 문제다. 일반적으로 국채 발행에 의한 정부 차입은 미래 세대로부터 현 세대로, 청장년층으로부터 노령층으로 부를 재분배하는 특성을 지니고 있으며, 총소비를 증가시킴으로써 저축 감소, 소비 증가, 이자율 상승, 투자 감소로 이어지는 구축 효과를 초래할 수 있다.

2) 재정 지속가능성

공공부채의 상태에 대해서는 $\frac{\text{공공부채}}{GDP}$, $\frac{\text{공공부채}}{Revenue}$, $\frac{\text{부채 원금} + \text{이자}}{Revenue}$, $\frac{\text{이자}}{Revenue}$ 등으로 측정되는데(INTOSAI, 2007; 2010), 이러한 지표가 어느 정도 수준일 때 재정이 정상적인 범위에 있는지 판단하기 어렵다. 현재 우리나라는 GDP 대비 국가 채무 비율을 OECD 국가 평균 규모나 G20 국가 등과 비교하는 방식으로 국가채무의 건전성을 보여 주고 있는데, 이는 재정의 지속가능성 여부를 비교분석 방법에 의해 간접적으로 보여 주는 방식에 불과하다. 우리와 비교되는 국가들이 이미 공공부채의 지속가능성을 위협받는 수준이라면 이들과의 비교에서 상대적으로 우수한 성과를 보인다고 해서 재정의 지속가능성이 검증되는 것은 아니다. 따라서 공공부채의 지속가능성 범위(emerging economies)에 대한 기준점을 제시할 필요가 있는데, 이를 정리하면 〈표

11-11〉과 같다(감사원, 2010: 91-92).

재정의 지속가능성을 측정하기는 어려우며 판단 기준을 설정하기도 쉽지 않다. 특히 단순 지표만으로 재정의 지속가능성 여부를 파악하기란 쉽지 않으므로, 복합적인 재정지표를 활용해 동적 추세(dynamic trend)를 반영할 필요가 있다.

〈표 11-11〉 공공부채의 지속가능성 범위

재정지표	International Debt Relief(2001)	IMF(2003)
$\frac{\text{공공부채}}{GDP}$	20~25%	25~30%
$\frac{\text{공공부채}}{Revenue}$	92~167%	90~150%
$\frac{\text{부채원금}+\text{이자}}{Revenue}$	28~63%	25~35%
$\frac{\text{이자}}{Revenue}$	4.6~6.8%	7~10%

자료: 감사원(2010: 92)에서 재인용.

2 적자재정의 파급 효과 이론

적자재정의 본질과 파급 효과에 대한 이론적 학설은 다음과 같이 정리할 수 있는데, 케인스 학파를 제외한 신고전학파 내지 공공선택론자들은 대체적으로 적자재정이 미래 세대에 재정 부담을 초래한다는 입장이다.

1) 고전학파의 부담전가론

스미스(Adam Smith), 밀(John S. Mill) 등과 같은 고전학파는 국내에서는 자유방임(laisses faire), 대외면에서는 자유무역(free trade)을 하면 사적 이윤의 극대화, 자원의 효율적 배분, 국부(國富)의 증대 및 경제 발전이 극대화된다고 보았다.[2] 특히 국채 발

2) 특히 스미스는 국부(國富)의 원천은 노동에 있다고 주장하는데, 국부를 증가시키려면 사회적 분업과 자본 축적을 토대로 한 노동생산성을 향상시켜야 한다고 주장한다. 노동에서는 가치를 증가시키는 생산적 노동과 그렇지 않는 비생산적 노동이 있는데, 공공지출에 의해 고용되는 대부분의 노동은 비생산적 노동이라고 한다. 그렇다면 노동의 대부분을 생산적 부문에 투하해 노동생산성을 극대화하고, 또한 자본 역시 생산적 부문에 투하되어 더 많은 생산적 노동을 고용하고, 비생산적 노동을 고용하는 공공경비 지출을 극소화하는 값싼 정부(cheap government)야말로 자본 축적→생산성 향상→경제 발전→국부의 증대로 귀착된다는 것이다(유호민, 1988: 291).

행은 자본 축적을 저해하고, 국부 증가를 해치며, 원리금을 상환하는 미래 세대의 실질적 부담으로 전가된다고 한다. 왜냐하면 국채의 원리금 상환이 일어나는 세대는 정부로부터 받는 공공 서비스의 대가 이외에 원리금 상환액만큼 여분의 납세를 해야 하기 때문에 과중한 부담을 짊어지게 된다. 그러나 국채 발행의 세대는 공공경비의 일부분이 국채에 의해 조달되므로 그만큼 조세 부담도 경감된다. 따라서 국채 부담은 발행이 이뤄지는 세대에서 상환이 이뤄지는 세대로 전가된다(유호민, 1988: 305).

그러나 스미스는 전시에는 평화 시보다도 막대한 공공경비(특히 군사비)가 필요한데, 긴급 시에는 증세(增稅)나 신세(新歲)로써 전비(戰費)를 조달하는 데 한계가 있으므로 조세보다도 국채가 자본 축적을 크게 저하시키기는 하지만, 부득불 국채 발행에 의존해야 함을 강조한다. 그러나 국채의 장점은 종전(終戰)과 더불어 소멸되고, 오히려 국채는 조세보다도 자본 축적을 크게 방해한다고 보아 국채배격론을 주장한다(유호민, 1988: 293).

2) 케인스 학파의 승수효과론

국채 부담은 국채 발행에 의한 불황기의 비자발적 실업과 유휴자본시설의 해소, 완전고용이 실현될 때까지는 국채 지출의 승수만큼의 실질적 국민소득의 증대를 수반하고, 또한 조세 능력의 증가를 통해 국채 원리금의 상환도 쉽게 해 준다는 뜻에서 생산적이지 부담은 아니라고 주장한다. 그리고 국가는 담세 능력 이상으로 과세하거나, 혹은 지폐의 남발(인플레이션 정책)에 호소하는 것도 결코 아니므로 국채의 누적에서 파생한 국채 부담은 경제 성장을 저지하는 것이 아니라, 오히려 이를 촉진한다고 하여 국채의 부담을 부정하고 있다. 또한 불황기에 유휴자본시설이나 비자발적 실업이 있을 경우의 국채 발행은 정부가 민간 부문에서 이용 가능한 자원을 인출하는 것으로, 국채의 실질 부담은 현 세대가 짊어진 것이지 고전학파처럼 미래 세대에 그 부담이 전가되지 않는다는 것이다(유호민, 1988: 296).

그러나 내채의 원리금 지급은 자원이 외국에 유출되는 것이 아니고, 오른손에서 왼손으로 채권자와 채무자 간의 단순한 소득이전에 지나지 않으나, 외국채의 경우에는 그렇지 않고 원리금을 상환하는 시기의 국민에게 실질적 부담이 된다고 한다. 즉, 외국채 발행 시에는 외채만큼 외국에서 자원이 국내 경제에 부가되어 경제 성장에 기여하나, 훗날 원리금을 상환할 경우에는 반대로 원리금 상환액만큼 외국에 유출되어 납세자의 실질적 부담이 된 까닭에 내국채와 외국채 간에는 본질적인 차이점이 있다고 주장한다(유호민, 1988: 299).

3) 뷰캐넌의 부담전가론

뷰캐넌(James M. Buchanan)은 공공지출을 경상예산(current budget)이 아니라 자본예산(capital budget)과 결부시켜 그의 사회적 존재 가치를 이론적으로 옹호하고 있다. 즉, 그는 정부 지출을 경상적 지출과 자본적 지출로 분류했다. 경상적 지출은 정부 지출의 편익이 단기간에 생겨 현 세대에 이익을 초래하므로 소비적 지출이고, 자본적 지출은 편익이 장기간에 걸쳐 생겨 이익이 미래 세대에 배분되는 투자적 지출로 분류했다. 이 경우 경상적 지출은 조세로, 자본적 지출은 국채로 충당해야 한다고 주장했다. 즉, 그는 수익률이 영이 되는 정부 지출은 정당화할 수 없고, 반대로 편익이 일정 기간을 경과한 후에 발생하는 정부 지출은 국채로 충당해야 된다는 이용 시 지불(pay as you use)의 원칙에 입각한 국채론을 전개한다. 따라서 국채는 현 세대에 귀착되지 않고, 미래 세대에 전가된다고 주장했다(유호민, 1988: 301 재인용). 특히 케인스 재정정책론에 대한 뷰캐넌과 와그너(Richard E. Wagner)의 비판은 케인스 재정정책에 따른 총수요정책은 재정적자를 누적시키며, 누적된 재정적자는 정부의 비효율성을 야기할 뿐 아니라 인플레이션을 가속화시킨다(Buchanan & Wagner, 1977: 98-105).

4) 리카도의 등가성 정리

리카도(David Ricardo)는 공채를 통한 재원 조달은 그 부담이나 경제적 효과에서 조세와 동일하다는 등가(等價)의 원리를 제시했다.

공채를 통한 재원 조달 방법은 정부 지출에 대한 재정적 부담이 현 세대에서 발생하지 않고, 정부차입금을 상환하는 미래 세대에서 발생한다고 가정했다. 그러나 이러한 가정은 현 세대가 차입에 따른 미래 세대의 부담 증가를 전혀 고려하지 않고, 경제적 행위를 하는 경우에만 타당성을 갖는다. 이와는 달리 정부가 차입을 통해 재원을 조달하자 현 세대의 사람들이 자손들의 부담 증가를 우려해 예상되는 부담의 증가액만큼 미래 세대에게 더 많은 유산을 남기기로 결정했다고 가정해 보자. 이럴 경우 현 세대는 유산의 규모를 증대시키기 위해 자신의 소비를 감소시키는 대신 저축을 늘리게 된다. 결국 현 세대는 정부 지출에 따라 소비 수준이 증가하지만 더 많은 유산을 남기기 위해 자신의 사적 소비 수준을 감소시키기 때문에 실질적인 소비 수준에서는 전혀 변화가 없으며, 미래 세대의 경우도 조세 부담이 증가해 소비가 줄어드는 반면, 더 많은 유산을 받아서 소비를 증가시킬 수 있어 실질적인 소비 수준에는 전혀 변화가 없다. 따라서 미래 세대를 고려해 현 세대가 합리적으로 행동할 경우에 세대 간 국채의 부담 전가는 전혀 발생하지 않으므로, 경제적 효과 면에서 조세와 차입 간에는 전혀 차이가 없게 된다. 이를 리카도의 등가성 정리(Equivalence Theorem)라고 한다(하연섭, 2002: 443-444).[3)]

5) 공공선택론의 적자재정

공공선택론은 시장실패에 의한 정부의 역할을 어떻게 규정하고 설명할 것인가에 초점을 둔 재정학의 한 이론으로 예산이 수반되는 공공재의 선택에 있어 관료, 정치가, 이해집단 등의 행위와 그에 따른 최적의 의사 결정을 분석하는 데 초점을 두고 있다. 이러한 공공선택론은 다음과 같은 기본 전제를 갖고 있다.

첫째, 공공선택론은 경제학에서 강조되는 인간관, 즉 인간에 대한 기본 가정을 이기적이고 합리적이며, 효용극대화를 추구하는 존재로 파악한다.

둘째, 공공선택론은 사회현상을 설명하는데, 행위의 주체로 국가 또는 정당 등과 같은 유기체적 집단이 아니고, 그 사회를 구성하고 있는 가장 근본적 단위인 개인의 행동을 설명하는 데 분석의 출발점으로 하고 있다.

셋째, 교환으로서의 정치를 강조한다(Buchanan & Tullock, 1962; 김의섭, 2007). 즉, 시장에서의 교환행위와 마찬가지로 정치 분야에서의 교환 행위는 투표 행위로 설명할 수 있다는 점이다. 인간은 본질적으로 동일한 행동 원리를 통해서 설명될 수 있는 주체이기 때문에, 논리적 일관성을 지니기 위해서 정치, 경제 모두 인간은 개인의 목표함수를 추구하는 이기적 주체라는 행동 논리를 적용할 때 보다 객관적으로 사회현상을 분석할 수 있다는 것이다. 특히 개인은 시장교환을 통해 자신의 목적을 실현하려고 하는 것과 같이 정치적 시장에서도 개인은 자신의 이익을 증대시키기 위해 정치적 교환(political exchange)에 참여한다는 것이다.

이러한 전제 조건을 바탕으로 공공선택론은 의사 결정에 참여하는 행위 주체들은 이익극대화 성향과, 행위 주체들 간의 이익극대화 관계속에서 재정적자 문제를 분석한다. 즉, 공공 부문의 의사 결정, 특히 예산 배분과 관련해 주요 의사 결정 과정에 참여하는 주체(국민, 정치, 관료 등)들은 자신들의 이익을 극대화하려 하기 때문에, 적

3) 일반적으로 국채를 완전히 상쇄할 수 있을 만큼 저축이 증가한 사례는 드물지만, 일부 연구에 의하면 리카도 가설이 실증된 사례가 존재한다(박하섭 · 최종수, 1997; Evans, 1990).

자재정이 편성된다는 것이다. 즉, 행정관료는 자신의 내부적 기준(재량, 위신, 조직 확대 등)을 충족시킬 수 있는 예산 팽창을 도모하며, 예산안 편성 시 자신의 부처예산을 확대 요구하는 경향이 있다. 또한 정치가는 유권자들의 환심을 사기 위해 공공사업에 대한 재정지출을 확대하려는 경향이 있으며, 일반 국민들은 적은 조세 부담으로 많은 행정 서비스를 제공받기를 원한다. 따라서 공공선택론에 따르면, 재원 배분과 관련된 의사 결정 참여 주체들의 이익극대화 성향으로 말미암아 정부의 적자재정의 규모는 증대되며, 적자재정으로 인해 미래 세대에 재정적자를 초래할 수 있다는 것이다.

관료와 정치가와의 관계(예산시장)에서 정치가들은 관료에 대한 후원자로서 상임위원회의 예산 심의 과정에서 관료들이 확대 편성한 예산안을 옹호해 주며, 정치가와 유권자의 관계(정치시장)에서 양자는 재정 착각(fiscal illusion)에 의해 정부지출계획에 대한 재원 조달 수단으로서 조세보다는 공채에 의존한다. 또한 유권자와 관료의 관계(정책시장)에서 유권자들은 합리적인 무지의 관점에서 확대 편성된 관료 예산에 대해 무관심을 보이거나 수용한다(김정완, 1994: 102).

공공선택론적 시각에서 관료는 더 큰 지위상승과 영향력을 추구하고, 자신의 독점력을 활용하여 사회적 최적 수준 이상의 예산 규모를 책정하려고 하며, 결국 예산은 과잉 팽창하게 되고 재정지출은 증대된다.

[그림 11-2] 공공선택론의 적자재정 메커니즘 모형도

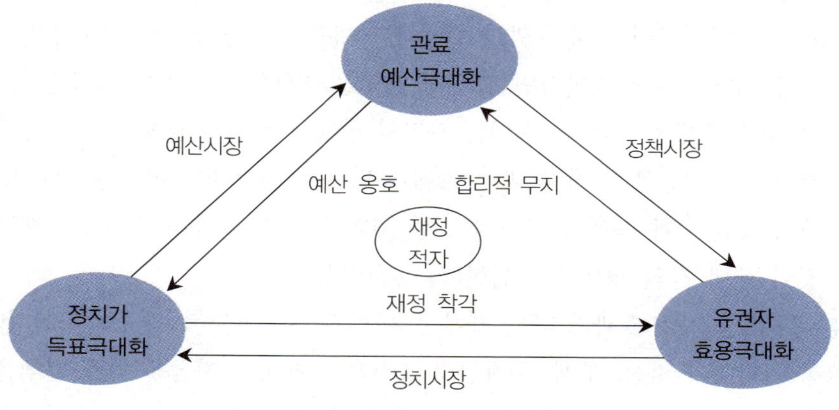

자료: 김정완(1994: 102).

제 3 절 | 적자재정과 자본예산(복식예산)

1 자본예산제도의 개념

1) 자본예산의 개념

자본예산(capital budgeting)이란 정부 예산을 지출 형태에 따라 경상지출과 자본지출로 구분해 운영하는 예산제도를 의미한다. 정부가 지출하는 예산은 인건비, 건물유지비 등과 같이 매년 고정적으로 지출해야 할 경비가 있을 뿐 아니라 철도, 항만, 도로 등과 같이 대규모 사업에 소요되는 경비가 존재한다. 따라서 지출 형태와 성격이 다른 예산을 분리해 운영함으로써 지출의 효과성을 제고하려는 예산제도다.

자본예산은 정부 예산을 경상지출과 자본지출로 구분하고, 경상지출은 경상수입으로 충당시켜 수입과 지출의 균형을 도모하지만, 자본지출은 공채 발행 등 적자재정으로 충당시켜 불균형 예산을 도모하는 방식이다. 특히 자본예산은 전통적인 균형예산의 관점에서 벗어나 정부의 경기 조절 기능의 확대와 대규모 사회기반시설의 확충을 위해 공채를 발행해 적자예산을 편성·운영하고, 경기 회복 후에 흑자예산을 편성해 공채를 상환하는 개념이다. 따라서 자본예산은 정부 예산을 경상지출과 자본지출로 이원화한다는 점에서 복식예산(double budget)이라고도 한다.

일반적으로 장기간에 걸쳐 효과가 발생하는 대규모 공공사업에 대한 투자비를 조세 등과 같은 수입으로 충당한다면, 대규모 사업을 진행하는 동안에 세금을 납부하는 자와 사업 종료 후에 혜택을 받게 되는 자와의 형평성 문제가 발생한다. 대규모 공공사업에 투자되는 비용은 미래 세대가 함께 부담하는 것이 타당하다는 것이며, 이를 위해 공채 발행을 통해 재원을 조달하고 현 세대와 미래 세대가 균등하게 재원을 부담하는 것이 세대 간의 형평에 부합한다는 것이다.

자본예산이란 지출 효과가 다년 간에 걸쳐 발생하는 투자적 성격의 사회기반시설에 필요한 자금이나 자산, 부채, 순자산의 증감을 초래하는 자금을 공채 발행을 통해 조달하고, 조달된 자금을 효율적으로 집행 관리하는 예산제도라 할 수 있다. 즉, 정부가 공채 발행을 통해 조달한 재원을 자산 취득을 위해 투자한다면 결과적으로 자산의 증가를 초래하므로, 국가의 순자산에는 아무런 변동이 일어나지 않는다고 가정한다.

지금 당장 불균형 예산을 편성한다 하더라도 장기적으로는 큰 변동이 없다는 것이며, 경기 침체를 극복하거나 대규모 사회기반시설을 확충하기 위한 수단으로 공채를 발행해 정부 지출을 확대(불균형 예산, 적자예산)하는 것은 경기 회복과 국가의 투자자산 증대에 기여한다는 것이다. 따라서 자본예산은 다년도에 걸친 투자사업을 일반적 정부 지출과 구분해 관리할 필요성에서 나타난 개념이며, 장기적 투자사업에 대한 재무정보를 효과적으로 제공하고, 합리적 의사 결정을 유도하기 위한 개념이다.

일반적으로 자본예산의 대상은 대규모 사업과 연관되어 있고 장기적 시계(時界)를 바탕으로 하고 있기 때문에, 경상예산에 비해 시간과 규모, 파급 효과, 비용 부담 등에 대한 고려가 중요하다. 대규모 자본지출을 통해 어떤 사업부터 시작할 것인가, 사업의 사회경제적 파급 효과가 어떻게 발생할 것인가, 그리고 장기적 관점에서 차입으로 조달된 비용을 어떻게 부담할 것인가 등은 경상예산과는 달리 자본예산에서 고려해야 할 중요한 변수다.

2) 자본거래의 개념

자본예산의 개념을 이해하기 위해서는 자본거래의 의미를 고찰할 필요가 있다. 자본거래를 현금주의 방식에 따라 이해하는 입장에서는 자본거래와 경상거래의 개념으로 구분하고, 발생주의 방식에 따라 이해하는 입장에서는 자본거래와 손익거래의 개념으로 구분한다.

(1) 자본거래와 경상거래

자본예산의 개념을 이해하기 위해서는 자본거래와 경상거래의 구분을 명확히 할 필요가 있다.

첫째, 지출의 대상을 고려할 필요가 있다. 즉, 정부의 지출을 살펴보면 행정 목적 달성에 필요한 반복적 지출을 목적으로 하는 것이 있고, 토지 · 건물 등과 같은 고정자산에 대한 일시적 지출을 목적으로 하는 것이 존재한다. 전자를 경상거래, 후자를 자본거래라 한다. 특히 자본거래는 철도, 항만, 공원, 상하수도, 공항 등과 같은 사회기반시설이나 대규모 사업과 밀접한 연관성을 지니고 있지만, 경상거래는 소비적 지출이다. 따라서 자본거래는 경상거래와는 달리 투자지향적 성향을 지니고 있다.

둘째, 지출의 효과를 고려할 필요가 있다. 정부 예산지출의 효과가 1 회계연도에 국한되어 있는 것이 있고, 다년 간에 걸쳐 발생하는 것이 존재한다. 공무원의 인건비나 행정운영비와 같은 경비는 1 회계연도에 국한되어 지출되는 성격을 지니고 있는 데 비해, 도로, 항만, 철도 등과 같은 사회기반시설의 경비는 효과가 1 회계연도에 국한되지 않고 다년 간에 걸쳐 발생한다(Vogt, 1996: 128). 즉, 1 회계연도에 국한된 경비 지출을 경상거래라 하며, 다년 간에 걸친 경비 지출을 자본거래라 할 수 있다.

셋째, 지출의 성격을 고려할 필요가 있다. 정부의 지출 항목에는 소비성 지출이 수반되는 것이 있고, 고정자산 등과 같은 투자성 지출이 수반되는 것이 존재한다. 소비성 지출은 지출로 인한 효과가 생산적이지 못한 데 비해, 투자성 지출은 투자로 인해 효과가 생산과 연계되는 지출이다. 일반적으로 소비성 지출은 경상거래, 투자성 지출은 자본거래라 할 수 있다.

넷째, 재원 조달의 원천을 고려할 필요가 있다. 정부 지출 중에는 조세수입을 바탕으로 지출하는 것이 있고, 빚(차입)을 통해 지출하는 것이 있다. 예를 들어, 철도와 같은 사회기반시설은 1 회계연도의 투자로 효과를 창출할 수 있는 것이 아니라 장기간에 걸쳐 지출해야 하며, 지출로 인한 효과가 장기간에 걸쳐 발생한다. 만약 철도와 같은 사회기반시설을 조세만으로 충당할 경우 현 세대는 부담만 하고 혜택은 미래 세대만 받게 된다. 따라서 미래 세대로부터 재원을 조달하고 비용 부담을 장기간에 걸쳐 분산함으로써 세대 간 형평성을 도모할 필요가 있는데, 이를 자본거래라 한다.

다섯째, 수지의 균형성을 고려할 필요가 있다. 공무원의 인건비와 같은 지출 항목은 매 회계연도마다 수입과 지출이 균형을 이뤄야 하지만, 대규모 사업의 경우는 매 회계연도마다 수입과 지출의 균형을 이루지 않아도 된다. 전자를 경상거래, 후자를 자본거래라 한다.

(2) 자본거래와 손익거래

기업 회계의 계정에는 크게 자산, 부채, 자본, 수익, 비용의 개념이 있는데, 자산, 부채, 자본 계정으로 이뤄지는 재무제표가 대차대조표이며, 수익과 비용 계정으로 이뤄지는 재무제표가 손익계산서다.

정부와는 달리 기업 회계에서는 비용과 이익의 개념이 존재한다. 제품 생산을 위해 각종 비용을 투입하고, 산출된 제품을 영업 활동을 통해 수익으로 회수한다. 따라서 비용과 수익에 대한 비교를 통해 손실과 이익의 규모를 파악할 수 있다. 이를 흔히 손익거래라 한다. 그러나 정부 부문에서는 비용과 수익의 개념이 존재하는 것이 아니라 수입(세입)과 지출(세출)의 개념이 존재한다. 국민의 세금을 통해 공익적 활동에 경비를 지출하는데, 일반적으로 당해 연도의 세입은 당해 연도의 지출에 충당된다.

또한 민간 부문에서는 자산, 부채, 자본의 개념이 존재한다. 자산은 기업이 지니고 있는 모든 경제적 가치를 의미하며, 자산의 원천이 어디에서 유래하는가에 따라 자본과 부채로 구분한다. 따라서 자본거래는 자산, 부채 및 자본의 증감을 유발하는 거래를 의미하므로 비용과 수익의 개념인 손익거래와는 다르며, 자본거래는 재정 상태를 표시하는 의미가 있는 데 비해, 손익거래는 재정 성과를 표시한다는 점에서 차이가 있다. 마찬가지로 정부의 재정 상태도 자산으로 표시될 수 있는데, 자산은 유형, 무형의 모든 경제적 자신을 의미하기 때문에 자산의 증감을 유발하는 거래를 구분하여 관리할 필요가 있다. 자산의 증감을 유발하는 거래는 단순한 세입과 세출 간의 관계를 나타내는 개념과는 차이가 있다.

2 자본예산제도의 장점 및 단점

1) 자본예산제도의 장점

자본예산의 도입 필요성은 자본예산이 갖고 있는 장점에서 비롯된 것인데, 이를 구체적으로 살펴보면 다음과 같다.

첫째, 경상예산과 자본예산의 구분을 통해 다년 간에 발생할 수 있는 사업의 성격과 투자재원의 규모를 명확하게 이해할 수 있으며, 사업의 안정적 재원 확보를 도모할 수 있다. 특히 체계적인 종합계획에 따라 자본지출이 이뤄지기 때문에, 재정정책의 변동에 따른 불필요한 비용의 낭비를 감축시킬 수 있다(Mikesell, 1991: 221-222).

둘째, 자본예산은 중앙정부만이 아니라 지방자치단체의 예산에서도 적용되는데 (Thomassen, 1990),[4] 경상예산과 자본예산의 구분 없이 예산이 배분되어 집행될 경우, 투자를 통해 발생한 효과가 소비성 경상예산과 혼동되어 체계적으로 관리되지 못할 개연성이 있다. 따라서 자본예산과 경상예산의 구분은 필요하며, 구분을 통해 특정 부문에 대한 지출을 집중적으로 분석·평가할 수 있다.

셋째, 자본예산에 소요되는 재원을 조세수입에 의존하지 않고, 차입을 통해 구현

4) 최초의 자본예산제도는 지방자치단체에서부터 사용되기 시작했는데, 1930년대 말 미 연방정부의 국가자원기획위원회(National Resources Planning Board)가 자치단체의 자본예산 편성에 도움을 제공하면서 활성화되었다. 미국의 자치단체는 1949년 자본예산제도를 자치단체를 관리하는 본질적 도구로 인정했다(The International City Manager's Association, 1949: 353).

함으로써 재원 조달의 가능성을 좀 더 용이하게 할 수 있으며, 비용 부담의 세대 간 형평성을 도모할 수 있다. 물론 차입을 통한 채무를 별도로 전문 관리할 수 있는 시스템이 필요한데, 이를 통해 객관적인 재무정보를 확보할 수 있다.

넷째, 자본예산은 자산, 부채, 자본의 회계 개념을 전제로 하기 때문에 재정 상태 및 재원 조달의 원천을 이해할 수 있고, 경상예산과는 달리 수입 항목과 비용 항목이 일치하기 때문에 사업 수행에 필요한 원가정보를 파악할 수 있어 정부 활동에 대한 성과측정에 유리하다. 또한 사후 성과측정을 통한 결과는 전략적 투자 결정에 중요한 기준점이 되므로, 자본예산 과정은 조직에 학습 효과를 불러일으킨다.

다섯째, 자본예산은 국가재정 운용계획을 수립하는 데 중요한 역할을 한다. 즉, 장기적 관점에서 행정 목적 달성을 위해 필요한 소요재원을 파악할 수 있기 때문에, 국가재정 운용계획의 실효성을 높일 수 있다. 특히 대규모 사업의 타당성 검토를 통해 우선순위를 조정하고, 중복 시행을 배제하여 합리적 재원 배분을 도모할 수 있다.

2) 자본예산제도의 단점

자본예산제도가 지닌 단점은 다음과 같이 정리할 수 있다.

첫째, 자본예산을 통한 차입을 정부 지출 확대의 정당화 수단으로 활용할 수 있다 (Burkhead, 1962: 182). 차입을 통해 재원을 조달함으로써 미래의 관리자들이 원하지 않는 투자를 할 수 있고, 바람직하지 않은 투자 원금과 이자 부분은 미래 세대의 부담으로 전가될 수 있다.

둘째, 자본예산이 연동 과정(rolling process)을 통해 매년 환경 조건을 반영해 수입과 지출 내역을 조정하는 과정(Miller, 1984: 1-6)에서 정치적 타협 및 불필요한 비용이 계상된다면 자본예산은 비효율적일 수밖에 없다.

셋째, 투자지출을 통해 재무 레버리지 효과를 거양할 필요가 있는데, 공공 부문의 경우 레버리지 효과를 기대하기 어렵다. 즉, 민간 부문에 비해 공공 부문의 경우, 투자적 지출이 투자 수입으로 극대화되지 않고, 생산성이 떨어질 수 있다는 점이다. 투자지출에 따른 재정 부담이 가중될 수 있다.

넷째, 자본예산제도는 인플레이션이 진행되는 시기에는 적합하지 않으며, 오히려 인플레이션을 더욱 조장할 우려가 있다.

정부의 회계와 결산

제 1 절 | 정부 회계검사의 본질

1 정부의 회계검사

1) 회계검사와 감사

회계감사에 대한 개념을 이해하기 위해 전제되어야 할 것은 감사와 검사의 차이점이다. 헌법 제97조에는 "국가의 세입·세출의 결산, 국가 및 법률이 정한 단체의 회계검사와 행정기관 및 공무원의 직무에 관한 감찰을 하기 위하여 대통령 소속 하에 감사원을 둔다"라고 규정하고 있으며, 감사원법 제21조에서는 회계에 대한 검사라는 용어를 사용하고 있고, 국가재정법 제60조에서도 검사라는 용어를 사용하고 있다.

반면에 국가 회계에 대한 최고 검사기구로 감사원이라는 명칭을 사용하고 있으며, 헌법 제97조와 감사원법 제24조에서는 직무감찰을 감사원의 역할로 규정하고 있다. 따라서 감사원의 기능은 회계검사와 직무감찰 등으로 규정되어 있으므로 감사원의 하위 업무로 회계검사를 이해한다면 감사와 검사의 개념은 구분될 필요가 있다.

또한 국정감사 및 조사에 관한 법률 제2조에서는 국회는 국정 전반에 관하여 감사를 시행하도록 규정하고, 제3조에서는 국회는 국정의 특정 사안에 관하여 조사를 시행하도록 규정하고 있다. 아울러 국회법 제127조의2에 의하면, "국회는 그 의결로 감사원에 대하여 감사원법에 의한 감사원의 직무 범위에 속하는 사항 중 사안을 특정하여 감사를 요구할 수 있다"라고 규정하고 있으며, 제127조에서는 "국회의 국정감사와 국정조사에 관하여 이 법이 정한 것을 제외하고는 국정감사 및 조사에 관한 법률이 정하는 바에 따른다"라고 규정하고 있다. 따라서 전반적으로 감사의 개념은 회계검사로 한정되는 개념보다는 좀 더 폭넓은 개념으로 이해할 수 있다.

결국 이하에서는 조직을 의미하는 기관의 명칭이나 포괄적 개념으로는 감사라는 용어를 사용하도록 하며, 결산에 대한 심사를 의미하는 업무와 관련된 명칭으로는 회계검사라는 용어를 사용하도록 한다.

2) 회계검사의 개념

회계검사의 개념을 회계와 검사로 구분하여 살펴보면 다음과 같다.

첫째, 회계의 개념이다. 회계란 대상, 과정, 목적적 측면에서 정의할 수 있는데, 우선 대상적 측면에서 회계 실체(accounting entity)[1]의 재정행위를 회계의 대상으로 설정하며, 과정적 측면에서는 측정, 기록, 보고함으로써, 목적적 측면에서 정보 이용자들이 합리적 의사 결정을 유도하는 시스템이다. 따라서 회계란 정부의 재정행위를 측정, 기록, 보고함으로써, 정보 이용자들이 유용한 정보를 도출해 합리적 의사 결정을 도모하도록 하는 것을 의미한다.

둘째, 검사란 회계 실체의 재정행위를 사전에 설정된 기준과 일치하는지의 여부를 확인하기 위해 관련된 증거를 객관적 방법으로 수집하고 평가해, 그 결과를 이해관계자들에게 전달하는 체계적 과정이다. 정부 회계의 구체적 이용자들, 즉 국회, 정부의 채권 발행에 대한 투자자나 채권자, 납세자 및 유권자, 규제기관, 시민단체, 정부와 계약을 맺고 서비스를 제공하는 자 등은 정부가 재정적으로 건전한가에 대한 관심을 기울이게 된다. 또한 정부기관 및 공무원은 회계정보의 작성자임과 동시에 주요한 정보 이용자다. 과거의 실적에 대한 정보를 근거로 하여 미래의 계획을 수립하고, 예산과 실적을 대비해 업무의 효율성과 개선 방안 등을 분석하는 데 정부 회계정보를 이용하게 된다.

---

1) 회계 실체(accounting entity)란 운영 방식, 기능, 특성의 차이에 따라 구분되어 설정된 회계 단위를 의미한다. 회계 실체는 법적인 권리・의무의 주체가 되는 단위인데, 국가 회계 실체는 국가재정법 제4조에 따른 일반회계, 특별회계 및 동법 제5조에 따른 기금으로서 중앙관서별로 구분된 것을 의미한다(국가 회계는 일반회계, 특별회계, 기금으로 구분). 또한 보고 실체(reporting entity)란 사용 가능한 자원이나 독립적 예산 권한을 가지고, 경제적 자원의 사용 및 통제에 대한 책임과 권한을 소유하면서 회계 처리 결과에 따른 재무보고서를 작성・공표하는 회계 단위(중앙정부의 각 부처, 독립기관, 지방자치단체 등)를 의미한다.

셋째, 정부 회계검사는 기업 회계와는 달리 정부 재정 활동에 대한 회계를 말한다. 재정 활동은 민간기업 활동과는 달리 공공재를 공급하기 위해 조세를 부과하거나, 채권 발행을 통해 재원을 조달하고 계획에 따라 재정을 지출하는 활동을 의미한다.

따라서 회계검사란 독립된 회계검사 주체가 정부의 재정행위를 측정, 기록, 보고하고, 일반적으로 인정된 회계 처리 기준[2]에 따라 검사 증거를 수집하고 평가해 검사 결과를 제공함으로써 정보 이용자의 합리적 의사 결정을 유도하는 시스템이다.

3) 회계검사의 특징

정부 회계검사의 특징을 기업 회계와 구분해 살펴보면 다음과 같다.

첫째, 정부 회계검사는 기업 회계와는 달리 영리 추구를 목적으로 하지 않는다. 정부 회계검사의 목적은 정부의 재정 활동이 공익적 서비스 제공에 얼마나 기여했는가에 대한 재정정보를 제공하는 것이지, 얼마만큼의 순이익이 발생했는가를 측정, 기록, 보고하는 것이 아니다. 정부가 세출을 축소해 공익 서비스 기능을 제대로 충족하지 못한 상태에서 세입이 세출보다 많았다고 하여 운영 성과가 우수하거나 효율적인 재원 배분을 도모했다고 평가하기 어렵다. 따라서 정부의 회계검사는 기업 회계와는 달리 단순한 수지 차이만을 분석·기록하는 것이 아니라, 국민적 관점에서 재정 성과에 대한 올바른 정보를 제공하는 것이 중요하다.

둘째, 정부는 민간기업과 달리 시장에 의해서가 아니라 예산에 의해 활동 범위가 정해진다. 정부 회계의 세입(수익)과 세출은 민간기업과 같이 재화나 용역 시장에서 수요와 공급을 나타내는 것이 아니다(Freeman & Shoulder, 1996: 5). 정부 회계의 세입은 대부분 법률에 근거한 조세에 의해 이뤄지며, 정부 회계의 세출은 국회에서 심의·확정된 범위 내에서 이뤄져야 한다. 따라서 정부의 회계검사는 시장적 수요보다는 법률적 규정에 의존하게 된다.

셋째, 정부의 회계검사는 법률적 규정에 의해 강한 통제를 받는다. 따라서 기업회계와는 달리 세입과 세출에 대한 엄격한 통제가 실시되며, 예산 집행에 따른 기록이나 절차는 법령의 규정에 따라 엄격히 이뤄진다.

넷째, 정부 회계 실체는 다수로 구성된다. 즉, 정부 재정이 일반회계, 특별회계,

2) 일반적으로 인정된 회계검사 기준(generally accepted auditing principles: GAAP)이란 회계검사의 실무와 관행 중에서 일반적으로 공정 타당하다고 인정되어 전문가에 의해 지지되고 수용된 모든 사회적 규범을 의미한다.

기금 등으로 구성되기 때문에, 회계검사도 다수의 회계 실체를 반영한다.

다섯째, 정부의 회계검사에서 고려해야 할 점은 소유권의 개념이 부재하다는 점이다. 민간기업은 주인이 있어 매각하거나 해산할 수 있지만, 정부는 국민의 주인이므로 정부를 팔거나 해산할 수 없다. 따라서 소유권 개념의 부재로 인해 정부의 회계검사에서는 민간기업의 주주 입장에서 중요시되는 시장가격이 별로 중요하지 않으며, 정부 회계의 목적에 적합한 가치를 반영해야 한다. 특히 정부 회계에서는 기업 회계와는 달리 자본의 개념이 존재하지 않는다. 기업 회계에서는 자산=부채+자본의 구조가 성립되어 대차대조표를 통해 재정 상태를 측정하지만, 정부 회계에서는 자본의 개념이 없기 때문에 자산-부채=순자산의 구조로 재정 상태를 측정하게 된다.

4) 정부 회계검사의 경향

회계검사의 경향은 크게 두 가지로 구분할 수 있는데, 하나는 합법성 중심의 회계검사이고, 다른 하나는 성과 중심의 회계검사다.

합법성 중심의 회계검사는 행정부가 국회에서 결정한 법규 및 예산 범위를 정해진 대로 잘 수행했는지, 예산 집행 결과가 예산에 따라 잘 이뤄졌는지 등을 검토함으로써 행정부를 감시·견제하는 기능이다. 따라서 합법성 중심의 회계검사는 투입 중심의 회계검사 개념으로 지출의 적법성 내지 법규 준수에 초점을 맞추기 때문에, 투입한 재원이 실제 어떠한 성과를 도출했는지를 검증하지 못하는 문제점을 지니고 있으며, 과거 회귀적이고 통제 중심적인 개념이다. 정부의 재정행위가 법제도적 기준에 합당하면 적정한 것으로 파악하기 때문에, 정부의 재정행위로 무엇을 달성했는가를 측정하지 못하는 한계가 있다.

반면에 성과 중심의 회계검사는 합법성 중심의 회계검사가 지니는 문제점을 극복하기 위해 도입된 개념이다. 행정부가 국민에게 제공하고 있는 서비스의 원가가 얼마이며, 재원을 효율적으로 배분해 투입된 재원으로 실제 어떤 결과물을 창출했는가에 초점을 맞춘 개념이다. 따라서 성과 중심의 회계검사는 행정부의 재정 활동으로 인한 성과를 경제성, 효율성 및 효과성으로 평가하고, 다음 연도의 서비스 원가 및 성과 측정자료로 활용하는 환류 중심적 개념이다. 또한 단순 회계검사 이외에 정책(사업)에 대한 성과를 측정하기 때문에, 정책감사적 성격을 지니고 있다. 특히 기존의 품목별 예산구조보다는 프로그램 예산구조로 전환되는 과정에서 품목이 아닌 사업별 회계검사는 정부가 추진하는 사업에 대한 예산 배분의 적정성을 파악하고, 성과에 대한 정보를 제공함으로써 다음 연도의 사업별 예산 배분의 기초자료가 될 수 있다.

결국 회계검사의 기본 방향은 합법성 검사에서 결과지향적 성과관리로 전환되고 있는데, 국가재정법 및 국가회계법에서는 결산보고서 작성서류로 성과보고서를 의무화하고 있다. 성과보고서는 단순히 지출의 적법성만을 평가하는 것이 아니라 예산 집행에 따른 성과를 측정함으로써, 교정적 환류 기능을 수행할 뿐 아니라 재무정보 이용자에게 올바른 정보를 제공하는 데 의의가 있다.

2 회계감사기관

1) 한국의 회계감사기관

(1) 감사원의 구성

한국의 회계감사기관은 감사원(Board of Audit and Inspection)인데, 감사원은 헌법 제97조에 의해 설치된 헌법기관으로서 국가의 세입·세출의 결산, 국가 및 법률이 정한 단체의 회계검사와 행정기관 및 공무원의 직무에 관한 감찰을 하기 위해 대통령 소속 하에 편제된 기관이다. 감사원의 조직이 대통령 소속으로 되어 있으나, 감사원의 권한 또는 직무 범위가 함부로 침해하지 않도록 헌법에 그 설치 근거를 두고 있으므로 직무상으로는 독립된 합의제 기관이다.

감사원은 원장을 포함한 7명의 감사위원으로 구성하며, 원장(정년 70세)은 국회의 동의를 얻어 대통령이 임명하고, 임기는 4년으로 1차에 한해 중임할 수 있다. 감사위원(정년 65세)은 원장의 제청으로 대통령이 임명하고, 임기는 4년으로 1차에 한해 중임할 수 있다. 감사위원은 정무직으로 하고 그 보수는 차관의 보수와 같은 액수로 한다(헌법 제98조, 감사원법 제3조 내지 제6조).

(2) 감사원의 기능 및 역할

감사원의 기능 및 역할은 다음과 같이 정리할 수 있다.

첫째, 결산의 확인 기능을 수행한다. 감사원은 국가의 세입·세출의 결산을 해마다 검사하여 확인하고, 그 결과를 대통령과 다음 연도 국회에 보고한다(헌법 제99조, 감사원법 제21조).

둘째, 회계검사 기능을 수행한다. 회계검사는 국가, 지방자치단체 등의 회계를 검사하여 그 집행에 적정 여부를 판단한다. 회계검사 대상은 필요적 검사 사항과 선택적 검사 사항으로 구분되고, 필요적 검사 대상은 감사원에서 반드시 검사하여야 하는 사항으로서 국가 및 지방자치단체 등의 회계 업무가 이에 해당한다. 선택적 검사 사항은 감사원이 필요하다고 인정하거나 국무총리의 요구가 있을 때 검사할 수 있다(감사원법 제22조, 제23조).

〈표 12-1〉 감사원의 필요적 · 선택적 회계검사 대상

필요적 검사 사항(감사원법 제22조)
1. 국가의 회계 2. 지방자치단체의 회계 3. 한국은행의 회계와 국가, 지방자치단체가 자본금의 2분의 1 이상을 출자한 법인의 회계 4. 다른 법률에 의하여 감사원의 회계검사를 받도록 규정된 단체 등의 회계
선택적 검사 사항(감사원법 제23조)
1. 국가기관 또는 지방자치단체 외의 자가 국가 또는 지방자치단체를 위하여 취급하는 국가 또는 지방자치단체의 현금 · 물품 또는 유가증권의 출납 2. 국가 또는 지방자치단체가 직접 또는 간접으로 보조금 · 장려금 · 조성금 및 출연금 등을 교부하거나 대부금 등 재정원조를 공여한 자 또는 그로부터 다시 보조금 · 장려금 · 조성금 및 출연금 등을 교부받은 자의 회계 3. (제2호)에 규정된 자가 그 보조금 · 장려금 · 조성금 및 출연금 등을 다시 교부한 자의 회계 4. 국가 또는 지방자치단체가 자본금의 일부를 출자한 자의 회계 5. (제4호) 또는 한국은행과 국가 또는 지방자치단체가 자본금의 2분의 1 이상을 출자한 법인이 출자한 자의 회계 6. 국가 또는 지방자치단체가 채무를 보증한 자의 회계 7. 민법 또는 상법 이외의 법률의 규정에 따라 설립되고, 그 임원의 전부 또는 일부나 대표자가 국가 또는 지방자치단체에 의하여 임명되거나 임명 승인되는 단체 등의 회계 8. 국가, 지방자치단체, (제2~6호) 또는 한국은행의 회계와 국가 또는 지방자치단체가 자본금의 2분의 1 이상을 출자한 법인, 다른 법률에 따라 감사원의 회계검사를 받도록 규정된 단체와 계약을 체결한 자의 그 계약에 관련된 사항에 관한 회계 9. 국가재정법 제5조의 적용을 받는 기금을 관리하는 자의 회계 10. (제9호)에 따른 자가 그 기금에서 다시 출연 및 보조한 단체 등의 회계

셋째, 직무감찰 기능을 수행한다. 감사원은 행정기관 등의 사무와 그 소속 직원의 직무에 관한 감찰을 할 수 있는 권한을 가지고 있다. 직무감찰은 공무원의 비위 적발을 위한 비위 감찰뿐만 아니라 법령, 제도 또는 행정관리상의 모순이나 문제점의 개선 등에 관한 기능이 포함된다(감사원법 제24조).

넷째, 감사 결과를 처리한다. 감사원은 감사 결과에 따라 변상 책임의 판정, 징계 또는 문책 등의 요구, 시정 요구, 개선 요구, 권고 및 통보, 고발 또는 수사요청을 한

다(〈표 12-2〉 참조).

다섯째, 재심의 청구를 처리한다. 변상 판정에 대하여 위법 또는 부당하다고 인정하는 본인, 소속장관, 감독기관의 장 또는 해당기관의 장은 변상판정서가 도달한 날로부터 3개월 이내에 감사원에 재심의를 청구할 수 있으며, 변상 판정에 대한 재심의 청구는 집행정지의 효력이 없다. 또한 징계, 시정, 개선, 권고 및 통보를 받은 소속장

〈표 12-2〉 감사원의 감사 결과 처리

1. 변상 책임의 판정(감사원법 제31조)
감사 결과를 바탕으로 회계 관계 직원 등의 책임에 관한 법률에 따라 회계 관계 직원 등에 대한 변상 책임 유무를 심리(審理)하고 판정
2. 징계 또는 문책 등 요구(감사원법 제32조, 제51조)
• 국가공무원법과 기타 법령 등에 규정된 징계에 해당하는 자와 감사원법에 따른 감사를 거부하거나 자료의 제출을 게을리한 자에 대하여 소속장관 또는 임용권자 등에게 징계 요구 • 법령에서 정하는 징계 규정의 적용을 받지 아니하는 사람으로서, 법령 또는 소속 단체 등이 정한 문책 사유에 해당한 사람 또는 정당한 사유 없이 이 법에 따른 감사를 거부하거나 자료의 제출을 게을리한 사람에 대하여 그 감독기관의 장 또는 해당 기관의 장에게 문책 요구 • (1년 이하 징역 또는 1천만 원 이하의 벌금) 감사 거부, 자료 제출 요구 거부, 감사 방해, 자료 제출이나 출석 답변을 요구받고 정당한 사유 없이 불응한 자 • (3년 이하 징역 또는 2천만 원 이하의 벌금) 금융거래의 내용에 관한 정보 또는 자료를 받은 자가 그 정보 또는 자료를 다른 사람에게 제공 또는 누설하거나 해당 목적 외의 용도로 이용
3. 시정 등의 요구(감사원법 제33조)
감사 결과 위법 또는 부당하다고 인정되는 사실이 있을 때에는 소속장관・감독기관의 장 또는 당해 기관의 장에게 시정・주의 등을 요구
4. 개선 요구(감사원법 제34조)
감사 결과 법령상・제도상 또는 행정상의 모순이 있거나 기타 개선할 사항이 있다고 인정할 때에는 국무총리, 소속장관, 감독기관의 장 또는 당해 기관의 장에게 법령 등의 제정・개정 또는 폐지를 위한 조치나 제도상 또는 행정상의 개선 요구
5. 권고・통보(감사원법 제34조의2)
감사 결과 감사원법에 따른 징계・시정・주의・개선 등을 요구하는 것이 부적절하거나 관계 기관의 장이 자율적으로 처리할 필요가 있는 사항, 또는 행정 운영 등의 경제성・효율성과 공정성 등을 위하여 필요한 경우에는 소속장관, 감독기관의 장 또는 당해 기관의 장에게 개선 등에 관한 사항을 권고 또는 통보
6. 고발 또는 수사 요청(감사원법 제35조, 감사원사무처리규칙 제19조)
감사 결과 범죄 혐의가 있다고 인정할 때에는 감사위원회의의 의결을 거쳐 수사기관에 고발 다만, 증거 인멸 또는 도피의 우려가 있을 때에는 감사위원회의의 의결을 거치지 아니하고, 수사기관에 수사 요청(만일 시간 또는 장소의 제약 등으로 직접 고발 또는 수사 요청하기 어려운 경우 등 필요한 때에는 대상기관으로 하여금 적정한 조치 요구)

관, 임용권자나 임용제청권자, 감독기관의 장 또는 해당 기관의 장은 그 처분 요구가 부당하다고 인정될 때에는 1개 월 이내에 감사원에 재심의를 청구할 수 있다. 특히 감사원은 판정을 한 날로부터 2년 이내에 그 판정이 위법 또는 부당함을 발견하였을 때에는 이를 직권으로 재심의할 수 있으며, 재심의 판정에 대하여는 감사원을 당사자로 하여 행정소송을 제기할 수 있다(감사원법 제36조~제40조).

여섯째, 심사 청구의 심리를 결정한다. 감사원의 감사를 받는 자의 직무에 관한 처분 기타 행위에 관하여 이해관계 있는 자가 감사원에 심사청구를 하였을 때에는, 이를 심리하여 결정 결과를 심사청구자와 관계 기관의 장에게 각각 통지한다. 관계 기관의 장은 결정에 따른 조치를 하여야 하며, 청구인은 동 조치에 대하여 당해 처분청을 당사자로 하여 행정소송을 제기할 수 있다(감사원법 제43조~제48조).

일곱째, 민원사무와 감사제보센터에 제보된 신고 등을 처리한다. 민원인이 감사원에 제출하거나 다른 기관으로부터 송부된 민원 사항 또는 감사제보센터를 통해 신고받은 위법 · 부당 사항 등에 대하여는 감사원이 직접 조사하거나, 감독기관 등의 자체감사기구로 하여금 조사 처리하도록 위탁해 그 결과에 따라 관계 기관에 시정 등 적정한 조치를 시행한다.

여덟째, 의견 등을 표시한다. 국가의 각 기관이 국가의 회계 관계 법령, 국가의 현금, 물품 및 유가증권의 출납 부기(簿記)에 관한 법령, 감사원의 권한에 관한 법령, 자체감사 업무에 관한 법령을 제정하거나 개정 · 폐지하려는 경우 감사원에 의견을 구해야 하며, 감사원의 감사를 받는 회계사무 담당자가 그 직무를 집행함에 있어 회계 관계 법령의 해석에 의문이 있는 사항에 관하여 감사원에 의견을 구하였을 때에는 이에 대하여 해석 · 답변을 수행한다(감사원법 제49조).

(3) 감사의 방법

감사의 방법은 다음과 같은 유형으로 구분할 수 있다.

첫째, 감사 방식에 따라 서류에 의하여 상시 서면감사를 하는 외에 필요한 경우, 직원을 현지에 파견하여 실지감사(實地監査)를 할 수 있다(감사원법 제26조).

둘째, 감사의 적정 여부에 따라 감사원은 각 중앙관서 · 지방자치단체 및 공공기관의 장이 실시한 자체감사(自體監査)의 결과를 심사하여 자체감사가 적정하게 수행되고 있다고 인정하면, 결산 확인 등에 지장이 없는 범위에서 일부 기관에 대한 감사의 일부 또는 전부를 하지 아니할 수 있다(감사원법 제28조).

셋째, 감사 주체와 관련해 조직 외부의 독립된 감사인이 실시하는 외부감사와 조직 내부의 부서나 기관에서 실시하는 내부감사로 구분된다.

넷째, 감사의 강제성에 따라 관련 법률 및 규정에 의해 강제적으로 수행하는 법정감사와, 법정감사 대상은 아니지만 감사 의뢰인의 자발적인 요청에 의해 실시되는 임의감사로 구분된다.

다섯째, 감사의 계속 수행 여부에 따라 당해 연도의 감사가 새로운 감사인에 의해 수행되는 초도감사와 당해 연도의 감사가 전기까지의 감사인에 의해 계속 수행되는 계속감사로 구분할 수 있다.

여섯째, 감사의 대상, 성격, 방향, 내용 등에 따라 종합감사, 특정감사, 재무감사, 성과감사, 복무감사 등으로 구분된다. 즉, 감사 대상 업무에 따라 업무 전반을 감사하는 종합감사와 특정 업무를 중점적으로 감사하는 특정감사로 구분해 볼 수 있으며, 업무 특성에 따라 예산 및 회계의 적정성 여부를 감사하는 재무감사, 특정한 정책의 효율성과 효과성을 감사하는 성과감사, 복무 실태 점검 및 위반 여부를 감사하는 복무감사로 구분된다. 전통적 감사는 재무감사와 복무감사 위주로 실시되었다.

〈표 12-3〉 자체감사의 종류

종류	내용
종합감사	자체감사 대상기관의 주기능·주임무 및 조직·인사·예산 등 업무 전반의 적법성·타당성 등을 점검하기 위해 실시하는 감사
특정감사	특정한 업무·사업·자금 등에 대해 문제점을 파악해 원인과 책임 소재를 규명하고, 개선 대책을 마련하기 위해 실시하는 감사
재무감사	예산의 운용 실태 및 회계 처리의 적정성 여부 등에 대한 검토와 확인을 위주로 실시하는 감사
성과감사	특정한 정책·사업·조직·기능 등에 대한 경제성·능률성·효과성의 분석과 평가를 위주로 실시하는 감사
복무감사	자체감사 대상기관에 속한 사람의 복무 의무 위반, 비위(非違) 사실, 근무 실태 점검 등을 목적으로 실시하는 감사

자료: 공공감사에 관한 법률 시행령 제10조.

2) 외국의 회계감사기관

세계 각국의 감사기구 연합체가 1953년 구성(INTOSAI)되었으며, 아시아의 경우도 1979년에 설립(ASOSAI)되었다. 국가별 회계감사기관의 유형을 살펴보면 〈표 12-4〉와

같은데, 독립된 기관으로 운영되거나 의회 소속기관으로 운영되고 있다.[3)]

미국, 캐나다, 영국, 호주는 회계감사기관이 의회 소속으로 운영되고 있으며, 독일, 프랑스, 일본은 독립된 기관으로 운영되고 있다. 우리의 경우는 직무상 독립적 기관으로 운영되고 있으나, 정부조직상 행정부에 소속되어 있어 독립적 기관으로서의 위상이 명확하지 않다.

〈표 12-4〉 국가별 회계감사기관의 유형

국가	회계감사기관	소속	비고
세계	International Organization of Supreme Audit Institutions (INTOSAI)	독립	설립: 1953년(http://www.intosai.org) 모토: 회원국 간의 회계검사 정보 교환 지위: 자율독립적인 비정부조직
아시아	Asian Organization of Audit Institutions(ASOSAI)	독립	설립: 1979년(http://www.asosai.org) 지위: INTOSAI의 아시아 지역연합체
한국	감사원	행정부 (독립)	http://www.bai.go.kr 대통령 직속기구이지만 직무상의 독립
미국	Government Accountability Office(GAO)	의회	http://www.gao.gov 원장: 상원 동의 → 대통령 임명(15년) 행정부의 회계검사(독립기관)
캐나다	Office of the Auditor General of Canada(OAG)	의회	http://www.oag-bvg.gc.ca 의회 소속이며 행정부의 회계검사
영국	National Audit Office(NAO)	의회	http://www.nao.org.uk 행정부로부터 독립된 의회 소속형 전문기관
독일	Bundesrechnungshof (Federal Court of Auditors)	독립	http://www.bundesrechnungshof.de 헌법에 의해 독립이 보장된 최고감사기구
프랑스	Cour des Compte (Court of Audit)	독립	http://www.ccomptes.fr 정부의 준사법기구로서 최고회계감사기구
EU	European Court of Auditors (ECA)	독립	http://eca.europa.eu EU 회원국의 연합체(재정건전성 감사)
호주	The Australian National Audit Office(ANAO)	의회	http://www.anao.gov.au 의회 소속 회계검사 전문기관
중국	심계서(審計署)	내각 (독립)	http://www.audit.gov.cn 국무원(내각) 소속이지만, 직무상 독립
일본	회계검사원	독립	http://www.jbaudit.go.jp 검사관회의와 사무총국으로 구성

3) 외국의 회계감사기관에 대해서는 각 국가의 회계감사기관 홈페이지에서 발췌 정리했다.

제 2 절 | 정부 회계 및 국가결산

1 정부의 회계

1) 정부 회계의 의미

예산이 정부의 수입과 지출에 대한 계획적 수치라고 한다면, 결산은 정부의 수입과 지출에 대한 결과를 확정된 계수로 표시하는 것을 의미한다. 따라서 예산에서 결산까지 정확한 관련 정보를 다양한 이용자에게 제공하는 것이 중요한데, 정보 제공에 중요한 역할을 하는 것이 회계다. 즉, 회계는 단순한 숫자의 표시가 아니라 정부 예산 및 결산에 대한 정보 제공과, 국민 및 회계 정보 이용자의 소통 수단이다.

정부 예산회계의 개념은 일반적인 회계의 개념과는 상이하다. 즉, 예산회계는 예산이나 현금의 유입·유출에 영향을 주는 사건을 인식 대상으로 하며, 예산, 수입, 지출, 세계잉여금의 구조로 되어 있다. 수입의 경우 예산액, 징수액이나 수납액, 미수납액 등으로 구성되며, 지출의 경우는 예산액, 지출원인행위액, 지출액, 불용액, 이월액 등으로 재정집행 관리에 필요한 정보를 제공한다. 예산회계는 예산행위를 통해 회계 기록이 이뤄지며, 해당 회계연도에 수납된 세입액에서 지출된 세출액을 차감해 운영 수지인 세계잉여금을 산출한다. 예산회계의 주목적은 예산의 적절한 배분 및 집행을 통해 정부의 예산 관리통제를 강화하고 회계 책임을 확보하는 것이다. 예산회계는 예산행위를 통한 현금의 수입, 지출을 측정 대상(현금주의)으로 하기 때문에, 발생주의 회계와 같이 자산이나 부채 관련 정보가 나타나지 않고, 수익이나 비용이 측정되지 않으므로, 정부 활동의 원가 정보를 제공하는데 한계가 있다(기획재정부, 2009c: 3).

따라서 우리나라 국가 회계는 한편으로는 예산 집행 및 관리통제 등을 위해 예산회계에 따라 예산 집행 결과를 기록하고 보고하며, 다른 한편으로는 디지털 예산회계 시스템(d-Brain)의 자동분개 시스템에 의해 자산이나 부채관리, 정부 활동의 원가정보 등을 제공하는 발생주의 재무회계에 의한 재무보고를 병행하는 이원화 시스템을 운영하고 있다.

2) 정부 회계의 구분

(1) 예산회계와 재무회계

예산회계(cameral accounting, budgetary accounting)는 예산 과정에서 사용되는 예산회계 과목을 기초로 재무적 정보(거래)를 인식·측정하고 기록하는 것으로 예산을 관리하는 데 필요한 시스템이다. 예산회계는 예산을 편성하는 과정에서 사용된 회계 항목을 실제 집행 내역과 비교하여 작성하는데, 회계연도 초에 기록된 예산 금액이 제대로 집행되었는지를 파악하는데 효과적이다. 우리의 세입세출결산서는 예산회계에 의한 보고서의 전형적이 예다.

예산회계는 현금주의(cash basis)에 기초하여 관리되는데, 현금주의는 현금의 수입과 지출이 일어날 때 거래로 인식해 회계 처리하는 것으로 현금이 유입되면 수입으로, 현금이 유출되면 지출로 인식된다. 즉, 재화와 서비스를 제공했다 하더라도 현금으로 회수가 되지 않는 동안은 수익으로 계상하지 않으며, 재화와 서비스를 제공받았다 하더라도 현금으로 지급되기 전에는 비용으로 계상하지 않는다.

예산회계는 단식부기(single entry book-keeping)에 기초하여 관리되는데, 단식부기는 발생된 거래를 한쪽 측면에만 기록하는 전통적 회계방식이다. 수입과 지출의 결과만을 기록하기 때문에 산출정보가 부정확하고, 건물 등 자산 취득을 위한 현금지출액만 기록될 경우 자산의 변동 상황을 이해하기 어렵다.

재무회계(proprietary accounting)는 현금 이외의 모든 경제적 가치(건물, 토지, 부채 등)를 수치로 표시하는 개념이며, 재정상태를 표시하는 자산, 부채, 순자산의 개념과, 재정운영을 표시하는 수익과 비용 등을 재무제표에 정보로 제공하는 회계를 의미한다. 재무회계는 발생주의와 복식부기를 전제로 한다. 즉, 거래가 발생하면 자산, 부채 또는 순자산이 변동되었지를 파악해 각 계정의 차변과 대변으로 나누어 기록하게 되는데, 대차 평균의 원리에 따라 회계 거래의 완전성과 오류 발생 여부를 자기 검증할 수 있는 방식이다.

재무회계는 발생주의(accrual basis)[4]에 기초하여 관리되는데, 발생주의는 현금의 수

---

4) 발생주의에 의할 경우 '기간 계산'이 중시되는데, 현금 지출의 결과인 비용 중 그 연도의 수익 획득에 유용하다고 생각되는 부분이 그 연도의 비용으로 인정되며, 익년도 이후의 수익에 대응하는 부분(지출의 효과가 익년도 이후에 지속하는 것)은 자산으로 연기된다. 기업 회계에서는 이를 비용 배분의 원칙 또는 비용 수익 대응의 원칙이라 한다. 아울러 발생주의 회계에서는 예산도 수익적 수지와 자본적 수지로 구분하는데, 예를 들어 비싼 기계를 구입해 장기간에 걸쳐 사용하는 경우에는 일정한 연도에서 수익을 얻기 위해 사용하는 비율을 그 연도의 비용(감가상각비)으로 처리하고, 현

수와 관계없이 거래가 발생된 시점에 인식하는 것으로, 현금의 유입과 유출이 이뤄지기 전이라도 거래 발생 시점에 따라 인식하고 기록하는 것을 의미한다. 미수수익, 미지급금, 선수수익, 선급비용 등은 대표적인 예다. 현금 유입 및 유출이 없다 하더라도 실제 거래가 발생한 시점에서 회계 처리되기 때문에 미지급 비용 등 경과성 비용을 기록할 수 있으며, 실제 가치로 자산과 부채를 표시할 수 있다. 더욱이 신용제도가 발달한 현대에는 매매 거래의 시점과 현금 결제의 시점과는 기간적으로 차이가 나는 경우가 많다. 따라서 현금의 수지에만 주목하는 경우에는 수익과 비용을 동일한 기간 내에서 대응시키는 것이 곤란하며, 자산 가치의 감소를 정확히 파악할 수가 없다.

재무회계는 복식부기(double entry book-keeping)에 기초하여 관리되는데, 복식부기는 발생된 거래를 둘 이상의 계정, 즉 차변(왼쪽)과 대변(오른쪽)에 이중 기록하는 방식이다. 즉, 경제적 거래나 사건이 발생하면 자산·부채, 수익·비용의 변동을 서로 연계시켜 동시에 기록 관리하는 방식이다. 따라서 복식부기에는 모든 거래가 차변과 대변으로 이중 기록되며(거래의 이중성), 차변 금액과 대변 금액이 항상 일치하도록 기록되어야 한다(대차 평균의 원리). 단식부기와 달리 복식부기는 거래의 이중성을 전제로 하고 있기 때문에 회계 처리의 자기검증을 강화할 수 있다.

〈표 12-5〉 예산회계와 재무회계의 차이점

구분	예산회계	재무회계
의의	예산의 집행 실적 기록 (장–관–항–목)	재정 운영 성과 및 재정 상태 보고 (수익, 비용, 자산, 부채 등)
회계 방식	현금주의, 단식부기	발생주의, 복식부기
회계 인식	선급비용: 비용 인식 선수수익: 수익 인식 감가상각, 대손상각: 인식 않음	선급비용: 자산 인식 선수수익: 부채 인식 감가상각, 대손상각: 비용 인식
결산보고서	세입세출결산서	재무제표
보고 형식	회계 단위별 분리 보고	회계 단위 간 연계와 통합 보고
가치 지향	행정 내부조직 중심 (집행통제, 법규 준수)	시민의 삶의 질 향상 (투명 공개, 효율 집행)
자기검증 기능	없음	대차 평균의 원리에 의한 오류 자동 검증
정치적 기반	중앙집권 시대(상급기관 보고)	지방분권 시대(시민에 대한 보고)

자료: 권오성 외(2009), 안용식·원구환(2001, 제9장)에서 재구성.

금을 지출해 구입한 연도의 비용으로 하지 않는다. 비용이란 수익을 획득하기 위해 잃는 지출(대가)이므로, 기계가 사용되는 내용 연수에 따라 감가를 회수하는 것이다.

(2) 복식부기와 5대 계정

복식부기에 의한 경제 활동의 기록에는 계정이라는 형식이 이용된다. 복식부기에서는 각각의 경제 가치의 증가와 감소를 동시에 기록하기 위해 보통 좌우의 T자형의 형식이 이용된다. T자형의 좌측을 차변, 우측을 대변이라 부르고, 차변에 기입하는 액은 반드시 대변에도 기입하게 된다.

계정 과목은 성질에 따라 대차대조표 계정인 자산 계정, 부채 계정, 자본 계정, 손익계산서 계정인 수익 계정 및 비용 계정의 다섯 가지로 분류된다. 기업 회계와 마찬가지로 정부 회계도 5대 계정을 기본 구조로 하고 있다. 그러나 정부 회계에서는 기업 회계와는 달리 자본의 개념이 존재하지 않는다. 기업 회계의 경우는·자본 소유 개념이 명확하지만, 정부 회계의 경우는 자본 소유의 개념을 명확히 규정하기 어렵다. 따라서 자본의 개념 대신에 순자산의 개념을 사용하고 있다. 또한 정부 회계에서는 수익과 비용이라는 계정 대신에 세입과 세출이라는 계정을 사용한다는 점에서 기업 회계와 다르다.

모든 경제 활동은 어떤 경제 가치의 증가와 다른 경제 가치의 감소라는 양면을 갖고 있다. 단식부기에서는 세입은 현금이라는 경제 가치의 증가, 세출은 현금이라는 경제 가치의 감소를 별도로 표기하므로, 가치 증가의 대상(代償)으로 어떤 것을 부여하고 가치 감소의 대상으로 어떤 것을 얻을 수 있는가는 명확하지 않다. 그러나 복식부기는 하나의 거래에 의해 생기는 가치 증가와 감소의 양면을 기장하는 계리상의 기술 · 형식이다. 복식부기에서는 예컨대, 물품을 구입하는 경우에는 물품의 증가와 현금의 감소가 각각 기장된다. 즉, 증가한 경제 가치와 감소한 경제 가치를 각각의 계정에 기록하고, 각각의 금액을 동액으로 하여 기록하는 것이다. 따라서 복식부기는 계산 기록의 잘못을 스스로 발견하는 자기검증 능력을 갖고 있다.

거래 내용을 차변(debit)과 대변(credit)으로 나눠 기입하는 것을 분개라 하는데, 거래의 8요소에 따른 결합 관계를 차변과 대변으로 나눠 기장하는 것은 복식부기의 가장 기본적인 구조다. 즉, 차변에는 자산의 증가, 부채의 감소, 순자산의 감소, 비용의 발생이 기장되며, 대변에는 차변에 대응하는 자산의 감소, 부채의 증가, 순자산의 증가, 수익의 발생이 기장된다. 복식부기에 따른 거래 내용은 경제적 가치 증가와 감소를 양쪽에 기장하는 것이므로 대차 평균의 원리에 따라 양쪽의 금액이 동일해야 한다.

[그림 12-1] 거래의 8요소

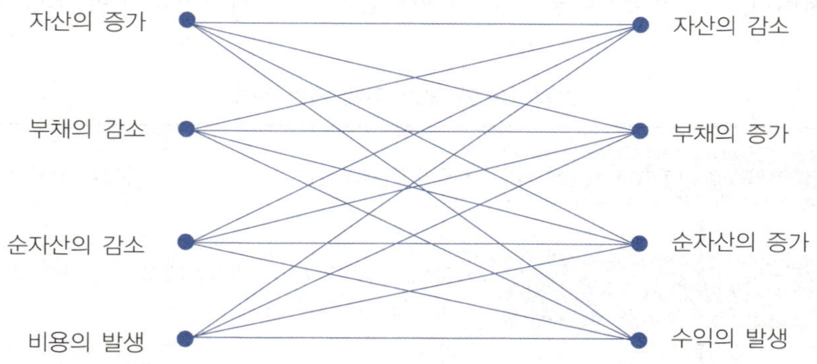

〈표 12-6〉 분개의 사례

유형	내용			
유형 1	자산 증감: 현금 10억 원을 주고 건물 구입			
	(차) 자산의 증가(건물)	10억 원	(대) 자산의 감소(현금)	10억 원
유형 2	자산 감소 · 비용 발생: 공무원 급여 5억 원을 현금으로 지급			
	(차) 비용 발생(급여)	5억 원	(대) 자산의 감소(현금)	5억 원
유형 3	자산 증감 · 수익 발생: 융자금 100억 원과 그 이자수익 2억 원 현금 회수			
	(차) 자산의 증가(현금)	102억 원	(대) 자산의 감소(융자금)	100억 원
			수익의 발생(이자)	2억 원

2 국가 회계 법령 체계와 회계원칙

1) 국가 회계 법령 체계

국가재정법이 국가재정 운영의 기본틀을 규정하고, 결산과 관련해 작성, 제출, 일정 등에 관한 규정을 담고 있는 기본법이라고 한다면, 국가회계법은 발생주의 회계방식을 근거로 국가 회계의 투명성과 신뢰성을 높이고, 결산과 관련해 구성 및 내용, 작성 방법 등을 규정한 법이다.

국가회계법은 국가회계 기준의 정립(발생주의, 복식부기), 결산보고서의 구성 등에 대한 총괄적 규정을 담고 있으며, 국가회계법 시행령은 결산보고서 중 세입세출결산에 명시해야 할 사항 및 첨부되어야 할 부속서류의 제출 · 작성 등을 규정하고 있다. 또한 국가회계기준에 관한 규칙은 재무제표(재정상태표, 재정운영표, 순자산변동표) 작성 방법, 자산과 부채의 정의 및 평가 방법 등을 규정하고 있다. 특히 세부적인 사항

은 항목별, 계정과목별 회계처리지침으로 규정되어 있는데, 회계처리지침은 재무제표의 회계처리지침, 국고금·금융자산·무형자산 등 회계처리지침 등을 포함하고 있다.

[그림 12-2] 국가 회계 법령 체계

국가회계법(2007년 3월 제정)	• 국가 회계의 원칙, 결산 절차 및 결산보고서 체계, 구성
⬇	
국가회계법 시행령(2009년 3월 제정)	• 결산보고서 중 세입세출결산에 명시할 사항 및 부속서류의 제출 및 작성 등
⬇	
국가회계기준에 관한 규칙 (기획재정부령)	• 회계 처리 일반 원칙, 재무제표 작성 원칙 • 재무제표의 구성 및 작성 기준 작성 • 자산·부채, 수익·비용 인식 기준(자산·부채 평가)
⬇ ⬇	
국가회계예규	• 재무제표 계정 과목별 회계처리에 관한 지침 • 주요 사항별 회계처리지침

* 2009회계연도부터 모든 재정부문에 발생주의 도입(2011년 회계연도 결산부터 국가통합 재무제표 국회 제출).

2) 정부 회계 및 재무제표의 원칙

(1) 정부 회계 처리의 원칙

정부 회계의 처리는 정보 이용자에게 유용한 정보를 제공하고, 국민의 세금 가치를 실현하는 과정이므로 객관적이고 공정하게 보고되어야 하는데, 국가회계기준에 관한 규칙 제4조에는 국가의 회계 처리는 복식부기·발생주의 방식으로 하며, 다음과 같은 원칙에 따라 이뤄져야 한다고 규정하고 있다.

첫째, 회계 처리는 신뢰할 수 있도록 객관적인 자료와 증거에 따라 공정하게 이뤄져야 한다(신뢰성).

둘째, 재무제표의 양식, 과목 및 회계 용어는 이해하기 쉽도록 간단 명료하게 표시해야 한다(명료성).

셋째, 중요한 회계 방침, 회계 처리 기준, 과목 및 금액에 관해서는 그 내용을 재무제표에 충분히 표시해야 한다(충분성).

넷째, 회계 처리에 관한 기준 및 추정(推定)은 기간별 비교가 가능하도록 기간마다 계속해 적용하고, 정당한 사유 없이 변경해서는 아니 된다(일관성).

다섯째, 회계 처리와 재무제표 작성을 위한 계정 과목과 금액은 그 중요성에 따라 실용적인 방법으로 결정해야 한다(실용성).

여섯째, 회계 처리는 거래 사실과 경제적 실질을 반영할 수 있어야 한다.

(2) 재무제표의 목적과 작성 원칙

국가회계기준에 관한 규칙 제5조 제3항에 의하면, "재무제표는 국가의 재정 활동에 직접적 또는 간접적으로 이해관계를 갖는 정보 이용자가 국가의 재정 활동 내용을 파악하고, 합리적으로 의사 결정을 할 수 있도록 유용한 정보를 제공하는 것을 목적으로 한다"고 규정하고 있다. 또한 제4항에서는 "재무제표는 국가가 공공회계 책임을 적절히 이행하였는지를 평가하는 데 필요한 ① 국가의 재정 상태 및 그 변동과 재정 운영 결과에 관한 정보, ② 국가사업의 목적을 능률적, 효과적으로 달성하였는지에 관한 정보, ③ 예산과 그 밖에 관련 법규의 준수에 관한 정보를 제공하여야 한다"고 규정하고 있다.

또한 재무제표의 작성 원칙으로는 첫째, 재무제표는 해당 회계연도분과 직전 회계연도분을 비교하는 형식으로 작성한다. 둘째, 비교하는 형식으로 작성되는 두 회계연도의 재무제표는 계속성의 원칙에 따라 작성하며, 국가회계법에 따른 적용 범위, 회계정책 또는 이 규칙 등이 변경된 경우에는 그 내용을 주석으로 공시한다. 셋째, 재무제표의 과목은 해당 항목의 중요성에 따라 별도의 과목으로 표시하거나 다른 과목으로 통합해 표시할 수 있다. 넷째, 재무제표를 통합해 작성할 경우 내부거래는 상계해 작성한다(동 규칙 제6조 제1항).

(3) 민간 부문 재무제표와의 비교

회계 순환 과정은 거래 정보를 식별하고 분개하는 과정과 최종적인 재무제표를 작성하는 과정으로 구분되는데, 정부 부문도 최종적인 결산을 통해 재무제표를 작성한다. 즉, 정부 부문은 세입세출결산(일반회계 및 특별회계), 수입지출결산(기금)을 작성하는 것 이외에 기업과 유사한 재무제표를 작성하고 있다.

기업과 정부의 재무제표를 비교하면 〈표 12-7〉과 같다. 즉, 기업에서는 4대 재무제표로 기업의 재무 상태를 표시하는 대차대조표, 경영 성과를 표시하는 손익계산서, 자본의 변동을 표시하는 이익잉여금처분계산서, 현금 흐름의 내용을 표시하는 현금흐름표를 작성한다. 정부 부문에서도 발생주의 및 복식부기 제도의 도입에 따라 기업의 재무제표와 유사한 재무제표를 작성하고 있는데, 기업의 대차대조표에 상응하는 재정상태표, 기업의 손익계산서에 상응하는 재정운영표, 기업의 이익잉여금처분계산서에 상응하는 순자산변동표를 작성하고 있다.

〈표 12-7〉 기업과 정부의 재무제표

정보의 성격	기업 회계	정부 회계
재무 상태(재정 상태)	대차대조표	재정상태표
경영 성과(운영 성과)	손익계산서	재정운영표
자본(순자산)의 변동	이익잉여금처분계산서	순자산변동표

3 정부의 재무제표

1) 재정상태표

재정상태표(statement of financial position)는 자산과 부채의 명세 및 상호 관계 등 재정 상태를 나타내는 재무제표로서 자산, 부채 및 순자산으로 구성된다. 자산과 부채는 유동성이 높은 항목부터 배열하는데(유동성 배열의 원칙), 유동성이란 현금으로 전환되기 쉬운 정도를 말한다. 자산, 부채 및 순자산은 총액으로 표시하는데, 자산과 부채 또는 순자산 항목을 상계함으로써, 그 전부 또는 일부를 재정상태표에서 제외해서는 아니 된다(국가회계기준에 관한 규칙 제7조~제8조).

기업의 대차대조표는 '자산=부채+자본'의 구조로 이뤄지지만, 정부의 회계에서는 자본이 존재하지 않는다. 정부 회계에서는 대차대조표의 3대 계정 중에서 자산과 부채를 알고 있기 때문에, 자본의 개념을 '자산−부채=순자산'으로 구성하고 있다. 즉, 자본 대신에 순자산의 개념으로 대체하고 있다.

정부의 재정상태표는 기업 회계의 대차대조표(balance sheet: B/S)에 해당한다. 자산은 유동자산, 투자자산, 일반유형자산, 사회기반시설, 무형자산, 기타 비유동자산 등으로 구분되며, 부채는 유동부채, 장기차입부채, 장기충당부채, 기타 비유동부채로 구분되고, 순자산은 기본 순자산, 적립금 및 잉여금, 순자산 조정으로 구분되고 있다(국가회계기준에 관한 규칙 [별표 1]).

(1) 자산

자산은 과거의 거래나 사건의 결과로 현재 국가 회계 실체가 소유 또는 통제하고 있는 자원으로서, 미래에 공공 서비스를 제공할 수 있거나 직접 또는 간접적으로 경제적 효익을 창출하거나 창출에 기여할 것으로 기대되는 자원이다. 자산은 유동자산,

〈표 12-8〉 재정상태표 계정 항목의 내용

구분	항목	정의	근거
자산	유동자산	재정상태표일부터 1년 이내에 현금화되거나 사용될 것으로 예상되는 자산으로서, 현금 및 현금성 자산, 단기금융상품, 단기투자증권, 미수채권, 단기대여금 및 기타 유동자산 등을 말한다. 단기투자증권은 만기가 1년 이내이거나 1년 이내에 처분 예정인 채무증권, 지분증권 및 기타 단기투자증권을 말하고, 기타 유동자산은 미수수익, 선급금, 선급비용 및 재고자산 등을 말한다.	제11조
	투자자산	투자 또는 권리행사 등의 목적으로 보유하고 있는 자산으로서, 장기금융상품, 장기투자증권, 장기대여금 및 기타 투자자산 등을 말한다. 장기투자증권은 만기가 1년 후이거나 1년 후에 처분 예정인 채무증권, 지분증권 및 기타 장기투자증권을 말한다.	제12조
	일반유형자산	고유한 행정 활동에 1년을 초과하여 사용할 목적으로 취득한 자산(사회기반시설은 제외)으로서, 토지, 건물, 구축물, 기계장치, 집기・비품・차량운반구, 전비품, 기타 일반유형자산 및 건설 중인 일반유형자산 등을 말한다. 전비품은 전쟁의 억제 또는 수행에 직접적으로 사용되는 전문적인 군사장비와 탄약 등을 말한다.	제13조
	사회기반시설	국가의 기반을 형성하기 위하여 대규모로 투자하여 건설하고, 그 경제적 효과가 장기간에 걸쳐 나타나는 자산으로서, 도로, 철도, 항만, 댐, 공항, 하천, 상수도, 국가어항, 기타 사회기반시설 및 건설 중인 사회기반시설 등을 말한다.	제14조
	무형자산	일정 기간 독점적・배타적으로 이용할 수 있는 권리인 자산으로서, 산업재산권, 광업권, 소프트웨어, 기타 무형자산 등을 말한다.	제15조
부채	유동부채	재정상태표일부터 1년 이내에 상환하여야 하는 부채로서, 단기국채, 단기공채, 단기차입금, 유동성 장기차입부채 및 기타 유동부채(미지급금, 미지급비용, 선수금, 선수수익 등) 등을 말한다.	제19조
	장기차입부채	재정상태표일부터 1년 후에 만기가 되는 확정부채로서, 국채, 공채, 장기차입금 및 기타 장기차입부채 등을 말한다.	제20조
	장기충당부채	지출 시기 또는 지출 금액이 불확실한 부채로서, 퇴직급여충당부채, 연금충당부채, 보험충당부채 및 기타 장기충당부채 등을 말한다.	제21조
순자산	기본 순자산	순자산에서 적립금 및 잉여금과 순자산 조정을 뺀 금액으로 표시	제23조
	적립금 및 잉여금	임의적립금, 전기이월결손금・잉여금, 재정 운영 결과 등을 표시	
	순자산 조정	투자증권평가손익, 파생상품평가손익 및 기타 순자산의 증감 등을 표시	

자료: 국가회계기준에 관한 규칙.

투자자산, 일반유형자산, 사회기반시설,[5] 무형자산 및 기타 비유동자산으로 구분해 재정상태표에 표시한다(동 규칙 제9조).

자산은 공용 또는 공공용으로 사용되는 등 공공 서비스를 제공할 수 있거나, 직접적 또는 간접적으로 경제적 효익을 창출하거나 창출에 기여할 가능성이 매우 높고, 그 가액을 신뢰성 있게 측정할 수 있을 때에 인식한다. 그러나 현재 세대와 미래 세대를 위하여 정부가 영구히 보존하여야 할 자산으로서, 역사적, 자연적, 문화적, 교육적 및 예술적으로 중요한 가치를 갖는 자산(유산자산)은 자산으로 인식하지 아니하고, 그 종류와 현황 등을 필수보충 정보로 공시한다. 또한 국가안보와 관련된 자산은 기획재정부 장관과 협의하여 자산으로 인식하지 아니할 수 있다. 이 경우 해당 중앙관서의 장은 해당 자산의 종류, 취득 시기 및 관리 현황 등을 별도의 장부에 기록하여야 한다(동 규칙 제10조). 유산자산의 경우, 문화재와 관련된 자산인데, 문화재를 가격으로 환산하기 어렵고 매각보다는 보전 가치를 제고해야 하는 자산이므로, 재무제표에 표시하기보다는 필수보충 정보로 제공된다. 아울러 유산자산은 기계나 장치 등과 같은 고정자산처럼 자산 활용을 통해 가치가 하락하지 않는 특성을 지니고 있어 감가상각의 대상에서도 제외된다.

(2) 부채

부채는 과거의 거래나 사건의 결과로 국가 회계 실체가 부담하는 의무로서, 그 이행을 위하여 미래에 자원의 유출 또는 사용이 예상되는 현재의 의무를 의미하며, 유동부채, 장기차입부채, 장기충당부채 및 기타 비유동부채로 구분하여 재정상태표에 표시한다(동 규칙 제17조). 즉, 부채의 인식 기준도 자산과 마찬가지로 유동성 배열에 근거해 1년 이내에 지출이 예상되는 유동부채와 1년을 초과해 지출이 예상되는 비유동부채로 구분되어 표시된다.

부채는 국가 회계 실체가 부담하는 현재의 의무 중 향후 그 이행을 위하여 지출이 발생할 가능성이 매우 높고, 그 금액을 신뢰성 있게 측정할 수 있을 때 인식한다.

---

5) 사회기반시설은 현금화가 되지 않는 자산이며(매각 목적이 없음), 도난의 염려가 없기 때문에 장부에 기록해 관리할 필요가 없다고 생각했다. 그러나 재무제표가 작성되면 국가의 자산뿐 아니라 부채도 표시되므로, 차입을 통한 사회기반시설 건설의 경우, 대규모 투자 금액이 자산으로 표시되지 않으면, 차입금만 부채로 계상되므로 대규모의 부(−)의 순자산이 표시된다. 이 경우 정보 이용자에게 잘못된 정보를 전달하게 되므로, 사회기반시설을 재무제표에 자산으로 계상해야 한다(국가회계기준센터, 2011: 43).

그러나 국가안보와 관련된 부채는 기획재정부 장관과 협의하여 부채로 인식하지 아니할 수 있다. 이 경우 해당 중앙관서의 장은 해당 부채의 종류, 취득 시기 및 관리 현황 등을 별도의 장부에 기록하여야 한다(동 규칙 제18조). 따라서 부채는 계약이나 법령에 따라 지출이 확정된 채무, 국채 등과 같이 계약에 따라 금전적 지불 의무가 있는 채무뿐만 아니라, 지출 시기 또는 지출 금액이 불확실하지만 발생할 가능성이 높은 경우, 충당부채와 같은 국가 잠재부채도 국가 부채로 인식된다.

(3) 순자산

정부 회계의 순자산은 기업 회계의 소유권을 표시하는 자본에 해당하는데, 자산에서 부채를 뺀 금액을 의미한다. 따라서 정부 회계에서 순자산은 잔여재산 성격을 지니고 있으며 순자산이 부(−)의 금액이 되면 자산보다 부채가 더 많아 미래 세대의 부담으로 작용하게 된다.

〈표 12-9〉 정부 회계의 재정상태표

(단위: 조 원)

계정과목	2018	2019	2020	2021	2022
Ⅰ. 자산	2,126.6	2,299.4	2,487.1	2,866.1	2,833.6
유동자산	401.2	458.9	504.0	565.9	513.8
투자자산	827.9	914.0	1,015.3	1,167.9	1,148.8
일반유형자산	557.6	577.6	604.1	704.0	710.4
사회기반기설	329.5	334.9	347.9	410.2	422.9
무형자산	1.4	1.5	2.0	2.6	2.5
기타 비유동자산	9.0	12.5	13.8	15.5	35.2
Ⅱ. 부채	1,683.4	1,743.7	1,981.7	2,195.3	2,326.0
유동부채	139.3	153.5	167.9	187.4	220.0
장기차입부채	505.0	546.9	658.5	756.1	812.2
장기충당부채	998.6	1,000.3	1,102.6	1,199.4	1,243.2
연금충당부채			1,044.7	1,138.2	1,181.3
퇴직수당충당부채			49.0	52.1	52.8
기타			8.9	9.1	9.1
기타비유동부채	40.5	43.0	52.7	52.4	50.4
Ⅲ. 순자산(Ⅰ−Ⅱ)	443.2	555.7	505.4	670.8	507.6

* 재무제표상 부채는 발생주의를 기준으로 하여 지급시, 금액이 확정되지 않은 충당부채 등이 포함되므로 현금주의를 기준으로 하는 국가채무(D1)와 상이.

자료: 대한민국정부(각 연도). 『국가결산보고서』.

순자산은 기본 순자산, 적립금 및 잉여금, 순자산 조정으로 구분한다. 기본 순자산은 순자산에서 적립금 및 잉여금과 순자산 조정을 뺀 금액이며, 적립금 및 잉여금은 임의적립금, 전기이월결손금·잉여금, 재정 운영 결과 등을 표시한다. 순자산 조정은 투자증권평가손익, 파생상품평가손익 및 기타 순자산의 증감 등을 표시한다(동 규칙 제23조).

2) 재정운영표

정부의 재정운영표는 기업 회계의 손익계산서(profit & loss statement: P/L)에 해당하는데, 회계연도 동안 수행한 정책 또는 사업의 원가와 재정 운영에 따른 원가의 회수 명세 등을 포함한 재정 운영 결과를 나타내는 재무제표를 의미한다(국가회계기준에 관한 규칙 제24조).

기업의 손익계산서는 수익에서 비용을 빼서 이익을 보여 주는 구조이지만, 재정운영표는 반대로 비용에서 수익을 빼서 재정 운영 결과를 보여 주는 구조다. 기업은 이익을 극대화하는 것이 존재 이유이고 목표이지만, 국가는 공공 서비스를 제공하는 것이 존재 목적이기 때문에, 공공 서비스 제공을 위해 소요되는 순원가, 즉 재정 운영 결과가 어떻게 산출되는지를 보여 주는 구조다. 특히 재정운영표는 비용에서 수익을 차감하는 표시 방법이기 때문에 (+)이면 비용이 수익보다 많았음을 의미한다.

재정운영표의 수익과 비용은 발생주의 원칙에 따라 표시하는데, 수익과 비용의 정의는 다음과 같다(동 규칙 제28~제29조; 국가회계기준센터, 2011: 51).

수익은 국가의 재정 활동과 관련해 재화 또는 용역을 제공한 대가로 발생(교환수익)하거나, 직접적인 반대급부 없이 법령에 따라 납부 의무가 발생한 금품의 수납 또는 자발적인 기부금 수령 등에 따라 발생하는 순자산의 증가(비교환 수익)를 말한다. 재정운영표에 나타나는 수익은 교환수익과 비교환수익으로 구분되며, 교환수익은 프로그램 수익과 비배분수익으로 구분된다.

프로그램 수익은 프로그램을 운영하는 과정에서 발생하는 수익을 의미하는데, 국립대학교 등록금은 대표적인 예다. 등록금은 국가의 정책사업(프로그램) 중 하나인 교육 서비스를 제공하는 과정에서 수취한 수익이다.

비배분수익은 비배분비용과 대칭되는 개념으로 프로그램과의 관련성이 낮아서 프로그램 수익으로 분류하기 어려운 수익인데, 자산처분이익, 평가이익과 같이 경우에 따라서는 프로그램 운영 과정에서 발생하지 않을 수도 있는 수익이다.

비교환수익은 프로그램 수익, 비배분수익과 같이 국가가 국민에게 재화나 공공서비스를 제공한 대가로 받은 수익이 아니라, 국가 권력의 행사를 통해 거둬들인 수익, 즉 교환 없이 발생한 수익이다. 비교환수익은 직접적인 반대급부 없이 발생하는 국세, 부담금, 기부금, 무상이전 및 제재금 등의 수익이다.

〈표 12-10〉 수익과 비용의 구분

<table>
<tr><th colspan="3">수익</th><th colspan="4">비용</th></tr>
<tr><td rowspan="4">비교환수익
(재원의 조달)</td><td colspan="2">교환수익</td><td colspan="3">행정원가</td><td rowspan="4">재원의
이전</td></tr>
<tr><td rowspan="3">비배분
수익</td><td rowspan="2">프로그램
수익</td><td colspan="2">프로그램 총원가</td><td rowspan="3">비배분
비용</td></tr>
<tr><td>직접원가</td><td>간접원가</td></tr>
<tr><td colspan="3">프로그램 순원가</td></tr>
</table>

자료: 기획재정부(2014). 『순자산변동표 및 국세징수활동표 계정과목 회계처리지침』.

한편 비용은 국가재정 활동과 관련하여 재화 또는 용역을 제공하여 발생하거나, 직접적인 반대급부 없이 발생하는 자원 유출이나 사용 등에 따른 순자산의 감소를 말한다. 비용은 첫째, 재화나 용역의 제공 등 국가재정 활동 수행을 위하여 자산이 감소하고, 그 금액을 합리적으로 측정할 수 있을 때, 또는 법령 등에 따라 지출에 대한 의무가 존재하고, 그 금액을 합리적으로 측정할 수 있을 때에 인식하며, 둘째, 과거에 자산으로 인식한 자산의 미래 경제적 효익이 감소 또는 소멸하거나 자원의 지출 없이 부채가 발생 또는 증가한 것이 명백한 때에 비용으로 인식한다(동 규칙 제30조). 아울러 원가는 중앙관서의 장 또는 기금관리 주체가 프로그램의 목표를 달성하고, 성과를 창출하기 위하여 직접적 · 간접적으로 투입한 경제적 자원의 가치를 말한다. 원가 집계 대상과 배부 기준 등 원가계산에 관한 세부적인 사항은 기획재정부 장관이 정하는 원가계산에 관한 지침에 따른다(동 규칙 제31조).

(1) 중앙관서 또는 기금의 재정운영표

중앙관서 또는 기금의 재정운영표는 프로그램 순원가, 재정운영 순원가, 재정 운영 결과로 구분하여 표시한다(국가회계기준에 관한 규칙 제25조).

첫째, 프로그램 순원가는 프로그램을 수행하기 위해 투입한 원가 합계에서 다른 프로그램으로부터 배부받은 원가를 더하고, 다른 프로그램에 배부한 원가는 빼며, 프로그램 수행 과정에서 발생한 수익 등을 빼서 표시한다. 둘째, 재정운영 순원가는 프로그램 순원가에서 관리운영비와 비배분비용은 더하고 비배분수익은 빼서 표시한다. 셋째, 재정 운영 결과는 재정운영 순원가에서 비교환수익 등을 빼서 표시한다.

재정 운영 결과는 국가가 국민에게 공공 서비스를 제공하는 데 들어간 비용과 국민으로부터 거두어들인 수익을 비교해 1년 간 나라살림을 보여 주는 수치다. 기업 회계에서는 당기순이익이 클수록 이윤이 극대화되었다고 볼 수 있지만, 정부 회계의 경우 재정 운영 결과 정(+)이 발생했다면 비용이 수익보다 많았음을 의미한다.

(2) 국가 통합 재정운영표

중앙관서 또는 기금의 재정운영표를 통합·작성하는 국가의 재정운영표는 내부거래를 제거하여 작성하되, 재정운영 순원가, 비교환수익 등, 재정 운영 결과로 구분해 표시한다. 재정운영 순원가는 중앙관서별로 구분하여 표시하며, 재정 운영 결과는 재정운영 순원가에서 비교환수익 등을 빼서 표시한다(동 규칙 제26조).

〈표 12-11〉 국가 재정운영표

(단위: 조 원)

계정과목	2018	2019	2020	2021	2022
Ⅰ. 재정운영 순원가	343.3	395.2	448.1	476.1	512.5
1. 프로그램 순원가	344.6	388.2	453.8	481.3	547.8
2. 관리운영비	26.5	27.4	28.6	31.9	30.8
3. 비배분비용	23.7	18.5	19.3	60.5	19.3
4. (-)비배분수익	△51.5	△38.9	△53.6	△97.7	△85.3
Ⅱ. 비교환수익 등	351.1	351.7	347.5	412.7	464.8
1. 국세수익	294.9	291.8	288.7	347.9	398.6
2. 부담금수익	17.6	17.5	17.3	18.9	19.3
3. 사회보험수익	17.9	19.1	20.3	21.4	24.4
4. 제재금수익 등	6.1	5.2	5.9	6.2	5.4
5. 기타 재원조달 및 이전	14.6	18.1	15.3	18.3	17.1
Ⅲ. 재정 운영 결과(Ⅰ-Ⅱ)	△7.8	43.5	100.6	63.4	47.8

* 비배분비용·수익은 투입한 비용·수익 중 프로그램과 직·간접적인 대응관계가 없거나, 프로그램에 배분하는 것이 합리적이지 않은 비용·수익으로 자산처분손익, 평가손익, 이자손익이 포함.

자료: 대한민국정부(각 연도). 『국가결산보고서』.

3) 순자산변동표

순자산변동표는 회계연도 동안 순자산의 변동 명세를 표시하는 재무제표로, 중앙관서 또는 기금의 순자산변동표는 기초순자산, 재정 운영 결과, 재원의 조달 및 이전, 조정 항목, 기말순자산으로 구분하여 표시한다(동 규칙 제52조). 또한 중앙관서 또는 기금의 순자산변동표를 통합하여 작성하는 국가의 순자산변동표는 기초순자산, 재정 운영 결과, 조정 항목, 기말순자산으로 구분하여 표시하며, 조정 항목은 납입자본의 증감, 투자증권 평가손익, 파생상품 평가손익 및 기타 순자산의 증감 등을 포함한다(동 규칙 제52조, 제53조).

〈표 12-12〉 국가 통합 순자산변동표

(단위: 억 원)

구분	2018	2019	2020	2021	2022
Ⅰ. 당기 기초순자산	5,067,354	4,431,902	5,557,083	5,054,416	6,707,376
1. 보고금액	5,067,173	4,431,902	5,557,060	5,054,416	6,707,376
2. 전기오류수정손익	181	–	22	–	–
Ⅱ. 재정 운영 결과	△77,686	429,795	1,005,501	634,162	477,682
Ⅲ. 조정항목	△713,138	1,554,953	502,834	2,287,122	△1,153,576
1. 납입자본의 증감	–	–	–	–	–
2. 투자증권평가손익	△318,494	596,972	609,119	592,584	△1,017,505
3. 파생상품평가손익	△45	70	63	△1.3	△6
4. 자산재평가이익	△12,727	158,146	273,977	1,835,714	△205,431
5. 기타 순자산의 증감	△3,81,871	799,765	△380,325	△141,175	69,365
Ⅳ. 당기 기말순자산(Ⅰ-Ⅱ+Ⅲ)	4,431,902	5,557,060	5,054,416	6,707,376	5,076,117

자료: 대한민국정부(각 연도). 『국가결산보고서』.

〈표 12-13〉 국가 재무제표의 전기오류수정손익

(단위: 조 원, %)

구분	2012	2013	2014	2015	2016	2017	2018	2019	2020	2021	2022	합계
전기오류수정이익	5.9	2.8	9.0	7.5	3.7	6.4	5.0	2.6	3.4	2.7	40.3	89.3
전기오류수정손실	6.7	1.6	4.6	4.4	3.6	9.5	3.8	4.3	5.6	1.9	13.3	59.3
합계	12.6	4.4	13.6	11.9	7.3	15.9	8.8	6.9	9.0	4.6	53.6	148.6
연도별 비중	8.5	3.0	9.2	8.0	4.9	10.7	5.9	4.6	6.1	3.1	36.1	100.0

자료: 국회예산정책처(2023). 『2022회계연도 국가결산보고서』.

국가 재무제표의 전기오류수정손익은 2011년 국가 재무제표를 작성하여 국회에 제출한 이후 매년 발생하고 있다(〈표 12-13〉 참조).

4) 필수보충정보, 주석, 부속명세서

(1) 필수보충정보

필수보충정보는 재무제표에는 표시하지 아니하였으나, 재무제표의 내용을 보완하고 이해를 돕기 위하여 필수적으로 제공되어야 하는 정보를 말한다. 필수보충정보는 유산자산의 종류, 수량 및 관리 상태, 연금보고서, 보험보고서, 사회보험보고서, 국세징수활동표, 총잉여금・재정운영결과조정표, 수익・비용 성질별 재정운영표, 그 밖에 재무제표에는 반영되지 아니하였으나 중요하다고 판단되는 정보 등을 의미한다(동 규칙 제54조; 국가회계기준센터, 2011: 72-74).

필수보충정보는 보조적인 의미로 활용되지만, 중요한 재무 정보를 포함하고 있으므로 정확하게 반영될 필요가 있다. 특히 정부회계의 기본 원칙으로 신뢰성, 명료성, 충분성, 일관성, 실용성을 제시하고 있는데, 필수보충정보는 이러한 원칙에 부합해야 하며, 국민의 알 권리를 실현하고, 객관적인 재무 정보를 통해 합리적인 의사 결정을 유도할 수 있어야 한다.

첫째, 유산자산은 문화재 등과 같은 자산을 의미하는데, 국가가 관리하고 미래 세대를 위해 보존해야 할 가치 있는 자산이다. 유산자산의 필수보충정보 작성 주체에는 문화재청과 산림청 등을 예시할 수 있다.

둘째, 연금, 보험 등은 조세 이외에 국민들이 부담하는 것으로, 국민의 미래 편익과 연관성이 높다. 따라서 연금보고서, 보험보고서, 사회보험보고서 등을 작성해 정보 이용자에게 유용한 정보를 제공해 줄 필요가 있다.

셋째, 국세징수활동표는 국세수입금액(현금수납액)의 회계 처리를 별도의 보고서에 처리하며, 작성 주체에 해당하는 세 부처(국세청, 관세청, 기획재정부)의 국세징수활동표의 금액은 국가 통합재정운영표의 비교환수익 항목으로 분류된다.

넷째, 총잉여금・재정운영결과조정표는 현금주의와 발생주의의 인식 기준 차이에 따라 발생하는 차액을 조정하는 보고서다. 즉, 예산회계 결산상의 세입세출의 차액인 총잉여금과 재무제표상 비용과 수익의 차이인 재정 운영 결과는 서로 차이가 나는데, 차이의 원인에 대한 정보를 제공하는 보고서다.

다섯째, 수익・비용 성질별 재정운영표는 재정운영표의 한계를 보완하는 보고서다. 즉, 재정운영표는 프로그램별로 원가를 보여 주는 것을 목적으로 작성되며, 각 프로그램별 원가를 산출함으로써 특정 프로그램에서 발생하는 원가 정보를 파악하는 데 용이하다. 그러나 재정운영표는 프로그램 원가의 비용 성질을 나타내지 못하는 단점이 있다. 즉, 하나의 프로그램 원가가 1억 원인 경우 해당 사업에 1억 원이 투입되었다는 것은 알 수 있으나, 1억 원이 인건비인지, 용역비인지 알 수는 없다. 따라서 수익·비용 성질별 재정운영표를 필수보충정보로 작성해 프로그램 총원가에 인건비와 용역비의 비중이 어느 정도인지를 비용별로 파악할 수 있다.

(2) 주석

주석은 정보이용자에게 충분한 회계정보를 제공하기 위하여 채택한 중요한 회계정책과 재무제표에 중대한 영향을 미치는 사항을 설명한 것을 의미한다. 주석사항으로 ① 중요한 회계 처리 방법, ② 장기차입부채 상환계획, ③ 장기충당부채, ④ 외화자산 및 외화부채, ⑤ 우발사항 및 약정사항(지급보증, 파생상품, 담보제공자산 명세를 포함), ⑥ 전기오류수정 및 회계 처리 방법의 변경, ⑦ 순자산조정명세, ⑧ 기타 재무제표에 중대한 영향을 미치는 사항과 재무제표의 이해를 위하여 필요한 사항 등을 표시하는데, 작성 기준은 기획재정부 장관이 정한다(동 규칙 제55조).

(3) 부속명세서

부속명세서는 재무제표에 표시된 회계 과목에 대한 세부 명세를 명시할 필요가 있을 때에 추가적인 정보를 제공하기 위한 것으로서 ① 현금 및 현금성 자산, ② 장·단기 금융상품, ③ 단기투자증권, ④ 장기투자증권, ⑤ 장·단기 미수채권, ⑥ 장·단기 대여금, ⑦ 일반유형자산, ⑧ 사회기반시설, ⑨ 무형자산, ⑩ 국채 및 공채, ⑪ 차입금, ⑫ 출연비를 의미한다. 부속명세서의 종류, 작성 기준은 기획재정부 장관이 정하는 바에 따른다(재무제표의 표시와 부속서류의 작성에 관한 지침).

5) 정부의 결산보고서

결산보고서는 크게 결산 개요, 세입세출결산, 재무제표, 성과보고서 등으로 구성되는데, 특히 재무제표는 발생주의 회계 방식에 근거한 국가회계 기준에 따라 작성 제출해야 하는 결산보고서이며, 성과보고서는 각 부처가 운영하는 프로그램에 대해 사전에 정한 성과목표 대비 실적을 비교해 보고하는 서류다.

결산보고서의 작성은 첫째, 중앙관서의 장은 회계연도마다 그 소관에 속하는 일반회계·특별회계 및 기금을 통합한 결산보고서(중앙관서결산보고서)를 작성하여야 하며, 중앙관서의 장이 아닌 기금 관리 주체는 회계연도마다 기금에 관한 결산보고서(기금결산보고서)를 작성하여 소관 중앙관서의 장에게 제출하여야 한다. 둘째, 기획재정부 장관은 회계연도마다 중앙관서결산보고서를 통합하여 국가의 결산보고서(국가결산보고서)를 작성한 후 국무회의의 심의를 거쳐 대통령의 승인을 받아야 한다(국가회계법 제13조). 국가회계법에 따른 결산보고서 및 부속서류를 살펴보면 〈표 12-14〉와 같다.

결산보고서의 부속서류는 크게 네 가지 유형으로 구분되는데, 세입세출결산에 첨부되어야 할 부속서류, 기금의 수입지출결산에 첨부되어야 할 부속서류, 세입세출결산에 추가되어야 할 첨부서류, 재무제표에 첨부되어야 할 부속서류 등으로 구분된다.

세입세출결산에 첨부되어야 할 부속서류 중에서 계속비, 이월비, 예비금 사용 명세서 등이 있으며, 전년도 세계잉여금의 처리명세서와 세계잉여금의 내역 및 사용계획이 포함되어 있고, 성인지 결산서, 온실가스감축인지 결산서 등 정책목적적 서류도 포함되어 있다. 특히 성인지 결산서와 온실가스감축인지 결산서는 단순히 예산만이 아니라 기금의 경우에도 작성·제출되어야 한다.

결산서와 부속서류는 단순히 결과적 의미로만 해석하기보다는 차기연도 예산 배분 및 국가의 중장기적 재정계획과 연계되어 이해될 필요가 있으며, 재정 건전성의 차원에서 분석을 강화하고, 5개년 단위의 국가재정 운용계획과 연계되어야 한다.

〈표 12-14〉 결산보고서의 구성(국가회계법 제14조, 제15조, 제15조의2)

■ 결산보고서
1. 결산 개요: 결산의 내용을 요약하여 예산 및 기금의 집행 결과, 재정의 운영 내용과 재무 상태를 분명하게 파악할 수 있도록 작성 2. 세입세출결산: 중앙관서 및 국가결산보고서는 기금의 수입지출 결산을 포함하고, 기금결산보고서는 기금의 수입지출 결산을 의미 3. 재무제표(국가회계 기준에 따른 작성): 재정상태표, 재정운영표, 순자산변동표 4. 성과보고서: 성과계획서에서 정한 성과목표와 그에 대한 실적을 대비하여 작성
■ 결산보고서의 부속서류
1. 세입세출결산에 첨부되어야 할 부속서류 1) 계속비 결산명세서 2) 세입세출결산 사업별 설명서 3) 총액계상 사업집행명세서 4) 수입대체경비 사용명세서 5) 이월명세서 6) 명시이월비 집행명세서 7) 정부기업특별회계 회전자금운용명세서 8) 성인지(性認知) 결산서 9) 온실가스감축인지 결산서 10) 예비금 사용명세서 11) 총사업비 관리 대상 사업의 사업별 집행명세서 12) 현물출자명세서 13) 재정증권의 발행 및 한국은행 일시차입금의 운용명세서 14) 전년도 세계잉여금의 처리명세서 15) 세계잉여금의 내역 및 사용계획 15) 그 밖에 대통령령으로 정하는 서류 2. 기금의 수입지출결산에 첨부되어야 할 부속서류 1) 재원조성실적표 2) 성인지 기금결산서 3) 온실가스감축인지 기금결산서 4) 그 밖에 대통령령으로 정하는 서류: 기금운용계획의 변경 내용 설명서 3. 세입세출결산에 추가되어야 할 첨부서류 1) 통합재정수지표 2) 통합계정자금 운용 및 수익금사용명세서 4. 재무제표에 첨부되어야 할 부속서류 1) 국가채무관리보고서 2) 국가채권현재액보고서 3) 그 밖에 대통령령으로 정하는 서류: 국유재산관리운용보고서, 물품관리운용보고서

참고문헌

[국내 문헌]

1. 단행본

권영성(2001). 『헌법학원론』, 서울: 법문사.

권오성 외(2009). 『정부회계의 기초와 원리』, 서울: 법문사. 한국행정연구원 재정예산 총서.

김동건(1994). 『현대재정학』(개정판), 서울: 박영사.

김동건 외(1992). 『주요국의 재정정책: 미국, 캐나다, 독일, 일본 편』, 서울: 한국재정연구회.

김범식 · 손희준 · 송영필(1997). 『(지방자치 실시 전후) 지방재정지출의 특성분석 및 정책적 시준점』, 서울: 삼성경제연구소.

김병철(2004). 『프로젝트 관리의 이해』, 서울: 세화.

김창배(2007). 『우리나라 준조세 규모와 정책적 시사점』, 서울: 한국경제연구원.

박문옥(1986). 『현대재무행정』, 서울: 신천사.

박상원 · 박정수 · 안종범 · 이원희(2009). 『재정융자제도 개선 방안』, 서울: 한국조세연구원.

박영희 · 김종희(2008). 『신재무행정론』, 서울: 다산출판사.

배득종(2005). 『신재무행정: 정부혁신과 재정개혁』, 서울: 박영사.

백완기(1998). 『행정학』(제4전정판), 서울: 박영사.

소광문(2017). 『국가회계법개론』, 서울: 율곡출판사.

신무섭(2007). 『재무행정학』(개정5판), 서울: 대영문화사.

안용식 · 강동식 · 원구환(2006). 『지방행정론』(개정판), 서울: 대영문화사.

안용식 · 원구환(2001). 『지방공기업론』(개정판), 서울: 대영문화사.

유　훈(1980). 『재무행정론』, 서울: 법문사.

윤영진(2010). 『새 재무행정학』, 서울: 대영문화사.

이규방 · 김민철(1998). 『경제 구조조정에 따른 민자유치 제도개선 방안』, 서울: 국토연구원.

이만우(1985). 『후생경제학』, 서울: 법문사.

이명헌(2000). 『예산편성 및 재원배분 방식 개편 방안』, 서울: 한국조세연구원.

이은국 · 원구환 · 오승은(2003). 『지방정부 생산성 측정의 이론과 실제』, 서울: 집문당.

이종수(2009). 『행정학사전』, 서울: 대영문화사.

이필우 역(1981). 『케인즈적 사고의 유산』, 서울: 건국대학교출판부.

장선희 · 전광석 · 김배원 · 박종수(2006). 『행정부와 의회 간 재정 권한의 배분에 관한 외국 입법례

연구』, 서울: 한국법제연구원.
조선주 · 우석진 · 이선행(2010). 『성인지예산제도 시행에 따른 재정사업의 편익 추정: CVM을 이용한 실증분석』, 서울: 한국여성정책연구원.
하연섭(2002). 『재정학의 기초』(제2판), 서울: 다산출판사.
______(2010). 『정부예산과 재무행정』, 서울: 다산출판사.
허 영(2003). 『한국헌법론』, 서울: 박영사.
홍승연(2012). 『글로벌 경제위기와 재정준칙의 최근 추세』, 서울: 한국조세연구원.

2. 논문

강춘성(2006). 지방예산 결정 과정에 관한 연구. 전북대학교 대학원 행정학과 박사학위 논문.
고영선(2001). 구조적 재정지수의 추정. 『KDI 정책연구』, 한국개발연구원. 23(1): 71-147.
공병천(2004). 평가와 예산 부문의 성과관리 연계. 『한국정책학회보』, 13(2): 67-89, 한국정책학회.
권오성 · 박민정(2009). 입법부와 행정부의 거시경제 예측에 관한 비교연구: CBO 및 NABO를 중심으로. 『한국행정연구』, 18(3): 221-248, 한국행정연구원.
김대건(2016). 효율적 예산배분 방안으로서 지출심사제도. 『예산정책연구』, 5(1): 81-124.
김명규(1986). 헌법상의 예산문제. 『단국대학교논문집』, 20: 249-267, 단국대학교.
김병철(2006). 감사원 성과감사의 사례연구: 국가연구개발사업을 중심으로. 성균관대학교 대학원 박사학위 논문.
김상헌(2008). 조세지출과 예산지출의 관계에 대한 이해. 『재정학연구』, 1(3): 101-120, 한국재정학회.
김성순(2001). 재정적자의 파급효과와 지속가능성. 『재정논집』, 15(2): 3-31, 한국재정학회.
김순은(1993). 지방의회 예산심의의 전략에 관한 연구: 부산시 광역의회를 중심으로. 『지방의회연구』, 4: 5-35, 동의대학교 행정대학원 지방의회연구소.
김시배(1983). J. M. Keynes의 재정주의에 관한 연구. 『동국대학교 경주대학 논문집』, 2: 229-244.
김의섭(1996). 한국의 재정지출 팽창과 전위효과 가설. 『재정논집』, 11(2): 105-128.
______(2000). 한국의 재정지출 패턴 1953-1993. 『재정정책논집』, 2: 49-67.
______(2009). 한국의 재정지출과 와그너법칙: 재정지출과 국민소득의 인과관계 분석을 중심으로. 『재정정책논집』, 11(3): 129-157.
김재훈(1993). 정부지출 결정 요인 검증을 위한 새로운 시도: 미국 주정부 지출을 중심으로. 『한국행정학보』, 27(1): 138-145.
김정완(1994). 한국 재량적 재정적자의 결정 요인과 메카니즘의 분석: 공공선택론의 관점에서. 『한국행정학보』, 28(1): 99-114, 한국행정학회.
김정욱(1993). 지방의회 예산심의의 발전 방안에 관한 연구. 『한국행정학보』, 27(1): 77-96.
김종순(2002). 품목별 예산 거부권과 재정지출 감축 효과. 『한국행정논집』, 14(1): 25-40.
김춘순(2018). 한국형 예산법률주의 도입의 주요 쟁점. 『예산춘추』, 50: 13.
김태일(2000). 우리나라와 OECD 국가의 공무원 규모 비교분석. 『한국행정학보』, 34(1): 117-135.
______(2009). 교정적 부담금의 특성과 쟁점에 대한 논의. 『행정논총』, 47(4): 25-48.
김태일 · 고경훈(2008). 정책 수단으로서의 교정세(부담금)의 특징과 현황. 『정부학연구』, 14(4): 369-402.

김혜란(2011). 성인지예산과 성별영향평가의 연계 방안. 한국행정학회 동계학술대회 발표 논문.

나중식(1992). 지방정부의 예산 결정 실태와 경향성 분석: 부산직할시를 중심으로. 『한국행정학보』, 26(2): 591-610.

남궁근(1994a). 지방정부 예산 결정에서의 점증주의와 환경결정론. 『사회과학연구』, 12(1): 107-149, 경상대학교 사회과학연구소.

______(1994b). 우리나라 지방정부 지출 수준의 결정요인 분석. 『한국행정학보』, 28(3): 991-1012.

문영세(2001). 정부업무평가 기본법에 의한 메타평가. 『정책분석평가학회보』, 11(1): 151-181, 한국정책분석평가학회.

박광국 · 황종규(1994). 지방정부 예산 결정 과정에서 지방의회의 역할에 관한 연구. 『한국행정학보』, 28(1): 241-262.

박종구(1990). 한국 공공지출의 증가 요인과 구조적 변화에 관한 실증분석. 『경제학연구』, 37(1): 69-84, 한국경제학회.

______(1991). 지방정부를 위한 예산이론의 모색: 점증주의와 결정론적 접근방법의 융합. 『한국행정학보』, 25(1): 25-45.

______(1996). 재정팽창지수 측정과 재정정책의 과제. 『재정논집』, 한국재정 · 공공경제학회. 10: 205-223.

박종수(2005). 예산과 법률의 불일치 방지를 위한 입법적 방안. 『토지공법연구』, 27: 289-322, 한국토지공법학회.

박종현(2006). 경기안정화정책의 주요 쟁점: 재정정책을 중심으로. 『한국경제학보』, 연세대학교 경제연구소. 13(2): 267-301.

박하섭 · 최종수(1997). 한국에 있어서 리카르도 중립성 가설의 실증적 검증. 『재정논집』, 12(2): 32-47, 한국재정학회.

신무섭(1985). 한국 행정부의 예산안 결정 과정에 있어서 점증주의 행태에 관한 연구. 서울대학교 대학원 박사학위 논문.

______(1986). 예산결정모형으로서의 점증주의에 관한 연구 경향과 평가. 『한국행정학보』, 20(1): 67-80.

신봉기 · 전기성(2008). 담배부담금 제도의 법적 문제점: 헌법적 허용 한계와 위헌성 검토를 포함하여. 『토지공법연구』, 42: 543-573, 한국토지공법학회.

신상훈(2009). 정부 성과관리와 감사원의 역할 :외국 감사원 성과보고서 검사 사례를 중심으로. 『(계간)감사』, 101: 72-80.

심상달(1988). 정부지출의 수혜 분포 분석. 『국가예산과 정책목표』, 13-74, 한국개발연구원.

우명동(1997). 상이한 재정분석틀에 대한 비교연구. 『재정논집』, 12(1): 27-57.

______(1998). 재정사회학적 재정론의 특성에 관한 연구. 『사회과학논총』, 11: 91-112, 성신여자대학교 사회과학연구소.

원구환(2001). 지방정부 민자유치사업의 주체와 방식에 관한 연구. 『한국지방자치학회보』, 13(4): 171-187, 한국지방자치학회.

______(2009a). 지방재정정책과 경기변동 대응분석: 재정팽창지수(Fiscal Impulse Indicator)를 중심으

로. 『지방정부연구』, 13(1): 115-132, 한국지방정부학회.

______(2009b). 광역자치단체 예산의 점증분석, 『한국지방자치연구』, 11(3): 41-64.

______(2010a). 세입 및 세출분권과 지역경제 성장 간 상관성 분석. 『현대사회와 행정』, 20(1): 49-71.

______(2010b). 지방자치단체 성과관리 추진 체계의 효율화 방안. 『사회과학연구』, 21(4): 23-48, 충남대학교 사회과학연구소.

유호민(1988). 공채 부담 논쟁. 『재정논집』, 2(3월호): 289-307, 한국재정학회.

유 훈(1982). 예산과정의 점증주의. 『행정논총』, 20(2): 60-73, 서울대학교 행정대학원.

윤성채(1997). 예산결정 과정에 있어서 의회와 행정부의 역할 변화에 대한 연구: 미국의 예산과정을 중심으로. 『한국행정논집』, 9(2): 209-229.

이광수(1980). 경제성장과 공공재정행위. 『산업경제연구』, 7: 1-24, 전남대학교 기업경영연구소.

이삼호(2006). 재정정책의 경기 대응에 대한 평가. 『한국개발연구』, 28(2): 52-96, 한국개발연구원.

이승종 · 김흥식(1992). 지방자치와 지방정부의 정책 정향: 복지서비스 기능을 중심으로. 『한국행정학보』, 26(2): 573-589.

이영범 · 이용삼(1997). 재정과 최적 자원배분의 재정적 조건. 『사회과학연구』, 3(2): 91-103, 대구대학교 사회과학연구소.

이원희(2021). 미국 지정예산제도(Earmarks)의 변천. 『예산춘추』, 국회예산정책처. 64: 106-109.

이재기(1996). 우리나라 公共部門 雇傭의 膨脹과 와그너法則(Wagner's Law). 『재정학연구』, 10: 3-34, 한국재정학회.

임상오(1993). 재정개혁사상으로서의 값싼 정부론: Thomas Paine의 사상을 중심으로. 『상지대학교 논문집』, 14: 119-137.

장선희(2005). 예산의 법규범성에 관한 연구. 『공법학연구』, 6(3): 225-249, 한국비교공법학회.

______(2008). 재정민주주의 원칙과 재정에 대한 헌법적 통제. 『토지공법연구』, 41: 500-519, 한국토지공법학회.

장용근(2006). 예산의 법률주의로의 헌법 개정의 타당성과 통제에 대한 검토. 『헌법학연구』, 12(3): 215-255, 한국헌법학회.

정용덕(1982). 한국에서의 배분적 정의와 공공정책. 『한국정치학회보』, 16: 289-309.

정진욱(2010). 국가재정사업의 유형별 특징 및 예산 현황. 『예산춘추』, 20(가을): 50-54.

정헌영(2004). Incremental Theory에 의한 교육 · 문화지출분석. 『사회과학논총』, 20: 1-14, 서경대학교 사회과학연구소.

조기선(2007). 지방재정 성장의 결정 요인에 관한 연구. 전남대학교 행정학과 박사학위 논문.

조윤제 · 박종규(1994). 개방경제하의 재정정책: 거시경제조정 역할 제고를 위한 방안. 『개방화 · 국제화에 따른 재정 · 금융정책의 방향』. KTI 개원2주년 기념심포지움 제1주제 발표. 27-81.

주만수(2001). 중앙정부 및 지방정부 재정지출과 국민소득의 인과관계 분석. 『한국지방재정논집』, 6(1): 139-164, 한국지방재정학회.

차병권(1981). 재정학의 이론적 발전과 연구 동향. 『경제논집』, 20(4): 455-482, 서울대학교 경제연구소.

한원택 · 정헌영(1994). 지방자치 실시에 따른 지방정부 재정지출의 변화 및 원인. 『지방자치연구』, 11(4): 5-27, 한국지방자치학회.

허경선(2021). 온실가스감축인지 예산제도의 도입과 적용방안.『재정포럼』, 300: 32-54.
홍근석 · 김종순(2012). 재정분권과 정부지출 규모 간의 관계: Leviathan 가설과 Collusion 가설의 검증.『지방정부연구』, 16(1): 103-121, 한국지방정부학회.
황윤원(1987). 지방정부예산의 결정변수 분석.『한국행정학보』, 21(2): 385-396.

3. 정부 및 공공기관 간행물

감사원(2005).『정책 · 사업의 평가를 위한 성과감사 운영 매뉴얼』.
______(2007).『정부복식부기 실무 I』.
______(2010).『국가재정 위험요인분석 및 위험관리 방안 연구』.
국가회계기준센터(2011).『알기 쉬운 국가회계 기준』.
국회예산정책처(2010a).『프로그램 예산사업 편람』.
______(2010b).『국가재정제도: 원리와 실제』.
______(2010c).『재정소요점검제도 도입 방안 연구』.
______(2011).『국회예산정책처 세수추계모형』.
______(2020).『4대 공적연금 장기 재정전망』.
______(2022).『2022 법안 비용추계 이해와 사례』.
______(2023).『대한민국 재정』.
______(2023.10).『2024년도 온실가스감축인지 예산서 분석』.
국회입법조사처(2016).『재정건전화법안의 쟁점과 입법과제』.
기획예산처(2007).『재정혁신과 국가재정법 제정』.
기획재정부(2022).『2021년도 민간투자사업 운영현황 및 추진실적 등에 관한 보고서』.
______(2023a).『2022-2023년 재정 관련 자료 임대형 민자사업 정부지급금 추계서』.
______(2023b).『기금운용평가보고서』.
______(2023c).『나라살림 예산개요』.
______(2023d).『국가재정운용계획』.
______(2023e).『재정사업 성과관리 추진방향과 과제』.
______(2023f).『부담금운용종합보고서』.
______(2023g).『국유재산종합계획』.
______(2023h).『국가채무관리보고서』.
대한민국정부(2023a).『2023년도 성인지예산서』.
______(2023b).『2023년도 조세지출예산서』.
법제처(2016).『법령 입안심사기준』.
조달청(2023.6).『조달사업통계』.
지식경제공무원(2010).『계약원가계산』.
한국재정정보원(각 연도).『주요 재정통계』.
한국조세연구원(2007).『재정위험 측정 및 관리에 관한 연구』.
한국조세재정연구원(2014).『재정위기 관련 최근 논의와 주요국 현황』.

행정안전부(2008). 『사업별 예산제도 매뉴얼』.
______(2023). 『지방자치단체 통합재정 개요』.

[국외 문헌]

1. 단행본

小村武(2002). 『豫算と財政法(第三版). 東京: 新日本法規.

Argent, John(1974). *Systematic Corporate Planning*. Great Britain: Thomas Nelson and Sons.

Bahl, R. W., Kim, C. K. & Park, C. K.(1986). *Public Finance During Korean Modernization Process*. Boston: Harvard University Press.

Beer, Samuel H.(1957). *Treasury Control: The Coordination of Financial and Economic Policy in the Great Britain*. Oxford: Clarendon Press.

Braybrooke, David & Lindblom, C. E.(1974). *A Strategy of Decision*. New Jersey: Princeton University Press.

Buchanan, James M. & Wagner, Richard E.(1977). *Democracy in Deficit: The Political Legacy of Keynes*. Chicago: Academic Press, Inc.

Burkhead, Jesse(1956). *Government Budgeting*. New York: John Wiley & Sons, Inc.

______(1962). *Government Budgeting*. 4th ed. New York: John Wiley & Sons, Inc.

Burkhead, Jesse & Miner, Jerry(1971). *Public Expenditure*. Chicago: Aldine Atheron.

Cheek, Logan M.(1977). *Zero-Base Budgeting*. New York: AMACOM.

Dalton, Hugh(1954). *Principles of Public Finance*. 4th ed. London: Routledge and Kegan Paul.

Drucker, Peter F.(1973). *Management: Task, Responsibility, and Practices*. New York: Harper and Row.

Dye, Thomas R.(1975). *Understanding Public Policy*. 2nd ed. Englewood Cliffs, New Jersey: Prentice-Hall.

Fenno, Richard F., Jr.(1966). *The Power of the Purse: Appropriations Politics in Congress*. Boston: Little, Brown & Co.

Freeman, Robert G. & Shoulder, Craig D.(1996). *Governmental and Nonprofit Accounting*. 5th ed. Englewood Cliffs, New Jersey: Prentice-Hall.

Garson, G. David & Williams, J. Oliver.(1982). *Public Administration: Concept, Reading, Skills*. Boston: Allyn and Bacon, Inc.

Gawthrop, Louis C.(1984). *Public Sector Management: Systems and Ethics*. Bloomington: University of Indiana Press.

Haveman, Robert H.(1970). *The Economics of the Public Sector*. New York: John Wiley & Sons.

Heller, P. S., Haas, R. D., & Mansur, A.(1993). *A Review of the Fiscal Impulse Measure. IMF Occasional Paper*, 44, Washington, D.C.: IMF.

Henry, Nicholas(1980). *Public Administration and Public Affairs*. 2nd ed. New Jersey: Prentice-Hall.

Hitch, Charles J.(1965). *Decision Making for Defense.* Burkely and Los Angeles: University of California Press.

INTOSAI(2007). *An Exercise of Reference Terms to Carry Out Performance Audit of Public Debt.* Public Debt Working Group, ISSAI 5422.

Kettle, Donald F.(1992). *Deficit Politics: Public Budgeting In Its Institutional and Historical Context.* New York: Macmillan.

Keynes, John M.(1973). *The General Theory of Employment, Interest and Money.* New York: Harcourt Brace & Company.

Krammer, Fred A.(1979). *Contemporary Approaches to Public Budgeting.* Cambridge: Winthrop Publishers, Inc.

LeLeup, Lance T.(1980). *Budgetary Politics.* 2nd ed. Brunswick: King's Court Communication.

Lindblom, Charles E.(1958). *The Intelligence of Democracy.* New York: Free Press.

Lynch, Thomas D.(1990). *Federal Budget and Financial Management Reform.* New York: Quorum Books.

______(1995). *Public Budgeting in America.* 4th ed. Englewood Cliffs. New Jersey: Prentice-Hall, Inc.

Mikesell, John L.(1991). *Fiscal Administration: Analysis and Applications for the Public Sector.* Pacific Grove: Brooks Cole Publishing Company.

Musgrave, Richard A.(1973). *The Theory of Public Finance.* New York: McGraw-Hill Book Company.

Musgrave, Richard A. & Musgrave, P. B.(1984). *Public Finance in Theory and Practice.* New York: McGraw-Hill Book Company.

Niskanen, William A., Jr.(1971). *Bureaucracy and Representative Government.* Chicago: Aldine-Atherton.

Novick, David(1967). *Program Budgeting.* 2nd ed. Cambridge, Mass: Harvard University Press.

Odiorne, George S.(1965). *Management by Objectives.* New York: Pitman Publishing Co.

OECD(2014). *Budgeting Practice and Procedures in OECD Countries.*

Parkinson, G. N.(1957). *Parkinson's Law.* New York: Harper & Row.

Peacock, A. T. & Wiseman, J. (1961). *The Growth of Public Expenditure in the United Kingdom,* Princeton, New Jersey: Princeton University Press.

Pfinner, John M.(1967). *Public Administration.* New York: Ronald Press.

Pike, Richard H.(1982). *Capital Budgeting in the 1980's: A Major Survey of Investment Practices in Large Companies.* London: Institute of Cost and Management Accountants.

Pollitt, C., Girre, X., Lonsdale, J., Mul, S., Summa, H., & Waerness, M.(1999). *Performance or Compliance? Performance Audit and Public Management in Five Countries.* New York: Oxford University Press.

Premchand, A.(1983). *Government Budgeting and Expenditure Controls, Theory and Practice.* Washington D.C.: International Monetary Fund.

Pyhrr, Peter A.(1973). *Zero-Base Budgeting: A Practical Management Tool for Evaluating Expenses.* New York: John Wiley and Sons, Inc.

Reddin, W. J.(1971). *Effective Management by Objectives.* New York: McGraw-Hill.

Schick, Allen(1971). *Budget Innovation in the State.* Washington, D.C.: Brooking Institution.

______(1998). *A Contemporary Approach to Public Expenditure Management.* World Bank Institute.

Sharkansky, Ira(1968). *Spending in the American States.* Chicago: Rand McNally Publisging Co.

______(1975). *Public Administration: Policy Making in Government Agencies.* 3rd ed. Chicago: Rand McNally Publishing Co.

Stiglitz, Joseph E.(1988). *Economics of the Public Sector.* 2nd ed. New York: W. W. Norton & Company, Inc.

Stonich, Paul J., Kirbv, Jr., John C., Weit, Howard P. Thompson, Kent A., von Bauer & Eric, E. (1977). *Zero-Base Planning and Budgeting: Improved Cost Control and Resource Allocation.* New York: Dow Jones-Irwin.

The Interantional City Manager's Association(1949). *Municipal Finance Administration.* 4th ed. Chicago: ICMA.

United Nations(1995). *Fourth World Conference on Women.* Beijing: China. www.un.org/women watch/dawbeijing/platform

______(2008). *System of National Accounts.*

Wanat, John(1978). *Introduction to Budgeting.* North Scituate, Massachusetts: Duxbury Press.

Wildavsky, Aaron B.(1975). *Budgeting: Comparative Theory of Budgeting.* Boston: Little, Brown, & Co.

______(1984). *The Politics of the Budgetary Process.* 4th ed. Boston: Little, Brown & Co.

Wyplosz, Charles(2011). *Fiscal Rules: Theoretical Issues and Historical Experiences.* Working Paper 17884. NBER.

2. 논문

Arstein, Sharry(1969). A Ladder of Citizen Participation. *Journal of the American Institute of Planners,* 35(4): 354-378.

Bailey, John J. & O'Connor, J.(1975). Operationalizing Incrementalism: Measuring the Muddles. *Public Administration Review,* 35(1): 57-78.

Baumol, William J.(1967). Macroeconomics of Unbalanced Growth: The Autonomy of Urban Crisis. *American Economic Review,* Vol. LVII. No. 3: 417-428.

Bird, R. M.(1971). Wagner's Law of Expanding State Activity. *Public Finance,* 26: 1-26.

Bouckaert, Greet(1992). Public Productivity in Retrospective. In Holzer, Marc(ed.). *Public Productivity Handbook.* New York: Marcel Decker, Inc.

Bouckaert, Greet & Halligan, John(2008). Performance and Performance Management. In Peters, B. Guy & Pierre, Jon(eds.). *Handbook of Public Policy*. London: Sage.

Bowling, Cynthia J., Cho, Chung-Lae, & Wright, Deil S.(2004). Establishing a Continuum from Minimizing to Maximizing Bureaucrats. *Public Administration Review*, 64(4): 489-499.

Brennan, Geoffrey & Buchanan, James M.(1977). Towards a Tax Constitution for Leviathan. *Journal of Public Economics*, 8: 255-273.

Chand, S. K.(1993). Fiscal Impulse Measures and Their Impact. In Blejer, M. I. & Cheasty, A.(eds.). *How to Measure the Fiscal Deficit*. Washington, D.C.: IMF.

Curtis, Donald(1999). Institutional Options for Local Governance or Community Self-Management. *Local Governance*, 25(3): 153-166.

Danziger, James N.(1976). Assessing Incrementalism in British Municipal Budgeting. *British Journal of Political Science*, 6: 335-350.

Davis, Otto A., Dempster, M. A. H., & Wildavsky, A. B.(1966). A Theory of the Budgetary Process. *American Political Science Review*, 60(3): 529-547.

Dooskin, Herbert P.(1977). Zero-Base Budgeting: A Plus for Government. *National Civic Review*, 66(March): 119-121.

Draper, Frank D. & Pitsvade, Dernard T.(1981). ZBB Looking Back After Ten Years. *Public Administration Review*, 41(1): 76-86.

Dunsire, A.(1993). Models of Governance. In Kooiman, J.(ed.). *Modern Governance*. London: Sage.

Eghtedari, A. & Sherwood, F.(1960). Performance Budgeting in Los Angels. *Public Administration Review*, 20(2): 63-79.

Forester, J.(1984). Bounded Rationality and the Politics of Muddling Through. *Public Administration Review*, 44(1): 23-31.

Forgaty, A. B. & Turnbill Ⅲ, A. B.(1977). Legislative Oversight Through a Rotating Zero-Base Budgeting. *State and Local Government Review*, 9(1): 37-45.

Frey, Bruno S.(1978). Political Economic Models and Cycles. *Journal of Public Economics*, 9: 203-220.

Gixt, J. R.(1982). Stability and Competition in Budgetary Theory. *The American Political Science Review*, 76: 859-872.

Green, Mark T. & Thompson, Fred(2001). Organizational Process Models of Budgeting. In Bartle, John R.(ed.). *Evolving Theories of Public Budgeting*, 55-81. Oxford: Elsevier Science.

Gumm, L.(1989). A Public Management Approach to the NHS. *Health Services Management Research*, 2(1): 12-35.

Hood, Christopher V.(1991). A Public Management for All Seasons. *Public Administration*, 69(1): 3-19.

John, P. & Margetts, H.(2003). Policy Punctuations in the UK: Fluctuations and Equilibria in

Central Government Expenditure Since 1951. *Public Administration*, 81(3): 411-432.

Jones, B. D.(1998). Policy Punctuations: U.S. Budgetary Authority, 1947-1995. *Journal of Politics*, 60(1): 1-33.

Kamelt, M. & Mowery, D.(1987). Influences on Executive and Congressional Budgetary Priorities, 1955-1991. *American Journal of Political Science*, 81: 155-178.

Key, Jr., V. O.(1940). The Lack of Budgetary Theory. *The American Political Science Review*, 34(Dec.): 1137-1144.

Kolderie, T.(1983). Rethinking Public Service Delivery. In Moore, Barbara H. & ICMA staff(ed.). *The Entrepreneur in Local Government*. New York: The International City Management Association.

Lauth, Thomas P.(1978). Zero-Base Budgeting in Georgia State Government: Myth and Reality. *Public Administration Review*, 38(5): 400-426.

LeLoup, Lance T.(1988). From Microbudgeting to Macrobudgeting: Evolution in Theory and Practice. In Rubin, Irene S.(ed.). *New Directions in Budget Theory*. Albany: State University of New York.

Lindblom, Charles E.(1959). The Science of 'Muddling Through.' *Public Administration Review*, 19(spring): 79-88.

McCaffery, J.(1976). MBO and the Federal Budgetary Process. *Public Administration Review*, 36(1): 33-39.

McCoy, Elaine(1992). The Management of Public Provision. *Australian Journal of Public Administration*, 51(4): 420-439.

Minmier, George S. & Hermanson, Roger H.(1976). A Look at Zero-Base Budgeting: The Georgia Experience. *Atlanta Economic Review*, 26(4): 5-12.

Musgrave, Richard A.(1983). When is the Public Sector Too Large? In Tayler, Charles L.(ed.). *Why Government Grow: Measuring Public Sector Size*. Beverly Hills, CA.: Sage Publications.

Natchez, P. B. & Bupp, I. C.(1973). Policy and Priority in the Budgetary Process. *The American Political Science Review*, 67: 951-963.

Neck, R. & Schneider, F.(1988). The Growth of the Public Sector in Austria. In Lybeck, J. A. & Henrekson, N.(ed.). *Explaining the Growth of Government*. North-Holland.

Peters, B. G. & Pierre, John(1998). Governance Without Government? Rethinking Public Administration. *Journal of Public Administration Research and Theory*, 8(2): 223-243.

Prest, A. R. & Turvey, R.(1965). Cost-Benefit Analysis: A Survey. *Economic Journal*, 75(Dec.): 683-735.

Pyhrr, Peter A.(1977). The Zero-Base Approach to Government Budgeting. *Public Administration Review*, 37(1): 3-15.

Rehfuss, J.(1977). Zero Base Budgeting. *Public Personnel Management*, 6: 187-198.

Schick, Allen(1973). A Death in the Bureaucracy: The Demise of Federal PPBS. *Public Administration Review*, 33(2): 146-161.

______(1978). The Road to PPB: The Stages of Budget Reform. In Hyde, Albert C. & Shafritz, Jay M.(ed.). *Government Budgeting: Theory, Process, Politics*. Oak Park, Illinoise: Moore Publishing Company, Inc.

______(1986). Controlling Nonconventional Expenditures: Tax Expenditures and Loans. *Public Budgeting and Finance*, 6: 3-19.

Sherwood, Frank P. & Page, Jr., Wiliiam J.(1976). MBO and Public Management. *Public Administration Review*, 36(1): 3-17.

Skok, J. E.(1980). Budgetary Politics and Decision Making. *Administration and Society*, 11 (February): 440-452.

Smith, Harold D.(1944). The Budget as Instrument of Legislative Control and Executive Management. *Public Administration Review*, 4(2): 180-194.

Smithies, Arthur(1965). Conceptual Framework for the Program Budget. In Novick, David(ed.). *Program Budgeting: Program Analysis and the Federal Budget*. Cambrige, Mass: Harvard University Press.

Thomassen, H.(1990). Capital Budgeting for a State. *Public Budgeting and Finance*, 10(4): 72-86.

True, J.(2000). Avalances and Incrementalism: Making Policies and Budgets in the United States. *American Review of Public Administration*, 30(1): 3-18.

Tucker, H.(1982). Incremental Budgeting: Myth or Model? *Western Political Quarterly*, 35: 327-338.

Wanat, J.(1974). Base of Budgetary Incrementalism. *American Political Science Review*, 68 (September): 1225-1230.

Woolfsin, Jr., Bruce H.(1975). Public Sector MBO and PPB: Cross Fertilization in Management Systems. *Public Administration Review*, 35(4): 388-396.

찾아보기

ㅁ

ㅂ

ㅅ

ㅇ

ㅈ

저자 소개

원구환(元求桓)

[약력 및 경력]

- 연세대학교 사회과학대학 행정학과 졸업(행정학사)
- 연세대학교 대학원 행정학과 졸업(행정학 석사 및 박사)
- 공직적성평가(PSAT) 출제위원
- 기획재정부 공기업 · 준정부기관 경영평가단 간사 및 팀장
- 문화체육관광부, 문화재청 예산집행심의회 위원
- 통계청, 정보통신부, 국무총리실, 농림축산식품부 자체평가위원회 위원
- 대통령직속 정부규제개혁위원회 위원
- 규제자유특구위원회 민간위원
- 특허청 직위지정 운영심의위원회 위원
- 행정안전부 지방공기업 경영평가단장(2023)
- 인사혁신처 적극행정평가단장(2022, 2023)
- 한국국정관리학회 회장(2018)
- 한국지방공기업학회 회장(2015~2016)
- 한국재무행정학회 부회장(2021~)
- 한국공공경영학회 부회장(2021~)
- 한국정책학회 부회장(2019)
- 현재 한남대학교 행정학과 교수

[대표 저서 및 논문]

- 『지방행정론』(공저). 서울: 대영문화사, 2006.
- 『Public Management in Korea』(ed.). London & New York: Routledge, 2018.
- 『공기업론』. 서울: 대영문화사, 2018.
- Electric Power Industry Restructuring and ROE(2007), 공기업에 대한 과세와 조세귀착 및 초과부담 간의 상관성 분석(2017), 지방공기업 서비스의 가격탄력성에 관한 연구(2018), 지방재정정책과 경기변동 대응분석: 재정팽창지수(Fiscal Impluse Indicator)를 중심으로(2009), 세입 및 세출분권과 지역경제 성장 간 상관성 분석(2010), 사회적기업의 성과에 미치는 영향요인과 생산성 분석(공저, 2019), 물 관련 재정체계의 통합화 방안(2020), 국내 수(水)재난 유형과 정책방향성 연구(공저, 2020), 지방상수도사업의 연구개발투자와 재무성과 간의 상관성 분석(2020), 한국과 일본의 지방공기업 비교분석(2021), 지하수 관리를 위한 재정 체계 구축 방안(2022), 지방도시개발공사의 자산회전율 분석(2023) 외 다수

4정판
재무행정론

펴낸날 제1판 제1쇄 2012년 1월 25일
개정판 제1쇄 2014년 7월 30일
3정판 제1쇄 2019년 8월 12일
4정판 제1쇄 2024년 2월 23일
지은이 원구환
펴낸이 임춘환
펴낸곳 도서출판 대영문화사
주소 (본사) 사무실: 경기도 고양시 일산서구 주화로 70
우신프라자 307호 (우 10387)
(본사) 물류센터: 경기도 고양시 일산서구 덕산로
107번길 68-50 (우 10205)
등록 1975년 12월 26일 제3-16호
전화 (031) 913-3062, (031) 914-3884~5
팩스 (031) 913-3839
홈페이지 http://www.dymbook.co.kr

ISBN 978-89-7644-922-1
값 33,000원